ベン・ブラッドリー自伝

『ワシントン・ポスト』を率いた編集主幹

ボブ・ウッドワード & カール・バーンスタイン——サリー・クイン

根津朝彦／阿部康人／石田さやか／繁沢敦子／水野剛也［訳］

A Good Life

Newspapering and Other Adventures

法政大学出版局

Ben Bradlee, A Good Life: Newspapering and Other Adventures

Published by arrangement with the original publisher, Simon & Schuster, Inc.
through Japan UNI Agency, Inc., Tokyo

私の人生を明るく照らしてくれる
サリーとクインのために

◉目次

凡　例

一、本書は Ben Bradlee, *A Good Life: Newspapering and Other Adventures*, Simon & Schuster（初版一九九五年）の全訳であるが、底本には「まえがき」と「あとがき」が増補された二〇一七年版を用いた。

一、原文中の（　）や［　］といった括弧記号は、訳文でも（　）や［　］を用いた。

一、原文中の“　”には「　」を用いたが、人物の呼称などに〃　〃を用いた場合がある。

一、著者自身による注は＊を行間に付し、見開きないし各ページ左端の下部に置いた。

一、訳者による補注や補記は〔　〕に入れ、本文中に挿入した。

一、新聞社内の報道部門名などの訳語をめぐる方針については、「訳者あとがき」に記した。

一、本文中には、社会的な偏見や差別に関して現代の基準からするとやや不適切な表現がみられるが、当時の時代状況を正確に理解できるよう、そのまま訳した。

まえがき

ボブ・ウッドワード
&
カール・バーンスタイン

この回顧録を出版してから二年後、ベン・ブラッドリーはある講演でこう語った。「われわれが果敢に真実を追求すればするほど、一部の人々は報道機関に不快感を抱くようになる」。

彼は「それならそれでいいが」と付け加えて、話を続けた。「……私には大きなよりどころがあります。最終的には真実が現れると経験から確信しているのです。時にはそのために膨大な時間がかかることもありますが、必ず明らかになります。そして、報道機関のいかなる気の緩みも民主主義にとってきわめて大きな代償となるのです」。

ブラッドリーの人柄の中心をなす特徴は、恐れを知らないことにあった。真実を見つけるためには権力に立ち向かわなければならないし、誰からも指図されてはならない。また、編集者や記者に対してこうした基準を要求することが必要だと知っていた。真実の追求に決して気を緩めないのである。

この回顧録を読めばわかるように、ブラッドリーがブラッドリーでいられたのは、彼が恐れを知らなかったからである。大統領を恐れなかった。ポリオを恐れなかった。資金力のある利益団体を恐れなかった。一九七一年にペンタゴン文書を公開することを恐れなかった。彼の新聞をめがけて政府が全力で報復する可能性を恐れなかった。第二次世界大戦中には太平洋で海軍駆逐艦に乗って出撃することを恐れなかった。従来の常識に立ち向かうことや、ジャーナリズムの限界を押し広げることを恐れなかった。間違いを犯すことを恐れなかった。

ブラッドリーは、真相の究明には時間がかかり、しばしば地道な努力と並外れた努力の両方が必要だと理解していた。情報源となりそうな人のドアを叩いて、面会の約束なしで顔を出し、極秘情報源と信頼関係を築く。真夜中に地下駐車場で情報源と会うことさえあった——のちにマーク・フェルトとして特定されるＦＢＩのナンバー2の役職にあったディープ・スロートだ。

ウォーターゲート事件の取材中、ニクソンの選挙対策本部長クラーク・マクレガーがブラッドリーに電話を入れて文句を言ったうえで、私たち二人が情報を求めて追い回している五人の女性の名前を挙げたことがあった。ブラッドリーは「彼ら二人について、そんなお褒めのことばをいただいたのは久しぶりです」と言ってのけた。彼は粘り強さにこだわった——それは、「手に入れることのできる真実のうちで最もよいもの《バージョン》」と私たちが呼ぶものを見つけるために力を尽くすということだ。しかし、私たちには、取材対象者に対して礼儀正しく、何も包み隠すことなく、敬意を払って耳を傾けるとともに、『ワシントン・ポスト』に対しては記者としての目的を明確にするよう要求した。

彼は一度たりも屈したり引き下がったりすることはなかった。

ブラッドリーがしばしば表明していた新聞業と人生に関するもう一つの持論は「顎を引いて、はいつくばってでも、未来に向かって着実に前進する」というものだ。

私たちが失敗したとき（実際にした）、ブラッドリーは喜びはしなかったが、どのようにしくじったかを説明できれば許してくれた。彼はどう前に進むべきかを知っていた。「で、明日は何をしてくれるんだい？」が口癖だった。前にした行動《プレイ》を繰り返そうとせず、次に目を向け、計画を立てること。彼は後悔もしなかったし、自己正当化もしなかった。

一九七四年八月八日、ニクソン大統領がウォーターゲート事件を理由に辞任を表明した夜、ベンは編集局で力強く命令を下した。「慢心するな。ニヤニヤするなよ」。

彼は、戦いのなかでも冷静な名将のようだった。部下から親愛の情を着実に勝ち得てきた。編集局の現場を通り抜けるのが大好きで、落ち着きがなく、最新の不正行為、驚き、ゴシップを探して歩き回っていた。

ブラッドリーが亡くなった後の二〇一四年、スタイル部の記者、マーサ・シェリルは彼を回想して次のように書き残している。ブラッドリーは彼女に「やあ、仕事の虫《タイガー》！」とよく挨拶したと。シェリルはさらに「彼はそんなふうに言うのだった。艶っぽい挨拶、新奇なあだ名、時代遅れの罵り言葉を使っていたが、それでうまくやっていた。物おじすることなく、遠慮がなかった……ボストンのエリート《ブラ》出《ミン》身だったけれど、不適切なエリート《ブラーミン》であることを楽しんでいた」と書き足している。

私たちの著書『大統領の陰謀 *All the President's Men*』

〔『大統領の陰謀 新版』常盤新平訳、ハヤカワ文庫、二〇一八年〕はウォーターゲート事件を取材したものだが、ブラッドリーには「貴族と平民の混然とした魅力」があり、固苦しい晩餐会でもコーヒーのデミタスカップで煙草の吸い殻を消すことがあったし、船乗りのような悪態をつきながらも、フランスからの訪問者には「折り目正しい完璧なフランス語で迎え、その歓迎の仕上げに相手の頬にかるくキスをした」と書いた。

ブラッドリーは、自分の新聞と記者を守るためなら、多少の芝居もいとわなかった。ニクソン再選委員会が私たちのウォーターゲート事件のメモに対して召喚状を発したとき、ブラッドリーと発行人のキャサリン・グラハムが合意したのは、彼女が法的所有者であり、いかなる法的措置も彼女個人に向けられなければならないと表明することだった。

「もし判事が誰かを刑務所に送るとすれば」とブラッドリーはこちらにも伝わってくるような喜びを込めて私たちに語った。「グラハム夫人を送らねばならなくなるだろう。しかも、驚いたことに、あの社主《レディ》は刑務所に入ると言ってるんだ！　われらがその子《ギャル》は合衆国憲法修正第一条〔言論の自由の保障〕を守るために、リムジンで女性拘置所に乗りつけて拘置される。こういう光景が想像できないか。その写真が全世界の新聞に載るんだ」。

ベンは『ワシントン・ポスト』だけでなく、ジャーナリズムそのものの性質や優先事項、そして米国の政治文化にも影響を与えた。手に入れることのできる真実のうちで最もよいもの《バージョン》に対する信条、エネルギー、そしてそれへの責任は今でも健在だ。彼はジャーナリズムに大きな目的を見出していた。

二〇一三年、アマゾンの最高経営責任者であるジェフ・ベゾスがグラハム家から『ワシントン・ポスト』を買収した後、彼はワシントンを訪れ、スタッフや従業員と面会した。

「小さく考えてはダメだ」とベゾスは口に出して、ブラッドリーの考えをそのまま繰り返した。「大きく考えなくてはならない」と述べたうえで、「人々が新しい黄金時代を強く望んでいること、そしてそれは二一世紀に向かって前に進むものであること」は明らかだ、と彼は語った。そのモデルはブラッドリーのものだった。すなわち、「すべてのビジネスは永遠に若々しくなければならない……第一のルールはこうあるべきだ。退屈であってはならない」とベゾスは宣言したのだ。ベンはまさにそれを何百回も言っていた。彼は年を重ねても、いつも若々しく、決して退屈させない見解を持っていた。

三年後の二〇一六年——大統領選挙の年だ——にベゾスは戻ってきて、従業員に語った。「私たちのうちの誰であれ、この国のどんな人であれ、どの機関であれ、その気になれば、調査し、検証し、批判することができる……とりわけ地球上で最も強大な国の最高位の職に立候補する人物に対しては。そのことは非常に重要だ」。

『ワシントン・ポスト』には大統領候補（および大統領）を調査する長い伝統があり、それこそがあるべき姿だ。そして、それが変わることはない」。

　このまえがきを書いている時点で、ドナルド・トランプはまったく新しい米国の大統領職を築き上げている。ほとんどの規則を破り、伝統にまったくとらわれないコースを設定している。トランプの選挙運動と大統領就任は、何百万もの人々を驚愕させ、また何百万もの人々に受け入れられた。ベンなら夢中になってこの大きな分断を報道し、理解しようとしただろう。トランプが「フェイクニュース」と非難することを、まさしくまた別の否定の否定、つまり、問題をトランプ自身の行動ではなくメディアの行動にすり替える試みだと看破しただろう。

　ブラッドリーの伝統と遺産は健在だ――あらゆる権力の集中は、積極的かつ公正に検証されなければならない。

　二〇一四年にベンのための追悼式典とミサがワシントン大聖堂で行われた際、大聖堂の階段でベゾスは言った。「ベン・ブラッドリーのDNAがあなたがたの機関に組み込まれること以上に、より良い未来を望むことができるだろうか」。その機関《インスティチューション》とはたんに『ワシントン・ポスト』だけではなく、ジャーナリズムという制度《インスティチューション》そのもののことだった。

　二〇〇八年、ブラッドリーが『ワシントン・ポスト』の編集主幹を退任して一七年後、私たちはジャーナリズムの未来について焦点を当てた鼎談をするために彼と同席し、その内容はテープに録音された。彼は、ニュースメディアの激変、インターネットの台頭、ニュースの流れの性急さや速さについて考えを巡らせた。

　新聞が消えてしまうのではないか、という過剰な懸念があるが、と彼は言った。「そうした懸念には愕然としている。新聞のない世界を思い描くことなどできない。想像もつかないんだ。新聞が今よりも少ない世界ならありえると思うが。新聞が今とは異なる方法で印刷され、配布される世界も想像することができる。ただ、ジャーナリズムという職業は存在し続けるし、その仕事は自らが真実だと信じることを報じるものになるだろう。そして、それが変わることはないだろう」。

　ジャーナリズムの歴史において、彼以上にこうした遺産を確たるものにした者は他にいない。

二〇一七年八月

はじめに

子どもの頃、家で読むものはフランス語の本でなければならなかった。『ロバ物語』〔ロシア出身のセギュール夫人による子ども向けの話〕というある家畜《アス》（あるいはときどき野生暮らし《ドンキー》）のロバの回想録を覚えている。それを除けば、回想録というと、大統領や首相、探検家や四つ星記章の大将、それに加えて、国務長官や有名作家などが書くものだと考えてきた。そのような人たちと渡り合うことは、一介の新聞記者には少々生意気なことのように思われた。とりわけ記者としては、表舞台に立ったり記事のなかで感情をあらわにしたりすることを避けるよう叩き込まれてきたし、生粋のボストン育ちの記者としては、生まれながらに家族や金銭、あるいは性《セックス》のことについては話さないようにも叩き込まれてきたのだから。

しかし、この本は純然たる回想録であり、私に影響を与えたさまざまな出来事について、その記憶の数々をまとめたものだ。ジャーナリズムのあり方や、報道機関と国政をめぐる適切な関係について考えたことを収集してまとめたものでは決してない。私はいまだにそうしたものを収集し続けている――今もなお、私の考えは変化し続けているのだ。

あえて回想録を執筆してみようと思ったのは、さまざまな力の巡り合わせによって、恐れ多いほど良いカードが自分に配られてきたと徐々に気づいたからでしかない。私はそのカードのおかげで、二〇世紀で最も重要ないくつかの瞬間を特等席《リングサイド》で見ることができた。また、そのカードのおかげで世界大恐慌や病気、戦争から生まれた予期せぬ出来事、新聞業にたずさわったことから生まれたロマンスを経験することができた。この自叙伝を *A Good life*〔『すばらしき人生』〕という題名にしようと決めたのは、まさに *A Good life* こそが私が送ってきた人生だったこと、本の題名を考えあぐねていたとき、デイヴィッド・ハルバースタムにさりげなく「ブラッドリー、君はすばらしい人生を送ってきたじゃないか。どうだい、『すばらしき人生《ア・グッド・ライフ》』という題は？」と言われたからだ。私は、自分の人生に運が果たした役割を真剣に考えてみて、驚くほど幸運だったという単純な結論に達した。ポリオとの闘いに勝利したこと。太平洋戦争でガダルカナルから日本へ向かう駆逐艦に乗って三年以上生き残ったこと。自分が乗っていた列車がボルチモアに停車した当初、雨が激しく降っていたという理由だけで『ボルチモア・サン』の面接を受けずにいたら、『ワシントン・ポスト』の仕事が得られたこと。ジョン・F・ケネディ上院議員夫妻が数軒先に引っ越してくる数ヵ月前に、ジョージタウンの家を買ったこと。フィル・グラハムが『ニューズウィーク』を買収するよう、絶好の時機に説き伏せたこと。『ワシントン・ポスト』が飛躍せんとしていたまさにその瞬間に、編集者を探していた新しい社主のキャサリン・グラハムに出会えたこと。そして最も重要なのは、この飛躍のために一緒に働きたいと切望してくれる非凡な才能を持った新聞づくりの仲間たちを見出したことである。

　こうした記者たちはいまや高齢となり、故人になった者もいる。だが、この本の誕生へ貢献してくれたこと、私の仕事に喜びをもたらしてくれたことに、まずは感謝の意を伝えたい。ラリー・スターン、ディック・ハーウッド、バート・ローウェン、デイヴィッド・ブローダー、ヘインズ・ジョンソン、シェルビー・コフィー、フィル・ゲイリン、メグ・グリーンフィールド、ビル・グレイダー、デイヴィッド・ラヴェントール、ジーン・パターソン、ボブ・ベイカー、フィル・フォイジー、バリー・サスマン、ハリー・ローゼンフェルド、ジャック・レモン、ニック・フォン・ホフマン、メアリー・ハダー、ディック・コーエン、レン・ダウニー、ボブ・カイザー、ジョージ・ソロモン、デイヴィッド・イグナティウス、メアリー・マグローリー、マイク・ゲトラー、ウォルター・ピンカス、チャル・ロバーツ、ドン・オーバードーファー、マレー・マーダー、エレノア・ランドルフ、マイラ・マクファーソン……こうして名前を挙げると、私にとって非常に重要な人物が漏れてしまう恐れがあるが。

　そしてもちろん、唯一無二の存在である妻、サリー・クインにも感謝を捧げたい。

　さらに、同世代の記者のうち調査報道においてはまちがいなく異彩を放つ記者であり、私が目にしたことのある最良の記者でもあるボブ・ウッドワードがわが『ワシントン・ポスト』やその編集主幹としての私にもたらしてくれた貢献度については、いくら評価してもしきれないだろう。彼は相棒カール・バーンスタインとともに、ウォーターゲート事件の謎を解き明かしてみせ、誰にも予測できなかったさまざまな仕方で、『ワシントン・ポスト』(と私)を有名にしたのだ。そして、ウォーターゲート事件以降、ジャーナリズムのなかでも最高の地位に君臨し続けている。

新聞は何の理由もなしに、「日々の偉業」と言われているわけではない。一人の編集者がデスクに足をのっけたまま祝いの言葉を受け取れるまでには、多くの才能ある者たちが絶好調を保ちつつ、膨大な時間をかけて作業する必要があるのだ。このような者たちがいてこその祝福なのである。

ここで、リチャード・ミルハウス・ニクソンが、私のキャリアを高める役割を果たしたことは認めざるをえないだろう。報道機関を忌み嫌った男――そして理解することも決してなかった男――によって、報道界、とくに『ワシントン・ポスト』の評価が大きく高められることになったのは、すばらしく皮肉なことである。ニクソンにとっては最悪な時期が、報道機関にとっては最高の時期になったのだ。

文章を書く技術は、少なくとも私にとっては、努力を重ねて獲得されるものである。一五年ほど書き続けてようやく、筋の通った良い記事が書けるようになったと思った。しかし、『ニューズウィーク』ワシントン支局では、上出来だと思う文章ですら、ニューヨークの誰だかも知らぬ奴の手で書き直されてしまっていた。『ワシントン・ポスト』に復帰してからは、数多くの見出しや前文《リード》を書いたので、ハワード・サイモンズ編集局長には短距離走者になぞえられて、文章力をしょっちゅうけなされていた。「二百語以上書くと、ベニーはダメになっちゃうなぁ」と言われたものだ。

この本を書くにあたっては、二人の女性からとくに、質の高い助力を得た。行き当たりばったりの人生で起きたことを書き綴ったもの――断片的なものもだ――を集めて整理することで、私が考えたり書いたりせざるをえないようにさせてくれたのだ。一人はバーバラ・ファインマン。自身が作家業に専念するようになるまで、熟練の技とユーモアで助けてくれた。もう一人はキャサリン・ワニングだ。その勤勉さと忍耐強さはすばらしかった。二人の助けはなくてはならないものだった。そして、私の長年の友人であり同僚のトム・ウィルキンソン。一九六〇年代から一九七〇年代の高揚する感覚をよみがえらせるため何時間も費やしてくれたことには、とくに感謝したい。同じように、秘書であり友人であるキャロル・レゲット。この本を書き始めた日からずっとかけがえのない存在であり、謝意を表したい。

私はこれまでの人生で多くの前書きを読んできた。だが、著者が編集者に感謝するくだりなどまったく信用していなかった。心の奥底では、著者が編集者を読者との間にある不自然な障害物として、当然、軽視しているものだと考えていたのだ。今、自分が著者の立場になって、その考えは間違っていたことがわかった。サイモン&シュスター〔アメリカの五大出版社の一つ〕の副社長でもあるアリス・メイヒュー編集部長は、私の友人たちがこれまでに執筆したほぼすべての本を編集したそうだ。それなのに、彼女のことを不安に思っていた。しかし、私は間違っていた。ご大層な肩書にもかかわらず、メイヒューは指折りの編集者で、熱心かつ精力的で、楽しくもあるが手強く、すばらしい仲間だ。そして、私がずっと密かに疑ってきたこと、すなわち、ただのお飾り編集者なら誰もいらない、ということを証明してみせた。メイヒューの助手リズ・スタインは親切で根気強く、分別に満ちていた。さらに、サイモン&シュスターの元会長兼元CEOディック・スナイダーには特別の感謝を表したい。スナイダーは、私がこの本を執筆し、メイヒューが編集を担当し、彼のもとで出版することを決断してくれたからである。

　しかし、この三〇年間、私がやろうと思ったことに惜しみなく挑戦させてくれたのは、キャサリン・グラハムである。あらゆる機会を与えてくれた彼女には、常日頃から感謝している。誤解のないよう伝えておきたいのだが、ある編集者が良い編集者となるために唯一必要なものは、良い社主である。ケイ〔キャサリン〕が『ワシントン・ポスト』で今までにその才能を愛した編集者は、たった一人だったという。ラス・ウィギンズだ。それには私もうなずける。なぜなら、その才能を私も愛しているからだ。そして、ケイの勇気、愛社精神、そして、『ワシントン・ポスト』を卓越したものにしようとする決意、そしてその約束を揺るぎないものにしようとし続けていることも敬愛している。ケイ自身が仕事から得る喜びや、人に与える喜びをも愛している。ケイとの友情や信頼関係は、私の宝だ。

　信頼こそ新聞の命だ。そう考える一族《ファミリーズ》によってアメリカで最も優れた新聞社の数々が運営されていることは、決して偶然ではない。新聞社の最高経営責任者《CEO》に就いたドン・グラハムは『ワシントン・ポスト』の三代目社主である。ドンはおそらく、アメリカで最もさまざまな下積み経験を積んできた新聞界の人間である……記者、編集者、広告、販売部門、品質管理、本部長、発行人などを経て、いま弱冠五〇歳で社主を務めている。私が一九九一年に編集局を後にしたとき、後任のレン・ダウニーにドン・グラハムの愛社精神を託した。それこそが、彼に残せた何よりも貴重なものだったのである。

ベン・ブラッドリー自伝

第1章　若かりし頃

一九四〇年一〇月二日——穏やかな秋の日のことだった。ケンブリッジのハーバード広場を囲んでヴィクトリア様式の大きな屋敷が立ち並んでいる、その一軒の中の広いけれど雑然とした居間。それを改装した事務室が〔本日の〕舞台である。

扉には「成人の発達に関するグラント研究室」という表札があった。この研究にはデパート王W・T・グラントが出資し、ハーバード大学保健部門が運営していた。当時、ほとんどの研究が異常者《アブノーマル》たちを対象としていたのに対して、「正常な《ノーマル》」若い男性（この語が何を意味するにせよ）の調査を目的としていた。グラント研究の初代責任者アーリー・ボック博士には「世の中には他人よりもうまく対処できる人たちがいる」という確信があって、「知的な生活へと人を導いてくれる」要因を追究しようとしていた。被験者《モルモット》には、ハーバード大学の新入生クラスから計二六八人の男性が選ばれた。*

私は被験者の一人で、ハーバードの学生なのだから「これまでのキャリアで多かれ少なかれ物事にうまく対処してきた能力がある」という仮説を立てられていた。この研究に参加したのは内科医、精神科医、人類学者、心理測定学者、ソーシャルワーカーであり、時には、生理学者、生物学者、化学者などが加わった。

その日の午後、私はちょうど一九歳になったばかりの大学二年生で、つい最近初体験めいたものを済ませたばかりだった。大恐慌と半年間のポリオの闘病生活は刺激的では

＊　女子学生についても同じような研究が、一九四七年にブリンマー、ハバフォード並びにスワースモア大学で始まった。

なかったにせよ、満ち足りた生活から唯一離れた期間になった。

世の中はヨーロッパでの大戦のニュースで持ちきりだった。ちょうど、チャーチルがチェンバレンに代わって首相になったところだった。イギリス軍約三五万人が、小型船でダンケルクから撤退した。フランクリン・D・ローズヴェルトはイギリスへの駆逐艦*五〇隻の贈呈を主導してから、前例のない三期目を迎えようとしていた。ジョー・ディマジオは打率三割五分でヒットを飛ばし、アメリカンリーグの首位打者に輝こうとしているところだった。ガソリンは一ガロンにつき一五セント。高級車は一台が一四〇〇ドルだった。ロナルド・レーガンはローズマリー・レーンという女性とともに『彼女はノーと言えなかった』の出演者に選ばれたところだった。

後に、グラント研究のソーシャルワーカーは私のことを典型的な若いWASP《ワスプ》〔白人でアングロサクソン系の新教徒〕で、家族の世帯年収が一万ドル（父の給料が五〇〇〇ドル、母の婦人洋品店の収益が五〇〇〇ドル）、学費はニューヨークにいる弁護士の祖父が払っていると記録した。父については、「勤勉でよく働き……自然、木、鳥、骨董、スポーツや市民向けの催しに興味がある」と記載した。母については、「野心があり勤勉で……音楽のセンスがあり、美的感覚が鋭い（母は気に入っただろう）。むしろ気まぐれな芸術家肌タイプで、考えは「四四歳にしては」とても魅力的で若々しいが、幼稚である」と記載した。最後の部分は母を激怒させただろう。

身体検査の後、医師はこの被験者は身長が五フィート一一・五インチ〔約一八一・六センチ〕で、体重が一七三ポンド〔約七八・五キロ〕あり、手は温かいが足は冷たく、「顕著な起立性のめまい」、「中等度の手の振え」、「軽微な排尿羞恥」、タトゥーが三つ――左腕部に一つ、右の臀部に二つ――、二番と三番の足指の間には「軽微な指間の皮膜」が認められる「かなり短いつま先」、頭皮には二つの旋毛《つむじ》、眼鏡はかけておらず、そばかすやにきびが認められないことを記録した。血圧は上が一一二で下が八四。脈拍は八一のため、呼吸数は二二回。髪は焦げ茶色。目は淡褐色。

心理測定学者は、一〇七項目ものさまざまな測定を行った。すなわち、頭長（二一〇ミリ）、頭幅（一五一ミリ）、鼻高（五一ミリ）、手首幅（五九ミリ）、座高（九五・六センチ）、胴高（六〇・九センチ）や、いわゆる「頭部顔面」（二一・一九対八八・九）などである。さらに、別途一三四項目に及ぶ心理測定の観察を行った。すなわち、口呼吸（あり）、胸毛（なし）、大腿部（筋肉＋＋＋）、臀部の形（＋＋）、臀部皮下脂肪厚（＋）、腹部皮下脂肪厚（表面測定）、顎先（とがっている）、鼻先（低く上向き）、欠損歯（なし）、耳朶（分離型）、手の形（長い、四角型）、利き手

(右)、利き足(右)。そして、医学的な身体評価の結果は正常だった。

ある女性の心理学者は、私について「とても恵まれた容姿の……青年で、礼儀正しく教養もある。人の扱い方を心得た自信に満ちた態度で、診療室に入ってきた」と記載した。彼女は、この「まったく正常で分別があり、社会的に適応力がある」青年が、その当時小児麻痺と呼ばれる麻痺状態が続いた四ヵ月間、添え木で固定された脚と松葉杖の状態でいかに適応してみせたかということに、とりわけ、感銘を受けた。「脚が動かせず［数ヵ月間］、友人の一人が同じ病気で亡くなったにもかかわらず……自分に麻痺が残るとは決して思わなかった。このことは疾患を抱えた状態において、非常に興味深い事実である。慢性的な麻痺が発現した人たちは病気の間、この青年と同じように確信を抱けるものだろうか」。

しかし、心理学者たちは、その他の点にはそれほど感銘を受けなかった。

この学者たちの誰かが「この青年に対する全般的な私の印象はとても良い」と記録している。「おそらくここハーバードでは、社会的な困難はないだろう。困難があるとすれば、おそらく、ボストンの保守層で育ったことと、徐々に急進的になりつつある自身の考えや理想との間の葛藤のなかにあるだろう」。「この青年の感情的な反応」は精神科医たちの注目を引いた。「……映画を見てあけすけによく泣き……俳優や女優の立場になって、そして……そのことを楽しんでいる。彼は［映画］『海外特派員』に強いあこがれと思い入れを抱いているそうだ。実際、この映画を四回も見たことがあるそうだが、また見ることを楽しみにしている。彼は、海外特派員を最も「ロマンチック」で「魅力的な」生き方の一つだと感じている。この種の仕事をすることを楽しみにしている。私個人の一般的な印象でいうと、この青年は

＊　駆逐艦のうちの一隻は、マディソン大統領の海軍長官ベンジャミン・ウィリアムズ・クラウニンシールドから命名されたクラウニンシールド号（DD134）である。私の名はこの人物をとって、つけられた。

クラウニンシールド号は一九一九年に就役した駆逐艦で、一九四〇年にイギリスに引き渡された後、H・M・S・チェルシーという名になった。そして、実戦のためにカナダに貸与された。一九四四年七月にはロシアに譲渡され、デルスキーと名を改めた。

クラウニンシールド長官はマディソン大統領の支援あって海軍に対する文民統制を保証する大きな戦いに勝利したものの、それ以外には長官としての存在感が乏しいように思われる。同時代の歴史家は、彼を「決断力がなく優柔不断、［それゆえに］海軍を統制する能力に欠く」と評している。

〔将来〕自分が何をしたいかということについて、かなりうぶで感情的、かつロマンチックな展望を抱いている」。

追跡調査はその後何度も続いたが、半年後に呼び戻されたときには、新たな心理学者がまったく異なる記録をとった。メモには「彼が入ってきたとき」と記されている。

混乱していることは容易に見てとれた。主な問題は、ハーバード〔大学〕に来る前に多かれ少なかれ、物質主義的な世界で生きていたという事実にあるようだ。彼は典型的なアメリカ人の少年だった――運動神経が良く、学校では人気者だったし、勉強もよくできた。だが、ハーバード大学の一年生になる直前に、抽象的なものの見方をするようになった。それまではかなり物質主義で現実的であったが、多少なりとも、理論的で哲学的、かつ非現実的な人間に変わっていった。

この新たに出会った哲学や抽象論のせいで、幾分混乱するようになった。混乱するうちにかなり焦る気持ちが出て、ハーバードに不満を募らせるようになった。その結果、中間試験の成績が非常に悪かった。このひどい成績をとった直後、大学を辞める計画をたて始めた。ある朝三時に、モントリオールに行ってカナダ空軍に入隊しようと突然決意した。空軍へ相談に行き、入隊の許可が下りたのだが、そのときは引き下がってハーバードへと舞い戻っている。

だが、焦りと不満は続いていた。なぜハーバードに来たのか、どんな人生を送ろうとしているのかを自問し始めたのだ。そして、彼が手に入れた新しい考え方――哲学や抽象論、理論に基づいて解決しようとして、たいてい混乱に陥った。近頃海軍造船所を訪れると、八月二六日で二〇歳になったら、海軍航空隊に入隊できると知った。

大まかに言えば、ある種の混乱と不満を示しているのだが、それは、彼自身に対してのものと、ここハーバードで達成してきた結果に対してのものである。この不満を掘り下げていくと、そこにあるのは焦燥感である。この気持ちを打破するために、さまざまなことを試してきた。何度か深酒をしたこともあったが、なんの解決にもならなかった。

一年四ヵ月後の一九四二年八月八日午前一〇時、「この青年」はハーバード大学を何とか卒業した。正午には米国海軍予備役の少尉に任命され、ニュージャージー州のカーニーにて建造中の新しい駆逐艦フィリップ号に乗り込むことを命じられた。そして午後四時に、人生で初めて一夜をともにした女性、ジーン・ソルトンストールと結婚した。バークシャ私は、まだ二一歳にすらなっていなかった。

ー地方の西へもワシントンDCの南へも行ったことがなかったのに、いまだミュージカルにもなっていない〈南太平洋〉〔一九四九年ブロードウェイで初演〕と呼ばれる場所へ向かっていた。

ベンジャミン・C・ブラッドリーへの教育が、ついに始まったのだ。

ブラッドリー家には三〇〇年近くの歴史があったが、ローウェル家やキャボット家よりかは地位がかなり下だった。生粋のボストン市民としてきちんとした家柄だったが、それほど裕福でもなく、洗練されてもいなかった。祖父母はそれでも金には不自由していなかった。ビーコン・ヒル〔の中心部〕ではなく、チャールズ川を見下ろすビーコン通りの陽当たりのいい側ですらないが、それでもビーコン通りにある、立派なボストンの家である。船はなかったが車は一台あり、料理人と女中がいて、大恐慌の前には誰かしら女性家庭教師が家にいた。他には年老いた使用人のトム・コステロがおり、階段を上がって薪を居間の暖炉に運んだり、地下炉に石炭を放り込んだりしていた。

「ボストンのつつましいブリキ職人（フレデリック・ホール・ブラッドリー）のさえないせがれ」といわれたジョサイア・ブラッドリー（ルーシー・ホールと結婚した）は、一八五一年に百万長者となり、マサチューセッツ州で最も裕福な一五〇〇人に挙げられた。ある専門家は、このように書いている。「彼の莫大な富と豪商としての地位にもかかわらず……ボストンの名家として認められることは決してなかった」。

ジョサイアのことは、このように大げさに伝えられている。「彼が引き潮に小石を投げこめば、一ドル銀貨であふれた満ち潮となって戻ってくるだろう」。

そのジョサイアが最も誇り高く披露する自慢話の一つはこうだ。「八二年間の多忙な生活でボストンを離れたのは、たった一晩だけさ。それは、ナハント〔マサチューセッツ湾内にある、本土と道路でつながった小さな島〕に旅行したときだ」。

父はウォルター・キャンプに選出されたハーバード大学からの全米選抜アメリカン・フットボールの選手だったが、一九二〇年代に投資銀行家になり、一九三〇年代の大恐慌で破産した。父フレデリック・ジョサイア・ブラッドリー・ジュニアはフレデリック・ジョサイア・ブラッドリーの息子で、フレデリック・ホール・ブラッドリーの孫である。その八代前の一六三一年に生まれたナサニエル・ブラッドリーは、一六七三年にマサチューセッツ州のドーチェスターでリンゴ酒の営業権を得た後、一六八〇年に教会の下男になった。その仕事は「鐘を鳴らし、集会所を掃除し、洗礼用の水を運ぶ」ことだった。

父は、バック・ベイ〔ボストンの一地区。近くにボストン公共図書館がある〕のビーコン通り二一一番地で生まれた。両親が結婚して最初に住んだのは、ビーコン通り二九五番地のアパートだった。それからビーコン通り二六七番地に、ブラウンストーン製の家を買った。初の持ち家だった。そこに二三年間住んでから、通りの向かいにある二八〇番地のアパートに戻った。二人は冒険好きではなかった。

アメリカン・フットボール選手を引退した後、父〝B《ビー》〟ブラッドリーは、この時代のニューイングランドすべての名家出身者と同じく、銀行の使い走りから仲買人となり、バンク・アメリカ・ブレア社という投資会社ボストン支店の副支店長にまで、一気に上り詰めた。そして、転落した。ある日には、時代の寵児だった。次の日には、大恐慌が起きた。それから父は、資産家の友人たちが設立し出資した会社のために、利幅の大きい消臭剤とモリブデン採掘株とを売りこみに奔走しようとしていた。

家族の間では、一定数の親族が天国に行き次第、まとまった金が入ってくるという見込みがあった。とくに、トムおじと長生きしたポリーおばには、長いことその幸運が期待されていた。トムは祖父のいとこのようなもので、マサチューセッツ州西部のどこかの施設で暮らしていた。ヨット帽をかぶって、青いブレザーと白いフランネルをしみ一つも見あたらないほど清潔に着こなし、長窓越しに野原を眺めていた。いったいどこを眺めていたのかは神のみぞ知る、である。ポリーは老衰のため八〇代後半で亡くなるまで、ビーコン通り一一一番地に住んでいた。父と二人の兄弟は定期的に脈をとりに、彼女の家を訪れた。

そのような都合の良い親族が亡くなる前には、父はわずかな報酬でカナダにあるモリブデン鉱山の帳簿や、家族会員のためにさまざまな都市や地方の社交クラブの帳簿を管理していた。また、ボストン美術館の用務員を——年間三〇〇〇ドルで——監督していた。大恐慌の期間中、私たち一家はマサチューセッツ州ビヴァリーの森にある、パットナムという名の遠い親戚が所有している大きなヴィクトリア様式の家で、週末と夏を過ごした。家賃はその家の敷地と納屋を手入れすることを条件に、無料になった。父は情熱を込めてその仕事にあたり、私も近くにいるときには一緒に手伝った。

ビヴァリーに住めたことは、大恐慌の輝かしい副産物だった。セーラムとビヴァリーの湾から一マイル〔約一・六キロ〕も離れていない見晴らしの良い丘に、二〇エーカー〔約八万平方メートル〕の美しい森が広がり、そのなかにある二軒の家と二つの大きな納屋を家族で使用していた。この二軒の家の持ち主は、買い手がつかないこの時代に、売却を希望していた。私たちは夏の間は大きな家に住み、冬の週末はコテージで、というように暮らしていたが、それも、一九三二年から四五年の夏のある午後にいたるまでのことだった。父〝B〟と母ジョセフィーヌが、家を取り囲む大きなベランダでカクテルを飲んでいると、見知らぬ車が玄関のドアのあたりをぐるぐると行き来していたのだ。

家族の間で今でも語り継がれている話によると、ジョセフィーヌが「一体全体、誰なのかしら」と聞き、〝B〟は「さあね。たぶん、この土地を買おうと下見に来た人じゃないかな。もう一五年間も売りに出ているからね」と答えたという。

いまや数年ぶりに、ジョセフィーヌは胸の高鳴りを押さえることができなかった。修道院に入り長いことその存在を忘れさられていた高齢のある親族が、彼女に五〇〇〇ドル残して亡くなったのだ。ジョセフィーヌは管財人の一人で家族の友人でもあるハーヴィー・バンディ（後の国家安全保障問題担当大統領補佐官のマクジョージ・バンディの父でもある）に電話して、この土地すべてを得るために五〇〇〇ドルを出すつもりがあることを告げようというのだ。

そして、父が固まって動けずにいるのをよそに、ジョセフィーヌは椅子から立ち上がって行動した。ハーヴィーは五〇〇〇ドルでは売ってくれなかったが、一万ドルでなら、という話で落着した。そして、突如として、このすばらしい場所が私たちのものになったのである。ビヴァリーは、私が生涯にわたって野外活動《アウトドア》への愛を育んだところだ。父やその友人らと、枯れはてた巨大なブナの木を一本ずつ、反対側から二人用ののこぎりを使って切り倒したことなど、かけがえのない思い出しかない。何時間もかけてやぶを燃やした思い出は、半世紀経っても私をこの上なく落ち着かせてくれる経験であった。木に登り、蝶を採り、野菜を育て、妹の友達とお医者さんごっこをした。〝B〟と私は車庫にテニスの壁打ち用の板を設置した。天井の高さが七フィート六インチ〔約二・三メートル〕しかなかったため、バックハンドとフォアハンドを低く保つよう学んだので、雨の日にもすることには事欠かなかった。

ビヴァリーにあったわが家は、数年後に全焼してしまった。私たちは非常に大切なものを一つ失った。それは祖父が保管していた、三冊の大きな赤い革製のスクラップブックである。それには、父のアメリカン・フットボールのキャリアが記されていた。写真（光沢仕上げ）や、ありとあらゆる新聞に掲載されたスポーツ記事の数々。それは、友人らには〝B〟、スポーツ面では〝ビーボ〟と呼ばれていた、負け知らずのチームでプレーする、タフで足の速いハーフバックについてのものだった。

私は、『ボストン・グローブ』の切り抜きのことを覚えている。一九一四年一一月二三日のもので、パーシー・ホートン監督が自らのチームについて、ハーバード大がイェール大をやぶった後に、次のように述べている。「目の前にある写真を見ると、クーリッジはイェール大の二人の選手より三ヤード〔約二・七メートル〕以上は離されていなかったようだ……。ブラッドリーは半ヤード後ろに写っているが、このハンディにもかかわらず、最初のイェール大の選手をなぎ倒し、もう一人の選手との間隔も十分に離して、クーリッジにタッチダウンするスペースを与えることができた」。（ハーバード大の監督は当時、標準的なイギリス英語を話したり書いたりしていた。）クーリッジとは、父の親友T・ジェファーソン・クーリッジのことで、ハーバードの三ヤードラインでイェール大が取り損ねたパスでボールを奪うと、九七ヤード〔約八八・七メートル〕も走って得点したのだ。

父は体重が二〇〇ポンド〔約九〇・七キロ〕にも満たなかったけれども、頑強で胸板が厚く、力強くて足が速く、そして、話し方が穏やかだった。子どもの頃、父の腕に寄りかかり、喉の奥で転がるその深い声に耳を傾けると、そこにずっといられるような安らぎと安心感を覚えたものだった。

私の母には、少し夢みがちなところがあった。母ジョセフィーヌ・デゲルスドルフはニューヨーク出身で、ヘレン・ホーキンソンが描く典型的な園芸クラブの女性のようなヘレン・シュゼット・クラウニンシールドと、ドイツ系二世でクラヴァス・デゲルスドルフ・スウェイン&ウッドという一流の法律事務所のパートナー弁護士、カール・オーガスト・デゲルスドルフとの間に生まれた。ミス・チャピン校で何年もの間、走り高跳びの最高記録共同保持者だった。フランス語とドイツ語を流暢に話し、外見も美しく読書家で、野心的で異性の気をひくことにたけていた。一線を退いたオペラのスター歌手から歌のレッスンも受けていた。

母は、ジョーと呼ばれていた。ボストン郊外にあるブルックラインという町のデスクター校で、ある朝の全校集会で「あなたに電話をかけるとき」という歌を披露した際——母は歌詞を忘れてしまった。私は心臓がとまるかと思った。フィスク校長先生は「今日は最高の日、明日はもっと良い日に」を座右の銘としていて、過剰なくらい感謝してくれたけれども、ほんの一〇歳だったとはいえ、私は母のことを決して許すことができなかった。ジョーは理想の高い人だったが、それはほとんどの場合子どもたちに対してだった……社会的にではなく（私たちは社会的には十分恵まれていた）、知的な面で。わが家では金銭的に余裕がある限り女性の家庭教師を雇っていたが、そのほとんどは私たちがずっとフランス語を話し続けるよう、小枝のむちを使う無味乾燥な女性たちだった。毎週土曜日には、家族全員がフランス語以外で話すことは許されなかったのだ。私たちは、ピアノのレッスンを受けていた（いまだに右手の握りこぶしで「オールマン・リバー」が弾ける)。ブルックラインにあるヴィニョール乗馬学校で、乗馬のレッスンも受けていた。毎週土曜日の朝、ボストン交響楽団の子どもコンサート(指揮者はアーネスト・シェリング)に行かされた。毎年春に、メトロポリタン・オペラがボストン公演にやってくると、オペラに連れて行かれた。一二歳のときのある日など、『蝶々夫人』の午後の公演に連れて行かれたが、引き続き、夕食後にも『パルジファル』(主演はローリッツ・メルキオールとキルステン・フラグスタッド)を四時間も鑑賞させられた。仮病で学校を休むことはほとんどなかったが、それは学校を休めば、二時間にも及ぶ母の音階練習を聞かされるはめになるからだった。

思い返してみると、両親はちょっと変わったカップルだった。父は母の音楽の夕べでホスト役を務めさせられるか、参加するだけというときでも、上手くこなせないことが多かった。ビヴァリーの森で午後にやぶを燃やす習慣を母はすぐに嫌悪するようになった。父は言葉というものを愛していたが、何か主張したいことや語りたいことがあるときにしか、言葉を口にしなかった。ユーモアと機知に富んでいたが、笑うというよりかはほほ笑んでいることのほうが多かった。母はおしゃべりだったが、とくに緊張しているときにはその傾向が強くなった。ユーモアのセンスはまったくなかったが、よく笑った。見事な歯を見せて。

しかし、ほぼ半世紀の間、父は言葉でも行動でも母を支えていた。私たちは家族意識がとても強かったが、大恐慌後に女中たちが去り、自分たちでその代わりを務めるようになってからはとくにそうだった。夫婦でともに過ごした日々はたいてい楽しく、互いに支え合うものだった。私たちのもそうだった。

「私たち」とは、兄のフレデリック・ジョサイア・ブラッドリー三世と妹のコンスタンスだ。フレディはブロードウェイで、デイム・ネイチャーのモンゴメリー・クリフトの代役として出演したときに早々と自分の名前から〔Frederickの〕「k」、「ジョサイア」と「三世」とを捨て去った。コニーは生まれながらの舞踏会の華で、幼い頃に見よう見まねで舞踏会での処世術を学び、優雅に心地よくその仕組みに馴染んでいた。

私たち子どもらは日曜日の夜以外、食事室《ダイニング・ルーム》にて自分たちだけで早めの夕食をとった。皆が覚えているのは、夕食にはハンバーガー、デザートにはプルーンだったということだけだ。私は何ヵ月もプルーンを食べずに、テーブルの下の棚に積み重ねておいた。この作戦は、うまいこといっていた。ところが、ある夜テーブルに来客用の天板を置こうとしたとき、すべてのプルーンが床に落ちて埃まみれになってしまった。その場ですぐ私にプルーンを食べさせるべきかどうか、両親が議論していたことを覚えている。プルーンがいつも食卓にのぼったのは、私たちが便秘にならないか母が心配でたまらなかったからだ。たとえば、クリスマスの朝は子どもたち全員がトイレをすませるまで、プレゼントを開けに二階へは行けなかった。水を何回か流してトイレがすんだ、と偽ることができなかったのは、決まってコニーだった。この心配のせいで、ゴートン印の鱈の肝油を毎朝スプーン一杯飲み下さなくてはならなかった。それは、文字通り、肝油の味しかしなかった。ついに吐き気をもよおしてしまい、私は食事室の壁に肝油を吐いてしまった。何年か後に何度壁を塗り重ねても、顔くらいの大きさの染みが浮かび上がってきて、子どもの頃に虐げられた物言わぬ証拠となった。

　私は一三歳になるまで、兄のフレディとかなり激しくやりあってきた。いわゆる、とっくみあいというやつだ。ある夜、ボストンにあるわが家の三階から階段を下りてきたとき、二階では両親が開催したカクテルパーティーの真最中だった。私は気づくと投げ飛ばされていて、フレディが馬乗りになっていた。兄は私の頭を床に何度も何度も打ちつけ、降参しなければ絨毯に脳みそが飛び散ってしまうところだった。〝B〟は喧嘩にうんざりしていたので、二人を引き離そうとはしなかった。

　フレディは私より二歳半上で、とっくみあいのすべてに勝ってきた。そう、私がゴルフを始めるまでは。ある夏の日、五番アイアンを持ち出して手に取ると、私は血走った目でフレディの後を追った。フレディにゴルフクラブを振りおろす前に、幸いにも〝B〟が車庫へ通じる小道に立ちはだかって流血騒ぎを防いでくれた。そうこうするうちに私が一三歳になり、兄弟げんかは終わりを告げ、沈黙がとってかわった。お互い何年間も全然話さなかった。別々の世界に生きていたのだ。私が夢中になっていたのは主に外ですること――テニス、蝶々の採集、薪割り、女の子たちとの交流などだった。フレディが夢中になっていたのは、空想や俳優、演劇に関することだった。私は兄の世界を理解できずに軽蔑していた。兄は私の世界が退屈で無視していた。

　代々の女性家庭教師はその姿も性格も大分異なっていた。カオール先生は、控えめに言っても肉付きがよく、いじわるだった。まるまるした手で切ったばかりの小枝を持ち、フレディと私の後を追って、遊歩道をよたよた歩いていた。「お嬢《ゼル》」と呼ばれていたブーヴィエ先生《マドモワゼル》は上品ぶった気どり屋《スノッブ》で、生まれ故郷のサンピエール・エ・ミクロン諸島の完璧なフランス語を非常に誇りにしていた。そのとき、サンピエール・エ・ミクロン諸島がフランスの犯罪者が移り住んだ場所だと知っていたら、私たちの役に立っていただろうに。ブーヴィエ先生はフランス語と礼儀作法をしつこく正す以外には、コニーの相手ばかりしていて、フレディや私などはほったらかしにされていた。毎週土曜日に私たちがフランス語で父に話しかけるたび、父は「まいったなあ《ジーザス》」とつぶやくと、別の部屋に行ってしまうのだった。

この家庭教師事情はスイスからサラ・メティンというすばらしい女性がやってきたことで、驚くほど好転した。すぐにサリーという呼び名が定着したが、わずか一八歳で、アルプス仕込みの真っ赤なほおをしており——実に見事な身体つきをしていた。サリーは子どもたちがあまりにもまじめすぎるとすぐに見抜いて、何とかしようと思い立った。たとえば、少なくとも一日に一回はふざけて遊び回ったり、みんなで裸になってみたり。初めて見た乳房が、サリーのものだったということにいつも感謝している——私はほんの一〇歳だったけれども、ずっと忘れないだろう。

サリーはエディ・グッデイルという、マサチューセッツ州のイプスウィッチに家族経営のリンゴ園がある男と恋仲だった。エディは、第一次バード探検隊とともに南極に行っていた。サリーは、ニュージーランドからビーコン通り二六七番地〔つまり当時のわが家〕にエディからの手紙が届いた日など、愛と苦悩に満ちた涙を流しては、私たちに手紙にしたためられている南極の話を聞かせてくれた。南極から第一次バード探検隊が帰還したのは、ビーコン通りへ大恐慌が到来したのと、ほぼ時を同じくしていた。サリーはエディと結婚するため私たちのもとを去り、彼の実家の果樹園の運営を手伝うようになった。そこでは、バード探検隊から連れ帰ったエスキモー・ハスキー犬を飼っていた。私たちは長いこと、サリーと親しくしていた。週末になると、イプスウィッチでグッデイル家と一緒にすごし、犬の世話をしたり、リンゴを摘んだりしたものだ。私は、ハスキー犬の子犬を一匹譲りうけた。スクーカムという名のその子犬はすぐに私よりも大きく成長し、私を出迎えるたびに押し倒した。スクーカムは、家族の一員だった。だが、父の自慢であり喜びでもあった鶏小屋に侵入して、父が育てようとしていたクビワキジをみな食い殺してしまうまでのことだった。スクーカムはグッデイル家に戻された後、第二次バード探検隊とともに南極に行き、そこで英雄として死んだと聞かされた。病気になり、ある晩探検隊から離れていって凍死したそうだ。私は、スクーカムのことを非常に誇りに思った。

サリーが家を去ってから間もなく、他の使用人たちもブラッドリー家を続々と去っていったため、ベッドメイキング、部屋の掃除や料理、薪をもってくることなどを突然、すべて自分たちでやらなければならなくなった。大恐慌が私たちの元にもやってきて、まさに初めて人生に行き詰まりを感じる経験になった。最大の変化は、父が年間五万ドルの仕事を失い、大黒柱としての男性の威厳を失ってしまったことだ。子どもたちを私立学校に通わせるため、裕福で年老いた親戚の援助に頼っていた。両親はこの親戚たちを本当はあまり好きではなかったが、いまや、ご機嫌取りをせざるをえなかった。つまり、祖父デゲルスドルフや、人生で一日たりとも働いたことなどない私の名付け親でいとこのフランク・クラウニンシールドなど、親戚たちの機嫌をだ。フランクはクラウニンシールド家の者のなかでは最高齢で、フランクリン・ローズヴェルトやイギリスのものなら何でも忌み嫌うことでとりわけ知られていた。フランクは痔に苦しみ、尻のレントゲン写真を撮らなければならなかったとき、看護婦に向かって「良い写真を撮ってくれよ。そうすりゃあ、あのホワイトハウスにいるバカ野郎に送りつけてやることができるからな」と言い放った。援助をしてくれる親戚を訪れるのは、高利貸しへ支払いに行かなければならないときのように戦々恐々とするものだった。

家族では大恐慌以外の話題が口に上ることがほとんどなかった。あったとしてもほんの少し、ローズヴェルト大統領を軽く批判してみたり、ボストン市長ジェームズ・マイケル・カーリー時代の橋が崩壊すればちょっと憤慨したり、家族で休暇の話をしたり、深酒したりしたことくらいだ。

父は当初定職を見つけることができなかったため、午後五時前には家に帰るようになった。しかし、誤った自尊心にとらわれることもなく、さまざまな雑用に取り組んだ。クラブの帳簿を管理する見返りに、さまざまな会員資格を保っていられた。父の友人たちがサノヴァンという利幅の大きい消臭剤に投資していたため、父は知り合いの役員がいるボストンの大企業にその消臭剤を売りこもうとした。ボストン・アンド・メイン鉄道の車両をまるごと掃除して、同社の役員にサノヴァンの威力を実演してみせたこともあった。

もうずっと長いこと家にあった自家用車は4ドアのシボレーで、シボレーのディーラーがその試乗車を最大限目を引くものにしようとして、どぎつい青色で塗装したものだった。〝B〟は掘り出し物だったと得意げになっていたが、私たち子どもら、とくにフレディは、不必要に注目を集めてしまうので恥ずかしく思っていた。〝B〟がリアバンパー後部にあるスペアタイヤにサノヴァン社の文字が入ったカバーをかけたときなど、私たち皆が苦痛を感じた。

家族の話題といえば、自分たちや友人のことだった。そして、誰もが面白いとうなずける話はまだなかった。家族の間には、反ユダヤ主義もほぼ存在しなかった……その二〇年間に、ユダヤ人にまつわるジョークが二、三はあったかもしれないが。というのも、ミス・チャピン校の走り高跳びの最高記録共同保持者である娘と結婚したウォルター・リップマンを除いては、わが家族の風景のなかにはユダヤ人がいなかったからだ。リップマンはそのときにもその後にも、自分の宗教の問題には触れなかったので、私たちもそのやり方にならうことに満足していた。同様に、私たちの生活のなかには、文字通り重要なエイモス・ン・アンディというデュオ・グループ以外には、黒人は存在していなかった。アトウォーター・ケント社製ラジオから流れるエイモス・ン・アンディ、フレッド・アレン、ジャック・ベニーやエド・ウィンの出演放送を一分でも聴き逃すくらいなら、父は聖なるマティーニ「イエロー・ボーイズ」――ブース社のオールド・トム・ジン三に対してスウィート・ヴェルモット一の割合でつくられることから、その名がついた――すら、すぐに諦めたことだろう。私は大学一年生のときにハーバード大学で、同級生のレイ・ギルドに自己紹介するまで、黒人と話したことがなかった。

私たちはクリスマス休暇かイースター休暇には、ニューヨークの祖父母と過ごした。フォール・リバー行きの汽車やイースタン汽船でニューヨークへ向かう夜行船に乗ったときを除けば、全然気乗りしない訪問だった。いつも、ニューヨークではよそ者のように感じていた。それは自分が場にそぐわない服装で、洗練されてもおらず、きちんと認められているようには感じられなかったからだ――そう感じる理由の一部は、執事のエックマンやお抱え運転手のジミーとともに生活する祖父母の裕福な暮らしぶりにあった。祖父カール・A・デゲルスドルフは灰色の口ひげをはやした背の低い男で、ニューヨーク市イースト七三丁目三番地で送る普段の生活とマサチューセッツ州ストックブリッジで過ごす夏の生活が自分を中心に回っているのを楽しんでいた。食事のときはカールが最初に――時にはただ一人だけ――酒が入ったグラスを受けとるのだが、それは銀のトレーで供された。誰もが彼が話し出すのを待つか、話し終えるのを待たなければならなかった。

一九三〇年代半ばに、ローズヴェルト大統領はナチス・ドイツとのブラック・トム〔大爆発〕事件*の和解交渉を行うようクラバス社に依頼した。デゲルスドルフはドイツ系だったので、『ゴータ年鑑』を小脇にしっかりと抱え、優秀な助手ジョン・J・マクロイとともにこの件に取り組んだ。このマクロイは後年、アメリカ側の〔対占領ドイツ〕高等弁務官〔第二次世界大戦後、新たに発足したドイツ連邦共和国（西ドイツ）の発展を監督する役割を担った〕として、ドイツを監督することになる。私は祖父がヒトラーに謁見し、ヒトラーから『ゴータ年鑑』でその姓を確認したと告げられたという話を聞いたのを覚えている。やがて、あまり批判的

＊　一九一六年七月、ドイツの破壊工作員が自由の女神に面したニュージャージー州のブラック・トム島にある軍需倉庫一三棟を爆破した。

とは思えぬような表現でヒトラーのことを語っていたことも覚えている。

　祖母は温厚で献身的であり、世俗的な事柄にはほとんど興味を持たなかった。園芸クラブにいる典型的なタイプの女性だったのだろう。しかし、ボストン・レッドソックスのことはあまり気にかけていなかったにしても、自分を後回しにして他人を優先する人だった。だから、祖母との思い出は、愛情に満ちたものばかりだ。

　祖母の二人の弟である私の大叔父たちが、いつもニューヨーク旅行の目玉だった。まず、エドワード・クラウニンシールド大叔父。親戚や両親から受け継いだ家宝の家具を処分するためだけに、二度ほど骨董業に就いたとき以外には、一日も働いたことがなかった。この骨董業は長くは続かなかった。というのも、祖母がいつも家宝をすべて買い戻すので一気に大金が転がり込むのだが、在庫もつきて店じまいとなってしまうからだ。この大叔父は、背中には横帆のスクーナー船（中国への九〇日間の船旅の間に入れたもの）、右腕には腕いっぱいに巻きついた蛇といった具合に目を引くタトゥーを入れており、握手をしたり袖口を動かしたりするたびに、その蛇の尾がはっきりと見えた。エドワード大叔父は熟練したタップ・ダンサーだったが、ある真夜中、ニューポート港内でハロルド・ヴァンダービルトが所有するヨットの船首から、タップ・ダンスの真っ最中に振り落とされてしまった。大叔父はアヘンを吸っていた。だが、私は彼が亡くなるまでそのことを知らなかった。大叔父は、たとえば、化粧品業界では第一流の実業家でもあった女優エドナ・ウォレス・ホッパーや、当時テニス選手として最盛期にあったヘレン・ウィルス・ムーディのような、さまざまな有名人の女性をエスコートしていた。エスコート以外に何をしていたかは誰も知らなかったし、ミス・ホッパーの名前が口にされるたびに、「愛人」という言葉がささやかれていた。さらに、優れた素人《アマチュア》手品師でもあった。私たち子どもらは皆、大叔父が執事のエックマンに新しいトランプを一組持ってこさせてから、カードを五、六枚ひきさいて箱の中にしまい、トルコのメラクリーノ社製のひどい臭いがするタバコの煙で中を満たし、その煙を指ではじいて、煙の輪をいくつも作り出してくれるのが大好きだった。

　それから、もう一人の弟であるフランク・クラウニンシールド大叔父（もう一人のフランク・クラウニンシールドのいとこのようなもの）。このフランク大叔父は、雑誌『ヴァニティ・フェア』を創刊した編集者で、機知に富み、洗練されてもいた。話し上手で美術品の収集家でもあり、社交場での司会を務めた。伝説のアルゴンキン（ホテル）・ラウンド・テーブル〔ニューヨーク市マンハッタン四四丁目にあるアルゴンキン・ホテルの円卓での文化サロン〕のメンバー

（ドロシー・パーカー、ロバート・ベンチリーやアレクサンダー・ウルコットなど）で、ニューヨークにおける上流社会の歴史家でもあり、グラントランド・ライスというスポーツライターやヴィセント・アスター夫人というまったく異なる世界の友人をもつ人物でもあった。子どもの頃、フランク大叔父の所有しているアフリカの彫像、とくに私に巨大な矢のような胸を向けている、角張ってつやつやした裸体像や、印象派の美術コレクションの前にいると落ち着かなかった。しかし、この大叔父には一流の友人だけではなくスポーツライターの友人がいて、私のことも大人として扱ってくれたことが非常に印象的だった。あるとき、私が一二歳の頃だっただろうか、七三丁目から六三丁目にあるフランク大叔父が住むアパートへお茶を飲みに、妹のコンスタンスだけは連れてきてもいいということになった。呼び鈴に応えて出てきた大叔父は、若くて目を見張るような美しい女性にちょうど別れを告げるところで、私たちに急いで紹介してくれた。「ベニー、クレア・ブースを紹介しよう。私の愛人だ」。後にヘンリー・ルース夫人となるその人は当時『ヴァニティ・フェア』の編集長で、まったく気にもとめていない様子だった。しかし、私は真っ赤になってしまった。「愛人」がセックスと何やら関係している以上のことはわからなかったけれども、ボストンではその言葉がそれほど使われていなかったことだけは確かだった。*

私は一四歳、寄宿学校の九年生の頃――マサチューセッツ州サウスボロの聖マーク校では三年生にあたる――、ポリオにかかった。聖マーク校はニューイングランド地方に多数点在しているWASP《ワスプ》文化の本拠地の一つで、ゆっくりと消滅しつつある世界に加わろうと準備している少年たちに確固たる最高の教育を与えていた。選りすぐりの良家（最も裕福だとも言える）出身の少年たち一八〇名はWASPばかりで、学内ではムーアという生徒だけがユダヤ人だった。だが、実際にはカトリック教徒で、彼の母親もセ

＊　二〇年後、私はある夜遅くにジュネーヴのボー・リヴァージュ・ホテルでエレベーターを待っていて、隣にルース夫人がいるのに気づいた。彼女は当時イタリアに駐在中のアメリカ大使、私は新米ほやほやの『ニューズウィーク』のヨーロッパ特派員だった。二人とも外相会議の関係でジュネーヴにいたのだ。エレベーターはなかなか来ないし、他には誰もいなかったので、自己紹介をしようと決心して、エレベーターがまだ来ないうちに以前一度だけ会ったことがある、と切り出した。そして、いつの間にか愛人の話に触れてしまい、その話からもう後戻りができなくなってしまっていた。彼女はちょうどエレベーターのドアが開いた途端、私の顔をまじまじと見て、何も言わずに姿を消してしまった。私はと言えば、そこに取り残されたままだった。

ントルイスのピュリッツァー一族の出だったのだ。

一九三六年の春にポリオが学校で流行したが、二〇人以上が感染し一人が死亡、三人は生涯にわたって手足が不自由となり、私も含めて六人に数ヵ月間、麻痺の症状が続いた。ハーバード大学医学部の研究者はこのような名家の人間に流れる血液を実験用マウスに注射したくてたまらなかったのだが、それはこの隔離された伝染病からウイルスを得られる絶好の機会になると確信していたからだ。ポリオが毎年国中を席巻していた時代に生きていなければ、それとともについて回った恐怖を想像するのは難しいだろう。子どもたち——少なくとも私の仲間うちでは——映画を見に行ったり、果物や野菜を生で食べたり、公共のプールで泳いだりすることが許されなかった。母親たち（少なくとも私の母）の心は恐怖で一杯だった。

ある生徒が初めて正式にポリオと診断された後、全校の家庭にそのことが伝えられた。学校側は感染した子どもを家に帰宅させて新たにポリオをばらまく危険を冒すよりも、子どもたちを校内にとどめておくよう保護者に求め、私の両親もそれに合意した。学校で一日に二回ベッドの端で背筋を伸ばして座り、顎を胸にあてるようにいわれた。痛みがなければポリオではなく、もし腰に鋭い痛みを感じたら、おそらくポリオにかかっているということだ。

ポリオが流行しはじめてから一、二週間ほど経った日曜日、フレッド・ハベルと運動場で午後中遊び回っていた。私たちは全速力で競争し、走り、ハンマー投げと円盤投げをした。それから、シャワーを浴び、服を着替え、食事をしてからベッドの端に座った。二人とも激しい痛みを感じた。その夜遅く保健室で、インフルエンザのような高熱と痛みに苦しんだ。月曜日の正午までには、サイレンを鳴り響かせ三〇マイル〔約五〇キロ〕ほど離れたボストンに向かう救急車の中にともに並んで乗っていた。

父は入院費をうかせるため、かかりつけ医ジョージ・P・デニーとビーコン通りの家の外で救急車を待っていた。私は父に抱きかかえられて階段をあがり、妹の部屋のベッドへ運びこまれた。

フレッドのほうは救急車でマサチューセッツ総合病院に運びこまれたが、二日後に亡くなった。肺にまで麻痺が到達しており、手遅れだったためだ。フレッドは誰よりも有望だった。アイオワ州デモインからやってきた、この気さくでたくましい少年は喜びと友情とに満ちあふれ、人を疑うことも知らなかった。

最初の二週間というもの、ポリオはインフルエンザのような症状を示した。痛みや熱、頭痛などである。ある朝、痛みも熱もすっかり消えていた。体温が平熱に戻った。そして、ポリオを担当していた医師フランク・オーバーが呼び出された。オーバー医師はポリオの予防法や治療法を知らなかった。（映画『世界の母』のケニー看護師《シスター》は知っていたけれども、誰も知らなかったのだ。）それでもやるべきことはわかっており、私が仰向けに横たわって両親が悲痛な表情を目に浮かべて見つめる中、私の身体を調べ始めた。まず、頭皮を動かしてください、はい、次に眉を寄せて、眉毛を上げて、片目ずつ目を閉じてください、左目でウインク、右目でウインク、匂いを嗅いでください、唇と舌を動かして、つばを飲み込んで、咳払いをして、はい、深呼吸をして、咳をして、くしゃみをして、耳を動かしてみてください、などなど。右腕の指から肩へ、それから、左腕の指から肩にかけても動かせるか調べられた。

　体を転がすところまで、検査は首尾よく進んだ。ベッドから数センチ以上肩を上げることはできなかった。内臓の筋肉が正常に機能していないと理解するのは容易だった。残りの検診は長くかからなかった。腰は少し動かすことができたし、排尿することも可能だった。父は私を三〇分近くも抱き上げ、重力の法則に従わなければならなかったが、なんとか排尿することができた。いつも思いのままにいくとは限らなかったが腸も機能していた、というのがおおよそのところだ。脚はまったく動かせなかった。

　涙管は正常に機能していた。家族全員分。しかし、あまり間を置かず、これからどうしていこうかと、全員で話し合った。脚には装具が必要になりそうだった。何の感覚もないと、脚が真っすぐな形にならない恐れがあるからだ。私の足を固定するために装具には足板が必要で、上のシートの重みで足の裏が下のシートに到達し、偏平足にならないようにする。誰か（全米選抜アメリカン・フットボール選手だった父）が私の入浴を介助しなければならなかった。さらに、神への祈りも捧げられた。

　何年も後に、ポリオにかかってから突然自分の身にふりかかった事態の数々を振り返ってみると、当時、障害のある生活が永久に続くという不安で一杯にならなかったのは信じがたいことだと思う。私は内省する柄ではないが、正直言って自分の未来を心配したことはなかった。一度たりとも。自分が車椅子に乗ったり、装具をつけて松葉杖をついたりするところを思い描くことなどなかった。将来の自分を想像することもほとんどなかった。

　自慰の快感を覚えたのはこの頃だったが、その部分がすべて「正常」に戻ったと知ったときには、幾分か励まされる思いだった。

　グラント研究の精神科医たちは——そしてその後継者たちも——私が新しい現実に適応する能力にいつも感銘を受けていた。今となっては、現実に適応していたのか、単に無視していただけなのかはよくわからない。ともあれ、フレッド・ハベルが亡くなった四週間後、私は再びサイレンを鳴らした救急車（両親の友人たちが費用を出してくれた）に乗って、ビヴァリーの大きな家に向かった。ベッドからは、数年前にツリー・ハウスを作った大きなトウヒの木が見えた。ベイカーズ島辺りで響く霧笛が聞こえたり、窓の外で行きかう人々の会話に聞き耳を立てたりもした。兄と妹は新鮮なラズベリーや濃厚なクリーム、Ｓ・Ｓ・ピアース食料品店から次々にやってくるごちそうが私のもとに――母の友人から贈り物として――トレーで運ばれてくる様子に、あきれて首を横にふるばかりだった。この二人はごちそうを尻目に、七三日間連続でハンバーガーとアップルソースばかり食べていたのだ。甘やかしすぎだ、としょっちゅううらめしそうにこぼしていたが、はっきり言って、それは控えめな表現だった。

　五月から六月にかけて本格的な夏の暑さがやってきたが、私は恐怖も退屈も感じなくなっていた。ベッドの天井につけられた一組のつり輪のおかげで、私は片側からもう片側へと横に移動することができた。母は特殊な教材の一つを使って、ブリッジのやり方を教えてくれた。父はサフォーク・ダウンズ競馬場で賭けろと、架空の二〇〇ドルを融通してくれた。何時間もかけて出走馬と過去の成績を調べ、大体二ドルを目安に自分の賭け金を注意深く記録しては、ラジオでレースの結果を聴いた。労働者の日《レイバー・デイ》〔九月の第一月曜日にあたり、アメリカの大半の州やカナダでは休日になる〕までに二五ドルがもうかったことを覚えている。父が賞金をくれたのだ。私はスポーツ欄を隅から隅まで読み（他の欄はあまり読まなかったが）、ＷＮＡＣというラジオ放送局でフレッド・ホーイが実況中継する、レッドソックスの試合を聴いていた。

　来客は少なかった。大人たちが数人、両親への得点稼ぎに訪れるくらいだった。ボブ・ポッターは聖マーク校のルームメイトで、友人のなかで唯一、運転免許が持てる年齢だった。ほぼ毎日立ち寄ってくれたのには驚いたが、うれしかった。他の友人の母親たちはポリオをとても恐れていたので、ポリオは二週間後には感染力を失うという医者の意見を無視し、子どもたちを私のところへは行かせないようにしていた。

　それから、レオ・クローナンも見舞いに来てくれた。ノートルダム大学に在籍している体格のいいスポーツ選手で、ボストンのノースショアで夏場に遊び場を提供し、かろうじて生計を立てていた。レオは私たち少年グループに一日五、六時間ほど、さまざまな球技の技法を教えてくれた。たぶん二三歳か二四歳くらいで、ノートルダム大学の伝説のアメリカン・フットボールの監督「ミスター・ロックニー」のことを、畏敬の念を込めて話した。レオは偉大なスポーツ選手になるには背が足りなかったが、強靭な筋肉と心の持ち主だった。ほぼ毎晩、故障した〝選手〟の一人を見舞いにやって来ては、食事にありついた。毎回ほぼ一クォート〔約一リットル〕の牛乳を飲み干し、前夜の残りもののハントリー&パーマーのビスケット（実際にはクッキーだった）も同様に平らげた。これこそが大恐慌、クッキーがレオの夕食だった。

いつなら立つ練習ができそうかな。いつなら勇気が出せそうかな。そう口にし、私に再び歩くことを考えさせてくれたのはレオだった。痛みはなかったが、まだ足の指を動かすことができなかった。脚が装具にしっかり固定されていたので、脚に対する変化は何一つ感じなかった。各装具は二本の鋼鉄製の平棒でできており、両側には脚を当てるところが垂直についていて、脚の左右の脇を通っている。数センチごとに皮ひもで留めてあるので、脚そのものはベッドから少し浮いていた。平棒自体は曲線状の細長い金属板で、股の部分がつながれていた。この装具を身につけて立ち上がるのを考えるだけでも苦痛だったが、レオは私に――決して両親にではなく――〝俺たち〟で夏が終わる前に立ってみるのだと告げた。問答無用だった。

六月が終わる頃までには私に自分で立とうという意欲を持たせると、レオは、私の肩の下に腕を回して支えながら立つ練習を始めた。最初は足板に体重をかけられなかったが、少しずつかけられるようになった。そのせいで装具が股に少し食い込み、ほどなくして、さらに食い込むようになった。けれども、そろそろ立てそうだと思ったし、レオも、倒れそうになったときにはつかまえてやるから、お前に一人でやらせてみるつもりだと言った。そして、実際に一人で立つことに挑戦させてくれた。翌晩、レオが私に一人で立つところを両親に見てもらう心の準備ができたかと聞き、居間にいる両親を上の階に呼んだ。私は装具の痛みに顔をしかめつつも立っていた。

私たちは皆、それぞれがほっとして涙を浮かべた。レオはさらに牛乳を一クォート、ビスケットを一箱平らげ、この次は装具を着けない状態で立つ計画を練り始めた。八週間後、筋肉の衰えた腹部（まだ本物の腹筋がなかった）を固定するためにコルセットを装着した私は、松葉杖をついて、ボブ・ポッターとエセックス群クラブで最初のティーイングエリアに立ち、ゴルフ場を数ホールほど回ろうとしていた。私はフェアウェイから五〇ヤード〔約四六メートル〕ほど離れた小川にボールを打ち込んでしまったので、ボールを引き上げようとそのエリアを離れ、片足を引きずりながら歩いて行った。一つだけトラブルが起きた。水深二インチ〔約五センチ〕ほどのところに沈んでいたボールを取り出そうとかがんだところ、体を起こしたり腰を曲げた体勢を維持したりする力がまだなく、そのまま小川のなかに落っこちて、岩に頭をぶつけてしまったのだ。ポッターに引き上げてもらった。血だらけになってしまったが、自分に満足していた。

学校に戻る時期になり、私は「回復」した。走れはしなかったが、片足を引きずらずに歩けた。体は動いたので、無邪気にも翌年にはスポーツに復帰しようと考えていた。

＊＊＊

聖マーク校は丸い杭を丸い杭穴にぴたりとはめ込むように、優秀な生徒はさらに優秀な生徒に、優秀なスポーツ選手はさらに優秀なスポーツ選手へといった具合で生徒たちを育てつつ、社会福祉活動、討論会や課外活動全般のような新たな機会を提供することに特化していた。

四角い杭たち——兄フレディのような——、単に型にはまろうとしない者は惨めだった。そのような生徒たちは、〝礼拝堂の髪の毛パサパサ野郎《ドライ・ヘア・イン・チャペル》〟と呼ばれていた。かれらは何としてでもスポーツを避けていたので、午後、スポーツをした後にシャワーを浴びる必要がなかった。そのため、日課の夕礼拝に現れたときには——聖書を一回朗読し、祈りを二回捧げ、賛美歌を一回歌うのだが——骨のように干からびた髪のままだった。大学新聞『ハーバード・クリムゾン』の代表や後のCBSニュースの副社長ブレア・クラーク、後にピュリッツァー賞を受賞し詩人と認められたロバート・〝キャル〟・ローウェルらのような髪の毛パサパサ野郎どもは大目に見られてはいたものの、明らかに〈部外者《アウトサイダー》〉のほうに分類されていた。そして、これは私にとって、〈部内者《インサイダー》〉対〈部外者《アウトサイダー》〉という複雑な問題に対する最初のレッスンになった。〈部内者《インサイダー》〉でいるのが好きだったので、自分が〈部外者《アウトサイダー》〉に甘んじる勇気を出し、探究し、楽しむようになるまでには長い時間がかかった。

筋肉の衰えた腹部を固定するため、コルセットを装着して聖マーク校に戻ったので、スポーツ活動にはやや支障が出た。アメリカン・フットボールは、プレーする前から即刻退場だ。お呼びですらない。冬にはホッケーを試してみたが、足首では滑れまい。野球のほうが少しはましだったが、何とか一塁へ走っていくのがやっとだった。そこで、討論会やら編集やら——挙句の果てには演劇にまで、髪の毛パサパサ野郎がするような活動に目を向けた。この前年に、モリエールの『いやいやながら医者にされ』の口がきけない女役でちょっとした成功を収めたのに続いて、学校劇で警官を演じたのだ。私はグラフ雑誌『ライフ』創刊号からの予約購読を四八件分も売り上げることに成功した。マーガレット・バーク＝ホワイトが撮影した、モンタナ州フォートペックのずば抜けてすばらしい写真が表紙になった『ライフ』創刊号が、どれほどワクワクするものにみえたかを今でも覚えている。私は学内の月刊誌『ヴィンデクス』の交流編集者になりたくて奮闘した末に、その座を手に入れることができた。交流編集者がやらねばならない唯一の仕事は、東海岸にあるすべての女子校の編集者たちに手紙を書くことである。その内容とは、自分たちが発行する月刊誌の購読を無料で提供するかわりに、女子校で発行予定の一一年生と一二年生〔日本の高校二年生と三年生に相当する〕の写真が掲載された卒業アルバムの購読金を無料にしてもらえるように依頼するものだった。

学校中で最も知的な意味で好奇心をそそられたのは、イギリスの偉大な詩人、ウィスタン・ヒュー・オーデンで（一学期間だけしか在籍しなかったが）、私たちの英語教師、リチャード・〝ぼんやりディック〟・エバハートの友人だった。オーデンの思い出は、二つある。左下の頬に大きなほくろがあったこと、あまり、入浴しなかったということだ。彼が作った詩の記憶がないことも、その詩が思い出せないことで恥ずかしかった記憶もない。生徒たちは皆、後に著名な詩人になったディック・エバハートが好きだった。エバハートは一九五九年から六一年までアメリカ議会図書館の桂冠詩人を務め、当時は、議会図書館の英詩顧問としても知られていた。聖マーク校の英語教師としては初めて自慰行為をたたえる詩を書いたが、ある秋、D・H・ローレンスの『チャタレイ夫人の恋人』を一冊、税関の目をかいくぐって、私たちのためにこっそり持ち帰ってきてくれた。

歴史、政治、古典のような伝統的な科目では、私の成績はたいていクラスで二位だった。一位だったのは後にビック・ケミカル社で重要人物になったヘンリー・マンローで、『タイム』の時事問題クイズでしょっちゅう満点をとっていた。私がクラスで一位になれたのは、マンローがおたふく風邪にかかった週だけだった。

ポリオから回復後の夏、聖マーク校がニューヨークの白人の子どもたちを対象に運営している〈ビッグ・ブラザーズ〉〔アメリカの非営利団体。犯罪を未然に防ぐため、親がいない少年の相談相手をする〕で、子どもたちの相談員として二週間、ブラントウッド・キャンプで過ごした――そこで、生まれて初めて恵まれない子どもたちに出会った。銃も初めて見た。ニューヨークからやってきた一四歳の〝ニック〟が45口径のコルト式拳銃を使って、自分の縄張りを私の宿泊小屋にまで広げようとしたときだ。（銃弾は入っていないことがわかった。）フォール・リバーからやってきた九歳の〝ジョーイ〟が池に用心深く飛び込んだのに運よく気づき、底から救い上げてやった。ジョーイは、かなづちだった。小さい男の子たちが語る、使われなくなった倉庫から鉛パイプを盗んできた話にも耳を傾けた。タバコも初めて吸った。

ビヴァリーに戻ると、一六歳の誕生日を迎える少し前に、五〇〇〇部を発行していた『ビヴァリー・イブニング・タイムズ』で使い走り《コピーボーイ》の仕事（父が見つけてきてくれた）についた。父は社主と知り合いだったし、面白いかもしれないと思った。夏の半ば頃に自動車免許をとって車を入手するまでは、父が仕事に行く途中に私を乗せていってくれた。この車は父が知る酒の密売人が所有していたものだったが、シボレーの一九三〇年型か一九三二年型のクーペの中古車で、三〇〇ドルだった。後部にはスプリングがなく、酒を置く場所を確保するために折り畳み式の座席にあった座席は取り外されていた（なくなっていた）。その夏の大半は、クレイトン・クリーシー地域報道部長とスタントン氏にコーヒーを調達してくる仕事をしていた。スタントン氏は、〔電灯の光がまぶしいのを避けるために〕緑色のバイザーがついた帽子をかぶった、猫背で親切な、感じの良い年老いた男性で、訃報担当部にこきつかわれていた。

　間もなく、私と相棒のコンリーに「街角通信」を書くことが許された。これは一、二文で構成された地元住民に関する短い記事で、毎日掲載されるコラムである。*ビヴァリーはボストン北部の海岸にある最後の工業都市であるとともに、最初の避暑地でもあった。経済的にはユナイテッド・シュー・マシナリー社の大きな工場が強い影響力を示していた。「街角通信」のネタを集めるために、キャボット通り中のお店に次から次へと立ち寄ってはそこで働く人たちに、何か変わったことがないかと聞いて回った。誕生日の方や生まれた子ども、亡くなった方は？　病気になった方は？　ご家庭への来客は？　休暇のご予定は？　家の模様替えは？　パーティー、退職、堅信礼〔キリスト教で、すでに洗礼を受けた者が信仰告白を行い、正式な教会員となる儀式〕のほうは？　大学に入学される方は？　大学の成績優秀者に選ばれた方は？　私はコラム一本につき週給五ドルに加えて二ドルをもらい、重要な教訓を得た。それは、人は心地よく感じていれば、話をしてくれるということだ。最後の週には、初めて死体を見た。ある男がイプスウィッチ近郊で、ボストン・アンド・メイン鉄道の列車の前に頭から突っ込んで自殺したのだ。検視官は脳を見たことがあるかと聞くと、前かがみになって、その男の脳をビニール封筒に素早く移し入れた。そのとたん、私は嘔吐してしまった。その後、ピーボディ〔・エセックス〕博物館で展示されている模型船について特集記事を書いた。一九三七年八月、一六歳の誕生日の直前に書いた、私にとって初の署名記事「模型船の展示、エセックスの博物館へ観客をいざなう」の冒頭に置かれた前文《リード》は次の通りである。

「サウス・エセックス、メイン通りのステファン骨董店の趣ある屋根裏のギャラリーにて、アメリカ赤十字社エセックス支部が船の模型を展示中。その多くは、著名な造船業者を祖先に持つエセックスの家庭から寄贈されたもの」。どこで、誰が、いつ何をしたか……、四七語におさめた。

　あの頃のボストンの名家――少なくとも、多少なりとも生粋の血が入ったボストン市民――は、性《セックス》に関することは禁じられていなかったにしても、抑圧されていた。性的な経験についてはあたかも実際に経験したかのごとく、他人の話を聞いて想像するようなものだった。ジプシー・ローズ・リーや、ハワード・バーレスク劇場がボストンに登場するのは数年先のことだった。ヘディ・ラマーがオーガズムを見せた『春の調べ《エクスタシー》』という画質の粗い外国映画は、刺激的ではあったが恐ろしくもあった。まだ『プレイボーイ』という雑誌は存在せず、床屋で読まれていたのは『フォトプレイ』に載っていたキャル・ヨークが書くハリウッドに関するゴシップだけで、ファッティ・アーバックルというコメディアンや、素性がはっきりしない若手女優たちの乱痴気騒ぎに関する漠然とした噂話についてのものだった。

それでも周囲には女の子たちが存在したし、夢想するのに妹のコニーの友人たちはふさわしい集団だった。ある日の午後、私は初恋の——そして、生涯の心の恋人——ジェニー・マッキーンを映画に連れて行き、何はともあれ、ついにキスをしようと固く心に決めたことを覚えている。ところが、私は生涯悩まされる問題に出くわした。映画はベティ・デイヴィスが主演を務める『愛の勝利《ダーク・ヴィクトリー》』だった。その映画を見ている間中、ほぼ汗だくになりつつも、互いに手を握っていた。だが、映画の終わり頃にベティ・デイヴィスが失明し、天使の歌声が最高潮に達していくなかでどこまでも続く大きな階段をゆっくり上っていったのを覚えている。突然映画が終わり、明かりがついても涙がとまらなかった。もちろん、ハンカチなど持ってはいなかった(一六歳でもっている奴などいるだろうか?)。ティッシュもなく涙をぬぐえるものといえば、ポロシャツの裾の部分しかなかった。ジェニーを家で降ろしたときに、私はぎこちなく勇気を振り絞ってキスをしようとしたが上手くはいかなかった。家にたどり着いたとき、ちょうど妹が電話でジェニーの笑い声を聞いているところだった。

寄宿学校へ戻ったら、一一年生として——名づけ親で、金持ちのデュポン家と結婚した以外にとりえのないいとこ、フランク・クラウニンシールドが学費を出してくれた——成果を挙げる生活を送ろうと、私は決意していたらしい。健康状態は元通りではなくとも、かなり回復していた。学校の頭文字《レター》〔優秀なスポーツ選手に与えられる布製の大きな頭文

＊「ベイ通り二番地在住のエドガー・メイン、セーラムのチェリー通り一三番地在住のアルフレッド・H・マッサリー、ボー通り四三番地在住のネイサン・デイヴィッドソンら地元の小売業三名、新たに入手した船の進水をけさ実行」。
「マティーズ通り二二番地在住のチャールズ・キャラハン夫人、ノヴァスコシアにいる兄弟を一週間ほど訪問中」。
「ロウリー在住のシャーロット・ピーボディ嬢、プラム島で三週間ほどの休暇後、ビヴァリー病院の勤務に復帰」。

字で、上着などに縫い付ける〕こそもらえなかったけれど、アメリカン・フットボールとホッケーの代表選手になったし、野球では先発一塁手として出場し、グロトン校を打ち負かした。その数週間前、ミルトン校との試合でホームランを打ち、すべての塁を貨物列車のようにすさまじい勢いで駆け抜けていったときには、母と祖母が声をあげて泣いていた。テニスではジョージ・パーマーとダブルスを組み、学内優勝した。成績は上がり続け、クラス委員になり、卒業アルバムの編集委員にも指名された。

あれから半世紀後、聖マーク校のような寄宿学校、とくに、男女別学の寄宿学校について説明することは難しいようだ。親たちはとても重要な時期の大半、自分たちの小さな息子（仮にジョニーとしよう）を家から離れたところへ送り出すことに、罪悪感を覚える。そして、その小さな息子《ジョニー》たちは、現代文化の自由なものの見方から寄宿学校のみでしか通用しない独自の規律に切り替えてゆくことがなかなかできない。最高水準の教育が供されていたが、供されていなかった教育——人種、貧困、反ユダヤ主義、犯罪、わずかでも対抗文化的なものなどについての——も広範囲に及んだ。

しかし、それでもなお、一三歳から一七歳までの五年間、毎年九ヵ月ものあいだ家を離れて過ごしたことはとても良い経験だった。これが、後にグラント研究の研究者がとくに興味を示した「生活への適応力」の始まりだったのだろうか。私は、両親が自分を愛してくれたことを知っている。まぎれもない事実だ。私は、聖マーク校のような学校で上手くやっていくようにプログラムされ、丸い穴にはめこまれることを待っているまっさらな丸い杭であった。反抗し、皮肉を言うか不満をこぼしたりすることをまだ心地よく感じる年頃ではなかったのだ。今、かつてよりも、異なる素質を持った個性ある子どもたちを受け入れることができなくなっている教育機関について、私は憤りを覚える。

一九三六年〔三七年の可能性もある〕の夏、ブラントウッド・キャンプに六週間滞在していた独立記念日に、人生で初めて留置所で夜を過ごした。その夜は、ニューハンプシャー州ピーターボロにある古風で上品なダブリン・インで始まった。その場で、友人にライ・ウイスキー〔ライ麦を主原料とする〕がどんな味なのか、試してみるようしつこく勧められた。オールド・オーバーホルト、あるいは皆が「古びたオーバーコート」と呼んだライ・ウイスキーはまったくひどい味で、私に強烈な変化をもたらした。夕食後、キーン（ニューハンプシャー州）の州物産展に場所を移動し……皆飲んだくれてすっかり調子にのり、もうすぐやって来るフットボール・シーズンのことで頭が一杯だった。私同様ポリオを経験し、後の聖職者ビル・パーソンズとスリー・ポイント・スタンス〔アメリカン・フットボールでプレー開始前に片手と両足を地面につけて構える姿勢のこと〕で構え、友人が「セット！」と叫ぶごとに、あらゆる方向に突進していった。

やがて、私たちは他の人々にもタックルし始めたが、そのなかにすっかり退屈した州警察官がいたのは、避けられない事態だった。四人は留置場に連行された。私、パーソンズ、後のマサチューセッツ眼科耳鼻科病院の眼科長ヘンリー・F・アレン博士ことヘンリー・アレン、幼なじみのハーバート・シアーズ・タッカーマンである。翌朝、キャンプ長の保護監督のもと釈放されたが、数時間後には炎天下のなかで一〇〇人の子どもたちを出迎えなければならなかった。私はその夜の逮捕歴が正式な記録として残り、公職に立候補する際FBIが発見するのではないだろうかとずっと気になった。

私の家族は酒とあまり上手く付き合っていくことができなかった。兄は酒から立ち直りつつある。アルコール依存症を克服するために、勇気を振り絞って抜け出すことに成功した。私はこれまで、兄のようにあんなにも激しく何かに立ち向かったことはないと思う。父はとにかく大酒飲みで、酒が入ると性格が豹変してしまうのを本人に納得させることが家族の誰にもできなかった。

大恐慌後に父が見つけた最初の職は、ボストン美術館でのものだった。そこで父は作品を掲示し、展示室や彫像などを——そしてトイレも——清掃する用務員の監督者を務めた。給料は年間三〇〇〇ドルだった。何人かの親族が亡くなり、家族の運命が好転するまでの困難な時期を、マサチューセッツ州仮釈放委員会で委員を務めながら乗り切った。父の友人レヴァレット・ソルトンストールがマサチューセッツ州知事になって父を任命し、父も真剣にその仕事に取り組んだ。〝B〟は仮釈放という判決よりも、ボストンやマサチューセッツの政治に君臨し続けている悪党たちのほうを好んだ。とくにパトリック・J・〝ソニー〟・マクダナーとは仕事でよく顔を合わせた。マクダナーは知事評議会の選出議員で、仮釈放委員会に出席する男性たちの役割を代行する人物だった。委員会での聴取に対し、仮釈放を請求する男たちの弁護人を引き受けていた。〝B〟が話してくれた、ブリッジウォーター（マサチューセッツ州）の州刑務所で行われた委員会に数分遅れて到着したときのことを忘れることは決してないだろう。〝B〟が着席したとき、ソニー・マクダナーが依頼人の隣に座っていて、こういうのを聞いたそうだ。「あいつがブラッドリーだ。用心したほうがいい。まったく動じもしない奴なんだ」。

母も大恐慌の間にボストンのニューベリー通りにある婦人用品店に働きに出た。店はADEMという名で、経営陣であり母の友人アデレード・ソヒエとエマ・ローレンスの名をとってつけられたものだった。

　母が働きに出たことには、私たちや母の友達みんなが驚いた。母は誰もが思い描くような典型的な働く女性ではなかったからだ。確かに、よく気が利き、とても美しくて社交的だった。だが、体を使った仕事はしたことがなかった。母は、あまりたくましそうには見えなかった。ところが、実際にはたくましかったのだ。数年後、母は自分の父親にお金を借りて二人から店を買い上げ、自ら経営を始めた。それには年に二回、ニューヨークの七番街へ服飾品を買い付けに行くことも含まれていた。

　この時期、わが家のクリスマスは質素なものだった。子どもたちが吊るした長靴下には贅沢品ではなく、昔ながらの〔贈り物である〕オレンジがつま先に、その上には靴や下着、櫛などの必需品が入っていた。家族の運が上向きになるにつれ、五ドル金貨が入っていたり、コニーが家族《ファミリー》の指輪《リング》〔家族の一部か全員の誕生石が入った指輪のこと〕をもらったりしたことを覚えている。私はある年のクリスマスに「すごい」プレゼントをもらった。それはフレキシブル・フライヤーのそり〔座ったり腹ばいになったりして雪の上を滑ることができる、当時最新式のもの〕だった。クリスマスの午後、ボストン・コモン公園へそり滑りをしに、父に連れられて歩いて行ったが、ある通りを横切るときにタクシーに後ろの脚板をひかれてしまい、滑ることができなくなってしまった。今でも、あのひん曲がった脚板を描いてみせることができるだろう。

　数年後の誕生日に、人生最悪のプレゼントがやってきた。ポリオのせいでテニスよりもゴルフをせざるをえなくなり、ゴルフクラブが短くなったから新しいものがほしい、とお願いしていたのだった。クラブをもらえはしたが、それは運動選手ですらない兄からのおさがりで、兄のほうが新しいものをもらっていたのだ。私の誕生日だったのに。当時、私には理解できなかった。いまもなお、理解できないままでいる。

　一九三七年の夏、ニューヨークの祖父母が私たちに六週間のフランス旅行をプレゼントしてくれた。私たちは、第二次世界大戦で最初に沈没した蒸気船の一つシャンプレーン号で、ほぼ一〇日間におよぶ船旅をした。帰りは進水して間もない蒸気船ノルマンディー号で戻ってきたのだが、五日もかからなかった。母、叔母のアルマ・モーガン、その夫ティックと娘のテューディ、そして、私たち子どもら三人が一緒にエコノミークラスに乗った。私はニューヨーク州オールバニーから来たきれいなキャサリン・アダムスと恋に落ちて、交換日記をしたことは覚えているものの、キスをする勇気はなかった。パリ万国博覧会で観覧車に乗ったこと、『パリ・トリビューン』にはボストン・レッドソックスのニュースがまったくなくてつらかったこと、ロワール渓谷にある城をすべて見てまわったこと、手伝いを一番よくしたほうびに一〇ドルをもらったことも覚えている。

第2章 ハーバード大学

高校生活最後の年――一九三八年から三九年――までには、戦争の気配がここ辺鄙なサウスボロにいてさえも感じられた。その頃、セックスをしようと試みたり（これは失敗）、ハーバード大学に自然な流れで入学しようと試みたり（こちらは成功）していた。また、緊張したりためらったりしながらも、ヒトラー、大東亜共栄圏や共産主義について、皆で語り合っていた。プリンストン大学では〈未来戦争の退役軍人会〉が有志によって結成されたが、私たちはそのことを非常に洗練されていると感じ、大学はカッコいいところだと確信した。私は、できるだけ多くの課外活動に参加した。たとえば、スポーツでは学校の頭文字《レター》を四つ（フットボール、ホッケー、野球とテニス）も獲得して、優秀選手に選出された。討論チームにもいたし、声がアルトからバスに変わってはしまったが、合唱団やグリークラブにも所属し続けていた。卒業アルバムの編集委員とクラス委員も務めた。当時を振り返ると、自分の将来に何が必要なのかもわからぬまま、手あたり次第に首を突っ込んでいたようだ。

何はともあれ、英語、フランス語、ギリシャ語では最優秀の成績をとったうえで、さらに、物理学の試験にも合格して、ハーバード大学に入学した。ハーバードに行けるだろうかとか、ハーバードに行くかどうかなどと疑問に思ったことはなかった。父も祖父もハーバードだったし、ブラッドリー家の何世代もがそうだった。一七九五年のケイレブ・ブラッドリーまでさかのぼると、一族のうちで合計五一人がハーバード大学へ進んでいる。ハーバード以外の選択肢をもちかけられることを検討されることもなく、ましてや、勧められるなどもってのほかだった。兄フレディは、聖マーク校から「自主退学を勧告」された後、ブルックスクール校を卒業する二日前に喫煙のかどで退学になったものの、当然のごとくハーバードに進学した。

ところが、フレディはわずか数ヵ月で、ハーバード大学を退学した。家族の誰にも知らせずにニューヨークへ行ってしまったが、幸運にもブロードウェイで芝居の役にありついたのだ。兄は幼い頃から演技をし、さまざまなアクセントで独り言を言って、家族を仰天させる物真似の才能に磨きをかけてきた。兄は──当時も今も──母や祖母、サージェント叔父さん、後には、さまざまな義理の家族たちの物真似はもちろん、ノエル・カワード、ローズヴェルト〔大統領〕夫人、タルーラ・バンクヘッド、キャサリン・ヘプバーンらの物真似などもやってのけたので、私など笑いのあまり、涙が出てしまうほどだった。兄はまだ寄宿学校にいた頃にも東海岸のさまざまな場所で夏季公演に出演してはいたが、ほんの一九歳でブロードウェイに出演できたのだ。家族のなかで「芸術家肌の」母は俳優になった息子にやや困惑していたのに対し、自然を愛するスポーツマンの父はこの上なく誇らしげだった。

ハーバード大学で得たこれまでにない自由は、私には衝撃的なものだった。ハーバードは私が住むビーコン通りから川を渡って数マイルのところにあったが、別の惑星のように思えた。アイビーリーグの大学間にある違いについて、こんなたとえ話がある。プリンストンでは、〔新入生に〕プールがどこにあるかを案内し、泳ぎ方まで教えてくれる。イェールでは、プールに放り込んで、泳ぐところを見物している。ハーバードでは、泳ごうが沈もうが、気にもしない。そのハーバード大学ではいくつかの授業を除き、出席さえもが選択制だった。私はマイケル・カルポビッチ先生のロシア史の授業には、一度も出席しなかった（評価はDだった）〔アメリカの大学では、A（90～100点）、B（80～89点）、C（70～79点）、D（60～69点）、F（59点以下、不合格）〕。どの学期にも授業は好きなだけ──少なくてもよかったが──とることができた。さながら、好きなものを好きなだけ頼める飲み放題のようなものだ。新入生が見渡す限り、広々とした道が前途洋々と続いていたが、道の先がどこへ行きつくかはまだわからなかった。

私たち新入生がハーバード大学に到着する一週間前に、ヒトラーがポーランドの中心部に侵攻したことを除くならば、の話だ。新入生登録を行った週の九月三日、イギリスとフランスがドイツに宣戦布告した。私たちは戦争になるだろうということを知り、真の意味で理解していた、ハーバード大学一期生だった。戦争になることを理解することで、私たちの行動や反応がすべて変化した。私や友人の多くも、海軍のＲＯＴＣ（予備役将校訓練課程）に参加した。ＲＯＴＣは、士官候補生に選りすぐりの──つまり、駆逐艦や巡洋艦の——任務のみを約束することで、エリートの地位をハーバードにもたらした。私たちは駆逐艦や巡洋艦での生活がどのようなものであるか、考えたことすらなかった。軍艦そのものさえも見たことはなかったが、華やかで危険な駆逐艦や巡洋艦を目指して向かっているという認識に、私たちの足取りも弾んでいた。

だから、何もしなくてもいい自由を実際に満喫できるようにするには、ROTCの講習とメモリアルホールで実施される軍事教練に出席しなければならなかった。さもなければ、一兵卒としてヨーロッパのぬかるみに向けて進軍するはめになる。

戦争の気配が身近に迫り、誰もが明日はわが身が戦場だ、飲めや歌えや、楽しくやろうや、とつまらない大騒ぎをしがちだった。とくに、酒だ。私はニューハンプシャー州キーンで留置所に入れられてから二年間、酒を口にしなかった。しかし、トランプ・ゲーム、地下にあるビヤホール、社交界へのお披露目パーティーなど、何かと理由をつけてはしょっちゅうリッツ・バーに通い、再び酒をやるようになった。

ある夜遅く、ボストンのザ・リッツ・カールトンのロビーでガラスのケースに入った消火ホースを取り出し、友人に向けてふざけて放水するのが面白いことのように思えた。ホースを取り出し、水栓に手を伸ばそうとしたとき、ボストン警察の警官に取り押さえられてしまった。そして、床から一フィート〔約三〇センチ〕ほど抱えあげられ、再び留置所に連行された。相部屋の仲間——酔っ払いで歯がないスウェーデン人——が何度も嘔吐するのを聞きながら一晩過ごし、どうやら、父を知っているらしき判事のもとに連れて行かれた。判事は汚れきったタキシード姿の私を一目見るなり、「やれやれ、お父さんは、君にがっかりしているに違いない」と言い放った。

両親から借りた真新しい4ドアのプリムスで行ったデートの帰り、ハーバード・スタジアムのちょうど向かいにあるチャールズ・リバー通りで、私はハンドルを握ったままうたた寝をしてしまい、対向車と追突事故を起こしてしまった。相手方の運転手はパン屋に出勤する途中だったが、おそらく、私と同じくらい酔っ払っていたからだろう、幸いにも、双方の車は非常に遅い速度で走っていた。二人とも大事には至らなかったが、私は鼻を骨折したところと左膝の切り傷からの出血がひどかった。

問題は他にもあった。私は学生の社交を目的としたヘイスティ・プディング・クラブが毎年主催するダンス・パーティから帰宅するところで、仮装姿のままだった。要するに、黒いかつら、胸パッドを下にしこんだアロハシャツ、腰みのといったフラダンス衣装を身に着けていたのだ。少なくとも、車から降りるまでは腰みのをつけていたが、降りる最中に車窓のハンドル部分に引っかかってしまったらしい。二人の警官がこちらへ近づいてきたときには、腰みのがとれて下はパンツ姿になっていた。

明らかにこれは悪ふざけではなかった。だが、聖ヴィンセント病院で出会ったやさしい看護師《シスター》たちがかばってくれなかったら、深刻な事態になっていただろう。傷口を縫い合わせてもらうために警官が私を病院に連れて行ったとき、小さな女の子が涙を浮かべて怒り狂っていた。研修医がその子の腫れ上がった指に食い込んだ指輪を一生懸命診ようとしていたが、抵抗して見せようともしなかったのだ。女の子は、私の姿を見てぎょっとした。どうやら、研修医を怖がる気持ちよりも驚きのほうが上回ったらしい。何はともあれ、その女の子は私の膝の上に落ちつくと、指輪が外されるまでずっと静かにしていた。後に、看護師《シスター》たちはお礼の印にと、傷口を縫合されている最中には「アルコールの痕跡など一切なかった」と記した非常に重要なメモをくれた。

酒に加えて、自分の知性が鍛えられる機会もあった。さほど多くはなかったけれども。というのも、私はウィリアム・ヤンデル・エリオット教授とフリスキー・メリマン教授の退屈な講義にはうんざりすることが多く、聖マーク校での最高の教師たちとの個人的なやりとりが恋しくなったからだ。ともあれ、接する回数が増えていくと、そこから得られたものはすばらしかった。偉大なジョン・フィンリー教授は、ギリシャの古典文学を人生そのもののように生き生きとしたものに感じさせてくれた。テッド・スペンサー教授はまるまる三ヵ月間費やしてハムレットを探究し、解説してくれた。サム・ビール教授は私のガチガチの保守主義と、アダム・ヤーモリンスキーの――じきに長年の友人となるのだが――これもまたガチガチの自由主義との間で起こる諍《いさか》いの仲裁をしつつ、二人への指導も行ってくれた。

私は政治やその他について自分なりの確固とした考えなど一つももたないまま、大学に入学した。家族は一貫して共和党員だった。そして、民主党に投票したことなど一度たりともなかった。父は、ボストン財務委員会と呼ばれているところで働いていた。その委員会は基本的にはニューイングランドのエリート組織で、名目上は独立していたものの、伝説的な民主党員ジェームズ・マイケル・カーリーの市政に存在した相当な数の汚職を一掃するために設立されたものだった。私も幼い頃、カーリーの話を聞くために、ボストン・コモン公園へ手を引き連れて行かれたことがあった。〝B〟が「この男の人の話すことをよく聞いていてごらん。枝から飛び立った小鳥も誘われるほど、話が上手いんだよ」というようなことを言ったのを覚えている。

一九四〇年、フィラデルフィアで行われた共和党全国大会に参加した――それはまったくたまたまのことだったが。妹コニーには、エクリー・B・コックス四世、〃バジー〃という恋人がいた。バジーが私たちに、大会中メインラインにある彼の家に滞在するよう誘ってくれた。バジーにはベティという妹がいたが、そのベティの恋人は、〔次期〕大統領候補者を目指すウェンデル・ウィルキーのために働いていた。彼は、電力会社の重役かつウォール街の寵児であるウィルキーのために、会場を聴衆で埋め尽くす役割を担っていた。そのせいで、私はただたんに楽しいひとときを過ごしたかったのに、「ウィルキー、ステキ、大好き!」〔We Want Willkie!〕と連呼する聴衆のなかで過ごす羽目になったのだ。私にはまさにこの場が政治的な印象操作について初めて学ぶ機会となったが、あまりよくは理解できないままに終わってしまった。

新聞を数紙ほど読んではいたが、主にレッドソックスの動向を知るためにであった。スポーツを観戦したり、参戦したりすることへの興味は、今と同様、当時にも強かった。一年生の秋に父が喜ぶだろうと思い、アメリカン・フットボールに挑戦してみようと入部を希望した。私は体重が一六五ポンド〔約七五キロ〕ほどしかなく、走る速度にもやや問題があった。最初の週に私を一目見たコーチから「お前はこういう試合に出るには、体格が十分でないから、もっと速く走れるようになったほうがいいぞ」と言われた――ハーバードで行う試合からしてそんな具合だった。アメリカン・フットボールのキャリアは始まる前に終わったも同然なので、スカッシュを始めることにした。ビヴァリーの近くのエセックス郡クラブで、私にテニスの指導を少ししてくれた偉大なジャック・バーナビーにスカッシュの指導を受けることになった。私はスカッシュが好きだった。それはおそらく、競技で競うのには十分な速さで一〇フィート〔約三・五メートル〕の距離を動けたからだ。手こずったのは、〔四回の攻撃権を持つ間に〕一〇ヤード〔約九・一メートル〕の距離を進むことが必要なアメリカン・フットボールのほうだった。

私が待ちこがれていたのは野球だった。一年生チームが一九四〇年の春に南部に遠征に出かけたとき、私は先発の一塁手だった。このときの遠征旅行はとにかく手におえないことばかりだったので、ドルフ・サンボルスキー監督はハーバード大学が戦時下には春の遠征すべてを中止するべきだと忠告したほどだった。試合前の晩のほとんどをボルチモアの有名なストリップ劇場で過ごし、アナポリスで海軍チームにこてんぱんにされ、遠征が始まった。この地を去る頃には、ストリッパーの女性たちが校歌「フェア・ハーバード」にのせてストリップを演じるようになっていたことからも、私たちの優先順位がわかってもらえるだろう。私たちは一〇日間、何一つまともな生活を送らなかった。

試合に勝った覚えすらない。

たとえば、私たちはストーントン陸軍士官学校との試合で二三対二と大敗した。相手にセンターフライを打たれたのだが、そこにいたキャプテン、〝ワンコ《プーチ》〟・ヘイリーには、二日酔いのせいで飛んできた球が三重に見え、どれをとるべきか四苦八苦していた。〝ワンコ〟は距離を上手くつかめず、球を捕ろうとして手を伸ばしたときに、誤って蹴ってしまった。再度、球を捕ろうとしたが、今度は別の足で同じことをしてしまった。これには、投手のジョー・フェランがいらだって、怒鳴った。「拾えよ、ワンコ。そいつは糞じゃねえんだ」。前夜の飲み歩きが縁でできた友達で埋めつくされた観客席がどっと沸いた。窮地から脱しようとしおのれの無能さに直面するときには必ず、戦死した〝ワンコ〟や、ジョーのあの一言が心に浮かんでくる。

やっとのことでケンブリッジに戻ってくると、私の野球生活は災難に見舞われた。まず、モート・ウォルドスタインという投手が私の頭めがけてボールを投げたので、危うく死ぬかと思った。だが地面から見上げると、審判がストライクというのが聞こえた。これがカーブボールとの出会いであり、それを機にベンチ要員になってしまった。カーブボールに加え、サンボルスキー監督の指示に従うのはあまり気乗りがしなかった。監督は私が一回の先頭打者として打席に立つと、「二、三球は様子を見とけ」といったのだが、初球がサッカーボールのように大きく近づいてきたときにライトへ打ち上げてしまい――簡単にアウトになってしまった。何と言い訳したのかは忘れてしまった。イェール大学との試合では終盤に交代選手として出場したが、伝説的なレッドソックスの投手〝交通警官《スモーキー》〟・ジョー・ウッドの息子に三振で打ち取られてしまった。そのどれもがカーブボールだった。

野球以外にも、私は大学新聞『ハーバード・クリムゾン』で試用期間中の記者をしていた。『ハーバード・クリムゾン』の記事や採用競争のことなどよりも、非常に忙しかったことや、おそろしく散らかっていてインクの匂いに満ちていたプリムプトン通りにあるみすぼらしいクリムゾン・ビル内の雰囲気のことのほうをよく覚えている。聖マーク校時代からの友人ブレア・クラークは、クリムゾンの代表だった。その春にブレアは、三年後の代表の座につながる記者をめぐる競争は私とポール・シーライン、二人の間のものになりそうだと話した。(シーラインがはれて記者となり、後に、国際的なホテルチェーンの最高財務責任者となった。)

一年生の終わりには、あまりにも多くの授業をさぼったため懲戒処分として仮及第期間になり、あらゆる課外活動を禁止された。自分の頭を働かせることにはまったく集中できなかったが、このときに学んだことはすべて、誰かと時間をつぶしているときの気軽な社交体験によるものだった。父からは、ギャンブルの何たるかを学んだ。私はウィグルスワース・ホールでポッターやタッカーマンと部屋を共にし、ブラックジャックにかまけてばかりいた。自分が支払える以上の額だったこと以外、賭け金がいくらだったかも覚えていない。ところが、数百ドルも賭けで勝ったのだ。実際にはビル・ハスケル以外、全員が勝った。だが、ハスケルの支払える金額ではなかった。突然、彼は全員に借金を負うことになった——数千ドルもの大金である。私たちは多少の温度差はあれ、ハスケルが気の毒だと感じ始めていた。だが、私たちが賭けに勝ったのだし、負けていたらこちらがお金を払わなければならなかっただろう。払いたくないなら、負けがこみすぎる前にゲームをやめておかなければならなかったはずだ。各自がそう固く信じていた。

最終的に、ポッターやタッカーマン、ディック・カトラーなど勝ち金の請求権がある者たちの間で、思慮深い大人に相談すべきだと意見が一致した。私の父が選ばれた。そこで、ある夕方、父の助言を得ようとビーコン通り二六七番地まで、皆で一斉に押しかけた。父はいつになく感情を害した様子だった。黙ってはいたが、深刻な様子だった。父はまず私に、もはや勝ち金を請求する権利はないと告げた。ハスケルは私に金を支払う義務など何もない。というのも、私がハスケルのように大負けしていたら、支払う金などもっていないだろうし、ハスケルもその窮地から私を救おうとしなかっただろうからだ。父はディック・カトラーに、君にもその賭け金が高すぎることはわかっていたはずだと告げた。ポッターとタッカーマンは私たちより裕福ではあったが、父は仲間の輪に入りたいがために苦しむハスケルを見て楽しいかとカミナリを落とした。実をいうと、それで皆ほっとしたのだ。誰かがハスケルに電話でこのニュースを知らせた後、私たちはマティーニが入った大きなピッチャーを求めて居間へ移動した——私たちの人生のなかで、このひとときが重要であることに気づかぬままに。

女性を追い求めることには、気が遠くなるほどの時間とエネルギーを注いだ。だが、成功には至らず、非常にもどかしかった。美しい〝H〟が私を哀れな窮状から救いだしてくれる人になるのだろう。私や他の何人かとともに週末ヴァーモント州へスキーに行くことに承諾してくれたとき、そう強く確信した。私たちはフランス人がいうところの「ベッドの配置」についてさえも議論したが、それは最も期待できそうな展開に思えた。ピップ・カトラーは恋人と一緒に夜を過ごすつもりだと言ったが、私たちには二部屋しかなかった……。その日の終わり頃、自殺《スーサイド》という名にいかにもふさわしいスーサイド・シックスで、ピップが私に滑降勝負を挑んできた。まっすぐ滑降していけばピップに勝てると考えていたのだが、斜面の途中に道が横切っていることを忘れていた。そのため、道が見えた最後の瞬間、飛び越えんとせねばならなかった。ドッシーン！　道の下り坂側の斜面に大の字で落っこちた後、病院送りになった。腱が二本切れていたのだ。それ以外、心の他に折れたものは何もなかった。一晩中欲望にもだえて〝H〟の隣に横たわっていたが、体中が痛くて一切身動きできなかった。

スキーに行ったこの週末は大惨事だったが、ニューイングランドの地主たちがようやくこの岩山に何かしらの価値を見出したおかげで、多くがすばらしい経験となった。ロープ式リフトはスキーリフトの一種で、牽引式動力取り出し装置と循環式ロープとを使用した、単純で急ごしらえのちょっと変わった装置だ。その付近の納屋には、一晩一・五ドルほどで泊ることができる。ケネス・ロバーツの『北西への道』で描かれた、ホットバター入りのラム酒のレシピ（こぶし大のバターと一つかみのシナモンをスキーブーツ一杯程度のラム酒に加えたもの）を使ったとしても、週末は一日あたり約一〇ドルとガソリン代で済んだ。ミトンが循環式ロープにときどき凍ってはりつくことはあったが、列で待たされることはなかった。

大学一年生が終わる夏には、ROTCにいる新入生は皆、巡航の訓練で海に出なければならなかった。私はアイスランド行きの護衛艦隊についていくかたちで、古い旧式の護衛艦に乗ることになった。それほど危険な訓練ではなかった。だが、北大西洋は結構荒れていたし、ヨーロッパからのニュースは不吉さを十分に予感させるものだった。ヒトラーはベネルクス三国に侵攻していた。ダンケルクではイギリスが三万人の死傷者を出して、撤退を余儀なくされた。ドイツ軍はパリ市内のあちこちを行進していた。まだ目的意識を構築中の一八歳の青年の精神を集中させるのにはおよそ十分であり、何にも責任を負うことなく自由にすごせる人生最後の夏だということを、理解し始めていた。

私はいまだに仮及第期間中というやっかいな状況のなか大学二年生の年を迎えたが、講座を四つではなく五つとることにした。全体的に履修を早め、軍人としてのキャリアを積もうと、漠然と計画し始めたのだ。私は多くの良家の子息とともに、エリオット・ハウスで暮らしていた。同室のトーマス・ジョンストン・リヴィングストン・レドモンドは、またの名をレッド・バード、単にバードとも呼ばれていた。私たち二人は、少し変わったペアだった。互いの母親が学生時代の旧友で、連絡をとりあうように口うるさく言われてきた。そんなことをされたらお互い避けあうことになるはずだったが、私たちは友人になった。バードは頭の回転が速く、勉強にはさほど熱心ではなかった。だが、ブリッジは上手かった。さらに、彼は車を持っていた。私は持っていなかった。けれども、美しい〝H〟やその後に心惹かれた女の子たちからなんとしても色よい返事をもらうためには、どうしても必要なものだった。

そのなかで誰よりも異彩を放っていたのが、数少ない綺麗な「年上の女性たち」の一人、ジーン・ソルトンストールだった(私より八ヵ月年上だった)。ボストンの良家出身で、みな大学へ進まなかったからこそ社交界で強い影響力を持っていた〈女子青年連盟〉〔主に上流家庭の若い女性で構成されているボランティア団体〕の仲間たちとともに活動していた。私は、彼女と一緒にいるのをとくに好んだ。というのも、「いったいいつになったら大人になるの?」……といった高飛車にも批判的にも言われたことがなく、居心地が良かったからだ。ジーンは私の以前の恋人たちとは違って両親にも認められたし、ソルトンストール家は経済的にも社会的にもブラッドリー家よりその地位がはるかに上の一族だった。

ボストンの名家出身の政治家は、当時のマサチューセッツ州白人住民《ヤンキー》の特別な部類に属している人々だった。たとえば、ロッジ、ブラッドフォードやピーボディ、ハーターなどで、とりわけ、約三〇年間にわたって知事と上院議員を務めたレヴァレット・ソルトンストールも、このボストン・エリート出身の一人だった。その政治家時代に、偉大な政治的利点の一つである外見に恵まれたレヴァレット・ソルトンストールが政治的に大成功を収められたのは、アイルランド人が彼の専属運転手を務めているからだと言われていた〔ボストンにはアイルランド系住民が多いため選挙のとき有利に働くということだと思われる〕。このレヴァレット・ソルトンストールは、ジーンの父、ジョン・L・ソルトンストールのまたいとこでもあった。ジョンはとてもハンサムで、カモから身を隠して銃でしとめる名人だった。八人の子どもがいたが、いまだかつて一度も仕事をしたことがなかった。

私とジーンは気軽な友人から親友へ、そして、信じられないような邪魔が何度も入ったにもかかわらず、最終的には恋人へと、ぎこちなくもゆっくりと模索しながら関係を深めていった。はじめのうちは小生意気な腹違いの三人の妹と弟に邪魔されたが、まさしくあの夜は、ジーンの父ジョン・L・ソルトンストールその人により最後に邪魔が入った。二階のトイレで音をたてて水を流し、その音が大きくなるようわざとドアを開けっぱなしにする――彼は長年にわたって、そのような合図を確立していた。それは階下にいる者が誰であろうと、即刻帰宅の途につく頃だということを知らせるためだった。二人の初体験がぎこちなくもついにかなったこの運命的な夜にも、もちろん、大きな音でトイレの水が流された。

ジーンの父ジョン・Lが、クーポンを切り抜き、カモ狩りをする旧来的なボストンの上流階級の象徴的な存在だとすれば、ジーンの母グラディス・ライス・ソルトンストール（後のヘンリー・ビリングス夫人、最終的にはヴァン・ワイク・ブルックス夫人）は文化の世界に生き、型にはまらぬニューヨークの中流階級を体現している存在だといえた。グラディスはニューヨークでトップクラスのオペラ歌手やコンサート歌手、それに芸術家などの喉の治療にあたっていた医者の娘だった。マサチューセッツ州ブルックラインやトップスフィールドはいずれも、生粋のボストン市民を息苦しくさせる窮屈な因習が固く守られているところだったが、グラディスがジョン・L・ソルトンストールと生活をともにするためにそこへ足を踏み入れることは、ある種の檻に入るようなものだった。彼女は夫との間に四人の子どもをもうけたが、パリの屋根裏部屋で障害を持ったピアノ奏者と密会するために、ボストンから行方をくらませた。グラディスにとって——ジーンにとっても——不運だったのは、見捨てられたことを許せなかった夫が、私立探偵を雇いパリ左岸までグラディスを追跡させたことだ。私立探偵は、不倫を理由に離婚するのには十分すぎるくらいの証拠を持ち帰ってきた。マサチューセッツ州セーラムで親権裁判を行うなかで、隠されていた詳細がすべて明らかになった。そして、九歳のジーンまでもが証言台に立つことを求められた。夫妻が合意した親権合意は、三人の年長の子どもたちがジョン・Lとその新しい妻の元で暮らし、ジーンは当時ニューヨークで生活していたグラディスの元で暮らすというものだった。ところが、ジョン・Lは合意に至る寸前に破棄し、ジーンを自分の元で暮らせるようにするために法廷で争った。彼が裁判に「勝った」。

マーサズ・ヴィニヤード島にあるロジャー・ボールドウィンのサウス・ビーチで最初にグラディスに目をとめたとき——お互いカケス〔カラス科の鳥〕のように素っ裸だった——、彼女が変わろうとしているつもりなのがわかった。

ジーンは、私と二人でグラディスとその新しい夫ヘンリー・ビリングスに会いに行く数日ほど前から、「イヤな話」があると言っていた。だが、実際にその内容を知ったのは、フェリーに乗ってからだ。ジーンは、もし、先に教えていたら、あなたはたぶん行かなかったでしょ、と言った。私はフェリーのなかで、〝フランスの天使《フレンチ・エンジェル》〟、かつ、世界で最も醜い怪力男といわれたプロレスラーで、インドシナではトラ狩りのプロだった、非常に教養の高いモーリス・ティレと話を始めた。実にすばらしい知性がつまったティレの頭の下には、非常に大きくてしゃくれたあごが鎮座していた。数年前にティレがプロレスをしているところを見たことがあったので、その彼に会い、しかも、学生っぽいフランス語で話すことに私は興奮していた。ジーンが会話を遮り、ようやく大きな秘密を打ち明けた。今度行くマーサズ・ヴィニヤード島の浜辺は「ヌード・ビーチ」で、そこへ来る人々は皆素っ裸で泳ぐという。この習慣が始まったのは、多くの小さな子どもたちが裸で泳ぎ、親たちがただそこに加わったからだった。

浜辺と未知の世界へ通じる長くて急な階段を降りてゆきながらその真っただ中へ踏み出したとき、私が感じた恐れや冒険への感覚は今でも忘れられない。裸で泳いでいたり、日光浴をしていたりする人たちの集団が一方に見えたが、距離が遠すぎて真に怖いとは感じられなかった。私が水着を脱ぐと、ジーンは生理が始まったばかりだから水着を着たままでいる、と言うではないか。頭に一発お見舞いしてやりたい気分だった。しかし、トランクスを履き直すわけにもいかずドキドキしながら、グラディスに――おまけにビリングスに――会いに前へ歩いて行った。彼らに加えその場に一緒にいたのは、作家でボルシェビズムの精通者《エキスパート》マックス・イーストマンとその妻で元バレリーナのエリエナ、画家トム・ベントンとその妻、アメリカ自由人権協会の会長ロジャー・ボールドウィン、『ザ・ニュー・リパブリック』の編集者マイケル・ストレートとその妻で児童精神科医ベリンダである。私はいまだかつて、児童精神科医、バレエダンサー、政治雑誌の編集者、画家、哲学者や市民的《シヴィル・》自由の擁護者《リバタリアン》などには会ったことがなかったし、ましてや、服を着ていない状態で会ったこともなかった。この状況はビーコン通り二六七番地からはこれまでにないほど距離も環境もかけ離れていて、何とかやりすごしていけるだろうと考えていた以上のものだった。

私が大きな災難もなくこの興味深い試練とたたかっていたとき、ジーンの兄ジョックがこの集団に加わった。どうやら、私の人生を地獄に落としてやろうと決意したらしい。「おいおい」といやらしい目つきで、「ビーチで、こんなものは見たことがないぞ」というと、私の睾丸を真っ直ぐに見つめてきた。すっかり、心が沈んだ。最悪の事態が起きつつある。勃起が今にも起こりそうなのだ。絶体絶命だ。

しかし、それは単に私のタトゥーのことをさしているにすぎなかった。

前年、当時も今も理由は思い出せないが、私は三回タトゥーを入れた。一回目は、本当にどういうわけか、名前の頭文字――Bの上にC、そのCの上にBをもう一つ重ねたタトゥーを右の尻に入れた。二回目にはその頭文字に蛇が巻き付くように入れ、三回目には雄鶏の形をしたものを左肩の下に入れた。私はつねに自分のタトゥーが気に入っていた。だが、タトゥーを消すことで何百もの視線にさらされているように感じることから逃れられるなら、あの瞬間にはどんなことでもやってのけただろう。

この出来事の後には、どんなことが起こるのかなどまったく予想できなかった。だが、グラディスや彼女よりずっと年下の芸術家の夫と一緒に過ごすうちに、私の人生は喜びに満ち、二人に非常に影響をうけて、新しい経験もするようになっていった。グラディス夫妻の友人たちは、ベントン、日本人画家の国吉康雄《ヤスオ・クニヨシ》、彫刻家ジョー・デイヴィッドソン、ハイチのブードゥー教に関する本を書いたウィリー・シーブルックなどの芸術家たちだった。シーブルックは、女性がセックスをする一二時間前からそれ以外の感覚を一切遮断し続けていれば、性的快感が大幅に向上するだろうと固く信じていた。したがって、彼は、恋人を地面から離れたハンモックの中に入れて（そうすれば足で地面を感じない）、耳を塞ぎ、目隠しをして口をテープで覆い、鼻の穴に入れたストローのみで呼吸させていたといわれていた。奇妙な思想だが、考え方は十人十色だ。シーブルックは、この感覚を遮断した後に起こる性的絶頂感《オーガズム》はすさまじいものだと評した。私の父が母を一二時間吊るしておくのを想像すると――耳を塞いだり、口をテープで覆ったり――、強烈だった。

　私の両親は、芸術家といえばテルマ・ヘリックという、私たち子どもらのやけに感傷的な肖像画を描いた女性以外には知らなかった。そして、ウィリー・シーブルックが恋人にしていたようなことをしたがる人がいることなど、想像すらできなかった。将来、義理の両親となる人は、左派をとりあえず支持するような人だった。確かにローズヴェルトは左派的思想の持主だったが、彼の退任後、その思想はヘンリー・ウォレスと進歩党へ受け継がれ、そこへ同じ思想を持つ者たちが集まった。私の両親はジョン・F・ケネディが一九六〇年に登場したときに、初めて民主党に投票したが、それ以降には二度と民主党に投票することはなかった。その両親が不快に感じて身震いするであろう話、つまり、身近な人間関係やその人たちの行動、世間の人々や政治などに関するさまざまな話題で、夕食の席は盛り上がっていた――マーサズ・ヴィニヤード島、ビリングス夫妻が所有している愛らしくて小さな農場があるニューヨーク州ダッチェス郡ラインベック、ひいてはニューヨーク市に至るまで。

　私はグラディスの夫ヘンリーと、ラインベックで大量の干し草を束にした。マーサズ・ヴィニヤード島では、シアーズ・ローバックのカタログからサイロをたしか一八六ドルくらいで買い、メネムシャ池を見渡せる小さな釣り小屋から数フィート離れたコンクリートの輪の上に設置した。サイロは直径一八フィート〔約五メートル〕くらいだった。私たちはそのサイロにドアを一つ、見晴らし窓をたくさんつけた。それから、目を見張るような眺めが望めるすばらしい部屋に通じる螺旋階段と、満天の星が見える寝室に行けるように折りたたみ式のはしごを地元の大工に作ってもらった。

　大学二年生のときに、私は男子学生向けの社交クラブ

（当時はどこにでも顔を出していた）にたどりついて関わるようになったが、それは大学で最も不毛な組織の一つでもあった。〈ＡＤ〉と〈ポーセリアン〉という二つのクラブが、最も排他的だった。ところが、父と祖父が〈ＡＤ〉の会員だったこともあり、私はこのクラブの幹部から二年生のなかで早めに入会を許され、望ましいと見なされた同級生を勧誘する手助けをする「キーマン」に選ばれた。父が喜び感激してくれるだろうと思い、その役を引き受けた。友人のピーター・ソルトンストールは〈ポーセリアン〉のキーマンで、私たちは、有名私立高校を卒業して資格がありそうな何人かの勧誘を何となく競い合った。

ある晩、私たちはクラブという組織の仕組み全体を笑いものにするのにちょうどよいアイデアを、二つほど思いついた。まず、クラブのために入会候補者を集める。そうしておいて、活動していたクラブへの参加を私たちはとりやめる。さもなければ、候補者を集めておきながら、自分のクラブではなく別のクラブに入会させるという手もある。しかし、実行する寸前になって、自分たちのせいで父親たちが失望するに違いないと思い、大胆な気持ちを失ってしまった。あのとき、自分たちのアイデアを実行しておけばよかったと後悔している。もし、ルームメイトのトミー・レドモンドを入会させなければ、私もクラブには入会しないと〈ＡＤ〉に申し出ることができただろうから。度胸がなかった。ささいなことだが、その度胸がなかったのだ。

私はサージェント・ケネディ学生部長との間で、今度は本当の窮地に陥ってしまった。私の専攻は英語とギリシャ語を組み合わせたものということに落ち着いたのだが、それは何とか親しくなれた二人、ジョン・フィンリー教授とテッド・スペンサー教授のおかげだった。当時、英語を専攻する学生は皆、卒業前に聖書、シェイクスピア、ギリシャ古典の特別試験を受けなければならなかった。私は教会と寄宿学校に通っていたこともあり、毎日一度、日曜日には二度も聖書にふれていたので、頭にすっかり染みついていた。すでにシェイクスピアの講座を一つとっていたし、ギリシャ語は専攻も同然といったところだった。そこで、ただちにこの試験を受けることにプレッシャーを感じてはいなかった。

しかし、私の友人で〈ＡＤ〉クラブの会員であり、後にボストンのとある銀行の重役になるジョージ・エンディコット・パットナムは、違ったふうに感じていた。ある夜遅く、二年生終了時のパーティーで、ジョージがその日の早い時間に聖書とシェイクスピアの試験を受けたけど楽勝だったよ、と気軽な調子で私に伝えてきた。すごく楽勝だったんだ、と気軽な調子で話を続けながら、彼は自分の試験を提出した後に席に戻り、別の試験も受けて私の名前で提出したというではないか。困った事態に陥ったと思いつつ、密告せずにどうやってこの状況を切り抜けようか、私はあれこれと思案していた。青春時代のなかでも最悪の週末だった。

ケネディ学生部長は、私にあまり長く思い悩む期間を与えてくれなかった。というのも、数日後の朝、「進路相談《キャリア・トーク》」と称されていたものを口実に執務室に呼び出されたからだ。私のほうが経緯についてはよく理解していた。挨拶を済ませ軽く雑談をしてから、学生部長はすぐに本題に入った。「ベン、聖書とシェイクスピアの試験はもう済ませたのかね?」学生部長は私がこの問題を起こしたと思っていて、すぐにでも放校して陸軍にぶちこもうとしていた。私は「状況はすべて明らかだとお思いでしょうが、経緯についてご説明できます」というような意味合いのことを言った。何らかの釈明があるとは思わなかったよ、と学生部長が私の発言を遮り、ハーバード大学にはもう長くはいられないだろうとの考えを示した。私は事の顚末をすべて話したが、〔ジョージ・〕パットナムの名前を漏らすことだけはしなかった。そして、「この学生」を見つけだし、名乗り出るようにさせていただけないでしょうかと数時間にわたって懇願した。承諾が得られたので、急いでジョージを探しに行った。彼を見つけた数分後には、ケネディ学生部長の執務室にジョージの姿があった。学生部長がいささか驚いたことに、私の話が正しかったということが確認できた。私がハーバード大学では無名の二年生だったのに対して、学生部長が驚いたのは、ジョージは成績優秀者であり、その他諸々のことからキャンパスの花形として知られていたことだ。

数日後、処分が下った。それによると、二人とも来年は仮及第期間になるとのことだった。私よりも、ジョージのほうが大変だった。すでに私は仮及第期間を過ごしていたし、ちょうどその期間を終えたばかりだった。私が後に選んだ職業でよく言われるように、人生はまだまだこれからだった。

率直に言って、私がハーバードで成し遂げてきたことはあまり多くはなかったという証拠が、山積みになっていた。勉強するよりも遊ぶことのほうにずっと一生懸命になってはいたが、かといって遊ぶことにエネルギーをあまり注いでいたわけではなく、創造性もほとんど見せたことがなかった。今になって気づいたのだが、当時恥ずかしく思っていなかったことこそ、恥ずべきことだったのだ。私は政治に関してはともかく、行動に関しては――慎重で、保守的だった。社会を変えたいと湧きおこったささやかな衝動は自身の内に吸収され、自分自身を変えたいというささやかな衝動になっていったが、皆の目前に迫っている明らかな変化とは、その衝動に乗じて戦争に行くことだった……すぐにでも。私はカナダ空軍の採用担当者と話をしたが、父の友人だということが判明した。父も彼も海軍のROTCにとどまるようにと言ってきた。その求めに応じはしたが、飛行訓練を二回受けた。だが、私は学位取得を早められる可能性を模索し始めた。一学期に講座を四つではなく五つか六つとって、夏期講習も受講し、最終的に海軍科学Ⅲと海軍科学Ⅳを同時に履修することが海軍側に認められるのであれば、在学期間が三年間には一ヵ月満たないが、一九四二年八月には卒業できるだろう。過密な履修が負担で倒れず、Dの評価数があまりにも多すぎなければ、の話ではあるが。

学位を取るには、あまり優雅な生活を送ってはいられないだろう。本領を発揮するのが遅い人間が教育を修めるには、時間がかかるものだ。しかし、私やポッター、その他一〇名の良家のお坊ちゃんたちは皆退屈し、不安で焦ってもいたので、新たな挑戦をすることにした。私はレドモンドと住んでいた「ラット・ハウス」を引きはらった。ラット・ハウスというのは、目標とすることや興味の対象を共有する学生たちがグループで借りた集合住宅(プリンプトン通りの五二番地にあった)のことだ。私たちが所属するグループの目標や興味の対象は、パーティーを開き、セックスをしようと試み、イェール大に勝利することに限られていた。だから私が取り組もうと考えていた勉強など対象外と言っても過言ではなかった。三年生の半ば頃には実家に戻っていたが、実のところ、一九四一年一二月、運命の第一日曜日にはそこで過ごしていたのだ。私たち世代の誰もが、真珠湾が攻撃された日には自分たちがどこにいて、誰と一緒にいたかを覚えている。私は両親と居間にいて、真空管とチューナーが入っている金属製で重い長方形をした箱の上に、丸いスピーカーが付いたアトウォーター・ケント社製のラジオの周りにしゃがみこんでいた――そのラジオは、かつて、エイモス・ン・アンディやフレッド・アレン、ジャック・ベニー、エド・ウィンやジョー・ペナーに皆で大笑いしたのと同じものだった。

覚えているのは、ラジオから流れてきた、爆撃機が急降下し投下された爆弾が爆発する状況をマニラのホテルの屋上から伝える音声だ。そして、私にとってそれが何を意味しているのかを理解しようとしていた。今、起きている状況は、これまで自分が知っていた人生と決して同じものにはならないだろうといっても過言ではなかった。「戦争になるのかどうか」ということはしばらくのあいだ戦争そのものとイコールではなかったが、いまやその状態は完全に過ぎ去り、「いつ始まるのか」ということだけが本当の疑問となった。戦争が避けられなくなったことのすべてが、奇妙にも慰めになった。若者の人生を複雑にするような選択肢がすべてなくなってしまったのだ。「大人になったらどうしよう?」どころか、「来年の夏にはどうしよう?」

ということすら、もはや問題ではなくなった。私は夏期講習に戻ってから、戦争に赴くつもりだった。それが青年戦士ベニーのしようとしていたことだった。学位取得が近づき、あとわずか八ヵ月と一日で海軍少尉の辞令が受けられるところまできていたので、今までの努力をほうり出して一夜のうちに戦争に赴くなどできなかった。したがって、ハーバード大学は経験を積んで楽しむところというよりも、学問を修めるべきところとなった。

大学生活最後の八ヵ月間を思うと、いまだに眩暈を覚える。私は卒業に必要な単位を取得するために、六つの講座をとっていた。あらゆる娯楽はほぼ断っていた。徹夜のブリッジゲームもしなかった。ADクラブで、ジョー・リードとピケット〔ワインのしぼりかすに砂糖を加えて作る安酒〕をあおることもなく、大学の課外活動にも参加しなかった。なぜなら、八ヵ月後に大学を卒業できたとしても、まだ、仮及第期間中だったからだ。ジーンはその冬と春ニューヨークにいた。そこで勉強するときもあれば、幼稚園で先生をするときもあるなど、漠然とすごしていた。けれども、二人の交際は順調に進んでいた。婚約の話も出ていたが、戦争に行く前に結婚することにどれほどの意味があるのだろうとあれこれ逡巡していた。真珠湾が攻撃された一ヵ月後、ジーンは二一歳になった。私はというと、誕生日から四ヵ月が経っていた。

あれから五〇年以上が過ぎたが、当時、私たちは何に迷っていたのだろうか。それは、私が数ヵ月後には駆逐艦に乗って戦地へ赴き、向かう先は数々の艦が石のように沈む太平洋でほぼ確実であり、永遠ではないにしても数ヵ月間は離れ離れになるのがわかっていながら結婚するということについて、だ。結婚について互いに話し合っていた真っ最中に、ジーンの親友の一人パット・カトラーは、ハーバードROTCの少尉ボブ・ファウラーと結婚した。だが、ボブは駆逐艦で太平洋を走行中に戦闘で亡くなってしまったのだ。そのとき、パットはすでにボブの子を宿していた。私たちは悲しみに暮れたが、無邪気にも自分たちは大丈夫だろうと信じ、結婚の話を先に進めていった。そして、ついにある日の午後、ブルックリンのソルトンストール家を私は訪れた。「ジーニーが結婚するんだって。ベニーと結婚するんだって」。はやし立てる小生意気な腹違いの妹たちの側を通り過ぎジョン・Lの前に一人で立って、ジーンと結婚する許しを請うた。この夜、トイレが大きな音を立てて流されることはなかった。これは正式な結婚の申し込みだったから、とても不安だった。ジョン・Lは、ブラッドリー家の懐具合をすべて知っていたのだ。生粋のボストン市民が互いの家計財産を把握していたように……サマセット・クラブ〔ボストンの社交クラブ〕の歓談の場では、そんなことくらい常識だった。

父の財政状況は、以前の状態にゆっくりと戻りつつあった。ポリーおばさんはついに亡くなった。フレディ、私、コニーは各々が約一〇万ドル相当の優良株を信託基金に所有していて、年間約四〇〇〇ドルの収入を得ていた。これは、私が少尉として受け取ることになる給料の額よりもわずかに高かった。ジーンはそれよりも若干多く所持していたが、私はそんなものなど使えない場所へ向かうことになっていた。ジョン・Lは紳士たる人物だったので、父と一緒に市役所へ結婚許可証を取得しに行かなければならないだろうと指摘したりはしなかった。彼は微笑みつつ、いくつか形式的な質問をした後、結婚を認めて祝福してくれた。彼の生意気ざかりな子どもたちにもそのことが伝えられ、はれて、私とジーンとの結婚が決まった。

何をそんなに急いでいたのだろうか。私たちが認めようともせず、ましてや、直視していなかった不確かなものが、結婚によって解決されると固く信じていたのだろうか。そう信じさせたものは何だったのだろうか。そこには結婚することによって、お互いの人生がより有意義なものになるだろうという、おぼろげな魅力や愛国心があったのだろうか。それは、誰にもわからない。どちらの両親も不安を口にしなかったし、私とジーンとの間でも、お互いが不安に思っていることをわかちあいはしなかった。

私たちは卒業し、任命辞令を受け、結婚式をあげる前に終わらせねばならないことをすべて、同時進行で捌きながら突き進んでいった。問題は、結婚するためには将校に任命されなければならなかったことだ（そうでなければ、三年間の士官訓練は無駄になる）。そのためには、卒業しなければならなかった（ROTCの将校に任命される者は、大卒者に限られていた）。そして、卒業するためには、入学後に一年半も時間を無駄遣いして築いた学業上の障壁となるものをすべて克服せねばならなかった。

三年生が終了する一九四二年六月頃までに、とうとう仮及第期間が解かれた。私の成績はAとBの評価数が最も少なく、Dの評価数が片手で数えられるほど、そして、Cの評価数は考えうる限り、最も紳士にふさわしくないほど多かった。夏期講習で講座を四つとり、それらすべて、とくに海軍科学Ⅳに合格できれば卒業できる見込みが立つように思えてきた。私はマサチューセッツ州トップスフィールドにあるソルトンストール邸へ引っ越すと、ブルックス・ブラザーズ社製のサッカー地のスーツを着て麦わら帽子を頭にのせた会社員たちと一緒に、毎朝ケンブリッジに通った。ジーンの継母マーギーは厄介な存在だった。何でも自分の思い通りにしたがり、要求も多く、戦時下で結婚式を準備する難しさについて不平をこぼしっぱなしだった。ガソリンは配給制になったため、結婚式の招待客はボストンの外には出られなくなった。

そして、ついに一九四二年八月八日を迎えた。その日は私の記憶にずっと残り続けるほど、猛烈に忙しい日となった。午前一〇時に、私は大学を卒業した……通常よりも一〇ヵ月も早かった。正午に、私ベンジャミン・クラウニンシールド・ブラッドリーは、少尉、認識番号一八三七三五、D-VGに任命されたとする辞令を受けとり、悪名高いWASP《ワスプ》の寄宿学校時代からの一一名とともに、クラスから海軍士官として戦争に旅立つ最初の者になった。リッツ・ホテルに隣接するリンジー記念礼拝堂での結婚式と、社会的地位（とお金）がある男性の社交拠点である〈サマセット・クラブ〉の女性版〈チルトン・クラブ〉での披露宴までにはまだ数時間あり、しんどい時間でもあった。

司令部である実家、ビーコン通り二六七番地では、母が自分や妹の身支度をしたり、カンザス州フォート・ライリーに駐屯している上等兵の兄が結婚式に間に合うかどうかを心配したりと、平静を保てずに理性を失っていった。昼食の頃になると、緊張感が高まった。父は大声で「やれやれ」と叫ぶと、気持ちを落ちつかせるためにリッツのスイートルームを借りてくると告げ、本当に借りてきてしまった。一滴たりとも酒を飲んではダメ、「結婚式を台無しにしないで」と母が金切り声で父に叫んだので、父がしらふでいられるよう、私がホテルまで付き添うことにした。タクシーで向かう途中、父が勇気を振り絞り、セックスについて何か知りたいことがあるかと尋ねてきた。そんな話題など、今まで一度も父の口から上ったことはなかった。実際、セックスについて必要としていて、知りたいことはたくさんあった。だが、私も父と同じように恥ずかしかったし、この種の話についてはすでによく知っているということにしたのだ。

その年の八月八日は、おそらく史上最高の暑さだった。私は新しい軍服――それは青い方だった――が汗だくになったことを覚えている。青い方を着用したのは、白い軍服がまだ準備できていなかったからだ。だが、結婚式は非のうちどころもなく完璧に執り行われ、格調高い花嫁の付添人と案内役もいた。フレディのおかげだ。母はよく笑って、しっかり正気を保っていた。父はしらふのままだった。ジーンの実母も結婚式に招待されてやって来た――が、ジョン・Lは披露宴への入場は許さなかった。

私もジーンもこの日を何とか乗り切った。ニューヨークのハンプシャー・ハウスにたどり着いたのはうっすら記憶にあるが、いつ、どうやってそこにたどり着いたのかはまったく覚えていない。結婚式の晩は細かいことよりも、それ自体のほうが重要だった。私たちは若く、教養も十分にはなかったし、経験も浅かった。すでに知っていること、まだ知らないことの両方に恐れを少し抱いていたが、ともにすばらしい旅へ出たところだった。新婚旅行のために、セントローレンス川に広がるサウザンド諸島〔カナダと国境を接するリゾート地〕内の一島に貸家を提供してもらった。ニューヨーク市からニューヨーク州クレイトンまでは汽車に乗った。クレイトンで管理人に迎えられ、小舟で新婚旅行向けの貸家に連れて行ってもらうと、管理人は五日後に戻ってくると言った……この新婚当初の五日間だけが、二人きりでともにすごした日々で、それが終わると、お互いが離れ離れになって二年三ヵ月間過ごすことになった。

　一緒に過ごしたこの五日間の後に差し迫っていたのは、海軍人事局長から受けた次のような指令だった。

> 身体的な要件を満たす場合……さらに、海軍作戦基地の大西洋従属司令部への所属部隊の一員として、戦艦ワイオミング号がいると予測される周辺地帯へ最初に利用可能な輸送手段を待つ一時的な実動任務に就く。〔戦艦〕到着後、艦の指揮官に報告し、一時的な任務として四〇ミリ機関砲の訓練を受けること。任務完了後、艦の指揮官の指示があった場合には別の地へ派遣されるため、戦艦ワイオミング号の指揮官により手配される輸送手段を通じて、アメリカ本土の港へ向かうこと。本土到着後、ニュージャージー州カーニーへ赴き、戦艦フィリップ号への艤装担当業務のために、造船の行政官、海軍、アメリカ政府の造船および乾ドック会社に報告し、戦艦フィリップ号が完全に就役した後、乗艦の際に、第三海軍管区の司令官に文書で報告すること。

　五二年後の今、これを書いている私はあまり恐怖を感じない。しかし、当時はどうだったのか？　戦艦ワイオミング号はどこにいたのか？　いったい、戦艦ワイオミング号とは何だったのか？　四〇ミリ機関砲とは何だったのか？　そして、四〇ミリ機関砲とは何だったのか？

　なるほど、ワイオミング号は第一次世界大戦時のかなり旧式な戦艦だった。その当時はチェサピーク湾に停泊中で、四〇ミリと二〇ミリの対空砲を多数装備していて、私のような人間でもその撃ち方を習得し、とくに、他人に撃ち方を教えることができた。ニュージャージー州カーニーは、マンハッタンのイースト・サイドからタクシーで長距離を走ったところにあった。戦艦フィリップ号は真新しい二一〇〇トンのフレッチャー級駆逐艦で、準備が整い次第、即座に太平洋の戦域へと向かったのだ。

第3章 海軍時代

われわれが自嘲的に「ブリキ缶」（その装甲の貧弱さから来た俗称）と呼ぶ駆逐艦での生活は、親密で騒がしく、肩肘の張らない、退屈かつ刺激的で、危険で骨の折れる、そして混沌として怖ろしく、でもやはり退屈なものであった。グレイハウンド犬のような形をした、三八〇フィート〔約一一四メートル〕の長さの、つまりフットボール場より長い、二一〇〇トンの鉄製の船に、三三〇人の男が押し込まれている。幅は狭く（三二フィート〔約一〇メートル〕）、一八輪のトラックの長さと同じぐらい）、そして速い（三六ノット、時速四〇マイル〔約六四キロ〕）。海が荒れれば九〇度、つまり左右に四五度ずつ、いとも簡単に傾斜する。そのため、あちこちの隔壁に取っ手が溶接され、激しい横揺れの際にはつかめるようになっている。そして、甲板にはさまざまな攻撃用兵器が装備されていた。一〇五ミリ榴弾砲にほぼ相当する五インチ砲が五門。船体の中央に搭載された二つの四連装発射管に装塡された魚雷八本、二連装四〇ミリ対空機関砲四基を連装し、それとは別に二〇ミリ対空機関砲も八基、搭載されていた。そして船尾の両脇にある架台には一二発の水中爆雷といった具合だ。

大学でギリシャ語と英語を専攻し、全長三・六メートルのヨット「ブルータル・ビースト」号での航海経験しかなく、デイジー社製エアライフル以外武器を使ったことのない私にとって、これは頭の痛い話だった。エアライフルで撃ったものといえば、豚の脇腹と緑眼の野鳥モズモドキ、通り過ぎる車の窓だけだった。恵まれ、保護された生活を送っていた――なんとありがたいことか――新婚の二〇歳の少尉にとって、新しい環境はまったく理解しがたいものであった。

私はほぼ二年間、フィリップ号上で従軍期間を過ごした。それは当時、そしておそらく今でも、私の人生で最も重要な二年間であった。二一歳になったばかりの若造だった私は一九四二年九月、フィリップ号がまだ建造中だったパサイック川沿いのフェデラル造船および乾ドック会社に、興奮と恐怖を覚えながら到着した。そして一九四四年九月、完全に修理され近代化され、再び参戦するためフィリピンに向かうフィリップ号を真珠湾で見送った。私は二三歳になったばかりだった。

長い旅路だったが、あっという間のことだったように感じられる。

旅の本当の始まりは、マンハッタン七二丁目付近のイースト川だった。戦艦フィリップ号（DD498）はついに、参戦に向けて出発するところだった。武器は点検済みで羅針盤は調整され、涙の別れも済んだ。そしてブルックリン海軍基地からメイン州のカスコ湾に向かい、そこからパナマ運河を通ってニューカレドニアのヌーメアまで約一万マイルの旅路の間、戦艦マサチューセッツ号を護衛するのである。われわれは艦長のトミー・ラガンに頼んで、六九丁目あたりで汽笛を二回鳴らす許可を得て、ジーンらフィリップ号乗員の妻たちに合図を送った。彼女たちは最後の別れをしようと、イースト川沿いの家賃月一〇〇ドルのわが家のアパートに集まり、川に面した一四の窓から手を振った。私は感傷的になるのが恥ずかしく、自分の人生と愛する人が灰色のニューヨークの空を背景にゆっくりと遠のいていくのに従い、不安と困惑しか感じなかった。再会できるのはほぼ二年後ということであった。私が次に会った女性はなんと、草で作ったスカートを履き、鼻を横に貫く骨の飾りをしていた。

ハッテラス岬沖の史上最悪の暴風雨にも遭いながら、約四〇日かけてフランスの旧流刑地であるニューカレドニアに到着した。暴風雨のひどさというと、マサチューセッツ号の一六インチ砲塔の一つが、荒れ狂う海によって打ち壊されてしまうほどだった。（戦艦の一六インチ砲塔を打ち壊すほど荒れた海が、一センチも厚さのない装甲の駆逐艦にどのようなことをもたらすか、少し考えてみてほしい！）ヌーメアのすぐ手前でわれわれは、数時間前に魚雷攻撃を受け、足を引きずるように港に戻ってくる米空母サラトガ号を見た。ヌーメアで上陸したかどうかの記憶もない。われわれはすぐに、ガダルカナル沖に残っていた米軍の高速空母機動部隊に合流するために出港した。

われわれが護衛した空母は一隻で、日中に敵を攻撃し、夜間は全速力で可能な限り遠くまで航行し、翌日さらに攻撃を行うということを何週間も続けた。そうすることで、実際よりも多くの空母が運行中であると見せかけ、日本軍を欺こうとしたのだ。より大きく、より重要な船を護衛する駆逐艦の使命は、自ら危険な行為に出ることである。空母を待ち伏せしている敵の潜水艦を見つけ、可能であれば破壊し、必要とあれば魚雷の被弾を覚悟する。そして大型船に向かう急降下爆撃機や雷撃機を可能な限り撃墜し、必要とあれば空母の代わりに被弾することである。

　空母を護衛する駆逐艦にはもう一つ仕事がある。空母が攻撃したり休養したりする際には、すぐ片側の後方に一隻の駆逐艦が配置されるのだ。飛行機が発艦してすぐ海に墜落した場合、ただちにパイロットを救出するためだ。また、航空機が空母の甲板に戻れず着水した場合も、同様である。戦争の終盤になると、フィリップ号はこの救助作戦を得意とするようになった。航空機から一〇〇ヤード〔約三〇メートル〕ほどのところでエンジンを逆回転させて近づいていくのである。そうすると、水中に大きな渦が生まれ、墜落した航空機に素早く近づくことができる。その渦のなかに、一本のロープを腰に巻き、もう一本を肩からかけた水兵が飛び込み、肩のロープをパイロットにくくりつける。うまくいけば、水兵は航空機に素早く近づき、航空機が沈む前にパイロットにロープを巻きつけて救出し、実際に二、三分以内にパイロットは駆逐艦に戻れるというわけだ。

　救出されたパイロットは大事なお宝だった。吊り下げブイを使って空母に返す前に、われわれは彼らが所持していた高価な品々を召しあげる。たとえば地図を描いたシルクのスカーフや上質なナイフのついたサバイバルキット、コンパス、拡大鏡、そしてピストルといったもの。そして空母に対しては、彼らが持っているすべての「ギーダンク」（アイスクリームなどの菓子類）と、われわれ駆逐艦の乗組員が見たことのない映画を最低二本は送ってくれるように頼むのだ。われわれの要求を彼らが呑んで初めて、パイロットは帰還できる。

　男が初めて戦場に出て、自分を殺そうとしている相手と目を合わせることは、不思議なことに初めて女と愛し合うことに似ている。期待に圧倒され、無知が邪魔をし、恥辱への恐怖に飲み込まれ、そして生き残っていれば勝利なのだ。

　私がそれを初めて体験したのは、ブーゲンビル海峡の忘れられた島の近くだった。この島は、「スロット〔細長い隙間、空間の意〕」とも呼ばれているが、一九四三年の大半の期間、この海峡を駆け巡った、あるいは追いかけ回された人々の心に永遠に、その名が刻まれるだろう。われわれは、海兵隊員を満載した戦車揚陸艦を護衛して、犬くらい大きなネズミがいると言われるヴェラ・ラヴェラとおぼしき島に強襲上陸したのだった。戦車揚陸艦は大きくて扱いにくく、スピードも遅くて、回避行動もできない輸送船である。われわれが戦車揚陸艦を接岸させたとき、レーダーのオペレーターが「鼻くその塊が二〇の方向、天使が一一の方向」と報告してきた。これを訳すと「敵機は二〇マイル〔約三二キロ〕先を一万一千フィート〔約三・三キロ〕の高度で飛行している」ということである。われわれの小さな作戦の援護飛行をするF4‐Uコルセア戦闘機の小隊に誰かが指示を出していた。そこで私の仕事は、目視できるようになるまで、敵機の変化する距離と高度の情報（それは驚くほど単純な火器管制システムに入力される）を伝えることだった。そして、私の仕事は終わり、少なくとも束の間の休息が訪れた。同じ艦隊の戦艦による対空砲の音が聞こえ、私は暗い戦闘情報センター（CIC）から船橋〔船内の最上階に位置する、船舶を操縦する場所〕に飛び出した。最初に見た飛行機は、約一〇〇ヤード〔約九〇メートル〕先の海面を滑走していた。それが友軍機であることを認め、追いかけていた敵機をはね飛ばすのを見て歓声を上げた矢先、真上を見上げた私の目の前に別の飛行機が現れた。

それはヴァル機〔日本海軍九九式艦上爆撃機の連合軍側コード名〕だった。特徴のある固定車輪を持ち、同じく特徴的な流線型の車輪カバーで覆われていた。パイロットの姿も見えた。さらに悪いことに、投下されたばかりの爆弾が、こちらへ向かってゆったりと弧を描いて落ちてくるのが見えた。ヴァルはどれくらい離れていただろう。おそらく四五メートルほどだ。爆弾の大きさはどのくらいか。エンパイア・ステート・ビルと一〇〇キログラムの物体の中間で、おそらく後者に近いだろう。怖かったか。そんなの知るものか。私は相当ワクワクしていて、それまでに感じた恐怖のようなものはまったくなかったのである。

我に返り、失禁でズボンが濡れていないことに私が安心していたところ、爆弾はすぐ近くの水面に落下した。右舷にいた全員が水しぶきを浴びたものの、爆発は起こらなかった。不発弾だったのだ。（それ以来、私は日本の技術力を信じきれずにいる。）

エンタープライズ号以外にもたくさんの空母がいると日本軍に思わせるための工作に数週間費やした後、われわれの飛行隊は三隻の真新しい巡洋艦とともに半永久的な任務に就くことになった。七隻の駆逐艦（フィリップ、サウフリー、コンウェイ、レンショー、ウォーラー、シガニー、イートン）が、第二二駆逐隊を構成していた。四隻の巡洋艦（モントペリア、デンバー、コロンビア、クリーブランド）は巡洋艦第六師団を構成し、われわれの船とともに機動部隊を構成した。この機動部隊は、われわれの世代に「計算されたリスク」という概念を教えてくれた二人の提督——華やかでカリスマ的なウィリアム・ハルジー提督や、頭が切れるのに控えめなレイモンド・スプルーアンス提督の指揮下にあった。（われわれは皆、スプルーアンス提督のほうを好んだ。）それから九ヵ月間、われわれは古い駆逐艦や巡洋艦からなる機動部隊とかわるがわる、スロットに夜間急襲を行った。遅い午後の輝く太陽の下、ガダルカナルの北二〇マイル〔約三二キロ〕の地点にあるツラギ島を出発するのが日課だった。

「ブラッドリー君、勲章を取りに行こう」と指揮官のトミー・ラガンは言った。それに対してブラッドリー少尉は、二一歳にもなって失禁することがありませんようにと願いながら、「承知しました」と答えた。

日没までにブーゲンビルに到着できるだけの速さで進み、夜中にはさらにゆっくりとラバウルに向かう。われわれが受けた正式な指令は、問題がないかを確認することだった。何もない夜もあったが、そういう日は多くはなかった。時には、日本兵を乗せてスロットの北側に退却していく小型の沿岸船を発見することもあった。日本軍の夜間戦闘機に追いかけられることもあった。おそらく、この地域に潜んでいるはずの日本軍の潜水艦に見えるよう、戦闘機がパラシュート照明弾の燐光で突如、われわれを包囲するのである。時には、オーストラリアの沿岸監視員が選んでくれた目標をわれわれは爆撃した。監視員たちの多くは元農園管理者で、日本軍が上陸するとジャングルに潜入した、大変有能な男たちだった。

またある夜には、ラバウルから自分たちの手柄を狙ってスロットを下ってくる敵艦の一団をレーダーで発見し、相手と約一時間にわたって激しく砲撃し合うこともあった。われわれは、日本軍の船や潜水艦から発射される魚雷を心配していた。われわれの魚雷はほとんど役割を果たしていなかった。若い下院議員（なぜか海軍予備役の中佐）が監視任務で一晩ラバウルに滞在し、すぐにワシントンに戻った。その一回の飛行で銀星章《シルバー・スター》を獲得したことは、後に世界が知るところとなる。彼の名はリンドン・ベインズ・ジョンソン（テキサス州選出民主党員）といった。

実際に敵と交戦したくなければ、昼までにラバウルにいる日本軍機の射程圏外に安全に脱出する必要がある。そのためには、朝の二時か三時にはラバウル沖を出発しなければならない。そしてツラギ島に戻り、ほかの機動部隊がスロットで捜索と破壊の任務を繰り返すのに間に合うよう、燃料を補給し、新しい弾薬を搭載するのである。もちろん、われわれの任務は四時間監視しては四時間休むというもので、次の日に宿舎に戻り、また同じことを繰り返すのである。

それは生き残れるかどうかと絶えず心配はしないまでも、あれこれと考えたり読書したりする以外の知的なことを行う気力が持てない、疲れる生活だった。われわれは、自分たちが皮肉交じりに余暇と呼ぶ時間に眠った。寝床はほとんどの場合、上下一八インチ〔約四五センチ〕ほどの距離しかない段式で、自分の上下に寝る同僚は「屁布団仲間」と呼ばれた。もちろんエアコンはないが、顔から数センチ先に扇風機が設置されていた。トランプで遊ぶことも多少あったが、ほとんどの場合はクリベッジと呼ばれるゲームだった。お金を使う場所がないので、一時は高額な賭けをしていたが、艦長のトミー・ラガンによってほとんど禁止されてしまった。クリベッジをするときの私のお気に入りの獲物は、デトロイト出身のビル・ワイベルで、魚雷将校のため「チューブズ」と呼ばれていた。われわれのゲームは、大学時代のブラックジャックの繰り返しで終わった。その結果チューブズは私に四〇〇〇ドル以上の借金ができた。これは一年分の給料に相当する額である。そのことを耳にした艦長は、私が負けるまで「ダブル・オア・ナッシング」（負けたら相手の借金をチャラにする勝負）をやり、その後は賭けるゲームはしないよう命じた。私は三回目のゲームで負けた。

そして、疲れすぎていたり、恐怖で読書どころでなかったりしたとき以外は、われわれは本を読んでいた。J・ボズウェルの『サミュエル・ジョンソン伝』は、フィリップ号の士官室の隔壁に溶接された本棚に永久保存されていた。私はフィリップ・ワイリーの『毒蛇の世代』のような反体制的な作品にすっかりはまった。とくに覚えているのは、『ラブ・イン・アメリカ』という本で、デイヴィッド・L・コーンが基本的な男女関係を冷酷に描写している。ワイリーもコーンも、広告や映画を支配する薄っぺらい感傷主義に疑問を投げかけていた。グラディス・シュミットの『オーリスの門』という小説を読んだ。シガニー号の士官だったビル・コックスは、マンガ、とくに「テリーと海賊たち」〔一九四三年から七三年まで『シカゴ・トリビューン』系列の新聞で連載された〕の専門だった。アメリカにいる友人が新聞からマンガを切り抜き、ホッチキスで順番に綴じてコックスに郵送していた。

親友になったボブ・リーは私の手本でもあった。というのもおそらく、彼は私にはない、少なくともまだもっていなかったものをたくさん有していたからだろう。まず、リーには教養があり、意欲的だった。彼は本を読みたいから読んでいた。それまでの私は、『チャタレイ夫人の恋人』を除いて、読まなければならないから本を読んでいた。リーは私より二、三歳年上で、フィリップ号に着任する以前は四本煙突の駆逐艦にいた。そのため、リーの帽子の徽章は、新入りのそれとは異なり、ベテラン船員の証とも言える、くたびれた風貌をしていた。リーは、奨学金でアマースト大学に行き、いろいろなことを学んだ。父親はニュージャージー州イースト・オレンジ市で大工をしていた。彼の妹は、イースト・オレンジ市のアモコ石油の卸売業者と結婚していた。リーは駆逐艦についての知識を丁寧に、しかも頻繁に教えてくれた。まだブルックリン海軍基地で救助用モーターボートなどを艤装していた頃、私はある朝、リーからフィリップ号に割り当てられているボートを一隻引き取りに行くよう頼まれたことがあった。彼は、私が救助用モーターボート（モーターランチ）とは何なのか、まして やどこにあるのか知らないのをすぐに見抜き、二人で一緒に引き取りに行くことになった。

リーは「将軍」と呼ばれていて、トーマス・ヘゲンの戦争小説『ミスタア・ロバーツ』の主人公のように、落ち着いた皮肉屋で、勤勉で、部下に慕われる人物である。彼は、私が初めて経験する人間関係の危機に対処する様子に感銘を受けた。実際のところ、私自身もだった。太平洋に向けて出航する直前のある夜のことだ。ブルックリンの海軍基地で夜警のために立っていた私に、フランクという若い水兵が45口径のコルト銃を向けた。フランクはおそらく、〔陸軍規則〕第八節に基づく精神疾患を理由とする除隊を求めてやったのだろう。私自身も自分の45口径銃で武装していたが、いかなる状況でもフランクを撃つことはしたくなかったため、彼を静かに説得するほかなかった。

二年以上にわたる海上での何千時間もの会話のなかで、リーと私は、お互いの友情が何にも動じなくなるまで一枚、また一枚と自分の殻を破り、互いの人生を共有した。われわれの友情は深く根を張り、花開いた。

一九四三年のクリスマスの頃、われわれはオーストラリアのシドニーで一週間、休暇を取るよう命じられた。制度上のことを言えば、われわれは一年近く、一日も休みを取っていなかった。映画以外で女性の声を聞くことも一年近くなかった。われわれは、映画『ニノチカ』でグレタ・ガルボがメルヴィン・ダグラスの耳をかじるシーンについて、よく話をした。それくらい、普通の生活に飢えていた。シドニーでの休暇は、われわれの祈りが神様に届いたということだろう。シドニー湾に入ったとき、将軍と私は一緒に船橋の上に立っていた。信号長のホッピーが遠くの丘から振られている旗を指し、「お前たちは本当のこととは思わないかもしれないが」と言った。旗は手旗信号を発信しており、近づくにつれ、振り手が若い女性たちであることが判明した。一六歳くらいで美人ぞろいだ。その日の夜、デートする気はないかと尋ねているのだ。

リーと私は初日の夜、ウールームールー波止場に係留されている船で見張りをすることを志願していた。ほかの乗組員は、最小限度の要員を除いて自由を謳歌できた。私は、自分がそれを志願した理由を理解していた。結婚してわずか一年半で貞節義務を破るべきかという重大な問題と向き合うことをできるだけ先延ばしにしたかったのだ。

われわれは他の乗組員から心づかいを称えられ、上級士官室に二人でこもって、翌日の自由行動について話し合っていた。そのとき突然、船が明らかに、そして不気味にも右舷に傾き、桟橋から離れつつあることに気がついた。その原因を突き止めるのは難しくなかった。三〇人ばかりの水兵が船の手すりにもたれかかり、ちょっとした冒険を求めてボートで近づいてきた若い女性三人と話をしていたのである。一目でポギーだと分かった。(「ポギー」というのは、若い女性を指す海軍の俗語で、「ポギーのエサ」、つまり「ポギー」を袋に誘い込むためのアメというように使われる。)将軍と私は、女の子の一人が船に乗り込み、手漕ぎボートが船に繫がれるまでは、なんら規則違反とは感じていなかった。明らかにポギーたちは、まだ船に残っていた乗組員を楽しませるために招待を受けたようで、船員たちはリーと私が何らかの対応をとるかどうか気にしていた。

私と将軍は、規律をめぐる判断の賢明さで、広く敬意を得ていた。この敬意は、数ヵ月前のある夜、フィリップ号がツラギのアイアンボトムサウンドに停泊していたときに起こった事件に起因している。われわれはスクリーンを前方に設置し、映画を上映していたのだが、もう一隻の駆逐艦が接舷の許可を求めて信号を送ってきた。それは通常であれば大した問題ではなかった。われわれは五分ほど映画を止め、その船の船首をわれわれの船尾に係留する。その船もスクリーンを前方に設置し、われわれの船尾の横で映画を上映することができるようにしてやるのだ。五分もあればすべての作業が終わるはずだった。

しかし、その艦船は船首と船首をくっつけて停泊した。さらに悪いことに、この艦船はわれわれの新艦長がかつて働いていた船で、新艦長のジミー・ラッターは、自分のかつての上司であるその艦船の艦長に船尾をつけてほしいと頼もうとしなかった。そのうえ、彼らはスクリーンを前に出し、われわれに対抗して自分たちの映画を上映し始めたのだ。ラッターは自分がなめられたことを知ると、両手をあげてわれわれの映画をキャンセルし、自分の部屋に引きこもった。しかし、われわれクルーは別の行動に走った。何人かは、煙突と煙突の間にある、ジャガイモを保存するための場所(それは保存すべきものがあった場合の話だが)に戻り、新参者たちにジャガイモを投げつけ始めた。すぐにジャガイモの一つが彼らの指揮官の首の後ろに当たり、その後すぐにジミー・ラッターは彼の古巣に招かれ、その艦長から厳しく叱責された。素早く指揮をとること、新しい自分の船で誰が一番偉いかを示すことがいかに重要か、というような内容だった。

ジミー・ラッターは頭に血が上った様子で戻ってくると、すぐに将軍と私を呼びに来た。彼は人生でこれほど屈辱的なことはなかったとわれわれに言った。これまで目にしたなかで最悪の態度だ。しかも、自分の昔の上司の前で。この船はいったい何様なんだ。そして、この卑劣な行為をした者を見つけ出し、軍法会議にかけると伝えるようわれわれに要求した。リーと私はおとなしくその場を離れたが、自分たちが愚かな任務を任されてしまったことは分かっていた。ジャガイモと言ってたな。「ブラッドリーさん、この船には何ヵ月もジャガイモがないことはご存じでしょう」。われわれは船首から船尾まで回ったが、ジャガイモが投げられたのを見た者はいなかった。多くの者がわれわれに、ジャガイモがあればよかったのにと言った。そうすれば、あの「ろくでなし」どもにジャガイモを投げつけることができたのにと。

報告書の提出を一時間遅らせて、徹底的な調査を行ったと主張するに十分な裏付けをとった結果、犯人は見つからなかったし、見つかる見込みもないことを艦長に告げた。飛んでいったジャガイモが彼の昔の上司に当たらなければよかったのだが、フィリップ号がコケにされたと感じたし、まったく称賛に値しないとしても、何らかの弁明は可能だと思った。いずれにしても艦長は冷静になり、われわれはほかのクルーたちから規律のなさを称えられた。

今度も同じ作戦を使った。半時間ばかり事態を放っておいた後、拡声器で同僚の下士官長に上級士官室への出頭を要請した。われわれはこう告げた。「シドニー警察が気にかかる。彼女たちは明らかに未成年で、しかも素人ではないから、性病についても懸念がある。それに、もし艦長が早く船に戻ったら、いくつもの海軍規則違反を指摘する可能性がある」。そこでわれわれは、二〇分以内に船内を視察して歩くが、その際に乗員以外の乗客や手漕ぎボートが見つからないことを希望する、と告げた。予定通り、われわれは船内を歩き回った。密航者は見つからず、手漕ぎボートはウールームールーの夜の暗闇に消えていった。

翌日の夜はわれわれが上陸する番だった。それは私の人生のなかで最も忘れがたい――セックス抜きの――夜となった。われわれはまず、オーストラリア・ホテルの男性用バーで、苦くてうまいオージー・ビールを何杯も飲み干した。次に、われわれはオーストラリアの小銭を、天井の照明のランプシェードのようにチェーンで吊るされた大きなガラスボウルに投げ入れて遊んだ。われわれよりもずっと年上で、ずっと頑丈そうな兵士たちが、すぐにこの遊びに加わってきた。しかし、同じように喉が渇いていた。われわれは、オーストラリアに健常な男はいないと聞かされていた。男はみんなヨーロッパや北アフリカの戦場に送られたと。だから、女性たちが歓迎してくれると聞いていた。しかし、ここにいる男たちは健常者である。彼らは、第二次オーストラリア第一歩兵大隊の残党だ。第一次オーストラリア第一歩兵大隊は、第一次世界大戦を戦うために最初に出発したオーストラリア人の部隊だった。第二次オーストラリア第一歩兵大隊は、第二次世界大戦を戦うために最初に出発したオーストラリアの部隊である。彼らはこの日、クレタ島で戦い、北アフリカで（ナチ・ドイツの）エルヴィン・ロンメル元帥率いるドイツ軍と戦い、ニューギニアのオーウェン・スタンレー山脈を越えて日本軍と戦った後、五年ぶりに故郷に降り立っていたのだ。これらの驚くべき戦いを経てなお、彼らは肩の上の曲がった金属製の「AUS-TRALIA」という文字以外に何の勲章も着けていなかった。われわれは若く未熟な上に、戦場での経験も比較的浅いにもかかわらず、少なくとも一列のリボン記章をつけていた。彼らの体験談を聞いた後、われわれは厳かに自分たちのリボン記章を彼らにつけてやった。彼らはそれを、そしてわれわれは彼らが苦労して手に入れた「AUSTRALIA」のピンを、お互い朝まで身に着けたのだ。

ゆっくりと夜が明け、われわれは忘我の境地に入り込んでいったが、新しい仲間は一人を除いて静かに去っていった。その一人、私が「シャグ」としか思い出せない背の高い人物は、〔リビア東部の〕トブルクでロンメルの戦車から榴散弾を首に受け、喉に穴が開いていた。そのため、彼は喉の穴から声を出して話した。彼は治療を受け、家に帰ることなく戦場に戻された。その夜、彼はわれわれと同じくらい、相当酔っており、われわれは次第に、彼が何よりも恐れていることに気づいた。やがて、彼はその理由を話してくれた。妻とはもう六年も会っていないという。帰国したことを伝える電話もしていない。彼の妻はシドニー湾を隔てたマンリービーチに住んでいるが、彼は一人で彼女のもとに帰るのが怖かった。自分の新しい発声器が彼女の目にどうしようもない障害と映ることが怖いのだ。空が明るくなってくると彼はわれわれに、「帰宅するのに同行してくれ」と懇願した。われわれは、お邪魔虫になりたくないと伝えた。しかし彼は、われわれが必要だという。われわれは本当の仲間なのか、それとも違うのか。友情とは何だろう。結局、陽が昇ると、われわれ三人――ロバート・E・リー中尉、ベンジャミン・C・ブラッドリー少尉、そして一等兵「シャグ」――は、シャグが砂漠での戦いよりも恐れる任務を負い、かなり酔っぱらった状態でマンリービーチに向かうフェリーに乗り込んだ。われわれは、バラの茂みで囲われた庭付きの家々が立ち並ぶ田舎道を、ゆっくりと音を立てて歩いて行った。そして突然、「シャグ」は目から涙を流しながら、よろめきながら立ち止まった――彼の自宅に着いたことを知り、われわれの頬にも涙が伝っていた。ドアが静かに開き、女性が現れると、二人はゆっくりと互いの腕に包まれた。誰も一言も言葉を発しなかった。

次の夜はもっと好き勝手に過ごした。われわれはロザリン・ガーデンズに一週間アパートを借りたのだが、その建物には、きれいで人懐こい若い秘書が何人もいた。彼女たちと寝たいと必死であったわれわれと同じくらい、彼女たちも喜んでわれわれとベッドをともにしてくれた。必要だったのは、性病に関するいくつかの質問と回答のやりとりだけで、一年ぶりに土を踏んだわれわれには当然ながら、彼女たちが満足する回答しかなかった。貞操に関する前置きはこれくらいにしておこう。私はあっという間に罪悪感を感じ、短い滞在期間中に二度とそれは起こらなかった。もう一度挑戦してみたが、見つけた相手は男より女を好むことがわかり、将軍とそのお相手は一晩中、隣の部屋で面白がってくすくす笑っていた。私の両親は、友人の一人がレズビアンであることを、そうした事柄につきものの忍び声で話していたのを覚えていたが、私は無邪気にも、自分がレズビアンを誘惑することになろうとは思ってもみなかった。

自分の微妙な道徳的問題を解決しないうちに、われわれは美しいシドニーのダウンタウンを出発し、またしても丘の上でわれわれを見送る、夜をともにした若い女性たちに悲しげに手を振りながら、さらに数ヵ月間、スロットの周囲を行ったり来たりする任務に戻ることになった。われわれはレンドヴァ、ヴェラ・ラヴェラ、ブーゲンビルの各島に上陸し、敵を見つけるたびに怒りの発砲をし、あるいは発砲を受けた。

ブーゲンビル沖で空襲を受け、爆弾をよけようとして海図にはないサンゴ礁の頂上部と接触してしまった。新しいプロペラが必要となり、われわれはエスピリトゥ・サントまで引き返さなければならなかった。海軍は新しい海図を作ることができなかったので、別の時代に誰かが作った海図を使っていたのだ。ブーゲンビル沖では、ドイツの海図を使っていた。われわれが接触した珊瑚礁は海図に載らぬまま、カイゼリン・アウグスタ・ベイの水面一六フィート〔約七七メートル〕下に横たわっていた。ヴェラ・ラヴェラ沖では、島の反対側から海面越しに忍び寄ってきた二〇機ほどの日本軍機に急襲された。最初の襲撃は猛烈な速さだったため、敵は爆弾を放つことができなかった。敵が再びやって来たとき、フィリップ号とウォーラー号は、大きな戦車揚陸艦の列の両側に厚い煙幕を張り、五ノットの速さで安全な場所に隠れようとしていた。突然、耳をつんざく音とともに身震いするような衝撃があり、魚雷を受けたと私は確信したが、攻撃隊のなかにスピードの遅い魚雷機がいた形跡はなかった。無線機から音が鳴り、何が起こったかがわかった。ウォーラー号の艦長の声がして、「申し訳ない。これは私のせいだ。あいつらに砲撃を加えようとしたのだ」という。どちらの駆逐艦も煙で相手が見えず、ウォーラー号は日本機に対して四〇ミリと二〇ミリの砲を発射する位置に入ろうとして、われわれの船腹に衝突してしまったのだった。これは歴史的な自白だった。私が海軍にいる間、これほど率直に誤りを認めた事例に遭遇することは二度となかった。

　別の着陸の機会には、レーダーのオペレーターが約一〇〇マイル〔約一六〇キロ〕先に「鼻くその塊《シットロード・オブ・ボギーズ》」があることを報告した。（海軍用語で「塊《シットロード》」は一〇〇から二〇〇を意味するが、細かいことは後回しだ。）われわれは、航空援護がなく、その見込みもないまま戦車揚陸艦で行動していたため、とくに脆弱だった。私は戦闘情報センターで、レーダーやソナー、無線機からの情報を選別し、必要と思われるものを艦長に伝えていた。咄嗟の判断で、自分が戦闘機の指揮官であるかのように装い、存在しないF４SやF４USの飛行隊に、この鼻くその塊への攻撃を無線で指示した。「戦闘機部隊への暗号、これはフィリップ号への暗号である。前方に鼻くその塊発見。約一〇〇マイル〔約一六〇キロ〕あるいは貴部隊からは約九〇マイル〔約一四四キロ〕の時点である。狙いを定めよ」といった具合である。われわれはこれを五分ほど続け、「飛行機」を上下左右に動かしたが、鼻くその塊がコースを変えて逃げ去らなかったのには驚いた。敵がわれわれの声を聞いたかどうかもさだかではない。リーと艦長は、この活動によって私を青銅星章の候補に推薦した。貰えはしなかったが。

　また、ある嵐の夜、戦闘情報センターで戦闘機と司令官をつなぐ無線回路をいじっていたら突然、「彼らに幸あれ（Bless 'Em All）」を歌う声が遠くから聞こえてきた。そして、たくさんの人が歌い始めた。とくに、最後の詞行の「仲間よ、元気を出せ。奴らをやっつけろ」のところが上手に歌われていた。声の主はニュージーランドの戦闘機隊だった。嵐のなかで迷子になり、ガス欠という苦境のなか、なんとか水上不時着したのだ。われわれのレーダー・オペレーターが彼らをスクリーン上で発見し、おそらく最もすばらしい太平洋戦争の歌の歌唱を中断し、最も近い味方の基地に彼らを移送した。

　私の初めて下した単独での重要な決断は、ある夜明け前に起こった。師団の駆逐艦隊の真ん中を航行中、われわれだけでスロットで一夜を明かした後、師団の列から外れてしまった。私は当直士官で、司令部にはいなかったから艦長代理だったのだが、戦闘情報センターから正体不明の飛行機が、ほぼ真正面から急速に接近しているとの報告を受けた。レーダー画面上の〔位置を示す〕輝点には、味方機を識別する線下の信号（"Identification, Friend or Foe"の頭字語であるIFFとして知られている）がなかった。少なくとも当初信号は確認できず、当直の砲兵隊もそれを追尾していた。司令部にシグナルを送り、艦長を起こそうと思った矢先、左舷艦首から約五〇〇ヤード〔約四五七メートル〕、海面からわずか数フィートのところをふらふらと飛んでいるのが見えた。それが「ベティ」——日本の双発爆撃機の暗号名——であることは明らかだった。前方のどの艦も発砲していなかったが、私は自分で見て確信し、「発砲せよ」と叫んだ。ちょうどそのとき、勲章を欲しがっていたワイルド・ビル・グローバーマン艦長が船室から飛び出してきた。（彼は五インチ砲の発砲炎で両眉が取れ、一週間は耳が聞こえなかった。）われわれは五インチ砲を一二発ほど、また四〇インチ砲と二〇インチ砲を一、二発撃ったはずだが、敵機を取り逃がしてしまった。後に戦史家たちは、これが日本の高級提督をラバウルに連れて行く飛行機であったことを確認した。

このような仕事は、太平洋戦争中の海戦では、最年少の士官が担うのが普通だった。当直下級士官（ＪＯＤ）は、当直士官の操船を船橋で手伝うことから始めるのだ。ハーバード大学を卒業して八ヵ月後、私は当直将校になった。それは、本部にいないとき、つまり戦闘に向かっているときに、私の責任で艦船を切り盛りするということだった。私は二一歳で、全長一一一メートルの戦艦の指揮を執り、三〇〇人以上の安全確保に責任があった。四時間の当直の後には八時間の非番が来るが、その間も通常の部署運営業務があった。二一歳の分際で船員に何をすべきかを伝えることが、日本の弾丸と同じくらい恐ろしいものだということがわかるだろうか。

戦闘以外の任務は、通信、つまり艦船に生の情報を提供する機械と、その機械を操作し維持する人たちの養成だった。この仕事は、ハーバードにいたときよりも教育的で、私がこれまでやった何よりも刺激的で、意義深いものだった。だから、私は戦争ですばらしい時間を過ごすことができたのだ。その仕事が大好きだった。そのワクワク感や怖いことがあるのも好きだった。たとえA地点からB地点に行くだけだとしても、達成感を味わうのが好きだった。たとえ変なバカが頭をもたげることがあっても、仲間意識も好きだった。何年もの間、私がこのように活動を謳歌している間に多くの人が被った恐怖や悲しみを考えると、このことを認めるのは決まりが悪かった。しかし、それらの恐ろしい経験からは、時間的にも距離的にも離れていた。新聞もラジオもなく、東京ローズ〔ラジオ東京が行った対敵プロパガンダ放送の女性アナウンサーにアメリカ兵がつけた愛称〕だけだった。もちろんテレビの刺激もない。私は、自分が決断を下すことが好きなのだとわかった。人を見定めて、その仕事に最も適した人材を選ぶのが好きだった。そして何よりも、仕事に伴う責任感が、そして人々が私を頼りにしているということや、自分であれば彼らを失望させないであろうことが好きだったのだ。

専門資格がまったくない予備役の海軍士官のなかには、職業軍人よりも優れた仕事をする者が少なくなかった。海軍兵学校少尉は、ほとんどが電気技師だった。蒸気タービンエンジンの仕組みは知っていても、いつ始動させ、いつ停止させるかについては、あやふやだった。彼らは、教えるよりも自分でやるほうが得意で、戦時中は仕事をしながら教えなければならなかった。

ジミー・ラッターがフィリップ号の指揮を執った最初の夜、彼は給油のためタンカーに船を横付けする必要があった。二一〇〇トンの艦船をドックや停泊中の船などの静止物に係留することは、たとえ船舶操縦術よりもサッフォー〔古代ギリシャの女性詩人〕の詩の断片を研究していたとしても、それほど難しくはない。しかし、船がまだ前進しているときに「少し下がれ」と機関士に命令したり、まだ後進しているときに「少し前進」と命令したりする正確なタイミングは、経験のみが教えてくれるものである。気の毒なことに、ジミー・ラッターにはそうした経験がなかった。何度も、彼は命令を出すタイミングに一瞬遅れ、二度も係留索を切ってしまった。若い機関士たちが、海上での本当のボスはだれなのかを知らしめるために、意図的に一、二秒遅れて命令に応えて新しい艦長を困らせていたのだと思う。ついにラッターは首を振りながら次のように言って皆の愛情を得た。「ちくしょう、この野郎を止めることはできん。お前らに任す」。

シドニーでの休暇からわずか七ヵ月で、われわれは再び、今度はニュージーランドでの休暇に向かった。これは本当に待ち望んでいたものだった。私はアメリカを発つ際、ニュージーランド北島にある一〇〇〇エーカー〔約四平方キロ〕の羊牧場の所有権をポケットに忍ばせていた。一九世紀末、ジョージ・ブラッドリーという男が、若い娘を妊娠させて両親の名誉を傷つけ、五万ドルの所持金とともにロンドンに永住することになったらしい。一族の言い伝えによると、ジョージは五万ドルをあっという間に使い果たして、ボストンに戻ってきたという。その後、父親が自らニュージーランドまでジョージに付き添い、羊の牧場を買ってやり、ジョージをそこに置いて帰国した。ジョージはマオリ族の女性と結婚したと言われている。子どもがいない二人はほぼ同時期に死亡し、一〇〇〇エーカーの牧場の所有権はブラッドリー家の管財人であるウェルチ＆フォーブス〔ボストンにある資産管理会社〕のトレモント通りの金庫に戻された。

兄のフレディがいるのはカンザス州フォートライリーの騎兵隊であるため、ニュージーランドに行く機会があるのは私のほうだと考えられていた。そして私はこの偉大な資産の品定めをして家族に報告する役目を負っていたのである。しかし、すぐには報告できなかった。ニュージーランドを出て二日後、われわれは方向を変えてエニウェトクに送られた。そこには、グアムやサイパン、テニアンのあるマリアナ諸島への砲撃と侵攻を目的とした、史上最大の太平洋艦隊が集結していた。マリアナ諸島は厳重に防衛されていたが、一九四四年六月に始まる日本本土への爆撃の航空基地として、決定的に必要とされていた。広島に原爆を投下したエノラ・ゲイ号がテニアンから飛び立ったことはご存じだろう。

マリアナ諸島の作戦は終わりがないように思えた。第二、第四海兵師団と陸軍第二七師団が上陸する前に、われわれはサイパンを何日も砲撃していた。われわれは当時、一マイル〔約一・六キロ〕の沖合で、前線の塹壕で戦う若い海兵隊中尉と直接無線で連絡を取っていた。私の仕事は、戦闘情報センターを運営することだった。そこにはレーダーやソナー、無線機、電話機、プロット装置のすべてが詰め込まれている。すべての情報が戦闘情報センターに入ってきて、われわれは必要に応じてそれを艦長や砲術将校、見張り将校に振り分けるのだ。その若い海兵隊員は日本軍の防衛線のすぐ近くにおり、彼がわれわれに五インチ砲の連射を要請するたびに、日本人の叫ぶ声が聞こえた。残念ながら彼の名前は失念してしまったが、この男は勇敢な野郎だった。彼は、どこそこを砲撃してくれと頼むのだが、そうした場所はしばしば彼の塹壕から数メートルしか離れていないような場所だった。私は彼から聞いた座標を砲兵将校に伝える。「撃て」と言うと、耳をつんざくような爆発音が響く。そして、五七ポンド砲の弾丸が目標に向かうまでの間、無言で見えない仲間からの反応を待つ。彼は言う。「最高の出来だ。大当たり」。本当だろうか。お世辞かもしれない。時には「今のはちょっと近すぎだな。少し下がってくれ」。

われわれは本部で五〇時間以上、この作業を続けていたが、前方監視員が塹壕を変える間、小休止となった。私は艦長に、ふらふらするのでヘマをするかもしれないと言った。艦長は、海側にある無線室に行って休めと言った。私は深い眠りに落ちていたのだが、そのとき奇妙な爆発音がして、われわれに浴びせられている榴散弾らしい音がした。もし本当に榴散弾なら、日本軍の陸上砲台からのものに違いないし、もっとたくさん来るはずだ。私は無線室から飛び出し、走って自分の戦闘配置に戻った。左舷の梯子を半分ほど登ったところで、右の臀部に鋭い痛みを感じた。高速で飛ぶスカッシュのボールのような感触が、近距離から伝わってくる。下方を見ると、甲板に破片が落ちていた。長さ二インチ〔約五センチ〕、厚さ半インチ〔約一・二センチ〕ほどで、縁はギザギザしていた。私は思わず手を伸ばし、破片を拾い上げた。それは何かにぶつかったあと、跳ね返って私に当たったのだろう。というのも、自分のズボンが小さく裂けているのを感じたが、傷ではなく、刺されたような感じがした。ポケットにしまうと、破片は非常に熱かった。そして私は戦闘配置に戻った。

そこには、砲術将校として相棒のボブ・リーがいた。彼とその部下たちは、私が戻る前に陸上砲台を全滅させていた。私は、戦場でわれわれ全員をつないでいる音声付き電話で、私の尻に榴散弾の破片が刺さったことを知らせた。その話はまるで電光のように船中に広まり、われわれが本部を出る頃には「ブラッドリーが尻を撃たれた」ということになっていた。

船医のラルフ・モーガンは、〔作家の〕トーマス・ウルフで知られるノースカロライナ州西部の地方出身で、何が起こったにせよ私の体にはまったく問題がないと判断すると、士官室に一緒に行こうと主張した。（駆逐艦の士官室は通常、士官が集まって食事をする場所だが、戦闘中は臨時の病室として使用される。）彼は私を士官室のテーブルにうつ伏せで横たわらせると、ズボンを下げて「傷」を調べた。出血もなく擦り傷の周りが少し赤くなっていた。メスを手にした彼は、出血がないと名誉負傷章もありえないと言い、血が一滴出る程度に私を切りつけたのである。モーガンはその後、私に名誉負傷章を申請しなさいと言ったが、私は——当然のことながら——それをしなかった。（しかしその数ヵ月後、船の修理と乗組員の休暇のためにアメリカに戻ったとき、私は名誉負傷章のようなものを手に入れた——特別な船上パーティーの最中に太鼓が鳴り、新しい艦長のワイルド・ビル・グローバーマンが私を呼ぶと、屈むように言い、大きな紫色のベルベット製ハート型勲章を私の臀部に留めた。それによって二度目の出血をみたのだけれども。）

一度、前方監視員が数時間の休憩をとったとき、われわれは火器管制無線を通じて会う約束をした。私はフィリップ号の救助用モーターボートで岸に上がり、腰に発砲したことのない45口径コルトを巻いた完全武装で彼を迎えに行った。彼は私と同い年だったが、年齢より少し若く見え、ぎこちない身振りと不安げな目をしていた。乗組員たちは彼の乗船を歓迎し、第二二駆逐隊史上最長の温水シャワーを浴びた彼に、われわれは大量のアイスクリームを吐き出してしまうほど与え、彼はその後死者のように眠った。翌日、彼を見送るとき、泣いていたのは私だけではない。その頃、私は男性に想いを告げる方法がわからなかったが、私は確かに彼を愛していた。

彼はとても弱々しく見え、自分ではどうにもできない出来事に翻弄されていた。

サイパンの西側にいる陸軍部隊は、島の南端にある洞窟に日本軍を追い込む態勢を整えるのに時間がかかっていた。ある将軍は、あまりに時間がかかりすぎるという理由で、歩兵師団の指揮を解かれた。フィリップ号は前方エリアの観測手が指図するところにはどこにでも五インチ砲弾を発射していたので、砲身が劣化しているのではないかと心配になるほどだった。私が「負傷」したときも、日本の陸上砲台の攻撃を受けていた。われわれはサイパンの東海岸から一五〇〇ヤード〔約一・四キロ〕という至近距離から砲撃していたので、島で作物の肥料として使われる肥溜めに集まるというハエがわれわれに群がるほどだった。悪臭がひどかった。日没になると、駆逐艦は許可を得て、舷窓や防水扉を全開にして、風に向かって全速で走行し、船内のハエを吹き飛ばすのが日課となった。

そして、作戦の最後には、テニアンで行われる国旗掲揚のため、戦域のお偉方全員をサイパンから運ぶ役目をフィリップ号が担うことになった。通常、駆逐艦では月に一度でも海軍大佐（艦長）が訪れると大騒ぎになる。われわれは提督はもちろん、大将も見ることはなかった。駆逐艦は形式ばらないところが売り物だが、将官たちはとてつもなく堅苦しい人々である。しかしこのときばかりは、レイモンド・スプルーアンス提督をはじめとするお偉いさん方が士官室に集まっていたのだ。スプルーアンス提督は当時、中央太平洋軍司令官と第五艦隊司令官を兼任していた。また、伝説の海兵隊将軍、ホーランド・M・〝ハウリン・マッド〟・スミス将軍をはじめ、たくさんの徽章やモールを制服につけた提督や将軍、士官らが船いっぱいにずらりと並んだ。われらが艦長も、これらのお偉いさんたちと一緒に士官室にいて、客人の気を引くために逆立ちをする以外は何でもしていた。私は当直将校として船橋にいて、「テニアンに行け」とだけ言われた。コースと速度についての指示も何もなく、ただ「行け」とだけ言われた。

それは、平時であればそれを楽しむために多くの費用がかかる、輝かしい熱帯の一日だった。空には雲一つなく、信じられないほど美しい青緑色の海水。私は、三〇ノット（時速五五キロ）という駆逐艦最速の速さで乗客をもてなそうと考えた。海はとても滑らかで、テニアン島へ向かう船首の大きな波の音だけが聞こえた。

突然、操舵手が気をつけの姿勢をとり（彼がそうするのを私は初めて見た）、「船橋にいる者に告ぐ。提督がお見えです」。私は提督に敬礼し（私はそれがひどく苦手だった）、何か見たいものがありますかと尋ねた。彼は微笑みながら私の手を握り、お礼を言ったが、ちょっと見て回りたいだけとのことだった。われわれは皆、彼が海軍をはじめとする太平洋上の艦船すべてに出される指令のファイルに目を通し始めるのを見た。それは、スプルーアンス提督からフィリップ号に出されたものだった。突然、彼は目的のものを見つけたかのように止まった。彼が動いた後に私は、どの指令が開かれているのか見てみようとファイルに近づいた。そこにあったのは「とくに命令がない限り、いかなる艦船も一五ノットを超える速度で進行してはならない」というものだった。

私は士官室のジミー・ラッターに電話をかけ、指示を仰いだ。われわれは単純な解決方法を思いついた。数分おきにフィリップ号の速度を一ノットずつ、気づかれないように落としていくのだ。そしてその一時間後、われわれは一五ノットの安定した速度でテニアンに到着した。

マリアナ諸島の安全が確認されると、われわれの戦隊の多くは本国への帰還を命じられた。乗組員には休暇を、艦船には修理と徹底的な点検をということであった。フィリップ号が私たちのアパートの前のイースト川を上り、戦争に向かう途中、私は二一歳で将来に不安を感じていた。そして今、オークランド海軍工廠に向けて金門橋の下を通ったとき、私は二三歳で、また別のことに不安をもっていた。自分が結婚した相手とやっていけるだろうか。もっと重要なのは、彼女が私を受け入れてくれるだろうか、ということだ。

しかし、サイパンからサンフランシスコに向かう途中、艦長はハーバード・カレッジからカリフォルニア州サンフランシスコの海軍郵便局付フィリップ号艦長宛の格式ばった封筒を受け取った。そこには、私が一度も受けたことのない、長期延期されていた聖書とシェイクスピア、ギリシャ古典の試験が入っており、都合のいい時に私を完全に隔離して、試験を受けさせるようにという某学部長からの手紙が添えられていた。私は驚かなかった。というのも、私にこの試験を受けさせて学位を取得させるようハーバード大学を説得したと父が手紙で知らせてきたからだ（ハーバード大学は一年前に試験なんて学位要件から外していたのに）。そこで、私は暇を見つけては聖書やギリシャ演劇やシェイクスピアを少し読んでいた。フィリップ号の乗組員たちは事の経緯をすべて知っており、船が帰路につく間、私が受験のために艦長に付き添われて特別室に入ると歓声をあげた。

三〇分後、ドアがノックされ、一等水兵が入ってきて、唐突に「当直将校（アナポリスの機関士、ジョージ・ハミルトンだった）がご挨拶申し上げる。聖書のなかで一番短い詩は、ヨハネによる福音書第二章三五節の「イエスは泣かれた」である」と言った。私は試験を終え、本土に上陸してから発送した。数ヵ月後、父から優秀な成績で合格したとの手紙を受け取った。一つはB判定だったが、優等賞を受けた。

米国に戻り、美しい金門橋の下で安全に過ごしていた私とリーは、愛する人のもとに帰る飛行機に乗り遅れるという、最悪の形で帰省休暇をスタートさせた。われわれは海軍工廠に停泊した翌朝六時に出発するニューヨーク行きのDC－4号機に乗る並々ならぬ機会を得た。聖フランシス・ホテルに部屋まで取ってもらい、それからパーティーに出かけた。気がつくと、将軍がこう言っていた。「なんてこった、ビーボ、もう六時半だ、飛行機に乗り遅れたな」と。五〇年経ってみると明らかなのだが、なぜか飛行機に乗り遅れたことを気にした記憶はない。心配したのは、どうして飛行機に乗り遅れたかをジーンに説明することと、帰宅するための別の方法を見つけることだった。戦時中の列車は、国の端から端まで二日半かかったが、そうやって「私は帰宅した《アイ・ケイム・マーチング・ホーム》」。

ようやく抱擁を終えると、私たちは用事が忙しいことを言い訳に、互いが別行動をとった。ジーンは、夫のいない結婚生活を乗り越えるため、ある人物と面談を重ねていた。心に傷が残るようなとまではいかないまでも、困難と言える家庭生活の後のことだった。

その「ある人物」とは、エドワード・スペンサー・カウルズ博士という、白髪頭の公園通りのヤブ医者で、さまざまな精神的苦痛に苦しむ無防備な患者に、気持ちよくなる薬を処方していた。（その道の専門家によると、おそらくメタンフェタミンだという。）後で知ったのだが、カウルズはボディ・アンド・マインド財団と呼ばれるものをやっていて、医療法違反で捜査を受けていたらしい。

しかし忌まわしいことに、ニューヨークに着いたその日に、ジーンに連れられてカウルズに会うことになったのだ。私は、ジーンがなぜその医者のところに行くのか、彼が彼女にどんな救いを与えているのか、イカした戦争の英雄として迎えられるわけでもなく、自分がそこでいったい何をしているのか、さっぱり分からなかった。私たちは――三人で――五分ほど話をした。カウルズは私に、制服を清潔に保ち、アイロンをかけておくようにと言った。「間もなくソ連との戦いに必要になるだろうから」と。ジーンが小さな紙コップに入った「カクテル」を受け取ると、私たちはそこを後にした。

やがて私たちは、二人きりで過ごす時間が多くなりすぎないよう、家族を訪問することを隠れ蓑とするようになった。私たちはお互い心身ともに親しくなる術を身につけていなかったし、両親は私に会い、近況を知って心から喜んでくれたので、私たちの関係を詮索しようとはしなかった。

父は、この二年間の私の生活を詳細に知りたがった。それを説明することは大変なことではなかった。危険な目に遭ったことがあるかと私に聞いた母を、父は怒鳴りつけた。「危険な目に遭ったに決まっているじゃないか。二年間、何をしていたと思っているんだ」。父は首を振って、もう一杯自分に酒を注いだ。父は、偉大な海軍史家でありコロンブスの伝記作家のサミュエル・エリオット・モリソン提督と友人になっていた。サマセット・クラブ〔ボストンの社交クラブ〕の男性用ダイニングルームのテーブルで一緒に昼食をとったこともある。モリソンはもちろん、第二二駆逐隊が何をしていたかを大体のところは知っていた。スロットでの毎晩の敵軍捜索、ソロモン諸島とマリアナ諸島への上陸のこともすべて知っていた。父の関心は満たされ、私を誇らしく思う気持ちが笑顔となって表情に溢れていた。

　私がどこで活動していたかをすべて聞き出すと、父は今度は、今後私がどこに配置されると思うか知りたがった。父はモリソンから、フィリピンが駆逐艦や空母の向かうべき紛争地帯になるだろうと聞いていた。日本への侵攻はいつになるのだろうか。それは駆逐艦にとっては不吉な予想だった。というのも、駆逐艦は最大の艦船と人員の艦隊を率いて恐ろしい未知の海岸に向かうことになるからだ。ビヴァリーにあるわが家の暖炉のそばで、私たちはその見通しにともに直面した。

　ジーンと私は、家族や友人に囲まれた日常生活を送るようになったが、私たち二人の関係性は休暇が始まったときとほとんど同じ状態だった。気を遣うのでそれほど居心地がよいとは言えないものの、お互いに完全に満足している一方で、いつ終わるかわからない従軍の再開を待ち望んでいた。自分の知的達成や興味の点で〔従軍に対して〕不満を募らせていた当初の状態にもかかわらず。もし私が当時、「トロフィー・ワイフ〔夫が羨望の的となる美人妻〕」を説明するとしたなら、おそらくそれはジーンだっただろう。美人で良き母となり、良き家庭を築くことができる女性である。ジーンは終戦まで、私の妹のアパートに同居しながら、ニューヨークのドルトン校での教員の仕事に戻ることにした。妊娠しなければの話だが。何の話し合いや計画もないまま、その可能性が出てきたのだ。私が知っていたのは、自分が終戦までおそらくフィリップ号上で太平洋戦線に復帰するということだけだった。

　そして四週間の休暇後、一日四時間の見張り業務しかなかったオークランドでジーンとさらに二週間を過ごした後、船の整備が終わり、ピカピカの新しい機器が設置されて、ついに別れの時がやってきた。ほかの世帯持ちの従軍者たちは別れに慣れているようだった。駅を出ようとする列車の、あるいは船渠を出ようとする船の脇で、数百人の男たちが涙もなく、妻との情熱的な抱擁を交わしていた。私は違った。当時は別れが怖かったし、今もそうだ。しかし、別れの時は過ぎ、私は戦争に戻ったのである。

＊＊＊

　海軍生活が三年目に入り、真珠湾に戻る途中、私たちは戦争の終わりが見えてきたと信じ始めていた。しかし、安堵感ではなく、不安と恐怖を感じていた。ソロモン諸島やマリアナ諸島での活動とは異なるものが待ち受けていることは、海軍の天才でなくとも分かった。海図の先にはフィリピンや沖縄があり、大博打の舞台である日本に私たちは近づいているのだ。カミカゼ〔神風〕のことはまだ知らなかったが、日本人は祖国を守るために最後のアメリカ兵に至るまで戦うと私たちは信じていた。日本への上陸では、初日だけで一〇万人のアメリカ兵が犠牲になると広く考えられていた。

真珠湾に着いたとき、私はフィリップ号を離任して太平洋駆逐艦巡洋艦司令官（COMDESPAC）まで出頭するよう命じられた。私は司令官代理人として駆逐艦の間を渡り歩き、戦闘情報センターの運営方法に関して蓄積した知恵を、東京に迫る艦船群の別の駆逐艦に伝えることになったのである。フィリップ号での二年間でわれわれは、駆逐艦の戦闘情報センターがあるべき形についての理論を開拓してきた。戦闘情報センターのスタッフは、入ってくる情報をすべて監視し、それを評価し、必要性に基づいて将校に情報を伝達する。われわれが最初に出港した一九四二年にはまだ存在しなかった戦闘情報センターであったが、その概念と装備は急速に発展しており、機械音痴であったにもかかわらず、私は二三歳にして専門家と見なされるようになっていた。一九四五年一月から八月までの八ヵ月間、私はフィリピンに始まり、沖縄と日本本土沖の高速空母機動部隊まで、航行中あるいは戦闘中の一九隻の駆逐艦でこの任務に従事した。

私はこれらの艦船に吊り下げブイで移動した。吊り下げブイはなかなかの発明で、戦時中のものはキャンバス地の袋状をしており、四方が四本の短いロープで滑車に取り付けられている。運行中の二隻の船の間に張られたロープの上に滑車が走るのだ。それぞれの船とロープでつながった滑車は、郵便物やアイスクリーム、映画フィルム、人などを入れた吊り下げブイを、一隻の船からもう一隻へ引っ張り込むことができるようになっていた。駆逐艦が給油のためにタンカーや空母の横に接舷する。私は給油の合間に、吊り下げブイを使って駆逐艦から母艦に乗り移る。そして次に給油を受ける別の駆逐艦にまた乗り移る。一九隻の駆逐艦ということは、この装置を使ってほぼ四〇回の移動を行ったことになる。船が相互に近づき、五〇フィート〔約一五メートル〕ほどの近距離で平行な状態が保たれている場合は、移動は簡単だった。しかし、それを両艦とも一五ノット〔時速約二八キロ〕の速力で運行中に行うのである。駆逐艦の艦長も人間だ。近づきすぎれば、吊り下げブイのなかに誰がいようとあるいは何があろうと、風や水の波が船を空母に叩きつけることを知っている。そして空母は目の前にあった。

私は二週間ごとに、吊り下げブイによる移動に怯えながら別の駆逐艦の甲板に降り立った。そこにいる誰もが、知り合いもなく、ダッフルバッグを一つ抱えた、提督を代表する有能ぶった若者とは口も聞きたくないであろうことは自覚していた。最初の二日間は、彼らの抵抗を打ち壊すことに必死だった。他の士官と一緒に見張りをすることを申し出ると少し和らいだが、そのぶん睡眠時間が減るので、いつも疲れ切っていた。

フィリピンでの新しい偵察任務が、以前の戦隊で、そして間もなく自分の艦船で始まったことは救いだった。フィリピンでのある日の出来事は、今でも鮮明に記憶にある。それはまたしても輝くような朝の、スービック湾で始まった。数日前に解放されたマニラでの特別な監視付き祝賀式典に向かうため、乗員は全員、白い制服に身を包んでいた。スービック湾を下ってマニラに向かって左折すると、左舷には要塞であるコレヒドール島があった。それは一九四二年にジョナサン・M・ウェインライト中将とその部隊（アメリカの最後の抵抗勢力）が、飢えで降伏したところだった。コレヒドールは現在、正式に連合軍の手中にあるが、トンネルや洞窟が蜂の巣状に入り組んでおり、降伏を拒む日本軍のはぐれ兵がそこにまだ隠れていたのだ。しばらくの間、コレヒドールを通過するアメリカの軍艦は、人員解放などの任務に関係なく、陸軍の砲撃管制官と連絡を取り、具体的な座標を聞いて、いずれかの洞窟に五〇個の砲弾を打ち込むのが標準的な慣習であった。水兵は白衣を汚さないように五七ポンド砲弾を美術品のように扱いながら、私たちは任務を達成した。

私は、乗組員たちの小さな隊列を率いて上陸することを志願した。町から数キロ離れた聖トマス大学まで歩いて行きたかったのだ。そこでは最近解放されたばかりのアメリカ人捕虜が引き取られることになっていた。私が率いた勇敢な水兵の一団は、女性と寝たくて仕方がなかった。そして、それは決して難しいことではなかった。私たちがやっとの思いで隊列を組んだとき、自分たちの姉や母がいかに魅力的かを大声で訴えて客引きをする小さな子どもたちに囲まれた。実際、水兵たちは強く欲していて、一人また一人と列を離れては、驚くほど短時間のうちに列に戻ってくるのだった。私たちは聖トマスにはたどり着けなかったが、暗くなる前にスービック湾に着くように出発しなければならないフィリップ号に戻ることはできた。

スービック湾に戻る途中、今度は右舷からコレヒドールに向けて五〇発の砲弾を打ち込み終えたとき、見張りが船から一〇〇ヤード〔約九〇メートル〕ほど離れた島の沖合で、水面でゆらゆらと揺れる頭を発見した。酒や欲望に負けて海に落ちたフィリップ号の船員ではないことを確認すると、艦長は私に船尾に行き、後日尋問する諜報部員に引き渡すために誰であろうと引き上げるようにと命じた。私は、彼が何か秘密兵器を持っている場合に備えて45口径の銃を装着し、乗組員たちが「ジャップの野郎を殺そうぜ」などと声を上げる中、船尾に向かった。ロープを投げてそれを引き込んで、私たちの目の前に現れた男は、私がこれまで見たなかで最も悲惨な姿をしていた。爛れた皮膚に覆われ、体重は四〇キロほどしかなく、ふんどし一丁で、私よりも明らかに怯えていた。乗組員の一人が「海に投げ込んでしまえ」と提案した。代わりに私は、威厳を込めて、彼にふんどしを外すように命じた。最初は英語で、次に彼が別の言葉を知っている場合に備えて、ばかげたことにフランス語で。ほかの乗組員がすぐに、ポーランド語とフィンランド語、ギリシャ語、そしてイディッシュ語で繰り返した。彼はふんどしを外し、ただ私たちを見つめていた。医者が彼を医務室に連れて行き、そこでさらなる尋問と監禁が行われることになった。

ソロモン諸島で私に火の洗礼を浴びせたヴァル機のパイロットを除けば、戦争中に私が見た日本人はこの人物だけだった。この寂しげな男は誰だったのか。そして今はどこにいるのだろうか。私がフィリピンの午後の道端でのセックスと観光の監督業務から一時的に離れて、45口径のコルト銃を手に自分はいったい何をしているのかと思っていたのと同じように、彼も半裸でコレヒドール沖を泳ぎながら、自分は何をしているのかと考えていただろうか。

まだ冬が続いていた一九四五年初旬、第二二駆逐隊は、フィリピン近海での大成功を収めた海戦で最終局面にあった。私はその状況を把握すると（自宅に送られる勝利のお知らせの手紙にあった「笑顔」が溢れる思いだ）、レイテ沖海戦で、三キロメートル以下という近距離射程から巨大な日本海軍部隊に向けて魚雷を発射する数日前に駆逐艦戦隊に加わった。日本軍はレイテ島とミンダナオ島の間にあるスリガオ海峡の狭い海域で、隊列を組んで真北に向かって航行しているところを捕らえられた。魚雷発射の成功は、敵艦の進路と速度を知ることにかかっている。このとき、われわれは敵の進路がわかっていた。というのも、座礁する以外に行き場所はなかったからだ。また、敵艦の数が多いので、速度は重要ではなく、狙った艦を外せば、次の艦に当たることになる。

そう自分たちに言い聞かせた。

ある晴れた日の午後、私はフィリピン南部のミンダナオ島にあるザンボアンガの沖合にいた。「ああ、ザンボアンガには猿の尾がない」という古い歌が頭の中で響き渡るような場所である。私はＰＢＹ機という不格好な双発水上飛行機に乗って、次の任務のために飛び立とうとしていた。飛行機はジャップの機銃掃射を受けながらも飛び続けた。

一九四五年の最初の数ヵ月は、私にとって戦争のなかで最も過酷な時期だった。食糧や弾薬よりも重要だった郵便物が私にはほとんど届かなかった。個々の船の位置を把握している者はいたが、船から船へと単独で移動する一人の新米中尉の居場所を把握する者はいなかった。昼は教官として、夜は当直に立つ日々で、眠る時間はほとんどなかった。私が対応せねばならない問題はほとんどいつも同じで、それほど難しいものではなかった。狭い戦闘情報センターの騒音は大きく、六つも七つもある音声無線回路に加えて、ソナー（潜水艦探知機）の絶え間ない金属音がしたほか、見張りやレーダー・オペレーターの報告、乗組員が船内の至るところから無電池式電話で受信した音声の伝言をリレーすることで、騒音レベルがつねに高かった。戦闘が切迫すればするほど、騒音レベルは大きくなり、すべてを聞き取ることが重要になる。自軍の機動部隊や戦闘機、水上と潜水のいずれかの敵艦、高度二万フィート〔約六キロメートル〕で飛ぶ敵機、魚雷爆撃中の海面レベルを飛ぶ敵機など、他の船との位置関係で自分の船の位置を把握するのも大変な作業だった。しかも、真夜中も明るい昼間でも、雷雨のときも快晴のときも、荒れた海であろうと凪のときであろうと、つねに最大三〇ノット〔時速約五六キロ〕の速度で動いている状態で行わなくてはいけなかった。

ある夜、退却する日本兵の脱出路を封鎖するために高速機雷掃海艇を護衛していたときのことだ。私たちは機雷を敷設し、豪雨のなかを時速三七マイル〔約六〇キロ〕で進んでいると、艦長がずぶ濡れで戦闘情報センターに戻ってきた。そして私に尋ねた。「ブラッドリー、私はいったいどこにいるんだ？」。これはいい質問だった。私は、自分のせいで窮地に陥ったわけでもなく、脱け出し方がわからないと感じたときに、この質問をよく思い出す。海軍の予備役将校訓練課程（ＲＯＴＣ）では、提督に彼の居場所を尋ねたら、提督は海図の中央に手を置くと教わった。司令官にその居場所を尋ねたら、彼は海図を指さすだろう。しかし、もし艦長に居場所を尋ねられたら、その正確な位置を特定できなくてはならない。この人は、緯度や経度を知りたかったわけではないのだ。彼が知りたかったのは、三四ノット〔時速約六三キロ〕の速さで座礁したり、他の船と衝突したりしないかということだった。そして、彼のキャリアと船の寿命が水面下で尽きてしまうことはないかを知りたかったのだ。私が知りたかったのも、まさにそれだった。

しかし、私は海軍生活の一日一日から、おそらく人生で最も重要な教訓を学んでいた。それは、その場で出会えた最も優れたメンバーから意見を聞くことだ。私はそれを実行した。「われわれはサフリーの一〇〇ヤード〔約九〇メートル〕後方にいます。海峡の真ん中で、同じ経路と速度で進んでいます。順調に」。自分たちがいったいどこにいるのかは分からなかったが、優れたメンバーならわれわれがどこにいると考えるかが分かっていた。

一九四五年の春にかけて、私が乗っていたどの船でも、本部に行くと、私以外の乗員は決まった仕事をしていた。

きらめく太平洋を静かに横断しているときに、派遣された「専門家」からアドバイスを受けたり求めたりすることにも抵抗があるが、船が攻撃したり自ら砲撃を受けたりしているときは、駆逐艦の乗組員が一丸となっており、よそ者はなかなか受け入れてもらえないものだ。私は無力感を感じるのが嫌だったが、私の乗っていた駆逐艦の一隻が、真夜中に日本軍の小さな艦列へ魚雷を何発も発射したときにそれを感じた。私は乗組員たちを率いていたわけではなく、指南していただけであり、彼らは自分たちで作成した情報をもとに行動したのだ。また、日本軍の飛行機が編隊のなかに入ってきて、近くにいた別の駆逐艦の艦尾に激突したときにも、私は無力感を覚えた。これが、日本人の行動のなかで最も奇怪な「神風」との最初の出会いだった。戦いのさなかに、本能的に突発的な行動をとり、それによって死ぬかもしれないと想像することは私にもできた。しかし、数時間後に自分の航空機を意図的に船に突撃させることを知りながら、朝五時に起きて神に祈るなど想像もできなかった。

とにかく、私は一九隻目にして最後の駆逐艦ディヘヴン号に一九四五年七月二三日、日本から五〇〜六〇マイル〔約八〇〜九〇キロ〕南東で乗船した。ディヘヴン号は、私の旧友ジョー・ウォーカーを含む第六一駆逐艦隊の旗艦であり、フィリップ号の前艦長であるビル・グローバーマンが指揮を執っていた。私は八月七日、ディヘヴン号の視察・指導を終え、真珠湾で新しい命令を受けるための旅に出航すべく、艦隊所属の給油船カカポン号（ＡＯ52）に乗り換えることになった（もちろんそれは中途で終わるのだが）。

しかし、八月六日、広島に一発の原子爆弾が投下された。それが一瞬で八万人を殺し、一〇万人に重傷を負わせ、市内の建物の九八パーセントを破壊した。われわれが知り得たのはラジオから発信された短い情報だけだったが、それが戦争の終わりの始まりであることは誰もが知っていた。私の新しい船員仲間は、誰も原子爆弾はおろか、原子力のことも知らなかった。しかし私は、小さな図書室でまだ誰も使用していなかったブリタニカ百科事典の全巻を見つけ、乗組員向けに記事を書くために、自ら進んでこの新兵器について調査した。何も知らないまま、この出来事が、自分たちの近い将来にとって、一九四一年一二月七日の攻撃に匹敵するほど重要なものになるであろうことを感じていた。

無知でありながら何かを書くのは初めてだったろうか。それについて知識などほとんどなかったのに。それともこうやって書くことはこれが最後になるだろうか。

そうであってほしい。

最後の数ヵ月の仕事に関しては記憶があいまいになってしまったが、私の業績に対する評価は仕えた多くの指揮官たちの推薦という形で残っている。その後の海軍でのキャリアがさほど輝かしいものにはならなかった人物から寄せられたものもある。しかしどれも海軍で私が過ごした長い月日に関して目に見える形で残っている証拠である。

戦場から雑談まで、世界中を移動する専門家の暮らしは非常に多忙で活動的な一方、世間から隔絶されて孤独なものだ。そうした状況で私をなんとか生きながらえさせてくれたのは、小さな『リーダーズ・ダイジェスト』サイズの『タイム』や『ニューズウィーク』、『ニューヨーカー』だった〔戦時中、海外にいる兵士には、簡易版の書籍や雑誌が支給された〕――それらの雑誌には広告はなかったが、輝点がうごめくレーダースクリーンの、そして無限の水平線の向こうに、今後二週間で始まり、花咲き、また終わることになる不安な兵士同士の仲間意識の向こうに、一つの世界が広がっていることを証明していたのだ。

駆逐艦の間を移動する間に、各艦の司令官から送られてきた評価報告書も私の心の支えとなった。これらの報告書は、私が受けた指令を認めて書かれたもので、私の専門家としての訪問活動の仕事ぶりを記録し、評価していた。誰もが子ども時代には褒めてほしいと思っただろう。大人になると、効率的な仕事をしていたことを示す証拠が欲しいと考えるものだ。しかし、戦時中には、敵機の撃墜数を数えることのできるパイロットか、敵艦の撃沈数を数えることのできる潜水艦の艦長でない限り、そうした証拠を得ることは難しい。駆逐艦での上司であった艦長たちは、海軍中尉としてよりも、その後の私の人生により関係する何かを私のうちに見出していたようである。

ブラッドリー中尉は、高級船員と同等の実務経験と理論的背景を持つ、初の戦闘情報センター訓練士官である。……彼は熱心で、自分の才能の使い方を理解している。……彼は志願して通常の監視課部員とともに監視に立った。……彼は、戦闘情報センターの仕事に対する全乗組員の関心を高めてくれた。

米艦船ロビンソン号（DD五六二）艦長E・B・グランサム　一九四五年三月一四日

ブラッドリー中尉の仕事に対し……非常に感謝している。彼の訪問から、最も興味深い出版物から得られるよりも多くのものを得ることができた。……ブラッドリー中尉の乗船は、有益であると同時に楽しいものだった。彼の態度と建設的なアプローチは、そのアイデアを他人も受け入れたくなるようなものであり、注目に値する。

米艦船イートン号（DD五一〇）艦長チェスフォード・ブラウン　一九四五年四月一四日

ブラッドリー中尉はすばらしい仕事をしてくれた。彼の機転、親しみやすさ、そして明らかな能力の高さを高く評価する。彼の強い熱意と高い能力は、彼が一八ヵ月間行ってきた仕事への興味と情熱を蘇らせるのに大いに貢献した。負傷者訓練という難しい問題に対して、彼がとった想像力に富みながらも現実的なアプローチは、最も価値のあるものであった。

米艦船マーツ号（DD六九一）艦長W・S・マドックス　一九四五年六月五日

報告書には、まだ二三歳の若者が大人になりつつあることが描写されていた。そして、はっきりとわかる特徴を現し始めていた。際立つ個性。自発的に行動し、熱意があり、機転が利き、働き者で、建設的で、実用的で、勤勉で、一貫性があり、機知に富み、協力的で、現実的で、下の者を感化し、上の者に感銘を与えることができる、といった特徴を備えた人物。ただし、自分が何をしているのか分かっているときの話だが。

こうした高い評価を数多く得ていなければ、私はまったく見知らぬ上司から何千マイルも離れた場所で、完全に孤立して仕事をすることになっていただろう。こうした支えを胸に私は仕事に励んだ。自分が到着したときよりも駆逐艦をより良い状態にして去ること、幕を閉じようとしているとわれわれ全員が感じていた戦争が終結する一助となることを確信しながら。ローズヴェルト大統領の訃報に接し、私たちは大きなショックを受けた。私の近親者で一九四五年四月までに亡くなった者はおらず、ローズヴェルト大統領――近親者といっていいほど身近に感じていた――の死が初めてだった。私が最後に乗った駆逐艦は、日本沿岸で高速の空母や戦艦と一緒に行動していた。沖合の戦艦から巨大な一六インチ砲が、私が勤務していた駆逐艦の上空を通って、約二万五〇〇〇ヤード〔約二三キロ〕先にある日本本土の目標に向けて砲弾を打ち込んだ。護衛の駆逐艦は、敵の潜水艦がいた場合、魚雷を受けるために戦艦と海岸の間に陣取ることになっていた。耳をつんざくような音のずっと前に、戦艦の砲が光り、それからずっと後のように思えるほど間が開いてから、フォルクスワーゲン車ほど大きな一六インチの砲弾が、私たちの頭上を突き破っていくのを実際に見ることができた。

世界初の原爆が投下された八月がやってきた。私は艦隊の給油船だった米艦船カカポン号で真珠湾に向かう船への乗り換えを待っていた。真珠湾には極東での戦闘が終わった三日後の一九四五年八月一七日、護衛空母ムンダ号（CVE一〇四）で到着した。二週間後の九月二日、マッカーサー元帥が東京湾の米艦船ミズーリ号の甲板で日本の正式な降伏を受け入れた。そして、信じられないことに戦争が終わったのである。

　私はすぐに退役できる以上のポイント（従軍期間と作戦での戦闘時間によって獲得できる）を持っていた。ところが退役の前に私は、寛大な評価報告書のおかげで、ハワイで駆逐艦の戦闘情報センター・マニュアルの書き直しを手伝うよう命じられたのである。この仕事を終えるのに三週間かかったと思う。一九四五年一〇月、私は巡洋艦でサンフランシスコに戻り、現実世界に戻った。

第4章　ニューハンプシャーで記者スタート

すべての戦争を真に終わらせるであろう戦争から無事に帰還したという興奮は、もっと長く続くはずだった。ニューヨークでは、落ち着かない日々を過ごしていた。いつも握り拳でいるような状態だった。ジーンと私は、フロリダのボカ・グランデの家をもらい、そこで穏やかに過ごそうとしていた。しかし、自分の残りの人生をどう過ごすか分からないなかで、何もしないことを楽しむことはできなかった。父の友人であるジャック・スタッブスは、ボストンにある彼の証券会社で仕事しないかと絶えず申し出てくれていたが、その申し出は今でも有効だと念を押してきた。私は、世の中を良くして、変革を起こすような仕事をしたいと思っていた。太平洋にいた時分には、どこかの公立学校で教鞭をとることを考えた。社会に出て、世の中をより良くしていくであろう、一握りの生徒と重要で創造的な出会いをつくっていこうと考えていた。しかし、それは(自分が参加した)歴史に残る戦闘から、あまりにかけ離れたものに思えてきた。そしてこの数年、ボブ・リーと私は新聞業について話し合っていた。私が太平洋にいた頃、『アトランティック・マンスリー』が、アメリカのジャーナリズムに関する記事のコンテストを実施するということで、記事を募集していた。父がコンテストの案内を送ってくれ、『アトランティック・マンスリー』の編集者テッド・ウィークスとともに、締め切りを過ぎてはいたがコンテストに私の記事を加えてくれるよう手配してくれた。私は、ここ数年新聞を読んでおらず、資料らしいものもないまま、『ボストン・ヘラルド』に関することを批判する内容の記事を書いて応募した。しかし、ウィークスはそれを掲載しなかった。私の履歴書には『ビヴァリー・イヴニング・タイムズ』の使い走り《コピーボーイ》を数ヵ月やったこと以外に、新聞編集者の興味を引くようなものは何もなかったのだ。

　私は、安定した仕事を見つけることができなかった。少なくとも、仕事らしい仕事を見つけることができなかった。ニューヨークの新聞編集者たちは、勲章を数個付けた程度の海軍中尉にはまったく興味を示さなかった。使い走り《コピーボーイ》の仕事はたくさんあったが、記者の仕事は開戦時にその仕事に就いていた者たちのために残されていた。私はどんな仕事も怖くはなかったが、駆逐艦で太平洋を回り、三〇〇人以上の命を預かった身としては、カーボン紙をタイプ用紙の間に挿んだり、記者にコーヒーを配ったりするだけの仕事に甘んじる気にはなれなかった。とにかく、『ニューヨーク・タイムズ』や『ニューヨーク・ヘラルド・トリビューン』の都市報道部《シティ・ルームズ》〔以下、市報部〕や市報部編集者《シティ・エディターズ》に畏敬の念を抱いていた私は、採用を断られたときはむしろほっとしたほどだった。ボストンの新聞社のときもそうだったが、私は地元で仕事をしたくなかった。世界の別の場所で、先の読めない緊張感や挑戦、そして興奮を味わいたいと思っていた。

　ようやく、『ボストン・ヘラルド』のジョージ・フレイジャーなる人が、週給三〇ドルで記者見習いの仕事を紹介してくれた。だが同紙の発行人であるロバート・〝ビーニー〟・チョートは、私の遠い親戚で、『ボストン・ヘラルド』の縁故採用についての方針ゆえ私を雇うことができなくなったと言って、採用を取り消してきた。これは非常に幸運な出来事だった。あの頃のジーンと私にとって、ボストンに戻ることはとんでもない間違いだっただろう。

　絶望から逃れるために、私はヌード・ビーチの所有者として有名なロジャー・ボールドウィンから、アメリカ自由人権協会（ＡＣＬＵ）の図書室の目録を作り、郵便を発送する仕事に誘われ、週給二五ドルで事務員を引き受けた。使い走り《コピーボーイ》より報酬は低いが、ずっと続ける仕事ではないし、学ぶこともできる。ロジャーは、私が「市民的自由について十分な知識を持っていない」と指摘した――これは戦後初期によく使われた控えめな表現の一つだった。というのも、私は市民的自由について、まったく何も知らなかったのだから。善悪について少しは知っていたが、それはほとんど自分に関係することばかりだった。ロジャーは、もし私が五番街二三丁目にあるＡＣＬＵ図書室の目録を作る仕事に就いたら、本を分類するにあたっておそらく何冊か読む必要もあるだろうと考えた。この図書室は小さく、専門家を雇えば数日で目録を作れただろう。私は三ヵ月を費やしたが、終わる頃にはサッコとヴァンゼッティ事件や、後にアメリカ共産党党首になるエリザベス・ガーリー・フリン、反動的牧師ジェラルド・Ｌ・Ｋ・スミス、ラジオで説教するコフリン神父、その他この国の政治理念の隅々にいる多くのはみ出し者の過激派アメリカ人について、何がしかを知ることになった。これらの人々は皆、市民的自由に対して何らかの制約を受けた犠牲者だった。彼らは、他人には認めようとしない権利を自分自身のためには確保しようと、ロジャー・ボールドウィンのもとに集まってきたのだ。

やがて、私は何人かの相談者と話をすることを許され、彼らが抱えている問題についての報告書の下書きを作ることになった。とくに記憶しているのは、名誉除隊と懲戒除隊の中間の「不名誉除隊」と呼ばれるものを受けた軍人たちだ。彼らの多くは同性愛者だった。不名誉除隊を受けたために、彼らは誠実さを担保する契約履行保証書を得ることができず、そして契約履行保証書がなければ、トラックの運転手や電気技師、セールスマンをはじめ、仕事という仕事に就くことができないのである。私は、差別という問題に関して、他の多くのことと同様、世間知らずだった。しかし、ロジャー・ボールドウィンの寛容さ、忍耐力、そして誰に対しても親切であったことを忘れることはできない。彼は、エリザベス・ガーリー・フリンと会うのを嫌がった。彼女は胡散臭かったし、重要なことすべてにおいて彼女とは意見が合わなかったと、ロジャーは言っていた。スミスやコフリンの憎しみに溢れた説教にも首をかしげるばかりだった。しかし、ロジャーは相談者全員の話に耳を傾け、私はその姿から学びを得た。

私は機会が訪れるのを待つ間、忙しくして過ごす必要性を感じた。そこで、グリニッチ・ヴィレッジにあるニュースクール・フォー・ソーシャルリサーチで夜間コースをいくつか受講することにした。そのうちの一つが、『スタッズ・ロニガン』三部作の著者、ジェームズ・T・ファレルが教える「小説の書き方」だった。彼の偉大なアメリカ小説は、私の胃の腑と魂の間のどこかに厳重に埋め込まれていると言ってもいい。当時の私は、人生のあらゆる選択肢を広げておきたいと考えていた。しかし、小説家になる選択肢はすぐに閉ざされた。受講者たちは週に二度、一五〇〇語の小説を書くことを課されたのだが、私は一五語の作り話すら書けなかった。自分の経験を少し誇張しようと思えばできたが、それをやると自分が不誠実であるように思えた。私の「フィクション」には、動機や感情の探求がなかった。しかし、教員との短い指導面談でファレルは、私の惨めさから解放してくれた。ファレルは、私には見たものを描写する能力はあるが、感情を表現することになると何も面白くない、と言った。私についてこうした感想を述べたのは、ファレルだけではなかった。

私は間もなく、ニューハンプシャー州マンチェスターで、退役軍人のグループが日刊紙を創刊しようとしているという話を聞くようになった。フランクリン・ローズヴェルト政権で戦時の海軍長官を務め、のちに『シカゴ・デイリー・ニュース』の発行人となった故フランク・ノックス大佐の妻が所有する大手日刊紙に対抗するという。この冒険的事業の地にマンチェスターを選んだのは、ニューハンプシャー州出身のバーニー・マクウェイドという人物で、『シカゴ・デイリー・ニュース』の外国特派員だった男である。マクウェイドの『シカゴ・デイリー・ニュース』時代の同僚で、第二次世界大戦中にビルマでフランク・メリル准将率いる襲撃隊で戦ったフィリップ・ソルトンストール・ウェルドが主たる出資者になるという。ウェルドは、ジーンの遠縁にあたる人物だったが、二人に面識はなかった。この新しい新聞の噂される第三の創刊者は、『セントルイス・ポスト＝ディスパッチ』に短期間勤めた後、パットン将軍率いるヨーロッパ第三陸軍の歴史家として出征したブレア・クラークという人物だった。この事業計画は、まだ実現にはほど遠い状態だったが、私は最初のスタッフとして参加することとし、マンチェスターに行くことを受け入れてくれるようジーンを説得した。私の給料は週五〇ドルで、その半分は復員兵援護法（GI Bill of Rights）に基づいて連邦政府から支給されるという。私の仕事は、率直に言うと事務所の使い走り《オフィスボーイ》であった。ただ、新聞の発行が実際に始まった暁には、記者に昇格すると約束されていた。その約束があったから、マンチェスターがニューヨークよりもベターだと思えたのだ。マンチェスター自体は、ずいぶん前に温暖な気候と安い（非労組）労働を求める繊維産業から見捨てられ、衰退した工場の町となっていた。

　ジーンと私は、一九四六年二月にニューハンプシャー州に移り住み、マンチェスターから数マイル東にあるキャンディアにある一間の靴屋が入った元校舎の建物に住んだ。この家は、水道（建物内に配管がなかった）も暖房もないためか、二七〇〇ドルで売りに出されていた。新聞の発刊は半年先で、その間私はほとんど毎日編集室を掃除し、闇市で新聞用紙を探すなどの雑用に取り組み、新技術や観光の分野で新たにその存在価値を見出そうと奮闘していたこの奇妙な小さな州のことを、少しずつ学んでいった。自由に使える時間はたっぷりあったので、家の修繕に費やした。大急ぎで暖房設備と薪ストーブを取り付けた。ボブ・リーが休暇を利用して、下見板と屋根の張り替えを手伝ってくれた。井戸から地下室まで深さ四フィート〔約一・二メートル〕、長さ五〇フィート〔約一五メートル〕の溝を掘り、水道を引いた。しかし、結局のところ、新しい新聞は日の目を見る可能性がなくなってしまうという、確たる事態に直面したのである。

　フィル・ウェルドはビルマで感染したマラリアの再発に何度も苦しんでいた。その間、新事業で見込まれる損失が自分に与える影響が大きすぎるとして撤退を決め、われわれが出資した資金のほとんども合わせて引き揚げてしまった。マクウェイドは一文すら投資資金を持っていなかった。クラークには、ニューヨーク市管財人の厳しい管理下にある、縫製業からの収入があった。私は、一万ドルをかき集めた。その半分は雑誌発行人であった大叔父フランク・クラウニンシールドから、残りの半分はようやくいくらかの財産を相続した母から提供してもらった資金に自分の戦時中の貯蓄を加えたものだ。われわれの出資をすべて合わせると五万七〇〇〇ドルに上った。一八世紀以降、この程度の金額で日刊紙を創刊した者はいない。われわれに残された選択は、静かに会社を閉鎖してこっそり町を出るか、週刊紙を発行するかのどちらかだった。思いついたのは、独立系の日曜紙『ニューハンプシャー・サンデー・ニュース』である。四ページにわたる漫画のなかに四つのニュース部門のページを挿み込んだ、ニューハンプシャー州唯一の日曜紙だ。当時、デラウェア州ウィルミントンやニュージャージー州ニューアーク、コネティカット州ブリッジポートでは、独立系の日曜紙が成功を収めていた。

その結果〔週刊紙を発行して〕、われわれは、発行部数において直ちに成功を収めた。われわれは、不法蒸留所、行方不明の子どもたち、空き家になった工場、汚染物質や公害について書いた。私はまた、農業面の編集者でもあったので、〔家畜から感染する〕ブルセラ症などの農場の問題について書いた。やがて日曜紙としては、『ユニオン』や『リーダー』といった日刊紙よりも多くの部数を売るようになった。それであれば広告で儲かるはずだったのだが、広告主たちはわれわれの革新的な精神に好感を持たず、どんどん離れていったのである。われわれは自らを独立系と称したが、古き良きニューハンプシャー州《グラナイト・ステート》では、「独立系」とは当時、共産主義者ではないにしても、左翼主義者を意味した。

『ニューハンプシャー・サンデー・ニュース』の編集上の成功は、ラルフ・M・ブラグデンに負うところが大きかった。当時四〇代前半だったブラグデンは非凡なインテリで、時にはクリスチャン・サイエンス信者の側面を見せた。貪欲な読書家で、機知に富み、ヘビースモーカーで縁なし眼鏡がいつもニコチンで曇っていた。

ニューハンプシャー州北部の避暑地のホテルで夜勤職員として働きながら、神経衰弱から回復しつつあったブラグデンを見つけたのはブレア・クラークだった。ブラグデンはかつてセントルイスの『スター＝タイムス』の受賞経験もある編集長として、『ポスト＝ディスパッチ』と次から次へと特ダネをかけて争って、勝利を収めたこともあった。知的にも肉体的にも活動的で、疑い深く、好奇心旺盛で、非常にエネルギッシュな人物だった。

五万七〇〇〇ドルの運転資金では、印刷機や編集室などの設備や施設に支払う余裕はなかった。そのため、生まれたての新聞は毎週土曜日、マンチェスターから南東約三五マイル〔約五〇キロ〕にあるマサチューセッツ州『ヘイヴァーヒル・ガゼット』の植字室で製作された。

わずか七人のスタッフだったから、ラルフ・ブラグデンのもとで六四ページの新聞を発行するために、全員でどんな種類の仕事でもこなしたものだ。

スポーツ部の編集者は、バーモント州セント・ジョンズベリー出身のラルフ・〝ディーク〟・モースである。四〇代半ばの骨太で寡黙な男で、言葉を愛し、親切で心温かく、私を含むニューハンプシャー州のすべての男性読者に愛される存在だった。彼は自分の週刊コラムを「柱《ピラー》」と呼び、土曜の夜には私に、『ニューハンプシャー・サンデー・ニュース』やAP通信向けに、ニューイングランド地方のB級リーグチーム「ナシュア・ドジャーズ」について書かせてくれることもあった。ドジャーズには当時、有望な二人の選手——投手のドン・ニューカムと捕手のロイ・カンパネラ——がいて注目されていた。

エリアス・マクウェイドはバーニーの弟で、優れた記者であり、プレッシャーに強い、生まれながらの物書きだった。やがて外交官になり、彼の後任としてパリの米国大使館での報道官の仕事を私に与えてくれた。エリアスは生粋のジャーナリストで、欲求不満のプレイボーイでもあった。彼は、堅気の調査報道記事を書いている途中で突飛な行動をとることがあった。たとえば、ブローニュの森を散策したり、ならず者や特権階級と杯を交わしたり、パリ左岸で芸術家や詩人と語り合ったり。フランス郊外の一軒家で美しい妻が一人ぼっちで車もなく、赤ん坊の世話に追われているという事実には無関心だった。彼は当時、私にとって良き仲間で、そして数年後彼自身の夢を実現していたパリで再び、私にとって良き仲間になってくれた。

エリアスの兄のバーニーは、新しい日刊紙の構想で私たち全員をニューハンプシャー州に集めた人物だが、それとは別の顔を持つ人物だった。バーニーは、ボストンのハースト系新聞社の編集者の息子で、フランク・ノックスが『シカゴ・デイリー・ニュース』を買収した際にシカゴに同行し、ノックスの弟子である戦争特派員としてヨーロッパに滞在したこともある。バーニーの自己像と自身の重要性についての信念は、誇張と非現実が混ざったものだった。気性が荒く、ゴルフのゲームではズルをし、自分が優位に立つ組織にあって、自分より下だと思う者には威張り散らした。そして……財政上や頭脳面で、あるいは交友面で……自分より恵まれている人々を腹立たしく思っていた。

〝ジーク〟・スミスは六〇歳そこそこで、灰色の中折れ帽を脱ぐと鷲のように禿げていた。仕事中は入れ歯を外していたが、夜になると入れ歯も入れてめかし込み、街をぶらついた。ジークは『フロント・ページ』〔シカゴのサツ廻り記者を描いたミュージカル〕に登場するような、生まれながらの大酒飲みだった。彼は世界中のあらゆるニュースを何度も書いてきた。ジークが南に六〇マイル〔約一〇〇キロ〕、あるいは西に六〇〇マイル〔約一〇〇〇キロ〕移動すると、その町には別の名前の被害者と別の名前の知事が登場する、異なる性質の犯罪についての記事が生まれる。ジークはそれらをすべて書いてきたのだ。彼はわれわれにとって天からの贈り物だった。とりわけ当初、他のスタッフ、とくに私が退役軍人のための住宅プロジェクトに関する論説を一六回書き直す間、ジークは一日に十数本もの記事を事実に間違いもなく書き上げてくれたのだ。

ノーマ・オボラーは婦人面の編集者だった。陽気で教養があり、明るい性格で、生まれつき大義を愛する彼女は見つけられる限りの結婚式を記録しながら、「父親から結婚を言い渡された花嫁は、云々かんぬん……」と何度も書くことになった。彼女は、私にとって初めてのユダヤ人の友人であり、同僚だった。

ジェイ・ギャラガーもまた、どこを掘っても興味をそそるネタを見つけ、それを面白く仕上げて新聞に掲載する腕のある職人肌のジャーナリストだった。エイブ・マシニストのデパートの上にある空き倉庫を借りた「市報部」で、〔カレッジバスケットボールの選手〕ハンク・ルイセッティになりきって、いくつも床に並べたゴミ箱にくしゃくしゃの原稿用紙を投げ入れ、フェイダウェイ・シュート〔後方にジャンプしながら打つ〕の練習をしている彼の姿が今でも目に浮かぶ。

チェット・デイヴィスはカメラマンだったが、ちょっとしたことなら何でもこなし、優れた記事も書いた。チェットは、『エディター&パブリッシャー』〔新聞業界誌〕で次のような広告を見つけた際に思い出されるタイプの男だ。「地に足がついたプロ求む。スピードグラフィックス〔一九一〇年代に発売されたグラフレック社のカメラ〕と車を持っていること。さまざまな場所を訪れる仕事」。私は今でも容易にチェットを目に浮かべることができる。ニューハンプシャー州デリーで違法なスロットマシンの運営をしていたチンピラたちに殴られて鼻血を出し、壊されたカメラを抱えたその姿を。

われわれはヘイヴァーヒルに向かう途中、小さな湖のそばで車を止めて降りると、お金を賭けて石投げをした。より遠くに飛ばしたほうが勝ちだ。皆、クリスチャン・サイエンスの信者で、体型の崩れたインテリであるブラグデンには勝てると思っていた。しかし、毎週のようにラルフがほほえむ一方で、われわれは肩をぐったり落として湖を後にした。

ブラグデンは、記事ネタ探しとその記事の展開について、ほとんど伝染病的に周囲を感化させるようなセンスを持っていた。われわれが一つの質問に答えるたびに、ブラグデンはさらに五〇の質問を投げかけた。私は二年間で彼からあらゆることを学んだ。

あるとき、ブラグデンは私に、新聞に記事を書いたことがあるかと尋ねた。私は「ある」と答えたが、それが一六歳のときに書いた模型船の特集記事だったことは告げなかった。私は、在郷軍人会の政治とニューハンプシャー州議会を通した、退役軍人向け住宅をめぐる込み入った事情を読者に伝えようとした。するとブラグデンは、「ジャーナリズムの本質は表面的なものだ」と辛辣に言い放った。私はそれに反抗する意味を込めて、彼が重要だと思う細部を省いた。するとブラグデンは「事実をいくつか盛り込んだ単純な宣言文に勝るものはないぞ」と念を押してきた。こいつをぶん殴って、ジャック・スタッブスの証券会社に転職してやろうと私が心を決めたそのとき、ブラグデンは突然、まるで記事を初めて読んだかのように「悪くない」と言い、整理部の編集机に原稿を回した。

われわれは一つの集団に属する者として、お互いに親密だった。自分たちが変化を起こしていること、つまり、銀行や企業を取り仕切る年寄りの権益集団とか政治を動かす弁護士などの体制側が報道禁止と決めた事柄に対しわれわれが立ち入った態度をとっていることが不快に思われているのを知り、不安を共有しながらも、喜びを感じていたのだ。毎日のように、アマースト通りのピューリタン・カフェで昼食を共にした。ハンバーガーが安くてウェイトレスがきれいな、ギリシャ人が経営する小さな大衆食堂だった（ジョー、今どこにいるんだい）。ブラグデンは、セントルイスの出版社L・Z・ロバーツの話、『ポスト・ディスパッチ』の伝説的編集者O・K・ボバードの話、『クリスチャン・サイエンス・モニター』の非常階段でこっそりタバコを吸った話などで、われわれを魅了し続けた。新聞記者がいかに悪党やスキャンダルを追いかけ、政治家を刑務所に入れたかという話を次から次へと聞いて、ニューハンプシャーで自分たちが同じことをするようになることを夢見た。ブラグデンは、新聞業がとてもワクワクするものであることを教えてくれた。自分たちの人生に目的を与えてくれたのだ。仕事に行くのが待ち遠しく、家に帰ることを急ぐこともなくなった。

家では、ジーンと私はブレア・クラークとその魅力的な妻ホリーと一緒にいることが多かった。彼らは、私たちよりも豪華な家――ニューハンプシャー州ペンブロークにある古い農家用住宅――を所有していた。どちらの家であろうと、一緒にいるときはアルマデン社〔カリフォルニア州のワインメーカー〕の赤ワインを飲みスパゲッティを食べながら、一晩中話に花を咲かせた。ジーンは間もなく、友人のメアリー・マッカーシーと一緒に、エルム街のペンキ屋の一角に事務室を置いて室内装飾業を始めた。私たちは子どもをもとうとしていたが、それはまだ急ぐ話ではなかった。私たちはとにかく仕事をこなし、毎日いつもながらの問題を解決し、翌朝には新しい問題に直面していた。

問題のひとつは、『ニューハンプシャー・サンデー・ニュース』の配達の問題だった。日曜紙、とくに日曜日の『ニューヨーク・タイムズ』をニューイングランド地方から締め出すために、ボストンの新聞社が皮肉なことに、明らかに違法な策略を考え出したのである。『ニューヨーク・タイムズ』は週六日、ボストン＝メイン鉄道の列車でニューハンプシャー州の読者に届けられた。列車は毎晩遅く、新聞を含むあらゆる貨物を積んでモントリオールまで州を縦断して行った。しかし、その列車が土曜日の夜には、ボストン＝メイン鉄道によってボストン新聞協会に貸し切りにされてしまったのだ。そして列車は『ニューヨーク・タイムズ』だけでなく、『ニューハンプシャー・サンデー・ニュース』も運んでくれなくなった。われわれの弁護士は、これは独占禁止法に違反するとか何とか言っていたが、私が「従兄弟」のビーニー・チョートにこのことを伝えると、彼はただ笑って「あいつらはわれわれを訴えるほど金を持っていないよ」と言った。それは事実だった。

『ニューハンプシャー・サンデー・ニュース』が存在したのは二年あまりの短い期間だったが、ニューイングランド地方の定評ある新聞社、しかも日刊紙を相手にしのぎを削り、ＡＰ通信社賞を獲得した。興味深い調査記事や特集記事を定期的に掲載したほか、優れた地元スポーツ面を有し、文字通り女性向けの「暮らし」面や、四ページにわたるカラー印刷のコミック面もあった。二年足らずで、州内のどの新聞よりも発行部数が多くなった。われわれは二本の果敢なスクープを掲載したが、三本目に着手したところで、広告不足で破綻したのである。

故フランク・ノックス大佐の妻アニー・リード・ノックスが、老舗の『ユニオン・リーダー』を気まぐれな右翼の変わり者ウィリアム・ローブに売ると、ローブはすぐに、われわれに対する広告界の不満に火を焚きつけた。彼の父親はテディ〔セオドア〕・ローズヴェルトの私設秘書で、テディはローブの名付け親だった。それを証明するために、また自分がユダヤ人でないことを証明するために、ローブは米国聖公会教会での洗礼証明書の写真を『ユニオン・リーダー』に掲載したこともある。ローブは最初、ミネソタ州セントポールのリダー家から資金援助を受けていたが、彼らがローブの振る舞いに我慢できなくなったせいで打ち切られた。その後セントルイスで成功したマッチ製造会社の息子であるレナード・ファインダーが援助するようになった。ファインダーは、新聞業における経歴はなかった。当時欧州連合軍最高司令官だったアイゼンハワー将軍に手紙を書き、一九四八年の大統領選に民主党から出馬するよう要請していなければ、歴史に名を残すことはなかっただろう。アイゼンハワー将軍は、兵士の義務として、ファインダーの名を歴史の脚注に残したのである〔アイゼンハワーは二冊目の自伝『転換への負託 *Mandate for Change*』（一九六三年）でファインダーの働きかけに触れている。アイゼンハワーは共和党から出馬して大統領になった〕。

いずれにせよ、二紙を支配する野心的な渡り者たちに直面したニューハンプシャーの保守的な実業家たちは、リベラル派よりも右翼の変わり者を選び、われわれは絶望的になった。しかし、それはブレア・クラークが心配すればよいことである。発行人の役割とはそういうものではないだろうか？　金の心配をすることだ。私はラルフ・ブラグデンから文章の書き方、ネタの探し方、ネタの見分け方、話の展開の仕方、人々が語る彼らにとっての事実を疑わないまでも、懐疑的に扱う方法などを学ぶので精一杯だった。彼から多くを学んだことを決して忘れない。私はこれまでに三人の偉大な編集者のもとで働いた。自分の知識や洞察を惜しみなく私に教えてくれ、つねにさらに遠くの目標に到達し、他者の意見を聞き、必要ならば自分の考えを変えるよう励ましてくれた先輩たちである。ラルフ・ブラグデンはその一人目だった。二人目は『ニューズウィーク』の支局長でコラムニストのケン・クロフォード、三人目は『ワシントン・ポスト』で有能な編集者として二一年間も活躍したラス・ウィギンズである。

われわれの二つの暴露記事のうち、最初の記事は、ニューハンプシャー州財務長官がウォール街の法律事務所と共謀して高速道路債権を発行していた話だった。同州マンチェスターの請負業者も一緒になって、三者が共謀していたのだ。ウォール街の法律事務所は、実際に高速道路債権の発行を許可する法案を書き（もちろん、彼らはそれを彼ら自身で引き受けた）、州財務長官と請負業者に報酬を与える形でそれを書いたのである。それは州財務長官と請負業者に儲けが渡る仕組みだった。両者とも刑務所に入った。単純明快で思いのままの結果が出た、信じられないほどワクワクする仕事だった。そしてそれをやってのけたのは、週給五〇ドルの小さな記者集団だったのだ。調査報道における第一戒を私は初めて学んだ。それは金《カネ》を追うことだ。また、専門家でなくても、複雑な話題を専門家のように書くことができるということも学んだ。ギリシャ語と英語の専攻でも、駆逐艦を操縦するのと同様に、高速道路債権の発行について書くことができる。それは途方もなく心強いことだった。ニューハンプシャー州公益事業委員会の料金値上げの公聴会を取材したとき、私はジャーナリズムの世界を辞めようと思っていただけにそうだった。公共料金の公聴会は――当時も今も――「表面的なこと」を重んじるブラグデンの信条に反している。

　二本目の記事は、奥深い森で起きた、頭に血が上り、胸が引き裂けるような、悲惨で欲望に満ちた近親相姦と殺人の話だった。それは、グレース・メタリアスの小説（そして連続テレビドラマにもなる）『ペイトン・プレイス物語』の重要なモチーフの一つになった。州の中心部に近いギルマントン鉄工所という寂れた貧困地域で起きた殺人事件を描いた記事で、私は脇役に徹した。バーバラ・ロバーツという二〇代前半の女性が、父親殺しの罪で、たった一日の公判の後、公選弁護人に説得されて、減罪された第二級殺人罪で有罪を認め、禁固三〇年から終身刑の判決を受けた。

　マクウェイドは犯人の姉を見つけ、その姉がぞっとするような詳細を話してくれた。その後、マクウェイドはロバーツ本人に刑務所でインタビューし、臓腑をえぐるような話を聞いた。父親は商船員で、娘二人をしばしば何日もベッドに縛り付けてはレイプしていたのだ。父親は航海に出る前に、バーバラに「俺が帰ってきたら駅に迎えに来い、さもないと殺すぞ」と脅した。数週間後、彼の帰りを知らせる電報が非常に遅れて届いたため、何も知らないバーバラは一一歳の弟と一緒に家で父の帰りを待っていた。父親は怒り狂って自宅に到着すると、二人の子どもを台所のテーブルの周りで追い回し、叫び、罵り、殺すぞと脅した。彼女はついに引き出しから父親のピストルを取り出し、父親を撃ち殺した。そして、納屋の下に父親の遺体を埋葬した。数週間後、不審に思った近所の人が警察に通報し、死体が発見された。

　公選弁護人は正当防衛を主張することなく、どうにか彼女に有罪を認めさせた。この記事には、セックスと暴力、欲望、人権侵害など、苦境にある新聞社が求めるものがすべて盛り込まれていた上、『ニューハンプシャー・サンデー・ニュース』の特ダネだった。われわれは、真実が明らかになるにつれ、再審か恩赦、あるいは両方を要求した。そして、ロバーツは最終的に釈放され、編集部は自らを祝福する喜びの声に包まれた。

　これら超スクープ記事二本の間にも、われわれは週に五、六本のペースで、平凡ではあるがいい記事を生み出していた。私は退役軍人問題を追いかけ、一時期は退役軍人問題のコラムも書いていた。（AP通信は毎週「ニアル少佐」という署名入りで退役軍人関係のコラムを配信していた。その署名は、数年後に私の良き友人となる二人の駆け出し記者のペンネームだった。一人は、後に「エヴァンズとノヴァック」〔二人一組でテレビ番組にも出演していたコラムニストのコンビ〕の片割れとなるローランド・エヴァンズで、もう一人はその助手で後に『ワシントン・ポスト』の論説委員長となるフィル・ゲイリンである。）

ある夜、退役軍人が新しい住宅を求める集会（一九四六年のことで、ささやかな抗議活動だった）を取材した。ハノーヴァー通り七八八番地に住むウィリアム・G・マッカーシーは、退役軍人向け住宅建設予定地に接する地主たちの側の弁護士であったが、反対意見を述べるために立ち上がった。彼が述べたことは『ニューハンプシャー・サンデー・ニュース』で次のように引用されている。「マンチェスターには異なる意見を持つ者がいる。われわれは、住宅開発など望んでいない。ただ放っておいてほしいだけなのだ」。彼が実際に、しかもはっきりと言ったこと――「退役軍人なんてクソ食らえ」――は、ブラグデンの方針によって家庭向け新聞である『ニューハンプシャー・サンデー・ニュース』には載らなかった。退役軍人住宅への弁護士の反対意見を記事にしたところ、私は初めて名誉毀損で一万ドルの損害賠償訴訟を起こされてしまった。当時のニューハンプシャー州では、名誉毀損の訴えを起こすだけで、保安官は被告の賃金と銀行預金を賠償請求額まで差し押さえることができた。私はまだ週給五〇ドルで、銀行口座には三〇〇ドルもなかったが、何週間も小切手を現金化できず、食料品店でのツケと友人の好意で生活しなければならなかった。

私はアメリカ退役軍人委員会（ＡＶＣ）に参加していた。「市民が第一、退役軍人は第二」という理想主義的なモットーに強く惹かれたからだ。退役軍人だからといってどんな特別扱いにも甘んじることなく、新しい世界をつくるための仕事をしよう、というシンプルな考えから生まれたものだ。北アフリカでクイーンズ・ロイヤル・ライフルズ〔七年戦争の北米版であるフレンチ・インディアン戦争の際に編成された歩兵連隊に起源をもち、主に海外での戦闘に従事するイギリス陸軍のライフル部隊。第二次大戦中はヨーロッパ各地のほか、北アフリカや中東の戦線に配備された〕の一員として戦い、足を失ったチャック・ボルテが創設者で、彼に加えて、私の世代の代弁者として台頭しつつあった若者たちが加わった。彼がイェール大学にいたときに知り合ったコード・マイヤー（一〇年後に私の義弟になる）はその一人だった。コードは、太平洋戦争で片目と双子の兄を失った。彼は、国連を誕生させたサンフランシスコ会議でハロルド・スタッセンの補佐官を務めており、間もなく世界連邦協会の総裁に就くことになる。私の世代で戦争の英雄的指導者がいるとすれば、コードはその良い候補になりそうだった。

当時の優れた組織でどこでもあったように、ＡＶＣにも共産主義者が入ってきて乗っ取ろうとした。全国的にそうしたことが行われた。ニューハンプシャーでは、ＡＶＣのメンバーは二〇〇人を超えることはなかったが、そのほとんどは若くて理想主義者で、共和党の弁護士タイプだった。私はとくに、カナダから来た繊維労働者の子孫であるフランス語を話す人々が住む、マンチェスターのメリマク川西岸で勧誘を試みた。私が子どもの頃に学んだフランス語は、自分ではうまく話せていると思っていたが、フランス系カナダ人の工場労働者の印象には残らなかった。たとえおかしな発音であれ、同じ言語を話すこととは別の問題として、私はフランス語でも英語でも、彼らの質問に対して求められる回答をもっていなかった。質問というのは、AVCのバスケットコートやクラブハウスのバーはどこにあるのかというものだ。どんな小さな町でも在郷軍人会のホールや海外戦争復員兵協会のバーがある時代に、AVCはそうしたものをもっていなかった。だから、会員数は州全体で二〇〇人を超えることはなかった。

私と友人たちを戦争に駆り立てた理想主義が、開花していた。戦争が終わりに近づくにつれ、私はさまざまな船長に申し出て、乗組員の討論会の進行役を務めた。議題は、われわれの知っている世界がどのように変わったか、自分たちはどう変わったか、さらに世界を変えるために自分たちはどんな役割を果たすことができるかということだった。深い議論でも、過激な内容でもない。私自身、どちらでもなかった。しかし、戦争は私に、そして私と同世代の多くに目的意識と、物事を成し遂げられるという自信を与えてくれたのである。

もちろん新聞社では、理想主義が発揮されることはたまにしかない。ほとんどの場合、金曜日までの紙面ではその週に起こったことをあれこれと報じた挙句、土曜版が印刷された後、最終的な事実に落ち着く。たとえば、「セーラムの酒屋に押し入り強盗」という八段記事は、最終的には「州の酒屋で横領が発生」というように。しかし、それ以上に、暴露記事に取り組むことが多かった。マンチェスター警察が一一歳の少女を餌に強姦犯を捕らえるための罠を仕掛けた事件があった。罠は裏目に出て、少女は三六歳の男に強姦されてしまった。そして原因を尋ねたために私は、署長のジェームズ・F・オニールに警察本部の階段から突き落とされたのだ。

私はオニールが在郷軍人会会長に首尾よく選ばれた際に選挙運動を初めて取材し、彼を友人だと思っていた。しかし、オニールが在郷軍人会会長として全国を飛び回る時間を減らし、警察署長としてより多くの時間をマンチェスターで過ごしていれば、この罠が裏目に出ることはなかっただろうと私たちの新聞がほのめかしたことで、私たち二人の友好関係は打ち切られたのだった。

オニールの後任はジョージ・ウェルチという、私がこれまで聞いたなかで一番のモノマネ上手であり、正真正銘の老練な策略家だった。ある朝、出勤途中の私の車の前にクビワキジが飛び込んできた。私はそれを近所の肉屋に持って行き、皮を剝いでもらい、友人にもうすぐ豪華な夕食が食べられると話した。次の土曜日の夜、私はマンチェスターの編集部の当番で、電話で州政府を取材し、遅い時間のニュースの一報をヘイヴァーヒルの編集部に送った。すると、ある女性から電話があり、私が週の初めに、季節はずれのキジを殺したかと尋ねられた。私が事故のことを説明すると、その女性は激昂した。彼女は自分がＳＰＣＡ〔動物虐待防止協会〕の創設メンバーであり、私を当局に報告するつもりだと言った。私が電話を切っても、彼女はまた電話をかけてくる。これが週の最も忙しい時間帯に二、三時間続いた。新聞が一段落した頃、エリアス・マクウェイドから私がウェルチに目をつけられていることを知らされた。

この頃おそらく週給五五ドルだった私の給料は、差し押さえられずにすんだとはいえ、金には困っていた。副業として、マンチェスターのＷＫＢＲという二五〇ワットのラジオ局で、土曜日の夜七時からニュースを放送する仕事を得た。これによって週給二五ドルの増収になった。最初は身がすくんだ。顔の見えないアナウンサーたちが簡単そうに出している朗々とした声で話すことはできなかったからだ。私の声は、ブラッドリー家の男性の多くがそうであったように、ガラガラ声だったのだ。その後、だんだん楽になってきた。ある夜のこと、私はかなり好調だった。ニュース放送は、翌朝の『ニューハンプシャー・サンデー・ニュース』に掲載される記事の最初の一、二段落目で構成されていた。私の原稿は、記者がコピーデスクに提出した原稿の写しを急いでかき集めたものだった。ある夜、まだ記事も読んでいない段階で、ジャスティン・ギャラガーの記事のリードを読みながら、放送に備えていた。本番が始まった。自分の声の抑揚もいい。読みながら、ふと一、二行先に目をやった。そこには、静かな野原にひそむ地雷のように「くそっ《ファック》、くそっ《ファック》、くそっ《ファック》」という文字があった。つまり、私が読んでいた冒頭の段落は没にされたのに、取り消し線が引かれていなかったのだ。原稿を読みながら、放送禁止用語をスキップし、何事もなく終わらせなくてはならない。まったく心臓に悪い。

週一回の放送に加え、タイム＝ライフ社のパート記者としての仕事も得た。頻度は少ないが、『ニューズウィーク』にも書いた。『ライフ』への投稿は、写真撮影を手配し、撮影の際には超人気カメラマンのためにライトを当てるのが主な仕事だった。ギャラはよく、週に一〇〇ドルということもあった。しかし、そんなパート記者としてのキャリアは、『タイム』と『ニューズウィーク』の両方に、ある記事を提案したことで途切れてしまった。それは、マサチューセッツ州ウェルズリーにあるバブソン研究所に関するものだった。気難しい変わり者の経済学者、ロジャー・バブソンが新たに創設し、重力を利用する方法を研究していた。この重要な話を説明するために、私はバブソンをリンゴの木の下に立たせ、腕を伸ばして先を上にした鉛筆を持つポーズをとらせてチェット・デイヴィスに写真を撮らせた。木の枝から見えない糸でリンゴを吊るし、鉛筆の先から数インチ上にリンゴがくるようにした。

私は両方の雑誌にまったく同じ記事と写真を提出した。特派員から送られてきたものをすべて書き直すという伝説的ともいえる強迫観念が彼らにはあるから、問題は起きないだろうと考えていた。ところが、それは大きな間違いだった！　『タイム』はその記事を大層気に入り、翌週刊行の雑誌に載せるために専任の特派員と『ライフ』のカメラマンを現地に送ることにした。『ニューズウィーク』も気に入ってくれた。そして、まるで安物の衣装のように、その写真と原稿を一言も変更することなく掲載したのである。『タイム』からすぐに電話があり、私は〔『タイム』と『ライフ』の発行人である〕ヘンリー・ルースの会社から解雇された。

一方、ジーンはエルム街のデパート「ジェームズ・W・ヒル」で販売員として働いていたほか、家の塗装や内装工事を行う会社で内装コンサルタントとして小遣い稼ぎをしていた。そして、ボストンの不妊治療専門医の草分け的存在であるジョン・ロック博士のもとを何度も訪れ、ついに妊娠したのだ。今では私たちの家に暖房、水道、新しいバスルーム、新しい屋根、そして新しい下見板が完備されていた。私たちが親しく付き合うのは、まだクラーク家とエリアスとリリアン・マクウェイド夫妻に限られていた。とくにマクウェイド夫妻を訪ねるのは、雪が降る日だと楽しいものとなった。彼らもキャンディアに住んでいたが、冬でも除雪されない未舗装の道を一マイル〔約一・六キロ〕ほど行ったところにあった。マクウェイドと私は、タイヤにチェーンを付けるのは男らしくない行為だと思っていたので、マクウェイドの家に滞在する時間より、行き帰りにかかる時間のほうが長くなることがよくあった。

エリアスの兄のバーニー・マクウェイドは、ますます気が塞ぐようになり、付き合いにくくなっていた。彼は、共同発行人であるクラークと喧嘩をするようになり、どういうわけかわからないが、私に旧友のクラークではなく、自分につくことを求めた。クラークとマクウェイドの関係は結局、破綻した。クラークはバーニーに二万三〇〇〇ドルを払って会社を買い取り、二、三週間後、バーニーは長い間軽蔑してきたローブのもとで働くようになった。

バーニーが敵陣にいることで、『ニューハンプシャー・サンデー・ニュース』編集部の士気は高まった。一九四八年八月、ジーンは男の子を出産したが、私が初めて見たときにはその子は奇妙な姿をしていた。頭のてっぺんからつま先までオレンジ色のメルチオレート液で覆われ、マンチェスターのエリオット病院の鉗子で引っ張り出されたせいで、小さな頭の片側が少し膨れていたのだ。このメルチオレート液はRh血液型不和合のために輸血の際に使われたものである。

美しい赤ん坊だった。とくに初めての子どもが生まれた感動は、この世の他の感動と比べものにならなかった。ベンジャミン・C・ブラッドリー・ジュニアと、あまり深い考えもなく名付けられた。何年も経ってから、「アーチー」のような名前のほうがよかった、と彼が言うことになるとは思いもしなかった。彼は、マンチェスターの夏の歴史上、最も暑いと感じられた一週間のあいだに生まれた。もちろん、エアコンもなかった。それは『ニューハンプシャー・サンデー・ニュース』がついに絶望的な状況に陥った週でもあった。バーニー・マクウェイドが裏で糸を引き、ローブが広告主に自分の日曜版新聞を作ろうと言い出したのである。クラークは苦境に陥った。数百万ドルを調達して近代的な工場を建設するか、ローブとのあいだで日刊紙と日曜版の長期にわたる泥沼の戦いに突入するか、あるいは誰かに、私たちのライバル紙となる日曜版を作るより『ニューハンプシャー・サンデー・ニュース』を買収したほうが安上がりだとローブに説得してもらうかの、いずれかしかなかった。

新聞社は売却され、親になったばかりの私たちは失業し、求職者の市場に再び戻ろうとしていた。しかし、その前に、就職活動に必要な退職金を受け取るために、新しいオーナーによって解雇されなければならなかった。クラークは、新聞社を売る数週間前に、私に週給七五ドルという大幅な昇給と市報部編集者という新しい肩書きを与えてくれていた。昇給すれば、ローブにとって私を解雇するのはより金銭的な負担となるし、『エディター&パブリッシャー』に掲載することに決めた個人の求職広告で、この肩書きがあれば格好がつく。実際、ローブは私に仕事を斡旋することで、私に払う退職金（四五〇ドル）を払わないで済ませることもできた。しかし、その場合、私は仕事を辞めなければならず、退職金ももらえなくなる。ローブから引導を渡されたのは、私をパート記者として再び受け入れてくれた『タイム』の記者として、彼を取材していたときのことだった。質問が詳細になるにつれ、ローブはますます怒りっぽくなり、最後には「ブラッドリー君、われわれには君の仕事は要らないよ」と言った。それがローブとの最後だった。興奮に満ちてやりがいがあり、信じられないほど学ぶことが多く、最初から最後までとても楽しい、輝かしい幸せな二年半だった。

第5章　『ワシントン・ポスト』での第一歩

市報部編集者、州最大手の新聞社に勤務、大卒二七歳、ニュース、特集、整理、割付の経験あり、大手日刊紙の条件の良い仕事ならどこへでも出張可能。一〇月中旬から勤務可能。『エディター&パブリッシャー』私書箱一六九四まで。

　これが一九四八年九月四日号の『エディター&パブリッシャー』の求職欄に掲載された私の広告である……かろうじて広告の真実に関するガイドラインの範囲に収まった。私の肩書きは、〈市報部編集者《シティ・エディター》〉だった。あたかも、七人の編集スタッフを抱える週刊紙ならばそういう者が一人は必要だというかのように。私が市報部編集者という肩書きを得たのは、その肩書きを利用して別の仕事を見つけるためであって、スタッフの指揮をとるためではなかった。当時はまだフルタイムの整理部編集者がいなかったので、整理の経験はちょっと無理があったし、割付の経験も、アイクという組合の印刷工が、私がページの形に活字を入れようとしたときに割付定規で私の手首を叩いて、唐突に終わってしまった。

　広告に対する問い合わせが来るのを待つ間、私は民主党から知事選に立候補していたダートマス大学のハーブ・ヒル教授のために演説原稿を書いた。ジーンと生まれたばかりの赤ん坊は、ブルックラインにある彼女の実家に引っ越して行った。私たちの家は一万ドルで売れたが、まだ決済が完了していなかったので、お金が必要だったのだ。演説原稿を書くことは私にとっては非常に困難な芸当だった。州政府のさまざまな問題について自分の考えを整理するだけでも大変なのに、ツイードジャケットを着てパイプを咥えた大学教授がそれをどう考えているかなんて、わかるわけがない。教授は博識で魅力的な人物だったが、有権者を扱った経験がなかった。後にアイゼンハワー大統領の首席補佐官として有名になり、恥をかくことにもなるシャーマン・アダムスが知事選に勝ち、私はニューハンプシャー州を去り、二度と戻ることはなかった。

　私の「市報部編集者」広告には、一二通の問い合わせが来たが、そのほとんどは『フィリングステーション・デイリー』などの業界紙からのものだった。二通は一般紙からだった。そのうち一つはソルトレイクシティ、もう一つはサンタバーバラの新聞で、エド・ケネディという男性が市報部編集者を捜していると書いてきた。私はユタには興奮しなかったが、カリフォルニアには興味があったし、ケネディには大いに興味をそそられた。ＡＰ通信の戦争特派員だった際に、ドイツとの戦争が終わったことを時期尚早に発表したことで、不当に非難された人物である。最終的には歴史がそれを不当な評価と結論づけたのだが、義理の両親と赤ん坊に囲まれ、そして職もないまま密かに発狂していた私には、ケネディが若いブラグデンのように思えた。

　例のダートマス大学教授が一九四八年の選挙で敗北した後、私は仕事がありそうな場所のリストをいくつか作り始めた。その一つに、「将来について」と題したリストがあり、次のように書いていた。

スーパー・サービス・ステーション〔イリノイ州の国道六六号線沿いにあったガソリンスタンドを指していると思われる〕……雇ってもいいそうだが、気がすすまない。

ニューイングランド小売食料品店……間違いなく採用されるだろう。しかし、拒否する。

『ワシントン・ポスト』……ありえないけど、働きたい。検討中。

コウルズ系列、デモイン、ミネアポリス〔雑誌『ルック』のほか両州で新聞を発行していた〕良い推薦状があれば雇ってもいいらしい。検討可能。

今後二年間は、いい仕事で、業績が上向きであれば、地理的なことはどうでもいいだろう。ワシントンや海外での経験もすぐにではなくてもいいし、慌てるべきではない、おそらく。

私は家族ぐるみの付き合いをしている二人の友人から、すばらしい推薦状をもらっていた。二人というのは『アトランティック・マンスリー』の編集者エドワード・ウィークスと、貴族趣味をもつマサチューセッツ州元知事で下院議員のクリスチャン・アーチボルド・ハーターである。ウィークスは、『ボルチモア・サン』の知り合いの編集者宛に、ハーターは、『ワシントン・ポスト』の社説欄の論説委員だったハーバート・エリストン宛にそれぞれ推薦状を書いてくれた。

こうして一九四八年一一月末、私は数ドルを除いて貯金を全額引き出し（八二五ドルだったと記憶している）、ボストンからボルチモアとワシントン、ソルトレイクシティと経由し、サンタバーバラまで往復する列車の切符を買い、サウス駅からフェデラル号に乗った……ブーツの中で足が震えていた。

翌日早朝、列車がボルチモアに近づくにつれ、土砂降りになった。この美しい街も、雨ではそうもいかない。私は咄嗟に、このままワシントンまで行ってしまい、『ワシントン・ポスト』で就職活動を始めようと決めた。その日、『ボルチモア・サン』で仕事を得ることはできなかったかもしれないし、あの日、太陽が輝いていたら、私の世界は——そして他の何人かの人たちの世界も——確実に変わっていただろう。

数時間後、私はウィラード・ホテルの一泊六ドルの部屋にチェックインし、一四番通りを横切り、エリストンとの面接のためにワシントン・ポスト社の建物の階段を緊張しながら上っていった。問題は、エリストンが編集局とはまったく関係がなく、彼自身がそれを気に介していたなら私を雇うことなどできなかったということだ。彼はあからさまに私に無関心で、私はエリストンの背後にある彼の胸像から目を離すことができなかった。それは彼にとてもよく似ていた。彼は私を階下に行かせて、物議をかもした——そして有能な——市報部長、ベン・ギルバートに会わせた。そのとき私が感じた恐怖を再現するのは難しい。ここは、私が尊敬するどの記者も死ぬほど働きたがっている新聞の市報部だったのだ。当時『ワシントン・ポスト』は赤字だった。誰もがそれを知っていた。発行部数でいえば、四つあるワシントンの日刊紙のなかで三番目だった。給料をケチることで有名だったが、だれをも、そして何をも恐れない、十字軍的なジャーナリズムですばらしい評判を得ていた。具体的には、強力な社説部と人気の漫画家のハーブ・ブロック、同様に人気を誇るスポーツ部編集者兼コラムニストのシャーリー・ポヴィッチをはじめ、輝かしいスタッフがいたのだ。それぞれの分野で比類なき存在であり、おまけに寛大な人たちだった。それから四五年後、私がこの原稿を書いているとき、ハーブは八五歳になっても昔から変わらない切れ味の漫画を描いている。野球のストライキでワールドシリーズを見ることができなくなった一九九四年、八九歳になったシャーリーは、一九二四年のワールドシリーズを記憶から再現し、かつて活躍したワシントン・セネターズに光を当てた。

ボルチモアで列車を降りずにすませてくれた神様は、まだ微笑んでいた。ちょうどその前日、記者が一人、突然辞めてしまったので、仕事に空きができたのだ。ギルバートと編集局長のラス・ウィギンズは、驚くほど『ニューハンプシャー・サンデー・ニュース』のことを知っており（ギルバートはセントルイスで『ポスト＝ディスパッチ』と、ブラグデンが編集長だった頃の『スター＝タイムス』で働いたことがあった）、自分でも信じられないうちに、私もその補充候補に加わりたいと思うよう誘導されていた。しかし、当時は資金繰りが厳しく、発行人のフィル・グラハムが空席を残して数千ドルを節約することを望んでいたので、すべての採用にはグラハムの署名が必要だった。翌日、グラハムは空きをそのままにしておこうとは言わなかった。信じられないかもしれないが——私は週給八〇ドルで、クリスマスイブの日から働けることになったのだ。

『ワシントン・ポスト』で仕事をする前に、『ライフ』の編集長エド・トンプソンから電話がかかってきた。そして『ワシントン・ポスト』のほぼ二倍の週給一五〇ドル、タイム＝ライフ社のアトランタ支局で働かないかと言われたのだ。私はそれも信じられなかった。ボストン出身の私は、南部に対して警戒心が強く（無知ゆえにだが）、また、写真を撮ることよりも、文章を書いたり取材したりすることのほうが好きだった。とにかく、私はすでに仕事を引き受けたし、道義的にも一日も働かずに辞めるわけにはいかなかった。

一九四八年のクリスマスイブまでには、ジョージタウンのダンバートン通り二九一一番地に小さな家を手に入れた（家賃は月一七〇ドルだった）。地下にキッチンとダイニングルーム、路面階に大きなリビングルーム、二階に小さなベッドルームが三つあり、小さな赤ん坊が一人いる庭付きの家だ。新人の私は、午後二時から一一時までの夜勤を担当し、少なくとも週末のどちらか一日は必ず出勤しなければならなかった。

一週間後の大晦日、私はお決まりの年越し記事を書かなければならなかった。それは私が一流紙で書いた最初の署名記事で、一面の折り返しの上に二段で掲載された。

ワシントン特別区民は総力を挙げて新年を迎える

ワシントン特別区民は昨夜、さまざまな形で一九四八年に別れを告げ、両手を上げ、希望に満ちた心で一九四九年を迎える全米の人々と心を一つにした。

その記事を読んで面白いと思ってもらえるように私は必

死に取り組み、掲載された記事を誇らしく感じた。週給八〇ドルもらえて、一流紙の一面を署名記事で飾れるとは。署名は「『ワシントン・ポスト』記者、ベン・ブラッドリー」だったが、間もなくウォルター・リップマンに「これはやめておいたほうがいい」と指摘された〔一九四九年三月以降の署名は「ベンジャミン・ブラッドリー」である〕。「それだとまるでスポーツ記者だ」と言うリップマンの口調には、もう少し上を目指せというような響きがあった。

最初の数週間は、市民団体からの配布物の内容をまとめ直すことに費やされた。それは、紙面上に散在する一段落の小さな記事となり、しばしばニュース面の短い隙間を埋めるのに使われた。初日には、フィル・グラハムの名前の綴りを間違えた原稿を、夜勤の市報部編集者ジョン・ライズリングに渡したこともあった。私の最初のチャンスは、ラス・ウィギンズがギャンブルの邪悪さとその蔓延に対して感情を爆発させていたときだった。彼は、貧しい人々が食料品代でギャンブルをすることを、常識に反する罪と考えていた。ウィギンズはギルバートに、新しい記者を連れて行って、ノミ屋や違法の数合わせ賭博の胴元の取材をさせたらどうかと言った。ウィギンズは、この町ではまだ誰も私のことを知らないから、気づかれずに嗅ぎ回ることができると考えたのだ。これによって私は、紙面で初めて調査報道の仕事を任された。

私自身は賭け事をする人間ではなかったが、スポーツ部で、とくに新しくそこでの相棒になるモリス・シーゲルに答えを求めようとするだけの知識は持っていた。モーは面白くて、無礼講で、温かい、すばらしい仲間だった。ワシントン・ポスト社の隣でレストランを経営していたサラ・バシンは、私たちの給料の小切手を換金してくれたり、遅くなる前に家に帰るように声をかけてくれたりしたが、とくにモーのことを気に入っていた。モーは、私がワシントンの十大ノミ屋の名前を尋ねると、原稿用紙を摑んで何人かの名前を書き始めた。スナッグスは賭博も行う。ゲイリーは、バシンの店とワシントン・ポスト社の間にあるビルの二階にあるアトラス・クラブという、仕事が終わった後の労働者が集まる店を経営している。モーは仲間に確認し、電話を一本かけると、一〇人の名前と住所、電話番号の入ったリストをくれた。私はこれほど早くラス・ウィギンズのところに戻れるとは思っていなかった。ウィギンズから任務を与えられてから、まだ三〇分も経っていなかったのだ。そこで私は一日待って、『ワシントン・ポスト』の便箋にリストをタイプ打ちして、二日後にウィギンズに渡した。

ウィギンズはそのリストを見て、明らかに感心して頭を振り、ギルバートに言った。「新人のブラッドリーは、とんでもなく優秀な男だ。私はこのリストを何年も前から手に入れようとしていたんだ」。

モーの親切な情報提供によって、私は配布物の内容をまとめ直す仕事からおさらばすることができた。代わりにワシントンDCの最下層にいる人々が違法行為を行った際に送り込まれる地区裁判所の担当になった。そこに集まるのは、娼婦やノミ屋、違法の数合わせ賭博、麻薬中毒者、痴漢、暴力事件の被害者と加害者といった者たちである。ワシントンDCでは、ロイ・ブリック警部補が率いる、リンゴのような頬をした若い警察官で構成された、男性用公衆便所を専門とした「風紀犯罪取締班」が有名だった。映画館やラファイエット広場〔DC中心部にある公園〕など、街中の公衆便所で、自分たちのイチモツを振って、誰かが振り返すとお縄頂戴、不道徳な目的での淫行勧誘罪で逮捕するのである。かなりの頻度で警察は、上院議員の秘書やCIAの職員など重要人物といえる人物をこうした犯罪で現行犯逮捕しており、デスクはそうした話を欲しがった。

私はその頃販売局から好かれていた。というのも、当時の発行部数は一六万部ほど（専門家によれば、「それでも水増しされていた」）で、販売力はそれほど強くなかったのだが、早版には映画鑑賞帰りの人々の購買をあてにして、毎晩八段見出しの一面記事を掲載していたからだ。販売部長のハリー・グラッドスタインは、毎晩六時頃に市報部にやって来ては、私の机のあたりをぶらつき、私がどんな下品な記事を書いているかを探った。それを編集会議の直前にラス・ウィギンズのところに行って報告するのである。「ブラッドリーがCIAの職員が泥酔してラファイエット広場でパクられた話を書いている」と。ジャーナリストのための倫理教育が行われるのは、まだ一世代後のことである。それでも、早版では八段の一面記事だったものが、後の版では、数段落の中面の記事になることがあった。後の版では、街頭販売の売り上げ部数ではなく、ニュースの重要性に関する編集者の判断が見出しの大きさを決めるからである。

地区裁判所の仕事で一番良かったのは、一日に三、四本の記事を出さなければならなかったことで、上手に書く術を身につけたことである。私はそれを自分の嗅覚とともに学んだ。今と違って当時の編集者は署名入り原稿はあまり書かせてくれなかった。整理部記者が見出しを書き入れるスペースを確保するために、原稿用紙の下から数センチまでしか記事を書かないようになっていた。私たちはつねに皆、見出しと署名を入れるのに十分なスペースを残していたが、署名を入れる機会はほとんどなかった。

地区裁判所での仕事で恵まれていたのは、そこに初めて行った日、昼食を一緒にとる相手を探していて、思いがけない出会いをしたことである。背が高く、筋肉質で、ウェーブのかかった髪に悪党っぽい笑みを浮かべた男が、まるで泥棒の巣窟にいる伝道師のように、他の者たちから抜きん出ていた。その男は名前をエドワード・ベネット・ウィリアムズといい、その日は彼にとっても大手の法律事務所で何年も損害賠償の裁判を担当した後、自分の看板で弁護士として開業した最初の日であった。私たちは、非衛生的な大衆食堂で昼食をとった。彼の妻の別荘があるニューハンプシャーのことや、悪名高い五番街弁護士会のこと、平凡な刑事事件専門弁護士が集まる肩肘張らないクラブのことなど、とりとめのない話をした。本当に困っている人は行かないだろうが、こうした弁護士は警官や書記官や裁判官をよく知っていて……それゆえに記事になる話があるのだ。エドと私は、生涯の親友となった。

社交仲間としては、三〇歳前後の若い夫婦で、幼い子どもを抱え、自分たちの母親の手を借りずに育て、あてにできる経済的な支援もあまりない人たちが多かった。CIAで働くウィスターーとメアリーのジャニー夫妻、マサチューセッツ州選出のレヴ・ソルトンストール上院議員の下で働くトムとリーのウィンシップ夫妻、エイブ・フォータス法律事務所で働くニックとスーのニコロリック夫妻、ジャック・ラナハンも弁護士で、妻のスコッティは〔作家の〕フランシス・スコット・フィッツジェラルドの娘だ。トニーとスチュワート・ピットマン夫妻のスチュワートも弁護士だ。夫婦のうち夫のほうは、政府やジャーナリズム、司法事務所の下級スタッフである者がほとんどだった。夜は、子どもと一品料理、あるいは一ガロン三ドルのアルマデン・マウンテン〔ワインのブランド〕の赤か白を持ち寄って、一緒に食事をした。誰もが面白い仕事をしていた、あるいはしていると思っていた。私たちは皆、フィル・グラハムの言葉を借りれば、「第二次世界大戦によって自由世界の首都となった南部の眠ったような町」〔ワシントンＤＣのこと〕で起きている出来事に、何らかの形で関わっていたのである。私たちには、半世紀後にはもう消えてしまったように思われるけれども、自分自身と互いへの信頼があった。私たちは、自分たちが何かを変えようとしていること、そしてそれが面白くなるであろうことを知っていた。

私たちは、大物の友人を共有した。ウォルター・リップマンとその妻だ。ワシントンで仕事を始めたばかりの私たちにとって、この二人は隠し資産だった。リップマン夫妻は年に三、四回、ジーンと私をその有名なカクテルパーティーに誘ってくれたので、新聞の一面を飾ったことのある人、あるいはこれから飾ろうとしている人たちと席を並べることができた。新しく出会った友人たちは皆、『ワシントン・ポスト』の新米記者が、こうした豪華な人々と一緒にいることに非常に驚いているようだった。リップマンが年に一、二度、わが家に夕食に来ると、私たち（ローリー・エヴァンス、フィル・ゲイリン、ボブ・リー）は床に座って、国内問題と国際問題や、部内者しか得られない知識を織り交ぜた歴史的な視点を彼に尋ねたものだった。リップマンは、彼が生きた時代のスター・ジャーナリストであり、教師であり、哲学者サンタヤーナの教え子であり、第一次世界大戦中や戦後のホワイトハウス、そして戦後の講和会議でウィルソンの腹心として活躍したハウス大佐の弟子であった。彼のような専門知識を持つ記者を抱える新聞社はほんの一握りで、新聞を読む世界の多くの人々、そしてワシントンDCのすべての人々にとって、彼は外交の専門家だったのである。

そうした大物とのある夜、私たちはベセスダ〔ワシントンDCに近いメリーランド州の高級住宅街〕のニコロリック夫妻の家に移動していた。ニックはユーゴスラビア出身の両親を持ち、アーノルド・フォータス・アンド・ポーターという名門法律事務所に勤めていた。第二次世界大戦中、『ライフ』の表紙を飾ったこともある。それは、太平洋戦争のPTボート〔魚雷を搭載したボート〕に関する記事についての写真だった。ニックの大物の友人は、国務省の極東アジア専門家オーウェン・ラティモアで、当時は赤狩りをするジョー・マッカーシーから共産主義者、あるいは共産主義シンパとして痛めつけられ、しばしば新聞の一面に登場していた。ラティモアはエイブ・フォータス〔同弁護士事務所のパートナー弁護士〕の顧客で、ニックはエイブ・フォータスの敏腕アシスタントだった。その夜ラティモアは、ダライ・ラマかダライ・ラマの従兄弟のように見える、僧衣を着たモンゴル人の僧侶を連れてきていた。どちらにせよ、私たちは二人に質問を浴びせ、赤ワインもたっぷり注いだ。そのとき、驚くことに、トム・ウィンシップがこのダライ・ラマ氏（または彼の従兄弟）にモンゴルの歌を一曲歌ってくれないかと頼んだ。ワインが強い抑制を消し去り、ダライ・ラマは突然、アジア音楽のすすり泣くような一本調子のメロディを高い音色で歌いだした。私たちが皆驚き、感謝の意を表していると、トムが僧侶にアメリカの歌を習うべきだと言った。そしてさらに驚いたことに――トムは完全に音痴だった――「フェア・ハーバード」〔ハーバード大学の校歌〕を歌い出し、僧侶にも合わせて歌うよう促した。僧侶はトムの言うとおりにした。

ラティモアは、典型的な中国通の外交官がそうであったように、アメリカ人宣教師の子として中国に住んでいたことがあった。こうしたチャイナハンドはいまや、マッカーシー派から中国の共産主義化を批判されている。すでに何人かは国務省を退職していた。ラティモアは、自分が置かれている状況を語ろうとはせず、モンゴル人の友人が「フェア・ハーバード」を裏返った声で歌っても、微笑みを浮かべることもなかった。

一九四九年の夏、私は地区裁判所の担当から遊軍記者になった。それは一日が終わるまでに何をしてその日を終えるか分からないという、どの新聞社でも最高の取材職である。私はまだ、裁判中の人や裁判が始まる前の人など、問題の最中にある人々を集中的に取材していた。感情を表に出さないメイン州出身の枢軸《アクシス》サリー〔ドイツ版「東京ローズ」〕は、ベルリンに向かう途上の連合国軍に、ドイツからナチスのプロパガンダを放送した。ジュディス・コプロンは司法省の末端の職員で、ソ連のスパイ、ヴァレンティン・グビチェフに恋をして、しばしば秘密を漏らしていた。そして、偉大なるバーニス・フランクリンは、トーマス・サークル〔ワシントンDCの中心近くにある交差点〕にあったピープルズ・ドラッグストアの飲み物カウンターにいる、赤毛に染めた、心優しい典型的なウェイトレスで、政府が大手賭博場を摘発した際の最重要証人だった。

　バーニスは六人の子持ちで、子どもたちはワシントンDCのあちこちにある養護施設に預けられていた。彼女はそれでも陽気で明るく、美人で、私が最初に出会った頃は、ティル・アカロッティという足の不自由な街頭の新聞販売店主と恋仲になっていた。ある夜、バーニスが薬局の窓から外を見ると、二人の刑事が彼女の恋人を殴り倒し、意識を失った状態で歩道に放置していくのを目撃した。バーニスは、アカロッティが数合わせ賭博や競馬を副業にしていることを知っていたし、彼がその場所で商売を続けるために警官に金を払わなければならないことも知っていたが、その事件は彼女にとって耐えがたい出来事だった。ある日、仕事を終えると彼女はＦＢＩに行き、ダウニー・ライスとダニエル・オコナーという二人の捜査官に事件のことを話した。捜査官たちは、一週間ほどこの事件について調べ、エドガー・フーヴァー長官のエゴを満たすのに十分大きな事件かどうか自問し、『ワシントン・ポスト』編集局に助けを求めに来た。

　ラス・ウィギンズは興奮で我を忘れたようだった。これは大がかりな賭博にかつてないほど深くメスを入れることになる事件であり、『ワシントン・ポスト』がスクープすればロバート・バレット警察署長は赤っ恥をかくだろう。バレット署長は『ワシントン・ポスト』が変えようとしている、本質的に人種差別的で選別的な法執行を体現している点で、『ワシントン・ポスト』の政敵だったのだ。ウィギンズは、新たに開拓した胴元に詳しい人物を招き、私を新聞業界で最速のタイピストとして知られ、後にフォード社の副社長になるディック・モリスと組ませた。私たちはバーニス・フランクリンに取材し、彼女が生まれたときからの話を書きとめた。胴元や数合わせ賭博、警官の買収についての話に入ったときには、彼女を社屋二階のフィル・グラハムの部屋に連れて行った。グラハムの秘書デヴィー・フィッシャーは公証人だったので、彼女に私たちがバーニスから引き出した話をタイプ打ちさせ、バーニスに事実であることを宣誓させ、署名させた。これによってモリスと私がその後バーニスの話したことを記事にする際に、『『ワシントン・ポスト』が受理した宣誓供述書によると』という出典を挙げる形にできたのだが、これは実際よりずっと安全対策らしい印象を与えた。それでも警察や他紙をイラつかせるには十分な権威を与えてくれていた。とくに、きわめて右翼的で孤立主義の立場をとる『シカゴ・トリビューン』の伝説的な社主ロバート・マコーミック大佐の従姉妹であった、エレノア・メディル〝シシー〟・パターソンが経営する派手で攻撃的な右翼日刊紙である『ワシントン・タイムズ・ヘラルド』は気も狂わんばかりだった。

モリスと私は、取材の有無にかかわらず、一日に一度はどちらかがバーニスの様子を見に行った。連邦検事が大陪審を招集し、陪審員たちはバーニスの話を興味深く聞いた。彼女の証言に基づく起訴が間近に迫っていたとき、突然われわれの重要証人が行方不明になってしまった。モリスや私との約束にも現れず、電話を鳴らしても誰も出なかった。バーニスはもうアカロッティのアパートにも住んでいなかった。彼女は姿をくらまし、われわれはある日その理由を突き止めた。

「重要な女性の目撃者　犯人の顔について　賭博調査をめぐって新たな証言を展開する」。マコーミック系列の『ワシントン・タイムズ・ヘラルド』の一面八段を使った見出しは、八六ポイントという巨大な活字が二行に渡るもので、同紙がバーニスを囲っていることを伝えていた。

ウィギンズとギルバート、そして『ワシントン・ポスト』の誰もがカンカンに怒った。モリスと私は、少なくとも不注意であった、いやおそらくそれ以上の責任があるとの非難を浴びた。私たちのどちらかが、フランクリン女史に職務以上の関心を示したかどうかについても尋ねられた。そんなわけがない。モリスも同じだった。とにかく、市報部を飛び出して、バーニスを見つけてこいと私たちは指令を受けた。彼女を生きたまま連れ戻し、『ワシントン・ポスト』の読者のためにもう一度彼女の話を語らせるのだと。

街中を探したがバーニスは見つからなかった。私たちは彼女の昔からの馴染みの立ち寄り先をすべて回った。ピープルズ・ドラッグストアにはいなかった。アカロッティも街頭の新聞販売店に現れなかった。ワシントンDCの警察は憎き『ワシントン・ポスト』に対抗して、『ワシントン・タイムズ・ヘラルド』を応援した。私たちはバーニスがよく出入りしていたDCのナイトクラブを回ったが見つからなかった。FBIがようやくのことバーニスを見つけると、私たちは彼女をグラハムの秘書デヴィー・フィッシャーの元に連れ戻した。バーニスは私たちのほうが好きだと言ったが、私たちは彼女に現金は払わず、二、三度夕食をおごっただけだった。『ワシントン・タイムズ・ヘラルド』は、それ以上のことをしてくれた、と彼女は言ったが、具体的なことは何も言ってくれなかった。とにかく、危機は去った。ウィギンズは笑顔で自分の椅子に戻っていた。起訴もされた。彼女の証言によって被告人は裁判の途中で諦め、罪を認めざるをえなくなった。そして、私たちは別のネタを追い始めた。

『ワシントン・ポスト』で仕事を始めてから最初の六ヵ月のあるとき、私はピュリッツァー賞受賞歴のあるホワイトハウス担当のエディ・フォリアード（私にとっては「フォリアード氏」）から、いつか、できれば土曜日に、ホワイトハウスに招くから来ないかと誘われた。私はワクワクし、緊張しながらその日の朝を迎えた。私はまだホワイトハウスに入ったこともなければ、大統領に会ったこともなかったのだ。

フランクリン・D・ローズヴェルトは、私が初めて実物を見た大統領で、それもほんの少し、かなり離れたところからだった。一九四四年一〇月の寒くてどんよりした霧の立ち込める秋の日、ボストンのバックベイ駅でのことである。私は、サイパン沿岸から砲弾を浴びた後、オークランドでフィリップ号が修理を受けている間休暇を取っていた。大統領は四期目に向けた選挙運動のためにボストンを訪れており、私は偶然、大統領がプルマン式寝台車の階段から車椅子に乗ったまま駅のホームに降ろされるところを目撃した。大統領は階段で担ぎ下ろされていた。私は大統領が身体障碍者であることを目の当たりにしてショックを受けたことを覚えている。ほとんどのアメリカ人がそうであったように、私は大統領が車椅子に座っているところを見たことがなかったのだ。彼の上半身は、ぎこちなく左右に揺れていた。遠くてよくわからなかったが、顔は灰色に見えた。それから五ヵ月も経たないうちに彼は死んでしまうのだ。

ホワイトハウスで、フォリアード氏と私は執務エリアの部屋から部屋へとゆっくりと移動していたのだが、何か異常事態が起こっていることが、周囲の喧騒から明らかになった。大統領は、フランス上院議長のガストン・モネルヴィル氏を筆頭とするフランスのお偉いさんの使節団を出迎えようとしていたのだが、通訳者が見つからないという。突然、フォリアードが「この若いブラッドリー君はフランス語ができる」と誰かに言うのが聞こえた。そして〔ハリー・S・〕トルーマン氏のために通訳をしてほしいと頼まれた。私は、トルーマン氏の通訳を務めるかどうかよりも、務まるかどうかのほうがずっと自信がなかった。しかし、これは五十歩百歩というものだろう。フランスの政治家のなかには英語を話す人もいるだろうと思っていたが、トルーマン大統領の周りの人々はフランス語をまったく話すことができないと確信したため、自信を持てた。そして、なんとか役に立つと、一五分足らずでその場を離れた。私は自分がすばらしく幸運だと思った。

実際、私は幸運だった。私には適切な時に適切な場所にいるというツキがあったが、今に至るまでそのツキは私とともにある。

一九四九年六月のある晴れた日の午後、バシンのレストランから出てきて、一四番街を挟んで反対側のウィラード・ホテルを見上げたときも、運は私に味方してくれた。一人の兵士が九階の階段手すりをゆっくりと乗り越えると、手すりを両手でつかんでぶら下がり、一一〇フィート〔約三三メートル〕下に飛び降りようとしているのが見えた。そこはホワイトハウスから二ブロック東、そしてワシントン・ポスト社屋から半ブロック西にある一四番街とペンシルヴァニア通りの交差点だった。私は何も考えず、地上から鉄の手すりまで階を数え、一四番街を横切ってホテルに駆け込んだ。エレベーターが止まったとき、突き当たりの窓が開いていたのは、またしてもツイていた。今でも信じられないが、私は建物と手すりの間の壁の突起部に這い出て、一〇〇フィート〔約三〇メートル〕ほど西に向かって進んだ。その先には、ボーリング空軍基地から来たポール・J・マクダフ一等兵（一九歳）がいた。今回はたまたま原稿用紙と鉛筆を持っていた。近づくと、角のところにある窓から彼に向けてゆっくりと注意深く話しかける声が聞こえ、一階上の警官が投げ縄で彼を捕まえようと準備しているのが見えた。私はまだ速記学校には通っていなかったが、持っていた紙片すべてに劇的な会話を最初から最後まで書き留めた。

「話し合おう、マック。話すことがたくさんあるぞ。二分だけでいいから、私と話そう。それだけでいいんだ。飛び降りないでくれ、マック。君の人生はまだ先が長い。おい、よせ、飛び降りようとしないでくれ。ここは相当な高さがあることはわかっているか。お母さんは今の君の様子を見たらどう思うだろう。俺には母親はいないが、もしいたら、何があっても母親を悲しませるようなことはしないよ」。声の主はL・A・ウォレス巡査である。

すると突然、柵の下の低い位置でしゃがんでいた別の警官が飛び出してきて、右腕をマクダフに巻きつけ、九階下に集まった群衆が歓声を挙げる中、手すりの内側の安全な場所に彼を引き戻したのである。

六〇センチ幅の突起部を這って後方にある、登って出てきた窓へと戻りながら、私はすごい話をモノにしていることを知った。自分がとんでもないバカであることにはほとんど気がついていなかった。自分が落っこちる危険とか、自分が兵士を驚かせることで本気でやろうとはしていなかった行動を取らせたかもしれないことなど、考えもしなかった。それに、もし警官がマクダフを捕まえる際に、彼らとマクダフの間にいた私を発見していたら、私は救助活動を妨害していた可能性があったのだ。しかし、警察に見つかることはなく、窓はまだ開いていて、私は一面記事をモノにした。『ワシントン・ポスト』の写真部長ヒューイ・ミラーは、カメラマンに三五ミリフィルム一本分すべてではなく数枚分の写真しか焼いてくれないほどケチという伝説的な人物だったが、われらが社屋の屋上からその一部始終を撮影し、一面に縦三〇センチ、横四段で掲載した。手すりの陰にしゃがんでいる人物が誰かは、私だけが知っていた。

一九四九年六月、私はアナコスティアの人種暴動をジャック・ロンドン（偉大な小説家にちなんでつけられたニックネーム）とともに取材した。ロンドンは日中はロースクールに通い、夜間に『ワシントン・ポスト』の記者をしていた。『ワシントン・ポスト』だけがその事件を人種暴動とは書かなかった。ロンドンと私は猛反対したにもかかわらず、われらが新聞はそれを「事件」とか「騒動」、「デモ」と書いたのだ。争いの原因は、誰がどの公設プールで泳ぐべきかについてだった。コロンビア特別区には、内務省管轄の公設プールが六つあった。そのうち三つは白人専用（アナコスティアのプールを含む）で、残りの三つは黒人専用だった。私はこのとき初めて、いわゆる「人種隔離」に遭遇したのだ。ワシントンDCでは、『〔イブニング・〕スター』と『〔ワシントン・デイリー・〕ニュース』が、記事の内容が人種に関係するかどうかにかかわらず、すべての黒人を「有色人種《カラード》」と表現していた。『ワシントン・ポスト』では、記事を分かりやすくするために必要な場合を除き、人種は決して特定しない、というのが決まりだった。当時、私たちは「ニグロ」という言葉を使っていた。「黒人《ブラック》」や「アフリカ系アメリカ人」という言葉はまだ生まれていなかった。

ヘンリー・ウォレスが率いた進歩党の残兵からなるフィラデルフィアとニューヨークの支部から集まった若い労働組合員の一団は、ワシントンの公設プールにおける人種差別撤廃を、その夏に取り組むべきプロジェクトと決めていた。こうして彼らは、六月最後の二週間、うだるような夏の暑さのなか、黒人の子どもたちを背後に従えて姿を現し始めたのだ。一度、六人の黒人の子どもが白人専用プールで短時間、水に入ったが、五〇人ほどの白人からブーイングと水しぶきを浴びて追い出された。監視員たちは、自分たちの手に負えなくなるような騒ぎを恐れ、仕事を休ませてくれと要求していた。群衆はますます大きくなり、感情的になっていった。『ワシントン・ポスト』を含む新聞各社は、この事件について報道することを恐れていた。真実を伝えれば確実に暴動が起きることを恐れる一方で、伝えなければ自分たちの名誉と評判が傷つくことを恐れていた。

ワシントンDCでは二〇世紀半ばに入ってからも、人種隔離が行われていた。レストランは合法的に黒人の入店を拒否することができ、日常的にそういったことが行われていたのだ。黒人社会についてはほとんど報道されなかった。ラス・ウィギンズとベン・ギルバートの時代には、この分野の先駆者であった『ワシントン・ポスト』でさえそうだった。事件が起きても、黒人が絡んでいるという理由で報道されないことが日常茶飯事だった。私が仕事を始めて間もなく、警察無線で事件の概要を聞いて夜間の市報部編集者に「取材に行きましょうか」と尋ねたときのことだ。「いいや、黒人の話だからいい」と返ってきたことを覚えている。当時の『ワシントン・ポスト』のあるカメラマンの秘蔵写真には、路面電車の下に身を投げて自殺したばかりの黒人の頭部を手に抱え、連邦議会議事堂を背景に正座している彼の姿が写っていた。この写真は、別の市報部カメラマンが撮ったものだった。白昼のペンシルヴァニア通りで起きたこの黒人の死については、記事にはならなかった。

六月二八日午後三時、警察無線からアナコスティアで「トラブル発生」と聞き、ロンドンと私は急いで駆けつけた。それから六時間、私たちはプールの周囲で白人と黒人が激しく言い合うのを見守った。騎馬警官たちが両派の間の無人地帯を馬で行ったり来たりしていた。両者とも手製の棍棒で武装していた。中には釘を針状に打ち込んだ棍棒をもっている者もいた。ときおり群衆を割って出る白人の集団がいて、プールで人種差別撤廃を試みたと思われる白人らを追いかけたり、黒人らを追い詰めたりしていた。黒人は、集団から外れた白人を見つけるとどこであろうと追いかけた。全部で四〇〇人くらいがいて、人種は半々だった。両者の間には少なくとも二〇人以上の警官がいて、呼べばすぐに駆けつける予備隊もいた。

ロンドンと私は、それぞれの集団とともに動いた。まるで戦争特派員のように目の前の一部始終を取材し、三〇分おきにデスク——日勤の市報部編集者と整理記者——に電話で報告した。夜になり、群衆がいなくなった頃、私たちは会社に戻ったが、大変な事件が起こり、そのすべてを取材していたことを実感した。タクシーのなかで、私たちのニュースが新聞の一面を飾ることを阻むような出来事が何かこの世で起こっただろうかと考えた。少なくとも早版ではどうだろう。

印刷室から出来上がってきた早版を手に取った。私たちの記事は一面には載っていなかった。まったくもって信じられない! Aセクションのほかの面にも全然載っていない。当時は地方面か首都面《メトロ・セクション》だった第二部の一面にもやはり何もない。ただの一言も言及がなく、私たちは声を出して憤慨した。地方面にようやく「それ」を見つけると、私たちの怒りはさらに大きくなった。その記事は、私たちが取材した人種間暴動に関するものではなくなっていた。見出しはこうだ。「ＧＳＩ［内務省が監督する行政サービス会社］がマッキンリー・プールを運営へ　地区委員会は撤退」。記事のなかでアナコスティアが初めて出てくるのは、第八段落目だ。「朝の水泳時間帯にアナコスティア・プールでは何の事件も起こっていない」とある。「乱闘」「騒動」「小競り合い」という言葉が九から一一段落目に出てきた。そして、午後から夕方にかけての展開は、記事の最後のほうで「出来事《インシデント》」として描かれている。

　ほぼ四三年後、ベン・ギルバートは、発行人のドン・グラハムに依頼された『ワシントン・ポスト』の人種関係に関する報告書「秘密都市のヴェールをはがして――『ワシントン・ポスト』と人種革命」で、この「出来事」について次のように書いている。

> 夜間の市報部編集者であるジョン・ライズリングは、筆者［つまり当時市報部長だったギルバート自身］に電話をかけて、何が起こったかを説明し、翌日昼間のデスクがそれを追いかけるように提案した。ライズリングは、ブラッドリーとロンドンからの苦情についても伝え、二人が市報部で「大騒ぎ《レイン・ダンス》」していると言った。

　それがまさに私たちがやったことだった。リベラルな『ワシントン・ポスト』がいかに真実を伝えることを恐れているか、編集者がいかに権力層《エスタブリッシュメント》に取り込まれており、黒人の成功者についての感傷的な記事か、偏見の強い白人についての安全な内容の記事でなければ人種について語る勇気もない、ということへの憤りに満ちていたのだ。ロンドンは弁護士になるつもりだったので、新聞社でのキャリアについては心配していなかったが、私は『ワシントン・ポスト』にまだ七ヵ月しかおらず、他に行くところはなかった。しかし、私たちは怒っていて、そのことを皆に知らせたのだ。

　突然、肩を叩かれて振り向くと、そこにはタキシードを着た発行人のフィル・グラハムがいた。グラハムは「おい、君、ちょっといいかね。一緒に上に来てくれ」と言った。彼は私を旧社屋の五階にある執務室に連れて行った。そこには信じられないことに、公設プールの最終責任者である内務長官ジュリアス・〝キャップ〟・クリュッグとその次官補オスカー・チャップマン、そしてホワイトハウスを代表してトルーマン大統領の特別顧問クラーク・クリフォードがいた。全員、タキシードを着ていたように記憶している。

グラハムは私に、ここにいるワシントンの権力者たちの前で自分の話をするようにと言った。最初は緊張していたが、話すうちに調子を取り戻していった。話し終わると「どうもありがとう」と言われて、それでおしまいだった。Bセクションの二面に掲載された記事は、版ごとに変わることはなかったが、翌日には一面に移った。「アナコスティア・プールは閉鎖/再開には通知が出される予定」。その記事には、負傷者および逮捕者の名前と、警察官の人数(一〇〇人)、群衆の人数(四五〇〇人)が書かれていた。しかし、事件はまだ「騒動」と呼ばれていた。

グラハムの部屋で何が起こったかを知ったのは、ずっと後になってからだ。発行人は、お偉いさん方と大きな取り引きをしたのだ。アナコスティア・プールを直ちに閉鎖し、翌年には六つのプールすべてを完全に人種差別撤廃して運営することを約束せよ、さもなければ明日ブラッドリーの記事を一面に掲載する、と。クリュッグとその連れ合いは、まだほとんどエアコンのない蒸し暑い都市の最も暑い二ヵ月間、一つのプールが閉鎖されることになるにもかかわらず、その場で取り引きに応じたのだった。

これは、今日の発行人は絶対にしない取り引きだ。第一に、黒人たちがそれを許さないだろう。白人が黒人を参加させずに黒人に関わる決定をする時代はきれいさっぱり、過ぎ去った。第二に、取り引きというものは絶対に秘密にしておくことができないのに、この取り引きは秘密厳守が命だった。記者は秘密を守ることができない。内部告発者は告発するものなのだ。ジャーナリズムの批評誌は、すべての詳細を公表するだろう。『タイム』や『ニューズウィーク』の報道部門は全力をかけてくるだろう。アメリカ民主主義の新しい花形である編集部の怒りが噴出するだろう。

しかし、もしあの取り引きがなかったら、世界は良くなっていたかどうか、考えてみてほしい。その夏かその翌年の夏には、きっと何らかの人種暴動が起きていただろう。しかし、一九六八年にマーティン・ルーサー・キング牧師が暗殺されたのをきっかけとした暴動が起こるまでの一九年間、私たちは人種暴動というものを見ることはなかったのだ。

私は本能的に開放性を好み、密室にいるよりも誰かと外出することを好み、煙の充満した部屋を嫌う。私は、真実が人を解放すると信じている。この高みの場所を一インチも譲りたくはないが、フィル・グラハムが密約を交わしたときほどには、事件が起きた瞬間にすべてを知らせることが大衆のためになるとは、今の時点では思っていない。

暴動が終わると、私は非日常の事柄に対処する生活に戻った。反響を呼ぶ記事を書くのを楽しんだが、こうした記事が当時の大きな問題群に小さな影を落としていることに苛立ちを覚え始めた……たとえば、ジョー・マッカーシー上院議員は、悪名高い赤狩りの道を歩み始めたばかりだったし、ヨーロッパの再建や朝鮮戦争もあった。しかし、ウォルター・リップマンに取って代わるという夢は、何日かが過ぎるとすっかり、「反響を呼ぶ記事」という最高の喜びのうちに消滅していった。

一九五〇年一一月のある日、私はホワイトハウスの前を通る路面電車に乗っていた。そのとき、二人のプエルトリコ人過激派、オスカー・コラーゾとその共犯者グリセリオ・トレソラが、ホワイトハウスの改修中にトルーマン大統領とその家族が滞在していたブレアハウスに向けて発砲した。私は一番にその暗殺未遂事件現場に駆けつけた記者となり、真っ昼間にペンシルヴァニア通りの東側で腹這いになった。私の左手のブレアハウスの階段付近にはホワイトハウス警察のレスリー・コフェルト巡査の遺体、目の前にグリセリオ・トレソラの遺体。私はこの目撃談で一面を物にした。

他にも特ダネがあった。四一歳の陸軍心理戦「専門家」であるルーベン・レヴェンスは、副業でセックスセラピストをしていた。彼は、退役軍人局の夫とうまくいっていない四八歳の魅力的な女性に対する暴行容疑で裁判にかけられた。というのも、レヴェンスの「治療」はお役所には暴行とみなされたのだ。それは、彼女の頭を摑み、夫の目の前で自分の股間に押しあてるというものだった。私はこの暴行事件を家庭向け新聞にどう書けばいいのかわからなかったので、裁判所から戻ると、毎晩二つの記事を書かなければならなかった。一つは新聞向けに、もう一つは（フィル・グラハムを筆頭とした）このジャンルのジャーナリズムの信奉者たち向けに。グラハムは帰宅前に最新のレヴェンス話を読むために、市報部に立ち寄るのが習慣になっていた。

ある精神障害をもつ青年は、晴れた日に妻と赤ん坊を連れてピクニックに出かけ、用を足すためにしゃがんだ妻を斧で真二つにし、赤ん坊を生き埋めにした。私はそのような行動を理解する視点を持ち合わせておらず、ジーンと私が受診していた精神科医に助言を仰いだ。ジュリアス・シュライヴァーは、私とジーンよりも、この変人犯罪者に興味をもったらしく、この男の家に入ってみるようにと言った。私は男の母親を説得して家に入れてもらい、二階にあった容疑者の寝室に入った。そこは、彼と同じように奇妙なところだった。すべてが埃で固まっていて、埃は六ミリの厚さがあった。母親は息子の寝室に入ることを禁止されていた。机の左上の引き出しには、五匹の金魚の死骸が並んでいた。

＊　＊　＊

ジーンと私がジュリアス・シュライヴァーの診察を受けるようになったのは、私たちの結婚が行き詰まったからだ。戦争が終わって以来、新聞社の仕事で私は消耗していた。私は仕事を愛していた。仕事に恋をしていたのだと思う。ジーンの人生にはそれに匹敵するものがなかった。戦争は、若い友人同士が恋人同士へと成長し、共通の体験が相互の興味や情熱へと発展するはずの、発見の過程を止めてしまった。私たちは、若い友人同士という枠を超えることはできなかった。二人とも性的な経験が浅く、社会的にもその方面では冒険ができず、恋人同士になりきれなかったのだ。男性は一八歳で性的にピークに達するという記事を読むと、落ち込んだ。私は一八歳になってから戦争で禁欲を強いられた期間が、本来なら性的に活発に活動できた平時の期間よりも長くなってしまったのだ。

一九五〇年が五一年に代わろうとする頃、きな臭く、好奇心をそそる自分の仕事に、だんだん欲求不満を感じるようになった。私の給料は週一〇〇ドルを下回る程度だった。『ワシントン・ポスト』はまだ年間一〇〇万ドルの赤字で、私が希望していた全国ニュース部に移れることを可能にするような成長の見通しは何もなかった。(当時の『ワシントン・ポスト』には国外への特派員はいなかった。)私は評価されていると感じていたし、書く能力も向上していたが、市報部には自分より優れた技能と年功を持つ記者が何人かいた。友人たちは、法律事務所やＣＩＡ、政府省庁でどんどん出世していき、私は焦りを感じていた。

ちょうどその頃、ある仕事のオファーを受けた。それまで、こんなことは一度もなかった。オファーしてくれたのは、当時の陸軍長官で、元予算局長、後にジェネラル・ダイナミクス社の若き社長となるフランク・ペースである。ペースは私のことを知らなかったが、ウィスター・ジャニーの姉と結婚しており、ある晩、ジャニー家の集まりでウィスターは、ペースが彼と一緒に各地を移動し、スピーチを書き、彼の言うところの福音を広める個人アシスタント兼広報担当者を探している、と言ったのだ。ある日の午後、私はペンタゴンで、長官との面接のために、私の靴ほどの厚みのある青い豪華なカーペットの敷かれた、今まで見たこともないような広い執務室に入っていった。ペースは私に背を向けていた。彼は前かがみになって膝に肘をつき、マグナボックス社のレコードプレーヤーのようなものの中に隠されたテープレコーダーに向かって話していた。ペースの言葉は陳腐だが、鼓舞するような内容だった。これは彼が誰かに書いてもらいたいと考えているスピーチの概要かもしれないと感じた。ようやく振り向くとペースは、私が寛げるよう気遣ってくれた。この仕事は、かなりの出張が必要になるとペースは言った。(最初の出張は、トルーマン大統領とペースに同行してウェーク島に行くことだった。そこでは、大統領がマッカーサー元帥と会談することになっており、その半年後に大統領は、アメリカと国連の方針に反して、中国共産党との戦争の拡大を公然と、また執拗に求めた元帥を解任することになるのだが、もちろん私はそうしたことは何も知らなかった。)

報酬は良く、記者としての稼ぎのほぼ二倍だった。それに、旅行ができるというのも魅力だった(『ワシントン・ポスト』では、列車強盗事件の取材で一度ピッツバーグまで行ったのが一番の遠出だった)。それでも私は、誰かの分身になるなど想像もできなかった。それでこの仕事を断った。

ある夜、私はスタトラー・ホテルに派遣された。そこでは、ジョー・マッカーシーが改宗者のグループに説教をしていたが、その内容を取材するためではなく、ある質問をするためだった。何を質問したのかは随分前に忘れてしまったが、マッカーシーの答えは他の記者の一面記事に含められることになっており、私は社内の序列における自分の位置づけにとって何かしら重要なことを仰せつかったような気がしていた。とにかく、私は質問した。すると、マッカーシーは私がどこの新聞社の人間か教えてくれという。それに答えると、マッカーシー議員自身を筆頭に、会場全体が忍び笑いに包まれた。私はその場の雰囲気を変えることもできず、新聞社も自分も守ることができず、無防備に感じた。

そんなとき、パリにいる古い友人エリアス・マクウェイドから手紙が来た。『ニューハンプシャー・サンデー・ニュース』がローブに売却され、バーニー・マクウェイドがその編集者に就いたとき、エリアスは辞めてボストンの新聞社で短期間働き、その後、国務省外務局に就職していた。奇跡的にパリのアメリカ大使館で報道官を務めることになり、プレイボーイになる夢に近づいた。そのエリアスが、半年後に転勤することになったので、まず彼のアシスタントとして、それから彼の後任として、彼と国務省の上司で段取りができれば、来てくれないか、と手紙をくれたのだ。

私は、外交官という職業にはまったく興味がなかった。外務局について少し知る限りでは、とくに下級職では、隠蔽工作をするような連中が私の大胆さやイニシアチブを嫌がるような気がした。しかし、国務省では、適切な外国語を話すジャーナリストを報道官として採用する試みがなされていた。私は、大きな問題や重要な問題に触れる仕事以外、何でも与えてくれた『ワシントン・ポスト』を離れるのは嫌だった。私は鉄の掟に縛られていた。ジーンは、ニューハンプシャーやワシントンDCには来る気がなかったし、フランス語を少し話せるとはいえ、パリに移ることにもまったく乗り気ではなかった。

この問題は、私がアメリカ情報局(USIS)の口頭試問に落第したことで、ほとんど意味をなさなくなった。報道官は外務官の予備役だが、管轄的にはＵＳＩＳの一部だった。報道官として世界のどこの国にでも勤める覚悟はあるかと聞かれたときには、私はパリで報道官になる予定だと答えた。まさか南極で報道官になるために『ワシントン・ポスト』を辞めるなんてありえなかったけれども、それはまずい答えだった。だがそれも、マクウェイドの上司で大使館の事務官、グラハム・マーティンの厚意で、私が再び口頭試問を受けられることとなり、解決した。マーティンは後に、駐タイならびにベトナムの大使に就任した。また、一九七五年四月にはアメリカ大使館の屋上からサイゴンを脱出し、リベラル派にとって厄介者となる、その人であった。私は、南極の報道官になることを切望していると言おうと思ったが、今回はその質問はされなかった。

その後、ＵＳＩＳから報道官への委嘱があり、決断を迫られることとなった。給料は年俸五四〇〇ドルで、それにささやかな住宅手当がつくというものだった。最終的にジーンと――そして、自分自身を――納得させた。もう少し冒険を楽しむ時間があってもいいんじゃないかと。海外で生活する機会はもう得られないかもしれない。パリほど住むにいいところはない、と。

第6章　パリ時代I――大使館報道官

一九五一年六月のある晴れた日、私たちは全財産を持ってニューヨーク港に停泊していた艦船アメリカ号に乗船した。私は三〇歳を二ヵ月後に控え、息子のベンももうすぐ三歳になろうとしていた。私は、この世界のかくも美しい場所で、歴史上の非常に興味深い時代に、自分の人生の新しい章を始めることに興奮と不安を感じていた。自分が何者で、何をして生きていくのかが定まってきた頃だった。そして今、そこから思いきり舵を切ろうとしているのだ。外交官としての自分の手腕に自信はなかったし、外交官たちからどのように評価されるかについても、あまり楽観視していなかった。

ジーンには、試練がなかったわけではないにしろ、快適になってきた生活を離れることに抵抗があった。試練というのはほとんど、私とのものだった。外国語で、しかもわずかな資金で、住まいを見つけ、ベンの学校を探し、メイドを見つけ、新しい友人を見つけるというのは、彼女にとって手強いことのように思えたが、実際その通りだった。

息子のベニーは気にも留めなかった。フランスに向かう船のなかで、彼が覚えていたのは、私が彼を船のプールに引っ張り入れたことだけだった。特講で泳ぎを教えようとした私を彼が許してくれたのは、その後何年も後のことである。

出港した当日か翌日のことだが、船の食堂でアーウィンとマリアン・ショー夫妻とその幼い息子のアダムに会った。この偶然の出会いによって、旅は私にとって意義あるものになった。アーウィンは、第二次世界大戦を描いた優れた小説である第一作『若き獅子たち』を書き、第二作として、赤狩りがいかにして人とのつながりを破壊したかを描いた

『乱れた大気』を出版したばかりだった。ショー夫妻は、五〇年代のヨーロッパに移住した多くのアメリカ人にとっての拠り所となった。パリのボッカドール通り――テディとナンシー・ホワイト夫妻やアートとアン・バックウォルド夫妻と同じ建物――やバスク地方のビアリッツ近くのサン・ジャン・ド・リュズ、スイスのクロスタースなど、ショー夫妻がどこにいようとも、歓迎された。スポーツをやれば信じられないほど熾烈になるし、食事は美味しく、ワインがたっぷりと注がれ、会話は喜びと笑いに満ちていた。アーウィンは、私が知る限り、試合中によく血を流す数少ないテニス選手の一人だった。クロスタースより標高の高い山々で一緒にスキーをするよう私を説得したりするので、私はいつも彼に殺されるのではないかと感じていた。アーウィンは負けず嫌いで、自分が負けるかもしれない試合――ゴルフやスカッシュ――はしようとしなかった。美しく、温厚で面白くて、頭のいいマリアンに、私はいつもある種の恋心を抱いていた。

アパートを探すのに時間がかかり、小さな息子と一緒に小さなバスタブのある小さなホテルの部屋で永久に過ごすことになるのでないかと思っていた矢先、エッフェル塔近くのセーヌ川左岸から一ブロックにある大学通り一七一番地に、パリとしてはモダンなアパートを見つけた。引っ越して間もなく、ベニーに何百もの赤い斑点ができた。パリの名医ジャン・ダクスが初めてベニーを診察し、マティーニを二杯飲んで、水疱瘡に違いないと言ってきた。実際には窓に網戸がなかったので蚊に刺されたのだが、ジャン・ダクスは、医学と同じくらい（蚊の件は置いといて）人間についても見識のある、温かくすばらしい友人になったし、今でもそうである。

大使館での報道補佐官としての最初の仕事は、毎朝、日刊紙や週刊紙など十数のフランス紙の記事の日々の要約を大使館員やワシントンの国務省に向けて準備することだった。エリアス・マクウェイドは、パリへの愛情から、サヴィル・ロウのスーツに身を包んだプレイボーイに転身していた。彼はテニスや食事のために長い昼休みをとっていたので、私はジャーナリストたちと彼らが思うところについて話すこととなった。アメリカ人の記者たちは問題なかった。優秀な記者は報道官を必要としない。彼らは、大使やその側近のことを私よりもずっとよく知っていた。出来の悪い記者は、よくない質問、つまり答えにくい質問しかしない。イギリス人はもっと手強くて、いつも速記術を披露し、お前が発した言葉を全部書き留めるぞと脅してくる。フランス人は、最初は大変だった。彼らのことを知らなかったし、その政治的立場の違いを知らなかったからだ。また、政策立案者から伝えられた微妙なニュアンスを自分が彼らに伝えられたかどうか自信が持てるほどフランス語ができたわけではなかった。

私の秘書はマリー＝テレーズ・バローという、ヴェルサイユ出身のフランス陸軍大将の娘で、華やかで賢く、機敏で生意気な、面白い女性だった。彼女は、私が一五年ぶりに訪れたフランスのことを喜んで教えてくれ、英語のできない人たちとの会話に飛び込ませ、私が手探りで問題解決する様子を微笑みながら見ていた。彼女に依存することもできたが、私は数ヵ月後にはジャーナリズムと政治に関する専門用語や隠語を習得することができた。

数ヵ月後にエリアス・マクウェイドは去っていき、やがて英エジンバラのアメリカ総領事になった。私は後任のアメリカ大使館付報道官となったが、すぐに問題が起きた。当時の大使はジェームズ・クレメント・ダンで、外務局では数少ない叩き上げの大使の一人だった。ダンは、儀典長や駐イタリア大使を歴任していた。何年か前、彼の娘シンシアとボストン出身の私の友人アレキサンダー・〝バッジー〟・コクレーンの結婚式で案内役を務めたときに、私は彼と会ったことがあった。

一九五二年にアイゼンハワーが大統領に選ばれた後、新しい国務長官になったのは厳格で気難しいジョン・フォスター・ダレスだった。ダレスが会議のためにパリに来た際、私はダンに、アメリカの特派員たちにカクテルを提供しながら状況を説明するようダレスを説得してほしいと頼んだ。常連はみんなやって来た。『ニューヨーク・タイムズ』のハロルド・キャレンダー、『ヘラルド・トリビューン』のウォルター・カー、『タイム』のフランク・ホワイト、『ニューズウィーク』のアルノー・ド・ボルシュグラーヴ、『USニュース』のボブ・クライマン、AP通信のプレストン・グローバー、インターナショナル・ニュース・サービス（INS）のジョセフ・キングスベリー・スミス、そしてユナイテッド・プレス（UP）のエド・コリーといった面々である。説明会の途中で、ダンが何かに怒っているように見えた。彼は私を脇に呼び、「「ジミー」と私を呼び続けるあのクソガキは誰だ。これまで会ったこともない奴だ」と聞いてきた。私は、それはCBSのデイヴィッド・シェーンブランだと答えた。アメリカの外国特派員のなかで最も情報通だが、自尊心が強く、好感が持てない。ダンはプロ意識を見せて、それ以上何も言わなかった。

その後、私はトラブルに首を突っ込むことになった。いや、むしろダンが私を問題に巻き込んだ。ことの発端は、アントワーヌ・ピネー仏首相にインドシナについての口上書をダンが届けたことだった。ピネーは、ロワール渓谷出身の小規模な皮革商人だった人物で、一九九四年に一〇二歳で亡くなった。五〇年代のインドシナは、六〇年代のベトナムを予見していた。その最初の敵は植民地帝国にしがみつこうとしたフランスである。そして次なる敵は、共産主義者の支配を防ごうとしたアメリカである。その結果、両国とも壊滅的な打撃を受けた。ダンの専門である外交儀礼によれば、「口上書」は、口頭で伝える伝言のことだ。相手政府は伝言を受け取るが、特定の個人が気まずい思いをしないように文書による記録は残さない。その口上書には、フランスは資金の流れを把握できていない限り、現在年間一〇億ドルに上るアメリカのインドシナへの援助に依存すべきではない、というようなことが書かれていた。

ここまではよかった。フランス大統領府はアメリカ大使の訪問を発表し、それは実際そのとおりになった。問題はその後起こった。UPのエド・コリー支局長から私に電話があり、ダン大使がエリゼ宮殿（大統領官邸）に口上書の写しを置いていったかどうかと尋ねられた。私は否定した。口上書なので写しはないと。コリーは念を押した。そして私も再び否定した。ダンは私に同じ質問を繰り返し、私もコリーに同じ答えを繰り返した。やがて、UPの速報機が鳴り出した。「アメリカ大使館は今日、ダン大使が……口上書を伝えたと主張した」。私は速報の「主張した」という表現が気に食わなかった。それからコリーがまた電話をかけてきて、ピネー内閣の（後に首相となる）フェリックス・ガイヤール官房長官が口上書の写しを持っており、コリーにメッセージ全体を読んで聞かせたと言った。その際ガイヤールは、フランス人は脅しが嫌いだと述べたという。再度確認すると、大使は口上書の写しを置いていったことを認めた。「友人同士ではよくあることだ」と彼は言った。私は、コリーに電話して自分の発言の誤ちを認めなければならなかったが、最初に嘘をつかれたことを適切に伝えることができなかった。新聞記者は嘘をつかれるのが嫌いだということはすでにわかっていたが、コリーのおかげで痛感した。（そもそも彼は私に腹を立てていた。というのも、CIAへの就職を望むコリーが会いたがった二人のCIA幹部が来館した際に、私が紹介し損ねたからだ。）UPのその記事は、「嘘はついていないと主張していたアメリカ大使館のベンジャミン・C・ブラッドリー報道官は昨日遅く、自分がUPに嘘をついたことを認めた」というような内容だった。

私がパリに着任するとほぼ同時に、ジュリアスとエセルのローゼンバーグ夫妻のスパイ容疑裁判のことがヨーロッパの新聞の一面に載り始めた。ローゼンバーグ夫妻は、一九五一年、冷戦時代の記念碑的裁判において、スパイ行為をめぐって裁かれ有罪となった。原爆製造に関わるきわめて重要な情報をソ連側に渡したとして有罪判決を受けたのである。この裁判と評決、とくに死刑判決はフランスに大きな衝撃を与え、怒りの炎を焚きつけた。テディ・ホワイトの名言「灰のなかの炎」のとおり、アメリカはヨーロッパ復興の立役者だったが、同時に怒りを買いやすい。アメリカの存在は圧倒的で、アメリカの資金がいたるところで使われていた。ローゼンバーグ夫妻は、アメリカ政府に不満のあるあらゆる人々——反米に生きる共産主義者だけでなく、知識人や社会主義者、マッカーシズムや死刑について懸念するすべての人たち——にとって象徴的な結集点となったのだ。

フランス全土で抗議デモが行われ、その多くが反米暴動に発展した。大使館からすぐ近くのコンコルド広場では、「ローゼンバーグ夫妻の釈放」を求める集会が開かれ、男性一人が亡くなった。この反米感情の波に対抗するには、われわれは非常に不利な立場にあった。われわれは少なくとも批判者に適切に対応するため、米情報局（ＵＳＩＳ）にこの事件と裁判に関する事実関係の情報提供を依頼した。何が何だか分からぬうちに、私は事実上ローゼンバーグ付き報道官になり、評決と死刑判決に抗議するために大使館にやって来る代表団を受け入れる役割を担った。これは非常に難しい仕事だった。当時の新聞報道では、感情的な抗議に対抗するために必要な、事件に関する詳細な知識はまったく得られなかったのだ。私にとって最後の一撃は、パリ郊外の労働者都市でＰＣＦ（フランス共産党）の牙城であるイヴリーの盲目の市長が仲間を連れて訪れ、大声で質問をしたときにやってきた。それに答えるための資料はワシントンからまだ届いていなかったのだ。

ある土曜日の朝、私は直属の上司である大使館の広報官、ビル・タイラーに助けを求めた。ワシントンからは何の支援も得られないのだから、われわれのほうから職員の誰か（もちろん私だ）をニューヨークに送ろうではないか、と提案した。ローゼンバーグ裁判（と控訴審）の記録をすべて読んで、できるだけ早くパリに戻り、各証人の、また反対尋問における反論など、そこで示された証拠について、事実に基づく詳しい説明を書くのだ。タイラーはそれを良いアイデアだと考えた。いつ出発すべきか。すぐにだ。わかった。しかし今日は土曜だ。銀行も閉まっていて、誰も航空券を購入するための現金を持っていない。タイラーは「大丈夫だよ。ボビーにいくらかフラン〔当時のフランス貨幣〕を出してくれるよう頼もう」と言った。

ボビーというのは、ロバート・セイヤーのことである。聖マーク校の創設者の息子で、私の両親の長年の友人であり、パリのＣＩＡ支局長だった。彼は無頓着に机の一番下の引き出しに手を伸ばすと、ニューヨーク南区の連邦裁判所どころか、月まで飛んでいくのに十分な額のフランを取り出した。そして私はその日の午後出発した。私はそれから数年後、この出来事をめぐって気まずい思いをすることになる。というのも、デボラ・デイヴィスという女性が、キャサリン・グラハムの評伝のなかで、私がＣＩＡの工作員として働いていたと主張したのである。彼女は、情報公開請求によって入手した、ボビー・セイヤーが私の航空運賃を立て替えたことを記したCIAの内部文書を「証拠」として挙げていた*。

ニューヨーク南区の検事、マイルス・J・レインが、私のために小さな仕事部屋と、合衆国対ローゼンバーグ夫妻裁判の全記録を用意してくれることになった。私はそれを隅から隅まで読み、すべての証人の証言をほとんど二四時間体制でノートに写し取った。夜遅く裁判所を出ると、妹のアパートでシャワーを浴びて眠り、月曜日早朝から再び作業を始めた。私は三日後、パリに戻り、ローゼンバーグ事件についての七五〇〇語にもおよぶ分析を口述した。それは二日以内にフランス語に翻訳され、フランスの報道各社に配布された。

実のところ、ようやくいくつかの事実が判明したとはいえ、大きな変化はなかった。フランス大統領ヴァンサン・オリオールも、アイゼンハワー大統領宛にローゼンバーグ夫妻の恩赦、少なくとも死刑の減刑を促す極秘の書簡を大使館に送ってきた。これは、フランス大統領が他国の内政に干渉することを禁じたフランス憲法に反することだった。私は、オリオール大統領の支援がなくても、すでに十分責めを負っていると思ったので、友人のブレア・クラークに電話した。クラークはそのとき、パリでデイヴィッド・シェーンブランの一種のスーパー・アシスタントとしてCBSの通信員を務めていたのだ。クラークがシェーンブランに伝えると、シェーンブランは直ちに自らCBSラジオ局のマイクの前に立ち、フランス大統領からアメリカ大統領への懇願という「特ダネ」情報を放送した。私はニュースの「管理」の仕方を学びつつあった。

ローゼンバーグ夫妻の処刑に私は落胆した。細かい活字の記録をすべて読んで彼らの有罪を確信してはいたが、あの犯罪に、あるいはどんな犯罪であっても、死刑を適用することには抵抗を感じる。私は国務省が、この事件を、きわめて複雑な出来事という実情に反して、外交的にいくらか影響のある抽象的な出来事程度にしか扱わなかったように感じられてならなかった。

これは一九五〇年代初頭のことだ。一九五二年一一月の大統領選挙で勝利したアイゼンハワーは、マッカーシーの赤狩りから距離を置いていた。パリにはアメリカのテレビも『ワシントン・ポスト』もなく、モスクワ大使着任の道中、チャールズ・〝チップ〟・ボーレンがパリを訪れる（そして私のオフィスを乗っとる）まで、本当の一次情報は得られないままだった。ボーレンは、国務省の次世代ソ連専門家の花形であって、マッカーシーによる執拗な尋問を受けていた一方で、ジョン・フォスター・ダレス国務長官にいつも悩まされていた。

そしてコーンとシャインがやってきて――マッカーシー上院議員のお気に入りの調査官にして刺客であるロイ・コーンとデイヴィッド・シャインだ――マッカーシーの魔女狩りの代理人として、西ヨーロッパで破壊的でばかげた十字軍遠征を展開した。その目的は、USIS図書館から書物を排斥し、自分たちが支えようともしてこなかった国務省外務局職員を熱心さが足りないと批判し、英国放送協会（BBC）を捜査すると脅迫し、知識人たちを概して混乱させることだった。

コーンとシャインの旅程が発表され、週末にパリに立ち寄ることがわかるとすぐに、特派員たちは私に記者会見を開くようせがみ始めた。とくに「BBCを捜査しようと考えている卑劣なあほうども」に激怒していたイギリス人特派員が中心だった。ジャーナリズム業界のなかでも最も手厳しい連中は、ドイツにいるアメリカのとある政府高官が呼ぶところの「視察刑事《デカ》」と対面する目途が立つので、そのときを今か今かと待ちわびていた。私は、早く事を進めたいと思ったが、考えなければならないことがあった。私が思うとおりにすべてが進んだ場合、コーンとシャインは馬鹿にされ、自分たちを辱めた計画に関わった全員に復讐しようとするに違いない。ダン大使を巻き込む必要があった――ダン大使は生来屈強に生まれ、職業人生の終わりに近く、コーンやシャインのような輩に罵倒されることをよしとしない。ダンは記者会見を許可したが、グラハム・マーティンにも同意を得るようにと言った。マーティンは、黙って微笑みながら、うなずいた。

さて、あとはコーンとシャインが揃えばよいだけだ。ところが、彼らは記者会見への参加を拒絶した。二人は、ドイツのUSIS図書館からケイ・ボイルの本を排斥し、その図書館のスタッフだった彼女の夫を嘲笑したことが、ヨーロッパで良からぬ評判を得たことを理解していた。二人はまた、セオドア・ホワイトとアンナ・リー・ジャコビーが中国の共産化について書いた『中国の稲妻 *Thunder Out of China*』を禁書にしようとしており、ホワイトがパリでの記者会見に出席するかもしれないことも知っていたのだ。金曜日には絶対にいやだといい、土曜日にはついに「ノー」を突きつけてきたが、まさにぎりぎり直前になって日曜日の午後に記者会見を開くことに同意してきた。

＊　私はその後、デイヴィスの編集者に手紙を書き、私に関する三九カ所に及ぶ言及について、三九の間違いを指摘した。その結果、デイヴィスの著書『偉大なるキャサリン *Katharine the Great*』〔一九七九年初版、未邦訳〕はハーコート・ブレイス・ジョヴァノヴィッチ社の刊行物としては除籍された。デイヴィスはハーコート・ブレイス社を訴え、訴訟は和解に達した。同書はその後、ナショナル・プレス社から再刊された。

このような緊急事態に備えて、われわれは記者たちに、その日曜日はパリ郊外のロマンチックな風車小屋《ムーラン》で昼食をとる代わりに、街に滞在しているように言っておいた。自宅やホテル、レストランなど、五〇〜六〇の電話番号を聞いておき、記者会見の許可が出た一時間後には、五〇人の記者が私の執務室で着席していた。記者たちは準備万端の様子で、『インターナショナル・ヘラルド・トリビューン』のアート・バックウォルド記者が最前列に、またその横には短気なイギリス人二人組が座っていた。

バックウォルドは最新鋭のテープ録音機を入手したばかりで、そのマイクは通常サイズの腕時計のなかに隠されていて、そこから左袖から背中を通り、上着の右のポケットに隠してある録音機本体にコードでつながれている。「メモを取る必要がないんだ」と彼は同僚に話していた。「すべてここに録音されるんだ」。私は彼がこの装置に抱いていたほど自信は持てず、秘書のマーゴット・マクラウドとマリー＝テレーズ・バローは、すべてを速記で書き留めようとしていた。

私の無味乾燥な紹介の言葉の後、ようやく始まった記者会見で、私は完全に無力だった。

最初の質問は、バックウォルドの隣にいた小柄なロイター通信の特派員から、歯切れのよいイギリス訛りで発せられた。「コーンさん、シャインさん、あなたがたは自分たちの仕事に満足していますか」。そこから事態は急速に悪化していった。

「シャインさん、あなたはおいくつですか」と、当時『コリアーズ』で働いていた親友のサイ・フライディン（われわれは誰も知らなかったことだが、ＣＩＡの仕事をやっていたことが後に判明）が大声で尋ねた。

「失礼ですが、この仕事に関するあなたの資格を教えていただけませんか」。この質問は、期待で歯を噛み締める、もう一人のイギリス人からだ。シャインが立ち上がり、ズボンの後ポケットから財布を取り出し、マッカーシー委員会のラミネート加工された身分証を出すのを、われわれは驚いて見ていた。このやりとりは、翌日の英『デイリー・メール』の一面を飾る大見出しになった。「見てくれ、母さん　俺たちには資格がある」。

記者会見の始終、バックウォルドは左手を挙げて質問をしたそぶりをみせていたが、本当は腕についたマイクが質疑応答の声をよく拾う位置にしておくことが目的だった。私は彼を無視して質問者を選んでいたが、コーンあるいはシャインに指さされて時折バックウォルドが質問しなければならないこともあった。

ほとんどの記者たちは、会見を面白がっており、質問もせず、赤狩りの若者たちがもがき苦しむのを見ているだけで満足していた。苦境の半ばで、ロイター通信の特派員が

「どうしてあなたは自分の仕事に満足できるのですか」と尋ね、最後に「あなたは本当に自分の仕事に満足しているのですか」と言って記者会見は終わった。

コーンとシャインは、われわれ全員を睨みつけながら、そして睨み合いながら、ようやく出て行った。われわれの多くは、ボワシー・ダングラ通りの向かいにあるクリヨン・バーに移って、バックウォルドがハイテク機器から身を解くのを待った。そして、ようやく準備が整った。静寂が訪れ、バックウォルドが装置のスイッチを入れた。

最初はまったく何もなく、次に低音の鳴き声のようなものが聞こえた。二〇分間それが続いた。それで終わりだった。

コーンとシャインは可及的速やかにパリを出発し、その〈真夜中の疾走〉の最終行程をイギリスで始めることにした。イギリスの特派員たちは、二人のロンドン行きの飛行機の便名を知りたがった。私が後から電話で尋ねたところ、コーンはまさに鼻で笑い、シャインが言おうとしたところを黙らせた。大使館が旅行の手配をしたわけではなかったので、館内の旅行課でも分からなかった。結局、パンアメリカン航空専属出迎え係のクレム・ブラウンに電話して、どうしてもコーンとシャインの便名が知りたいと伝えた。ブラウンは自分をやり手と自認しており、一五分ほどで便名を聞き出し、われわれがイギリスの特派員たちに伝えた。ヒースロー空港では、一〇〇人以上のイギリス人記者が彼らを出迎え、二人の訪問計画は完全に駄目になった。二人は次の便でアメリカに向けて帰国した。

われわれは皆、コーンとシャインの衰退と没落に一役買ったと感じていた。それは陸軍＝マッカーシー公聴会*〔テレビの生中継で放送されたことでマッカーシーに対する国民の支持率が急落し、凋落のきっかけとなった〕の後で、アイゼンハワー大統領がついに怒りをあらわにした一九五四年に現実となった。そしておそらく二人を通じて、マッカーシズムという膿全体を徐々に洗い出すことにわれわれは皆、貢献したと感じていた。外交という世界の内外で海外に滞在している多くのアメリカ人同様、私は現在起こっている重要な戦いから取り残されたように感じていた。私はどんな戦いもだが、とくにこの戦いを逃したくはなかった。だから、コーンとシャインが自ら笑い者になるような活動を助ける

＊　マッカーシー上院議員は、徴兵された自分の補佐の一人に対し有利な待遇を与えるよう、その影響力を行使したとして陸軍から批判された後、自分の反共闘争をやめさせようとしているとして陸軍を糾弾した。両者の対立は、三五日間のテレビ中継付き公聴会の開催に発展し、その結果上院はマッカーシーを調査し、その活動を倫理に反するものと非難した。

ことに特別な興奮を覚えたのだ。

予想通り、コーンとシャインによって海外のＵＳＩＳ図書館で禁じられた本の一冊が、テディ・ホワイトの『中国の稲妻』だった。われわれは皆、テディにそれを名誉の勲章として宣伝するように言った。しかし、それはしないことになった。というのも、テディによるとちょうどその頃、月例図書推薦会〔一九二六年に設立された定期購読会員制の読書愛好家組織〕が彼の新刊『灰のなかの炎 *Fire in the Ashes*』を主要推薦書とすることを検討しているが、もし発禁作家だということがわかってしまうと、その本を選ぶほどの度胸は月例図書推薦会にはないからだというのだ。テディは『リポーター』のヨーロッパ特派員だったが、薄給でお金が必要だった。それを何かの言い訳にしたことはなかったけれども。

私はホワイトのために、アイゼンハワー政権の新大使ダグラス・ディロンの署名を得るため、電報を起草した。われわれは在欧連合国軍最高司令官（ＳＨＡＰＥ）やアメリカ欧州陸軍（ＵＳＡＲＥＵＲ）、国務省教育文化局（ＥＣＡ）といった組織から、ホワイトの記者証番号を入手し、それらを得るためにテディがドワイト・アイゼンハワー将軍とローリス・ノースタッド中央欧州連合空軍司令官、それに相互安全保障庁長官だったアヴェレル・ハリマンが当時定めた厳しいセキュリティ・チェックにパスしていることを指摘した。ディロンは、私が知る限り最も勇敢な大使としての態度で、起草した電報の分類を「最高機密」から「国務長官の目視のみ」に変更し、この本を早急に解禁するようにという勧告をさらに強化してくれた。

そして、本当にそうなった。『灰のなかの炎』は「今月の選書」に選ばれ、テディとナンシーはお別れ会でキャビアを用意する余裕もできたが、間もなくテディは政治史家としての輝かしく、先駆的な仕事に就いた。

それにしても、私の経験ではこれは、通常の外交作法ではありえない勇敢で大胆な対応だった。私は外交官からあまり信用されていなかった。というのも、報道官は、どんなことでも正直に答えるべきだという自分の信念があったからだ。この革命的な考え方は、私を問題に巻き込んだ。たとえば、ソ連が国務省に覚書を届けるたびにモスクワのアメリカ人記者を呼び集め、覚書の内容を操作して聞かせていたことに気づいたときだ。こうした覚書には何もコメントしないというのが、当時のアメリカの方針だった。そのため、世界は幾日もの間、その最新の外交工作について共産党が話すと決めたことだけしか知らなかったのである。

この「ノーコメント」という方針は、ほとんど非愛国的のように思えた。私がこれらソ連の覚書を読んでいたのは、在ソ連アメリカ大使のチップ・ボーレンがパリのアメリカ大使館を、覚書そのものと彼自身の専門的分析に関する情報の宛先にしていたためである。彼の電報は、いつでもソ連の覚書の荒唐無稽さを指摘しており、ソ連の公開版と矛盾するような視点から物事を見るのに役立った。私は記者から質問があれば、このことに言及するようになった。そうすると、満足できる回答が得られるため、記者たちはさらに頻繁に私に質問するようになった。そうすると急に、ソ連の覚書に関する解説記事が、パリを発信地として電信や新聞に載るようになったのである。

国務省から苦情が来た。大使館がリークしていることは、天才でなくても分かることで、疑いの目が私に向けられるのにそれほど時間はかからなかった。私は自主的に何をしたわけでもなかったが、ディロン大使から「これは君だろう」と聞かれたので、自分であることを認め、理由を述べた。ディロン大使は笑顔でうなずきながら、しばらくはこの話はしないでおいたほうがよいだろうと言った。大使館では、自発性が損なわれていると言っても過言ではないほど、「隠蔽工作」精神が蔓延していた。外交任務によって私はパリに来ることになったが、そこから先の展望がないことは――暗黙の合意によって――明らかだった。

私はパリを、そしてフランスを心から愛していた。生活費は安くすんだし、闇市のフランを使えばもっと安上がりですんだ。生活もアメリカとは異なっていたし、刺激的だった。ワインや食事もすばらしく、何百軒もある小さなレストランに入って、一杯のワインとともに美味しいランチを食べても一ドルを超える程度で、私の年俸約八五〇〇ドルであれば、余裕で支払うことができた。相変わらず苦手だったのは、カフェや街角で、きれいな人であれ地味な人であれ、ずうずうしくも興味深げにこちらの頭から足先までじろじろ見てくるフランス人女性たちだ。私のなかの、何世代にもわたって植えつけられてきた抑制心が、複雑でうっとうしく思えた。

毎週末、ジーンとベニーと私は、公園でのピクニックやシャルトル〔パリから約八〇キロ南西にある都市〕観光、ロワール渓谷（とワイン）のためにパリから出発し、さまざまな方角へと出かけた。夏休みは、マクウェイド夫妻と一緒に、ノルマンディーで過ごした。週末にはロンドンやジュネーヴ、ドイツに行った。長年ドイツ語でお祈りを捧げていたので、私はまだドイツ語を話せると確信していた。しかし、ライン川沿いの村で完璧な英語を話す男から自転車を借りるのに一時間かかり、私はようやく自分がドイツ語を話せないことに気づいた。

私たちはフランスとオーストリアのアルプスにスキーに行った。ロープ〔つかまって山を登る〕の代わりについにリフトを備えた、信じられないほどスリルのある純雪の山々だった。山の頂上に立ち、数千フィート以上も下にある村にポールを向けたあと、そこまでスキーで降りていくことができるとは、まったくもって驚きだった。あるとき、オランダから来た夫婦と仲良くなり、私はその美しい妻Mに夢中になった。私は数日間、山を上がったり降りたりして彼女の後をつけていたのだが、ある日の午後、ほとんど偶然のように、ほかの皆が滑っている間に彼女と二人でベッドをともにすることになった。新手の無謀さ、そして思慮のなさとしか言いようがない。なぜ、もっと罪悪感を感じなかったのだろうか。

三〇歳にして私はまだ、男女関係の経験が未熟で、何度もヤリたいと思いながら、あまりヤレなかった一〇代の頃とそれほど変わっていないのだ。確かに、女性から見つめられ、「ヤリたい」と思われた経験はきわめて少ない。やっとの思いで出会った一人か二人の女性とは、ほぼ確実に成功した。

ジーンと私はいまや、恋人同士というより、友達同士だった。二〇代前半においては、いかなる関係でもともに成長することが不可欠なのに、私たちはともに成長することができなかった。パリでも状況は改善されなかった。私はすっかりその地に溶け込んでいたが、ジーンは居心地が悪いか、不幸せかの間にいるようだった。一九五三年の帰国休暇の数ヵ月前、私たちは試験的に別居することにした。

彼女とベニーはワシントンに戻り、私は数ヵ月後に合流した。私は、帰国休暇のほとんどを、ジュリアス・シュライヴァー博士との、ジーンと二人での、あるいは個別の面談に費やし、また米議会でのマッカーシーの公聴会を傍聴した。六週間後にパリに戻る際、相変わらず私を満たしていた冒険心に、ジーンは白けていた。外務局の仕事には冷めてきていた私だったが、仕事を辞めて帰国する準備はまだできていなかった。そして、私たちは一緒にフランスに戻った。結婚を終わらせる勇気はなく、かといって別の生き方の選択肢もなく、明確な未来図もないままだった。

私は、自分のいるべきジャーナリズムの世界に戻ろうと、まだ特派員がいなかった『ワシントン・ポスト』などにも目を配り、耳も全開にしていたが、成果はなかった。パリの『ヘラルド・トリビューン』には興味があったが、無給だし、あちらも私には興味を示さなかった。パリの『ルック』支局長だったビル・アトウッドは、コウルズ社〔アイオワ州デモインを発祥とする新聞、雑誌の出版社〕の高い地位に戻ることになっていて、私は彼の後任候補に挙がっていた。しかし、その職を手に入れたのはエド・コリーだった。

パリに戻ると、ジーンと私は辛抱強く夫婦を続けた。大使館では、つまらない雑務があった。いくつかカクテル・パーティーにも出席しなければならなかった。それは遊びではなく、仕事だった。受け入れ側の末端の役割として、何度も来訪客を迎えに行き、お酒の席まで案内して、少し話をするのだ。面白い人物にめぐり合う機会もほとんどなかった。せいぜい、シカゴでアイルランド人として生まれ、戦間期に母親と一緒にパリにやってきて爵位を得たというフランス人伯爵夫人くらいのものだった。本当に面白い人々は、大使館の催し物に出かけるよりも、ましなことをやっているものだ。

　ジーンと私は、大学通りから、シテ島にあるケ・デ・ゾルフェーヴル四二番地にあるアパートの四階に引っ越した。そこは一四の窓がセーヌ川と左岸を見下ろしており、司法省の広場の向かいにあった。私たちは大晦日、全員がアパッシュ〔一九世紀末から二〇世紀初頭のパリで強盗などを働いた若者たちのこと〕に仮装して盛大なパーティーを開いた。女性は腰のあたりまで切れ込みが入った黒いサテンのスカート、男性は横縞の水夫風シャツを着た。クロード・ドゥケムラリアと私は二人でその前夜、ふさわしい音楽を探しにモンマルトルに出かけた。そしてすばらしいアコーディオン奏者とドラマー、それに色気のある女性トランペット奏者を見つけた。ドゥケムラリアは、長く急進派の社会主義政治家で戦時中のフランス首相だったポール・レノーの特別補佐官であり、ブレーンだった。彼は、近くにある司法省のカラフルな制服を着た衛兵が、私たちの大晦日のパーティーを「襲撃」するよう手配した。襲撃の最後に私たちを釈放させ、いたずらであることを白状させた。

　仕事では、まずフランスの記者を相手にし、次にアメリカ人の記者団を訪問し、昼過ぎに解散となる。昼食は、大使館の向かいにあるクリヨン・バーでとることが多かった。このバーの一角には、有名なサム・ホワイトがたいてい座っていた。(やがてバーが改装する際、サムの定席の一角はそのまま残して彼に贈った。)サムは、波瀾万丈の経歴を持つ男前で酒豪のオーストラリア人で、ロンドンの『イブニング・スタンダード』のパリ特派員だった。彼は、同紙の有名な所有者ビーバーブルック卿に気に入られていた。サムは政治が苦手だった。クリヨン・バーからコンコルド広場とセーヌ川を隔てたわずか数百メートルのところにある国民議会で、第四共和政の数々の政権が誕生しては消滅していく様子は、彼にとっては基本的に退屈な話だった。しかし、スキャンダルの匂いを嗅ぎつけると、サムは立ち上がり、バーテンダーのルイに、売り出し中の若い女優や不倫をしている政治家、あるいはビーバーブルック卿の最新の関心事の対象である人物に電話をかけるよう頼むのである。サムが正午過ぎに少しふらつきながら立ち上がり、「ルイ君、クイーン・メアリー号を出航させたまえ」と言うと、電話がつながった様子が今でも目に浮かぶ。

　そして、『ニューヨーク・デイリー・ニュース』の陽気で才気あふれる特派員、バーナード・ヴァレリーは、パリやフランス、スウェーデン、ロシア、そして日本のことなど、彼が知るすべてを教えてくれ（ようとし）た。彼は七ヵ国語を話し、スウェーデン語、フランス語、英語で本を書いていた。バーナードが、メキシコ大統領が妻ではなくメキシコ人女優を伴ってパリを訪問したときの仕事で、クリヨン・ホテルの案内係に向かってやさしくこう言ったのを今でも思い出すことができる。「尋ねられたのだが、ベッドはどんなふうに配置されているのかね」。

　私は四季折々、四六時中、テニスを楽しんだ。対戦相手はアーウィン・ショーや小説家で脚本家のピーター・ヴィアテル、『パリ・レビュー』を発行し始めたばかりのジョージ・プリンプトン、パリを離れる前のニューハンプシャー時代の古い友人エリアス・マクウェイド、そして小説家として下積み時代にあったピーター・マシーセン。ピーターと私は、フランスの文化的事件である〈情熱的犯罪《クリム・パシヨネール》〉の一つにすっかり巻き込まれてしまった。それは、オルレアンの威勢のいい有望な若手市長ピエール・シュヴァリエと、貞節だが少しさえない看護士の妻イヴォンヌをめぐる事件だった。

　ルネ・プレヴァン政権で初の閣僚に任命されたばかりの市長で医師のピエールは、就任祝いの装飾を施した正装に着替えていた。その最中に突然夫人が現れると、赤毛の愛人を諦め、彼の長期不在のせいで寂しい思いをしている愛する家族のもとに戻ってきてほしいと跪いて懇願した。しかし、彼は動じず、軽蔑に近い眼差しで彼女を見下ろしていた。夫人は何度も訴えたが、愛する男にその存在を認めてはもらえなかった。ついに絶望した彼女は、自分の寝室のクローゼットから小型のリボルバーを取り出して、撃ち始めた。まだ一一歳の幼い息子が隣の部屋から「お母さん！」と叫ぶまで、引き金を四回引いたのである。イヴォンヌはその子の手を取って、階下の管理人に預けた。そして、血まみれの現場に戻り、念のためにもう一回夫を撃った。それによって計画性のなさを主張することはできなくなった。

　フランスの報道機関は狂喜乱舞し、警察記者や法廷記者、女性記者、精神科医、小説家などがこぞって大騒ぎとなった。フランス人は自分たちが情熱的《パシヨネール》犯罪を発明したと感じていた。彼らは何も語らないわけにはいかないと決心し、すべてを語った。国中が憤慨し、あるいは誰かが憤慨することに憤慨した。裁判の場はオルレアンからランスに移されたが、それは夫人がその故郷では公正な裁判を受けられないことを恐れたためとは言い難い。フランスのどの陪審員団も彼女を有罪にすることはできなかった。わずか二日間の証拠調べの後、陪審員団はランスの司法省の一室に退いたが、そこは偶然にも公共広場に面していた。陪審団室の窓の下には何千人ものフランス市民が集まり、陪審員団がイヴォンヌに無罪を言い渡すまでの短い間、「ブラボー、イヴォンヌ、ブラボー!」「彼女を解放せよ!」と叫んでいた。

翌朝、『ル・パリジャン・リベレ』は一面で、叫ぶ群衆について「これはちょっとやりすぎかもしれない」と論評したが、国全体が概ね夫人の解放を承認したのである。マシーセンと私は、この話は『ニューヨーカー』の「犯罪年鑑」のコラムにぴったりだと感じ、ある週末、大使館の私の執務室で、何百もの記事の切り抜きを床一面に広げながら書き始めた。書き換えと言ったほうがいいかもしれない。私たちは最初の原稿をアーウィン・ショーに見せると、彼はほとんどためらいもなく、『ニューヨーカー』編集者のウィリアム・ショーンに、個人的な書簡を添えて転送することを申し出てくれた。「私の若い友人二人がこの記事を書きました」というような内容だ。それでお終いだった。マシーセンはアメリカに帰り、この企画は立ち消えになってしまった。

数年後、ピーターは、彼の代理人を通じてこの話が復活したと書いてきたが、二つの問題があった。一つは『ニューヨーカー』では、二人の著者による共同執筆は不可という規則があり、もう一つは編集者がもう少し情報を欲しがっているということだった。マシーセンは何度も記事を書き直したが、私は書き換えにおいてほんの少し貢献したにすぎない。その記事は一九五八年一一月一日、同誌「犯罪年鑑」のコラムで「少しやりすぎかもしれない」という見出しで掲載された。当然ながら、ピーターが署名欄を独占し、原稿料の三分の二を手に入れた。

私生活は物憂げなものだったが、パリでの生活には刺激があったので――たくさんの新しい試みや光景、感情があった――私が人生で探求したいと思っていた現代の大きな問題にはいまだ関われていないという事実と向き合うには都合が悪かった。私が『ワシントン・ポスト』を辞めたのは、ギャンブラーや猥褻な露出狂、精神病質者《サイコパス》、列車強盗、人種差別主義者、強姦犯、そしてそれらの犠牲者たちが住む沼地にはまり込んで、身動きできなくなったからだった。ヨーロッパの復興、共産主義の台頭、中国での戦争、行きすぎた反共主義、公民権運動の始まりは、すべて私の目の及ばぬところで起こっていた。世界の偉大な指導者たちの仕事を、私は目撃することがなかった。

生活環境はより華やかになったが、歴史とのかかわりは大きくは変わらない。このため、五〇年代前半のパリの華やかさを楽しむ足を少し止めて考えるたびに、漠然とした不満が湧いてくるのだった。そして、さらに問題を複雑にしたのは不器用にも吸い寄せられるように恋に落ちてしまったことだ。それまでも婚外交渉は、一夜限りのものが数回あった。オーストラリアのシドニーでの一夜、ニューヨークのベンデル社の販売員との出来事、そしてオーストリアのオーバーレヒのゲレンデでの事件。今、私には喜びとユーモアと冒険に満ちた女性がいて、セックス自体に、またそれまで知らなかった活力を彼女との関係に与えてくれる性的興奮に圧倒された。

私は、女性から求められることは、女性を求めることと同じくらい、消耗すると同時にスリリングであり、肉体的にも精神的にも報われるという、輝かしい真実を彼女から知った。生まれながらに受け継いでいたセックスと喜びについての清教徒《ピューリタン》の遺産《レガシー》が私の肩からすべり落ち、それ以来世界は違って見えるようになった。

そのもう一人の女性との関わりは結婚生活をあざむくものだったが、私は罪悪感と不満を抱きつつも、彼女との交際をやめようとせず、結婚生活も続けていた。ジーンも私も、長い目で見ても自分たちの関係がうまくいくかについては疑っていたし、それぞれが別の誰かを見つけることは避けられないと理解していたのだろう。自分勝手なことに、私は再婚を真剣に考えたことはなかった。宗教と国籍の違いのために、それにセックスに夢中になっていたために、私はおおむね容易に、いろいろな問題に蓋をしてしまっていた。結婚について直接お互い話すことはなかったが、非常に信心深いカトリック教徒の友人は、婚姻無効を専門とするバチカンの担当者に相談したことがあった。彼とは一度話をし、婚姻無効が可能となるさまざまな条件を説明してもらった。私の結婚は成立していたのかといえば、そうだ。守るつもりのない約束をしたことはあったのかといえば、それはない、私が知る限りは。妻は気が狂ってしまったのかというと、そんなことはないだろう。私はそうかもしれないが。

それらの質問で、私がいかに未熟で不完全な人間であるかを思い知らされた。自分のしたことは取り返しがつかない。しかし私は父親だった。経験はたくさん積んだものの、知恵をつけてはいなかった。私の人生の足跡は、とくに誇れるようなものにはなっていないのだ。

ベニーにも、そしてジーンに対しても罪悪感があり、概して惨めな気分だった。しかし今になって私は、自分が十分に惨めな思いをしていたのだろうかと思う。息子が生まれてから数年間、私は『ワシントン・ポスト』で遅番の仕事をしていた。つまり、私が働いている間、息子は眠っており、息子と親子関係を築く必要のある間に、私は眠っていたのだ。五歳くらいのベニーは、訛りのない、歌うように美しいフランス語を話し、フランス語訛りの英語を話した。私はすでに彼をパリに移住させ、新しい文化と新しい言語を強要することで彼の人生を混乱させたが、今またそれを繰り返す道を歩んでいるように思えた。アルノー・ド・ボルシュグラーヴが一九五三年秋のある日、私の私生活の問題を知らずに、彼の後任として『ニューズウィーク』のヨーロッパ特派員にならないか、と私に尋ねた。私の返事に気後れはなかった。やる。やる。そのためならなんでもやる、と答えたのだ。アルノーは当時も今も、小柄で、いつまでも日焼けしていて、神経質なエネルギーと野心に満ちあふれたすばらしい人物である。ベルギーの伯爵の息子で、一六歳になる三ヵ月前にイギリス海軍に入隊し、戦後はベルギーでUPの特派員として働き、在ブリュッセルアメリカ大使館のアメリカ人秘書と結婚していた。彼は魅力的で、いたずら好きで、陰謀家であり、重要な出来事について自分の知識の内実とそれらの出来事における自分の役割の重要性の両方を誇張する傾向があった。強気で、多くの情報源を持つ外国特派員のなかでも内部情報を知るグループの一人であり、どんな同僚の専門知識にも物怖じせず、彼らのほとんど全員よりも懸命に働く気概があった。しかし、諺にもあるように、私も彼と似たようなものだった《イット・テイクス・ワン・トゥ・ノウ・ワン》。

アルノーは一九五四年の一月までに外信部次長になるため、パリを去ることになっており、『ニューズウィーク』には適当な候補者がいないという。外信部長に私を推薦すれば、後はその部長が承認することになるという。一九五〇年代の『ニューズウィーク』は、その後の同誌とは比べ物にならない雑誌で、ヴィンセント・アスター大尉が所有し、世界の富豪や有名人と肩を並べようという野心をもつアメリカの実業家マルコム・ミューアが経営していた。ミューアにすれば、富豪たちの気分を害する雑誌などありえないことだった。当時は雑誌といえば『タイム』であって、決して『タイム』と『ニューズウィーク』ではなかった。私を承認しなければならない外信部長はハリー・カーンという人物で、彼の外交問題の関心はほぼ日本とドイツ、中東の石油、そしてタヒアというエジプト人のベリーダンサーに限られていた。フランスについては、ド・ボルシュグラーヴが何時間もかけて説明してくれたように、ランジェリーを買ったり、ヴィンテージ・ワインを飲んだりする場所として以外は、あまり関心がなかった。私は、フランスワインは好きだが、人生の最良の時を日本やドイツとの戦いで過ごしたばかりに、石油や中東、ベリーダンスのことはほとんど知らなかった。カーンは、ようやく会った私を十分に気に入ったようだったが、ヴィンセント・アスターの有名な妻ブルックが、私の母とその妹アルマ・モーガンの幼なじみであったことを知ると、私を大いに気に入った。私は、この仕事の申し出を受けたとき、ブルック・アスターが理由であることを少しも疑わなかったし、そのことについてもその後のことについても、たびたび彼女に感謝してきた。

私が去ることを告げたとき、大使館は悲嘆に暮れるどころか、私と家族のワシントンへの帰国費用を払わなくてすむことを密かに喜んでいたが、それは『ニューズウィーク』がパリへの私たちの渡航費用を払わずに済んだことを喜んだのと同じである。『ニューズウィーク』は当時、けちなことで有名だった。新しい給料は年俸九〇〇〇ドルで、私は早く仕事を始めたくて仕方がなかった。実際、私はまたしてもクリスマスイブに仕事を始めた。モンペリエ行きの列車に乗り、「アラビアのロレンス」の新しい伝記の著者にインタビューした。

どうして私はいつも、誰も働かなくていい休日の前日に仕事を始めるのだろう、と思った。他にいたい場所も、それ以外にやりたいこともなかったのだ。

1
24歳のフレデリック・ジョサイア・ブラッドリー。陸軍少尉としてニューヨークのガバナーズ島に駐屯していた。この2年前にはハーバード大学で全米選抜アメリカン・フットボールのハーフバックだった。またこの2年後にはボストンのある銀行の使い走りとなった。

2
28歳のジョセフィーヌ・デゲルスドルフ・ブラッドリー。膝の上にいるのがコニーで、両隣りにフレディ（右側）と私。母が結婚したのはまだ20歳のときだった——ドイツ人の血が半分入った母方の祖父に言わせると、娘より格下の相手だということだったが、それは間違いだった。

3
母ジョーこと、ジョセフィーヌ。本当に美しかった。ニューヨークのミス・チャピン校で、ウォルター・リップマンの妻になるヘレンとともに女子走り高跳びの最高記録保持者でもあった。

4
1929 年の大恐慌直前の盛装姿。イギリスの洋服店仕立ての青いブレザーや白い厚手の布《ズック》でできた短いズボンと、どこのものかわからない短めの靴下。

5
若手俳優時代のフレディ。大学1年生の冬にハーバードを自主退学し、俳優業1年目で3回連続ブロードウェイでの役を勝ち取った。演劇評論家のウォルコット・ギブスは、フレディとモンゴメリー・クリフトを年間最優秀若手俳優に選んだ。

6
聖マーク校4年生の私。ポリオに苦しんだ3年後、3つの最優秀の成績と物理学の合格を得てハーバード大学に向かう途上だったが、カーブボールにはまだ馴染みがなかった。

7
『ライフ』の表紙を飾った若手俳優フレディ。

8
太平洋の戦域でそれぞれ15ノットで進むタンカーから駆逐艦へ吊り下げブイで運ばれる私。駆逐艦で2週間過ごした後、私はタンカーに連れ戻され、横付けされた別の駆逐艦に給油するため、その駆逐艦に運ばれるのだった。

9
ジーン・ソルトンストール・ブラッドリーと、戦地にいた私（握り拳に注目）——帰省休暇に関する『ヴォーグ』の記事。結婚して2年以上経っていたが、顔を合わせたのは2ヵ月ほどだった。

10
マサチューセッツ州のビヴァリーの家の芝生で行われた1947年のコニーの結婚式にて。父“B”とコニー（とタバコ）。父は飲みすぎていないことを誇らしく思っているように見える。コニーはホッとした様子で、かわいらしい。

11
『ニューハンプシャー・サンデー・ニュース』の創刊号は1946年夏に出版された。ブレア・クラーク（左）とバーニー・マクウェイド（右）が第1面の校正刷に目を通している。彼らとの友情が、ジーンと私にニューハンプシャーに来る決意をさせた。ブレアとの友情は、私たちをニューハンプシャーにとどめた。

12
私の記者証。1956年にアルジェリアのカビリア山中にいた反乱軍指導者たちと話そうとした私をフランス政府が国外追放処分にした際に無効にされた。国外追放命令は私の退去前に取り消された。

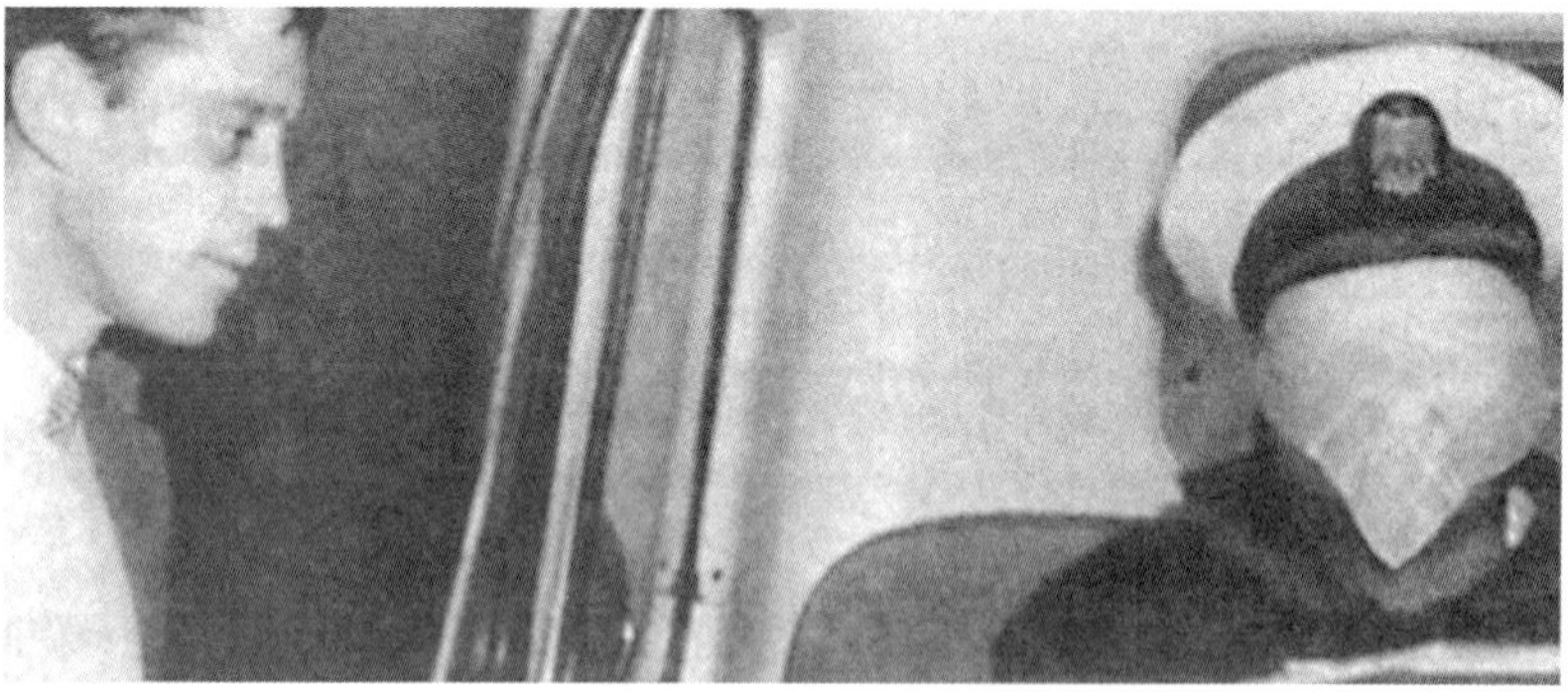

13
スエズ危機のときにイスラエルはエジプトの潜水艦を拿捕した。わずか200ヤード〔約180メートル〕しか離れていないイスラエル海軍情報本部に艦長を引き渡すのに、場所が悟られないよう彼に目隠しをしてハイファ周辺を2時間走らせた。

14
記憶にある限り、もっともらしくメモ帳とペンを手に私がケネディ大統領にインタビューしためずらしい一場面。ケネディの顔がほころび始めていることから、これが『ニューズウィーク』の宣伝用の演技であることが窺える。

15
トニー・ブラッドリー（左）とメアリー・マイヤー（右）が囲んでいたのは、ケネディと彼女たちの母で、グリニッジ・ヴィレッジの自由主義者からゴールドウォーター上院議員の熱烈な支持者に変わったルース・ピンショー。

16
ある晩の夕食前、ホワイトハウスの家族用の間でのブラッドリーとケネディの両夫妻。ジャッキーは自分の脚が見えすぎだと思った。

17
私がこれまでに会った最も堅苦しくない２人の男たちの堅苦しい写真。フィル・グラハムと、フィルの死後、ワシントン・ポスト社を取り仕切ったウォール街の弁護士フリッツ・ビーブ。

18
私は 1970 年代から 80 年代にかけて法廷で多くの時間を費やしてしまったようだ。私がカメラマンから顔を隠すマフィアのボスのふりをしながら、フィル・ゲイリンと連邦裁判所に入るところ。

19
キャサリン・グラハムとまた別の連邦裁判所を出るところ。少なくともわれわれが1ラウンドは勝利したかのように思われる。

20
ボブ・ウッドワード、カール・バーンスタイン、ハワード・サイモンズと私から翌日のウォーターゲート事件の掲載記事について聞き入るキャサリン。カールの髪型はヒッピーのイメージを増すよう計算されたもの。それゆえ、ホワイトハウスのニクソン政権を——そして私をも——少々苛立たせた。

21
映画『大統領の陰謀』はわれわれ全員を国民的英雄にした。左から、ダスティン・ホフマン（バーンスタイン）、ロバート・レッドフォード（ウッドワード）。そして、徹底抗戦の姿勢を示したジェイソン・ロバーズ（私）とともに、ハリー・ローゼンフェルドとハワード・サイモンズを大げさに演じたジャック・ウォーデンとマーティン・バルサム。

22
ウォーターゲート事件の真っただ中、フランスのニュース週刊誌『レクスプレス』創刊20周年記念号に掲載された私の写真（私は、予定していた表紙が直前になって中止になったからだという気がしてならなかった）。

23
「ニクソン辞任」とだけ見出しにつけられた第１版の１面を植字室で最終確認しているところ。

24
1975年、ケイが開いた私の『ワシントン・ポスト』在職10周年記念パーティーにて、「われらのママ《マムズ》」ことケイの大爆笑。おそらく、アート・バックウォルドの「乾杯」の挨拶によるもの。

第7章 パリ時代Ⅱ——『ニューズウィーク』特派員

私の新しいオフィスは、コンコルド広場を見下ろすアメリカ大使館内の豪華なスイートルームにあった報道官執務室から何光年も隔てた場所だった。シャンゼリゼ通りから一ブロックしか離れていないベリ通りのネズミの巣窟である、ヘラルド・トリビューン・ビルのなかにあった。H－E－R－A－L－D T－R－I－B－U－N－Eとアルファベットが垂直に配置された、一〇フィート〔約三メートル〕四方の看板の二番目の「R」に近い四階で、ホテル・カリフォルニアの真向かいの、隙間風が入る窓に三方が囲まれた部屋だった。真冬の北大西洋上にあった駆逐艦で見張り業務をしていたときはもっと寒かったが、ここはそれに次ぐ寒さである。

暖房はあったが散発的にしか動かず、午後五時以降になると稼働しなくなることのほうが多かった。それはニューヨークでは昼前で、編集者たちが記事を依頼してくるか、記事を待っているかの時間帯である。手袋をしたままタイプを打つのは想像以上に大変な作業だった。とくに、外国特派員であれば誰もが着ていた薄汚れたトレンチコートと一緒に持ち歩く、薄型のオリベッティ社製タイプライターでは。ブタガズ社製ヒーター（ガスボンベ式）から半径四フィート〔約一・二メートル〕以内で作業していれば、タイプするには十分暖かかった。外国特派員は皆、通りの向こうのホテルの部屋で男女が絡み合う様子がときどき見られるとき以外は、窓のない建物内側のオフィスを欲しがった。建物の七階にあるAP通信の使い走り《コピーボーイ》は、通りに面したホテルの部屋を見張り、事が始まると覗き見好きの特派員たちに知らせる役目を与えられていた。

私の同僚は、六五歳の事務員ジャン氏だけで、彼は少なくともかつて就いていた二つの仕事を退職した人物だった。彼は週に五日間、朝の時間帯だけ働き、郵便物を受け取り、発送する数通の手紙に切手を貼り、フランスの新聞各紙を整理し、そして咳をした。私がこれまで会ったなかで、これほどタバコを吸う人はいなかった。それも、かび臭くてのどを締め付ける、フィルターなしのゴロワーズ〔フランス製のたばこ〕だ。ジャンはまた、闇市相場でドルをフランに交換しに日々訪れる、怪しげなアルジェリア人の金庫番との対応も担っていた。私の年俸九〇〇〇ドルは大した額ではなかったが、一ドル四五〇フランや五〇〇フランでは、公式相場の三五〇フランで換算した場合より相当高額になった。

このみすぼらしい空間で半日過ごすのは何ということもなかった。新聞を読み、電話をかけ、記事を送り、時には『ヘラルド・トリビューン』のコラム「夜間のパリ」を書いている友人のアート・バックウォルドとジンラミー〔トランプの遊びの一種〕をした。あるとき、ニューヨークから大好きなおばが、ヨーロッパでの休暇中に私に会いにオフィスに来てくれるというので、昼食から急いで戻った。戻ったとき、そこにいたのはジンをするために私を待っていたバックウォルドだけだった。そして「従姉妹だかおばさんだか知らないが、お前の仕事の邪魔をしないように言ったほうがいいぞ」と彼はおばがいない理由を説明した。後で知ったのだが、バックウォルドは私が突然ドイツに行き、二週間は戻らないとおばに伝えたらしい。

バックウォルドと私には、一緒に遊んだジンラミーをめぐって記憶違いがある。私は給料が安かったから、ジンで遊ぶことは非常に有益だった。タイム＝ライフ社の名物支局長だったフランク・ホワイトがニューヨークに戻ることになったとき、餞別としてバックウォルドを私に託してくれたのだった。私はそのように記憶している。バックウォルドは、彼のほうの記憶を自分の本で語ると約束した。

私が『ニューズウィーク』で働き始めて間もないある午後、それまで見たなかでも最もみすぼらしい姿をした男の一人が、ベリ通りのオフィスに足を踏み入れた。髭を生やし、頭には包帯を巻き、血のついた不潔なダブルのギャバジンスーツを着ていた。彼は、多くの人々同様、事務員が正午に帰った後に連絡もせずに入ってきて、まず私にプラスチック製のＩＤカードを手渡した。

フランク・フリゲンティは、義母を殺害した罪で収監されていたシンシン刑務所〔ニューヨーク州オシニングにある〕からシチリアに送還され、チャールズ・〝ラッキー〟・ルチアーノやジュゼッペ・〝ビッグ・マイク〟・スピネリといったマフィアをはじめとする不良アメリカ人と一緒に収監されていた。フランクは、明らかに多くの問題を抱えており、無一文となったことはその始まりにすぎなかった。もし一万フラン（二〇〇ドル）くれれば、ルチアーノやその仲間の不良どもが島流し先でどうしているか話を聞かせてくれるというのである（「頭がおかしくなるくらい退屈でうんざりしている」とのことだ）。私は、それは記事になると考え、一万フランを彼に「融資」し、ニューヨークから取材の許可がくるのを待った。しかし、なかなか返事はなく、ついに返事が来たときには、一五〇ドル以上取られていた。それからフランクは私と駆け引きするようになり、一番面白い部分についてはさらにお金を出すまで棚上げするようになった。私はその記事「海外にいるマフィアたち」を書き上げたものの、フランクとの関係はおしまいにすることができなかった。彼は事務所から出ていこうとせず、有罪判決を受けて国外追放になった犯罪の性質上、私も彼を追い出す気にはなれなかった。

絶望した私は、私よりも彼の力になれるコラムニストの友人がいると言って、フランクをバックウォルドに押しつけた。バックウォルドは猫背姿で私のオフィスにやって来ると、まだ包帯を巻いたままのフリゲンティの頭と血のついたギャバジンのスーツを一目見て、すぐに立ち去ろうとした。しかし、バックウォルドは私よりも賢くはないかもしれないが、商魂はたくましい。アートはフリゲンティにホテルの部屋をとってやり、風呂に入れて、一〇〇日間、話を聞いた。その結果、アートにとって初めてのノンフィクション本『少年たちからの贈り物』が生まれた（「贈り物」とは、国外追放でイタリアに戻る直前の仲間に、マフィアが贈った美人のブロンド女性のことである）。彼はこの本を映画制作者に五万ドルで売ったが、これは彼が初めて手にした大金だった。一九五八年当時、五万ドルは本当に大金だった。それ以来、私はフリゲンティのことを思い出すたびに腹を立てている。

海外特派員としての数ヵ月の「経験」のほとんどを、自分の評価を得ることに費やす中、一九五四年四月、ジュネーヴ会議が開かれ、フランスとインドシナの間に停戦と和平をもたらすための何度目かの試みが行われた。私はジュネーヴまで行って、翌週のジョン・フォスター・ダレス国務長官に関する特集記事に合わせた現地取材記事と、この厳格で面白みのない国務長官の発言について書くように言われた。私は困った。というのは、その会議を取材している他の特派員らと異なり、私はダレスの随行団のメンバーをまったく知らなかったし、長官は取っつきにくく、他人とは打ち解けないことで有名だった。私は一度だけダレスに会ったことがあったが、彼は私のことは絶対知らないと思っていた。

助けてくれそうな人と偶然でも接触する機会が増えればと思い、国務長官の飛行機を迎えにジュネーヴ空港に出かけたが、私の心はさらに沈んだ。ダレスを出迎えたのは、私の憧れである『ニューヨーク・タイムズ』きっての名物記者ジェームズ・〝スコッティ〟・レストンだった。数秒後、この会議で決定的に重要な情報源になるであろう、現駐ソ連大使のチップ・ボーレンがタラップを降りてきて、ダモンがピュティオス〔ギリシャ神話に出てくる無二の親友〕を見つけたときのような調子でレストンに挨拶したのだ。「元気だったか、スコットランド出身の君」とボーレンが尋ね、レストンが彼の肩を戯れに叩くのを見て、私は身がすくんだ。この二人は互いに仲間だったが、私のほうは、国務省の報道担当官で誰にも話を漏らさないことで有名だったカール・〝ブツブツ屋《マンブル》〟・マッカードルの注意を引こうとしているのだ。「失礼ですが、マッカードルさん。私は『ニューズウィーク』のベン・ブラッドリーです」と言う自分と、ボーレンとレストンの間から滲み出る親密な仲間意識との違いに、落胆した。

　ジュネーヴのホテル・ボー・リヴァージュに戻った私は、外信部長のハリー・カーンの提案で、マッカードルの部屋にオールド・オーバーホルト・バーボンのボトルを送った。それが功を奏し、カールは記事締め切りのちょうど一時間前、一五分間ダレスを取材する時間を私にくれた。私は、とくに扱いが難しい問題についてあれこれ聞き出そうとしていないときには、人の心を開くことがうまいと自分では思っている。しかし、私はジョン・フォスター・ダレスに語らせることはほとんどできなかった。彼の今回の旅路や体調を尋ねたときでさえも。その夜に私が送った原稿は、『ニューズウィーク』の次号にまったく足跡を残していない。しかし、この件は私に、酒場をぶらついて、話をしてくれる人物から何か聞き出すべきであることを確信させた。

　初日の夜遅く、そのためにウロウロしていたときのことだ。ハースト出版帝国の若き後継者、ウィリアム・ランドルフ・ハースト二世が、ＩＮＳ（インターナショナル・ニュース・サービス）のスター記者、ジョセフ・キングスベリー・スミスと伝説的なボブ・コンシダインを引き連れてホテルに乗り込んでくるのを見た。この三人のチームは、ヨシフ・スターリンのインタビューでピュリッツァー賞を受賞したばかりだった。しかし、私が感激する間もなく、ハーストとコンシダインはホテルの磨き上げられた大理石の床の上でレスリングを始め、ロビーのバーにいた客たちを大いに楽しませた。ピュリッツァー賞受賞の背景には、人が知りうる以上のことがある、という教訓を得た。

　ジュネーヴで私は、『ニューズウィーク』の同僚で、長年ワシントンで外交専門特派員を務めてきたテディ・ワインタールに会うことができた。ワインタールは三〇年代に、ポーランド大使館で外交官を務めていたが、アメリカに亡命した。亡命が冷戦のレンズを通してのみ見られるようになるずっと以前のことだ。ワインタールは、プロのエキストラや剣術家、特派員として何年も活動するなかで、すばらしい人脈を確立していた。しかし、ジャーナリストを始めたばかりの者にとっては、親しみを感じられる人物ではなく、また英語を書くのも上手ではなかった。数年後、私がケン・クロフォードに代わって『ニューズウィーク』ワシントン支局長に就任し、テディの上司になろうというとき、ケンがテディの扱い方を教えてくれた。「彼に指図するな。彼の記事もあまりいじらないように。金曜の午後、彼を呼んで、逆さに吊り上げ、そのポケットから何が出てくるか見るんだ。そこからいい話が見つかるはずだ」。

自分にとって初めての国際会議の終わりに私は、仕事の後には暮らしがあり、恐怖の後には喜びがあることを知った。日曜日の朝、私は『シカゴ・デイリー・ニュース』のビル・ストーンマンに招かれ、彼の日曜日の定番である〈ジェマイマおばさん〉のパンケーキの朝食に招かれた。日曜日の午後には、『ワシントン・スター』のヨーロッパ特派員で親友のクロスビー・ノイズと私は小さな帆船をチャーターし、爽やかな風の吹くジュネーヴ湖を上ったり下ったりして楽しんだ。そしてその夜には、スイス人の夫と別れたばかりの旧友と幸運にも再会することができた。これは、これまでとは違う生活だった。

ジーンと私は、まだもがいていた。フランス人精神科医にも相談した。どんな言語でも、こうしたことを相談するのは居心地のよいものではないが、母国語でない言語では難しいものだ。私は、自分の人生とますます恋をしているような、継続的に高揚した状態だったが、ジーンと私の間にはもう愛はなかった。私の冒険は消耗させるもので、私たちは二人とも袋小路にいて、どちらも、自分が必要としているものと熱意を共有してくれる相手にますます依存するようになっていた。私は情事で、相手のいない人生が考えられなくなるようなところまで深みに入ったことはそれまで決してなかった。

一九五四年の夏、ジーンと私、クロスビーとティッシュ・ノイズ夫妻、ビルとメアリー・エドガー夫妻（ビルは特派員が記事を送るのに使うプレス・ワイヤレス社を経営していた）は、六、七人の子どもたちを連れて、パリから四五キロ東のボワシー・サン・レジェ村にある一九世紀に建てられた古城を借りた。八〇〇エーカー〔約三・二四平方キロ〕を超える広大な敷地は、頭ほどの高さの石垣に囲まれ、大きな池、牛、豚、鶏、アヒルがたくさんいる忙しい農場、そして一番深いところで水深四フィート〔約一・二メートル〕しかない奇妙な四角いプールがある。城には大きな舞踏場や地下の古めかしい台所など六七の部屋に加えて、多様な展示室があった。これで月一〇万フラン（約三〇〇ドル弱）である。

ボワシー・サン・レジェ城は、パリの裕福な銀行家、ロドルフ・ホッティンゲル男爵が所有していた。その爵位はスイスの銀行家の先祖がナポレオンから授与されたものだ。私たちはそこで、忘れられない夏を過ごした。金曜の夜に始まり、土曜日はまる一日、そして日曜の夕飯まで続く週末のパーティー。妻たち、中でもティッシュ・ノイズはスパゲッティを作ってくれた。バーバラ・サルツバーガーから延々とレッスンを受けた後、舞踏場で踊ったジルバ。バーバラの夫で、後に『ニューヨーク・タイムズ』の発行人となるパンチは、同紙パリ支局でインターンとして働いていた。私たちは雨の日にピクニックをして長い時間をかけて昼食を食べ、その後、雨や太陽の光を浴びながら長い間散歩をした。ノイズとエドガー、私は、何時間もかけてプールを掃除したが、そのわずか数時間後には緑色の浮きカスで表面は覆われてしまった。独創的なダクス医師は、硫酸銅を大量に処方してプールを治したが、これはある種の毒物であることが後でわかった。

私の人生を大きく変えた週末は、一九五四年八月、友人のピンショー姉妹が街にやってきたときに訪れた。メアリー・ピンショー・マイヤーは、戦争の英雄から世界連邦同盟の議長、そしてCIA幹部へと転身したコード・マイヤーの妻で三児の母、アントワネット・ピンショー・ピットマンは、ワシントンの弁護士スチュワート・ピットマンの妻で四児の母であった。二人ともワシントン時代の仲間で、七年間オムツ替えと台所仕事の生活を送った後、自分たちへのご褒美としてヨーロッパ旅行に出かけ、その最終行程で私たちの滞在先に立ち寄ったのである。そして、二人の人生もまた、その後変わった。メアリーはポジターノでイタリア人の画家と恋に落ちた。トニー〔アントワネット〕と私は、ボワシー・サン・レジェ村で恋に落ちた。私はある土曜日の朝、パリのホテルに二人を迎えに行き、ワインと食事とおしゃべりと散歩を楽しむために、太陽の光が差し込む古城に二人を連れて行った。ジャーナリストの友人、外交官の友人、フランス人の友人、イギリス人の友人、あらゆる年齢の子どもの友人がいて、すばらしい時間だった。

夜になると、宴会の場は他の友人たちが住んでいる近くの風車小屋《ムーラン》に移動し始めた。メアリーは誰かとヒッチハイクでパリに戻った。ジーンは皆と一緒にムーランに行った。私はトニーと一緒に出発し、そこにたどり着くことはなかった。

その代わりに、私たちは人里離れた小さな夜通し営業のカフェで、最初は恥ずかしそうに、そしてやがて興奮気味に、自分たちの生活状況について語り合った。朝五時にパリのホテルに彼女を残して立ち去ろうとしたとき、私は彼女に一緒にパリ郊外のムーランに行き、一晩過ごそうと誘った。しかし、彼女は姉と話をしてから決めると言い、翌日まで私を待たせた。彼女も私と同じように、この先には大きな岐路が待ち受けており、一度曲がったら引き返せないことを感じていたのだろう。

そしてもちろん、その先には直角に右に曲がる道が待ち受けており、引き返すことはできなかった。私たちは、ミシュラン・ガイドが「妙境《ベランドロワ》」と呼ぶ、小川を見下ろす小さな可愛らしい部屋にたどり着いた。それから二四時間、数日前にはなかった欲望を追求し、私にとって新しい、穏やかな情熱で満たした。

私たちは畏敬の念を抱きながら、そして黙ったまま、パリへと車を走らせた。

＊＊＊

一九五四年の秋には、私は絶望で身を焦がしながら、すっかりトニーに恋をしていた。一緒にいたのはわずか数日であったことなどどうでもいい。私は確信していた。

トニーとメアリーがワシントンに戻ると、私はオルフェーヴル港の自宅を出て、美しいパリで唯一存在しているような寂しいアパートに引っ越した。古いシボレーのクーペに、私の持ち物がすべて収まった。ジーンは、これで終わりなのだと感じた。彼女は悲しみのなかで、一時的にせよ、親切な男性を見つけていた。彼女はフランスを去る気になり、ベニーを連れてボストンに戻った。私は結婚生活の終わりと息子の喪失に取り乱し、罪悪感を感じながらも、トニーにもう一度会って、私たちの愛の強さを確かめようと必死だった。しかし、その前に、彼女が自分の将来を決め、その将来に私の居場所があるかもしれないという合図を出してくれなければならなかった。メリーランド州ダビッドソンヴィルにあるピットマン家の孤立した寂しい屋敷を離れ、四人の子どもを連れてワシントンに戻ってきたことがその合図だった。私たちは一一月までに、私がワシントンに戻る計画――ワシントンにこっそり戻り、困難な道を歩み始める――を立てた。

当時、パリからワシントンまでの航空運賃がどれくらいだったかは覚えていないが、その持ち合わせがなかったことは確かだ。そこで、私がワシントンへ、そしてトニーがパリへ飛ぶための航空運賃を稼ぐために、私はフリーの特集記事ライターの、またときには放送局アナウンサーの副業を始めた。まず、エド・マローがCBSニュースのために集めたチャールズ・コリンウッドやアレックス・ケンドリック、リチャード・ホットレット、ダン・ショアら優秀な記者の一人であるデイヴィッド・シェーンブランの代役の仕事が来た。毎年夏になると、デイヴィッドはフランスに関する本を書くためにノルマンディーに出かけるのだが、一ヵ月の休暇を三ヵ月に延ばすことになった。私は自分の銀行口座を補充することができるというわけだ。放送一分につき五〇ドルで、放送してもしなくても週に一〇〇ドルが保証される。簡単なことだ、とデイヴィッドは言った。マイクの前に座り、襟を立て、スタジオの床に唾を吐いて、話し始めればいいのだ、と。しかし、それは簡単ではなかった。恐ろしかった。しかしお金のためだ。

最初は自分の名前で放送していたが、フランシー・ミューアが、私の上司である夫のマルコム・ミューアに、ブラッドリーに「本給」（年間九〇〇〇ドル）を払っているのは『ニューズウィーク』なのに、CBSが彼女の言う「すべての手柄」を得ていると不満を漏らした。そこで、私はペンネームを考えなくてはならなくなり、最終的にある名前に落ち着いた。それはベン・レノックスだった。『ワシントン・スター』や他の新聞社でフリーランスとして記事を書く際には、アンソニー・レノックスと名乗った。「アンソニー」は、より権威があり、より外務局っぽく、「アンソニー・レノックス卿」という響きもよく似合う。「ベン」は、より目撃者風の響きだ。しかし、ワシントンへの最初の潜入調査旅行に資金を出したのはベン・レノックスだった。（その後、シェーンブランが休暇から戻った後、私はパンアメリカン航空の機内誌に旅行記を書くことで、ワシントンへの自分の、そしてパリへのトニーの航空運賃を調達した。同航空機で到達可能な場所を探検する刺激的な記事に対する報酬は、ワシントン＝パリ間の往復航空券だった。）

人に見られることを恐れてキャピトル・ヒル〔ワシントンDCの連邦議会議事堂がある地域〕のコングレッショナル・ホテルで、事実上軟禁状態だったことを除けば、私たちが一緒に過ごした時間はすばらしいものだった。その後二〇年間、私の家族となるピットマン家の四人の子どもたちにも会った。タミーは一歳半で、まだ〈ドクター・デントンズ〉の（足先まですっぽり覆うジャンプスーツ型の）パジャマを着ていた。ロザモンドは三歳で、ただ私をじっと見ていた。五歳のナンシーと六歳半のアンディは、落ち着かない様子だった。ある晩はメアリーとコードの家で、トニーの母親ルース・ピンショーと夕食を共にした。状況を考えると、誰もが最大限文明化された品のある態度をとっていたが、コードだけは、目に見えて怒っていた。トニーと私がやっていたことは、彼にとっては明白な脅威だったのだ。

トニーは、彼女の言葉を借りれば、彼女の結婚生活の壁から漆喰が落ちていることを認める心算はできていたが、それを直すために家全体を取り壊すことは想定していなかった。その代わり、彼女は分析を始め、分析が終わるまでは自分の人生に大きな変化を起こさないことにした。それは私たちの情事に、直面すべき現実をもちこんだ。一度に一週間以上会いはしないこと。また、その一週間を確保できるのは、トニーが子どもたちの安全と快適さを確保できるとき、私が大西洋横断の航空運賃を出せるとき、そして『ニューズウィーク』とそのときどきのニュースが連日平穏な環境の確保に協力的であるときに限られるなど。そうした機会は年に四、五回しかないだろう。

フランスで一緒に過ごした時間は、純粋な喜びの時だった。私たちはお互いのこと、そのロマンチックな国の輝かしい隅々までを探った。寒い日には、私たちは南フランスを歩き回り、おしゃべりし、地元のワインやチーズを野原に持ち出してピクニックし、風景画を描き、信じられないかもしれないが、ある日などは城に滞在したこともある。そうかと思うと、次の日はありふれたホテルに泊まった。パリでは、街を端から端まで歩き、レストランやナイトクラブを兼ねたセーヌ川の屋台船を訪ねた。ある特別な夕べに、私たちは『ニューヨーカー』特派員で「ゲネット」の名前で記事を書いていたジャネット・フラナーとともにシャルトルに行き、シャルル・ミュンシュ指揮のボストン交響楽団が、一三世紀に建てられた大聖堂で忘れがたいコンサートを行うのを聴いた。コウモリが円天井から急降下したり、突進したりする中、天にも上るような音楽が私たちを何マイルも、何年も先へといざなった。夕食時や休憩時間に、ジャネットはカストラートという、一八世紀に声域をソプラノに保つために去勢させられた少年たちについて話してくれた。ジャネットは『ニューヨーカー』にフランスの政治や文化に関する、どの特派員よりも知的な文章を書いていた。それから一年半、独身を通そうとしていた私は、彼女にたびたび会ったが、彼女のとどまることを知らない知的な思考に耳を傾けられたおかげで、退屈な時間を過ごしたことがなかった。私はまた、彼女が『ニューヨーカー』に書いた「パリからの手紙」のすべてをむさぼり読んだ。

ワシントンでトニーと一緒に過ごすのも楽しかったが、私たちの関係が秘密である以上、それは車の中か四方を壁に囲まれたホテルの部屋の中に限られていた。しかし、間もなく私はトニーに結婚を申し込むようになり、トニーの承諾もないままだったが、それによってたくさんの話をするようになった。結婚の難しさについては、あまり考えなかったと記憶している。それは私の生き方《スタイル》ではない。私は、どうやったら結婚できるかを考えることに時間を費やした。ピットマン家の子どもたち、そして彼女自身の新しい生活について、選択の成否を、私と一緒に考えるよう彼女に託した。私はベニーに会いたくなり（どれほどその気持ちが強かったかを理解したのは数年後である）、今はボストンでジーンと暮らしているベニーに会って、彼を私の新しい家族に溶け込ませる方法を探った。また、トニーとの新しい生活を始めようと決めてから、住まいや生活費、別離した親との子どもたちの面会など、新しい生活についての詳細を詰めていった。

　ヴォージュ広場にあった小さな部屋は、職場よりもっと寒かった。部屋は二つで、浴室とキッチンはとても小さく、便器から片手を伸ばせば簡単に風呂の蛇口を回したり、コンロの火をつけたりすることができたほどだ。この住戸は、古いとはいえ、とてもしゃれたアパートの建物の隅っこにあったのだが、家賃は現金払いで一月わずか一〇〇アメリカドルだった。アンリ四世の像が見えるすばらしい眺めの部屋だったが、ブタガズ社製ヒーターしかなく、人がいない間はつけっぱなしにはできなかった。そのため、冬になると帰宅したときのアパートの温度は零下になっていることがよくあった。あまりに寒いので一度、主治医のジャン・ダクスが、私をアメリカン病院に入院させ、解凍してくれたことがある。胸部レントゲンを撮り、ワッセルマン反応検査を含む全身の健康診断までして、健康保険で入院できるようにしたのだ。

　その間、パリで「一人」でいる時間が、急につらくなった。最初は、『若きウェルテルの悩み』の登場人物のような感じで、取材に行かない日は空想にふけり、前回の訪問を思い出し、自分を罰するように一人で早く就寝した。パリで独身生活という、世の男性が夢見る生活を送っていたにもかかわらず、まるで塞ぎ込んだ修道士のように行動していた。それに嫌気がさして普通の生活に戻ると、見知らぬ人や、友人や知人の妻たちによって、自分の覚悟が急に試されているような気がした。相乗りでの帰宅はややこしいことになる。突如、膝を押されたように感じるが、これは偶発的なものでは説明がつかない。夕食の相手が、食べ物よりも自分に興味があるように思える。混雑した部屋で交わした視線が、私にとって新しい展開をもたらすかもしれない。ある晩、友人の妻が、ヴォージュ広場の私のアパートの階下のアーケードの陰で、私を待ち伏せした。驚いたことに、トニーの友人二人も、私を試しにやって来た。

　私はこれまでずっと、セックスに関して活発に空想する生活を送ってきたが、空想を現実に変えるには、いつも乗り越えられない壁があった。まず、私の出身地ボストンでは、素敵な女性たちは尻軽ではなかったし、いい男は自制を教え込まれていた。寄宿学校では食事に硝酸ナトリウム〔摂取すると性欲が抑えられるという迷信があった〕が入っていると冗談を言ったものだ。それが本当かはわからないが。第二に、南太平洋の駆逐艦に乗った若い海軍将校の性生活などと言えば、矛盾した表現の最たるものだった。第三に、経験の浅い者と内気な者との新婚生活から学ぶところはない。私たちの場合は少なくとも、学ぶことはなかった。私は自分のことを一人の飼い主に仕える、そして一人の女性だけを愛する男だと思っていたが、困難な状況下でそうではないことを知り、困惑した。
私の困惑は長くは続かなかった。というのも、訪問のたびに行ってきた私のプロポーズに、あるときトニーが突然、イエスと言ったからだ。私は指輪を用意していた。カルティエの業務執行役員で、ビストロ・アノニムという食事クラブの仲間でもある友人のルネ・テュパンが、私のためにに特別に作ってくれたものだ。それからというもの、私たちの会話とエネルギーはパリで結婚式を挙げ、トニーの子どもたちを一年間フランスに滞在させる手配の詳細に費やされた。新しい生活の最初の一年間に子どもたちを預かる代わりに、私たちは翌年にワシントンに戻ることを約束しなければならなかった。それはつまり、私が『ニューズウィーク』ワシントン支局か、あるいは別のところでの仕事を見つけなければならないということだった。急に忙しくなったが、ひとまず結論は出たので、疎かにしていた記者の仕事に集中できるようになった。

一九五四年のディエン・ビエン・フーでのフランスの敗北とその後の東南アジアからの撤退は、モロッコ、アルジェリア、チュニジアでのナショナリズムの炎を燃え上がらせ、植民地支配をこれ以上悪化させないというフランスの決意を強めた。北アフリカの人々に対するフランスの態度は、人種差別のあらゆる悪にまだ敏感でない者にとってさえ、信じられないほど見下したものであった。フランス人はパリだろうが、アルジェだろうが、そこにいるアルジェリア人に馴れ馴れしく話しかけるが、それはアメリカ南部の白人が、自分たちと生活や仕事を共にする黒人に対してするのと同じ種類の馴れ馴れしさだった。フランス人は、アメリカの人種差別についてアメリカ人と議論するのが好きだったが、北アフリカや北アフリカの人々に対する彼らの感情の真ん中にも人種差別があるという指摘には、強く反発した。

一九五〇年代初頭を通じて、白人と北アフリカ人の対立は頻度と深刻さを増し、『ニューズウィーク』ヨーロッパ特派員の職務に、フランスの北アフリカ「植民地」であるモロッコとアルジェリア、チュニジアの三ヵ国を定期的に訪問することが含まれるようになったほどである。私は金曜深夜の原稿締め切り後にパリを出発し、一日一便の北アフリカ行きエールフランス航空に乗り込み、ビアリッツで降りて、近くのサン・ジャン・ド・リュズのショー家までレンタカーを短時間運転し、そこで遅い夕食をとったものだ。週末のテニスと会話、ワイン、貝入りスパゲッティ、加えてダクスもしくは国境を越えたパンプローナでの闘牛などを楽しんだ後、日曜夜にビアリッツを経由する同じ飛行機に乗り、ラバトかアルジェ、チュニスで一週間、あるいは二、三週間を過ごす。取材が終わると、金曜夜の原稿締め切り後にビアリッツに立ち寄る便に搭乗し、再びすばらしい週末を過ごすのだった。

その旅で取材した話を記事にするのは、ちょっと大変だった。フランス人は皆、ジャーナリストをすべて「敵」として一括りにする。「ピエ・ノワール」と呼ばれる北アフリカへの一般フランス人入植者たちの多くはコルシカ島の出身で、政治的にきわめて保守的だった。彼らはフランスの知識人に裏切られたと感じ、フランスが自分たちを見捨てるのではないかと恐れていた。彼らは夜になると、訪問者を「名誉ピエ・ノワール」と呼び、酔い潰そうと試みる。そして翌日にはその人の生活を惨めなものにしようとあらゆることをするのだ。私がとくに嫌だったのは、フランス陸軍のジャン＝バティスト・ビアッジ大佐である。彼は、フランス政府に対する武装抵抗を含め、いかにしてピエ・ノワールが北アフリカに留まる決意を固めたかを私に説明することを自分の使命としていた。北アフリカの原住民、とくにアルジェリア人は、同じように疑い深いがもっと不可解で、サバンナ訛りのフランス語を話さない限り、フランス人と間違えられる危険性がつねにあった。それは非常に危険でまずい状況だった。カスバ〔アルジェの丘の斜面に広がる迷路状の城塞のような都市〕では、市街と同じように、ジェラバ〔裾がゆったりとしたローブ状の民族衣装〕を着た北アフリカ人が静かに散歩していることもあれば、機関銃を持っていることもあり、どちらに出遭うかで人生が左右されうるのだった。

モロッコにはカスバや宮殿があり、踊り子がいて最も華やかな場所だった。ある日、部族の宴のためにラバトからオートアトラス山脈まで車で移動したとき、私はシトロエンの後部座席に『デイリー・テレグラフ』のジョン・ウォリスと『フィガロ』のセルジュ・ブロムベルジェと一緒に座っていた。延々と続く路上の時間をつぶすために、われわれは『トラベラーズ・コンパニオン』シリーズの悪名高い官能小説を一冊持ってきていた。後部座席の右側に座った者が一ページを読むと、それを破って隣にいる者に渡し、後部座席の左側の者が読み終わると、そのページを窓の外に放り投げた。これも公害の一つである。

チュニジアは、チュニス郊外にあった古代カルタゴの輝かしい歴史を持ちながらも、最も近代的な国家だった。首相の子息ハビブ・〝ビビ〟・ブルギバ二世は、近代的な革命家のような風貌で、現体制のなかで自国が独立を達成することに貢献したいと決意していた。父の政権に入閣する以前から、外国人ジャーナリストを重要な存在として大切にしており、自らわざわざ国のなかを案内していた。

しかし、アルジェリアは私にとって、北アフリカにおける最も解読困難な国であり、理解しようとするのに最も時間を費やした国だった。フランスには何千人ものアルジェリア人が住んでいて、最下層の仕事をしていた。彼らの多くは、パリ北部モンマルトルに隣接するグット・ドール地区に住んでいた。この地区は、一〇年後にロサンゼルスのワッツ地区がそうなったように、白人を敵視する巨大なスラム街だ。外国特派員たちは、定期的にこの地区を訪れ、反乱軍の広報官や〈フェラガー〉と呼ばれるＦＬＮ（国民解放戦線）の代表者を探した。彼らを見つけるのはそれほど難しくなかったが、その真正性を立証するのはほぼ不可能だった。ＦＬＮとその指導者について信頼できる報道を行ったジャーナリストは、いかなる国籍であっても、いなかった。

私が一九五六年二月にアルジェリアに旅立ったのは、このような状況のときだ。表向きは、フランス全土で散発的に起こるＦＬＮの襲撃に対抗するフランス陸軍の取り組みについて記事を書く仕事だった。二月六日月曜日の午後一時にアルジェのホテル・アレティの前でタクシーに乗り込んだとき、仕事が始まった。私が六日後、『ニューズウィーク』外信部編集者アルノー・ド・ボルシュグラーヴに書いた手紙によると、その後起こったことは次の通りである。

前席の運転手の隣にはもう一人乗客がいた。われわれは話し始め、私は、アメリカ人にとって、記事のために両者の言い分を取ることや、一方であるＦＬＮの正真正銘の代表を見つけること、ＦＬＮがどういうものか、そして現地での物事のやり方を知ることは大変だということを話した。彼らは車を道路の脇に寄せ、停めた。私は、彼らが私に関心を持ってくれていると確信し、彼らが何かしてくれると思い始めた。私がいろいろと質問すると、彼らはそれを遮って、私よりも多くの質問をしてきた。とくに、私がアメリカの特派員であることを知った後では。私は（インタビューの）条件を提示した。写真を撮影できること、ＦＬＮの「大物」であることを証明できる人物に会えること、軍服を着て武装した軍隊を見る必要があること。そして、どんな質問もでき、言いたいことを言い、書きたいことが書ける必要があった。車は再び走り出した。私は自分の名刺を渡し、ホテル・セント・ジョージの電話番号と部屋番号を伝えた。翌日、フランソワ・ドゥロルム氏から電話があるとのことだった。言うまでもないが、私はこの人たちの名前も知らないし、特定することもできない。

翌日、案の定、ドゥロルム氏から電話があり、アルジェ最大の広場にある戦没者慰霊碑のすぐそばにあるカフェ・ル・パリで会わないかと言われた。私は茶色のセーターと赤いスカーフを着ていくと伝えた。カフェに行き、カウンター席に座ると、時間どおりに若いアラブ人が二人入ってきた。一人はズートスーツに近い格好で、ウェーブのかかった油っぽい黒髪に黒い口ひげ、やせてとんがった顔をしている。もう一人は、今まで見たこともないような手強い顔つきの男で、〈フェラガー〉に違いないと私は思った。短いずんぐりした指はひどく汚れていて、決してきれいにはならないだろう。私は彼らに一杯ずつ、ホットミルクを注文してやり、天気の話をし、それからわれわれは店を出て通りを歩き出した。あるバーに入り、内部を見回してから外に出て、また通りを歩いて別のバーに行き、そこで座った。すぐに彼らは私にアメリカ人であることを証明するよう求めたので、そうした。彼らは、私がFLNに一日中尾行されており、今後もしばらくは尾行されるだろうと言った。フランス人に密告すれば、アルジェから出られないと言われた。そして最後に、FLNの幹部のところに連れて行くので、そこで反乱軍の指導者をインタビューし、写真を撮り、その人物の身元を確認することができると言われた。それはクリム［副首相］だと思う。目隠しされるから、どこに連れて行かれるかは知りようがない、四八時間以内には帰れると言われた。私が逮捕されたとして、そのときフランスの警察に何を言おうが構わない。というのも、FLNに不利になるようなことは何も言えないはずだ、とも言われた。

　このスパイものの暗黒小説《セリ・ノワール》に登場した人物の名前はいまだに分からないが、彼らはとても厳粛に私の安全を約束してくれた。私は、いったいどうやってそんな約束ができるのかと尋ねると、彼らはただ大丈夫とだけ言った。最後に彼らは金曜日に連絡すると言い、「靴のサイズはいくつか《ヴ・ショセ・ア・クワ》」と私に尋ねた後、歯ブラシと櫛だけを持ってくるように言った。私は、一一時から四時の間に電話するように言ったが、それはその時間帯に私は書き物をしていると思ったからだ。実際には、金曜日の暴動が予定されていることを木曜日に知り、木曜夜から金曜午前五時までずっと書き続け、金曜早朝に原稿を送った後、一日中外出したのだった。なので、彼らの電話を受けることはできなかった。しかし、ホテルには、土曜朝一〇時に同じくカフェ・ル・パリでドゥロルム氏に会うようにとの伝言があった。私はそこに行った。彼ら（同じ二人）もいた。われわれは車に乗り込み、一時間以上運転していたので、私は田舎に行ったのだと思った。ようやく田舎のカフェに寄ると、そこで、雪のために予定が延期になったことを知らされた。峠が通行止めになったのだという。

　これが最新の情報である。私は待っているだけだ。

なぜこの計画を実行しようと思ったのか、その理由を知ってほしい。この一週間をフランス陸軍の取材で過ごすという当初の計画を止めてまで。

第一に、手紙からこうした話をモノにできるかどうかについて君が関心を持ったことは知っているし、私も同じだった。

第二に、それはフランス陸軍の話より千倍も面白い。どの特派員――グローバーとクラーク、ストーンマン、それに多くのイギリス人特派員――も今週は陸軍の取材に出かけている。だから、それはもう古い話だし、そもそも決して面白い話ではない。しかし、誰も（バラットを除いて）* FLNの取材をしていない。バラットでさえ、火に注ぐ油がないときに、まったく劇的ではない状況でその取材を行ったのだ。なので、これは世界的な特ダネであり、われわれは世界中で四八時間、注目を浴びることになるだろう。私の度胸さえ継続できれば、それをモノにするのは難しいことではない。

第三に、パリに戻ったらほぼ間違いなく逮捕され、尋問されるだろうが、正直言ってフランスから退去させられることはないと思う。ただ、国外退去させられないためには慎重に進めなければいけない。延期になった分、タイミングがさらに難しくなっている。

(a)ミッテランは法務大臣で、友人である、あるいは友人だった。

(b)提案なのだが、私が木曜日にパリに戻ると仮定して、戻ったら、震えが止まり次第、写真を急いで送り、パリ（監視しにくい商業有線経由）か、必要ならブリュッセルから、記事を電信で送ろうと思う。残虐な写真を少なくとも一枚は掲載しなければならないと思う（われわれがこれらの〈フェラガー〉を国家的英雄とは考えていないことをフランス人に――そして世界に――納得させるために）。私はアリエ県の人物〔ミッテランのこと〕について記事を掲載するとよいと思う。なぜなら、彼は私の記事の一部となりうるからだ。それは最善の選択であり、彼はフランス人である。

(c)記事と写真の掲載が決まったことを、私に電信で教えてくれたら、すぐに私自身がミッテランのところに行き、私が何をしたのか、どうやってそれをしたのか、そして私が見たことをすべて彼に話そうと思う。この手続きによって、フランス政府がバラット逮捕と同じ容疑である「国家への反逆罪を告発しない罪」で私を起訴することは完全に不可能になる。FLNに迷惑をかけることもない。なぜなら、彼らの脅威となる

＊　ロバート・バラットは無法者のアルジェリア人指導者を取材した容疑で逮捕されている。

唯一のこと、つまり彼らの本部の所在地を私が知ることもないからだ。

(d)われわれの記事が掲載されると、報道機関は必ず私のところにやってくるだろう。もし君が同意してくれるなら、ミッテランに話したことをそのまま報道機関に話すつもりだ。

あと一つ。私はすばらしい写真を撮ることになる。それは誌面では到底使えないが、とんでもない値段で売れるだろう。危険を冒した自分へのご褒美に、ぜひ写真を売ることを許可してほしい。もちろん、雑誌がスタンドに並ぶまでは売りはしないし、売るにしても当然『ニューズウィーク』のクレジットは入れるようにする。

私は三日間、ホテルの部屋で一向に来ない電話を待っていた。待つ間、人生で始めて麻薬を吸った。ジュネーヴでジーンの異母姉からもらった大麻を、ヨーロッパ半周持ち運び、吸う適当な機会を待っていたのだ。私はすっかり緊張し、ハイな状態でなければ普段なら絶対にしないようなことをやりかねないという恐怖に駆られた。私はホテル・セント・ジョージの部屋に鍵をかけて入り、パイプに大麻を詰めて火をつけた。

何も起きなかった。何も。そして私は眠った。一時間後に目が覚め、パイプを再び詰めて吸い、再び眠りについた。それ以上何も起きなかった。

ドゥロルム氏が消息を絶ったことが明らかになると、私はパリに戻り、翌朝ディロン大使に会って、アルジェリアで私が何をしていたかを知らせた。大使館を出ようとしたとき、メイドから電話がかかってきて、警察がヴォージュ広場のアパートで私を探していると言う。タクシーでベリ通りの職場に戻ると突然、警官と黒いシトロエンに囲まれた。二人の警官が私の肘をつかみ、歩道から私を引っ張り上げ、一緒に来てくれと言う。私は抗議し、理由を尋ねたが、必要な時に限って「令状」というフランス語が思い出せなかった。令状という言葉を知らずに、ごついフランス人警官に令状を持っているかどうか聞くのは難しいのだ。車内で警視総監が私に向かって「ブラッドリー、あなたは追放令の対象だ。四八時間以内にフランスを去らなければならない」と言った。私は理由を尋ね続けたが、車内でも、領土監視総局（DST：フランス版FBI）の本部でも、答えは何も返って来なかった。それから二時間、私を捕らえた人々が口述調書をタイプ打ちする間、電話を使うことも許されず、私は小さな部屋で座っていた。調書には、自分が逮捕されたこと、そして追放命令が出されたことを私が認めたと書かれている。フランスからの追放は、私の計画とまったく折り合わないことだった。トニーと私は七月に結婚し、パリで一年間の予定で、彼女の四人の連れ子と一緒に新生活をスタートさせる予定だった。チェビーチェイス〔ワシントンDC郊外の住宅街〕では、生活はもっと大変なことになるし、刺激も少ない。私は追放令と「ベンジャミン・ブラッドリーの不正に関する情報を受けて」という言葉を携えてDSTを後にしたが、不正に関する情報というのが何であるかは分からなかった。それは明らかに、私がFLNの指導者に接触しようとして失敗したことと関係があるはずだが、その試みは失敗し、記事も書いていなかったので、私は当惑していた。

ディロン大使に会い、追放令を取り消してもらえるよう助けを求めたが、彼はただ笑っていた。「記者として最高の推薦状だ」と言いながら、テッド・アキレス次席公使をフランス外務省に送り込んで、問い合わせと抗議をさせた。フランスの報道機関は政府を強く批判し、私を支持し、久しく指摘されることのなかった評判（「業界では有名で、尊敬されている」）を私に授けてくれた。私の最大の問題は、『ニューズウィーク』の気難しく短気な編集長ジョン・デンソンである。デンソンは私が、彼が「自由の発祥地」と呼ぶ場所から追い出され、「すべてのニュース映画で取り上げられる」ことを望んでいた。フランス外務省の友人たちは、私に「これは狂気の沙汰だ」と言い、彼らが問題を片付けている間、私には黙っているよう迫った。そしてついに、ディロンとアキレスの主導で、追放令は「保留」となった。しかし、デンソンはそれだけでは飽き足らない。今度は「追放令の保留」の取り消しを求め、数日かけてそれを勝ち取ったのである。

取材に失敗したにもかかわらず、逮捕されたことで、私は有名になってしまった。外国特派員としてのこの二年間の私は、何者でもなかった。同僚と、ワシントンやヨーロッパの一部の情報提供者を除いては、誰も私や私の仕事にほとんど関心を示さなかった。しかし今、私は新聞の一ページ目に登場し、人々が新聞を読み出す最初の一五分間の関心を集めているのだ。私は、自分でもよく分からない奇妙な方法で、プロの世界に入り込んだ。しかし私は、有名人がいかに出来事の意味を変えてしまうかという、この最初の事例を認識することができなかった。

私の逮捕が『パリ・ヘラルド・トリビューン』の一面に載った日、スーザン・メアリー・パッテンが、私を昼食に誘った。そのことは、主賓に予定されていた国連アメリカ代表ヘンリー・キャボット・ロッジをやや困らせたらしい。スーザン・メアリーは、アメリカ大使館政務担当職員のビル・パッテン（ビルの死後はコラムニストのジョー・アルソップ）と結婚し、ウェーバー通りで「サロン」を経営していた。私は正直言って、何が起こっているのかわからず、少し怖かったのだが、彼女に親切にもてなされ、とてもありがたかった。私はこの招待状が、自分が未知の世界に来たことを意味するのかどうか、考えずにはいられなかった。
　しかし、新聞の一面とか主賓とかはさておき、私にいったい何が起こったのか、なぜ逮捕されたのか、誰も正確に教えてくれなかった（そしてそのまま今日に至る）。誰かがときどき囁くように少しずつ明らかになってきたことは、アルジェのどこかで、私の北アフリカ人脈がＦＬＮの反乱軍からフランス情報部の諜報員に変わっていた、ということだ。私は「友人」で、後にフランス人入植者の指導者の一人となり、数年後にはアルジェリア独立に対してシャルル・ド・ゴール大統領と最後まで戦うことになるジャン＝バティスト・ビアッジ大佐の、コルシカ人の有能な協力者の存在を感じた。

　海外特派員としての喜びやロマンを説明するのは難しいし、それを誇張するのはさらに難しい。たとえば、ジュネーヴで延々と続く、伝えるべきニュースもない外相会談や、フランス第四共和政の新しい首相など、本質的につまらないものであっても報道はなされなければならない。原稿は送信されなければならず、その後は、軍人以外で最高の愚痴を言う人たちと、何を食べるか、どこで食べるかについて徹底的に議論することになる。経費精算による生活は、美食の冒険と想像力を養ってくれる。
　戦争や革命、パイロットも皆がそうであるように、死にたくないというありふれた文言が少なくとも議論の余地があるような無保険航空機での移動などは、たとえそれが危険であっても、アドレナリンを信じられないほど放出し、高揚状態が長期間に及ぶ。ベトナムの第三軍団での銃撃戦の夜について戦争特派員が話すのを聞けば、三〇年後であってもそれは昨夜のことのように聞こえるだろう。一九五六年秋のブダペストの路上を、恐怖と狼狽を感じながら歩き回る海外特派員が話すのを聞けば、それがどれほど謙遜や真実、あるいは虚偽のフィルターにかけられていたとしても、永久にその情熱を感じることができるだろう。ルワンダ〔で一九九四年に起こった虐殺〕を見て二度と昔の自分には戻れない男が話すのを聞けば、直接見た歴史の力を理解するだろう。

　退屈と危険との間にあるのは、ごく普通の喜びだ。人々がそれを見出すのは、グレース・ケリーとモナコのレーニエ王子の結婚のような話だ。ハリウッドの美しい映画スターと実在の王子——その血筋はともかく——というロマンチックな愛の物語。パリからの豪華な夜行列車「ブルートレイン」のなかで、『ワシントン・スター』のクロスビー・ノイズとアート・バックウォルド、そして私は、のちに言う「三銃士」を結成した。団結してすべての敵に対抗し、あらゆる危険と見返りを共有するのだ。一人は皆のために、皆は一人のためにという精神で。モンテカルロ駅でタクシーが見つからなかったとき、われわれの結束はすぐに試された。あちこち探し回った挙句に、永久に見つからないと思えたそのとき、ノイズがルノーの二輪タクシーを見つけた。フォルクスワーゲンより小さく、乗客二人と小さなスーツケース二個を乗せるのがやっとで、ましてや三銃士全員を乗せることはできない。しかし、われわれは必死だった。ノイズがそれを捕まえ、私は飛び込んだ。われわれはそのままホテルに向かい、途中、バックウォルドとすれ違ったが、バックウォルドは拳を振り上げ、三銃士について何か叫んでいた。

実際、バックウォルドを置いてきぼりにしたのは先見の明がなかった。彼は結婚式の関係者と唯一コネのある銃士だったからだ。バックウォルドはグレース・ケリーに一度会ったことがあり、レーニエとも握手したことがあった。私の「コネ」はほとんど期待できなかった。聖マーク校のルームメイトに私がほとんど面識のない弟がいて、私がまったく知らないその妻が新婦の同級生で、今回の結婚式では新婦付添人になっていた。彼女もまた、生まれつきジャーナリストを敵視しており、その敵意は、結婚式を仕切っていた不気味な連中によって憎悪にまで磨き上げられていた。

好奇心に満ちた世間とせっかちな編集者は、誰が招待されたとか、何かアクシデントが起こらないかと気を揉んでいたが、われわれ三人の誰もそこに招かれる資格はなかった。せいぜい、明らかに二流のイベントの共同取材が一回できる程度しか望めなかった。バックウォルドがこの苦境からの抜け道を見つけたのはそのときだ。それは、面白いコラムの執筆に卓越したその職業人生のなかで、バックウォルドが書いた最高傑作だと、私が常々考えているものによってである。彼が結婚式に招かれなかった理由は、バックウォルド家とグリマルディ家（レーニエが当主であるモナコ公家）が一三世紀以来、何世紀にもわたって反目し合っていたからだというのだ。バックウォルドによると、次のような事情だった。

確執の理由は歴史のもやもやのどこかで姿を消してしまったが、当時バイキング通信社で働いていた私の先祖の一人が、レーニエ・グリマルディとフランドル海軍との対決を取材したときのことだ。当時提督だったレーニエ一世は、戦場に同行できるのはAPとUP、INSの三通信社の記者に限るというお達しを出したが、私の先祖はジェノヴァ人の水兵に化けて旗艦に潜り込み、三つの通信社を四年差で出し抜いたという

……

そして、それは歴史に刻まれることになった。一六五九年四月二八日にヴァレンティノワ公爵と結婚したグランモン元帥の娘、シャルロット・ド・グランモンが、当時『ニュース・オブ・ザ・ワールド』の法廷記者だったルドルフ・バックウォルドと恋仲だったという話がある。しかし、証拠となるのはルドルフの日記だけで、彼がいかに信頼できない人物であったかは、一族の誰もが知っている。

ちょうど昨年、ブルックリンのモリーおばさんが、私の従兄弟のジョセフとフラットブッシュ出身の素敵な女性との結婚式の招待客リストを作っていた。

私は、当時アメリカにいたレーニエ皇太子を招待してはどうかと提案した。

「ジョセフの結婚式にはグリマルディ家のものは参加させない」と言った。

「でも、モリーおばさん、今は二〇世紀なんだよ。昔のお家騒動は忘れなくちゃ。レーニエ王子はいい人だよ」。

モリーおばさんは「私は気にしないけど、オスカーおじさんは記憶力がいいんだから」と言った。「それに、レーニエ王子はジョセフを結婚式に招待してくれたかしら」。

もちろん、モンテカルロの街にパリの『ヘラルド・トリビューン』が出回るとすぐに、アート・バックウォルドの元には宮殿からの個人的な特使によって教会への招待状が届けられた。ノイズと私は置き去りとなった。私は、バイキング出版の創業者で編集者の父を持つトム・ギンズバーグとの旧交を掘り起こすことができた。トムは、もう一人の付添人である女優のリタ・ガムと結婚していた。私は二人を、クロスビーとアート、そして私と会食するよう、地中海を見下ろすすばらしく高価なレストランに招待した。しかし、何も得られなかった。ゼロだ。ガム女史はただ座って、しっとりと黙って前を見つめていた。華やかだが、無口だ。私はジャーナリストとして、情報源には華やかでおしゃべりな人を好んだ。

しかし、料理はすばらしかった。それはフランスの栄光の一つである。記事がうまく書けないときに、すぐ近くにある小さな一つ星レストランに行けば、料理とワインがジャーナリズム上の欲求不満を解消してくれる。ザグレブで仕事に躓くと、ジャーナリストも読者も苦しむ〔美味しい料理にはなかなかありつけないので、いい記事が書けずに終わってしまう〕。モンテカルロで仕事に躓いたら、アンティーブ岬〔モナコ西方にあるフランスの観光地〕の三ツ星レストランで食事をし、読者だけを欲求不満にしておけばよい。

五〇年代のヨーロッパにおける王室のもう一つのロマン

スといえば、もちろんマーガレット王女とピーター・タウンゼント大尉の恋愛である。ロンドン特派員の縄張りだったので、私はこの事件を取材しなかったが、友人でもある同僚の特派員の一人がこの事件を詳細に取材しているのを、息を呑むほどの畏敬の念をもって見守っていた。実際には、この同僚はタウンゼントが傷を癒していたベルギー付近にも、王女が監禁されていたイギリス付近にもおらず、別の同僚の妻である女性と南フランスにいた。毎朝毎晩、彼はパリ支局に電話をかけ、その忠実な秘書が、電報やフランス紙の特ダネを読んで聞かせるのだ。電話を切ると、原稿を書き、また支局に電話をして、口述筆記をとらせる。「ベルギーのオステンド発」と言うように。

トニーと私は、実際に結婚する何ヵ月も前から準備をしていた。彼女は大きな行動に出る前にまず、分析を完了させることを自分に課していたが、それにまる二年かかった。最後に、奇跡の医師ジャン・ダクスが、トニーのためにワッセルマン反応検査の陰性証明書を全力を尽くして迅速に出してくれた。その間にもいくつもの日常のやるべきことがあり、それは二人を隔てていた海や離婚、元配偶者との合意といった小さな障害や、予期せぬ大きな出来事によって複雑化した。たとえば、アルジェリアをめぐる私の逮捕とフランスからの追放だ。

ジーンと私はパリで離婚した。アパートからアンリ四世広場を隔てた司法省で。パリのカウダート・ブラザーズ法律事務所のチャーリー・トレンが、渋々ながら私の代理人を務めてくれた。彼はジーンと知り合いで、彼女を気に入っていた。一九五五年のある日の午後、私とジーンは、司法省の屋根裏にある古ぼけた小さな部屋で、フランスでの離婚における重要な瞬間を迎えた。「和解の儀式」では、裁判官が二人の当事者に離婚をやめさせ、元の鞘に戻そうと、法律を盾に試みる。裁判官は「ムッシュー」と、明らかに興味深げに私にフランス語で話しかけた。「あなたはいつ夫婦の寝床を離れたのか」と。それはつまり、この女性と最後に愛を交わしたのはいつなのかということである。私は正確に思い出せず、彼が詮索する話ではないと思ったが、「少なくとも一年前」と言うように指導されていた。それはおそらく正確である。

それが最後だった。数日後、ジーンと私は離婚した。一三年間の結婚生活は、異国の地で異国の紐で結ばれ、棚上げにされた。二人は愛に飢え、本当に愛し合ったことはなく、ほぼ四年間の不在による目に見えない傷から立ち直れないままだった。そして、父親を愛し、父親を必要とし、未来を知りもせず、望みもせず、自分でその原因をつくったわけでもない未来に直面している七歳の子どもが一人いた。それを引き起こした離婚がどうしてまともな行為と言えるのか。一人の男の幸せが、そうした不幸を引き起こすことに値するのだろうか。より良い、より賢明な探索を経て、自分の妻が人生の関心をよりともに共有し、より楽しめる相手と巡り合えると確信して、あるいは少なくともそれを本当に信じていたとしても。自分の子どもが自分の人生の重要な一部であり続けること、あるいは再び自分の人生の重要な一部となることを願っても、そうなるかは決して分からないのに。それでも、自分の子どもが、両親の以前の生活の不幸と不安定から多くを失うよりも、両親の新しい生活の幸福と安定から彼が多くを得られるものと、私は確信していた。

私は、変えたいという、再挑戦したいという決断は、良心をもって幸福を追求することそれ自体で正当化できると思う。とくに、変わらなければ、二枚舌の不誠実で欺瞞に満ちた人生を送ることになる場合は。

もし選ばなかった道がどこにもつながっていないとすれば、その答えはいつまでもわからない。ジーンは実際に正しい相手を見つけた。ビル・ハウサーマンというボストンの弁護士で、息子に対する彼の優しい忍耐力は、もし本人が何らかの殿堂入りを果たしていなかったとしても、私の殿堂入りになっていただろう。ベンは私が裏切ったと感じて、惨めに感じていた時期もある。しかしその後、彼は二年間のアフガニスタンでの平和部隊〔ケネディ大統領が創設したボランティア派遣プログラム〕任務を終えた後、『カブール・タイムズ』――新聞業を始める場所としては珍しい――で三ヵ月過ごし、私を追って新聞界に入った。彼は、大好きな「ハブ」であるボストンに戻って『ボストン・グローブ』の編集者となり、私の鼻を高くしてくれている。

いつものように必要に迫られると私はうなだれて腰を上げ、次の目標に向かって動き始める。次の目標はトニーと結婚することで、私は一九五六年七月六日に向けて、慎重にゆっくりと運転を始めた。われわれは、コンコルド広場やテュイルリー宮殿、ルーブル美術館からセーヌ川沿いに数ブロック東にある豪華なパリ市庁舎であるオテル・ド・ヴィルの美しく飾られた一室で結婚式を挙げた。結婚式を取り仕切ったのは、パリにあるルノーの工場で働いていた大柄で血色の良い副市長である。この人はロシア語なまりのフランス語を話し、私がパリの美しさを絶賛していると思って、私に謝するために式を途中で中断した。しかし、実際には私が絶賛したのは、トニーの姿と、アントワネット・ピンショーという彼女の旧姓、そしてすばらしいヴォージュ広場にある私のアパートだった。

披露宴には、トニーの姉メアリーとその夫コード・マイヤー（結婚は続けていたが、夫婦関係は危うかった）、リオネルとトト・デュラン夫妻、バックウォルド夫妻、トーレム夫妻、ジャン・ダクス、『ニューヨーク・デイリーニュース』の特派員バーナード・ヴァレリーらが出席した。

リオネル・デュランは、私がこれまで知るなかで最も優れた人物の一人だった。彼は、私の「助手」だったが、それは彼にとってまったく公平なことではなかった。というのも、彼はほとんどのこと、とくにフランスのあらゆることに関して私の倍は賢明だったからだ。通常ではありえない優遇措置として、『ニューズウィーク』は私に、フランス人であれば（だから給料は安くてもいい、しかもフランで）秘書かアシスタントのどちらにするかを選ばせた。そして私は、候補者のなかで最も優秀と思われるリオネルを選んだ。リオネルはフランス人の母とハイチ人外交官の間に生まれ、ブルックリン出身のユダヤ系女性と結婚した。背が高く色黒で、ハンサムで、とくに私が苦労した文化界に強いコネをもっていた。彼はピカソにとって親しみやすいフランス語を使うので、ピカソから親称《チュトワィエ》で話しかけられていた。急成長中のフランス映画界の中心人物や、文学界の大物、あるいは小物を知っていた。彼は、私にとっても『ニューズウィーク』にとってもすばらしい財産だった。*

バックウォルドは私の花婿付添人で、ヴァレリーの遅刻に文句を言いながら式を進行してくれた。私たちは、ホテル・ド・ヴィルからヴォージュ広場に移動し、デュランの好意で、新婚を祝ってもらうためにブリキ缶をぶら下げた車で運転したが、デュランはフランス人がそうした慣習を持っていないことをよく知っていた。そして、シャンパンを何本も飲み、私たちが成し遂げた奇跡と、私たちの大冒険の始まりに乾杯した。

一九五六年九月、ソ連のニコライ・ブルガーニン首相とニキータ・フルシチョフ共産党第一書記は、珍しく鉄のカーテンの外に出て、ユーゴスラビアに赴いた。自由世界の編集者たちは、ありとあらゆる知恵を絞って、彼らの姿を間近で見ようと大勢の記者を送り込んだ。私も送り込まれた。問題は、編集者が私をトルコに送り込み、「NATOの南側」という誰も読まない退屈な記事を書かせたことだった。私はアテネ空港で足止めを食い、サロニカ経由でベオグラードに迂回させられた。さらに困ったのは、ブルガーニンとフルシチョフのモスクワからの飛行機と、サロニカからの私の飛行機がベオグラード空港に到着するのが、同時刻だったことだ。ソ連の指導者たちが街をパレードしている間、ユーゴスラビアの首都の上空一万フィート〔約三〇〇〇メートル〕で待機しなければならなかったのは誰だったろうか？

つまり、海外特派員になって初めて私は、自分が見たことのない出来事について雑感記事を書かなければならなく

* リオネルはアルジェリアで激しい催涙ガス攻撃を受けて間もなく、一九六一年のある夜、就寝中に突然亡くなった。

なったのだ――それはテレビがニュースを何度も見せるようになる以前の話である。その頃には、私は一人前になっており、信頼できる「穴埋め《フィル》」を手に入れることができた。「穴埋め《フィル》」とは「情報提供者」のことで、ライバルより人員的に劣ることが常態化している報道機関にとっては絶対に必要なものだった。私の情報提供者は、クロスビー・ノイズ、CBSのアレックス・ケンドリック、そして当時『コリアーズ』で働いていたサイ・フライディンの三人だった。現地に着いて数時間後に記事を送信した際、私はこの日の宿がないという問題に直面した。ベオグラードのホテルはどこも、何日も満室だった。ベオグラードのアメリカ外交官のトップは、ロバート・フッカーだった。彼とその妻ドリーは、私の両親の古い友人だったが、私の友人ではなかった。二人は、『ニューヨーク・タイムズ』のサイラス・サルツバーガー（同紙社主だったアーサー・サルツバーガーの甥で同紙海外特派員）のような有名な記者仲間からの依頼をすでに断っていたので、私を受け入れることを非常に嫌がっていたが、ようやくドリーが同意してくれた。翌朝、ドリーは寝巻きの上にオーバーコートだけを羽織り、スリッパを履いた姿で私を大使館からベオグラード中心部まで自動車で送ってくれた。車内でわれわれは、大使夫人がこの姿で車の事故にでも巻き込まれたら大騒ぎになるだろうと、軽口を叩き合った。

二人のソ連人は最終的に要塞のようなブリオニ島でチトー元帥と会談することになっていたが、その前にザグレブを訪れ、ザグレブから北上して旧オーストリア＝ハンガリー帝国の中心部にあるすばらしい湖畔のリゾート、ブレッドに車を走らせた。ザグレブからブレッドまでは愉快な道のりだった。ユーゴスラビアの情報将校が運転する車に外国特派員が四人ずつ乗るというもので、運転手はわれわれの叩く反共産主義の軽口にときどき笑顔を見せるので、多少の英語が話せることがわかった。私は、ノイズとUP通信のエド・コリー、『シカゴ・デイリー・ニュース』のビル・ストーンマンと一緒だった。われわれの車はユーゴスラビア兵に何度も止められ、運転手は助けてくれないので、そのたびに説明して封鎖を突破しなければならなかった。ストーンマンが一度短気になったものの、われわれは最終的には彼を交渉役に選んだ。ストーンマンは子どものような笑顔で、ある兵士の顔の前で身分証を振りかざしながら言った。「われわれが何者か知らないようだな、この馬鹿共産主義者のクソ野郎め」。運転手は笑いをこらえるのがやっとだったが、われわれはこれでいつも手を振って通過を許可された。

　電話の主は、イスラエル大使館報道官（それ以上かもしれない）であり、私の報道官時代の同僚で友人でもあるダン・アヴニだった。[*] 一九五六年一〇月二八日早朝のことである。

アヴニのぶっきらぼうな話し方からは緊張が伝わってきた。（多くのイスラエル人同様、彼も若い頃、イギリス陸軍に所属していた。）その緊張はもっともなものに思えた。見出しは不吉だった。エジプトでは、ガマール・アブドゥル・ナセルがスエズ運河を国有化したことで一線を画し、イギリスとフランス、イスラエルが侵攻によって対応しようとしていた。ハンガリーでは、反ソ感情が膨らみ、反ソビエト革命に発展していた。そして、アメリカでは、アイゼンハワーが大統領再選に向けて最後の一週間を過ごしていた。

誰も予想だにしなかったことが、一〇月二四日に起こった。重戦車を含むロシア軍が反ソビエト革命を一掃するためにハンガリーに侵攻したのだ。

一〇月二九日にはイスラエルが「シナイ半島のサダム・フェダイーンの基地を排除するため」エジプトに侵攻した。

ほぼ一週間にわたる砲撃と爆撃の後、一一月五日にはイギリスとフランスがエジプトに侵攻し、スエズ運河の河口にあるポート・サイードとポート・フアードにそれぞれ落下傘部隊を上陸させた。

一一月六日、アイゼンハワーとニクソンが圧倒的多数で再選されると、アイクはアメリカの援軍を英仏から撤退させ、早期停戦を強いた。

アブニは私が早くイスラエルを初訪問したがっていることを知っており、一〇月二八日早朝の電話でそれを思い出させてくれた。われわれはその件を何度も話していた。今がとくにいい時期だと彼は言った。今すぐだ。その夜トランスワールド航空の飛行機が出るので、急げばまだ席が取れるかもしれないと言うのだ。事実、アヴニは私が行ける場合のために、私の席を確保してくれていたのだ。

実のところ、この飛行機は、翌朝イスラエル軍がシナイ半島とガザ地区に侵攻する前に、テルアビブに着陸した最後の民間機となった。イスラエル軍は最終的にはスエズ運河にも侵攻することになる。私はダン・ホテルで一人だったが、そこにはいつものようにタイム＝ライフ社の記者とカメラマンの一群がいた。そして最も手強い競合相手は、特派員が自由に取材する傍で、彼らのために車を借り、予約を入れ、原稿を送り、検閲と戦う助手の一群だった。

＊　ダンは現在、ダン・ヴィットリオ・アヴニ＝セグレという名前で、今でも私の友人であり卓越したイスラエルの知識人である。母国であるイタリアとイスラエルで教鞭を取り、ファシスト政権下のイタリアでの自分の少年時代を描いた『幸運なるユダヤ人の回顧 *Memoirs of a Fortunate Jew*』〔未邦訳〕を出版した。

『ニューズウィーク』ではしかし、あまり心配する必要はなかった。というのも、われわれは雑誌に実際に印刷される言葉でもって勝負しているのであって、雑誌のリライト担当者に送られる言葉ではなかったからだ。

　私にとって、太平洋の駆逐艦時代以来の実弾戦である。私は緊張したし、イスラエル軍の勝利に向けた疾走を凌駕するような独自記事が必要だと思った。ホテルの外に並ぶ先頭のタクシーが、私を待っているニュースに見えた。運転手の名前はずいぶん前に忘れてしまったが、私が彼に、どうやったら前線に行けるだろうかと尋ねると、彼はあっさりと「私がお連れしますよ」と言った。彼はわれわれが話している間にもガザ地区で戦っている部隊に所属しており、今は週末休暇中だという。彼の見立てによれば、九〇キロメートル地点の検問所で何か話して通過し、前線までさらに一〇キロ運転し、戦闘を見て、部隊の兵士たちと話し（「たくさんのアメリカ人」がいる、と運転手は請け合った）、遅い夕食までに私をホテルに戻すことができるという。

　そして、彼は約束通りに実行した。私はその夜遅くに次のような原稿を送り、それは一字一句違わずに掲載された。

タクシーに乗って戦争へ行く

『ニューズウィーク』のヨーロッパ特派員ベンジャミン・ブラッドリーは、イスラエル戦線を取材している。アラブ戦争と反乱の取材に経験豊富な*（アルジェリア側に近づきすぎてフランス軍に逮捕されたこともある）ブラッドリーは、パリからテルアビブに飛び、ガザを制圧してエジプト軍を弱体化させたイスラエルの猛攻を目撃した。

　これは不思議な戦争だ。テルアビブからガザの戦場までは、ヤッファを南下する幹線道路を下って二時間弱の距離である。私は七人乗りのデソト・タクシーで戦線に向かった。（イスラエル陸軍司令部は、新聞記者が部隊と同行することを禁じている。）

　その一時間半後、私はガザの運命を決定づけた戦闘でイスラエル軍とエジプト軍が激突するのを見た。戦いは文字通り私の目の前で繰り広げられた。

　頭上のアメリカ製マスタング（第二次世界大戦時のもの）が、ゆったりと旋回した後、エジプト軍の対空射撃のなかをバラバラに抜け、爆弾やロケット弾、機関銃で特定の目標を攻撃した。

　明るい秋晴れの、一見すると平和な田園から突然戦闘風景が飛び込んできた。灌漑されたグァバやオレンジの木立、道端のキブツ（農場集落）の防空壕でパラシュート射撃に興じる子どもたちもいた。

民兵《ミニットマン》：ガザ地区に近づくと、畑は荒れ果てているか、農民が銃を背負って畑で作業している。

ガザから五マイル〔約八キロ〕のところにある辺境の小屋から、イスラエルの守備隊が「ハロー」と手を振った。次のカーブを曲がったところ、エジプトの都市ガザから一・七マイル〔約二・七キロ〕離れた丘の頂上で、戦闘は激しさを増していた。

最初は、青い地中海にシルエットで映し出された街しか見えなかった。それからオレンジ色の閃光と煙が見え、迫撃砲の気持ちの悪い、鈍い衝撃音が響いた。その後閃光と大砲の轟音が続き、最後に機関銃の炸裂音が響いた。

私の目の前に広がるガザ地区に、イスラエル軍が集中砲撃の援護を受けて移動してきた。私は高台によじ登り――至近距離で戦闘を見られる観覧席を独り占めした。

南方から四機の戦闘機が轟音を立てながら高度百数十メートルで低空飛行してきた。飛行方向からエジプト機と思い、不安になった私は待避壕を探したが、見つからなかった。しかし、それはイスラエル機で、地対空無線で正確に目標を狙い撃ちした。

私は、待機しているタクシーの位置を確認するため、後ろを振り返った。すると、荒涼とした田舎に突然、大部隊が出現した。戦車が率いる機動部隊が、別の方向からガザに侵攻してきたのだ。

戦闘と言えるようなものではなかった。聖書に出てくるゴリアテが生まれたガザは、ほとんど傷を負わなかった。戦闘のほとんどは、エジプト軍が陣取っていた郊外で行われた。

「手を挙げろ」。イスラエル軍の戦車隊長が嘲笑しながら言った。「エジプト人たちは無能な兵士だ」。彼らは銃を頭上に掲げて逃げようとした。その後銃を捨て、両手を頭の上に上げて降伏した。同様の横柄さ、尊大さ、エジプトへの侮辱が、テルアビブに至るまで反映されている。

イスラエルの都市では、戦争の痕跡を見つけるのは難しい。バス（公共交通機関は接収された）やガソリンを求める行列がある。水と泥を混ぜたものでカムフラージュしている車もある。エジプト軍による空襲に備え、窓ガラスに縞模様に紙が貼られている車もあるが、実際に空襲が行われてはいない。古くて色あせたカーテンが、比較的効果的な暗幕として機能している。自動車のヘッドライトが青く塗られたレンズを通して

＊　私はアラブ戦争は取材したことがないし、中東についても何も知らないに等しい。

ぼんやりと光っている。新聞には検閲の形跡である白い空白部分がところどころに見える。

テルアビブからハイファに向かって北へ車を走らせると、シャロン平原は星空の下、静かに眠っていた。ヨルダン国境まで八キロ弱の高速道路の分岐点には、イスラエル兵が一人、警備に当たっていた。ヨルダンとの国境は、不安定な休戦以来八年間、これほど静かだったことはない、とイスラエル人が満足げに言う。

何年も経ってから読み返すと、この記事は、軍事戦術に疎い駆逐艦の船員が、タクシーの中から物事を見た、自己満足と誇張をもって語っているもののように響く。

数日後、私は別の記事の取材でハイファの港をぶらつき、エジプト軍の潜水艦拿捕の詳細を調べていた。すると潜水艦長本人が目隠しをして、一台の車の前席に制服姿で粛々と座っているのが見えた。イスラエル軍は、艦長に居場所を知られないように目隠しをしたのだ。彼は、そこから一マイル〔約一・六キロ〕足らずのハイファの丘にあるイスラエル海軍本部で尋問を受けることになっていたが、彼らは半時間以上にわたって車をぐるぐると運転し、彼が自分の居場所所や、連れて行かれた場所をわからないようにしたのである。目隠しをされたエジプト人を車の窓から覗き込んでいる私の写真が、次号の『ニューズウィーク』に掲載された。

イスラエルとイスラエル人のエネルギー、傲慢さ、敵の銃声の届く範囲に住むことに慣れていないわれわれに対する見下し、彼らの献身、理想主義に私は、今日まで圧倒され続けている。イスラエル人が敵がどれほど近くにいると言っても、私はその銃を目にし、銃声を耳にするまで、本当には理解できなかった。

私は、イスラエル人の多くが、その志や価値観、そして事実においてアメリカ的であることに驚かされた。「アメリカから来た人はいますか」と声を上げると、必ずいくつかの手が挙がるものだ。*

イスラエル軍がシナイ半島でエジプト軍をあっという間に制圧すると、世界の関心はナセルが本当にスエズ運河を国有化するか、そしてイギリスとフランスがそれに対しどうするかに集中した。行くべき場所は運河に決まっているが、どうやって行くかが分からなかった。イスラエルに駆けつけたわれわれは、戦争を報道できたはいいが、それと同時進行していたブダペストでの事件をはじめとするハンガリー動乱を見逃してしまったことにひどく鬱屈していた。エジプトでの展開を見逃すわけにはいかない。

私はニューヨークにいる編集者に次のような意見を送った。「テルアビブからスエズ運河に行ける可能性はゼロだ。

イスラエル軍司令部は、自分たちは運河まで到達しないと言っている。彼らは一〇キロ手前で止まるだろう。そこから一人で歩くには、かなり厳しい一〇キロになるだろう」。

アテネからキプロスへ毎日数便の航空便があることがわかり、私は翌朝九時発の便に乗ることにした。英仏軍がいかなる行動を取るにしても、それはキプロスから始まることになるだろうからだ。七時前にはアテネ空港に到着したが、機長に六〇キロの荷物をギリシャに残すよう説得し、代わって自分が九時の便に乗り込んだ。もちろん、ニコシアに着いたときには、英仏の司令部は、認定する予定の特派員をすべて認定し終えていた。しかし、彼らはもう一人認定し、フランス軍がポート・フアード（ポート・サイードの隣の都市）に上陸した一時間後、私はその二都市の間のすでに厳重に警備されていた空港に降り立った。

どちらの都市もめちゃくちゃな状態だった。こういうときにつねにジャーナリストが一番困るのは交通手段である。理解できない言葉を話す人々で溢れた見たこともない街をどうやって移動するのか。私の外国特派員仲間では、最良の内部情報はイスラエル大使館（もしあればの話だが）を訪ねて得ることが金科玉条だったように、ジープやピストル、高級ディナー（と高級ワイン）など、必要な物資については『パリ・マッチ』のカメラマンに相談するのが当時の最善策だった。私が見つけた『パリ・マッチ』のカメラマンは、若き日のジャン・ロワ（フランス語で「王」の意）、男も惚れるいい男っぷりで、女優のローラ・モンテスと結婚していた。彼はフランス軍の軍服を着ていて、エジプト軍のジープをフランス軍が解放した直後に「くすねた」のだった。それから三日間、われわれのグループは、運転手となったロワと「シム」と呼ばれた写真家集団「マグナム」のカメラマン、デイヴィッド・シーモア（このときは『ニューズウィーク』の仕事をしていた）、そして私の古い友人でタイム＝ライフ社のパリ支局長フランク・ホワイトで、それにＩＮＳ（その後ＵＰと合併する）ヨーロッパ支局長のハワード・〝ハンドルバーズ〟・ハンドルマンがときどき加わった。ロワのおかげで、爆撃で焼け落ちたあと、食べ物を探して焼け跡をうろつくコソ泥の侵入を逃れた家の地下室で、ヒラメとサラダと冷えた（フランスの）白ワインというすばらしい夕食をとることができた。

翌日、われわれは廃墟と化した街を車で走った。人が溢

＊ これは海外特派員にとって、とくに締め切りが迫っているときに、時間を節約するための標準的な方法である。この手法の古典的な例は、エドワード・ベアーの報告書にある、アフリカの部族に暴行されたばかりのコンゴの修道女たちにＢＢＣのデズモンド・スチュワート特派員が尋ねた「レイプされた人で英語を話せる人はいますか？」というものがある。

れていると同時に、閑散としていた。暗くて光のない遺体安置所を探し、吐くまで死体を数えた。われわれは、トラックが小麦粉の袋を、三日間何も食べていない群衆の間に降ろすのを見た。暗い空にシルエットで映るジープの上に立ち、エジプト人が群がって小麦粉の袋を引き裂く光景を静かに撮影していた、ほっそりしたシムの姿が今でも目に浮かぶ。

二時間後、シムは死んだ。そしてロワも。

私とホワイトが原稿を書き、送信している間に、ロワとシムは運河沿いの幹線道路を走り、安全地帯から無人地帯に、そしてついにエジプト領に入り、そこで不意打ち攻撃を受けた。ホワイトと私は、記事を書いている最中にそのニュースを聞いた。もしこれがわれわれが原稿を送信しなくてもよかった別の日だったり、あとで原稿を書くことができた別の時間帯だったりしたら——ホワイトと私も歴史になっていただろう。

原稿の送信は、難しいか不可能かのどちらかだった。フランス軍は、私の原稿をモーターボートで地中海のどこかに停泊している戦艦ジャン・バルトまで運んでくれると申し出てくれた。そこで検閲を受け、（いつか）無線でトゥーロンかマルセイユに送られ、そこからおそらくパリのPREWI〔海外からのニュース送信を行うために、アメリカの新聞社や通信社が共同で一九二九年に設立した会社。正式名はPress Wireless Corp〕に、そしてニューヨークに送られるだろうということだった。私は、それがうまくいく可能性は皆無だと思った。というのも、稼働している民間施設はなかったのだ。そこで私は、エア・アトラス社の飛行機で、軍がすべての通信手段を押さえているキプロス南部のアクロティリに向かった。南フランスのイエールに向かう第二次世界大戦時代の四発輸送機「ヨーク」〔四つのエンジンを搭載したイギリスの飛行機〕にようやく二人分の空きスペースがあった（空席はなかった）。一〇時間の無着陸・無加圧飛行では、数時間前にジープの爆発で睾丸の大半を失ったフランス人提督のうめき声を聞き続けた。イエールからパリまではさらに三時間かかった。パリで私は以下の原稿を送信した。

ポート・サイードは今、スエズ運河の河口にある醜く膿んだ腫れ物である。墓地には、埋葬されていない何百人もの死体が散乱し、地中海の灼熱の太陽の下で急速に膨れ上がり、ハエの群れで真っ黒になっている。

蠟燭で照らされた市内の病院の病棟は、うめき声を上げる負傷者でごった返している。死体安置所は死体で胸の高さまで埋まっている。道路は瓦礫で塞がれ、下水道や水道管の破損で水浸しになっている。低く垂れ下がった電線が斬首を脅かしている。

黒いベールをかぶった女性たちは、瓦礫のなかで座ったまま動かず、静かに涙を流している。汚れた縞模様の寝巻きを着た男たちと裸足の子どもたちが、廃墟から鍋やフライパンを取り出す。死んだヤギやロバは、悪臭を放ちながら、人知れず路上で朽ち果てている。息が詰まるような死臭や煙と汚水の臭いが漂う。

艦船や飛行機でイギリス軍が入ってくる前から、ポート・サイードはイギリス空軍のヴェノム機とハンター機による空爆と、それらを援護する海軍の砲撃で壊滅的な打撃を受けていた。

黄色い霊柩車：英仏陸軍機動部隊の司令官ヒュー・チャールズ・ストックウェル中将は、キプロスから入国したばかりの特派員に、ポート・サイードで殺害された民間人はわずか一〇〇人だと語った。しかし、そこに二日間滞在したわれわれは、三カ所ある墓地の一つに向かう、死体を満載した黄色いコカコーラのトラックを追った。二七体の死体が降ろされた。臭いに耐えながら、さらに一〇〇体を数えた。それらは墓地のなかの鮮やかな紫色のブーゲンビリアの下で埋葬されるのを待っている。死体は少なくとも二〇〇〇体はある。

二国軍最高司令官チャールズ・ケイトリー将軍は、キプロスで報道陣に、ポート・サイードでは「食糧不足」はないと断言した。われわれは、何千人ものエジプト人が食糧を求めて暴動を起こしているのを目撃したばかりだった。自分たちに向けられた戦車砲も、轟音を立てて通りを走る兵員満載のトラックも無視し、彼らは店を略奪し、ささやかな食糧を手にした同胞を襲った。

白い幽霊：ある朝、町の中心部にある野外の小麦粉貯蔵所の有刺鉄線のバリケードを、暴徒が突破するのを見た。彼らはハエが飛び交うように二〇〇ポンド〔約九〇キロ〕の袋に群がり、持ちきれないほどの荷物を抱えてよろめきながら去ろうとした。しかし、四、五メートルほど歩いたところで、誰かに襲われた。神経質なイギリス軍は、これらの暴徒を見ながら、空中に向けて機関銃を乱射した。指揮していた落下傘部隊の少佐が、戦車の増強を無線で要請したが、センチュリオン戦車が到着する前に、英語を話すエジプト人がおずおずと、さらによい考えを持ちかけてきた。「兵士に銃剣で小麦粉の袋を裂いてもらい、民衆が小さな入れ物に詰めればいいのです」。少佐はこの提案を採用した。エジプト人は人間ピラミッドの下に潜り込み、汚れたカゴやエプロンを半分埋めて持って出てきた。黒髪で浅黒い肌の男女が、最後の一握りの小麦を求めて通りを掻き出し、幽霊のように白い粉をふいていた。

私は、悪臭を放つマンボウの樽を満載した小さなおんぼろトラックが、手やポケット、埃にまみれたトルコ帽にまでその魚を詰め込もうとする暴徒によって文字通りばらばらになるのを目撃した。

この四日間、アラブ人街ではちっぽけな二店舗だけが営業した。私は二〇〇人がそのうちの一つに襲撃し、五分足らずでありとあらゆる棚から略奪するのを見た。英仏軍の声明が発表された。「ポート・サイードの民間施設は急速に正常化している」。しかしそれから二日たっても、電気も水もなく、警察官もいない。エジプト総合病院では、主治医のエレズデイン・ホスニー医師がたどたどしい英語で言った。「ひどいものだ。懐中電灯や灯油ランプの下で手術しなければならない。最も不衛生な状態で働かざるをえず、バケツで水が汲めればいいほうだ。人々のうめき声を聞いてくれ。われわれの手元には五〇〇アンプルのモルヒネしかなく、それは数日前になくなった。これらの人たちの多くは腹部や脚に銃弾を受けている。しかし、麻酔がないのだ」。

ホスニー医師は七二時間前から病院の敷地を出ておらず、死者は五〇〇人以上だという。彼は私を二カ所の死体安置所に連れて行った。一つは死体が山積みになっている。もう一つは、一時的に空っぽで、マスクをした二人の係員が床の血を拭き取っていた。

粗末な配線：田舎にはエジプト軍の装備（ほとんどがイギリス製）とイギリス軍の上陸部隊の装備が散乱しており、イギリス軍のものには敵のものと区別するために大きな白い「H」というアルファベットが印されている。ロシアのT－34戦車や迫撃砲、銃もたくさん散乱している。私は、イギリス陸軍兵士が、乗り捨てられたエジプトのトラックの鍵を銃で壊すのを見た。四挺のロシア製機動砲が搭載されている以外、トラックは空っぽだった。ガミル飛行場周辺の土地は、深さ三フィート〔約九〇センチ〕以下の塹壕（これより深いと地下水に達する）で満たされている。そして、目に見える配線で覆われている、手榴弾を使った粗末な地雷原がある。

警察組織の不在によって、ポート・サイードは恐怖に包まれていた。一人の若いエジプト人が私の緑色の特派員バッジを見ると、暴徒の間から出てきて懇願した。「秩序を回復させることはできないですか。刑務所は数週間前にすべて空にされ、囚人たちは砲撃が始まるや否や武器を渡されました。兵士は逃げる際にさらに武器を置いていきました。何千丁もの銃が現在、そこら中の家に隠されています。われわれの家も店も略奪されました。われわれは皆、無力なのです」。

どの通りにも人が溢れているが、そうした人々は他のアラブの暴徒とは違う。ヨーロッパ人に対しては、信じられないほど礼儀正しく、友好的である。私は二日間、暴動と略奪のなかをジープで自由に動き回った。どこに行っても、すぐにジープは囲まれた。北アフリカのフランス領では、こんな無防備な乗り方をしていたら、私はすぐに殺されていただろう。しかし、ここではアラブ人は話をしたがる。そして、哀れな手振りで食べ物をねだり、家族のために医療品を求める。われわれは、徴用されたエジプト人のシボレー・トラックとフランス製兵士用配給食料三箱を交換したが、食料は二、三時間でなくなった。これ以上彼らに与えられるものはない。

シナイ半島を隔てて、三週間のうちに二つの戦争があった。私の新妻とその四人の子どもたちはパリにいて、私は地中海のどこかで、自分がこの世でやるべきことをやっていた。

五〇年代のパリ暮らしは、とくに不自由はなかったが、私が働いていた雑誌社の人々もパリが好きで、しょっちゅう訪問を受けた。当時も今も、「局巡り」と呼ばれるものだ。大物たちが人脈や秘話を求めて海外を巡り、自分が実際に大物であることをその友人たちに証明する機会である。

その典型がマルコム・ミューアのケースだった。彼は『ニューズウィーク』の編集長で、金持ちや有名人のなかでの自分の立場をきわめて重んじる小男だった。その大柄な妻フランシーにとっても、金持ちや有名人のなかでの自分たちの地位が同様に重要で、自分たちの地位を磨き上げるために、二人はおおよそ年に一度はパリやロンドンを訪れた。特派員はその数週間前から、二人の訪問に向けた準備以外のことにはほとんど時間を割くことができなかった。この準備に失敗や不足があれば、致命傷になりかねない。『ニューズウィーク』のかつてのヨーロッパ支局長の一人は、ミューア夫妻をパリ郊外のジフ・シュル・イヴェットにあるウィンザー公爵夫妻の〈風車小屋《ムーラン》〉に送るために予約したリムジンの幅が、一マイル〔約一・六キロ〕ある私道の入り口に建てられた石柱の間に入りきらなかったために、お払い箱になった。雨が降ってきて、マルコムとフランシーは長い間泥のなかを歩き続けなければならず、お辞儀をするのも一苦労だった。

特派員は、このような儀礼的な訪問の間、典型的な勝ち目のない状況にあった。コロンベ・レ・ドゥ・ゼグリーズ〔パリから約二二〇キロ南東にあるオート＝マルヌ県の山村。ドゴールが大統領辞任後に暮らした〕に亡命中のドゴール将軍が、ミューアを迎えるのを嫌がったのだとしたら、それは特派員に影響力がなかったからで、前回のミューアの訪問で将軍がその話に死ぬほど退屈したからではないのだ。アイゼンハワー将軍が、ミューアの訪問を欧州連合国軍総司令部（SHAPE）の予定に組み込むことができなかったのだとしたら、それは『ニューズウィーク』特派員の力が足りなかったからだ。ミューア夫妻がわが家かホテルリッツの一部屋でカクテルパーティーを開きたいと主張し、彼らの仲間の大物がパーティーに飲みにやって来るとすれば、それはミューア夫妻に会うためであった。誰も来なければ、その尻拭いをするのは私だった。私の人生で最も長い四五分間の一つは、ある夜開いたカクテルパーティーで、最初の客が到着するまでの時間だった。ミューア夫妻とトニーと私は、九歳以下の四人の子どもたちの騒々しさのなかで礼儀正しい会話をしようと努めていたものの、誰も来なかったのである。ついにドアのベルが鳴り、そこに立っていたのは、八〇歳のポール・レノーで、われわれの古い友人で彼のアシスタントであるドゥケムラリアに付き添われていた。ミューアは両手を広げて、「ああ、大統領だ」と顔をほころばせた。ミューアは、レノーを首相にしたのがクロード・ドゥケムラリアではなく、自分であると確信していた。こうして私の首はもう一年つながったのである。

時には、来訪者が控えめな社交的もてなしを要求することもあった。たとえば、外信部長のハリー・カーン。彼の主たる関心はおいしい料理とワインで、いずれにも造詣が深く、フランスのエキゾチックな最高級ランジェリーにも精通していた。カーン自身がランジェリーショップに行く時間がないときは、『ニューズウィーク』パリ特派員がその代行《ボランティア》を申し出ることが期待された。

『ニューズウィーク』編集長を八年間務めたジョン・デンソンという傑物は、別の欲望を持っていた。デンソンが求めていたのは、仲間とアメリカ料理だった。初対面の人や、ましてやフランス人に会う気はさらさらなかった。昼は、どんなにいいレストランでも、ハンバーガーかスクランブルエッグを食べたがった。夜は、ナイトクラブの一番暗い隅に座って、黒眼鏡の後ろに隠れて、ブランデーの合間にオレンジジュースを飲んで、しょっちゅううなり声を上げていた。ときどきムラムラして、自分が見ている人はベッドではどんな感じなのだろうと声に出した。（気にするなかれ。われわれのほうは、彼がシーツの間ではいったいどんな感じなのだろう、と思っていたのだから。）

ある夜、セーヌ左岸の店で、デンソンは、背が高く、肩幅が広く、胸には深い谷間があり、芝居向けの化粧をした手脚が長くて魅力的なブロンド女性に目が釘付けになった。ブランデーを二、三杯ほど飲んだところで、デンソンは私に、彼女が誰なのか調べてくれと頼んだ。まあ、私はすでに知っていたのだが。彼女は有名な「コクシネル」だった。

そして、男性だった。

コクシネルについて説明すると、デンソンは「とんでもない女だ」と言った。「あのおっぱいを見てみろ」と。そのおっぱいは確かに印象的だったが、新聞はクリスティーン・ジョーゲンセンと彼女の革命的な性転換手術のニュースで埋め尽くされていたのである。私はデンソンにコクシネルの手、とくに指の関節を見るように言ったが、彼はそうせず、われわれは彼女を自分たちのテーブルに招き、飲み物をごちそうした。私はコクシネルに、デンソンは自分の目を疑っていると伝えた。それからデンソンは、私が、彼が見ようとしないある種の捕食者《プレデター》から彼を守ろうとしているのだと思うようになった。その後デンソンをその酒場から連れ出し、ホテルの部屋に帰すのに約一時間かかった。

デンソンはつねにサングラスをかけ、何かを噛みながらブツブツ言う癖があるので、人は彼に慣れるのに少し時間がかかった。あるとき、デンソンとの会合が終わった後、若い女性の調査員が私の友人のゴードン・マニングに尋ねた。「ところで、彼が噛んでいたナッツは何ですか」。ゴードンはこう答えた。「たぶん、それは私のタマ《ナッツ》だと思います」。

第8章　『ニューズウィーク』ワシントン支局

六年余りのヨーロッパ駐在を終えて一九五七年にワシントンに戻ることになり、私は不安でいっぱいだった。私の担当地域は、英仏海峡からサハラ砂漠、またアゾレス諸島からトルコまでで、加えてユーゴスラビアとイスラエルも少しずつ入っていた。しかし、私はフランスと北アフリカ、ジュネーヴの国際会議に焦点を当ててきた。その領域でアメリカを代表していたのは、『ニューヨーク・タイムズ』、『ニューヨーク・ヘラルド・トリビューン』、タイム＝ライフ社、『ニューズウィーク』、『USニュース』、テディ・ホワイトが寄稿する機関（ONA：Overseas News Agencyや『レポーター』、『コリアーズ』）、CBSのデイヴィッド・シェーンブランくらいだった。八人ほどの堅気のアメリカ特派員がいる小さな池のなかでは、私は大きな魚のようなものだったろう。しかし、いまや私は大きな池のなかの小さな魚に戻ろうとしている。一三五二人いる公認ワシントン特派員のなかで、全国ニュースを取材した経験のない一記者として。

そして、私は怖かった。トニーの離婚協定で、彼女の連れ子たちは一年間パリに滞在できたが、今度はその協定に基づきワシントンに戻らねばならなかった。私は選ぶ側ではなく、乞う側で、『ニューズウィーク』のワシントン支局の最下層であっても仕事ができることを喜んでいた。（ド・ボルシュグラーヴは、「ヨーロッパ特派員」から「ワシントン特派員」になるのは大きな「戦術的失敗」だと言っていた。彼は、私のキャリアはこの降格から立ち直れないだろうと言っていた。）

ワシントン支局長のケネス・ゲイル・クロフォードは、パリからブラッドリーが自分の支局にやってくることを、顔の見えない「ニューヨーク支局」から聞いてはいたが、あるとも知れない空席に、どんな記者を割り振るかなど考えてもいなかった。

　しかし、クロフォードは、心が広くて面白く、寛容で忍耐力があり、偉大な教師であることがわかった。すばらしい人物だった。以前のラルフ・ブラグデンのように、クロフォードは何時間もかけて、ワシントンの仕組みや、誰がどのように物事を動かしているのか、誰が重要でなぜ重要なのか、そして誰が本当に重要なのかを私に教えてくれた。クロフォードが示した親切の半分も、私は彼に返すことができない。

　少なくとも当初は、新しい同僚たちはそれほど寛大ではなかった。私は、外交や議会、経済ニュース取材の空白を補うために、これまで存在しなかった「援護担当《スイングマン》」として配属された。具体的には、国務省のテディ・ワインタールや連邦議事堂のサム・シェイファー、経済分野のバート・ローウェンといった担当記者が断った仕事を任された。新聞記者は自分の縄張りを確立するために、ジャングルの動物のようにその縄張りの周辺で臭いづけしたりはしない。逆に、縄張りが私に近づいてきたのだ。ワインタールは、中米やラテンアメリカの大部分、フィリピン、モロッコ、インドネシア、そして南極に関係するほとんどの取材を私に任せてくれた。私は、ワシントンでの立ち回り方を学ぶ間は、それは問題ないと考えていた。しかし、ワインタールが休暇に入り、私が代わりに国務省を取材することになったとき、私は自分の問題の全容を理解することになった。パリで知り合ったチップ・ボーレンに電話をかけると、彼はまず私に「どうしてワインタールは休暇の間、僕に君と話をしないようにと言ったんだい？」と尋ねた。

　同じことはサム・シェイファーとも起こった。彼は上院のすべてを独占していたが、上院こそ重要だった。私は反乱分子を味方につけることができた。また、議長以外の下院議員を味方につけることができた。下院議長は毎日正午に、執務室の控室で非公式な記者会見を開き、その日の議題について政治的な説明と戦略の概要を説明することになっていた。この会見に参加せずに下院を取材することはできない。しかし、私はそうせざるをえなかった。バート・ローウェンの場合は、少し事情が違っていた。私は、ハーバード大学の「経済学基礎」より高いレベルの経済学系科目を履修しておらず、その科目でもCを取るのがやっとだったので、彼はそれほど私を脅威に感じていなかった。しかし、彼は依然として財務長官と財務省、連邦準備制度理事会とその幹部、経済諮問委員会、そして予算局を抑えていた。中米共同市場がブラッドリーにとって申し分のない話題であることは誰もが認めるところだった。外交的、また経済的に重要ではなく、議会上の影響も小さかったからだ。誰も理解していないし、誰も少しも気にしてもいない、まだ時機が到来していない話題だった。

『ニューズウィーク』の名目上の支局長は、コラムニスト兼講演者のアーネスト・K・リンドリーだった。リンドリーはまた、刑事訴追されることなく政府高官がジャーナリストと話をすることを可能にした悪名高いリンドリー・ルールを考案したことでも知られていた。リンドリー・ルールでは、ジャーナリストは聞いたその情報を利用することができるが、情報源は「当局」としてしか引用できない。したがってリンドリー・ルールの下では、国防長官は記者に対して、アメリカは木曜日にトリニダードと戦争を始めると伝えることができるが、記事は「アメリカが木曜日トリニダードに宣戦布告することを、本特派員は昨日知った」というように書かなければならない。これは観測気球を上げる古典的な方法であり、本質的に二枚舌で欺瞞的である。

リンドリーは実際には支局とは何の関係もない。彼は毎週、ワシントンや外交に関するコラムを書いていた。講演活動を盛んに行うようになったジャーナリストの草分けで、最盛期には年間一二五回以上の講演を行っていた。そして、テレビという新しいメディア、とくにラリー・スピヴァックの「ミート・ザ・プレス」〔一九四七年にNBCテレビで始まったインタビュー番組〕に肩入れしていた。

私もテレビを見るのは好きだったが、テレビに出たいとは思わなかった。しかし、アメリカに帰国して間もなく、友人の一人が「ブリーフィング・セッション」という、そのときどきのテーマを専門家が、時にはジャーナリストも交えて噛み砕いて解説するという三〇分番組を企画した。彼は、最初の番組でアルジェリアを取り上げたいと考え、私が専門家として通用するから、今後数ヵ月はその識者討論会に参加してほしいと頼んできた。私はその話に飛びついた。チャンネル13は、ニュージャージー州のどこかにある公共放送局で、出演料はわずか五〇ドルで、しかも交通費も出ない。それでも私は、新しいことを始めるチャンスに飛びついた。私がテレビの仕事をしたことが社内で噂になると、リンドリーは話をしようと言って私をオフィスに呼んだ。彼は私に仕事が順調かどうかやその他のお決まりの話をした後、話題はアルジェリアに移った。私の「マグレブから」の記事にとても興味を持っていたのだ。私は三〇分も彼にいわゆる補足を行ったが、それについてはそれっきり何も考えていなかった。

しかし、友人から悪い知らせがあった。リンドリーがプロデューサーに電話してきて、「ブリーフィング・セッション」のことを聞いたが、自分のような名前の売れた専門家に興味はないか、ということだったらしい。自分であれば新番組を軌道に乗せる一助になるからと。私のテレビデビューは、無期限延期となった。

　私はリンドリーとは友人になれなかったが、ワインタールとシェイファー、ローウェンとは友好関係を築いた。クロフォードは、彼らの欠点は気にせず、長所に目を向けるようにすればいいと言った。彼によれば、テディ・ワインタールはたいした文章は書けないが、ジョージタウンの社交晩餐会に声をかけられればいい情報をたくさん拾ってくる。サム・シェイファーは、利己的な引用さえなければ、連邦議会を専門とする最も優秀な記者だ、とケンは言った。サムが使う引用というのは、たとえばこんな感じだ。「リンドン・ジョンソン院内総務は個人執務室で金曜の夜、「一つ覚えておいてくれ、サム」と言った」。あるいは「「サム」と呼んで下院議長は念を押した……」。

　私は、新しい同僚たちとともに、ワシントンの権力構造を学んだ——その師匠はケン・クロフォードだった。彼は長時間かけて、誰がどういう人物で、そして誰がかつてはどういう立場であったのかを教えてくれた。ケンは、人の長所を探し、それを見つけてから批判することを教えてくれた。ある人がケンの「クソ野郎リスト」に載ったのだとしたら、まぎれもなくそういう人物なのだ。

　新しい同僚たちは、以下の面々だった。

・ホワイトハウス担当記者のチャールズ・ウェスリー・ロバーツ。チャック・ロバーツは、ミネソタ大学でトーマス・ヘゲンとルームメートだった。実のところ、ヘゲンの偉大な戦争小説『ミスタア・ロバーツ』の主人公のモデルになった人物である。
・元ソ連空軍のパイロットで、ミグで自由を求めて亡命したレオン・ヴォルコフは、ワインタールの許しを得てソ連問題を取材した。ケン・クロフォードは、『サタデー・イブニング・ポスト』にレオンのゴーストライターとして書いた「スターリンに嫌われた私」という連載で、自分が得た三〇〇〇ドルの原稿料をレオンに渡した。レオンはそのお金で、当時ブロードウェイで『コール・ミー・マダム』に出演していた女優のギャリーナ・タルヴァアと結婚した。
・ジョン・マディガンはシカゴ出身の熟練した記者で、以前は『フロントページ』で働いていた。彼はつねに机とポケットを探って、「この事件を必ず解決する」とつぶやいていた。
・ピーター・ワイデンはベルリンからの難民で、一六歳のときにアメリカ陸軍の面接で訛りのある英語で「私は六ヵ国語話しぇますが、いちべん上手なのは屁《へい》語です」と話して採用された。ユーモアのセンスがあり、優れた商業記事の書き手だった。ピーターと私は、トニーの妊娠中に「ハウ・プリーズ」という劇の脚本を書いたが、彼の妻はいつでも彼に腹を立てていた。制作されることはなく、すばらしい不採用通知が届いた。
・ディック・デイヴィスとその後継者で電気掃除機のような働き者のロイド・ノーマンは、国防総省が創設された際〔一九四七年の国家安全保障法で陸軍と海軍、陸軍航空軍が改編されて国防総省の下で統合された〕、その取材を担当した。
・ラルフ・デトレダノは、色黒のハンサムな保守派で、ニクソンと攻撃的な右派の側に立つ『ニューズウィーク』の屋台骨である。

そして、周囲の男たちのエゴを慰め、おだて、癒してくれる「若い女性たち《ザ・ガールズ》」がいた。
・シャーロット・ケネディは、リンドリーが酒の相手に連れ回していたが、実際に支局を切り盛りしていたのは彼女だった。
・シャーロットの右腕であり、後継者でもあるテルマ・マクマホンは、その温かい心と魅力で支局をまとめていた。
・ノーマ・ミリガンは調査役兼司書で、女性運動が始まる前のワシントンの女性、とくにホワイトハウスで働く女性の研究など、さまざまなことの専門家になった。

ジョージタウンの自宅は、トニーと私がなけなしの貯金と住宅ローン、それに父から二万ドルをさらに借りて、購入資金をまかなった。父は、六万ドルという値段を聞くと、「国の借金のように聞こえるな」と言った。そして私たちは、ナショナル・プレス・ビルディングにある職場の隣の、一三番街にある土曜朝に開催されるスローンのオークション〔一八五三年に創設。現在は移転〕に頻繁に出入りするようになった。

職場では、ニュース週刊誌の奇妙なリズムが私たちの生活を支配していた。月曜日はゆっくりしており、ニューヨークでは仕事をしている人さえほとんどいない。火曜日は企画日で、記事の提案や会議がある。水曜日は取材日。木曜日は取材と執筆開始日、中面記事の締め切りがこの日である。金曜日は主要ニュースを書く日で、土曜日は「ペリスコープ」〔特定のテーマについての特集セクション〕の締め切り、そして私たちが提出した原稿に手を加えないよう、ニューヨークの編集者に延々と懇願する日。日曜日は、事件や事故がない限り休み。

組織の下っ端であり、みんなのナンバーツーとして、私はワシントンがどういうところかについての特訓を受けていた。他の記者の机の上からさまざまな情報のおこぼれをもらうようになったし、退屈する暇もほとんどなかった。

時には不満を感じた。というのは、次のような話から、何か魅力的で重要なものを見つけようと必死だったからだ。ルーマニア商業使節団（「それは君向けだよ、ブラッドリー。外交と経済だ」）やチュニジアの武器要請、インフルエンザ・ワクチンの不足（CIAだけはどこよりも早く「不可欠な人材」という割り当てを行い、職員全員が接種を受けた）、上院議員や下院議員のニューズレター、海外援助（五〇万語は書いただろう）、連邦議事堂のムクドリの糞、フィリピンの副大統領、ローマ法王による時折の回勅、ウェールズの詩人ディラン・トマスがフランシス・ビドル司法長官の自宅に滞在中に盗んだ二枚のシャツ、インドネシアの落ち着かない大佐たち、アメリカの人種関係に関するボイス・オブ・アメリカの放送（「リトルロック市はアーカンソー州にあります」〔公立学校での人種差別撤廃を謳った最高裁判決が出た後の一九五七年、九人の黒人生徒が高校への通学を拒まれた〕）。ほかにも、米州会議やユネスコ、アラスカの州昇格、アジアや中東、その他の地域におけるさまざまな国境紛争など。

　しかし私は退屈することはなかった。インタビューによって、一見平凡な話を興味深いもの、あるいは重要なもの、さらには真実へと引き上げてくれるような、面白い事実が明らかになるからだ。

・ワシントンのカクテル・パーティー取材で、上院外交委員長でロードアイランド選出のセオドア・グリーン民主党上院議員は、二〇年の間に七〇〇〇回以上のカクテル・パーティーに出席したことを明かしてくれた。

・対外援助に関する取材で、ルイジアナ州選出のオットー・パスマン下院議員は引き出しからハサミを取り出し、私が喉から手が出るほど入手したかった、ラオスへの援助計画の失敗に関する政府会計局報告書の「極秘」というラベルを切り取って、私に手渡してくれた。彼はこの計画に猛反対したので、喜んで「漏洩」した（リークされた情報を元に書いた記事は五〇万語以上だと思う）。

・フロリダ州鉄道公益事業委員会のジェリー・カーターは議会調査委員会の証言で述べた。「真実を語ろうとしてきたが、一つだけ言っておく。「私は生涯、嘘をつくことをやめようとした。しかしそれは最も難しい仕事だった」」。

・ストロム・サーモンド上院議員は、議事妨害を始める前に蒸し風呂に入り、長時間男子トイレに行かなくても比較的苦痛にならないようにした。

いい記事ではあるが、街の話題になるような「ホームラン」級のネタはまだなかった。

私は、『ニューズウィーク』の「メディア面」〔報道機関に関する特集セクション〕記事を書くために多くのジャーナリストをインタビューした。数年後、『ニューズウィーク』や『タイム』の記者からインタビューを受けたとき、私は支局の若手記者がその任務をあてがわれるのを知っていたため、慎重に対応した。いずれにしても、私は「メディア面」の記事が好きだった。というのも、私はジャーナリストが好きで、私が話をするジャーナリストは、つねに私より数段上の地位の人たちだったからだ。

ジョー・アルソップに関する記事もあった。アルソップとは後によき友となったが、彼がアメリカ軍のベトナム駐留に強迫観念のように固執したことで、その関係は続かなくなった。ジョーは非常に洗練されていて、あらゆるもののセンスがよく、真剣なキザで、すばらしい教養があり、信念を持った人物だった。彼に関する私のお気に入りのエピソードは、アイゼンハワー大統領が二期目に向けてアドレー・スティーヴンソンを対抗馬に立候補した一九五六年の大統領選挙期間中に、ジョーがローランド・エヴァンスと出かけた調査旅行の話である。ジョーはそのとき、生涯にわたる世論調査への熱中に没頭し始めたのだ。緑色のツイードジャケットに、仕立ての良いグレーのスラックス、そして磨きぬかれたイギリスのピール社製の靴を履いたジョーは、杖をついてミネソタ州の農民を探しに出かけた。そして、農民を見つけると、杖で突いて「どうするつもりかね、お前さんは」と聞くのである。ベトナム戦争以前、ジョーと弟のスチュワートは、アメリカの軍事力、とくにソビエトとのミサイルの数の差を憂う、軍事力増強の暗闇の使徒だった。友人たちは彼が「地上には何も残らなくなる。数年後には私たちは木の根ばかり食べるようになっているぞ」とつぶやくのを聞くのだった。

エネルギッシュな女性記者に関する特集もあった。たとえば、『ニューヨーク・ヘラルド・トリビューン』のマルグリート〔マギー〕・ヒギンズや、最もタフでスマートな政治コラムニスト、ドリス・フリーソンなど。

控えめに言っても、ヒギンズは同僚、とくに男性の同僚からは評価されていなかった。それはとくに、ピュリッツァー賞を二度受賞した、『ニューヨーク・ヘラルド・トリビューン』の偉大な——かつ人気があった——男性記者ホーマー・ビガートからしてまったくもってそうだった。朝鮮戦争に始まり、後にベルリン封鎖でも、男であれば使えない方法でマギーが独占記事を手に入れたと、男性記者たちは主張した。しかし、マギー本人にいわせれば「若くて青い目をしていて、愛らしい声をしている女性に「お嬢ちゃん、あっちに行ってな」と言わせずに一目置いてもらうのは難しいのよ。私も以前は、自分がドリュー・ミドルトン〔『ニューヨーク・タイムズ』の軍事専門家〕みたいにパイプを吸って厳つい顔をしていればと思っていたわ」とのことだ。ビガートは、マギーのことが本当に嫌いで、かつてマギーが出産時に赤ん坊を亡くしたと聞かされたとき、口ごもりながら「な、な、何があったんだ。赤ん坊を食べてしまったのか」と言ったことがある。（この逸話を私が原稿にしたことはない。）

ドリス・フリーソンのことは、彼女に会う以前から知っていた。彼女は第二次世界大戦中、ヨーロッパで活躍した数少ない女性戦争特派員で、戦争取材中にブレア・クラークの父親と親しくなった。クラークの父は、物議を醸した連邦判事で、当時は陸軍大佐だったが、後には駐独アメリカ軍政府の首席判事となった。ブレアの記憶では、戦争中のある朝、父親と朝食をとっていると、ドリスがダイニングルームに現れ、「判事さん。荷造完了よ」と言ったという。私は彼女を長い間、女性戦争特派員の間で行われた「だれが最初にライン川でおしっこするか」という賭けの勝者として記憶していた。女性特派員には、『ヘラルド・トリビューン』のソニア・タマラや『ニューヨーカー』のジャネット・フラナー、『シカゴ・デイリー・ニュース』のヘレン・カークパトリック、そしてメアリー・ウェルシュ（ヘミングウェイの妻）らがいた。フリーソンは「神の怒れる女」として知られ、自らを「神に誓うリベラル派」と称していた。彼女はアイゼンハワーを嫌っていた。というのも、「彼は「政治」を汚い言葉だと思っている」からという。彼女は上院院内総務のことを「ジョンソン爺さんと彼のホラ吹き」と最初に呼んだ人物で、ニクソン副大統領については「信念と自発性がまったくない……まったく計算高い実務者」と早くから評していた。彼女は共和党を批判しながらも、「私の柩を見て涙を流す民主党員は少ないだろう。それは間違いない」とも言っていた。

一九五八年夏、私はついに、その他大勢のうちから抜け出すニュースのネタを見つけた――それは、同僚のもっていた情報のおこぼれの一つで、注目もされずに放置されたままだったのだ。街中が大騒ぎになるような話であり、ベテラン記者たちが私の手に渡らなければよかったと悔やむようなネタであり、私がついに自分の力を発揮する機会となった。一流の人々から注目され、日刊紙や夜のニュース放送で『ニューズウィーク』が引用されるような独占記事だったのだ。それは、規制機関、とくに連邦通信委員会（FCC）に関する議会の調査についてで、調査は汚職に手を汚したFCCの委員数人から始まり、最終的にホワイトハウスの内側にまで手が伸びることになった。その結果、大統領首席補佐官であるシャーマン・アダムスとFCCの委員二人が失職した。自分だけのネタが、ゆっくりと展開していき、歴史にその足跡を残していくのを見るスリルに匹敵するものはない。

調査委員長はアーカンソー州出身の田舎判事で下院議員のオーレン・ハリスだったが、私には聖人ぶった意地悪な人物にしか見えなかった。調査主任は、ニューヨーク大学のバーナード・シュワルツ教授という聡明だが無愛想な人物である。彼らは、FCCのリチャード・マック委員が、ナショナル航空の子会社であるマイアミのチャンネル10を代表する人物から、二万ドルの贈与と融資、某保険会社の株式、そして彼が五セントも投資していない別の事業の単独所有権を受け取っていたことをつきとめたのだ。「俺はリッチー・マックに二五年間も金を貸し続けているんだ」と言うサーマン・ホワイトサイドは、ずんぐりしてよく日焼けしたフロリダの仲介人《フィクサー》である。そして、マックは逮捕された。

FCC委員長のジョン・ドーファーも逮捕された。マイアミやビミニ島、ノースカロライナ州パインハーストのほか、北部や南部、西部の各地を訪れた旅行について、自分と妻の旅費と日当を政府やさまざまなテレビ局、テレビ業界団体から受領していたという。私は、政府高官による低俗な振る舞いに関するこれらの二つの話に満足してしまい、調査委員自身に関して得ていたほかの二つの事件についての情報の片鱗はそれ以上、追及しなかった。それは以下のような話だった。

1．ミズーリ州選出の民主党下院議員モーガン・モルダーは、自分の一〇代の娘を従業員として扱い、五年間で一万二〇〇〇ドルを払っていた。

2．調査委員会のハリス委員長は、アーカンソー州のテレビ局の副社長兼共同所有者で、そのテレビ局は当時、彼がまさに調査していたFCCに事業申請を行っていた。

FCCの二人の委員は、たとえ一方は委員長だったとしても、大統領首席補佐官に比べれば小物だった。とくに首席補佐官が元下院議員で元ニューハンプシャー州知事のシャーマン・アダムスとなればなおさらだ。アダムスは、強靭で寡黙なタイプで、聖人ぶった自己中心的な人物だった。ジャーナリストを社会の底辺に属する存在と見なしていた。そのような人たちが落ちていく様子は、世界で最も楽しくて見応えのある光景の一つである。特別な流れ星を目の当たりにするようだ。

アダムスの名前が最初に現れたのは、監視委員会のファイルの中である。ニューイングランドの悪名高い繊維業者、バーナード・ゴールドファインの調査中だった。委員長は、FCC以外にも規制機関を調査しようと考え、証券取引委員会（SEC）と連邦取引委員会（FTC）に目を向けると、ゴールドファインの名前があちこちに出てきたのである。彼の工場は、法律で定められたSECへの報告書を提出していなかった。そして、ゴールドファインに対する法廷侮辱罪の手続きはいつも滞り、そしていつの間にか取り下げられた。彼の工場は、さまざまな製品を「一〇〇%ビキューナ〔アンデス地方に生息するラクダ科の動物〕」「一〇〇%グアナコ〔南アメリカの高地に生息するラクダ科の動物〕」「純正のラクダ毛」と偽っていた。FTCはこれらの製品にはウサギの毛を含む一八種類の繊維が含まれていると指摘したが、法執行手続きはいつも妨害されるようだった。

ゴールドファインの後ろ盾がシャーマン・アダムスであることを委員会が発見するのに時間はかからなかった。アダムスを含む「政府高官たちは、ゴールドファインから法外に贅沢で高価な利益を得て、もてなしも受けていた」と報告書に書かれている。ボストンの旧コープリープラザ・ホテルのスイートルームがアダムスとその妻のために用意された。ゴールドファインからアダムス家に贈られた東洋の絨毯。ビキューナのコート（ウサギの毛皮付きか）。金時計。さらなるもてなし。召喚令状で領収書も出てきた。この大きな記事《ストーリー》に私自身が貢献したのは、委員会の調査官を説得して、領収書を一時間貸してもらい、複写したことだ。デンソン編集長は、この領収書を大そう気に入り、写真が雑誌に掲載された。それは独占写真であっただけでなく、ニュースをはっきりと物語っていた。シャーマン・アダムス夫妻宛のホテルの請求書には、ルームサービスやチップ（一ドル五〇セント）、駐車場代を含む「請求はすべてバーナード・ゴールドファイン氏へ」と太字で書かれている。二〇〇〇ドルの絨毯の請求書も同じだ。さらに召喚状が出され、これらの費用がすべて、ゴールドファインの商売の経費として差し引かれたことが証明された。

証人は、ゴールドファインが「わが友アダムス知事よ、君は実に仲間思いだ」と公然と祝杯を上げたことがあること、アダムスがゴールドファインのためにアイゼンハワー大統領との面会を手配したこと、ゴールドファインがホワイトハウスや議会のスタッフ三七人に（彼のピルグリム信託会社から振り出された）二五ドルから一五〇ドルの小切手を渡したことを証言している。そしてこのとき、私は初めて、ワシントンの役人を腐敗させるのに必要なものがいかに些細なものかということを学んだのだ。大統領首席補佐官とその妻（恋人ですらない）がコープリープラザ・ホテルに無料で泊まるのに、当時二〇〇ドルもかからなかったに違いない。しかし、それで十分だった。その見返りに、アダムスはホワイトハウスからFTCやSECに電話をかけていた。このとき初めて、ホワイトハウスからの電話の威力が分かった。「ちょっと待ってください……ホワイトハウスから電話です……アダムス知事です」。こうした電話は受け手をこわばらせた。〔虎の威を借りるアダムスのやり口への〕批判の声は高まり、アダムスは一九五八年九月、辞職を余儀なくされた。

ゴールドファインは、実に多彩な人物だった。彼は、自分をアメリカンドリームの権化のように思っていた。自分の成功談を宣伝するため、当時最も有名な広報マンであったテックス・マクラリーや、その助手のウィリアム・サファイアを雇った。サファイアは自身、多彩な経歴を持つ人物で、その後はニクソン大統領のスピーチライターとしてホワイトハウスに入り、さらに『ニューヨーク・タイムズ』の最も優れたコラムニストとして社説を書いた。

ゴールドファインは悪党だった。そして私は悪党、とくに見せかけを偽ろうともしない悪党には弱いのだ。私はゴールドファインの経歴についての記事を、彼自身が話すイディッシュ語訛りを織り込んで書いた。当時の新聞では訛りを使った記事はあまり見られず、編集者も避けていた。しかしゴールドファインはその記事を気に入った。実際、数日後、旧ウィラード・ホテルの主食堂で一緒に昼食をとっていたとき、彼は私に子どもは何人いるのかと尋ねた。私が継子も入れて五人だと答えると、彼は財布から五〇ドル札を五枚取り出して、私に押しつけた。私が必死で断ると、彼はショックを受け、どうして断るのかと尋ねた。数テーブル離れたところにゴールドファインの弁護士サム・シアーズが座っているのが見えたので、私はシアーズのところへ行き、昼食中の人たちから見えるように五〇ドル札五枚を手の届くところに持っていった。私は五〇ドル札をテーブルに置き、大きな声でシアーズに言った。「君の社長に言ってやってくれ。こんなことをしてはダメだと。私が言っても分からないようだから」。

この仕事をしていて、お金を差し出されたのは、これが最初で最後だった。

ゴールドファインは、議会侮辱罪と質問に対する回答不履行で刑務所に入ることになり、サム・シアーズのような顧問弁護士や、使い走りをさせていたラルフ・スロボドキンよりさらに強力な助けを必要とすることになった。最も優秀な人物が必要だとしてゴールドファインが見つけたのが、私の地区裁判所時代の友人であるエドワード・ベネット・ウィリアムズだった。それから三〇年余り経って刊行されたウィリアムズの伝記『見るべき男 エドワード・ベネット・ウィリアムズ――最後のインサイダー、そして伝説的裁判弁護士 *The Man to See*』で、『ニューズウィーク』のワシントン支局長エヴァン・トーマスは、二人の出会いをこう語っている。

一九六〇年の冬、ウィリアムズは刑務所に収監されているゴールドファインに会いに行った。そこにいたのはイディッシュ語の訛りが強い白髪の老人だった。数分間話をした後、ウィリアムズはゴールドファインが［一九五三年から五七年の］数年間、何の［納税］申告も行っていないことを持ち出した。「残念だが、君には弁護の余地はない」とウィリアムズは言った。ゴールドファインはこの知らせを無言で受け止めた。数分後、ウィリアムズがトイレに行っている間に、ゴールドファインはサム・シアーズに向かって言った。「ワシントンから来た若い輩は、私に弁護の余地がないと言っているが、何様のつもりだ。弁護だと？　弁護の余地があるなら、スロボドキンで十分だったじゃないか！」

エドはこの話が大好きで、自分の腕前を相手に（そして自分自身に）思い出させるために、よく持ち出した。

ゴールドファインが無名状態から束の間の名声を得る直前、議会監視委員会はボストンのテレビ・チャンネル5とその所有者、つまり私の遠い親戚で『ボストン・ヘラルド・トラベラー』の発行人ロバート・〝ビーニー〟・チョートが絡んだゴタゴタに躓いた。チョートは終戦直後、私に仕事をくれなかった宿敵だ。FCCは、シンクレア・ウィークス商務長官の働きかけとチョートからの電話、そして昼食会のもてなしによって聴聞官の勧告に反し、チャンネル5を『ヘラルド・トラベラー』に授けたのである。デイヴィスとその従兄弟ジョン・Iが率いる『ボストン・グローブ』を所有するテイラー一族は、「反則だ」と抗議した。チャンネル5を使って『ボストン・グローブ』をつぶすと脅し、同紙がボストンの銀行から融資を受ける計画を台無しにしたと、チョートを非難した。

彼らは、高潔な面持ちと忍耐強い健やかな肉体を持つ優秀な若い記者、ボブ・ヒーリーを送り込んで、この話を取材させ、ヒーリーの友人で、まもなく下院院内総務になるトーマス・〝ティップ〟・オニールの力を借りて、議会の憤りを喚起するようにした。私はチョートに腹を立てていたわけではないが、『ボストン・グローブ』の連中は私の仲間だった……ヒーリーやテイラー夫妻。加えて、『ワシントン・ポスト』時代の同僚トム・ウィンシップとその父ラリーが、それぞれ同紙の編集局長と編集者を務めていた。そこで、私は可能なときにはヒーリーを手伝った。とくに週刊誌の締め切りまでもたないような展開について知ったときなどだ。チョートがFCCのジョージ・マコノーフィー委員に一方的に接触したことが主な原因で、FCCは最終的にチャンネル5を『ヘラルド・トラベラー』から取り上げることになった。『ボストン・グローブ』は成功し、ヒーリーも昇進したが、『ヘラルド・トラベラー』は収益力のあるテレビ局を失ってから立ち直ることができなかった。

これは、組織の下っ端にいる者にとっては朗報である。欧州防衛共同体や東南アジア条約機構（SEATO）ほど「重要」ではないかもしれない。しかし、同じような仲間意識があり、人々には身近だった。私はまだ、ワインタールとシェイファーが残してくれた外交と経済のおこぼれと奮闘していた。見返り資金、兌換通貨、対外援助、経済と軍事、貿易攻勢、タラコとスケトウダラの戦争、ボイス・オブ・アメリカ、金門島と馬祖島、アルゼンチンとベネズエラ、石油生産と共同市場などである。その過程で私は何百人もの興味深い人々に出会い、私が読者を教育する以上に、私のほうが育てられた。アダム・クレイトン・パウエルもまた悪党で、ウィリアムズの顧客だった。ヒューバート・ハンフリーや蔣介石夫人、ボブ・ホープは、彼の友人でわが家の近所に住むミズーリ州選出上院議員スチュワート・サイミントンから紹介された。アラブのビング・クロスビーとして知られるアブドゥル・ワハブ、ドリュー・ピアソンとその妻ルヴィー、ワシントン・レッドスキンズ〔ワシントンDCに拠点を置くフットボールチーム。のち改称〕のオーナーであるジョージ・マーシャル（ブラッドリーは尋ねた。「いつになったら黒人のフットボール選手を雇うつもりなんだ」。それに対してマーシャルは「ハーレム・グローブトロッターズが白人のバスケットボール選手を雇うときだ」と答えた）、カリフォルニア州のトーマス・クッシェルとウィリアム・ノウランド、マサチューセッツ州のレヴァレット・ソルトンストール、イリノイ州のエヴェレット・ダークセン、ニューヨーク州のケン・キーティングとジェイク・ジャビッツ、ニュージャージー州のクリフォード・ケースら多くの上院議員たち、そしてホワイトハウスのディロン、ブライス・ハーロウ、マルコム・ムースら行政府の幹部たち。

海外特派員のような華やかさはまだなかったが、私は人生を楽しんでいた。そして、私はワシントンの魅力に取りつかれつつあった。

第9章　JFK

私の人生で最も重要な出来事の多くは、偶然に起きているように思う。たとえば、『ボルチモア・サン』の採用面接のため、ザ・フェデラル号からボルチモアの駅で下車する代わりにワシントンまで足を延ばし、『ワシントン・ポスト』の面接を受けたことだ。あるいは、一九五七年にジョージタウンのワシントン北西地区N通りの西端にある三三〇〇番地に家を購入したわずか数ヵ月後、マサチューセッツ州選出の若手上院議員とその妻が同じワシントン北西地区N通りの西端にある三三〇〇番地に家を買った、というようなことだ。私たちと彼らが、あいさつの握手を越えて知り合いになったのは、ある晴れた日曜日の午後、ジョージタウンでお互いにベビーカーを押しながらのんびり歩いていたときのことだった。あちらの赤ん坊はキャロラインで、わが家のはディノで、生まれたのは一九五八年のクリスマス直後だった。一九五九年初めの暖かな日曜日、出会ったのは彼らの家の裏庭で、お互いの赤ん坊の品定めをするように、目を向けあった。キャロラインはその後、世界で最も写真に撮られる子どもになるわけだが、実際、とてつもなく可愛かった。もっとも、ディノもいい勝負だった。結婚する前、子どもは作るまいとほぼ決めていたトニーと私だったが、一緒にいればいるほど、その決め事は早計、ついには間違っている、と思うようになった。子どもは、何ものにも代えられぬ喜びを結婚にもたらしてくれる。そして、ディノはクリスマスの二日後、突然やってきた。危うく、ワシントン中央病院のエレベーター内で産まれるところだった。

ヨーロッパに住んでいた私は、ジャック・ケネディが初めてアメリカ政界で名をとどろかせた場面を見逃していた。

それは、一九五六年にアドレー・スティーヴンソンの副大統領候補となろうとしたが、テネシー州選出の上院議員エステス・キーフォーヴァーに党大会で敗れてしまった、というものだ。彼は実に魅力的で、やや猫背だが、身のこなしは優雅だった。ある夜、元駐仏大使、現在は財務次官のダグラス・ディロンとその妻フィリスが主催した祝賀会で、私たちはともに夫妻で夕食を一緒にすることになった。しかも、私の席はケネディの妻ジャッキーの隣、ジャックの席はトニーの隣だった。帰宅も一緒で、おやすみなさいと挨拶する頃にはもうすっかり友人となり、居心地がよく、次に会うのが楽しみになっていた。

私が国内政治に興味をもち、また関わるようになるまでには時間がかかった。大統領選挙はもちろん、政治活動を取材したこともなかった。アイゼンハワーとスティーヴンソンの選挙運動を逃してしまったため、アイゼンハワー政権内のごくわずかな人々しか知らず、スティーヴンソン派の民主党員とはまったく面識がなかった。当然、政治担当に選ばれるのは、より経験豊富な記者たちだった。しかし、連邦議会下院を取材するうちに、多くの議員、そしてさらに多くの議員スタッフと知り合いになった。ケネディを知るようになったときも、担当すべき守備範囲の一人として接したところがあり、彼が頭角をあらわすとともに、私も名をあげていった。一九五六年のシカゴでの民主党大会で副大統領候補になり損ねた直後、ケネディは内心、ふたたび次の大勝負をねらう決心をしていた。私が彼を知るようになった頃には、彼は雑誌に記事を書き、政治家としてスピーチをこなし、国中を遊説し、上院で時間を費やすことはほとんどなかった。一九五八年の選挙で八五万票以上、マサチューセッツ州の政治家として過去最大の得票数で大勝利、再選してからはとくにそうだった。他の地域でも、その年に立候補した政治家でそれほど多数の票を得た者はいなかった。

思い出せる限り最初の政治取材での出張は、ケネディ、ジャッキー、トニーとともに小型チャーター機でめぐった一九五九年の旅だった。まずワシントンのナショナル空港から飛行機ですぐの海沿いのリゾートで、メリーランド州の民主党員らと会議があった。次に飛んだのは、初めて訪れるマサチューセッツ州ハイアニス・ポートで、ケネディ一族はここに避暑用の別荘を持っていた。ジャックは人だかりに身を投じ、何千回も握手をしたが、ジャッキーは棒立ちで身を固くし、ジッと前を見るばかりで、誰も彼女に話しかけることができなかった。

ケネディの大統領に向けた運動が始まっていることが、誰も否定できないほどに社会に示されたのは、一九五九年の秋、豪華な椅子、机、寝室をしつらえたコンヴェア〔航空機メーカー〕のキャロライン号をケネディ一家が上院議員用に購入したときだった。はじめは小規模な政治集会に参加するために使われ、乗員はほとんどの場合、ケネディとテッド・ソレンセン、あるいはケネディと彼のチームの最高責任者であるラリー・オブライエンで、記者が同乗することはなかった。ときに一人（私であることもあった）、あるいは二人の記者が加わることもあったが、それ以上になることはなかった。

『ニューズウィーク』のワシントン支局やニューヨーク本社では、私がケネディ番であることが徐々に受け入れられてきた。コメントが必要なときには、私に声がかかった。大統領選への出馬が何を意味するのか、最後にはどうなるのか、実のところよく理解もせぬまま、私は新たに旅立ったのだった。自分がよく知る人物がそのように高い権力者の地位に就く可能性など、それまでに受けた教育や経験では、まったく考えようがなかった。ケネディの進もうとする道は地雷だらけだった。まず、大統領に当選すれば最年少、かつ初の二〇世紀生まれとなる、四三歳という年齢がそうだ。宗教もそうで、カトリックの大統領はローマ法王からの命令には逆らえないと、かなり多くのアメリカ人が信じていた。健康問題もあった。彼は幾度か臨終の秘跡〔死が近くなった者にカトリック司祭が施す宗教的儀式〕を受けており、リンドン・B・ジョンソンの選挙対策委員長のインディア・エドワーズからは「びっこでチビのせむし」呼ばわりされていた。そして、彼の父、ジョセフ・P・ケネディは、第二次世界大戦中の駐英大使時代には反戦主義の親ドイツ派、また一九五〇年代には親マッカーシー派で、女好きのぼったくり男爵、という悪評が定着していた。

君が大統領候補者になるのは実に奇妙な感じがする、君自身も奇妙だと思わないか。ケネディにそう尋ねたことがある。トニーと私に彼はこう答えた。「そうだね。けれど、立ちどまってみて、大統領職をねらう他の人たちに目をやれば、自分も彼らと同じように資格はあると思うよ」。一九五九年の終わりに、本当に、心の底から、できると思っているのか、と尋ねたこともある。らしくもなく、一呼吸置いてからの答えはこうだった。「イエス。ただし、何一つ間違いをしでかさず、にっちもさっちもいかない状況に陥ることがなければ」。つまり、予備選で次点に終わったり、一九四八年にハロルド・スタッセンがオレゴン州の予備選でトーマス・E・デューイに対してしたように、一戦にすべてを賭けた挙句に全部を失ったりするようなことがなければ、というわけだ。スタッセン自身、また周囲の人々も、オレゴン州でデューイを破れるし、その勝利でデューイの息の根をとめることができる、と信じ込んでいたのだった。

だが、私は確信をもてずにいた。政治にはまだ疎く、自分の勘を信じるには経験が浅すぎた。それに、皆の疑問に対する答えは、もうすぐ始まる予備選で明らかになるはずだった。雪のニュー・ハンプシャー州を、私はとぼとぼと歩き通した。かつて、自分がドタバタと歩き回っていた土地だ。*結局、ケネディはそこで大勝利を収めた。自身の選挙区の隣接州で、かつて私の父がよく言っていた、西風に逆らった出馬だったにもかかわらずだ。次のウィスコンシン州での予備選では、お隣のミネソタ州で生まれ育ち、中西部の民主党リーダーの権化だったヒューバート・ハンフリーを一〇区域中九区で破ると思われたが、六勝四敗という薄氷での勝利だった。

ウィスコンシン州での取材後、『ニューズウィーク』からは、大統領をめざして国中を回るジャック・ケネディを私が専属で取材することになった。かつてのような、キャロライン号に乗っての政治取材旅行は、もうできなくなってしまった。コネティカット州ハートフォードに赴いた折、州知事のエイブ・リビコフがただ独り、フェルト製中折れ帽を手に、雨の駐機場でケネディを出迎えた光景をいまでも覚えている。リビコフが当初から味方になってくれた恩を、ケネディは忘れなかった。「エイブは欲しいものをなんでも手に入れられるだろう」。のちにそう語っていた。**

次にケネディは、父の助言（「この州は絶望的だ。カトリックだというだけで落とされる」）に抗い、プロテスタントが強い州でも勝てることを証明すべく、ウェスト・ヴァージニア州の予備選に打って出た。この決断は、パーム・ビーチにおける家族会議での、「大使《父さん》はそうおっしゃいますが、私たちはウェスト・ヴァージニアで戦って、勝ちます」というジャックの一言で下された。大使は即座にこの計画に乗った。

一九六〇年五月、ウェスト・ヴァージニア州での投票結果を見届けるため、われわれはケネディ一家に招かれた。そのとき、時間つぶしに映画を見ることになった。ジャックが選んだのは『去年の夏 突然に *Suddenly, Last Summer*』だったが、上映開始後は誰も入場できず、かつ退場もできない、という条件がついていた。仕方なく、われわれは一四番通りを渡ってプラザ・シアターに移ったが、当時ここはポルノ映画専門だった。後年のハードコアものではないものの、ケイティー・マンクスが淫らな妻を演じる『プライヴェート・プロパティ』〔「秘密のアソコ」といった意味〕という困った代物だった。（ちなみに、のちにわかったことだが、『プライヴェート・プロパティ』はカトリック教会の鑑賞禁止リストに入っていた。あの夜の映画について、私は決して他言することはなかった。）

われわれがN通りのケネディ宅に戻ると、電話が鳴っていた。〔ジャックの弟で〕選対部長のボビー・ケネディからで、勝利、しかも大差で、という知らせだった。控えめに勝どきをあげ、シャンパンを一杯飲むと、勝利を祝う写真撮影があるから、キャロライン号で一緒にチャールストンまで来ないか、とジャックに誘われた。それは政治週間の記事用の取材だった。一夜を一緒に過ごし（ポルノ映画はなしで）、さらにフライトをともにできれば、ニュース雑誌の編集者が渇望する私的なエピソードや彩りのある余話にありつける。つまり、あえてヒュー・サイディの表現を借りれば、私はまさに念願かない《バーゲン・フォー》、喰い込むことができたわけだ。『タイム』で私と同じ立場のライバルが、チャールストンの空港で飛行機を降りる候補者のすぐ背後から私が現れるのを目撃するはめになる、ということだ。

記者、とくに編集者がつねに恐れているのは、政治家の気を引きたい、少なくとも親密さをいくらかは示してほしいと願いつつ、魅了されてしまうことだ。ニューヨークでマルコム・ミューアと『ニューズウィーク』の編集者たちをケネディに公式に引きあわせたことがある。当時、CBSニュースの特派員になっていた友人のブレア・クラークの自宅でも、非公式に編集者たちに紹介したことがある。若さ、カトリック、東部人、都会的といった先入観から、彼らは明らかにケネディに懐疑的で、質問攻めにした。二〇年以上の政治報道経験を持つ、酔っ払いのハル・ラヴィーンは、「よくいるハーバード卒の色男」ではないということをどうやって疑い深い連中にわからせるつもりなのか、とジャックを問いつめていた。しかし、ケネディは「そうだな、まず手はじめに、オハイオ州をぶんどっちまおう《ファッキン・ウェル・テイク・オハイオ》か」と余裕で答え、ラヴィーンを黙らせたものだ。そこにいた編集者は誰も、そのようにくだけた言葉を発する大統領候補者を見たことがなかったし、実際にオハイオ州を獲得すれば懐疑派の度肝を抜けることを全員がわかっていたので、皆、ケネディに魅了されてしまったのである。

その一言「オハイオ州をぶんどっちまう《ファッキン・ウェル・テイク・オハイオ》」、が記事になることはなかった。報道機関はおおむねケネディを擁護し

＊　一九四八年、トーマス・E・デューイが大統領候補者としてニュー・ハンプシャー州マンチェスターで選挙運動をした際、私は地元記者の一団として、朝食時の彼を取材するため、カーペンター・ホテルのスイートに押し込められていた。何か面白い発言をしたか、昔のことで覚えていないが、決して忘れない出来事がある。緊張して目玉焼きを膝の上に落としてしまったウェイトレスに、デューイが激怒したのだ。大統領たる者、あの朝、デューイが見せたような態度では務まるまい。そう思ったものだ。

＊＊　実際には、リビコフは欲するすべてを得られたわけではなかった。彼は初のユダヤ系司法長官になることを望んだが、一八八〇年（ジェームズ・A・ガーフィールドがわずか七千票差でウィンフィールド・スコット・ハンコック将軍を破った選挙）以来、最も少ない得票差で当選した新大統領としては、そこまではしてやれなかった。その代わり、リビコフは健康・教育・福祉省長官となった。

ていたが、どの候補者に対しても、言葉が過ぎたり、ときに他の政治家を大っぴらに悪く言ったりすることは大目に見ていた。これに最も助けられたのは、リチャード・ニクソンだ。『ワシントン・ポスト』の記者を辞め、ニクソンの補佐官としてホワイトハウス入りしたケン・クローソンはその数年後、ニクソンの口は「ブラッドリー、お前よりも悪いぞ」と言っていた。ジャック・ケネディの健康問題に難癖をつけようと、インディア・エドワーズが「びっこでチビのせむし」呼ばわりしたときも、まったくどこにも掲載されなかった。当時の記者たちは、党派主義的な政治の勇み足と思われる言動には寛大だったのだ。そうした態度は新しい世代とともに徐々に消えていったが、それで誰が得をするのか、私にはよくわからない。大統領候補者の私的な発言や行動に関する報道のルールは変わってしまい、編集者は対応に苦慮している。(一九八七年のゲイリー・ハート〔民主党の有望な候補者だったが、不倫報道で選挙戦から撤退〕が一例だ。)

一九六〇年七月の民主党全国大会の前週、ケネディと彼のチームが到着する一週間前に、私はロサンゼルスに飛んだ。きわどい勝負の場合、党大会前の巻頭記事《カバー・ストーリー》は、ニュース雑誌にとってとてつもなく難しい仕事となる。トップで扱うのは指名を受ける候補者だが、それを誰にするかを、実際に選出される少なくとも五日前の水曜日には決めなければならない。記事は二日前の土曜日の午後には完成させる必要がある。記者の予想が正しければ、編集者に才があった、ということになり、間違っていれば、記者は面倒なことになり、職探しなどをするはめになる。ケネディは重要な大型の予備選で勝利し、他に脅威となる民主党候補者はいなかった。指名を受けるのはケネディだ。私はそう『ニューズウィーク』の編集者たちを説得した。ケネディの有能な側近、ラリー・オブライエンは政界では随一の票読み屋で、彼の最新の予想をつかんでいる。これが主な根拠だった。というわけで、ケネディの写真が党大会前の表紙《カバー》を飾った。『タイム』が選んだのはリンドン・ジョンソン。真っ二つに割れたわけだ。

日曜日の早朝、トニーも同じ民間航空機でロサンゼルスに飛べるようケネディが取り計らってくれたので、私は最後の最後で訊くべき質問のリストを彼女にもたせておいた。彼女は五時間のフライトのほとんどの時間、ケネディの隣に座り、答えを記入できるよう空欄を残して清書した質問を彼に渡してくれた。ケネディは喉の調子が悪かったので、声には出さず、リストに従って答えを書いてくれた。党大会のゴタゴタ中にリストと回答はどこかにいってしまったが、この一問一答だけは覚えている。

「LBJ〔リンドン・B・ジョンソン〕を副大統領にする考えは?」 トニーが手書きで問う。

「絶対にない」。ケネディが手書きで返す。記念品を大事にとっておくことなどない私だが、これだけは残しておけばよかったと後悔している。

党大会の記憶はおぼろげだ。覚えているのは、アドレー・スティーヴンソンに最後の励ましをしようと、ギャラリーを優雅に横切るローズヴェルト夫人だ。パリ時代の古い友人で『ルック』の編集者、ビル・アトウッドからのちに教えてもらったことだが、これは仕組まれた計略だったらしい。夫人はうまくやっている。そう思っていた私だったが、ケン・クロフォードにうながされ、スティーヴンソンの取り巻きでいっぱいのギャラリーから会場のフロアに目を移すと、代議員たちは手もち無沙汰にしているばかりだった。

記憶に残っていることは他にもある。ＬＢＪのテキサス州代議員らへのスピーチを頼まれ、ケネディが敵陣営に乗り込んだこと。カリフォルニア州知事のエドモンド・〝パット〟・ブラウンが、ケネディを支持し代議員を明けわたすと約束したにもかかわらず、永遠と思われるほどいつまでも自身の代議員団に固執したこと。また、疲労であきらかに体調を崩していたボビーが、翌日の初回の投票のために、夜中の二時に私とともに代議員一人ひとりへ最後のお願いに回ったこと。そして最後は、ワイオミング州で唯一の民主党の連邦議会議員で快活なテノ・ロンカリオが投じた、ワイオミング州の一五票のおかげで、ケネディが首位に踊り出たこと、だ。

その後の選挙キャンペーンは、若者が大勢いる群衆を映しだす万華鏡のようで、どんな政治記者も目にしたことのないものだった。（ケネディは、得意の自虐的な調子で、記者たちにこう言ったものだ。彼のスタッフは群衆の数を確実に予測する新たな方法を開発した。「尼さんを数え、一〇〇倍にすればいい」と。）現職の副大統領で、いまや大統領候補者となっていたニクソンは、ケネディとのテレビ討論を拒否するのは得策ではないと判断し、初回は九月二六日、シカゴで行われた。プロデューサーはＣＢＳのドン・ヒューウィットで、その後、そして現在も「60ミニッツ」〔ＣＢＳのニュース特番〕を手がけている。私は共同取材《プール》記者の一人で、現場のスタジオに入り、カメラなど機材の背後で見守っていた。二人の雑談はぎこちなく、意識的に礼儀正しくも、冷淡なものだった。ケネディは驚くほどに動じず、冷静だと思った。そしてニクソンは、重い血液の感染症にかかっており、死体のように不自然に見えた。終了後、ケネディがニクソンに完勝したという自分自身の印象を確かめたくて、大物記者たちの意見を聞きに、報道記者室に足を運んだ。『セントルイス・ポスト＝ディスパッチ』のマーキス・チャイルズ、『ニューヨーク・タイムズ』のスコッティ・レストン、『クリスチャン・サイエンス・

モニター』のロスコー・ドラモンド、コラムニストのジョー・アルソップは、ちょうど互角だと判定していた。のちに気づいたことだが、おそらく、お気に入りのポッと出の若手候補者が、いけ好かない現職の副大統領に討論会で勝利したと言いきってしまうことの影響を、彼らも懸念していたのだろう。

私は二週間ほど、ニクソンを追ってみることにした。彼についてほとんど知らなかったし、副大統領としての六年間に交わることもなかった。しかし、気になっていたのは、フランス人がいうところの、自然で、ありのままでいるようなことがまったくなく、独りで、また他の人々といるときもくつろぐことがなかった、ということだ。私がクリスチャン・ハーターから聞いた話では、一九四七年に彼が議員団を率いて戦後のヨーロッパを視察した際、議員になりたてのリチャード・ニクソンは、一団のなかで最も聡明で、誰よりもよく働いたという。ハーターはアイゼンハワー政権でジョン・フォスター・ダレスを引き継いで国務長官になった都会派のインテリだが、彼ほどの人物をニクソンびいきにさせた特長を探そうとしたが、見つけることができなかった。そこで私は、いっそう努力してニクソンに接近し、インタビューを試み、記者団に混じり、彼が赴く場所に出没するようにした。私は、メリーランド州南部の船員からハリウッドの映画プロデューサー、アラブの店主からイスラエルの役人、プロのアスリートからコンサート・ピアニストまで、あらゆる人々と打ち解けることができるが、ニクソンはお手上げだった。ニクソンの友人でカリフォルニア州の政治家、のちにニクソン政権で健康・教育・福祉省長官となるボブ・フィンチとは話ができた。また、ニクソンの報道官であるハーブ・クラインからは、誰もが話を聞くことができた。ところが、それ以上となると、ニクソンの取り巻きによる敵意ある肘鉄に見舞われることになり、ニクソンに関する断片を集め、それらをつなぎあわせなければならなくなるのだった。

ニクソンを追った二週間を経て、ケネディのキャンペーン行脚に戻ると、ニクソン陣営の様子についてケネディが尋ねてきた。異質、面白味がない、異様に退屈、ほとんど敵対的、と答えておいた。

そして最後の最後、選挙当日は永遠のように長く感じられた。火曜の夜の時点で、ケネディの勝利まであと少し票が足りなかったからだ。イリノイ州、カリフォルニア州、ミシガン州、ミネソタ州の行方がまだ不明で、正式な結果は水曜日の夜まで待たなければならなかった。トニーと私がようやくハイアニス・ポートのヨットマン・ホテルに戻ると、その夜にケネディ家の別荘でジャック、ジャッキー夫妻と食事をしないかと、誘いを受けた。私と妻以外の参加者は、愛嬌ある元ジャーナリストで、アーティストからケネディのスタッフ（アーカンソー州でケネディの選挙運動を担当）に転じていたビル・ウォルトン（タイム＝ライフ社、『ニュー・リパブリック』）だけだった。

私たちは早めに到着した。トニーは妊娠八ヵ月で、同じ妊娠月齢だったジャッキーの出迎えを受けた。* 数分後にケネディが階段を降りてきて、誰も何も言えぬ間に、微笑んでこう言った。「女性陣にご報告しよう。勝ったぞ。これで枕を高くして眠れるぞ」。

祝杯を交わしながら話題になったのは、これから彼をどう呼ぶべきか、という喫緊の問題だった。「ミスター・プレジデント」。これはすばらしいが、まだ正式に大統領になったわけではない。「では、いまのところは、短く「プレズ」（"Prez"）でどうかな」。ケネディは控えめに提案した。（実際に大統領になってからは、私たちやごく親しい仲間内では「ジャック」、他の人がいる場合には「ミスター・プレジデント」と呼んだ。）食事になるとケネディは、まんじりともせずに過ごした前夜のことを話しはじめた。イリノイ州がどちらに転ぶか不明な状況で、シカゴの伝説的な市長、リチャード・デイリーに電話で探りを入れると、ケネディいわく、デイリーはこう言ったという。「ミスター・プレジデント、ほんの少しの幸運と数人の親友のおかげで、イリノイ州は貴公のものになりそうですよ」。

この発言は、ケネディの評判につきまとうことになる。夕食はもちろんオフレコだったので、それから約一四年後、私が『ケネディとの対話 *Conversations with Kennedy*』〔邦訳『ケネディとの対話――その信念と栄光の軌跡』大前正臣訳、徳間書店、一九八〇年、原書一九七五年〕を執筆するまで、公にすることはなかった。しかし出版後、一部の共和党員は、イリノイ州でデイリーが画策してケネディを当選させた、という彼らの考えを裏づけるものとして、その発言を理解した。当選を保証できるほどの票――死者か生者かは問わず――を作りだせるし、実際にそうする。デイリーがそうケネディに確約したことを示す発言だ、というわけだ。私はといえば、デイリーの真意など知る由もない。アイリッシュ系特有のユーモアだとすれば、浅はかとはいわぬまでも、実に不適切だったといえるだろう。

翌朝、敗北宣言をしたニクソンは、選挙結果に異議を申し立てる余地があるかを確かめるため、友人のウィリアム・P・ロジャースにイリノイ州での投票に関する調査を依頼した。ロジャースは弁護士で、ワシントン・ポスト社も彼の顧客だった。アイゼンハワー政権の司法長官で、のちにニクソン政権で国務長官となる人物でもある。彼の結

＊　マリーナ・ブラッドリーは一九六〇年一一月二三日に誕生した。ジョン・F・ケネディ・ジュニアが生まれたのは一九六〇年一一月二五日である。

論は、デイリーがクック郡で不正に得たかもしれない票と同じくらい、共和党員がイリノイ州南部で票を盗んでいたとしてもおかしくない、というものだった。

夕食後、ケネディはいたずらっぽくウォルトンと私に向かって、こう言った。「よし、君たちには、職を一つずつ与えよう。何がいい？」まず口を開いたのはウォルトンで、当時、すでに三七年以上もFBI長官を務めていたJ・エドガー・フーヴァーを退任させるべきだと進言した。かなり後に判明することだが、この男フーヴァーは若き海軍将校時代のケネディの電話を盗聴し、ナチスのスパイだと疑っていたインガ・マリー・アルヴァドとの情事を盗み聞きしていた。

私は、海外特派員の経験から、CIAを十分に統制できていないことが心配で、アメリカにおける諜報組織の親玉、CIA長官のアレン・ダレスを交代させるべきだと主張した。

翌朝、ケネディ邸でボビー・ケネディに関する記事、「ワシントンで必見の新人」に取り組みはじめた。小部屋で待機していると、隣ではすでに政権交代に向けてケネディが側近たちと会議を開いていた。突然、ジャックの友人、レモイン・ビリングスがホールに出てきた。彼が受話器をとり、オペレーターにこう言うのが聞こえた。「君、次期大統領が急ぎで電話を二本かける。一本はFBIのJ・エドガー・フーヴァー氏、もう一本はCIAのアレン・ダレス氏につないでくれ」。次に耳にしたのはケネディの声で、フーヴァーに向かって、いかに彼を必要とし、頼りにし、ケネディ政権中も続投してほしいかを語っていた。数分後、アレン・ダレスにもまったく同じ話が繰り返された。

N通りの西端にある三三〇〇番地における政権交代の作業は劇的だった。私の家からわずか数ヤードしか離れていないケネディ邸で、閣僚の候補者たちが慌ただしく出入りし、玄関先で急遽、記者会見をして内定者を発表することもあった。（ケネディは新司法長官を深夜二時に発表すると友人たちに伝え、玄関のドアを開け、かすれた小さい声で、「ボビーだ」と告げた。）気温は低く、ときに底冷えがしていた。待ちぼうけの記者団のなかには、喉が乾きソフトドリンクを求めてわが家にやってくる友人もいた。トニーの連れ子で九歳になるナンシー・ピットマンに冷えたドライ・マティーニをもたせ、『ニューヨーク・タイムズ』とABCの記者だったビル・ローレンスに届けさせたこともある。

週刊のニュース雑誌にとって、世界に向けてスクープを放つこと、ましてや閣僚指名をすっぱ抜くことは至難の技だ。箝口令《かんこう》は最低三日、週刊誌にとってはしばしばそれ以上になる。政権交代をめぐり私がスクープをものにしたのは一度だけ、しかも運がよかっただけだ。フォード社の社長、ボブ・マクナマラが新国防長官に就くという一報で、『ニューズウィーク』は新政権に関する記事の表紙《カバー》に彼を載せた。ただし、問題があった。マクナマラは確かに国防長官を打診されていたのだが（のちに知るが、実のところ、彼は財務長官か国防長官を選ぶよう打診されていた）、引き受けるとはっきりとケネディに伝えてはいなかったのだ。マクナマラが私に打ち明けたわけではないが、彼の友人でミシガン州民主党の議長、ニール・ステブラーが国防長官を受けると私に教えてくれた。日曜日の夜、もう巻頭記事《カバー・ストーリー》を変更するには遅すぎるが、ケネディは私に、マクナマラは火曜日まで返事できないだろうと話してくれた。明けて月曜日、新国防長官としてマクナマラの顔が『ニューズウィーク』の表紙を飾った。そして火曜日の朝、マクナマラはケネディに電話をかけ、喜んで国防長官として彼のために働きたい、と伝えたのだった。

友人が合衆国大統領に出馬するという経験は、誰にとっても予期せぬ事態で、ワクワク、興奮するものだ。新聞人にとってでも同じだが、そこに困惑が加わってくる。自分は友人か、記者か、どちらなのか？「友人」、そして「記者」という言葉について、ある程度落ち着くまで、何度も考えを巡らせなければならない。しっくりくるまでには時間がかかる。とくに、友人がいまだ次期大統領であるうちは、いずれましになる、というか、かなりましになる前の段階であって、悩みは深まるばかりだ。

ケネディが当選してから数週間は、とくに居心地が悪かった。当選から三週間もたたぬ一一月二三日の夜、トニーが突然に産気づき、マリーナ・ブラッドリーが誕生したときもあれでよかったのか確信がない。過去の経験からすると、出産まで二五分もないのに、ベビーシッターが不在、部屋住みの学生はあと三〇分は夜間学校から戻ってこないという状況だった。私はジャッキーに電話をかけ、私の子どもたちも顔見知りである彼女のメイド、プロヴィーに急遽手助けしてもらえないかと頼んでみたが、ちょうど家を離れたばかりだった。まったく途方にくれたところで、当選したばかりの次期大統領が、シークレット・サービスの一人を手配する労をとってくれた。あいにく（あるいは、彼にとっては幸いだったかもしれない）名前は忘れてしまったが、すぐにやってきてくれた。私たちは即座に家を出て、マリーナもすぐに産まれた。帰宅するとみんな寝ており、一人だけ起きていた一二歳のアンディは、彼女を楽しませるためにシークレット・サービスが幾度となく拳銃を分解する様子に夢中になっていた。

出産後、妻たちが病院にいる間、二歳のディノと三歳のキャロラインを連れて、ヴァージニア州までドライブし、ケネディの義理の母、強面のヒュー・D・オーチンクロス夫人のところでお茶を飲まないか、とケネディから誘われた。ディノは、トニーと私のお気に入りのニックネームだったので、そう名づけたが、正式名はドミニクで、その理由は命名のため参考にした本いわく、ディノが愛称になりえる名前はドミニクとフェルディナンドの二つだけだったからだ。さて、問題は、厳しい視線にさらされつつ、次期大統領邸の玄関前に張り込んでいる記者やカメラマンたちの前をディノと通り過ぎなければならないことで、そうなるとさらにやっかいなのは、かわいそうにディノが戦傷者のように見えてしまうことだった。というのも、その前日、私の不注意でもあるが、彼はジャングルジムのてっぺんからコンクリートに向かってスワンダイブ〔両足をそろえ、両手を広げた飛び込み〕していたのだった。止血で五、六針も縫った。しかも、そのとき私の手持ちの唯一のジャケットは、血まみれのままだった。新大統領と血だらけの子どもという組み合わせにテレビの連中やカメラマンが大興奮するさまには、唖然とさせられたものだ。

生まれたばかりの赤ん坊を連れてトニーが帰宅すると、とくに夜間の生活は一変したが、N通りではひきつづき、新閣僚の任命や、大統領就任にともなうさまざまな祝賀会の計画が進行していた。わが家、そしてより重要なケネディ邸から通りをへだてた寄宿舎が火事になると、これ幸いと、テディ・ワインタールと私とで焼けた建物を買い取ることにした（頭金は各自四千ドル）。暖房も水も使えなかったが、ケネディ邸の出入りを一日中見張れるため、ここのリビングルームを法外な値段でCBSに貸してやった。

大統領就任の祝賀会は、史上最多の五回も開かれた。一九五三年のアイゼンハワーのときは、複数回開かれたこと自体が初めてだった。（CBSラジオのアナウンサー、ラリー・ルスールの中継は歴史書に記されるほどの豪快さで、「さあ、皆さん、二つの大統領祝賀会が大盛りあがりの、ここワシントンからお届けします」とやってから、担当技師が音声を切り替えるのを待たずにバカ笑いをしていた。）いまだ目に焼きついている光景は、だだっ広いDCアーモリー〔ワシントンにあるドーム型の多目的施設〕のフロアで、イギリス労働党の党首、ヒュー・ゲイツキルがコートにシルクのスカーフを巻いたまま、年増の女優と酔っ払い同士で、ポツンとダンスをする姿だ。

いまや信じるに足る歴史として、一度、あるいは二度まで でも、ケネディもはめを外しすぎたことがある。コラムニストで友人のジョー・アルソップが主催した祝賀会の二次会で、どういうわけか、女優のアンジー・ディッキンソンとややあったらしい。その夜、二人が一緒にいるところを誰かが目撃したわけではない。しかし、理解には苦しむが、そうだったに違いない。関係を結ぼうと思えばできてしまうのだろうが、危険に足を踏み入れようとする感覚と女性を軽視する態度には戸惑うばかりだ。

ケネディが軽率にも多くの女性とベッドをともにしていたことは、現在、歴史的に受け入れられている事実である。ただ、当時、私が彼とつきあっていた五年間は、そうではなかった。独身時代の彼が、他の健全な男性とは違い、女性と寝てばかりいたという話は聞いていた。「ジャックのガールフレンドの一人」とされる人々について耳にすることも、しばしばあった。とはいえ、大統領候補者だったとき、記者の仲間内では、それはA級のトピックでは決してなかった。私が彼と交わした一二五回の対話のほとんどにはトニーとジャッキーが同席していたので、不貞行為が話題になることはまったくなかったし、当時の記者たちは、なじみの政治家に対してFBI的な徹底した内情捜査をしようなどとは思わなかったのである。

彼のそうした行動に私が無知だったことは、友人たちにとっては、とても信じ難いことだった。トニーの姉、メアリー・マイヤーがケネディのガールフレンドだったことが判明してからは、とくにそうだ。だが、どうしようもない。ケネディのセックス・ライフについてはまったく知らなかった、としか言いようがない。次々に浮上する事実の数々、その無謀さ、そしてそれらを隠蔽していたことには驚かされるばかりだ。

大統領就任式が挙行されたのは、特別な備えをしないと誰も生きて帰れないような、とても寒い日だった。クッシング枢機卿の延々としたお祈りも、体を温めてはくれなかった。このために詩を新作したロバート・フロストは、朗読するや、寒さでまぶたが閉じたままになってしまうほどだった。そして、就任演説。ケネディはあんなに甲高い声だったか？　そうした記憶は自分にはないのだが。

その二日後、大統領になって最初の日曜日、トニーと私が二階で生まれたばかりの赤ん坊といると、ディノがあわてて上がってきて言うには、大統領が下にいるらしい。大げさなディノのいつもの悪い癖と取りあわずにいると、下から「ごめんくださ い」という声が響き、その人ケネディが数人の友人と玄関ホールに立っていた（当時、日中は玄関の鍵をかけぬままだった）。近くにあるホーリー・トリニティー教会でのミサに参加し、ホワイトハウスへ歩いて戻る途中だったのだ。

大統領とは、自分は国を導くことができるし、これから何が待ち受けているかもわかっている、という確信をもたなければならないものだが、ジャック・ケネディも例外ではなかった。とはいえ、どんな大統領も、実際にどのような問題に直面するかは知る由もなく、それはケネディも同じだった。

ケネディが、いわゆるランスデール・レポートを初めて目にしたのは、就任から八日後のことだった。CIAの高官であるエドワード・ランスデールが、「ベトナムは危機的状況にあり、緊急措置を要する冷戦の戦闘地域として扱うべきことを合衆国政府は認識すべきだ」と結論づけた報告書である。

就任から二週間と二日後には、いわゆるミサイル・ギャップが奇跡的に解消することになる。ケネディは、ジョー・アルソップと軍産複合体から強力な支援を受け、ソ連がアメリカよりも多くの核ミサイルを保有しているとするミサイル・ギャップ問題に取り組んでいたが、調査の結果、ギャップはそもそも存在しなかった、と国防長官が結論づけたのだ。

そして三月になると、駐ラオス大使から、ラオスが絶望的な状態にあると知らされた。アイゼンハワーがJFKに告げたところでは、ラオスは東南アジアにおける「ボトルの中に落ちてしまったコルク」だった。国王はまったく期待できない。ウィンスロップ・ブラウン大使はあけすけにそう言った。大使はこうも報告した。合衆国が支援している現地の将軍は戦地に近づこうともせず、国家であるとさえ言えないと。ラオ語を話せるのは国民の半分以下で、「彼らは愛嬌があり、大らかで、魅惑的ではあるが、いかんせん活力に欠けている」というのだ。

ラオスはアイゼンハワーが恐れたような、ボトルの中に落ちたコルクではなかった。しかし、大きな問題ではあり、政権を通じてケネディを悩ませつづけた。合衆国の関与がベトナムへと拡大する一方、共産勢力の補給路であるホーチミン・ルートがラオスを通っていたからである。その年の五月、トニーと私がホワイトハウスでの夕食に招待された際、ケネディは怒り心頭だった。「愉快なものを読ませてやろうか？」彼はそう言いながら、ポケットから二ページの電報を取り出して読みあげた。ラオスで任務にあたる一二人編成の合衆国軍部隊の将校によるもので、「わが部隊は、なおもファイサーイ［の村］を確保しているが、まったくやる気のないラオス王国軍は何の助けにもなっていない。飛行場をめぐる激しい戦闘中にも、ラオス王国軍兵は近くの小川で遊泳していたほどだ」。ケネディは読むのをやめ、ラオスの将軍二人がアメリカ軍より先にナム・サから脱出してしまったとつけ加えた。ラオスの副首相、フォーミ・ノサヴァン将軍をさして、大統領はこう怒りをぶちまけた。「フォーミ将軍は、どうしようもないクソ野郎《シット》だ」。ケネディは自身の軍隊経験を決して忘れず、そのときに身につけた言葉をよく使った。

一九六一年四月一二日には、宇宙に人類を送り込む競争で、ソビエト連邦が勝利したことをケネディは知らされることになった——ユーリ・ガガーリンが乗った「ボストーク」号だ。

ケネディが大統領になる一年前、フィデル・カストロを倒すため、ＣＩＡはキューバ人難民の訓練に着手していた。この計画については大統領候補者のときに二度、概要の説明を受けていた。一九六一年二月、ケネディは国家安全保障顧問であるマクジョージ・バンディにこう尋ねている。「キューバをどうするか、決まっているのか？」

この質問に対する答えは、四月一六日の明け方に判明した。ＣＩＡの支援を受けたキューバ難民がキューバに侵攻し、四八時間後、大失敗に終わったことが明らかになったのだ〔ピッグズ湾事件〕。ケネディいわく、「人生で最悪の出来事」だった。彼は、統合参謀本部、とくに議長のライマン・Ｌ・レムニッツァー将軍にまんまと利用された――それでも控えめな表現だが――と感じ、渋々ながらも侵攻を支持し、最終的に承認した自分自身にも腹を立てていた。リチャード・リーヴスによれば、ケネディはこうつぶやいたという。「フルーツサラダ〔軍功を示す色とりどりのリボンや勲章、の意〕で飾ったあのバカ野郎どもめ、座したまま、ただうなずき、うまくいきます、とほざきやがった。……自分はなんて愚かだったのだろう」。統合参謀の連中は、はなからケネディを信用しておらず、またケネディも奴らを信頼することは二度となかった。

こうして、就任後の最初の一〇〇日間で、ケネディは彼自身、そしてあとに続く二人の大統領にとって地雷原となるベトナム問題を垣間見ることになった。彼はラオスでの混乱に苛立っていた。マクナマラがミサイル・ギャップ問題を片づけたことで、共和党との争いにおける最大の攻撃材料を失っていた〔ケネディは大統領選への立候補時から、ミサイル開発の遅れを共和党政権の失策として強く批判していた〕。合衆国の宇宙計画も、みじめにもロシア人たちの後塵を拝していた。そして、キューバにおける軍事的、政治的な失態の責任を負うことにもなっていた。

一九六一年の初頭、一度だけ、Ｎ通りのわが家へケネディ一家が夕食にやってきたことがある。生涯で初めて民主党員に投票し、私とケネディの友情がもたらすささやかな栄光に浸っていたわが父のため、私からお願いしたものだ。食事はひどいことにはならなかった。参加者が良かった。私の両親と、ウォルターとヘレンのリップマン夫妻、ニュー・フロンティア政策〔ケネディが推進しようとした包括的な新政策〕への起用が検討されていたハリー・ラブイスとその妻イヴが加わり、飲みすぎる者はいなかったし、料理も美味だった。ケネディ家の面々も、皆にやさしく接してくれた。とはいえ、大統領を夕食に招待するには、割に合わないほどのエネルギーと労力を要する。その朝、出勤前に、自宅前の歩道を一フット〔約三〇センチ〕も雪かきしなければならず、さらに周囲のブロック全体の雪を除去するためワシントンＤＣ警察が二人を派遣してきた。シークレット・サービスがわが家をのっとり、記者連中は何もかもを知りたがり、見物客はロープで遠ざけられた。
　ともあれ、父はとても自慢げで、キャッチャーだったハーバード一年生の野球チームで、先代のジョー・ケネディがコーチを務めた思い出を語ってくれた。ただ一度きりだが、ただそれだけで、大変な思いで夕食を実現した甲斐があったというものだ。

　大統領になって数ヵ月後、ケネディから聞いた話では、仕事のほとんどは外交問題で占められていたという。選挙運動中は、いわゆるミサイル・ギャップを利用する以外、外交問題に注力することはなかった。彼の専門分野ではなく、むしろニクソンが得意としていたからだ。単に喫緊の外交問題が多くなかった、という理由もある。おそらく、海外の主な火種といえば、台湾が実効支配する二つの小島、戦略的に価値はないものの、共産主義の中国《レッド・チャイナ》がねらっていた金門と馬祖くらいだった。選挙運動中、カストロ打倒のためのキューバ侵攻計画がCIAと国防総省《ペンタゴン》で進行していたが、候補者であるケネディが知るはずもなく、ニクソンがそれについて語ることもできなかった。「ローズヴェルトが最初のキャンペーンを通じて外交問題に触れたのは一度だけ、しかも、キャンペーン最終日のスピーチで、一段落だけだった」。そうケネディは言っていたが、大統領となったいまは、ラオスやキューバといった問題を解決する国力がどれほどあるのか、頭を悩ませているのだった。

　彼は私にこう言った。「ある国の軍隊が、国境を超えて他国に侵入せぬよう阻止することはできる。合衆国にはそうする力が十分にある。ある国が他国に核兵器を発射せぬよう阻止する力もあるはずだ。しかし、スパイ行為、暗殺、サボタージュ、買収といった、ゲリラ戦用の武器を押さえ込む力までは、持ち合わせていない」。

　ケネディいわく、それは、初めて見る、うんざりするような算数を学ぶようなものだった。「一人のゲリラで、一二人の一般兵を釘づけにすることができる。なのに、われわれには同等の手段がないのだ」。彼は何度も私に語ってくれた。さらなる外交的危機をもたらす、「六～七千人のゲリラ」が北ベトナムに控えていると。

　ピッグズ湾事件の失敗で責任を痛感し、彼は哲学的になった。こう語っている。「私はいつか、こうした教訓を学ぶ運命だったのだろう。そして、早く学べてよかったのかもしれない」。

　ジャクリーン・ケネディは、ホワイトハウスにとって効果てきめんの広告塔で、ニュー・フロンティア政策の華として輝き、アメリカを席巻するセレブリティ文化の幕開けにふさわしかった。

　ホワイトハウスに閉じこもり、娘たちとカード遊びをし、カクテルを飲むことを愛したマミー・アイゼンハワー、ミズーリ州インディペンデンスの自宅でほとんどの時間を過ごしたベス・トルーマンとは異なり、ジャッキーは心躍らせるほど革新的だった。大統領就任時に三一歳という驚くべき若さで、海外で生活した経験があり、外国語を流暢に話す、初めての大統領夫人だった。徹頭徹尾、そのイメージはいつも華やかで、彼女の、そしてその夫の優雅さに、国中が恋に落ちてしまった。二人には、過去のアメリカのリーダー夫妻には見られぬ魅力があった。彼らの服装、ルックス、スタイル、そして子どもたちに、皆が熱狂した。子どもたちはとくに人気があった。

私がジャッキーに初めて会ったとき、彼女が政治、そして報道機関をいかに嫌っているか、まったく知らずにいた。いずれもが彼女を邪魔だてし、不愉快にさせ、大切なプライバシーと自由を奪うものだった。しかしそれでも、彼女が選んだ夫は、政治を生業とし、ジャーナリストたちと親交を育み、ギブ・アンド・テイクの関係を築かなければならないのだった。そうした好き嫌いにおいて、彼女とトニーには相通じるものがあった。

私たち四人が親しくなったとき、私のジャッキーに対する印象は、〈華麗なる人々《ビューティフル・ピープル》〉の仲間、具体的には、恥ずかしがり屋で、それはたぶん慎重だということで、普通とは違っていて、いちじるしく魅力的で聡明、というものだった。彼女を少し恐れていたところもある。私たちの親交は短かったが、ホワイトハウスでおしゃべりしたり、一杯飲んだり、食事したり、あるいはハイアニス・ポート、パーム・ビーチ、ニューポート、キャンプ・デイヴィッドで週末を一緒に過ごしたりした。私がケネディとすぐに打ち解けられたのは、友情、そして友情とジャーナリズムとの葛藤という、私たちの関係の複雑な距離感を彼が本能的に理解してくれていたからだ。しかし、いくら近づいても、ジャッキーは決して認めてはくれなかったと感じている。ジャーナリストであると同時に友人でもあろうとする私を、ジャッキーは決して認めてはくれなかったと感じている。

四人で話をしている最中、ジャッキーから横目で見られている、と感じることがたまにあった。ある種の情報には触れないでほしい、というシグナルだと思った。実際に彼女がそう言ったこともある。

私が夜に帰宅してから会話をノートに記録し、翌朝にはそのノートをもとにメモを作っていることを、ある夜、(トニーに強く言われて)ジャックに打ち明けたことがある。そのとき、ジャッキーはとても不機嫌だった。歴史に強い関心を持つゆえ、ジャックはそのことを知っていて、容認さえしていたと思うが、ジャッキーにとっては信じがたいことだったのだ。

ケネディと私は、彼がそう望めば何事もオフレコにする――少なくともホワイトハウスを離れてから五年間は――という約束をしていた。彼は、ノートに書いてはいけないことよりも、書くべきことについてよく話してくれた。このやり方を、ジャッキーは決して好まなかった。たぶん、ゴシップが史実になってしまうかもしれないこと、そして、ゴシップはコントロールしにくいということを、彼女は感覚的にわかっていたのだろう。

　誰を夕食に招待するかは、秘書官であるエヴリン・リンカーンを通して、大統領が決めていた。彼がジャッキーと二人きりで食事をすることはめったになく、お互いのゲストを混ぜることもほとんどなかった。たとえば、トニーと私が、ケネディ夫妻を引き合わせたマーサとチャーリー・バートレット夫妻との夕食に誘われることはなかった。ジャッキーは彼ら四人だけでいるのが楽しかったようだ。くつろいで笑うジャックを見ていたかったのだ。いつか彼女がトニーに、私たち四人は「親友《ベスト・フレンド》」になれるかしら、と尋ねたことがあった。

　ナンシー・ピットマンを高級ダンス・スクールに入学させようと努力する私たちに、ジャックはいたく感心していた。ナンシーは少なくとも二度、おそらく私のせいで、お偉いさん方に入学を断られていた。（私はすでに紳士録〔アメリカの上流階級の人名録〕から除外されていた。）ついには、ギフォード・ピンショー夫人（リーラおばさん）とボーダン・ハリマン夫人にナンシーの推薦状を書いてもらったが、それでもダメだった。

　私たちがまたしても失敗したことを知ったケネディは、頭を振ってこう言っていた。「そういう土地柄だから、親父もボストンを出ていったんだ」。

第10章　『ニューズウィーク』の売却、JFK、フィル・グラハム

一九五七年に私が『ニューズウィーク』のワシントン支局に加わるとすぐ、雑誌が売りに出される、という話がもちあがってきた――ニューズ雑誌界では初だったが、こうしたことは報道界全般で徐々に増えていた。これは私にとって心配事だった。経営陣を尊敬していたからではなく(してはいなかった)、なじみのろくでなし経営者連中のほうが、見ず知らずのろくでなし連中よりはましだろう、と思ったからだ。実際、マルコム・ミューア・シニアは、商工会議所の商売仲間のための付属品のように『ニューズウィーク』を扱っていたし、編集長の肩書きを持っていたその息子のマルコムにしても、編集会議を生徒会のように仕切り、誌面に対しての熱意や理想はもちあわせていなかった。

雑誌の社主《オーナー》である伝説的なヴィンセント・アスターは、有名なアスター家の当主で、背が高く、ライオンのような大金持ちだったが、当時は六〇代後半、病弱で、子どももいなかった。一九五九年二月に彼が亡くなると、雑誌は(「人類の悲しみの救済」を目的とする)ヴィンセント・アスター財団のものとなり、「売却」話は、とくに『タイム』においては最高潮に達したかのようだった。われわれは、買い手になりえる人々を一人として知りはしなかったが、ひたすら心配し、探ろうとして、徒労に終わっていた。たとえば、のちに女優のジェニファー・ジョーンズの夫になる人物であるが、ハント・フーズ社の取締役会議長でCEOのノートン・サイモンの名前が浮上したときには、大いに慌てたものだ。彼について何も知らないのに、「ケチャップ屋」呼ばわりしはじめる始末だった。少なくともワシントン支局では、そうした話は士気を低下させた。『ニュ

ーズウィーク』を売るか、買うかを決める取締役会議の盤上で、われわれは武器もなく、何もできないチェスのポーン一駒〔将棋の歩にあたる〕のように感じたものだ。

われわれにも、武器がまったくないわけではなかった。たいそうな肩書きを持つ面々から数段下ってみれば、能力、熱意、そして才覚ある人々であふれていた。好例がオズボーン・エリオットだ。ビジネス担当の編集者として、その役職柄、取締役会にも通じていた。当時、『ニューズウィーク』の序列三位の編集長で、まだ三〇代の若さだった。私は、良心的で質の高い新聞を経営していた三人の発行人を（少しだが）知っていた。かつてその部下として働いていた『ワシントン・ポスト』のフィル・グラハム、『セントルイス・ポスト＝ディスパッチ』のジョー・ピュリッツァー（同じ小学校に通っていた）、『シカゴ・サン＝タイムズ』のマーシャル・フィールド（その妹はトニー・ブラッドリーの友人）だ。オズ・エリオットと私は内緒話で、羨望しつつ彼らの名前を思い浮かべたものだ。

ある晩、重苦しい一日を終え、二、三杯飲んでから、ニューヨークのエリオットに電話をかけ、もう夜の一一時近かったが、いまからフィル・グラハムにいっちょう電話をかけてやろう、ということになった。

はたして、それは私の人生で最高の――最も幸運で、実り多く、ワクワクし、値打ちのある、まったくもって値打ちのある――電話となった。

電話に出たのは本人だった。『ワシントン・ポスト』による『ニューズウィーク』の買収について、すぐにでも話をしたいと切り出すと、あっさりこう答えた。「こっちに来ないか。いますぐ」。

一〇分後、私は彼の家のリビングルームにいた。そこで朝の五時近くまで、誰が優秀で、誰が無能で、なぜそうなのかという、もっぱら人物評価について彼に話し、また質問に答えた。そして、「単に思いつくままの……自分以外の誰も読まないもの」をグラハムに命じられ、それを五〇ページにまとめあげ、その朝の九時に舞い戻った。

フィル・グラハムをよく知っていたわけではない。『ワシントン・ポスト』がまだ小所帯で、皆が互いに顔見知りだった時代に働いていただけだ。何回か、直接やりとりをしたことがある。ニーマン・フェローシップ〔ハーバード大学のニーマン財団が募集する現役ジャーナリスト向けの研究員〕に応募したいので手助けしてほしいと頼んだときは、「ふざけるな。ハーバードにはもう通っただろう」とすげなく返された。ワシントンにおけるプールの人種差別撤廃問題の取材に駆り出されたこともある。また、パリの大使館で働くため休職を願い出たときには、「お前ら記者どもは、みんな同じだ。少し記事を書いただけで、すぐ堕落しやがる」と言い放たれた。とは言いながらも、彼はジーン・モネット、アイゼンハワー将軍、ノースタッド将軍たちに宛てて、すばらしい紹介状を書いてくれた。フィルが躁うつ病の発作に苦しんでいたこと、私が夜中に電話をかけたときに躁状態だったことは知らなかった。

私が彼に買収をもちかけたのは、ふさわしい社主の手に渡れば、そしてグラハム流のジャーナリズムを実践するためにふさわしい人々に任せてくれさえすれば、『ニューズウィーク』は真に重要な雑誌になれる、と考えたからだ。でなければ、『ニューズウィーク』は、その潜在能力を理解せず、尊重もしない者（誰であろうが）に売り渡されてしまう。買収にはそれほどの金はかからぬはずで、せいぜい退職金の数千ドル程度にすぎない……そして、おそらく『ワシントン・ポスト』が国内で、また世界で名声を獲得する上でも、『ニューズウィーク』はうってつけの財産になるはずだった。そうしたことを私が伝えようとするまでもなく、彼は私のねらいを理解してくれた。問題は、いかなる陣容を構えるかだった。ワシントン支局とニューヨークにおける、ニュースの報道部門と経営部門の人事のことだ。それに私がどう答えたかはともかく、彼が関心と熱意を示してくれたことに、いたく感激させられた。幸い、このときの会話は書き残しておらず、その朝の九時に手渡した五〇ページのメモも、ありがたいことに、どこかへ消えてしまった。軽率だったことは確かだが、彼もまた軽率だったために、私も軽率になったのだ。別れる頃までに彼は、「われわれ」は「できるかもしれない」という口ぶりになっていた。

その日のうちにエリオットに経緯を伝え、私の上司であるケン・クロフォードにも仲間に加わってもらった。二日後、グラハム、クロフォード、私の三人は、フィルの秘書であるチャーリー・パラダイスとともに、ニューヨーク行きの電車に乗り込んだ。オズ、営業部長のギブ・マッケイブ、そして偉大なるフリッツ・ビーブに会うためだ。ビーブは、クラヴァス法律事務所でマイヤーとグラハム一族の資産を管理していたが、そこを辞め、フィル・グラハムと一緒にワシントン・ポスト社を経営することになる。ボルチモアを通過した頃、私とパラダイスは、クロフォードと話があるので席を外してくれないか、とフィルに言われた。チャーリーと私は一〇年来の友人だった。彼は、クラヴァス法律事務所が「クラヴァス、デゲルスドルフ、スウェイン&ウッド」だった頃からの秘書で、私の祖父のデゲルスドルフのことも知っていた。

ビーブとは〔ボルチモアの〕ペン駅で合流した。このとき初めて、私の人生できわめて重要な役を担うこの男と対面したのである。その眼光とくわえ葉巻がなければ、FBIの捜査官と勘違いしていたことだろう。汚れたタイルの壁にとけ込むように、茶色のフェルト製中折れ帽をかぶり、厚手の青のコートを着ていた。その後の会議で、グラハムがエリオットを品定めしていたように、ビーブは不審げに私を見ていた。われわれは気に入られたいあまり、判断力がよく働いていなかったが、いまのところは及第点をもらえたと思った。

ビーブはグラハムの熱意をとても冷静に、かつ現実的に受けとめ、実行計画を立てるために必要な、はっきりさせるべき問題とそれらに対する解決案をまとめあげてくれた。そもそも、本当に売りに出されるのか？　フリッツ・ビーブはそうなるだろうと判断した……〈人類の悲しみの救済〉のために収入を最大化せねばならない財団にとって、週刊ニュース雑誌は好ましい投資先ではない、というのだ。

では、保守的なヴィンセント・アスター財団が、リベラルな『ワシントン・ポスト』を買い手に選んでくれるだろうか？　その七年前、伝説的な保守主義者であるロバート・マコーミック大佐は、『ワシントン・タイムズ＝ヘラルド』をフィル・グラハムに売却している。ヴィンセント・アスターは、保守派に転じるものの、当初はローズヴェルト派の民主党員だった（ハドソン川沿いのFDR〔フランクリン・D・ローズヴェルト〕の近所に住んでもいた）。だからいける、とビーブは判断した。

私はヴィンセントとブルック・アスター夫妻と夕食をともにしたことがあったが、夫妻を紹介してくれた『ニューズウィーク』の元編集者ハリー・カーンはアスター一族にぞっこんで、同じアパートに引っ越してしまうほどだった。ビーブにその話をすると――そしてオズもフィルもブルックと知り合いだとわかると――彼の目が文字どおり輝いた。

『ニューズウィーク』を買う資金を『ワシントン・ポスト』は工面できるだろうか？　ビーブはこの問題を、〈ハーヴェイおじさん〉に照会することにした。この名前は、ニューヨークのアップステート〔ニューヨーク都市圏の北部〕で建築業を営むビーブの実のおじにちなんだ、プルーデンシャル保険の融資担当主任をさすコードネームだった。いくら必要なのか？　誰も見当がつかなかった。

『ワシントン・ポスト』以外に『ニューズウィーク』の買い手はいるのか？　オズがウォール・ストリートで聞いた話では、ミューア一族〔ヴィンセント・アスターの代理として『ニューズウィーク』を経営していた〕が手を挙げる予定で、『ニューズウィーク』の手持ちの現金を頭金にするのだという。ビーブはまたしても余裕の笑みだった。他に、ケチャップ屋のノートン・サイモンも興味を示しており、書籍出版社のダブルデイも入札の新たな競争相手に加わりそうだった。

ワシントンへ帰る途中、グラハムが話したことをクロフォードが打ち明けてくれた。アーネスト・リンドレーを退社させる（「あいつには別の職を見つけてやる」）、そして、ワシントンのコラムはクロフォードが引き継ぎ（「どうだ？」）、支局長はブラッドリーに任せる（「あいつにできるか？」）、というのだ。これには驚いた。いわゆる、本気も本気、冗談抜きで、というやつだ。

それからの数日間、固い箝口《かんこう》令のもと、計画はもっぱらニューヨークで進行した。ビーブは〈ハーヴェイおじさん〉に相談し、オズはブルック・アスターの説得にあたった。フィル・グラハムは見た目どおりのいい奴で、彼とアスターの若い友人である〈ベニー〉〔ベン・ブラッドリーのこと〕はともに、自分の命を賭けてでも、この件を成就させたいと切望している。そう理解させようというのだ。ワシントンでは、しばらくの間フィルの行方がわからなくなり、熱意が冷めてしまったのではないかと心配だった。（実際、うつ状態のわずかな間はそうだった。）しかし、計画はまだ生きている、可能性はある、とフリッツは自信満々だった。

そして、一九六一年三月九日、作戦決行日《D＝Dデー》、つまり、アスター財団が『ニューズウィーク』の新たな社主を決める日は、突然にやってきた。『ワシントン・ポスト』の代表者はフィル、彼の妻で当時は子育てをしながらにぎやかな家庭を切り盛りしていたキャサリン、経営サイドのトップで、『ワシントン・ポスト』の黒字化に大きく貢献した切れ者のジョン・スウィーターマン、そしてラス・ウィギンズだった。彼らは前日にニューヨークのカーライル・ホテルにチェックインし、私はその夜の食事で合流することになっていた。ところが、猛吹雪で空港が閉鎖し、夜行列車に乗るも、翌朝の八時に目をさましてみると、雪のためボルチモア近くで停車してしまっていた。人生のドラマを逃してしまう恐れと絶望を感じながら、午後一時少し過ぎにカーライルに到着すると、皆は不安そうに電話の周りに集まり、面目を立ててくれるはずの、アスター財団を運営するアラン・ベッツからの一報を待ちつづけていた。

『ワシントン・ポスト』の一団のなかで、本当に『ニューズウィーク』を欲しがっていたのは、フィルだけだった。キャサリンはフィル、また自分の健康状態を心配していた。彼女はその数日後に結核で入院してしまう。スウィーターマンは、『ニューズウィーク』の買収が『ワシントン・ポスト』の収支に及ぼす影響が気がかりだった。ラスは、心の底では、『ニューズウィーク』を買う金があるなら、まずは『ワシントン・ポスト』の紙面の質を高めるために使うべきだと考えていた。

ブラッディー・マリーを何杯か飲むと、グラハムはたまらずシャワーを浴びにいってしまった。もちろん、そこで電話が鳴ったわけだ。フィルはシャワーから飛び出してきて、タオルを身に巻きつけるのもほどほどに、受話器を取った。聞こえたのは、「よし」と何度も大きく叫ぶ声だった。電話を切ると、彼はこう言った。「やったぞ」。私は文字どおり、興奮で身が震えた。具体的にどうなるかは思いもつかなかったが、またしても、自分の人生が変わったと感じとることができた。

私が代表してエリオットに電話をかけてから、編集室フロアにあるエレベーター横の応接室で、グラハムがアラン・ベッツと面会する手筈になっていた。そして、ベッツがグラハムをスタッフ会議に連れてゆき、皆に紹介し、フィルが感情のこもった、士気を鼓舞するスピーチを即興で行う、というわけだ。私もそばについていた。われわれが『ニューズウィーク』の応接室でベッツを待っていると、マック・ミューアが通りかかり、フィルを見つけて仰天し、何をしているのか、と尋ねた。彼も、彼の父親も、ほんの三分前まで、事情をまるで知らなかったのだ。しかし、親父のミューアはスタッフ会議にもぐり込む私を見つけ、「よくもやってくれたな、ベン」と悪態をつき、われわれの親交はあっけなく終わってしまった。ウィンザー公爵夫妻の別荘〈風車小屋《ムーラン》〉を守る門を通り切れぬほど大きいリムジンを手配したばっかりに、クビになる。そんな哀れな愚か者を思い浮かべずにはいられなかった。

フィルのスピーチからは、われわれがただ強く欲していた信念がひしひしと伝わり、うまくいくだろうと皆が確信することができた。これでもやや控えめな表現だが。

買収は『ニューズウィーク』の関係者、とくに私にとって大正解だったが、同じく『ワシントン・ポスト』にとっても千載一遇の大当たりだった。買収額は一株あたり五〇ドルで、総額一五〇〇万ドル。しかし、『ニューズウィーク』の資産は、銀行に保有する三〇〇万ドルの現金と、サンディエゴのテレビ局の時価総額の半分、これはのちに三〇〇万ドルで売却できたため、実質の買収額はわずか九〇〇万ドルだった。ビーブが相談したプルーデンシャル保険の〈ハーヴェイおじさん〉による試算も、ほぼ同じだった。いつかフリッツが教えてくれたのだが、『ニューズウィーク』の買収のために実際に立て替えたのは「約七万五〇〇〇ドル」だというが、これは理解できない数字だ。ここ三〇年間の『ニューズウィーク』の年間利益は平均一五〇〇万ドルで、これはもっともな数字だ。買収で私が得た報酬は、買い手を見つけた手間賃としての『ワシントン・ポスト』の株式、そして実に気前のよい感謝の言葉だった。かくして、『ワシントン・ポスト』による『ニューズウィーク』の買収が双方の将来を変えたのと同じように、私の人生も変えたのだった。

ケネディらとの交友や『ワシントン・ポスト』による『ニューズウィーク』の買収で私の人生が一変したように、ケネディ一家はワシントンのイメージや性質を変えてしまった。最も象徴的なのはパーティーだ。彼らはパーティー好きだった。にぎやかさ、楽しむ精神、多くの友人、とくに綺麗なドレスで着飾った美女らを集めた催しを、ケネディは愛していた。金持ちと政治家、記者と報道対象、知識人とエンターテイナー、友人と顔見知り、を引き合わせるのが得意だった。こうしたパーティーのプロデューサーはジャッキーで、ジャックは便乗者だった。在任期間中、二人はホワイトハウスで五、六回、舞踏会を開き、そこではさまざまな出来事が起こった。

招待客はいつも若々しく、女性たちはつねに洗練されていた。参加者はホワイトハウスの緑の間《グリーン・ルーム》にいるということを、努めて自覚しなければならない。ダンスフロアでよろけたヘマな奴もいたが、それは酔狂な独身男ではなく、合衆国副大統領、リンドン・ベインズ・ジョンソンだった。

ときに、最も親しい友人らは、夕食が終わるまで招待されないことがあった。われわれがパーティーを欠席する理由について、そう説明したこともある。ホワイトハウスの夕食に招待する「彼ら」には、街の外の友人も幾人かは含めなければならない。アイリッシュ・マフィア〔長年にわたりケネディを支えた側近グループ〕の面々、アイリッシュ・カトリックの政治家仲間とその関係者は、招待客名簿に含まれることがなかった。彼らはたいていボストン出身で、〈華麗なる人々〉や知識人たちよりも、個人的にも職業的にも多くの面でケネディに近かった。ケネディの性格には、本質的に両極端の側面があった。半分は「アイルランド系」（“mick”）の政治家で、タフで、粗野で、品がなく、感情的だ。そしてもう半分は、都会的で、優雅で、知的な「西側世界のプレイボーイ」だ。その境界線を踏み超えられる人は、ほんのわずかしかいなかった。

華やかさとは裏腹に、ダンスフロアの周辺に意外にもニュースはある、と私はいつも感じていた。

一九六二年二月の舞踏会でのことだ。深夜の一一時三〇分、ダンスフロアを横切ってきた大統領が私に、とびきりのネタ《ストーリー》があるが、『ニューズウィーク』の表紙《カバー》を差し替えるには遅すぎるか、と尋ねてきた。本当は遅すぎたのだが、彼ほどのニュース感覚の持ち主ならば、本当に表紙を差し替えるほどのネタなのだと直感した。去り際に、一二時三〇分に緑の間で会おう、と告げられた。ピール〔チャールズ・ウィルソン・ピール、建国時の著名人を多く描いたアメリカの画家〕によるベンジャミン・フランクリンの壮観な肖像画のある部屋だ。キャサリン・グラハムに一言伝えておいて、部屋に直行すると、彼は私のそばに来て、こう教えてくれた。九ヵ月前にソ連軍に撃ち落とされた、ＣＩＡのＵ－２偵察機のパイロットであるフランシス・ゲイリー・パワーズと、合衆国が逮捕した史上最高位の共産主義陣営スパイ、ソ連諜報機関のルドルフ・アベル大佐の身柄を交換した。

アベルは亡命者に密告され、軍事機密の収集を企てたとして有罪判決を受けていた。

このネタは二時間後に公表するが、『ニューズウィーク』の表紙を差し替えるには本当に遅すぎるのか。大統領はふたたび、そう私に尋ねた。

『ニューズウィーク』ではもう手遅れでも、恩きせがましくもわれわれが「姉妹紙」と呼んでいた、『ワシントン・ポスト』なら間に合うかもしれない。フィル・グラハムをつかまえて、『ワシントン・ポスト』の次の版でトップ記事にできないか聞いてみた。できるかもしれない、と彼は言い、ホワイトハウスのメイン・エントランス・ホールにある、ラファイエット・パークに面した大きな敷居窓近くの電話まで私を引っ張っていった。彼は『ワシントン・ポスト』の夜勤の編集責任者を呼び出し、数分の会話ののち、私に電話をよこし、こう言った。「よし、口述しやがれ」。

まるで、別世界にいるようだ！　想像してみてほしい。ホワイトハウスのダンスフロアから抜けだし、レスター・ラニンのダンス・バンドの調べにあわせ、合衆国大統領から教えてもらった特ダネ、トップ記事を電話で口述する記者を。こんなとき、ケネディは私について、そして私は彼との関係について、葛藤を覚えるのだった。いまとなれば、大統領としては危険な行為だったと思いもする。しかし、葛藤を感じつつも、報道人としてのやりがいやスリルを手放すことは、私にはできなかった。

私の記事は、『ワシントン・ポスト』の宅配版の一六万五〇〇〇部に署名なしで載った。『ワシントン・ポスト』は世界に二時間ほど先がけてスクープを放ったのだ。ケネディの報道官、ピエール・サリンジャーは不愉快だったろう。彼は、この特ダネを他の記者たち——『シカゴ・サン＝タイムズ』のトム・ロス、ABCおよび『ニューヨーク・タイムズ』のビル・ローレンス、シンジケート・コラムニストのローランド・エヴァンス——が同席する場で発表するつもりだったのだから。電話を終えてグラハムと私がパーティーに戻ると、他の記者たちがとげとげしい視線を向けてきた。大統領が少なくとも三度、姿を消したことは、彼らも確認している。グラハムと私が何かを摑んでいたことは明らかだった。深夜二時、大統領はまたしても姿を消した。今回は（のちに彼が私に教えてくれたのだが）、囚人交換が実際に完了したことを確かめるため、ベルリンとのオープン・ラインの電話に出るためだった。確認後、彼はロスや他の記者に公表するようサリンジャーに伝え、パーティーに戻ったのだった。

多くの記者、とくに通信社の記者たちは怒り心頭だったが、この一件をめぐる私と大統領の短いやりとりは、その四日後、ケネディたちとトニーと私が夕食前のカクテルを楽しんでいるときに話題にのぼった。

だしぬけにケネディが、「ところで、君は誰の下で働いているんだ？」と聞いてきた。

「怒っているのですか？」謝る必要のないことは謝りたくなかったので、こう聞き返した。

「そうじゃないが、何かコメントがあるんじゃないか？」ケネディは笑って言った。

「いまのところは、ないですね」。彼がどのくらい腹を立てているのか、そもそも、腹を立てているのかどうかもわからなかったが、そう答えた。リークに関する捜査を命じようと思ったが、まる一日考え、その必要はないと結論づけた、と彼は言っていた。私がパワーズに関する記事を『ワシントン・ポスト』に載せるとは、思いもよらなかったのだ。私がダンス・パーティーの途中でホワイトハウスの電話からあの記事を口述したのだと察し、彼は恐ろしさを感じているように見えた。しかし、怒ってはいなかったと思う。

それからも、私たちはあのパーティーの話を続けた。華麗なる人々のパーティーを話題にすることは、華麗なる人々とは思えない私たちにとってはとくに、そこに参加するのとほとんど同じくらい、楽しいものだった。私たちといえば、おむつの交換、ハリー・ホームオーナー〔アメリカの家庭用品・工具・木材販売会社〕的な作業、ベビーシッターの手配が日常だった。トニーは華麗なる人々に関心を寄せるほど人づきあいがよいわけではなく、私にしてもこんなジャーナリストでは、彼らに信頼されるはずがなかった。

しかし、パーティーとそこに集う人々は、ケネディのライフスタイルの一面を垣間見る、千載一遇の機会を与えてくれた。現在はそれほどでもないようだが、当時は浮かれた時代だったのだ。パーティーではいつも何か、社会での通常の行動からの逸脱が起きるかのようだった。あるときは、ゴドフリー・マクヒュー（ケネディの空軍担当補佐官）のガールフレンドがホワイトハウスのプールでひと泳ぎし、さらに、リンカーン・ベッドルームのベッドに飛び込んだという。（ケネディはジャッキーに、「マクヒューを叱っておけ」と言った。）またあるときには、ジャッキーの継父の息子で、目を見張る功績も多いゴア・ヴィダル、ケネディの旧友のレム・ビリングス、そしてボビー・ケネディが絡む騒動もあった。殴り合いの喧嘩になりそうになったが、収まったという。夕食での席順をめぐる一悶着もあった。当然、目玉は大統領の両隣だが、その夜はそこに誰が座るべきか、判断がとても難しかった。ダンスの前のディナーで、大統領の脇を固めたのはピンショー姉妹、つまりトニー・ブラッドリーとメアリー・マイヤーだった。ニューヨークから来た華麗なる人々には信じがたいことで、おかんむりだった。

一九六三年五月、ポトマック川をセコイア号でクルーズする大統領の誕生日パーティーに招かれた。招待状には「ヨット用の服装で」とあり、白いジーンズで行くことにした。ゲストは、ボビーとエセル、テディ、ハニー・フィッツ（ケネディの母方の祖父）の友人、かつ太鼓持ちでボストンから来た「老いてなお盛ん」なタイプのクレム・ノートン、サージェントとユーニス・シュライヴァー夫妻、バートレット夫妻、ビル・ウォルトンとメアリー・マイヤー、ジョージ・スマザーズとその妻、アニータとレッド・フェイ（海軍次官）夫妻、財務省の法執行担当次官補のジム・リード、フィフィ・フェル〔ニューヨークの社交家〕、俳優のデイヴィッド・ニーヴンとその妻のヒョーデイス、だった。

雷が鳴り、嵐が近いようだったので、ファンテイル〔船の後方に付き出た甲板〕でカクテルを飲んでから、船内でディナーとなった。何度も乾杯をした。レッド・フェイが長々と歌唱した「ハリウッド万歳」に大喜びしたのは、ケネディ家の男性陣だけだった。その晩に無作法をしたのは、クレム・ノートンだった。口唇裂のハニー・フィッツのものまねを何度も繰り返したが、これはボストン・アイリッシュの政治に関わりのない者にはまったく意味がわからなかった。ノートンはますます酔っ払い、あげく、真夜中に大統領の面前で、積みあがったプレゼントに文字どおり、つんのめった。ノートンがよろめいて、ジャッキーから夫への贈り物である、美しく希少で古いワシントンの版画を靴で蹴破ったときは、一同、ギョッとして、静まりかえってしまった。一〇〇〇ドルはする代物で、ジャッキーが画廊を歩き回って見つけたものだった。しかし、こんな暴挙にも、ジャッキーはいつもの見通せぬ表情で応じるのだった。同情して皆が声をかけると、「ええ、大丈夫、修復してもらうから」とだけ言っていた。

乾杯の途中、ジョージ・スマザーズが立ち上がり、大統領を大げさに褒める賛辞をのべたが、これもほとんどのゲストをしらけさせた。それまでの乾杯は落ち着いたもので、ふざけた感じでもなかったからだ。しかも、このフロリダ州選出の上院議員はつい最近まで、議会ではニュー・フロンティア関連の政策阻止に精を出していたのだ。

ここでボビーが声をあげ、皆が思っていることを代弁してくれた。「ジョージ、われわれが君を必要としていたとき、どこにいた？　少なくとも、一九六二年はわれわれの味方になってくれなかったじゃないか」。ケネディとともに、皆が大笑いした。

ツイストが時代遅れになっていることを知らなかったケネディは、三人編成のバンドがしばらく別の曲を演奏すると、必ずチュビー・チェッカーの曲をリクエストした。楽しめなかった場合にそなえ、彼は夜の一〇時三〇分にドックに戻るようセコイア号の船長に伝えていたが、結局、マウント・ヴァーノンに向かって（ポトマック川から四～五マイル〔約六・四～八キロ〕下った）海に引き返すよう、合計四回も指示を飛ばしていた。

翌日の昼近く、私たちはホワイトハウス南側の庭、サウス・ローンに集まり、軽く二日酔いを感じつつ、キャンプ・デイヴィッドに向けてヘリコプターに乗った。アイゼンハワーが孫にちなんで名づけた大統領別荘への、初めての訪問だった。メンバーは、ケネディ夫妻、ニーヴン夫妻、キャロライン、ジョン、彼らの看護師であるミス・ショー、大統領の海軍補佐官であるタズ・シェパード大尉、私たち夫婦、そしてシークレット・サービスだった。またすばらしい一日の始まりだった。初対面だったニーヴン夫妻はチャーミングで、旧友と再会したかのように感じたものだ。

到着すると、各自、小さなロッジに入った。私たちのキャビンは「メープル」で、リビングルーム、とても小さなベッドルームと大きなベッドルーム、そしてバスルームが二つあった。メイン・ロッジの前に一〇分後に集まり、ケネディがヘリポート近くのスキート射撃場に連れていってくれた。最初に射撃したのはケネディで、皆と同じように大騒ぎをしながら、二〇発中四発ほどを命中させた。ニーヴンは、スキート射撃のコツは標的を飛ばすよう指示するときの声にある、という持論で皆を笑わせた。はたして、「発射、高く」と彼がささやくと外れ、「発射、低く」と叫ぶと、また外れだった。

それから私たちは、温水プールでひと泳ぎした。大統領はニーヴンに自分のトランクスを貸してやり、自分はスキヴィー〔男性用のTシャツとパンツがつながった綿の下着〕を身につけていた。更衣室からプールまで歩くわずかな間も、彼は背中のコルセットを装着したままだった。背中の痛みにひどく悩まされており、彼もそのことを認めていたが、前日の夜とこの日は「奇跡的に良い」状態だった。ジャッキーの話では、誕生日パーティーの間だけでも痛みを取り除く注射を打ってもらえないかと、背中の名医であるジャネット・トラヴェル医師に頼んだところ、そうした注射はあるが、腰から下の感覚がなくなってしまう、という。「それじゃあ無理だよな、ジャクリーン？」これが大統領の答えだった。

ケネディ、ニーヴン、私とで泳いでいる間、大統領は政治献金、オリンピック、ヨットなど、さまざまな話題について話をした。彼の政治活動に対し、本当に寄付をしてくれたのはユダヤ人だけだった、と言っていた。それで彼が思い出したのが、一九六〇年に妻ジャクリーンの継父であるヒュー・オーチンクロスに寄付を願い出たときのことだ。ケネディによれば、彼の「贈り物」とは、その年に限ってはいつものように共和党には献金しないという約束だった。「それでも結局、ご老体は五〇〇ドルもの大枚をはたいてくれたよ」とも言っていた。ケネディの話では、ディック・ディルワース（リチャードソン・K・ディルワース、フィラデルフィア市長）が、ペンシルヴァニア州知事に立候補した際、友人のハロルド・K・ヴァンダービルトに寄付を求めたところ、彼もまた五〇〇ドルをはずんでくれたという。

ヴァンダービルトの話から、ケネディはヨットの話題に移った。とくに、前回のオリンピックで、わずか数年の経験しかないにもかかわらず、ソ連チームがスター級のレースで勝利したのが印象的だったという。そこから話は飛び、アメリカズ・カップのレースでアメリカチームが不正に脚荷を積んだと勘違いして批判したイギリス人有力者を、ニューヨーク・ヨット・クラブが退会させた件についても語っていた。

泳いだ後、皆が戻ってくるのを待ちながら、私たち三人は昨夜の誕生日パーティーでのあるゲストについて話をした。彼は、妻と一六年も寝ていない、などという話をトニー、さらにはジャッキーにまでした、というのだ。そして、私たちは会話を中断し、なだらかな芝生とひたすら南に伸びる谷を見下ろせるテラスで、ブラッディー・マリーを軽く飲んだ。昨夜の雨とドタバタから救い出された誕生日の贈り物が、開封されぬまま、大統領の椅子に積まれていた。クレム・ノートンのどた靴で踏みつぶされた素敵な年代物の版画は、やはり傷めつけられたままだった。大統領はそれを脇に置いて、「まったくひどい、なあ、ジャッキー？」とだけ言ったが、彼女はほとんど無表情のままだった。

大統領に贈られたプレゼントは、高価で豪華な装丁の本から、誰とも知れぬ者からホワイトハウスに送付された粗末な代物まで、さまざまだった。彼の一番のお気に入りらしかったのは、エセルからもらったスクラップ・ブックで、

［一家が住むヴァージニア州］ヒッコリー・ヒルの家をペンシルヴァニア・アヴェニュー一六〇〇番地になぞらえて、ホワイトハウスのツアーをパロディー化したものだった。

昼食後、ケネディはいつものように昼寝をし、ニーヴンと私は正面の芝生でゴルフをした。グリーンは一つで、周囲の森に四つか五つのティー・グラウンドが設けられていた。ニーヴン夫妻は午後四時には帰らねばならず、残った私たちはカクテルとディナーの前にもうひと泳ぎした。その夜も一緒に過ごす予定だったが、ケネディが帰らなくてはならなくなり、全員で空路、ワシントンに戻った。

このような日々はめったになかったが、夢のように楽しかった。

＊　＊　＊

ケネディと報道機関は互助的な関係にあり、お互いが気兼ねなく利用し合い、楽しく交際し、本当の友達がするように口喧嘩し、お互いの人生におけるお互いの役割を理解

していた。

ケネディは、何が起きているか、人々がどのような様子かを知りたがる仲間として、記者を好んだ。記者のように、彼はいつもゴシップを求め、他の人々が何を考え、何をしているかに関して情報を交換していた。大抵は昇進、解雇、社内政治についてだが、記者と仕事について話すのも好きだった。双方ともに、時事的な出来事に興味津々なのだった。

記者たちは、予定調和やありきたりでいることがまったくできないケネディの生得的な優雅さ、自然さを好んだ。たとえ一〇〇歳まで生きたとしても、彼にはニクソンの「チェッカーズ」スピーチ〔政治資金をめぐる疑惑に関し、一九五二年にニクソンがテレビを通じて行ったスピーチ〕はできなかっただろう。私が調べた限りでは、公の場で彼が妻を「ジャッキー」と呼んだのは一度きりだ。彼が卑猥なジョークを口にするのも聞いたことがない。

女性の記者たちも彼を好んだが、彼女たちは年齢が高めで、ごく少数しかおらず、距離がありすぎた。何人かは、とくに年長の男性記者は、ケネディの魅力に屈するのに時間がかかり、ケネディも何人か、とくに年長の男性記者の実力を認めるのに時間を要した。たとえば、コウルズ新聞グループのワシントン支局長で、〔テレビニュース番組〕「ミート・ザ・プレス」の常連出演者、かつグリディロン・クラブ〔大手報道機関記者の親睦会〕の大物であるディック・ウィルソンがそうだ。いつか、ワシントンの記者団のなかで、ケネディがいうところの「最悪のクソ野郎《ザ・ビッゲスト・ソブ》」は誰か、についても話したことがある。ケネディはほんの少し考えて、ウィルソンだと答えた。しかし、数ヵ月後、ウィルソンがケネディ一家について、とくにケネディがいかに良き家人であるかというコラムを書くと、「あのウィルソン、いい奴だ」と意見を変え、皮肉っぽい笑みでこう評した。「立派なコラムニストだ。誠実だし」。

他の「最悪のクソ野郎」の候補者には、かつて『クリスチャン・サイエンス・モニター』のワシントン支局長で、のちに『ニューヨーク・ヘラルド・トリビューン』のコラムニストになったロスコー・ドラモンドや、ピュリッツァー賞を受賞した『ニューヨーク・タイムズ』のワシントン特派員、アーサー・クロックがいた。クロックは、かつてはケネディ一家と昵懇で、ケネディのハーバードの卒業論文に序文を寄せ、それを著書『英国はなぜ眠ったか *Why England Slept*』〔邦訳『英国はなぜ眠ったか』下村連訳、日本外政学会、一九六三年〕として出版するのに力を貸していた。ケネディによれば、ワシントン記者団に関する『ニューズウィーク』の記事で私が引用した、クロックの記事はもう読まないというケネディの発言を根に持っているのだという。「老いぼれのアーサーは、あれでカンカンになってしまった。……近づこうとしても、取りつく島もない」。そうケネディは言っていた。

大抵はしばらくすると忘れてしまうのだが、ケネディはときどき、記者たちに激怒することがあった。あるときは、『ニューヨーク・ヘラルド・トリビューン』そのものを毛嫌いし、当時ホワイトハウスで定期購読していた二四部を解約してしまった。大統領によれば、堪忍袋の尾が切れたのは、備蓄政策に関するスチュワート・サイミントン上院議員による調査で、アイゼンハワー政権の閣僚であるジョージ・M・ハンフリー、アーサー・S・フレミング、ロバート・B・アンダーソンが関与し、棚ぼたの数百万ドルの利益が生じていたことが判明した翌日だった。サイミントンの調査は、合衆国政府の損失が一〇億ドル近くにものぼり、七〇〇〜一〇〇〇％もの巨利を得た生産者がいたことを明らかにしていた。「なのに、この馬鹿野郎どもは一行も報道しやしない。たったの一行もだ」。『ニューヨーク・ヘラルド・トリビューン』について、ケネディはそう怒りをぶちまけた。また、『ニューヨーク・ヘラルド・トリビューン』のオーナーで元駐英大使のジョン・ヘイ・〝ジョック〟・ホイットニーをさして、「老いぼれのジョックめ、一九六四年〔の大統領選挙キャンペーン〕で目が残るように、ロックフェラー〔ネルソン・ロックフェラー、主要な対抗馬だった〕に手助けしてやがる」と言っていた。


怒りを私に向けたこともある。一九六二年八月、『ルック』がフレッチャー・クネーベルの「ケネディvs.記者」というタイトルの記事を掲載したときだ。サブタイトルは、「ケネディ一家と記者の闘い、かつて、あれほど大勢が、あれほど頻繁に、あれほどささいなことで怒鳴り散らされることはなかった」だった。過去のどの大統領よりも、ケネディが報道機関と良好な関係にあったことは皆が知っており、大げさな内容だった。

彼が立腹したのは、記事中の二つの段落、そして『ルック』のアート・ディレクターによる、「ケネディとの決闘」と題されたいくつかの派手なグラフィックスだった。グラフィックスは、七分丈のフロックコートを着た髭面の男の木版画で、左手を背中にまわし、高く挙げた右手には、発砲されんとするピストルが握られていた。

彼を怒らせた段落は、次のようなものだった。


大統領の親友である、『ニューズウィーク』のワシントン支局長、ベンジャミン・C・ブラッドリーでさえ、大統領の逆鱗に触れている。マサチューセッツ州にいるケネディの古くからの側近が連邦判事の候補になっていることについて報じた『ニューズウィーク』の記事について、大統領は彼に電話をかけ、非難した。

この人物はボストン市裁判所の判事であるフランシス・ゼイヴィア・モリッシーで、駐車違反切符の判決をめぐり法的見識を批判されていた。ケネディは、気づかれないように、この判事を連邦裁判所に滑り込ませようとしていたのである。大統領の「逆鱗」は、次のような一方的なものだった。「こんちくしょう、お前ら、何を言っている。当選したとき、お前らは皆、俺の親父がローマ法王と相談してこの国を操る、などと言っていた。なのに、親父が唯一、俺に頼んできたこれしきのことで、悪しざまに言いやがる」。

記事はさらにこう続いていた。

> 〔弟のボビー・〕ケネディ司法長官にも別の記事について叱責されたが、ブラッドリーは悠然としており、まともに取り合ってはいない。

そして、「ジャックに難癖をつけられた」、「ボビーに怒鳴られた」ジャーナリストの名前をあげた二つの囲みがあり、その両方のリストにあるのは私の名前だけだった。

> 「ブラッドリーは」こう言っている。「彼らが気に入る記事を書くことなど、ほとんど不可能だ。実に好意的な記事でも、一つの段落をあげつらって、文句を言うのだから」。

翌日、『ニューヨーク・ヘラルド・トリビューン』が両方の犬小屋〔上述の囲みのこと〕の住人すべてにインタビューをしている。ヒュー・サイディはさすがにセンスがあり、ケネディ兄弟にとっては少し不満かもしれないが、彼らは歴史上、最良の情報源だとのべていた。私は十分に災難にあっていると思ったので、〔『ニューヨーク・ヘラルド・トリビューン』のワシントン〕支局長のボブ・ドノヴァンの取材に、コメントなし、と答えた。

ところが、これが裏目に出た。ケネディたちとは通常、ホワイトハウスで週に一、二回は夕食をともにし、兄弟ともに必要なら電話もできていたのに、まったく連絡がつかなくなってしまった。

そんな一九六二年九月、ニューポート〔ケネディの別荘のあるロードアイランド州の港町〕で（サリンジャーから）FBIの文書を受け取った。ケネディにはジャッキー以前に婚歴があるという噂があり、その背後に憎悪《ヘイト》を広めることを職業とする者がいる、というのだ。記者たちが「ジョンのもう一人の妻」と呼んでいたこの話に根拠がないことは、広く知られていた。もとになっていたのは、ブローヴェルト家の私家版の家系図で、二度の離婚歴があるブローヴェルト家の子孫、ドリー・マルコムがJFKと結婚していた、という記載があるのだ。ブローヴェルト家の他の者は、家系図の執筆者が「とんでもない間違い」をしでかした、と言っていた。FBIの文書は、さまざまなヘイト・グループが悪意をもってこの噂を焚きつけていることを明らかにしていた。文書を受け取るにあたり、完成原稿を掲載前にケネディに見せる約束をしなければならなかった。私はこうした取引をそれまでしたことがなかったし、その後も一度もしていない。書き終えた原稿を見せると、彼は「おう、元気か?」と尋ね、読んでから、「これでいい」と言っただけで数分の会話を終え、私はその場を離れた。

私の「流刑」が解けたあと、ケネディはトニーにこう言った。「確かに私は怒っていたが、なぜだったか、もう忘れたよ」。ただ、彼もはっきりと覚えていることがある。一度だけだが、私にこうぶちまけたときのことだ。「ちくしょうめ、君はチャーリー〔・バートレット〕以外の誰よりも喰い込み、ここから特ダネを連発しているくせに、俺たちを裏切るとは」。

それでも、ケネディには記者の資質を見抜く眼力があった。『ニューズウィーク』の元全国ニュース担当の編集者で、ワシントン支局で私と一緒だったこともあるジム・キャノンが仕事を辞め、ロックフェラーのスタッフ（のちにフォード大統領の国内政策顧問になる）に加わったときのことだ。私は、若い優秀な記者を二人ほど探しているのだが、とケネディに相談してみた。

「トム・ウィッカーはどれだけできると思う?」すかさず大統領が聞いてきた。『ニューヨーク・タイムズ』の伸び盛りのスター記者だ。「いくらなら払えるんだ? 奴を『ニューヨーク・タイムズ』から引き抜ければ、してやったりだろう。クリスマス前に私が行った非公式の背景《バックグラウンド・》説明《ブリーフィング》について、奴の記事は実に上出来だった。シンプルで、私の言ったこと、そのものズバリだった」。

トム・ロスはどうでしょう? 私はそう聞いてみた。『シカゴ・サン＝タイムズ』のナンバー2、のちに国防省次官補になった男で、私が本当に欲しがっていた人物だ。大統領の答えは、「ちょっと嫌なところがあるが、いいんじゃないか。好みだね、自分なら採るよ」だった。これを翻訳すると、ケネディはロスに一目置いており、おそらく、好みはしないが確かな内容の記事を書いていた、ということだろう。

＊　＊　＊

ケネディ家の男たちがお互いを頼りにしていたこと、とくに大統領がボビーを頼りにしていたことは、広く知られていた。しかし、彼らの私生活は、やんちゃな少年がするような、ウィットと皮肉と愛に満ちた、じゃれあいを思い起こさせた。彼ら兄弟は一緒にいるとき、リラックスし、ふざけあい、軽口を叩き、笑わせあっていた。

スティーヴとジーン・ケネディ・スミス夫妻のパーティーで、ケネディは司法長官〔ボビー〕に乾杯を捧げると、その日にリパブリック・スティール社の社長、ジム・パットンと交わした会話について語りはじめた。値上げを目論む鉄鋼業界と対立していたのだ。

「パットンに言ってやったよ、お前はなんてバカ野郎なのか、と」。彼は笑いながらそう言った。ビジネスマンはすべてバカ野郎だ、と彼が父から言い聞かされていたのは有名で、そのことに暗に触れたのだ。根っからのコメディアンのような間を置いて、こう続けた。「……実際、そうだったよ」。

「パットンは聞いてきた。「なぜ、全米の鉄鋼会社の重役は皆、電話を盗聴されているのですか？」とね。言ってやったよ。それは司法長官に対してまったく失礼で、そんなことはないに決まっている、と」。

「奴はまた、こう聞いてきた。「なぜ、全米の鉄鋼会社の重役は皆、所得税の申告について捜査を受けているのですか？」とね。またこう言ってやったよ。それもまったく失礼で、司法長官はそんなことしていないに決まっている、と。そこで私は、司法長官に電話で尋ねてみた。なぜ、鉄鋼会社の重役連中の電話を盗聴し、所得税の申告について捜査をしているのか、と。司法長官はこう答えた。そんなことは絶対にないし、失礼だと」。そして、間を置いて、彼はこうオチをつけた。「もちろん、パットンが正しいんだけどね」。

ここでボビーが、さも真剣なふりをして、自席からこう口をはさんできた。大手鉄鋼業界の値上げに関して、「奴らは兄さんに嫌がらせをしている。兄さんに対して、そんなことができるものじゃないよ」。

その数週間前、テディ・ケネディ〔ジャックの末の弟〕が「あざけるように」笑った、という『タイム』の報道があった。ボビーのために乾杯をすると、三兄弟はテディの笑い方について話しはじめた。私が会話に加わると、大統領がこう説明してくれた。「ボビーと私はあざけるように笑うんだ。テディもあと数年もすれば、あざけるような笑い方を身につけるだろうが、まだ、わかってないね」。

親族が批判されると、とくにそれが末の弟の場合、ケネディはやけにムキになって肩を持つことがあった。一九六二年三月、その約一〇年前のハーバード時代に、テディがスペイン語の試験を友人に代行してもらっていたことが判明した。学部長の知るところとなり、一定期間後に再入学の申請ができるという条件つきで、両名を退学させた。テディは陸軍で二年を過ごしてから再入学し、一九五六年に卒業している。当初、この件についてケネディは冷静な口ぶりでこう言っていた。「この話が表面化してよかった。

対処できる期間が、「テディ・ケネディが立候補を表明したばかりの、マサチューセッツ州の上院議員の予備選まで」六ヵ月ある。私のアジソン病〔副腎の疾患〕のようなものだ。露見してしまったのだから、向きあうしかない。WASPの連中には不評だろう。他の誰かの答案を肩越しに盗み見ることを良しとはすまい。株主や銀行から盗むのはへっちゃらだが」。

マサチューセッツ州の民主党大会でテディが政治家としてデビューするのを見届けるため、私は同州スプリングフィールドに出向いた。ここで経験した政治家たち特有の過剰さを、私は決して忘れないだろう。二つの光景がとくに鮮明に心に残っている。一つは、足のケガで松葉杖をついた、知事立候補者のエンディコット・″チャブ″・ピーボディの姿だ。（伝説的なジェームズ・マイケル・カーリーが、ある民主党の予備選でエンディコット・ソルトンストール・ピーボディと戦うことになったと知らされたとき、彼はこう言ったという。「なんてこった！　三人もいるのか〔Endicott, Saltonstall, Peabody はいずれも名士の姓〕」。）ハーバード時代、〔バスケットボールの〕全米代表チームでガードだったピーボディは、その年の一一月に知事に当選するのだが、このときは、ピーター・″革の肺《レザー・ラングズ》″・クラーガティやパトリック・J・″ソニー″・マクドノーといったボストンの政治家の支持者たちに松葉杖を振っていた。彼らが応援していたのは、予備選でのテディの対立候補者、エドワード・J・マコーマック・ジュニアだった。マサチューセッツ州の司法長官で「アメリカの偉大な法曹家の一人」と評され、ワシントンで連邦議会下院議長を務めるジョン・マコーマックの甥である。

最もよく覚えている二つめの情景は、ある政治家の若いアシスタントが党大会の会場で私を見つけだし、至急、ワシントンの電話交換手一八番に電話せよ、というメッセージを知らせてくれたときのことだ。緊急メッセージは、子どもが救命救急室に担ぎ込まれたとか、自宅が燃えている、といったことではなかった。アメリカ合衆国の大統領が、かつテディの動向に関する「追加情報」を所望しており、かつ他の登場人物についての所見を披瀝したい、というのだった。その所見によれば、「クラーガティは最低の野郎だ。……いつか、二、三〇〇〇ドルをせびられた。ある選挙キャンペーンで、私の小切手を換金しやがったこともある」。ソニー・マクドノーと話したことはあるかと聞かれたので、ないと答えると、こう言われた。「奴らの時代はもう終わっているのに、わかってないんだ」。

会場は騒がしかったが、私は電話口で大統領に小声で話した。というのも、私とつながっているのが誰か、他の記者たちが気づいて面倒なことにならないかと心配だったからだ。しかも、大統領に請われたコレクトコールだ。良い情報源をつかんでいるからといって、ひけらかしてはいけない。

私が書く記事の前文《リード》について、「テディの政治家デビューに関する何かに違いない、よな?」、とケネディは探りを入れてきた。これには弱ってしまった。というのも、ボストンに向かう飛行機内で前文は書き終えており、そこで私は、ボストン政界に関するエドウィン・オコナーの傑作『最後の歓呼 *The Last Hurrah*』の映画に関連させ、実際にそうしていたからだ。「駆け出しの政治家、エドワード・ムーア・ケネディ(30)の最初の歓呼は、一九六二年六月九日の深夜〇時二五分、熱気と煙だらけの講堂で始まった」。

結局は、いつもケネディ一家対全世界、になってしまうのだった。彼らは、血よりもさらに濃い愛と忠誠心で団結していた。ただし、ボビーには決して見せない蔑みを、大統領がテディに向けたことを覚えている。上院議員に就任してからも、テディはいまだに末っ子然としたところがあった。ダグラスとフィリス・ディロン夫妻によるディナー舞踏会でのことだ。大統領とテディがそろって立ち、テディが話し、大統領が大声で笑っていた。私が加わると、「マサチューセッツ州にもっと貢献できます」をキャンペーンのスローガンにしていたテディが、私に不満をぶつけてきた。「私には、ホワイトハウスに通じるパイプラインがある。その彼〔大統領〕に私は、フォール・リバーでは一〇〇〇人が失業、フィッチバーグでは四〇〇人。そして陸軍に新しいライフルが導入される一方で、スプリングフィールドでは六〇〇人が無職だ、と言ったんだ。で、彼がどう答えたかわかる? 「仕方ない」だってさ」。

一九六二年から六三年にかけての冬、ボビー・ケネディに関する『ニューズウィーク』の巻頭記事《カバー・ストーリー》の取材で、「小さいほうの弟ではなく」と断りながら、私は大統領に、なぜそれほど弟を優秀だと評価するのかと質問したことがある。彼の答えはこうだった。

「まず、モラルが高く、自分自身に対しても倫理的な厳しさがある。清教徒《ピューリタン》で、絶対に腐敗しない。実務上のエネルギーもすさまじい。アイデアが豊富な人間は周囲にいくらでもいるが、実行に移すことこそが難関なんだ。ボビーは私が知る最高のまとめ役だ。四、五人のチームでやるタッチ・フットボールでも、勝つのはいつもボビーのチームだった。調整能力でベスト・プレーを引き出せるからだ。彼は一八ヵ月間も〔ピッグズ湾事件での〕キューバ人囚人に心を砕きつづけている。売名や政治的な思惑とはまったく無関係にだ。パーム・ビーチでは、〔キューバ人難民の〕指導者は一人の例外もなく、彼の自宅に招待され、彼の家族と過ごしたことがあるはずだ。義理堅くもある。〔ジョー・〕マッカーシーの葬儀に参列しているが、これはなかなかできることじゃない［ロバート・ケネディはマッカーシー委員会の民主党顧問だったことがあるが、マッカーシーに手ぬるいとリベラルたちからは不評だった］。しかも、ジーン・マッカーシーの再婚した夫が職を探していると聞くと、どこかのポストに任命してやっていた」*。

ケネディは、ボビーと全米トラック運転手組合について、私がまったく知らなかった二つのことも教えてくれた。一つは、運転手組合のある役員にまつわる話だ。ジミー・ホッファ委員長の友人だとされる人物で、何らかの罪でケネディ司法長官に起訴され、有罪判決を受け、その後に突如として「歌い」〔内部告発し〕はじめた。彼は急病で入院し、急性ヒ素中毒であることがわかり、すべてを打ち明ける気になったのだ。ケネディによれば、その男性が不平不満を吹聴していることを知った組合が、黙らせるために毒を盛った、というのだ。

二つ目は、司法省が最近発見した、組合に雇われたというチンピラの話である。大統領によれば、消音装置つきの銃を渡され、合衆国司法長官を殺害せよとの命を受け、ワシントンに送られてきたのだという。

この二つの話の裏を取ろうとすると、最初のは記事にしないでほしい、とボビーに頼まれた。証人になってくれそうな反ホッファ派の人たちを萎縮させ、ホッファに対する訴訟理由が崩れてしまうことを恐れたのである。二つ目の話については、コメントを拒否した。結局、『ニューズウィーク』ではいずれも掲載しなかった。

ジャック・ケネディが最も称賛していたのは、弟のタフさだった。彼はいつか、ボビーと元コネティカット州知事チェスター・ボウルズとのいざこざについて、楽しそうに話して聞かせてくれたことがある。ボウルズはスティーヴンソン派のリベラルで、当時は国務次官だった。キューバ・ミサイル危機における政権の初期対応には、にわかに同意しがたい。ボウルズがそう言ったことが、ボビーの耳に入ったらしい。次に会ったとき、ボビーは文字どおりボウルズのコートの襟をつかみ、こう食ってかかったという。「言っておく。全面的に政権を支えろ。わかったな?」

キューバ・ミサイル危機の最中は、ケネディに近づけなくなった。大統領の思い出は、基本的に彼の仲間内で過ごした時間に形づくられていたことを私は（他の記者も）思い知らされた。一九六二年一〇月一六日から一〇月二八日までの一三日間、皆と同じように私も情報を得ようともがいていた。国に戦争が迫れば迫るほど、指導者は友人とくつろげる時間をもてなくなる。ラスク国防長官がうまく表現したように、フルシチョフがまばたきすると、ミサイルを積んだソ連船が引き返していった。その後、政府の緊急本部に誰を加えるかを決める難しさについて、ケネディはトニーと私にこう語ってくれた。「悪いが、君たちは選ばれなかったよ」。緊急本部はワシントンから三〇マイル離れた、ヴァージニア州のブルーリッジ山脈に設置されていた。

ある夕食の席で、ボビーが何かに激怒し、クレムリンに抗議の電話をかけた話をジャッキーがしてくれた。この話は、確認されぬまま、しばらくワシントンで取り沙汰されていたが、大統領は妻の発言を止めようとはしなかった。RFKが電話をかけたのはゲオルギ・N・ボルシャコフで、ワシントンの記者団やニュー・フロンティア系の人々のお気に入りのソ連の外交官だった。ボルシャコフがKGBの回し者であることは皆わかっていたが、人あたりのよいスパイで、酒を飲み、話が面白く、ついでに腕相撲では敵なしだった。ある夜、合衆国司法長官がクレムリンのボルシャコフをつかまえようと電話をかけたが、ジャッキーの話では、ホワイトハウスの電話交換手は応答なしと告げられたという。

ケネディ大統領が二人の弟に加えて父と一緒にいる場面を私が見たのは一度きり、一九六三年の春、息子たちが「大使」と呼ぶ父が脳卒中で障害を負ったあとのことだった。それは、ケネディ夫妻、ボビー、テディ、ユーニス・ケネディ・シュライヴァー、私と妻、そしてケネディのいとこで大使の介護をライフワークとしたアン・ガーガンが集まった、ささやかな夕食会だった。年老いた大使は、体が曲がり、具合が悪く、頭からつま先まで右半身が麻痺し、何度も繰り返す「ノー、ノー、ノー」といくつかの意味不明な音以外、言葉を発することができなかった。

それは、最も感動的で、悲しくもあり、楽しくもある夜だった。目の光とゆがんだ笑顔でしか反応できない老いた父を、息子たちが懸命に話の輪に加えようとしている。「お父さん、そう思いませんか?」「お父さん、そうなのですか?」彼らはそう語りかけつづけた。そして、父親が「ノー」の連発で誰かを困らせる前に、別の話題に移るのだった。「テディ、お父さんに何か歌を歌おうよ」とボビーが提案すると、二人はハープの二パートの楽曲をハーモニーで歌った。すると、大使は椅子から乗りだし、二人がよく見えるよう頭を後ろに傾け、明らかに喜んでいることがわかった。アンコールには、テディが独特な舌足らずの口調の「ハニー・フィッツ」のものまねをし、拍手喝采を浴びた。

その日の午後、ウィンストン・チャーチルを名誉アメリカ市民とする式典がローズ・ガーデンで開かれ、ジョセフ・ケネディもその模様を二階の窓から覗いていた。そこ

＊ 故ジョセフ・マッカーシー上院議員の妻と結婚したG・ジョセフ・ミネッティーは、一九六二年に民間航空委員会に任用されている。

で大統領はいたずらっぽく、「お父さん、旧友が勢ぞろいしているでしょう」と問いかけた。大使の政敵をさしてそう言ったのだ。「バーナード・バルーク、ディーン・アチソン」と名前をあげ、「……〔アチソンには〕攻撃もされたけれど、やり返しもした。お父さん、そうでしたよね?」と言った。カクテル・アワーになると、キャロラインとジョンは祖父の体調にも構わず走り回ったが、それも彼を楽しませていた。ジョー・ケネディの飲み物を載せた小さなテーブルにジョンがつまづき、膝にもろにかかってしまったが、すばやくアン・ガーガンがきれいにしていた。

夕食は難儀だった。ジャッキーが片方を、アン・ガーガンがもう片側をやや後方から支え、大使の右足を前に押し出して歩かせた。食事の際には、ガーガンが彼に食べさせ、口元をすばやく、やさしく拭いてあげていた。石ガニが供されると、大統領は自分のカニの甲羅をテディに砕かせた。それほどに背中が痛んでいるのだとわかった。カニをほおばりながら、大統領が「お父さんといえばさ、お供をするときは、ファースト・クラスで行けたんだよね」と言った。皆が同意すると、大使は左手を突きだして「ノー、ノー、ノー」と言った。それはまるで、何かを指摘する際に右手を突きだす大統領のようだった。皆がその意味を理解していた。

私のことを〝ビーボ〟・ブラッドリーの息子として彼に紹介するのに、ジャッキーが一役買ってくれた。ハーバード一年生の野球チームのコーチをジョーが務めたとき、私の父がそこでプレーしていた話をして、「ビーボを覚えているでしょう。ベンよりもずっと男前だと言っていましたね」と問いかけると、またもや「ノー、ノー、ノー」なのであった。

食事を終えると、大使は車椅子に深く座り、もう三〇分、会話のなかにいた。そして、「おじいさまは、お休みになります」とアン・ガーガンが告げると、初めて意味の通じる「ノー、ノー、ノー」が響いた。この晩のことを、私は忘れることができない。私の両親はまだ健在だったが、ここで見たのは、老いて話せなくなった父親を中心にまとまる、揺るぎない一家だった。男性たちが並び立ち、団結していたこのとき、ケネディ家は最強だった。私にはいま、そのように思える。

海への愛は別として、ジョン・ケネディは私が会った誰よりも都会的な——そして洗練された——男性だった。おそらく、手入れの行き届いたゴルフ・コースとか、タッチ・フットボール兼用の、完璧に整備された芝生も大好きではあった。しかしそれは、自分がいったい何をしているのかを見失わず、かつバカにされない程度に、都会の便利さから離れる限りで好んでいたのだ。つまり、アウトドア派ではなかった。アイゼンハワーのように釣りは好まず、仮装もお気に召さなかった。特別保留地でインディアンとポーズをとり、羽のついたヘッドドレスをかぶっている写真があるが、この一枚だけだ。狩猟射撃も好きではなく、ＬＢＪ〔リンドン・Ｂ・ジョンソン〕の牧場を訪れた際、向かってくるよう追い立てられた鹿を撃つ隠れ場所にリムジンで連れていかれたときは、心底驚いていた。彼には、大都市での生活、そこで家族とともに享受した快適さや便利さが染みついていた。

それゆえ、一九六三年の秋、自然保護を啓発するための合衆国北部の視察旅行は、はじめから話題になっていた。取材にあたった彼の友人たちは、「ポール・バニヤン」〔アメリカやカナダの民話にもとづく、力もちの木こりの巨人〕というあだ名をつけていたほどだ。というのも、そのポール・バニヤンに似ても似つかぬ御仁が、仕立ての良いスーツにハンドメイドの靴を身につけ、原野や山々を歩き回り、ダムや公園の除幕式をする姿を想像できなかったからだ。

トニーと私は、この旅にとくに思い入れがあった。というのも、大統領の最初の滞在地であるペンシルヴァニア州ミルフォードの「グレイ・タワーズ」は、ピンショー家の本拠地で、トニーが子ども時代に夏を過ごし、今では彼女の母親であるルース・ピンショーが夏を過ごしている場所だったからだ。私は『ニューズウィーク』のための取材で、トニーと彼女の姉のメアリー・マイヤーは大統領のゲストとして、ミルフォードに同行していた。大統領の訪問の目的は、旧知事公邸とトニーのいとこであるギフォード・ピンショー・ジュニアが所有する土地を、合衆国政府を代表して譲り受けることだった。ピンショーは、かつて進歩党に所属し、初代の合衆国林務官で、ペンシルヴァニア州知事を二度務めた故ギフォード・ピンショーの息子である。* それだけでは大統領がお出ましをするには不十分だが、友人であるピンショー姉妹が育った場所を訪れ、超保守的な姉妹の母親と会って話す好機は魅力的で、抗しきれなかったのだ。

ルース・ピンショーと大統領は面会し、警戒しながらも、お互い好意を抱きさえした。とはいえ、控えめに言っても、

＊　トニーの父は、知事の弟であるエイモス・ピンショーである。彼は政界では当初、共和党員だったが、テディ・ローズヴェルト（ＴＲ）支持に回り、さらに「鉄鋼業界のトラストの囚人」と化したとＴＲを批判してＦＤＲ陣営に転じ、最終的にはＦＤＲ陣営を去り、進歩主義的で急進的な勢力に身を投じた。テディ・ローズヴェルトが残した史料のなかにエイモス・ピンショーに宛てた手紙が一通あり、そこに「親愛なるエイモスへ　私は進歩党を異常な過激派呼ばわりしたが、そこでとくに念頭にあったのは君だ」という一節がある。エイモス・ピンショーは一九四四年に死去している。

両者は政治的に対立する立場どころではなかった。ルース・ピンショーはニューヨークのアップステート出身で、エルミラ・フリー・アカデミーで学んだ一〇代のころはリベラルだったが、ローズヴェルト政権末期になると、彼女とその夫は強硬な右派に転じる。彼女は娘たちを愛するがゆえ、彼女たちの友人である大統領に対して実に丁重だった。しかし、大統領に会うたび、バリー・ゴールドウォーター上院議員、そして彼女がバイブルとするウィリアム・F・バックリーの『ナショナル・レヴュー』への献金を通常の倍に増やしていたことは、その後ろめたさを和らげるためだったと誰もが考えていた。

トニーとメアリーは、大統領、農務長官のオーヴィル・フリーマンとともに、ニューヨーク州ニューバーグにある、ミルフォード近くの空軍基地へ飛び、グレイ・タワーズには大統領のヘリコプターで向かった。私はいつもの報道記者用の飛行機で、早めに到着していた。式典と大統領による受領の挨拶は簡素で、目を引くものではなかった。その後、旧知事公邸とグレイ・タワーズを見学するかわりに、ケネディの強い意向でルース・ピンショーの家を訪ねることになった。そこから数百ヤード道を下ったところには、彼の弟のはるかに控えめな家があり、いつもだったら、そこのポーチで私たちは誠実に、神聖なるカクテル・アワーを楽しむのだった。私はそのポーチまでたどり着くことができず、歴史上最も硬い笑顔を撮影する写真記者たちを見つめるばかりだった。

ミルフォードを発ってからの「ポール・バニヤン」の北西部巡りには、個人的な事情はまったく絡んでいなかった（スチュワート・ユーダル内務長官が案内役をしてくれた、ワイオミング州ジャクソン・ホール郊外の湖での、神秘的な夜明け前の散策を除いては）。大統領は時間つぶしに、数日ごとに私のホテルの部屋に電話をよこした。ジャクソン・ホールでは、その日の祭典のあと、「ちょっとしたパーティーをするから」と私を誘ってくれた。ところが、同じ日の午後、説明もなく、ケニー・オドネルが電話で断りを入れてきた。

落ち着いて考え直してみると、昔、ギリシャ語の先生がよく言っていたように、最初よりも二度目の電話のほうがより興味をそそる。パーティーに私を参加させることに、誰かが疑問を呈し、そして誰かがそれは賢明ではないと判断したことは間違いない。なぜかと想像してみるが、いまでもはっきりとしたことは思いつかない。誰か大統領の特別ゲストがいたのどうか、調べようという気にもならなかった。一人の記者だけを招くことが他の記者との関係を悪化させるリスクを、誰かが大統領に進言したのかもしれない、と考えたが、考えが甘すぎるだろうか？

ケネディの改革《マジック》が国内に広まっていく一方、フィル・グラハムも早々に『ニューズウィーク』で改革に着手した。ニューヨークでは、ミューア親子に仕事ではなく肩書きのみを与え、二人を放逐した。オズ・エリオットは編集者に取り立てられた。これは、『ニューズウィーク』にとってもエリオットにとっても時宜を得たもので、彼とともに新鮮な希望と興奮がもたらされた。ワシントンでは、前触れもなく突然に、アーネスト・K・リンドリーが国務省の政策立案審議会の職を打診された。（チップ・ボーレンの手を借りてフィルがそう仕向けたのではないか、と私はずっと疑っている。）ケン・クロフォードがリンドリーのコラムを引き継ぎ、私は支局長となった。しかし、『ニューズウィーク』が高い責任感と成功への道を歩みはじめたのは、ニューヨークで改革がなされたからだ。『ニューズウィーク』は突如として、親経営者的で親共和党的な支配者層である商工会議所から脱退し、独自の新しい居場所の確保に向けて動き出した。『タイム』よりも若く、創造的で、冷笑的でなく、より公正で、説教くさくなく、楽しく、というわけだ。

フリッツ・ビーブが権威あるクラヴァス法律事務所を辞めて、ワシントン・ポスト社の経営に加わる決心をしたのは、おそらく、フィルの大クーデターのせいだろう。そしてビーブはいまや、『ニューズウィーク』にも目を光らせているのである。

私よりもフィル・グラハムがよく知る街、ワシントンの『ワシントン・ポスト』に所有されることで何が起きるのか、私自身はわからなかった。自由世界〔アメリカの意〕の首都になった眠たい南部の街、とフィルが呼んでいた場所で、『ワシントン・ポスト』とグラハム家は、文化的にも、制度的にも、支配力を強めつつあった。コミュニティの主力として、『ワシントン・スター』（とその経営者であるノイズ家とカウフマン家）に取って代わりつつあった。『ワシントン・ポスト』の台頭とそれにともなうインサイダーとしての地位は、『ニューズウィーク』のワシントン支局に利益をもたらした。だが、われわれよりもフィルが精通している分野の記事を報道したら、どうなるのだろう。そう漠然と不安に感じてもいた。フィルがプールの開放をめぐる人種暴動の記事を『ワシントン・ポスト』から遠ざけていたことも、はっきりと覚えていた。フィルと立場が近い組織か何かに関する真相を、『ニューズウィーク』のワシントン支局が暴き出そうとしたら、どうなってしまうのだろう？

たとえば、CIAがそうだ。長官のアレン・ダレスほどCIAを熟知している者はおらず、公開されるわずかな情報を真に受ける者などいなかった。しかし、フィル・グラハムはこの組織を回していた古株のネットワーク――デズモンド・フィッツジェラルド、フランク・ウィズナー、トレーシー・バーンズなど――をよく知っていた。『ワシントン・ポスト』によって買収された直後から、『ニューズウィーク』のワシントン支局は、ＣＩＡに関する巻頭記事《カバー・ストーリー》に着手していた。フィルは掲載する前に記事を読みたいと言ったが、これは当然だろう。われわれの情報源はすべて組織の下層部からで、彼らはジャーナリストとの接触の際、たとえタッチ・フットボール程度の接触でも、頻繁にウソ発見器にかけられていたからだ。組織を統括していたのは、グラハムの情報源たちなのだった。そして、巻頭記事の締め切りである土曜日、私のオフィスでフィルは原稿を念入りに読み、追記すべき点は提案したが、削除は何一つ求めなかった。

『ニューズウィーク』の買収直後から、フィルは姿を見せなくなったが、われわれは自分たちのこと、そしてフィルの代理であるビーブとの関係にかかりきりで、彼の不在について気にかけることすらできなかった。もっとも、われわれはその事情を知らなかった。フィルは一九五七年かららひどい躁うつ病に苦しんでおり、うつ状態での引きこもりと依存症、そして躁状態での気まぐれな行動と過剰な飲酒を行ったり来たりしていたのだった。親しい友人の多くは、この病気ゆえに、『ニューズウィーク』の買収は賢明ではないと反対していた。キャサリンも最初はそうだったが、買収はフィルの心情を楽にするかもしれないと考えるようになった。というのも、フィルはキャサリンの父親であるユージン・マイヤーの遺産を守っているだけで、自分自身で作り上げた実績が少ないのを気にしていたからだ。

一九六二年、フィルはふたたび表舞台に登場し、皆を驚かせた。キャサリン・グラハムではなく、ロビン・ウェッブの肩を抱いて、ニューヨーク、パリ、ワシントンに現れたのである。ウェッブは『ニューズウィーク』のパリ支局で秘書・助手をしていたオーストラリア人で、彼女とフィルは誰も気づかないうちに親密な関係になっていた。しかし、一九六二年の末、フィルがＲ通りの自宅から抜けだし、ロビンと一緒に暮らすようになり、周囲の知るところとなった。フィルの古くからの友人たちは皆、断固としてキャサリンの味方で、フィルと話すこともなくなっていった。彼がロビンと一緒にいるところを見ることもなかった。『ワシントン・ポスト』での彼の友人・同僚たちは、よくあることだが、この件については腰が引けており、病気のため予測不能・不安定な社主の下で組織を運営するという、ほぼ不可能な任務にふり回されていた。最もひどいときには、社員の半分を解雇する、あるいは、仕事もないのに人を雇う、と言いだす始末だった。友情に飢えたフィルは、『ニューズウィーク』の新しい同僚に救いを求めた。トニーと私もそうだった。

ある日の午後、終業時間近く、ニューヨークからフィルが電話をかけてきて、わが家でのディナーにロビンを連れていってもいいか、と聞いてきた。ほとんど何も考えずに、いいですよ、と答えてしまった。彼に同情していたし、仕事上の恩人でもあったからだ。ケイ・グラハムのことは知っていたし、少し気圧されてはいたが、好感を持っていた。ただし、よく知っているわけではなく、会うこともほぼなかった。私はフィル・グラハムに雇われていたのだから。フィルは、自分はワシントンでは皆に嫌われているので、まずはトニーの許可を得るようにと言った。トニーは招待することに同意し、こうして、奇妙な夜が始まった。車で連れていくため、ロビンが支局にやってきた。自分のせいで慌てさせてしまったことに彼女は恐縮していた。わが家にやってきたフィルはとても元気がなく、入るなり暖炉の前の床に座り、四歳になるディノと話しはじめた。しかも、友人の息子と交わす、よくある「ボク、どの学校に行っているの」的なおしゃべりではなく、それまでお目にかかったことのないタイプの、全面的に大人の会話だった。四〇分間にわたり、酒を飲まず、休憩も入れない。フィルとディノ以外の皆が、どんどん居心地悪くなっていく。フィルはロビンと一緒にフォックスホール通りに大きな家を買うと言い出し、いったいどうなってしまうのか、そう考え込んで憂鬱になったことを記憶している。

その後、ワシントンでフィルの姿は見かけなくなったが、ときどき、『ニューズウィーク』関係の用務があるときにニューヨークで会ったり、ロビン・ウェッブをはじめとする新顔とレストランのプライベート・ルームで出くわしたりすることがあった。壁がワインセラーになっているレストランの個室での、ある晩の出来事を思い出す。十数人が座る長いテーブルの端にフィル、彼の右隣にトニー、左隣にはナイト新聞グループの論説部門トップで気難し屋の紳士、ジャック・ナイトがいた。フィルが何を言っているのかは聞き取れなかったが、声が大きくなり、トニーが不愉快になっていることはわかった。そこでナイトが急に、「フィル、ちょっと黙ってろ」とピシャリと制し、テーブルが静まりかえった。フィルは黙ったが、その後の静寂は悲惨だった。どうやら、無口でシャイだとトニーをからかい、度が過ぎたようだ。

私は、普通に友人を知るように、フィル・グラハムを知っているとは思えなかった。彼は頭の回転がとても早く、ウィットは実に鋭く、繊細だが確かな魅力があった。つまり、誰もが持ってみたいと夢見るような友人だった。しかし、気分の激しい振幅を制御する薬が発見される前に、彼の命運は尽きてしまった。

一九六三年のあの夏、トニーと私は、初めて子ども抜きの休暇を過ごしていた。それは八月で、フランスのプロヴアンスで小さな農家を借りたのだった。パリから車で南下してローヌ川の谷を渡り、生涯で経験したことのない、まったくもって最悪の雷雨をようやく切り抜けた。道はひたすらに丘の横をうねり、見渡す限りブドウ畑が続いていた。雷雲から落ちてくるひょうがブドウをダメにしないよう(収穫まであと六週間もあった)、ワイン醸造業者たちが雲に向かって砲弾を放っていた。ヨウ化銀で雨にして降らせてしまおう、というわけだ。黄昏時の暗がりのなか、雷のうなりと砲撃の音で、忘れがたいドライブとなった。

いまだ雷が谷にとどろく朝の三時、電話が鳴った。あの場所で、あの時間に電話が来るということは、ひどいことが起きたという意味でしかない。しかし、受話器を取っても、聞こえるのは男性の意味不明の声をかき消す雑音ばかり。やむをえず電話を切り、次の電話を待ちながら、どの子どもがどんな病気になったかと案じていた。一〇～一五分ごとに電話が鳴ったが、六時、ついに声を聴き取ることができた。新設された『ニューズウィーク』のパリ支局長のラリー・コリンズによるパリからの電話で、「最悪のニュース」だという。心が沈んだ。続けて、「フィル・グラハムが自殺した」。子どもたちが無事であることがわかり、とっさにトニーにこう言ってしまった。「大丈夫だ。フィル・グラハムが亡くなった」。

フィルは初夏に家族のもとに戻り、メリーランド州にあるチェスナット・ロッジという療養所に入っていた。ロビンは人知れずオーストラリアに戻り、新たな人生をスタートさせていた。チェスナット・ロッジの医師から週末の外出を許されたフィルが家族の農園で自らを撃ったのは、そんなときだった。

もちろん、「大丈夫だ」どころではない。彼が自分なりのやり方で世界を照らす前に、世界がこの輝ける光明を失ってしまったことは、深い悲しみだった。わずか四八歳、多くのことを成し遂げるのに、まだ十分な時間があるはずだった。

その日のうちに、私たちはマルセイユを経由してパリへ飛び、トニーはパリで友人と滞在したまま、私は葬儀のためワシントンに向かった。大聖堂は友人やお偉いさんでいっぱいだった。フィルの死が皆を　堂に集めたのだ。そこには、男の子の赤ん坊をつい数日前に亡くしたばかりの大統領もいた。葬儀後、私はすぐにパリに引き返し、トニーと一緒に呪われた休暇を終えたのだった。

ワシントンに戻ると、ビーブは『ニューズウィーク』の今後については確約してくれたが、キャサリンとの関係を修復する必要があるとの指摘を受けた。R通りの自宅での葬儀後の集まりに私が出席しなかったため、その不義理に彼女が傷ついている、というのだ。集まりがあることは知っていたが、出席を求められなかったので、押しかけるべきではないと思っていたのだ。その後、私はケイにそう説明し、謝った。彼女は気を収めてくれたように見えたが、この一件で、私がフィル・グラハムを知ろうとせず、また知らなかったのだったとしたら、同じように、私はキャサリンのこともまったく知らなかったということを思い知らされた。経営者・発行人としての能力に対する不安と、父親と夫の家業を引き継ぎたいという気持ちとの間で彼女が葛藤していることは、確かに私には知りようがなかった。新聞業界の彼女の友人や仲間は『ワシントン・ポスト』を売ってほしいと密かに願っていたが、彼らと相談した結果、彼女は決心した。

彼女が経営者を引き継ぐために仕事を再開したのは、その年の秋になってからだった。それまでの数ヵ月間で、名ばかりのトップになるつもりはない、と宣言する自信を固めたのだった。

第11章　ＪＦＫ亡き後

一九六三年の初秋までに、キャサリン・グラハムと私は仲直りをした。また、『ニューズウィーク』のワシントン支局は、彼女の心配事にはまったくならなかった。フリッツ・ビーブが万事を差配し、われわれは皆、それぞれの仕事に専念することができた。すべてがうまく回っていくように思えた。

トニーと私は、かつてのように、子どもたちと彼らをめぐる問題を中心とする生活を続けていた。夜に帰宅すると、まずは末っ子である三歳のマリーナ、五歳になろうとしているディノの相手をする。二人とも、普通の、健康な、甘えん坊だった。それから、タミー、ロザモンド、ナンシー、アンディ・ピットマンと、いつ終わるとも知れぬ宿題に取り組んだ。「大人の時間だぞ」という私のかけ声とともに、子どもとの時間は終わり、彼らをまとめて上階に連れていくのだった。

社交の相手は、トニーのお気に召した同業者数人に限られた。コラムニストのジョーとポーリー・クラフト夫妻がとくにそうだった。その他には、アートとアン・バックウォルド夫妻、当時ＮＢＣニュースに君臨していたデイヴィッド・ブリンクリーとその妻のアン、エドとアグネス・ウィリアムズ夫妻、ローランドとケイ・エヴァンスたちがいた。ジャーナリストのセレブリティ化はまだ始まったばかりだったから、〈華麗なる人々〉とまではいえない面々だった。

もちろん、ケネディたちもだ。息子の死から立ち直りつつある一方、大統領、そして大統領の妻という、ややこしい仕事をなお続けていた。そんな一九六三年の秋、ホワイトハウスでの夕食で、お金の話題になったことがある。給料がなくても暮らせる立場にあるものの、ケネディはしきりに、悪気はなしにお金について不満をのべるのだった。ジャッキーの使いすぎで一文なしになりそうだ、という。もっとも、彼らの生活費については、ほとんど知りようがなかった。彼らがヴァージニア州ミドルバーグに建設中の週末用の隠れ家がいくらするものか。この謎をめぐり、私たちは賭けに延々と興じた。大統領は五万ドル以下に一〇〇ドルを賭け、私は七万五〇〇〇ドルは下らないと予想し、その間に落ちた場合は勝者なし、ということになった。正解は一〇万ドル以上で、賭け金はもらい損ねたが、一九六三年一一月初旬に完成してすぐ、週末にお邪魔することができた。

それは秋晴れの涼しい日だったが、外のテラスに出て石垣に腰掛けて、野原と泥がまだ残る新しい人工池を見下ろしながら、ブラッディー・マリーを飲むほどには暖かかった。マカロニという名のキャロラインのポニーが草を食みながら、テラスを気ままに歩いていた。私たちは風を避け、できるだけ陽の光を浴びようと、家の壁に寄りかかっていた。ホワイトハウスの専属カメラマンで、隊長《キャプテン》と呼ばれたセシル・ストウトンが写真と動画を撮っていた。午前中には、サウジアラビアの王から贈られたアラビア馬のサーダーに乗るジャッキーを撮っていた。すると突然、ポニーのマカロニが玄関正面の芝生に向かって歩き出し、近づいてきたので、私たちは立ち上がりその場から離れたが、大統領だけは恐れるものか、とばかりに座ったままだった。マカロニはケネディになおも近づき、草を食みながら鼻で大統領のお尻をつつく格好になった。それでも止まらず、草を求めてＪＦＫを横、腹側、そして反対側へ押し倒した。私たちは大笑いし、大統領はストウトンに、「隊長《キャプテン》、撮ってるか？　大統領が馬に踏み殺される場面を」と声をあげるのだった。

その日の午後は、石垣の上に座って新聞を読んだり、外を散歩したりして過ごした。夕食時には、翌週にある大統領のフロリダ旅行、その次の週のテキサスへの旅について話をした。フロリダに関しては政治的な問題はなかったが、テキサス州では面倒な状況にあった。ジョン・コナリー州知事とラルフ・ヤーボロー上院議員が対立しており、かつては名調停役で鳴らした副大統領のリンドン・ジョンソンが、その役割をうまく果たせていないのだった。ダラスの雰囲気はひどいもので、その一ヵ月前には、国連デーの集会で、合衆国の国連代表であるアドレー・スティーヴンソンがヤジられ、罵倒され、プラカードでたたかれ、唾を吐きかけられていた。ケネディはこの「政治ぬき」の旅を、溝が深まるばかりのテキサス州民主党のリベラル派と保守派の橋渡しをする機会にしようと考えていた。

テキサスの話題から、会話はリンドン・ジョンソンの側近で、明るい性格のボビー・ベイカーに移り、ベイカーの名前からケネディが凝った悪ふざけを思いついた。まず、トービー・マクドナルド――ケネディの大学時代のルームメイトで、現在はマサチューセッツ州選出の議員――に、居場所を伝えずに私が電話をかける。ワシントンの地味な弁護士であるミッキー・ワイナーをFBIが尋問しているという話が浮上しており、ワイナーを追う過程で彼がパーム・スプリングスでマクドナルドと会っている事実が明らかになった、と伝える。そして、「奴に、このことを記事にするつもりだ」と言え、というのだ。ケネディはそう言って、電話交換手に指示してマクドナルドにつないだ。

「トーブ〔トービーのあだ名〕をひとつ、驚かせてやれ」とケネディはせきたてた。田舎にあるケネディのすべての別荘を管轄していた陸軍通信部隊の電話交換手は、すぐに議員を呼び出してくれた。私は言われたとおりにうまく彼をひっかけ、大統領とジャッキーは内線でその様子を聞いていた。

「トーブ、聞いてくれ。まずいことになっている。残念だが、君に関わることだ」、と私は切り出した。

ブラッドリー「ボビー・ベイカーの件でFBIがミッキー・ワイナーを尋問しているのは知っているな？　君が奴とパーム・スプリングにいたこともだ」

マクドナルド「ああ、それがどうかしたか？」

ブラッドリー「その話が広まっていて、悪いが、記事にしなければならない。ベイカーの件は大きなニュースで、ワイナーが絡んでいる。私が知りたいのは、それらに君がどう関わっているかだ。ワイナーとは、どういう仲なんだ」

マクドナルド「おいおい、ワイナーとの関係なんてないさ。私がスピーチをしたホテルで会っただけで、あっちから寄ってきて、話をした。それだけだ」

ケネディ（受話器を手で覆いながら）「トーブが焦っているぞ。もう一押しだ」

ブラッドリー（どうしようもなく想像が膨らんでいく）「そうか。女が絡んでいるとFBIは言っているんだが」

マクドナルド「女って、いったい、どういう意味だ？」

ブラッドリー「女は、女性ってことさ。分からないのか？」

（ケネディはソファに背をもたれかかり、大笑いしている。）

マクドナルド「ワイナーのことなんて、ほとんど知らないって、本当だ。なぜ、そんなことを言い出すんだ？」

ブラッドリー「私がジャックの友達だってことは、皆が知っている。だから、彼の友人に関することには、とくに慎重にならなければならない。君やワイナーや女についてて書かなければ、私はケネディの手下か何かだと思われてしまう。だから、本当に、何かしら書かないといけないんだ」

ここで、大統領が私のふりをしてマクドナルドに質問をしたが、声が少し変だった。マクドナルドが何かぶつぶつ言い、ケネディがまた別の、もっと意地悪な質問をした。内容は覚えていないが、今度は自分の声だった。

「ああ、クソ」。自分がはめられたこと、そして誰にはめられたかに気づき、マサチューセッツ州の議員は言った。この夜ほど、笑い転げるケネディを見たことはなかった。

翌朝、ジャッキーが馬に乗って跳ねたりするのを見たり、散歩したり、新聞の日曜版を読むなどしてゆっくりしてから、日中に隠れ家を発った。

これが、私がジョン・ケネディを見た最後だった。

昼休み中のことだった。ブレンタノズ書店で本を眺めていたとき、ささやき声が聞こえてきた。最初はかすかに、そして「オー・マイ・ゴッド」の連呼、「ケネディ」、「撃たれた」と続いた。ナショナル・プレス・ビルディングのロビーに駆け込み、一二階の『ニューズウィーク』のワシントン支局に急いだ。同僚たちがティッカー〔電信で送られる記事をテープに印字する機械〕の周りに集まり、茫然として、刻々と悪化する、信じがたい、胸の痛むニュースの連射に見入っていた。「これは助からないな、ベン」と何度も言うコラムニストのラルフ・デトレダノを、説明しえない怒りでにらんでしまった。

「ダラス　一一月二二日（ＵＰＩ）――三発の銃弾が発射された……」。

その結果、あまりにも突然に、彼は亡くなってしまった。ある好日、ある良き週末、約束され特別に見えた時代のすばらしい年の最中に、その後の人生が一変してしまった。それがどういうことか理解できるようになるのはかなり後だが、痛ましい変化が避けようもないことは、涙のように見通せた。

ありがたいことに、最初の変化は仕事に関するものだった。それはあまりにも多大で、悲しみが追いつかないほどだった。ケネディが死亡したのは、金曜日、ワシントン時間でちょうど午後一時を過ぎたところだった。週刊ニュース雑誌の世界では、金曜日は一週間の終わりの始まりだ。表紙《カバー》はすでに印刷され、記事を待っている状態だ。巻末の特集はすべて編集を終え、植字されている。ニュースの各セクションの前文《リード》も執筆され、編集され、書き直され、さらに書き直されている。印刷済みの表紙を飾っていた、ＬＢＪ〔リンドン・Ｂ・ジョンソン〕の側近であるボビー・ベイカーに関する待機中のスキャンダルは破棄され、雑誌全体がふりだしに戻り、はじめからやり直しとなった。

ホワイトハウス特派員のチャック・ロバーツは、ダラスで大統領とともにおり、彼の車からわずか数メートル離れた行列の車中にいた。ああした状況でジャーナリストがなしえる限りのことをチャックはしているだろうし、われわれもそうだとわかっていたので、すぐに仕事に取りかかった。まずはチャックが現場にいたのかを知る必要があったが、彼もまさにそのことを電話ですぐに伝えてきた。早速、ワシントン支局ではスピーカーフォン〔スピーカーとマイクを内蔵した、手放しで話せる電話機〕を通じて、編集会議が開かれた。新たな役割分担が決められ、それぞれの仕事を完遂するために記者が散っていった。

私はすぐにトニーと話し、直後にもう一度話し、感情を整理し、ジャーナリストとしての責務と衝突することなく、友人として何ができるか考えてみた。仕事との衝突はあまりにも初歩的なことだと結論づけ、これからの数日間、悼む以外に、われわれに果たせる役割はないかと思案した。ちょうどそのとき、オズ・エリオットから電話で、「感謝」、あるいは「追悼」の記事を書く気はないか、と打診された。どうにも決めかねた。締め切りまで数時間しかないし、自分自身について、また個人的な感情について書くのは気がすすまなかった。自分がどう感じているのか、まだわかってもいなかった。第一人称単数の使い方を間違えずに、何か書けるだろうか。考えあぐねたが、やってみる、と答えた。

書き始めると、涙が出てきた。感情を書くのはやめにした。対処できない。泣いている最中も、記者たちが書いたばかりの原稿を持ってくるし、ニューヨークの編集者たちも電話をかけてくる。あまり役には立てなかった。その晩の六時三〇分ころ、ジャッキー・ケネディの社交担当秘書のナンシー・タッカーマンから電話があり、七時にホワイトハウスに集まり、大統領の遺体とともにダラスを発ったジャッキーが向かっているベセスダ海軍病院に向かうよう、要請があった。これは自分の独断で、記者としてではなく、友人として呼んでいるのだと、タッカーマンは強調した。自分の記事以外、支局の役割分担は機能していた。二、三時間後に戻って書き上げるか、でなければ白旗を揚げればいい、と判断した。

私たちは、サイレンを鳴らすバイクに先導され、ジーン・ケネディ・スミス、タッカーマン、ユーニス・ケネディ・シュライヴァーとともに、猛スピードで向かった。途中、一台のバイクがスリップしてしまい、激動の夜が始まったのだ、と自覚した。運転手は安定を取り戻し、目的地についたが——それからしばらく、大きなスイートルームで待つことになった。

ジャッキー・ケネディがゆっくりと、ふらつきながら、病室に入ってきた。ピンクのスーツには、夫の返り血がついている。歴史上、これほど頭にこびりつく光景があるだろうか。彼女の目は、いまだ恐怖で大きく見開いたままだった。何も言わずに私たちの腕に倒れ込み、起きたことを説明すべきかどうかをこちらに問いかけようとするが、言葉にならない。このことは次号の『ニューズウィーク』では書かないでほしいと言われたが、このような悲しみのなかでも、私は信用されていない、私は友達であり、またよそ者でもあるのだと悟り、気持ちが沈んだ。おそらく彼女に釘を刺されたからだろう、彼女が何を語ったか、ほとんど覚えていない。

部屋は家族と親しい友人でいっぱいになった。チャーリーとマーサ・バートレット夫妻、ケニー・オドンネル、ラリー・オブライエン、ボビー・ケネディ、ボブ・マクナマラたちだ。小さなグループができ、真剣な話があり、散って数分すると、また集まりができる。大統領の埋葬場所について、多くの話がなされた。古くからケネディを知る人たちのなかには、ボストンを推す声があった。マクナマラと他の数人は合衆国国立墓地であるアーリントンを支持した。マクナマラはすでに現地を訪れ、「完璧な場所」だと言っていた。大統領とともに結婚指輪を棺に入れるべきかどうかについても、結論は二転三転した。ジャッキーにピンクのスーツを着替え、休んでもらってはどうかという声も上がったが、どれもうまくいかなかった。皆、小声で、信じられぬと頭を振るばかりだった。リー・ハーヴェイ・オズワルドや検視官の調査に関する話は上らなかったと記憶している。

私たちは早朝に辞去した。追悼記事を書こうとしたが、最初の数行からしてまったくうまく書けない（「私」や「私の」は排除しなければならず、実際にそうしたことを覚えている）。夜が明けてから、オフィスに戻り、ようやく書き始めることができた。「あの特別の気品《グレイス》」と題されることになる、翌日の『ニューズウィーク』に載る一ページの文章である。この記事を文字どおり引き出してくれたのはエリオットで、彼らしいセンスと忍耐強さで励まし、提案し、思案してくれた。言いたいのは、「暴走している」（“careening”）か、それとも「疾走している」（“careering”）か。そう彼が質問してくれたことに、とても感謝したことを覚えている。その日の私は、答えをまったくもちあわせていなかった。若きジョン・ケネディのまっしぐらな人生を表現する上で、辞書を引けば答えが見つかるような問題なら大助かりだったが。

「あの特別の気品」は、半分が哀歌、半分が弔辞で——過剰な感情にまかせて書いたものだった。理不尽な死について、全世界が感じた喪失感をとらえようとしたのだ。彼を象徴するような言葉を使った……優雅な、不休の、旺盛な、ハングリー精神がある、率直な、庶民的な、寛大な、人づきあいのよい、愉快な……。しかし、そんなあまたの言葉をもってしても、彼を正しく表現することはできなかった。

死は、真実と意味を内省的に探求するきっかけとなる。大統領の死は、多くの専門家を登場させ、この探求を助けたり、あるいは難しくしたりするが、彼らの仕事が貫徹されることは決してない。ジョン・ケネディの非業の死は、当然のごとくアメリカ人の疑心暗鬼を助長し、合衆国の歴史上、最も分析された死となった。評価、再評価は衰えることなく続き、死後三〇年経っても、新しい書籍、映画、テレビの特集が毎年、発表されている。

殺害後の慌ただしさのなか、私はこう書いた。「時が経ち、悲劇性や異様さが少なくとも耐えられるほどに落ち着く、より静穏な時代にこそ、歴史はジョン・F・ケネディを最も適切に評価するだろう」。そして私は、彼のユーモア、とくに彼自身に向けられたユーモア、人生とそこにいる人々に対する渇望、共感する能力、身体的・知的な優雅さ、についてものべた。私はまた、ウォルター・ミティー〔自分の人生を現実以上に劇的だと勘違いする人〕のような一直線さ、それゆえ、たぶんアーノルド・パーマーのように英雄的な役回りに陥りやすいことについても書いた。そして、彼のあふれる熱意、戦時中の軍隊経験からうまれた口の悪さ、家族への愛に言及し、追悼記事をこう終えた。「ジョン・F・ケネディはもういない。つまりわれわれは、力を失った国の、力を失った人民になってしまったのだ」。少し気取りすぎたかもしれない。しかし、涙にくれながら書いたことであって、いまもそう信じている。

そのなかにケネディとジャッキーについて、次のような数行の文章を含めておいた。「ジョン・ケネディは、彼によく尽くしてくれる妻を愛していた。二人の人生は、病院で最期を迎えたとき、むしろ始まったのだ。病や寂しさを経て、愛す側にも、愛される側にもともに、その精神が光をともす特別な愛情が育まれたのだ」。これも、少し気取りすぎかもしれない。ケネディが他の女性たちにも愛情を注いでいたことは歴史が示すとおりだが、タブロイド新聞のあさましい報道とは別に、燃え上がるようなものではなかった。それはそれで、どうしようもない。つくづく、あのようなことはやめてほしかったところだが、歴史を変更することは誰にもできない。

土曜日の午前中、ホワイトハウスのイースト・ルームでの特別なセレモニーにケネディの友人と仕事仲間が招待された。テッド・ソレンセンは宙を見つめ、そこに体はあるのだが、ひどい悲しみに独り閉じこもっていた。ロバート・ケネディはほとんど茫然自失の状態で、それから数日間そうしていたように、ジャッキーのそばに寄り添っていた。「海軍賛歌」が演奏されると、皆が涙にむせんだ。それから幾千回も繰り返される、最初の光景だった。どれも決して忘れることはないだろう。

『ニューズウィーク』は日曜日には休業となり、世界とともに、われわれはテレビで繰り広げられるドラマにくぎづけになった。大統領の遺体が議会議事堂の円形大広間に安置され、ド・ゴール将軍、ハイレ・セラシエ一世、ギリシャのフレデリキ王妃、フィリップ王配らが参列する。これほどの高位の著名人を一堂に目にしたことはなかった。そして何よりも、目に涙を浮かべ茫然と立ち尽くす、何千人もの人々。トニーと私は、日曜日の夜、大統領の側近の一人、デイヴ・パワーズに案内され、わずかな友人のために開かれた家族宅での通夜に参加した。サージェント・シュライヴァーを通して、月曜日に開かれる聖マシューズ大聖堂での葬儀で、「家族の」要望で先導役を務めてほしい旨を告げられた。説明を受けるため、早めに大聖堂に到着した。私は中央の通路を横切る翼廊に立つことになった。トニーとメアリー・マイヤーのために二つの席を確保した。思ったよりもずいぶんと遅く、二人は一緒にやってきた。

葬儀が終わり、棺がしまわれると、指導者たちが列をなして中央の通路をゆっくりすすみ、大聖堂から退出した。外で待ち受けていたカメラマンたちの撮影のため、いちいち停止しなければならず、しばらく渋滞していた。新大統領のリンドン・ベインズ・ジョンソンが、ちょうど私の前で五分ほど歩みを止めていた。何か言わなくてはと思い、「神のご加護がありますように《ゴッド・ブレス・ユー》」とつぶやき、この難局に国全体が大統領の最善を願っている、という意味の言葉をかけたことを覚えている。彼はほんのわずかにうなずいただけで、そこに立ったままだった。アーリントン墓地に行くには延々と時間がかかり、その間、トニー、メアリーと私は堂々たるド・ゴール将軍の真後ろで、輝く晩秋の陽光を見つめていた。

ケネディが暗殺されてからしばらくして、トニーと私は、ヴァージニア州ミドルバーグのケネディのアトカ別荘で、ジャッキーと一緒に感傷的な週末を過ごした。何か別のこと、あるいは誰か別の人のことを話そうとしたが、うまくいかなかった。癒すにはまだ早すぎ、感情も高まったままで、なくてはならない四人目がいなければ、私たち三人には共通点がほとんどないことを痛感した。

そして、暗殺からわずか四週間後、一緒に過ごした最後の週末に、遺された彼女から次のような悲しいメッセージを受け取った。

一二月二〇日

親愛なるトニーとベンへ

あなたたちに言われたこと——私の再婚を願っているということに、とても戸惑っています。
私たちは、幾度も一緒に過ごしましたね。でも、知っておいてほしいことが一つあります。人生はもう終わってしまったと私は思っていて、ただ寿命が尽きるのを待ちながら残された時間を過ごすだろう、ということです。

愛を込めて
ジャッキー

ジャッキーはワシントンにとどまるつもりだと言い、自分の代わりにジョージタウンのいくつかの家をトニーに見てもらってから、ある一軒を購入した。しかし、そこに入居する頃には、人生が台無しになってしまったこの街に彼女は長くいないだろう、と私たちは感じていた。いつも四人だった私たちの友情は、三人では成立しなかったのである。

LBJは暗殺後の国を正そうと懸命だったが、ジョンソン新政権は最初の数ヵ月間、とかくケネディと比較されることに苦しんだ。ジョンソンは、そしてテキサス出身の彼の取り巻きたちの幾人かも、ケネディのやり方《スタイル》を賞賛する報道機関を彼自身のやり方を暗に批判するものとして毛嫌いした。実際のところ、まさにケネディのようにLBJには独自のやり方があったのだが、それがまるで違っていた。やり方がその人の言動や外見を意味するならば、LBJは実にその通りだった。彼が部屋に入ると、そこは「大統領在室中」という状態になる。彼が片方の手を誰かの肩に、もう一方の手を腕に乗せると、その人はグレート・デン〔ドイツ産の大型犬〕に舐められているように感じてしまう。ジャッキーに対しては柄にもなく丁重に接していた彼だったが、ケネディと親しかった人々に対しては懐疑的なままだった。

ジョンソン大統領が私に含むところがあったことは、広く知られていた。いつか、大統領に宛てた覚書で、マクジョージ・バンディが次のように報告したことがある。ケイ・グラハムが「ベン・ブラッドリーを『ニューズウィーク』から『ワシントン・ポスト』に異動させ……アル・フレンドリーの補佐にすることを決めました。……ブラッドリーについて大統領に疑念があることをケイは承知していますが、彼が報道の世界で尊敬されていることもわかっています」。バンディは続けて、次のような興味深い洞察を記している。

ちょうど良い機会なので私の見解を繰り返しておくと、ベン・ブラッドリーは意志の固い、粘り強い記者でありますが、われわれに敵対しているわけではありません。彼がケネディ大統領の個人的な親友だったことは確かです。しかし、彼はボビーとは決して親しくはありませんでした。性格的に正反対だったからです。ブラッドリーとケネディ大統領を結びつけたのは、ともに冷静さ、アイロニー、公平無私さを共有していたからで、ＪＦＫのこの一面は彼の弟には見られないものでした。

　ジョンソンは、一九六四年中は連邦議会を説得してケネディ関連の法案のほとんどを可決させ、それから彼自身のアメリカの国家像である「偉大なる社会」政策に着手した。どの支局長にとっても、新しい大統領は新たな挑戦を意味し、私にしても、ケネディを支えたアイリッシュ・マフィアに取って代わったテキサス・マフィア――ジャック・ヴァレンティ、ビル・モイヤーズ、マーヴィン・ワトソン、ハリー・マクファーソン――について知るため、かなりの時間を費やした。そのようなとき、ジョンソン大統領はわれわれが気づかぬうちにアトランティック・シティに向かい、不幸な事件の結果引き継ぐことになった、大統領職への出馬の準備を進めていたのである。

　全米規模の政治大会は、軍隊にとっての従軍記章リボンのようなものだ。特派員は、兵士が戦闘について自身の経験を戦争物語のように思い出し――そして脚色して――語るように、政治大会を語る。

　一九六四年の両党の大会はその好例で、色彩豊かで、活発で、楽しいものだった。サンフランシスコで開かれた共和党大会では、実に華のあるバリー・ゴールドウォーターが候補者に指名され、まったく不愉快ではあるが、興味を引きつける数日間となった。アトランティック・シティで開催された民主党大会での主役は、ファニー・ルー・ヘイマーと戦闘的なミシシッピ州代議員だった。

　ゴールドウォーターが選ばれた大会で、われわれの多くにとってこれまでになく印象的だったのは、極右的な一般人の様子だった。その夜の会場であるカウ・パレスにいた者なら誰もが、文句を叫び、足を踏み鳴らし、演説するアイゼンハワー元大統領を支持して拳を振りかざす数千人もの人々を忘れることはできないだろう。アイクは左手の記者席をにらみつけ、彼が言うところの「扇動好きのコラムニストども」を非難した。代議員たちの敵意が伝わってきた。彼らはその後、ネルソン・ロックフェラー〔主要対抗馬だった〕をヤジり飛ばし、演壇から追い出してしまった。共和党《GOP》のリベラル派は、われわれの眼前で滅びつつあった。ゴールドウォーターの取り巻きたちが見せていた敵対心は、キャンペーン部長のＦ・クリフトン・ホワイトと最側近のリチャード・クラインディーンストを例外として、憎悪に近いものだった。これは、私がバリー・ゴールドウォーターを知り、そして好意を持つ何年も前のことだったが、当時の彼は、まれに見る、ひねくれた視野の狭い連中に取り囲まれ、操られていた。

　ニュース雑誌は慣例として、政治大会の前週に若手特派員を会場に派遣し、代議員たちの集会について背景説明を書かせる。一九六四年のときは、ちょっと変わり者だが才能豊かな若手記者、フィリップ・カーターを下調べに向かわせた。到着するや電話をよこし、アトランティック・シティで唯一面白いことといえば、高さ一五〇フィート〔約四五メートル〕ほどの旗ざおの上に乗るという記録破りに挑む変な奴がいるくらいだ、と言ってきた。そいつから少し話を聞いてはどうかと冗談で言っておいたが、その夜にネットワークのニュースを見ていたら、なんと、言われたとおり旗ざおをよじ登るカーターが映っていた。

　自分が指名を受けることは既定路線だったので、ＬＢＪは副大統領候補を誰にするかまだ決めかねているふりをして、盛り上げようとした。しかし、それを真に受ける者はいなかった。口利きと選挙資金の私的流用で上院から不信任を突きつけられそうになっていたコネティカット州選出のトム・ドッド上院議員、ミネソタ州選出のユージン・マッカーシー上院議員など、数人の名前を口にしたが、結局は最有力、ただ一人の本命であるミネソタ州選出上院議員、ヒューバート・ホレイショ・ハンフリーに落ち着いた。唯一本物のニュースは、対立するミシシッピ州の代議員団だった。一方は、白人ばかりの政治的支配者層《エスタブリッシュメント》のグループ、もう一方は、ほとんどが黒人の、ファニー・ルー・ヘイマーとフィル・カーターの兄のホディングが率いていたグループだった。ホディングは、ミシシッピ州グリーンヴィル出身で伝説的な反隔離主義の編集者であるホディング・カーター・シニアの息子である。ファニー・ルーを取材していたのは、アトランタにある『ニューズウィーク』の南部支局長、カール・フレミングだった。取材といってもその内実は、いつ終わるとも知れぬ長時間の交渉を追うことだった。ある日の会合は深夜まで、それも最初からいたテレビ特派員チームいわくまる一日を過ぎて、さらに続いた。深夜の二時近くになり、代議員団が会議室から出てくると、五〇〜六〇人の代議員候補者は大きな群れのようで、黒人ばかりの海のなかで白人のフレミングが浮き上がっている。テレビの深夜番組担当の特派員がフレミングにマイクを突き出し、代議員ですか、と質問した。

「そうです、へい」とフレミングが答えた。

「で、これからどうするつもりです？」別の記者がそう無邪気に尋ねた。

　するとフレミングは、グンと背筋を伸ばし、すべてのカメラが回り、すべてのマイクが作動し、赤いライトが灯るなか、こう答えた。「はあ、仲間たちのことは知りゃしませんが、ワシは一発、やってやろうと思っとります」。

戦争で四〇ヵ月以上を過ごし、警察担当記者として数年の経験を積み、それ以上長く中東での銃撃戦を取材した私だが、人生の現実としての暴力に直面するようになったのはもっぱらケネディの暗殺後だった。あのおぞましい行為でさえも、偶然による逸脱だったのだと、心ではなく頭で理解しようとしていた。ところが、その数ヵ月後、身近で暴力が起きた。一〇月の美しい初秋のある晴れた日の午後、メアリー・ピンショー・マイヤーが殺害されたのだ。ジョージタウンのポトマック川沿いの運河近くの小道を散歩中、背後から襲われ、転んで格闘し、逃れようとした際に、頬骨の下に一発撃たれたのだ。即死だった。

ラジオを聴いたか。友人のウィスター・ジャニーが電話をかけてきた。昼食を終えたばかりで、もちろん聴いてはいなかった。メアリーがどこにいるか知っているか、と彼は続けて尋ねたが、もちろん、知らなかった。誰かが川沿いの小道で殺害され、ラジオの情報では、メアリーのようだ、というのだ。自宅にとって返した。トニーは、自分の、そしてメアリーの子どもたち、そしてニューヨークで一人暮らしをしている七一歳の母親ルースを心配しながら、なんとか持ちこたえていた。私たちは、メアリーの大学時代のルームメイトであるアン・チェンバリンに、ニューヨークに行ってルースを連れてきてもらうよう頼んだ。アンが出発してから、私が代表してルースに電話で知らせることになった。そのときの会話は覚えていない。ただ、彼女と彼女の家族、そして私たちの世界に起きつつあることに、恐怖を感じていた。

警察から、安置所にあるメアリーの遺体を確認するよう依頼があり、メアリーと夫のコード・マイヤーは別居していたため、またしても私がその役割を引き受けることになった。証人は二人必要だったので、いつものように、わが家のかかりつけの薬剤師で友人のダリンスキー医師をつかまえて、助けを借りた。

帰宅すると、家は友人でいっぱいだった。『ワシントン・ポスト』の記者が一人現れたが、一喝し、面前でドアを閉めてやった。少しして、編集局長のアル・フレンドリーに謝罪の電話を入れて、記者に戻って来させるよう頼んだ。テディ・ホワイトは以前から飲む約束で、事情を知らぬままやってきたが、手一杯の私たちを見て帰っていった。電話が鳴り、玄関の呼び鈴が押され、どこからともなく食べ物と飲み物が用意された。

その夜にあった二本の国際電話は、メアリーの死に新たな側面をつけ加えた。最初の一本は、パリにいるケネディ大統領時代の報道官、ピエール・サリンジャーからだった。

彼は悲しみと慰めの言葉を伝えてくれたが、この会話が終わってはじめて、ピエールがメアリーの友達であったことに気がついた。二本目、東京在住のアーティスト・彫刻家のアン・トゥルイットからの電話は、完全に合点がいった。彼女はおそらくメアリーの親友で、トニーと悲しみに暮れたあと、生前のメアリーから「自分に何かあったときには」プライベートな日記を受け取ってほしい、と頼まれていたことを打ち明けてくれた。日記は見つかったかとアンから聞かれたが、日記どころか、まだ何も探してはいない、と答えた。翌朝、トニーと私は、角を曲がって数ブロック先にあるメアリーの家まで歩いて行って、探してみることにした。思ったとおり鍵がかかっていたが、中に入るとジム・アングルトンがおり、まったく驚いたことに、彼もまた、メアリーの日記を探していたのだった。

ジェームズ・ジーザス・アングルトンは多くの顔を持つ人物だった。きわめて物議をかもす防諜活動専門のCIA高官であるが、私たちの友人であり、メアリー・マイヤーの親友であるシシリー・アングルトンの夫でもあった。どうやって家に入ったのかと聞くと、足をもぞもぞと動かした。（のちに知るが、CIAでのジムのニックネームは「錠前工」で、街のどの家にも侵入できることで知られていた。）なぜここにいるのか、控えめに言っても変だったが、彼の言葉を信じて、一緒にメアリーの家中を探すことになった。しかし、うまくいかず、日記は見つからなかった。

その日のうちに、わが家の裏庭から行き止まりの道路を渡ったところにある、メアリーのアトリエを探していないことに気がついた。鍵はなかったが、簡単な南京錠を外す工具は持っていたので、アトリエに出向くと、またしてもジム・アングルトンと鉢合わせした。ちょうど、彼が南京錠を外そうとしている最中だった。もし顔が紅潮するような柄であれば紅潮していただろうが、何も言わずに立ち去ってしまった。蝶番《ちょうつがい》を外して中に入った。メアリーはワシントンの美術界では、モリス・ルイスとケネス・ノーランドが率いる色彩派に属していた。アトリエは、彼女の絵、とても淡い色の絵の具、シンプルな形の作品でいっぱいだった。最初は見逃したが、一時間後にトニーが日記を発見した。

存在が最初に伝えられてから、日記については多くのこと――ほとんどは間違いだが――が書かれてきた。トニーがわが家に持ってきて、その夜に二人で読んでみた。それは小さく（約六×八インチ〔約一五×二〇センチ〕）、五〇～六〇ページあり、ほとんどは絵の具の見本、色の調合とその目的に関する記述で占められていた。しかし、合わせればたぶん一〇ページほどだったが、同じ筆跡でも異なるペンで、情事について書かれた部分があった。そのいくつかを読めば、名前こそ触れられてはいないが、相手が合衆国大統領であることは明らかだった。

愕然とした、くらいではとても表現できない衝撃だった。とくにトニーは、ケネディにもメアリーにも裏切られたと感じていた。トニーは、ジャックに好かれていたことは自覚していた。いつかジャッキーが私たちの前でこう言ったことがある。「ジャック、あなたはいつも、トニーは理想の女性だと言うわね」。トニーもケネディが好きだったが、決して友情以上に発展させようとはしなかった。ケネディは明らかに、メアリーに対しては友情以上の関係を望み、彼女もその気になっていたのだった。

皆と同じように、私たちも大統領の不貞に関する話は耳にしていたが、いつだって、証拠はない、まったく知らない、と答えることができた。言うべきことは決まっていた。ブラッドリーとケネディはほぼ決まって夫婦四人で会っており、そのような状況では、ケネディの婚外活動は話題になりようがない、というわけだ。もちろん、女友達に関する話も耳にしていた。皆もそうだった。一九六〇年に意を決して、生涯で初めて民主党に投票しようとしていた私の父でさえ、友人たちの間で広まっている、ケネディは「最悪の女たらし」だという噂について私に質してきた。ケネディはあるとき、ホワイトハウスのパーティーで踊るゲストたちを見渡しながら、「もしやりたい放題できるなら、ベンジーだ」と私に言ったことがある。別のあるときには、「人々はいつも自分と女性にからむ話を結びつけたがるが、それは無理だ——だって、そんな話はないんだから」とも言っていた。（これは、報道界で「ジョンのもう一人の妻」として知られる、ジャッキー以前に彼が結婚していたという間違った報道がなされていたときのこと。）また別のあるときには、メアリー・マイヤーとは「うまくやれないな」とも話していた。しかし、こうした発言が不貞の証拠を形づくる断片になりえるとは、私には思いもつかなかった。たぶん、当時は単純で、ウブな時代だったのだろうが、十分な裏づけ調査にはそうしたこと以上の証拠が必要だった。

それだけに、多くの隠し事があったとわかったときには、心底、驚かされた。こんなことを思い出した。ケネディはよく、「お姉さんは元気かな？」とトニーに挨拶していた。そんなときは、直前まで彼女と抱き合っていたのかもしれない。

中心人物のほとんどが亡くなっているとしても、これほど多くの友人に関して信じがたい事実が判明すると、愉快に対処できるわけがない。メアリーが亡くなる前に、ジャッキーはもう、私たちの人生から姿を消していた。夫の暗殺から八ヵ月後、彼女はニューヨークへ行ってしまった。しかし、一緒に過ごした時間の記憶はかき消せるものではない。ケネディ大統領とメアリー・マイヤーに関する私たちの考え方を、この新事実がどう変えるのか。残された私たちは、この問題を自分たちだけで考えなければならなかった。私の答えは、たいして変わらない、というものだ。彼らは、お互いの道が交差し、抜き差しならぬ関係になる前から、魅力的で、知的で、面白い人物だった。そして、私の心のなかでは、いまもそのままだ。そのような、心地よい部分だけ切り取って済ませることがある一方、自分は騙された、誤解させられたのだ、と思うこともある。メアリーとジャックが秘めたる仲だったことには怒りを覚えたが、二人ともいなくなってしまえば、その怒りも自分勝手なものだと思えてくる。ただ、トニーは両者に深く失望したのではないか、と私は感じている。彼女は、少なくともメアリーと同じように、ジャック・ケネディとは友人だと思っていたのに、ある日突然、こんなにも食い違いがあったのだと思い知らされた。自分の姉と友人によって、彼女は暗闇に置き去りにされてしまったのだ。

　メアリーの葬儀は、あまりにも早く亡くなった人々の葬儀がいつもそうであるように、ほとんど耐えがたいものだった。さらにたまらなかったのは、私と手をつないで通路を歩いた、四歳になるマリーナ・ブラッドリーのことだ。その数日前に、車の計器盤にぶつかって顔があざや傷だらけになっていたのだ。メアリーとジャック・ケネディの愛人関係が判明したこと、そして二人とも残酷で凄惨な殺され方をしたことに、私は複雑な気持ちだった。私自身が想像する世界が、脅かされているように感じた。

　起きたことについて心を整理する間もなく、日記をどうするか決めなければならなかった。人々の知る権利に照らして異論はあるだろうが、私たちは、どう考えてもこれは公文書ではない、と結論づけた。メアリーが私的に記し、またアン・トゥルイットに言い残した入念な指示を通じて個人的に確保された、家族が引き継ぐべき文書であり、破棄するよう求める指示に従うべきだと考えたのだ。翌日、トニーはアングルトンに日記を渡した。CIAが文書破棄に使う設備でそれを処分する、と彼が約束したからだ。あさはか《ナイーヴ》ではあったが、私たちはそれが技術的に最善の方法だと判断したのだった。そして、私たちはようやく、死者を追悼することができたのである。

　メアリー殺害の目撃者は一人だけだった。ピックアップ・トラックの運転手で、キャナル・ロードを西に進んでいるときに、メアリーの叫び声を聞いたのだ。彼は「黒人の男性」を見たと証言し、警察は、運河近くのポトマック川の湿った浅瀬で、たれ下がる潅木にしがみついて身をかがめていた黒人の男性を発見した。男性は警察に、釣りをしていたところ、竿を落としてしまい、それを取ろうと川に入っていた、と説明した。担当の刑事たちは、殺人事件のホシを捕まえたと確信していた。

裁判では、目撃者がその黒人男性だったと同定したものの、夕日のほうに向かって、殺害現場から運河を隔てた、約一〇〇フィート〔約五〇メートル〕離れた道路からの目視であったことも認めていた。被告は無罪となった。（警察官から聞いた話では、彼はワシントンの市境まで連れていかれ、コロンビア自治区には二度と立ち入らぬよう告げられたという。）

ここでぜひ断っておきたいが、殺害された大統領に実は愛人がおり、その愛人もまたC&O運河を散歩中に殺害されたということを記事に書こうと思ったことなど、一秒たりともない。（CIAの最も物議をかもす防諜専門家が鍵を破り、家に侵入し、日記を探しているところを見つかってしまった、という事実はおくとしても。）このニュースは、メアリー・マイヤーの過去の情事ではなく、彼女の殺害なのだ。当時の私はそう考え、いまでも、心のどこかでそう考えたいと思っている。社会が好色化し、セレブリティ化する以前、「なんでもありの報道《ハード・コピー》」になる以前の、古いタイプの人間としての部分が私にはあるのだ。

その後、一九七六年二月の『ナショナル・エンクワイアラー』が、ケネディとマイヤーの関係を公に報じたとき、私はきわめて不愉快だった。アン・トゥルイットの元夫で、問題の多いジム・トゥルイットが、元妻、あるいは私に対するいささかの私怨をもって、『ナショナル・エンクワイアラー』に情報を持ち込んだのだった。

『ナショナル・エンクワイアラー』はトゥルイットを唯一の情報源として、一九六二年一月から六三年一一月までの愛人関係で、メアリーとジャックはホワイトハウスで二〇〜三〇回の逢瀬をかさね、あるときにはマリファナを吸い（三叉の吸引器で）、メアリーは情事を日記に記録していた、と報道した。一九七六年二月二二日、日曜日、『ワシントン・ポスト』のハワード・サイモンズがヴァージン諸島で休暇中の私に連絡してきて、『ナショナル・エンクワイアラー』の記事について教えてくれた。私はどう返答したか？　こうなると、それが報道すべき事柄《ストーリー》であることはわかっていた。金、同情、その他、何らかの理由で秘されていた事実も、その秘密が破られれば、人々が知るべき関心事になる。そこで、オンレコでは何もしゃべらず、オフレコではドン・オーバードーファー記者にできるだけの説明をしておいた。ただ、私にも思い違いはあった。そのときは、日記は破棄されたと思い込んでいたのだ。

ところが、どんなよこしまな、倒錯した考えによるのか知る由もないが、アングルトンが日記を破棄していなかったことがわかったのである。このことを知ったのはその数年後で、トニーが彼に単刀直入にどうやって破棄したのか、と尋ねたのだ。破棄していないと彼が認めると、彼女は返却を求め、返却されると、証人として一人の友人とともに、彼女がそれを燃やした。アングルトンが保管している間、彼が日記をどう扱っていたのか、なぜメアリーとトニーの指示に従わなかったのか、まったくわからない。（メアリー・マイヤーの「日記」の発見と処分をめぐる以上の説明に対し、アン・トゥルイットとシシリー・アングルトンは異議をとなえている。二人によれば、「この日記を預かって」と彼らがジム・アングルトンに「頼んだ」という。トニー・ブラッドリーが日記と「束にまとめられた複数の紙」をアングルトンにわたし、「燃やすよう指示した」ことは二人も認めている。だが、二人によれば、アングルトンは「指示の一部にだけ従い、綴じられていない紙は燃やした」が、日記本体は「保護した」という。そしてその数年後、アングルトンは「トニー・ブラッドリーの要望を尊重し、日記を彼女にわたした」というのだ。）

当時、最も興味をそそる話題といえば、J・エドガー・フーヴァーがこの先どれだけ長く現役を続けられるか、彼を解任する気概があるのはどの大統領か、であった。

フーヴァーは、全面的に媚びへつらう者以外、ありとあらゆるジャーナリストを心から嫌悪していた。そして、全面的に媚びへつらう者以外、ありとあらゆるジャーナリストがフーヴァーを嫌悪していた。ほんのわずかでも、彼の引退を示唆する情報は、大きなネタになった。そして『ニューズウィーク』でも、後継者探しが進行中であるという確信にもとづき、フーヴァーに関する巻頭記事《カバー・ストーリー》を企画したことがあった。フーヴァーつきの副官、カーサ・J・〝ディーク〟・デローチを説得し、どんなに短くてもいいから、会って話をしてくれないかとフーヴァーにかけあってもらったのだ。当方は、ワシントン支局からはジェイ・イセリンと私、ニューヨークからはライターのドワイト・マーティンの同席を希望した。

インタビューは散々だった。まず、「長官」はマーティンと会おうとしなかった。本当かどうかはわからないが、彼の妻に関するFBIファイルに、〈偉大な愛国者〉〔フーヴァーのこと〕を憤慨させる情報が含まれていたからだという。彼女は中国籍で、マーティンと結婚するかなり前に、香港の中華服店で販売の仕事をしていた。その際に、アメリカの軍人がよく立ち寄る場所で客引きをしていたため、FBIから根深い疑念をもたれたのである。そこですぐにインタビューをあきらめるべきだったのだが、私にはそうする知恵がなかった。イセリンと私は、立てたピストルに電線を通した二台のデスクランプの間に座っている〈彼〉の前に案内された。一つ質問をすると、答えてはくれたが、二〇分にわたってしゃべりつづけ、インタビューは終わってしまった。まったくの完敗である。

デローチの好意で、何か使える情報を得られないかと部屋の外に残ったが、不首尾に終わった。その代わり、デローチが話題にしたのはマーティン・ルーサー・キングだった。デローチが言うところの、キングのいかがわしい友人、そしてキングの「功績」について語ってくれた。そして、キングの録音テープがあるが、それを聴きたいか、書き起こしを読みたいか、と聞いてきた。そんなインタビューとは似ても似つかぬものに、私はイラついた。いったい何を目論んでいるのかまったく理解できず、そのまま立ち去った。巻頭記事《カバー・ストーリー》はあきらめ、何もせず、ＬＢＪが動き出す予兆を待つことにした。

数ヵ月後、ＬＢＪの特別補佐官のビル・モイヤーズとの昼食の席で、その予兆を見つけた。実際、新しいＦＢＩ長官を探しているとモイヤーズは私に言い、数名の名前をあげた。これこそ私が求めていたもので、翌週の一九六四年一二月七日にフーヴァーの巻頭記事《カバー・ストーリー》を載せた。

モイヤーズが予想した通り、ホワイトハウスは記事を否定したが、しかしその後に何が起きるかは誰も予想できなかった。その週にＬＢＪは、ローズガーデンでフーヴァーも同席する背景説明《ブリーフィング》を特別に行い、そこで大統領は、これからも、つまり終生、ＦＢＩ長官として留まってもらえるようフーヴァーを「説得」したと発表したのである。発表のためローズガーデンに向かう途中、ジョンソン大統領は息を殺し、モイヤーズにこうこぼした。「お前の友人のベン・ブラッドリーに言っておけ。クソったれ《ファック・ユー》、とな」。

第12章　一九六五〜七一年の『ワシントン・ポスト』

メアリーを亡くしてまだ数週間しか経っていなかったが、一九六四年の終わりころ、トニーと私は何も知らぬかのように、公私ともに人生の岐路をさまよっていた。私たちの人生を有意義で、愉快なものにしてくれた大切な錨を、二つの殺人事件で奪われてしまった。彼らを失ったことで、自分たち自身、またお互いのことが不確かに感じられつつあった。まず、仕事においては、リンドン・ジョンソン政権内部の活動家的な政治に関与する気は相変わらずなく、彼の周りにいる優秀な若手について知り、敬意を抱くまでには至っていなかった。私が大統領としてジョンソンとケネディを比べていなかったとしても、『ニューズウィーク』や他の報道機関はそうしており、しかも私は『ニューズウィーク』のワシントン支局長なのだった。ケネディが亡くなった週末に私が『ニューズウィーク』に書いた文章は、一九六四年四月、リッピンコット社から『あの特別な気品 *That Special Grace*』と題する書籍として出版された。甚だ困ったことに、この本のおかげで、ＬＢＪ〔リンドン・B・ジョンソン〕政権の連中から私は完全にケネディ派の烙印を押されてしまったようだ。『タイム』のヒュー・サイディは、あるときエアフォースワンでＬＢＪと交わした会話について、私にこう教えてくれた。「あのジョージタウンの連中、ローリー・エヴァンスとベン・ブラッドリーをどう思いますか？」とサイディが聞くと、大統領はこう答えたという。「私に言わせれば「取るに足らぬ馬糞」なのに、なぜ人は「シャネルの5番」などともてはやすのかね？」

『ニューズウィーク』のワシントン支局は、自動運転で進んでいた。私は毎週、何か手助けできることはないかと記者たちに尋ねて回るのだが、助けはますます必要なくなっていくようだった。惰性で仕事を続けており、それを気にかけることもなくなっていた。『ニューズウィーク』からは二度、ニューヨークへの異動を持ちかけられた。最初は全国ニュース担当の編集者として、その次はトップ3の編集者が自称していた、いわゆる「ワレンダ」（偉大な空中サーカス団「ザ・フライング・ワレンダ」にちなんだ呼称）として、である。全国ニュース担当の編集者は、代役で務めたことが何回かあったが、ニューヨークの『ニューズウィーク』の独特なやり方、つまり、酒盛り、だいたいにおいて不規則な働き方、耐え難い金曜日と土曜日には、なじめないことがわかっていた。子どもたち全員を入れても十分に広いアパートに住めるとしてもだ。

そういうわけで、一九六五年三月、ケイ・グラハムから昼食に誘われたとき、人生の景色が変わる話題に引きずり込まれることになるとは、お互いに思っていなかった。彼女が選んだのは、ホワイトハウスから数ブロック離れたところにある、Fストリート・クラブという堅苦しい場所で、ワシントンのお偉いさんのたまり場だった。（かなりあとになって知ったのだが、彼女がそのクラブを選んだのは、もめずに勘定を払うにはどうすればいいか、と思案したからだった。払えるのはメンバーの彼女だけで、私はそうでなかったからだ。）

昼食はぎこちなく始まった。ケイのことをまだよく知らなかったし、関係は好転していたものの、フィルの葬儀後の集まりに私が参加しなかった一件が記憶のなかに漂ってもいた。少年時代、何をしたいと思っていたか、と彼女は聞いてきた。『ニューズウィーク』での出世のチャンスを私が二度断っていたことも話題にした。昇進をもちかけられ、さらにまたノーと言ったこと、いずれもが印象深かったようだ。私がその理由を説明していると、突然、『ワシントン・ポスト』に戻る気はないか、と尋ねられた。考えたこともなかった。あそこで目立った活躍をしたわけでも、しようと思ったこともなかったからだ。『ニューズウィーク』の仲間たちは『ワシントン・ポスト』に対して実に批判的で、いまひとつ志に欠け、報道でも目立ったところがない、と感じていた。フィルの病気が『ワシントン・ポスト』の幹部や編集者たちに深刻な影響を与えていたことも知らず、彼らはそうした意見を率直にケイに伝えていた。私は双方の気持ちを理解できた。『ニューズウィーク』のワシントン支局の記者たちは、ずっと活発で、オープンで、お高くとまったところがない。他方、私は新聞の速報性、コミュニティに与えるとてつもないインパクト、そして政府に及ぼす影響力に畏敬の念を抱いてもいた。一夜にして悪者が暴かれ、不正が正される。ニュース雑誌がそうしようと意を固める前に、犠牲者を救い出すことができる。そもそも、悪事を正したいと思ったからこそ、われわれはジャーナリストになったのだ。

ついでに、私は『ワシントン・ポスト』のスポーツ面の大ファンだった。

とにかく、私のなかで、急にこのような声が聞こえてきた。「もし、アル・フレンドリーの役職が空くようなことがあったら、残りの人生をそれに賭けてみよう」。これ以降、残る人生を本当に『ワシントン・ポスト』の編集局長に捧げるべきかどうか、考えるようになった。その役目は、そうなるべくして私にまわってくるのか、いや、そうではないだろう。しかし、そのチャンスをつかんだとして……それで失うものがあるとしたら？　いずれにせよ、アル・フレンドリーとケイ・グラハムが大親友であることはわかっていたので、すぐに彼の役職が空席になるとは思えなかった。

週刊ニュース雑誌のワシントン支局長は、じっとそこを動かずに、ジャーナリズム界の最高権威に登りつめるべきだ。フィル・グラハムにそう言われたことがある、と私はケイに打ち明けた。ニューヨークに行くのが嫌だったので、言われた通りにしてきた。しかしいま、その思いはより激しく、他に何も考えられなかったので、ケイの本心を聞き出そうとした。彼女は、外部からの何かしらの変化が『ワシントン・ポスト』のためになりえると思ったから、という以上に、態度をはっきりと示してはくれなかった。だが、ウォルター・リップマンにも相談してみたと彼女に言われ、手足にぞくぞくした興奮を覚えた。リップマンと私は友人だったからだ。

昼食が終わり、ケイがさりげなく勘定を払ってくれたが、まさにそのように、新たな人生が始まりつつあるのかもしれないと感じた。それから数週間というものは、次なる合図を待ちながら、とても長く感じられた。ケイにとってもその数週間は、それがいかなるものであろうと、次の一歩に踏み出すよう私から突き上げられるような気持ちだったという。

次の一歩は、このような申し出だった。「いつか」アル・フレンドリーを引き継いで編集局長になるという（文書化されてはいない）前提で、現在と同じ給料（年棒五万ドル）で、私が国内・国際ニュース担当の編集局長代理になる、というものだ。「いつか」は、月明かりに照らされた鯖〔光を放ちつつ臭う、認識はできるが実態がはっきりしない、という意味の一種の慣用句〕のようなもので、存在していることはわかるが、その正体は不明だった。それは一年という意味だ、とケイが私だけに教えてくれたが、それがギリギリの条件だった。つまり、一年という上限がなければ、『ワシントン・ポスト』の編集局長代理のために『ニューズウィーク』のワシントン支局長を空けわたすことはできない、ということだ。私はこの考えを主筆《エディター》のラス・ウィギンズに伝えた。優秀な組織人らしく、彼もこの問題が解決することを願っていた。アル・フレンドリーにも、自宅にうかがった際に、次のように意見を伝えておいた。編集局長代理として一一〇%、彼に尽くす所存だし、そうなることが待ち遠しくもあるが、ブルペンでの待機期間として一年は十分に長いと考えていることも知っておいてほしい、と。だが、彼はあと三年、編集局長を務めようと考えていた。（三年後にアメリカニュース編集者協会〔ASNE〕の会長に就任することになっていたのだ。）相容れない考えであることをお互いに認識した上で、この問題はそのままにしておくことにした。私が編集局長になるべきか悩んでいたように、彼もまた、私に任せるかどうか悩んでいたはずだ。われわれは親しい友人というわけではなかったが、私が最初に『ワシントン・ポスト』に加わってまもなく起きたある一件以外、意見がぶつかることはなかった。実のところ、その一件については、それまで忘れていたほどだった。

一九四八年の終わり、戦争余剰金の清算に関するかなり大きなスキャンダルにスタイルス・ブリッジス上院議員が関わっていると確信を持ち、私は木々の生い茂るニュー・ハンプシャー州からやってきた。当時、『ワシントン・ポスト』で一番下っ端の市報部記者でしかなかった私だったが、ワシントンでどれだけ取材できるか見てみようと、直属の上司であるベン・ギルバートとラス・ウィギンズから二週間を与えられていた。『セントルイス・ポスト＝ディスパッチ』のワシントン支局員で、同紙でピュリッツァー賞を受賞していた友人のエド・ハリスとペアを組み、私がつかんでいたいくつかの事実と彼のワシントンでの土地勘の良さを合体させようとしていた。後にも先にも、この二週間ほど懸命に働いたことはない。来る日も来る日も、二〇時間は働いた。ブリッジスと戦争余剰金のスキャンダルを結びつけることはできなかったが、ブリッジスの政治献金者のリストをチェックし、司法省のロビイストのリストとつきあわせてみると、二人の興味深い人物の名前が浮上してきた。アルフレッド・コールバーグとウィリアム・グッドマンで、いずれも蔣介石の熱心な支持者だった。コールバーグはビジネスマンで、アイリッシュ・リネンを中国に輸送して刺繍を施し、アメリカで上質なハンカチとして販売して財をなしていた。グッドマンはプロのロビイストで変わり者だ。アメリカン・ロック党とかいう極右政党の候補者として、ニューヨーク市の市長選に出馬したこともあった。

私が書いたのは、チャイナ・ロビー〔親中派のロビー活動〕について初めて報じた記事のはずで、二人とも第一面に掲載された。ティーポット・ドーム〔一九二〇年代に起きた石油貸し付けに関する大規模な政治スキャンダル〕ほどの大きなネタではなかっただろう。しかし、この報道は、新天地でやっていけることを自分自身、そして編集幹部たちに証明する、私にとってはとても重要な出来事だった。アル・フレンドリーとの問題は、その数週間後に起きた。アウトルック面〔『ワシントン・ポスト』のオピニオン面〕が、私が見つけ出した男、アルフレッド・コールバーグに関する長い（そして、とても良い）トップ記事を掲載したのだが、その執筆者がベンジャミン・C・ブラッドリーではなく、アルフレッド・フレンドリーだったのだ。

私ことブラッドリーとフレンドリーをめぐるこの一件については、多くが書かれてきた。フレンドリー側から見れば、自分が彼を「仕留めた」、という話になる。もっぱら私の立場からすれば、彼は新聞の発展を阻害していた、という話になる。アル・フレンドリーは知識人で、豊かなユーモアのセンスがあり、交友関係は広く、好奇心も旺盛だ。だが、私は当初から、彼は編集局長向きではないように思えていた。日刊紙の編集局長とは、優れた報道をするために、新聞社の運営と製作に関するあらゆる細かな雑事を事前に調整する仕事だ。ところが、彼はそうした面倒な仕事を市報部長のベン・ギルバートに任せており、そのために、偉大な仕事を成し遂げる力を失うか——あるいはそもそも見出せずにいた。

ここで、いくつかのことを率直に記しておかねばならない。第一に、フィル・グラハムが苦しんだ躁うつ病の長い末期では、『ワシントン・ポスト』の幹部——編集者や経営部門の役職者——たちにとって、病状に対処することは誰も想像できぬほど困難だった、ということだ。彼らの多くがクビにされ、そして呼び戻された。ここに新しい支局長を、あそこには別の幹部を、といった、控えめに言っても気まぐれな優先順位や評価にもとづくフィルの決定に、彼らは翻弄されていた。その結果、社の幹部たちは過剰な防衛主義に染まり、過剰な防衛主義で新聞が大きく発展するはずもなかった。この厳しい時代に新聞社を支えた幹部——具体的にはラス・ウィギンズ、アル・フレンドリー、そして経営部門のトップであるジョン・スウィーターマン——のおかげで、未来の発展は可能になったのだ。私はこのことを理解しているし、私が理解していることを、彼らもわかってくれていた。

編集局長代理の職を引き受ける前、誰からも干渉を受けていない検討中の段階で、トニーとじっくり話し合った。彼女の人生にも変化をもたらすと考えたからだ。新たな大仕事になる、と感じていた。なすべき事柄を知るだけでも、かなり多くの時間を要することはわかっていた。その時間は——家ではなく、『ワシントン・ポスト』で費やすことになる。この仕事に挑みたいという私の思いは彼女もわかっており、反対しても仕方がない、と考えたようだ。

こうして、一九六五年八月二日の月曜日、一四年と六週間ぶりに、古巣である『ワシントン・ポスト』に復帰した。またしても四週間の休暇は取りやめになった。私の「オフィス」は、編集局の隅にある、八×一二フィート〔約二・四×三・六メートル〕のこぢんまりとした部屋だった。男性用トイレのベージュ色のタイルが床から天井まで敷きつめられた、かつて写真スタジオの一部だった場所だ。

何とかしてくれとケイ・グラハムには言い立てたにしても、あるいは言わなかったにしても、私とて何もせずにいたわけではない。五月初旬から、『ワシントン・ポスト』の優秀な二人の記者、ラリー・スターンとハワード・サイモンズと別々に話をしていた。どちらも私の友人で（おかしなことに、二人はお互いに口をきいたこともなかった）、ともに『ワシントン・ポスト』は実力を発揮しきれていない、と考えていた。主要な担当分野を最良の記者で固めるために、編集局で誰が優秀で、誰がそこそこで、誰を交代させるべきかについて、二人から意見を出し尽くしてもらった。ケイは約束どおり、凍結していた五人の欠員の補充を（フレンドリーではなく）私に任せてくれたので、そのためのリストも作っていた。輪転機、植字室、予算などについては、知らないことがあまりにも多かったので、自分がよく知る一事に集中することにした。記者としての能力だ。そして、有能な記者を実に多く見つけることができた。

・ウォード・ジャスト　私とともに『ニューズウィーク』から異動した。明晰で、アイデアとエネルギーにあふれ、文章もうまい。新聞はこうした能力を発揮できる場所だ。
・バート・ローウェン　歴代で最良のビジネス・金融担当記者の一人で、一九六六年の初めに『ニューズウィーク』から異動。当時、『ワシントン・ポスト』のビジネス・金融担当はＳ・オリヴァー・グッドマン、そしてアゲート〔約五・五ポイントの活字、またそうした小さな活字で印刷されるベタ記事や案内広告〕を扱うパートタイムの使い走り《コピーボーイ》だけだった。
・ディック・ハーウッド　『ルイヴィル・クーリエ・ジャーナル・アンド・タイムズ』出身で、同世代の名記者・名編集者の一人。ニューヨークで研究職に就いていたが、私が『ワシントン・ポスト』に復帰したことを知り、自分も加えてほしいと言ってきた。誰もが彼を仲間に入れたいと思うだろう。私がハーウッドと知り合ったのは、ナショナル・プレス・クラブでオフィスが隣同士だったときだ。
・デイヴィッド・ブローダー　『ニューヨーク・タイムズ』出身で、同世代で最も名うての、生粋の政治記者になりつつあった。最初は『ニューズウィーク』に引っ張ってこようとしたが、青のスラックスに茶色の靴という彼の服装を見て、マルコム・ミューア・ジュニアが採用を見送った。

・ドン・オーバードーファー　当時はナイト新聞グループのワシントン支局にいた。最高権威の国際問題専門家と肩を並べられる、また実際に肩を並べた国際問題の専門家で、なるべくしてそうなった。

・ジョージ・ウィルソン　その後、国防総省《ペンタゴン》で二〇年も取材を重ねることになる逸材で、当時は『アヴィエーション・ウィーク・アンド・スペース・テクノロジー』にいた。ジョージが引き継いだ『ワシントン・ポスト』の国防総省担当記者は、あだ名を（カーボン紙の）「ブラック・シート」といい、（予備役の海軍大佐として）『ワシントン・ポスト』の特派員でありながら、給与は海軍から支払われていた。

・スタンリー・カルノー　パリ時代の同僚で、タイム＝ライフ社で働いていた。『ワシントン・ポスト』では中国の専門家となり、ちょうど香港に『ワシントン・ポスト』の支局を開設するところで、彼が広く知られ賞賛されることになる、中国に関する質の高い報道を開始しようとするところだった。

強力な人材ぞろいだが、これは第一弾にすぎないのだった！　彼らは皆、私の『ワシントン・ポスト』赴任後、最初の数ヵ月で採用できた。その対外的、また内部的な威力たるや、強調してもしすぎることはないだろう。とくに、『ニューヨーク・タイムズ』を辞めて『ワシントン・ポスト』に移った最初のトップランクの記者だったブローダーはそうだ。それ以前は、移籍といえば『ワシントン・ポスト』から『ニューヨーク・タイムズ』へ、が常だった。私は彼を、それまで彼がされたことのないやり方で口説き落とした。つまり、高級フレンチ・レストランではなく、コーヒーショップに誘ったのだ。ブローダーがコーヒーショップ・タイプの男だったからだ。率直で、飾り気がなく、ただ仕事あるのみ。こう勧誘した。われわれは、各担当に一番の人材をあてるつもりだ。そして、政治は『ワシントン・ポスト』の報道の中核だ。君が欲しい。これで彼を手に入れたわけだ。

四半世紀経ったいま、人種・性別をまるで考慮しないこうした採用は、ひどく白人男性偏重だと思われるだろう。全員が白人男性ではないか、と。『ワシントン・ポスト』は黒人ジャーナリストの採用においてパイオニアではあった。ワシントンの白人経営紙における初めての黒人記者は、一九五二年に入社したシメオン・ブッカーだった。徐々にではあるが、その後も採用は続いた。しかし、ルーサー・

ジャクソンやウォレス・テリーのように、痛々しいジレンマに苦しみ、ほとんどは比較的短期間で他に移ってしまっていた。彼らは黒人の活動家から疑いの目で見られる一方、彼らに真の実力をつけさせたにちがいない長年の訓練や経験を与えられていなかった。ブッカーも一九五三年六月に『ワシントン・ポスト』を辞めてしまった。彼はのちにこう語っている。「私が『ワシントン・ポスト』で奮闘したことを、神はご存じのはずだ。あまりにもがき苦しんだので、死んでしまうのではないかと友人たちが案じたほどだ。それほど私は疲れ果てていた。そして一年半後、あきらめざるをえなかった。動物の墓地でさえ飼い主の人種別に隔離されている街で、ニュースの取材などとてもできなかった」。

一九六五年夏、『ワシントン・ポスト』の黒人記者は、コラムニストでのちにピュリッツァー賞を獲るビル・ラズベリーと、のちに海外特派員、そして中東でCIA職員となるジェシー・ルイスだけだった。元市報部次長でのちにコラムニストになるドロシー・ギリアムは休職中だった。『ニューズウィーク』の記者、そしてワシントン支局長として、国内にいる最優秀の若手記者は把握していると自負していたが、そのなかに黒人は一人もいなかった。

女性記者が新聞社の編集室に進出してきたのは、男性記者が出征した第二次世界大戦中のことだった。彼女たちの多くは優秀だったが、大半は解職されなければならなかった。帰国してきた退役軍人に、兵役前と同じ仕事を保証する法律があったからだ。一方、一九五五年から六五年の一〇年間にテレビがそうしたように、ニュース雑誌は男女を問わず才能ある若手を吸い上げていた。これは解説であって、言い訳ではない。控えめに言っても、私は人種差別《レイシズム》にも性差別《セクシズム》にも敏感ではなかった。編集局自体が人種差別的だった。いくつかの個別的な事例ではあからさまに人種差別的で、他の多くの場合でも消極的な意味で人種差別的で、記者や編集者の意識は鈍く、無神経だった。その後の一〇年間で、消え失せはしなかったにせよ、そうした人種差別は徐々に、そして痛みを伴いながら弱まっていった。

しかし当時、そうした人種差別は『ワシントン・ポスト』（そして他紙）の発展を妨げていた。一九六五年八月一一日、私が国内・国際ニュース担当の編集局長代理に着任してから一〇日後、ロサンゼルスのワッツ地区で黒人が蜂起した。にもかかわらず、『ワシントン・ポスト』は五日間、記者をロサンゼルスに派遣しなかった（現地に支局はなかった）。いかなる取材もこなす一人遊軍で神出鬼没のチャル・ロバーツによる最初の署名記事、そしてビル・ラズベリーによる最初の現場雑感が掲載されたのは、ようやく八月一七日になってからだった。偉大だと評価されたい新聞にとって、この遅延は許されるものではなかった。

それなのに、私は事を起こせずにいた。

問題は三重構造だった。まず、『ワシントン・ポスト』は単に柔軟性に欠けていた。次に、編集者たちが気にかけていることといえば、新聞にとって報道がどれだけ必要かではなく、いくら経費がかかるか、だった。最後に、『ワシントン・ポスト』の黒人記者たちには困難な取材で実力を試される機会が与えられていなかった。

新しい記者をスカウトし、雇い入れてから最初の数ヵ月間、私が集中したのは、なぜベン・ギルバートがかくも力を持っているのかを探ることだった。同僚のなかで、彼は最も興味深い人物の一人だった。明晰、有能、きわめて勤勉……なのに、多くの記者から感謝されているわけではないのだ。最初のころ、さも期待を込めるように、一九四〇年代にあったという喧嘩でギルバートを叩きのめしたのは本当か、とこっそり私に尋ねてくる者さえいた。そんな事実はないし、むしろ、一九四八年当時、彼は私を採用し、もったいないほどの時間をかけ、専門的な知識を授けてくれたのだ。しかも、私が復帰したことで、彼がフレンドリーとウィギンズの後任となる目はなくなってしまった。にもかかわらず彼は、新聞社の内部事情、つまり、どこに権力があり、社内政治でうまく立ち回るにはどのような手順を踏めばいいか、といったことを実に親切に私に教えてくれた。ほどなく判明したことだが、彼が絶大な力を持っていたのは、アル・フレンドリーが嫌がっていた（ある程度は理解できるが）面倒な仕事を、すべて引き受けていたからだ。給与の決定・調整、スケジュールの立案、製作の段取り、締め切りの設定、休暇の調整、残業の処理、そしてほとんどの人員配置、などだ。

そうしたたいそうな諸業務、とくに製作業務について無知だった私は、短期集中的に学ぶことにした。一年間にわたり、毎晩、帰宅してトニーとの晩酌と夕食、そして六人の子どもの宿題の世話を終えてから、『ワシントン・ポスト』に戻って第一版、第二版、第三版が植字室を経て印刷室に送られるまでを見届けたのだ。帰宅は夜中の一時になるが、タイプライターから新聞が出来上がるまでの複雑な工程、そして印刷工、活字工、鉛版工、プレス工などの製作部門の社員の力に驚嘆させられた。彼らの協力次第で、編集局が救われるか、あるいは悲惨な目にあうかが決まるのだ。「ボーガス・タイプ」については、理解できるまで二〇回も説明を受けたが、いまだに信じがたい慣行だ。

ボーガス・タイプ（「リプロ」とも呼ばれる）とは、たとえば他紙など、別の場所で活字が組まれる文章のことだ。『ワシントン・ポスト』はこうした素材を自由に掲載することができたが、当時の労働契約では、たとえ掲載しなくても、仮に活字を組んでいた場合に生じるはずの手当を自社の印刷工に支払わねばならなかった。この慣行が一九七〇年代半ばに廃止されたとき、数百万ドルに相当する、四万二〇〇〇ページ分以上ものボーガス・タイプが組合の会計簿に記録されていた。

私の無知は、北西地区L通り一五一三―二一番地の社屋のはるか外にまで及んでいたが、黒人はその最たる例だった。正直なところ、黒人、そして彼らの境遇については何も知らなかった。にもかかわらず、住民の七〇%が黒人という都市で最大の、かつ読者の二五%が黒人という新聞を引っ張る仕事に就こうとしていたのだ。成長過程で黒人の友人はおらず、通った全寮制の学校にも黒人はおらず、大学では同学年に黒人の学生はわずか三人、そして彼らの誰とも知り合いではなかった。大人になってからも、ようやく黒人の友人が一人、パリの『ニューズウィーク』で同僚だったリオネル・デュランがいただけだった。しかも、ハイチ系フランス人である彼は、アメリカの黒人について知悉しているわけではなかった。『ニューズウィーク』の仕事でロイ・ウィルキンス、A・フィリップ・ランドルフ、ルイス・マーティンといった数人の黒人指導者と知り合ったが、一般の黒人との交流はなかった。

当時、ワシントン属主教で九歳からの友人であるポール・ムーアが、善良なる市民としての責任感から、編集局長になる前の私をワシントンの黒人コミュニティに引き合わせるべく、ひと肌脱いでくれた。まず彼は、白人だが決然とした人種差別撤廃主義者で、聖ステファン化身教会の教区教師であるビル・ウェント師を紹介してくれた。そのおかげで、私はアッパー・カードゾ・メンズ・カウンシルの唯一の白人メンバーになることができた。これは、元犯罪者から実直な市民までを含む幅広い黒人グループで、火曜日の夜、ビル・ウェントの教会に集まり、地域の出来事や対応策などについて話し合っていた。教会の地下でトニーが未婚の一〇代の母親たちに陶芸を教えている間、私は上の階でほぼ一五ヵ月間、話を聞き、学んだ。私のあだ名は〝ザ・ホーク〟。彼らの話に飛びつき、取材し、裏が取れれば新聞に載せたからだ。

市報部では、夜になると、こういう具合に皆を質問攻めにした。なぜ、夜勤の編集責任者は午後九時に退社したのか？――第一版が降版し、いる必要がないと判断したから。なぜ、第一版と最終版の第一面には、掲載するニュースによらず、いつも横長八段の題字を印刷するのか？――販売部長のハリー・グラッドスタインがそうしろと言うから。第二版、第三版、第四版の第一面に、「エクアドルの土砂崩れで三〇人が行方不明」といった見出しの、小さな一段落の記事が必ず三、四本掲載されているのはなぜか？――第一版と最終版に載せている横長八段の題字のスペースを埋めるため。なぜ、ワシントンの黒人居住地域の火事や犯罪を報道しないのか？――市報部の夜勤の編集者たちが、黒人と白人の犠牲者を別々に扱っているから。なぜ、製作部門の責任者たちは、ローマ法王が関係する場合だけ、第一面のカラー写真掲載を認めるのか?——経営部門のお偉いさんたちが皆、カトリックだから。

喧嘩は数回しか覚えていない。そのうち二度は、私に仕事を奪われるのではと恐れた夜勤の編集責任者、ディック・ソーンバーグとのいざこざだった。実際、彼は間違っておらず、数ヵ月後に社を去ることになる。もう一つ、小さなものだが、アル・フレンドリーと衝突したことがある。ビル・ブロックスマイア上院議員に関する軽めの記事を、市内版の第一面に載せようとしたときのことだ。ブロックスがフレンドリーに抗議の電話をかけてきて、フレンドリーが私の決定を覆した。確かに、彼にはそうする権限があったが、私は私で、誰よりも長時間、週に六日も編集局に詰め、急速に仕事を覚えつつあったのだ。

私が新聞に復帰してから三ヵ月も経っていない一〇月中旬、突然、アル・フレンドリーがケイ・グラハムにこう進言した。ブラッドリーは編集局長を首尾よく務めるだろうから、私は別のことをしたい、と。アルが思い描きながらも、適任者を見つけることができなかった新規取材の企画・実施、あるいは海外取材をしようというのだ。アルは二七年以上にわたり、新聞に多大な貢献をしてきた。やりたいことを自由にできる立場にあったたし、実際にそうすることにしたわけだ。まず、彼は新規取材に取り組んだあと、ヨーロッパ特派員兼ロンドン支局長となり、一九六七年のイスラエルにおける第三次中東戦争の報道でピュリッツァー賞を獲得(彼だけでなく、『ワシントン・ポスト』も)した。そして、かなり以前から宣言していたとおり、六〇歳の誕生日に引退した。

ケイはウィギンズに相談し、ウィギンズも可能と判断した。こうして私は、編集局長になることができた。

そういうわけで、ようやく職場が活発化しつつあるところで、編集局長になった。実績は、記者の新規採用とその手助け以外、とくにあるわけではなかった。優れた記事を安定して掲載できてはいなかったし、紙面はいまだ読みにくくもあった。誤字脱字にあふれ、カラー印刷はひどく、写真の人物の目が四つ、歯が二段なのは日常茶飯事で、恥ずかしい品質だった。新聞そのものよりも広告収入を気にしてばかりの広告部が幅を利かせ、デザインはただただ、醜かった。インクの裏写り、いわゆる「シー・スルー」(あまりに濃いインクで広告が印刷され、裏ページからも読めてしまう状態)が一ページごとにある、というありさまだった。新聞製作について、私はまだズブの素人で、社員もまだ少なく(編集局は三〇三人)、編集局の予算はひいき目に言っても不十分な年間四〇〇万ドル程度だった。

対して、世界がわれわれと比較し、また私も比較されたいと切望する『ニューヨーク・タイムズ』の予算は二〇〇〇万ドル近くもあった。

さらに悪いことに、一九六六年の予算は未確定だった。ラス・ウィギンズから予算作成を任された私は、ベン・ギルバートに大いに依存しなければならなかった。だが、ギルバートは予算について細部まで詳しかったものの、状況を改善する――つまり、より多くの金を使えるようにするためなら戦いも辞さず、という腹づもりはなかった。そしてついに、一九六六年の予算要求に関し、編集局として発行人のジョン・スウィーターマンを説得する日がきた。ケイ・グラハムが私を支持していることは、ジョンもわかっていた。しかし、何にいくら必要か詳細な説明がない限り、新参者の私に大事な資金を明けわたすつもりはなかった。それが彼の信条なのであって、だからこそ、二〇年にわたり年間一〇〇万ドル以上も失いつづけた『ワシントン・ポスト』をついに黒字に転換できたのだった。とはいえ、編集局の予算要求の各項目について逐一、彼が説明を求めたのは、私にとっては信じがたいことだった。新設の役職から文具まで、あらゆることについて、なぜその金額が必要なのか質してくるのだ。編集者が最後に頼る言い訳、「紙面の改善」という決め台詞さえ、私は知らなかったというのに。

このような調子で、経理の奴らとの初めての「衝突」、言い換えれば、初めてのリーダーシップ発揮の試みは、有り体に言えば、惨敗に終わった。教訓を与えてくれたジョン・スウィーターマンには感謝しきりだ。以降は、財布の紐を握る者よりも少ない知識のまま予算折衝に臨むようなことは二度としなかった。自分より物事をよく知る人物に対し、黙っていられなくなったときには重々、気をつけろ。私の父がよく言っていたことだが、発行人に対しては、慎重であったり、黙っていたりすればうまくいくとは限らない。

編集局長になってから、二つの編集会議を設けることにした。一つは、午後二時半、各セクションの編集者が予定している第一面の記事について話し合うものだ。もう一つは、午後七時頃、夜勤の編集責任者が第一面のダミー、いわゆる大版刷り《モックアップ》を準備できたときだ。これだけで、それまで感じたことのなかった新聞発行に対する重責、加えて恐れを感じることができた。新聞業界にいる者なら誰でも知っている、原爆が初めて使用された際、中面《トラス》の囲み広告の横の小さな記事で済ませてしまった編集者と同じようなヘマはしたくなかった。その秘訣は、本当にそれでいいのか、と疑問を持つことをつねに推奨し、また自分の考え方を見直す柔軟性を持つことだと思う。編集会議は、まさにそんな場所になった。アイデアを持ち寄り、情熱をもって語り、革新的な試みを励まし、ときに楽しく、思い切った挑戦をし、失われているように見えたワクワクする感覚を生み出すことができた。

もちろん、第一弾の新規採用組が入社した際にも、新しい人材を欲しがった私と同じように情熱のある、プロ中のプロがすでに在職していた。ラリー・スターンはその一人だ。唯一無二のハワード・サイモンズもそうで、最終的に編集局長になるが、それ以前は彼が「スメルシュ」（SMERSH）と名づけた多士済々のグループのリーダーだった。「スメルシュ」（SMERSH）は、科学（Science）、医療（Medicine）、教育（Education）、宗教（Religion）、その他、何でもあり（all that SHit）の略語だ。そして、和やかな語り口の秀才、編集のほぼ全部門で編集局次長を務めたピート・シルバーマン。ホワイトハウス担当の傑物、キャロル・キルパトリックは、私が知る限り最も冷静沈着なプロだ。外交問題担当のマレー・マーダーは、ジョー・マッカーシー上院議員の取材で名を馳せ、『ワシントン・ポスト』で最初の、そして長らく唯一の海外特派員だった。チャルマーズ・ロバーツは何でもこなす万能選手だ。チャルが出社し、新聞に目を通し、地域・国内・国際の何であれ取り組むべきネタ《ストーリー》を決めることが、ときに最良の取材割り振りになるのだった。もちろん、同時代で最高の風刺漫画家であるハーブロック、アメリカで比類なきスポーツライターのシャーリー・ポヴィッチ、三四年以上にわたり週に六日、コミックページで庶民的な散文を書きつづけた地域コラムニストのビル・ゴールドも、忘れてはならぬ正真正銘のプロだ。社説面のハーバート・エリストンを含めた彼ら個性派こそ、『ワシントン・ポスト』が長年にわたって読まれる主要な理由でありつづけていた。本格派の若手記者では、レナード・ダウニーがいた。早熟との評判で、調査報道で名声を博した。当時はまだ二三歳、オハイオ・ステート大学を卒業したばかりなので、「ランド・グラント・レン」〔同大学は国有地供与（ランド・グラント）により設立〕というあだ名で呼ばれていた。いまや、『ワシントン・ポスト』の編集主幹だ。

編集局長になって最初の数ヵ月間は、みっともない大失敗はできないと懸命だった。ラス・ウィギンズは仕事が終わると、二人だけの会話で個人的に知恵を授けてくれ、その夜に読むべき文献を教えてくれた。それは文字どおりの宿題だった。この本、あの本を読んだか？　そうだな、読んだほうがいいな。では、明日までに読んで、話し合おうか、という具合だ。宿題が三冊になることも多々あったが、子どもたちの宿題を見てやらねばならぬことなど、私生活について彼に打ち明けることができたのは、ようやく数ヵ月経ってからだった。

いまでは想像しにくいほど、当時、ニュースといえばベトナムばかりだった。ベトナム、またベトナムに関連する実に多くの記事が第一面を占め、それが何年も続くかのようだった。『ワシントン・ポスト』のベトナム特派員、ジョン・マッフルは堅実な記者だったが、彼が選ばれたのは、独身でしばらく留守をしても問題ない、と判断されたからだった。それまでは長くベトナムに記者を置いておらず、マッフルは現地に着任すると、フォン・クラウゼヴィッツ〔古典的な戦術書『戦争論』（一八三二年）を著したプロイセンの軍人〕流の戦争取材、つまり、明確に引かれた前線を挟んで両軍がにらみあっているかのような取材をした。

他方、UP通信のニール・シーハン、AP通信のピーター・アーネット、『ニューヨーク・タイムズ』のデイヴィッド・ハルバースタムといった記者たちは、それまでにない新たな戦争の現実を洞察・勇気・熱情をもって伝えていた。それは、アメリカの連合軍は敵軍よりも使命感に欠け、兵士たちは世論の支持を失うばかりの大義のために戦っている、という現実だった。私が欲したのは第二のヘミングウェイ、つまり、天使のように記事が書け、ベトナムを変革するために派遣されていたものの、しかし実際にはアメリカ自身を根本から変えつつあった若い兵士たちの目線から、テレビ画面で見ているドラマを説明できる誰か、だった。

そこで見つけたのが、私と一緒に『ニューズウィーク』から『ワシントン・ポスト』に移ったウォード・ジャストだ。イリノイ州の出版業者の息子で、いまや大物の小説家だ。当時は、若く有望な記者・ライターで、いたるところからネタを見つけてきた。それは、細かな事実の断片が真実となり、個別の出来事が歴史になるようなドラマのようなネタだ。たった一つで全体像を語ってしまう発言を引き出してくることもあった。敵兵に包囲され、怯えるGIから聞いた次のような言葉を、第一面の最上段で八段見出しに採用したこともある。「チャーリー・コン以外、ここには誰もいやしない」。チャーリー・コンはベトコンのことだ。この後、チャーリー・コンがウォード・ジャストの近くに手榴弾を投げ、頭、背中、足に破片を浴びることになった。

社説面はラス・ウィギンズのもと、いかなる場所であろうと専制に抵抗すること、そしてベトナムにおいては共産主義と戦うこと、を強く支持していた。ジョンソン大統領は、支持してくれたウィギンズに感謝し、『ワシントン・ポスト』の社説には軍の二個師団と同等の価値がある、とのべたことがある。対して、多くの記者――そして彼らの妻たちの多く――は、戦争を支持する社論は道徳的に間違っていると考えていた。私は、自分の立場を決める前に、ベトナムで何が起きているのか、ベトナムについて誰が真実を語っているのかを見きわめることに集中した。妻のトニー・ブラッドリーが、ベトナム戦争に反対する多くのグループの一つと一緒に街を行進していた一方で、私は、抗議運動を組織しているのは誰か、彼らはどの程度正確に――あるいは不正確に――アメリカの世論を反映しているのか、を見きわめようとしていた。

当時、オプ＝エド面〔社説の対面に置かれる論説面〕は編集局長の管轄で、少なくとも制度上は、私自身の意見と同じ書き手にコラムを任せることもできた。ただ、自身の意見といっても、私は基本的に政治からは距離を置いていたので、職権による権限は行使しないままでいた。私の関心は事実や人々にあり、それらに関する誰かの意見ではなかった。私の関心は記者会見にあり、記者会見に関する誰かの分析ではなかった。いまでもそうだ。それ以前、ジョー・クラフトを――手短に言うが、難なく――説得して、『ワシントン・スター』でコラムを書いていた彼を『ワシントン・ポスト』に引き抜いたことはあった。ジョーは嫌な奴でも批判屋でもなく、思慮深く、勤勉な知識人で、友人でもあった。しかし、オプ＝エド面に友人が絡んでいるからこそ、私が口を挟むことは憚られた。ウォルター・リップマンとジョー・アルソップが書く場合、それぞれオプ＝エド面のトップの左右が定位置だった。彼らが休みの日は、誰がその場所に座るのか？　クラフトをローリー・エヴァンスの上、あるいはエヴァンスをマーク・チャイルズの上に載せて抗議を受けた場合、誰が対処するのか？　そしてまた、新しい書き手を加えるとして、ロスコー・ドラモンドやフィラデルフィアのビジネス・コラムニストであるJ・A・リヴィングストンといった古株たちをどう扱うべきなのか？

こうした問題を解決するには、当然、ニュース面とオピニオン面を別々の編集者に任せるしかない。ラス・ウィギンズの引退時の肩書きは主筆《エディター》だった。一九六八年に私が彼を引き継いだ際、私は編集主幹となり、社説面とオプ＝エド面を除き、新聞に載る広告以外のすべてに責任を持つことになった。社説面とオプ＝エド面を担当したのは、古くからの友人、フィル・ゲイリンで、肩書きは論説委員長だった。

『ニューズウィーク』にいたときから、フィル・ゲイリンを『ウォール・ストリート・ジャーナル』から引き抜き、われわれのささやかな活動に加わってほしいと思っていた。彼は社説を担当したがっていたが、ラス・ウィギンズがその知性で仕切っていた社説面に私が口を挟むことはできなかった。一九六七年二月、ようやくフィルが加わり、半年間、社説を書くことになった。良好な関係が続けば、私がそうしたように、ウィギンズに仕事内容を報告しながらフィルが論説委員長を引き継ぐ、という段取りだった。半年後、実際にそうなり、フィルが最初にしたことの一つは、マックス・アスコリが『リーポーター』を畳んだため自由な身になっていたメアリー・エレン・グリーンフィールドの採用だった。メグ・グリーンフィールドは聡明な女性で、なんとも言えぬユーモアのセンスを持っていた。よく彼女のオフィスでおしゃべりをして、笑わせたものだ。彼女の笑顔は落ち込んでいた私の気持ちを和らげ、気分を一新させてくれた。

新聞社の人材発掘に終わりはない。才能ある人材が見つかると、もっと欲しくなる。編集局の予算がゆっくりと、その後、ある程度の速度で増えるにつれ、つかれたように最高のライター、最高の記者を求めるようになった。街のすべての取材現場で『ワシントン・ポスト』の記者が一番になる。そうしてみせる。そう私は決意していた。まだ道のりは長かったが。

第二弾として採用した花形のなかに、『ニューヨーク・タイムズ』のジム・ホーグランドがいる。最初は市内担当の記者で、その後に海外特派員としてピュリッツァー賞を受賞し、外信部の編集者、編集局次長となり、最終的に外交問題に関する花形コラムニストになった。ニック・フォン・ホフマンは『シカゴ・デイリー・ニューズ』の出身で、シカゴの家畜飼育場で働き、また活動家であるソール・アリンスキーのスタッフを経てやってきた、夢のような文章を書く常識破りの知識人だった。ピーター・ミリウスはケンタッキー・マフィア〔ケンタッキー州のジャーナリストたち〕から採用した最初の人物で、一九六五年八月に私が『ワシントン・ポスト』に着任したときには、すでにルイヴィルの各紙から誘いを受けていた。ミリウスはどんな難問も理解することができ、連邦政府の予算を読み解くのはお手のものだった。数年後、ミリウスを引き継いだのがビル・グレイダーだ。ディック・ハーウッドがさかんに彼を推していたが、ハーウッドを採用する少し前からわれわれはグレイダーに目をつけていた。グレイダーは人を惹きつけ、休みなく好奇心を働かせ、露天掘り鉱山から連邦準備制度理事会まで、やすやすと取材した。広い心とユーモアのセンスの持ち主で、誰もが彼と、あるいは彼のために働きたがった。ジョナサン・ランダルは『ニューヨーク・タイムズ』のワルシャワ特派員を辞めて、急成長中のフィル・フォイジーの海外取材スタッフに加わっていた。ランダルは最後の大物海外特派員だった。お決まりのトレンチコートで着飾り、世界中どこでも持ち場にしてしまう。一度も行ったことがない国でも、降り立って数時間後にはすばらしい記事を送ってくるのが常だった。

マイク・ゲトラーは一九七〇年に着任し、トントン拍子に編集局長代理まで昇進した。卓越した記者であり、人あたりが最高に良い編集者でもある。偉大な政治記者で、ロナルド・レーガンに関しては権威であるルー・キャノンは、ディック・ハーウッドの強い推薦を受け、『サンホセ・マーキュリー・ニューズ』から移ってきた。デイヴィッド・ブローダーに次ぐ、アメリカで最高の政治記者だとディックは評価していたが、その通りだった。

ケネディ政権で司法長官補佐官を務めたロジャー・ウィルキンスは、愉快で、あけすけで、明るく、頼りになる友人だ。私の下で働いたことはなかったが、私の強い薦めで、ウォーターゲート事件時にはフィル・ゲイリンが指揮する社説面で働いた。彼は何かと私を批判したが、それは友情と信念ゆえのことだと確信している。

われわれは、こうした新しい人材の採用を決してやめることはなかった。

「マーティン・ルーサー・キング・ジュニア牧師が、木曜日の午後、メンフィスのホテルの外で撃たれた。容態はいまだ不明」。これが、メンフィス発の通信社からの最初の速報だった。一九六八年四月八日〔正しくは四月四日〕、午後七時のことだった。歴史的な惨事の先駆けとなり、またその一部ともなるこの衝撃的な一報に接し、編集局のわれわれは直ちに第一版の第一面を確保した。最悪の事態であることがすぐに判明した。「木曜日遅く、マーティン・ルーサー・キング・ジュニア牧師が一人でホテルのバルコニーに立っているところを撃たれ、殺害された」。

キング暗殺のようなニュースに対処する場合、JFKが撃たれた際の私がそうだったように、こうした出来事が通常引き起こすような直感的な苦悩をジャーナリストは感じないものだ。少なくとも発生直後は、なすべきことが多くありすぎるのだ。記者を現場に向かわせる……つまり、メンフィス行きの飛行機に乗せなければならない。第一面のダミーを作り直す……つまり、第一面に載せるはずだった記事を別の場所に移すか、ボツにしなければならない。記事スペースを増やす……つまり、広告や他の記事を捨てなければならない。第一版が遅れることを植字室と販売部に伝える……つまり、トラックを引き止め、配達のスケジュールを変更しなければならない。経営者に話を通す……新聞を所有しているのは彼らだ。関連記事を指示する……まずは、キングの足跡をまとめ、公民権運動の今後を予測し、彼を襲った人物の素性を調べ、さらに地元の反応も伝えなければならない……つまり、電話をかけまくり、記者をワシントンのあちこちに送り出さなければならない。

外に目をやれば、ワシントン中で怒りが爆発していた。ダウンタウンでは店舗に火が放たれ、そのほとんどは黒人の居住区域内だった。ほぼ同時に略奪行為が始まり、ホワイトハウスから数ブロック先まで迫っていた。

その夜遅く、『ワシントン・ポスト』の社屋の屋上からは、ワシントンの北東部に散らばる火災を目にすることができた。暖かな春の空気のなかを煙が渦巻き、サイレンが夜の闇を突き破っていた。略奪が始まると、サイレンとガラスが割れる音が響いた。私には帰宅した記憶がない。暴動の実情が徐々に明らかになるにつれ、催眠術をかけられたようになった。その一方で、記者たちは徐々に発想を豊かにし、順応し、噂と事実を峻別しながら、個人の感情を抑えて真実を追求するという、難しい仕事に立ち向かっていった。

以後一〇日間、ワシントンでは夜間外出禁止令が発出され、一万二〇〇〇人以上もの連邦軍がこれを実行した。『ワシントン・ポスト』では、一〇〇人以上の記者・編集者・カメラマンが昼夜を徹して仕事にあたった。そのうち、二四人の記者・カメラマンが街頭取材に専念し、広告部の無線車から報道をした。火災と略奪は、ホワイトハウスから一〇ブロック先の七番通りから市中に広がった。街全体がバリケードで封鎖され、催眠ガスが皮膚・衣服に染み込んだ。十数人が死亡し、逮捕者は四千人に迫った。私が二〇年前に書いた子どもじみた記事とは違い、これは怒りと不満から生じた、社会の注目を集めるために引き起こされた、正真正銘の人種暴動なのだった。

このショーの主役は、いまや十数人を超える黒人の記者・カメラマンたちだった。彼らは本能的に、取材対象が「黒人」のニュースだけにならないよう気を配っていた。黒人指導者や暴徒からは「アンクル・トム」〔白人にすり寄る黒人の意〕の烙印を押されるであろうことはわかっていたが、そんな悪意は彼らにはすでに経験済みのことだった。とくに黒人カメラマンは勇敢だった。驚くべき略奪の現場を写すことは、すなわち「証拠」を集めるということで、暴徒たちもそのことはわかっていたからだ。*

この取材でのスター中のスターは、ペンシルヴァニア州の『ヨーク・ガゼット・アンド・デイリー』出身のロバート・メイナードで、初の黒人編集者として前例を打ち立て、その後、大手の『オークランド・トリビューン』の発行人

* 暴動中、写真から略奪者を特定するため、DC警察が社の写真ファイル（掲載されたものも未掲載のものも）を調べる許可を求めてきた。われわれは暴動が起きてから最初の一週間に一八〇枚の写真を掲載し、さらに数千枚も撮影していた。当然、警察の要請は断った。あくまでニュースを取材しているのであり、法を執行しようとしているわけではないからだ。カメラマンの命が脅かされたり、取材活動が妨害されたりする危険性もあると説明したが、政府は提出命令をちらつかせ脅してきた。そこで私は、『ワシントン・スター』のニューボールド・ノイズとともに司法省の役人らと交渉し、「妥協」にいたった。その日の新聞に掲載したすべての写真について、八インチ〔約二〇センチ〕四方に現像したものを、毎朝、彼らに送付することにしたのである。

になった。

　私が初めてボブ・メイナードに目をとめたのは、その数年前、ニーマン・フェロー〔研究員〕たちとともに彼が一週間、ワシントンを訪れたときだった。フェローたちはやり手の中堅ジャーナリストで、一年間、ハーバードで関心のあるテーマを研究できるのだった。彼らに頼まれて、私は『ワシントン・ポスト』での仕事について話をした。

　そのなかで彼は際立っていた。黒人が圧倒的に少ない世界で黒人記者であっただけでなく、不愉快きわまりないほど、つっかかり、議論をふっかけ、意地悪で、疑い深かったからだ。ニーマン・フェローたちとの九〇分のほとんどは、メイナードとの口論に費やされた。

　会場だったジョージ・ワシントン大学から『ワシントン・ポスト』に歩いて帰る途中、彼のことばかり考えていた。どうしたら奴の鼻を明かし、さらには気を引くことができるだろうか、と。どうも自分にはできっこない、と思われた。

　ところが、社に戻ってみると、その彼が隅にある私のオフィスの前に座っているのだ。驚いたことに、『ワシントン・ポスト』で働いてみたい、というのだ。フェローシップを終えたら、一年間はペンシルヴァニア州ヨークの新聞に戻って働く約束だが、その後に雇ってくれないか、というわけだ。

　もちろんだ。そう私は答えた。

　そのまる一年後、彼は戻ってきた。するとすぐに、文字通り街の話題となった。当時、彼は首都部《メトロ》の記者で、遅ればせながらではあるが、実力ある黒人ジャーナリストを編集局に引き入れようという『ワシントン・ポスト』の取り組みの目玉だった。ボブ・メイナードには多くの仕事をこなせる能力があった（社を去るまで、全国ニュース部の記者、論説委員、編集局次長、オンブズマンを歴任した）。しかし、彼の最も際立つ特徴の一つは、その深く、響きわたる美声だった。柔らかなトーンで話し、暴動の二日目からは無線車に乗り込み、前部座席で身をかがめ、目にしたあらゆることについて市報部に報告したのだ。

　われわれは皆、編集局の無線機の周りに集まり、次のようなボブの「入電」に聞き入った。


　炎が燃え上がっている。六、八、いや一五フィート〔約一・八～四・六メートル〕の高さに達している。店舗が包囲されている。略奪者たちが、その多くは子どもだが、先を争うように燃える建物に出たり入ったりしている。おかしなことに、彼らは危険に気づいていないようだ……。

　私がいる車はいま、四人の男性に囲まれている。全員、明らかに敵意を示している。もう八人に増え、車を上下に揺らしている。事態が落ち着くまで、しばらく通信を停止しなければならない……。

私の車のそばで、四人の警官が身を伏せている……。彼らはボンネットとトランクの後ろで、片膝をつき……拳銃を抜き、撃鉄を引いている……。車の上、われわれの頭上の屋根に狙いを定めている……。私はいますぐ、ダッシュボード下に身を隠さなければならない……。以上。*

市報部のデスクが正確に場所を特定し、使い走り《コピーボーイ》がタイプライターで打ち込み、時間を加えると、われわれは皆で歓声をあげた。メイナードの武勇を聞きつけたNBCが、現場に記者を送りたいのだが、と尋ねてきた。「いいとも」と応じ、以後、暴動に関するネットワークの報道は、メイナードと彼のチームの中継と化した。UP通信も同調した。

暴動発生から二日経ち、私はハワード・サイモンズとデイヴィッド・ブローダーを呼び、自由世界の首都、とわれわれが呼んでいた場所で起きている出来事を、直接見てみることにした。午後三時頃、圧倒的に黒人が多い居住区にある、燃え上がる巨大な倉庫の前に行き着いた。それは、ニュー・ハンプシャー州マンチェスターでエルム通り沿いの区画が全焼して以来、私が目にした最大の火災だった。同じく見物に来ていた二つの黒人グループも加わり、われわれは無意識的に思うまま火災や暴動全般について話をした。誰も身の危険はまったく感じなかった。やがて地元のテレビクルーがやってきて、機材を準備して、火災を撮影しはじめるまで、話は続いた。ところが、彼らがわれわれ見物人にカメラを向けるや、黒人たちはわれわれに向かって怒鳴り、ゴミを投げつけ、さらには拳を振り上げはじめた。警官がやってくるほどの騒ぎになり、気がつけば、催涙弾が発射され、小さなアルミニウムの缶が道中に転がっていた。催涙ガスを見たことも嗅いだこともなかったブローダーは、よく見てみよう、あるいは嗅いでみようと、破裂した缶の一つに歩いて近づき、腰をかがめた。一瞬にして彼は、押しも押されもせぬ催涙ガスの専門家になるハメになった。テレビカメラにとってこれは、アクション満載の特ダネだった。黒人対白人、警官対黒人、ゆっくりと弧を描く催涙ガスのアルミ缶、これらすべての背景には燃え上がる炎。真実を伝えているわけではないが、テレビ映りの良いネタではあった。

＊　ベン・W・ギルバート、ザ・ワシントン・ポスト取材班『ホワイトハウスから一〇ブロック *Ten Blocks from the White House*』（ニューヨーク：フレデリック・A・プリーガー出版、一九六八年）、二六頁から引用。

それから二ヵ月も経たない、朝の三時だった。実に不可解で、かつ日常化していた暴挙が、またしても起きた。ロバート・F・ケネディが暗殺されたのだ。そのとき、われわれはまだ上階の編集局におり、一九六八年六月五日付の最終版が植字室から届くのを待っているところだった。見出しは、カリフォルニア州の予備選でボビー・ケネディがユージン・マッカーシーに勝利したことを伝えていた。「ケネディが撃たれた」という恐ろしい言葉を聞くや、数秒後にはラリー・スターンが電話を取り、青ざめた顔をして、「ハーウッドからだ」と叫んだ。

ハーウッドは、死の淵にあるボビー・ケネディの血だらけでうつろな顔を目撃し、すぐさまロサンゼルスのアンバサダー・ホテルの大広間から電話をかけてきたのである。愚直に真実を追い、人を欺くことができず、叙述的な文章を書かせれば右に出る者がないディック・ハーウッドは、まさにボビー・ケネディに対し懐疑的であるがゆえに担当に配されていたのだが、思いもよらず、ケネディに好意を抱き、尊敬し、ついには親近感を覚えるようになっていた。

ハーウッドが使った電話は、ちょうど中年の女性が混乱した状況を友人に説明しようと使用中だった。ハーウッドは、失礼と声をかけ、いかに彼のほうがより電話を必要としているかを説明した。彼女がまったく聞き入れてくれないため、やむをえず実力行使に出たのだった。われわれは現時点で知りえている情報、通信社の報道内容をディックに伝え、彼も手持ちの情報をわれわれに伝えた。サーハン・サーハン〔暗殺者の名〕の弾丸が命中したとき、彼はボビーのすぐ横にいた。号外を発行するため輪転機を停止していることを伝え、三〇分後に電話をかけ直し、かき集めた情報を伝えてもらうことになった。

実際、このときすでに私は、「輪転機を止めろ《ストップ・ザ・プレス》！」と叫んでいた（人生で最初で最後だ）。私を含め、編集局の皆を興奮状態にさせる言葉だった。ところが、輪転機は止まっていなかった。まさにそのために設置された非常ベルが解除されていたのだ（誰の仕業か？　経理の奴らだと疑っている）。このため、ブラッドリーは本気で止める気だ、ということが無頓着な印刷室に伝わるまでに、数分を要した。

テレビが最も輝かしい活躍をするのは、鮮烈で劇的な出来事が起こった最初の数時間であるが、その最中に真実を見つけだすことは困難で、映像が伝えられるのは、せいぜい手がかりだけだ。こうした場合、テレビには事実と風説を選り分ける時間もないし、出来事を文脈のなかに位置づけるための情報もない。新聞の大きな役割は、まさにここにある。即時的には成しえないこと、つまり、背景や全体像を示すことがわれわれの仕事だ。だからこそ、テレビ時代に「号外」はさほどの役割を果たさないかもしれないが、われわれはとにもかくにも、号外を出す決意をしていた。そうすることで、ケネディ家についてまわる醜悪で悲しい現実から、目をそらしたかったのかもしれない。だが、伝えるべきニュースがあり、われわれが新聞記者だからでもある。もっとも、経理の奴らはあまり乗り気ではなかった。彼らは編集局にやってきて、「号外とは、いったいどういうことだ？」と聞いてくるが、気にしているのは余分にかかる残業代のことなのだ。

しかし、われわれの心は決まっていた。キャサリン・グラハムは社内にいたが、ノーとは言ってきていない。すぐに、ハーウッドがスターンに電話をかけてきた。彼らは話し合い、耳を傾け合い、質問し合って、トップ記事を仕上げた。通信社の記事と写真を関連記事として加え、Ａ面《セクション》全体を再調整し、朝の六時近く、ようやく号外を街に配布できた。喜ぶべきことではないが、この世界でわれわれがなすべきことをなした点では、充実感を覚えた。

帰宅したのは日が差しはじめた早朝で、キッチンのテーブルに腰掛け、一時間ほどどうしようもなく泣いてしまった。涙を止められず、話もできなかった。

この感情の激しさに、自分自身が驚かされた。ボビーと私は社交上で会うことはあったが、それほど頻繁ではなかった。一九六〇年の大統領選挙運動では、ボビー・ケネディは私にとって貴重な情報源だった。私が知る限り、彼は一番の働き者だった。しかし、ＪＦＫとジャッキーがトニーや私と近しくつきあっていることに、彼は不満だったのではないか。そのことで、私がまだ『ニューズウィーク』にいた一九六四年七月、彼と大げんかをしたことがある。

一九六四年の大統領選挙で、ボビーがどのような役割をになうのか。ボビー自身を含めて、ワシントンでは皆の大きな関心事だった。この件について、ジョンソン大統領は会う人ごとに、異なる発言をしていた。そんな一九六四年の秋、私はボビーとまる一日をともにすることになっていた。朝の六時、ヒッコリー・ヒルの彼の自宅から始まり、カンザスシティー、シカゴを回り、深夜過ぎにニューヨークにたどり着く。その間の移動は民間航空機を使い、多忙なケネディの隣におそらく四〜五時間近く座り、罫線入りの大きな黄色のノートにメモを取りつづけた。カンザスシティーでは、カトリックの高齢者ホームの除幕式で二時間を過ごした。その約半分の時間、ボビーは（テレビカメラや他の記者から離れて）上階にある末期患者の病棟にいた。固く目を閉じたままの、ある女性のベッドの横に独りで座っていたのだ。臨終間際の苦しげな息遣いだけが、痩せ衰えた体にまだ命が宿っていることの証だった。「情け容赦ない」と呼ばれたボビー・ケネディが、見知らぬこの女性の手をさすり、ほとんどささやくように語りかける姿を、私は涙を浮かべて見入ったものだ。

その後、シカゴとニューヨークへ向かう途中、私は彼に選挙運動、そして副大統領になる意欲について質問をした。彼は副大統領への望みを隠しはしなかったが、その可能性は現実的でないと考えていた。LBJは決してそうしないだろう、というのだ。『ニューズウィーク』に書いた記事で、私はこの点をとくに強調した。

実際のところ、［とケネディは言い、こう続けた］彼が私を欲しがるわけがない。……なぜなら、私はケネディ家の人間で、ジョンソン政権はケネディ抜きであるべきだと彼は考えており、私たちは歩んできた人生も違うし、反対する産業界もあるだろうし、私のせいで南部の票をいくらか失いもするだろう。……人が言うほど多くの票ではないだろうが、いくらかはね。

この記事は通信社や他の新聞に取り上げられた。ところが、なぜかは不明だが、ケネディ、そして彼の部下でそのときポーランドにいたエド・グスマンにより、発言が全面的に否定されてしまった。第一声は、そのような会話はまったくしていない、だった。この主張に反論する詳細な事実を私が示すと、ケネディ陣営はふたたび否定し、すべての会話は「オフレコ」だった、と言ってきた。またしても虚偽だが、これは頭にきた。こうした主張は、記者にとっては覆しがたい。どちらが正しいかを証明する記録は残っていないからだ。そして、世の人々は、少なくとも戸惑ったまま放置されるのだ。

ただし、これは彼が亡くなる四年前のことで、その間、彼の熱情、アメリカをむしばむ根深い不平等に対する積年の怒り、絶望した人々とともに彼らのために働く決意を、私は徐々に理解できるようになっていった。ベトナムがアメリカを分裂させていた。人種問題がアメリカを分裂させていた。不平等もアメリカを分裂させていた。現状を変えたいというボビー・ケネディのほとんどロマンチックな決意に、私は感服させられていた。彼とJFKを比較するべきではない。苗字と父が同じである以外、彼らはあまりにも違っていた。JFKはより知的で、都会的で、洗練され、ウィットに富んでいた。RFKはより情熱的で、豪胆で、激しかった。

そしていま、あろうことか、両者ともが亡くなってしまった。アメリカのように指導者が暗殺される国など、他にあるだろうか？

ジャーナリストがハードボイルドでシニカルなのは、自己防衛が機能しているためだ。締め切りのプレッシャーがなければ、記者は自らの感情に浸ってしまいかねないし、そうなるだろう。悲しみ、怒り、絶望、あらゆる感情にだ。しかし、締め切りがあれば——しかも毎日、五回もあれば

——ジャーナリストは動きつづけなければならない。われわれも同じで、何ヵ月も悩まされてきた問題にエネルギーを向けていた。それは、人々が生活している場での変革を、どの紙面で報道するのか、人殺しの犯罪者や人を導く指導者ではなく、普通の人々がしていることを、どこで、そしていかに取材するのか、という問題だ。

本当のことだが、当時は特集面《フィーチャー・セクション》がなかった。面白い人々の人生を定期的に扱う場所がなかったのだ。ウィットやユーモアを載せる場所もない。ファッションの季節的な移り変わり以外に、社会のトレンドに目を向ける場所もない。コストにうるさい製作部による必須の厳命とやらで、レジャー活動を取り上げる場所もまったくない。テレビに関する報道も、議会での公聴会と同じやり方で、経過説明ばかり長たらしく、人物や、彼らが下す判断や、その動機に関する記述はわずかしかなかった。書評や映画評は、あるセクションから別のセクションにページが飛び、さらに別のセクションで終わる、というありさまだった。

「婦人のための、婦人についての」"for and about Women"（大げさな筆記体風のフォントで、"a"と"f"は小文字）というセクションは存在した。いわゆる「婦人面」だ。ここでは、ファッション、とくに外交関係のパーティー、政権幹部の妻たち、を扱っていた。さる国の建国記念日に出席するディーン・ラスク国務長官の妻の——しばしば民族衣装を着た大使と一緒の——写真は、得意技の一つだった。グエンドリン・キャフリッツ、パール・メスタ〔いずれも当時有名だった社交家の女性〕、あるいは軍の上層部が主催するパーティーばかりを、まるでわれわれがそれをお膳立てしたかのように取材した。われわれの報道のなかでパーティーは、政治的・社会的な目的を持った政治イベントではなかった。裁縫の紙型や料理のレシピも掲載した。レシピといえば、あろうことか、われわれ自身で試したことのないものばかりで、（温かい）ハンバーガーと（冷たい）アスピック〔肉や魚の煮汁を固めたゼリー〕を混ぜる、といったようなものばかりだった。

ゴシップ担当のコラムニストもいた。謎めいたマキシン・チェシャーで、市報部では「ブルー・マックス」と呼ばれていた。マキシンはケンタッキー州、ハーラン郡の炭鉱管理者の娘で、怖いもの知らずだった。ハーラン郡のある編集者は敬愛を込めて、「いろいろな人に会ったが、なかでも一番タフな女性記者」と評していた。マキシンに関して困ったことがあるとすれば、調査報道に没頭してしまうことだ。たとえば、外国人のビジネスマンについて、社交活動よりも金銭的な疑惑を取材してしまうのだ。ウッドワードとバーンスタインが一九七二年に引き起こした案件〔ウォーターゲート事件〕を例外とすれば、誰よりも彼女のまいた火種を消すことに苦労したものだ。それでも一緒に仕事をするのは楽しく、誰かの脇腹に食いつく仕事ぶりは、実に見ものだった。「あいつを仕留めてみせる」。彼女は静かにつぶやく。「あいつを仕留めてみせる」と。そして、たいていはその通りになった。

だが、それまでの「婦人のための、婦人についての」のやり方に、私は不満だった。女性をただ買い物、パーティー、料理、接待、育児をする人としてのみ扱い、男性を排除していたからだ。そこで、男性と女性がともに、またそれぞれに、いかに生きるのか。何を好み、現状はどうか。職場の外では何をしているのか。そんなことを取り上げるセクションを新設しよう、ということになった。欲しかったのは人々の人物像《プロフィール》、ただし、無味乾燥な履歴だけで終わらない、「ニュー・ジャーナリズム」的な人物像だ。眼前で起きているアメリカ文化の移り変わりに光をあてたかったのだ。セックス革命、薬物文化、女性運動、などを面白く、刺激的に、これまでと異なる視点で描きたかった。

一九六八年九月までに方針は大筋で固まっていたが、新しいセクションの名称を決めるまでに、さらに三ヵ月を要した。私が気に入っていたのは、「プライベート・ライフ」（“Private Lives”）だった。もし、ノエル・カワード〔イギリスの俳優・作家・脚本家で、同名の戯曲を執筆〕が著作権を有さず、また「プライベート・ライフ・セクションはどうだろう？」と言い出す勇気が私にあったなら、の話だが。「ライフスタイル」（“Lifestyle”）はダメだと思った。マディソン・アベニュー的〔いかにも広告代理店が思いつきそう、の意〕で最悪だ。「生活」（“Living”）では弱すぎる。その程度では、「シーン」（“Scene”）、「パノラマ」（“Panorama”）、「トレンド」（“Trends”）、「スペクトラム」（“Spectrum”）、あるいは「貴方」（“You”）と同じように、セクションの名称としてほとんど意味がない。気に入ったのは「スタイル」（“Style”）だった。それらがすべてというわけではないが、独自のスタイル、感覚、才能を持った人は素敵だ。というわけで、スタートする三週間前、〈スタイル〉に決まった。

スタイル面《セクション》を生み出したチームは、稀有なジャーナリスト集団だった。ボスはデイヴィッド・ラヴェントールで、その後、『ニューズデイ』の編集局長、編集最高責任者、発行人、そして『ロサンゼルス・タイムズ』とその親会社であるタイムズ＝ミラー社の発行人兼CEOになる。

彼と一緒に働いたのは、次の人物たちだ。まず、革新的である必要性を思い起こさせてくれたジム・トゥルイットがいる（彼はタイプライターの前に四七時間も座りつづけたことがある。「いったい、アイデアはどこにあるんだ？」という私の何気ない一言で、一〇〇〇以上もの記事のアイデアをリストアップしたのだ）。デイヴィッド・ローレンス・ジュニアは当時、ニュース担当デスクからの助っ人で、その後、『パーム・ビーチ・ポスト』、『フィラデルフィア・デイリー・ニュース』、『デトロイト・フリー・プレス』で活躍し、最終的に『マイアミ・ヘラルド』の発行人兼取締役会議長になる。ベン・ケイソンはUPI通信の上級副社長になり、現在はオハイオ州で新聞グループを経営している。最後に、エルシー・カーパーは、『ワシントン・ポスト』での半世紀にわたる勤続を通じて、優雅さ、気高さをもたらしてくれた。その後、エルシーには女性担当編集者になってもらった。「婦人のための、婦人についての」に代わるセクションを作ったことで、女性のことをすっかり忘れてしまわないように。

　理由は忘れてしまったが、ニック・フォン・ホフマンには文化担当編集者の肩書きを与えた。人生に無頓着なタイプで編集者になろうとはしなかったが、『シカゴ・デイリー・ニューズ』の記者として、才能にあふれ、因襲打破的で、聡明であって、私はとくにカトリック教会に関するその鋭い連載記事を読み、調査報道の記者として採用した。ニックは労働改革の活動家であるソール・アリンスキーの信奉者で、シカゴの家畜飼育場で働いたことがあるが、大学には行っていない。ワシントンの報道界に斬新な刺激、深み、奥行きを注入したいと思うなら、彼は雇うべき最高の人材だった。一九六七年一〇月には、サンフランシスコのヘイト＝アシュベリー地区での薬物問題について、驚くべき連載記事をものにしている。あまりにもすばらしい出来で、『サンフランシスコ・クロニクル』が全一六回すべてを第一面に掲載したほどだ。ニックは、当時全国ニュース部編集者だったラリー・スターンの指示を受けて現地を取材したのだが、想像を絶するヒッピーの世界に関する彼の夜の電話報告に聞き入ってしまったものだ。ついには自分自身の目で確かめたくなり、たまらずサンフランシスコに飛んだのだが、人生で最も奇想天外な三昼夜を過ごすことになった。その光景は、自分にとっては戦争のように奇妙で、見慣れぬものだった。子どもも大人も、LSDの幻覚で倒れこみ、メタンフェタミンの作用で叫び声をあげ、マリファナを吸って脱力している。中毒になり、薬物を買う金の工面で頭がいっぱいの彼らの姿は、一人の人間、父親、また市民として、私にとって強烈で、驚くべきものだった。

　スタイル面創設の際に何か過ちがあったとすれば、それは他の部署から才能を奪いすぎて、彼らの古巣を面白みのない、前方に情報を詰め込んだ一般記事《ストレート・ニュース》ばかりにさせてしまったことだ。首都部《メトロ》から来たフィル・ケイシーは、静かで、ほのぼのとしたおかしみのある編集者《リライト・マン》で、バイオリンを奏でるようにタイプライターを打った。マイク・カーナンは新聞記者の皮を被った詩人だった。B・J・フィリップスは浮浪者のような外見で、新種の乱暴な天使のように記事を書いた。彼女は『アトランタ・ジャーナル・コンスティチューション』出身で、ジーン・パターソンが編集局長になってすぐ採用した。小説家の目と社会学者の洞察力でニュースを見るという、新しいタイプのジャーナリストの先駆けだった。

一九六九年一月六日に創刊された〈スタイル〉で、トップ記事を書いたのはBJだった。「FBIが手配中」。これは二六歳の女性誘拐犯に関する記事で、「婦人のための、婦人についての」が載せていたいつもの第一面記事とは、似ても似つかぬものだった。どの程度の速度でセクションを変革すべきか、われわれ自身で議論はしていたが、よくあることとして、決めきれてはいなかった。その決断を下してくれたのがBJだ。誘拐の罪で追われる若い女性を写したFBIの手配ポスターは、大きな変化を象徴していた。不満をもらす古株もいた。地元の雑誌『ザ・ワシントニアン』は、「ベン、婦人面をどこに隠してしまった？」と疑問を投げかけてきた。地域のゴルフクラブのロッカールームでは、ご婦人方の評判は散々だった。そのうちの一人から話を聞きつけた夫が、たまたま『ワシントン・ポスト』の広告担当幹部だったため、次回のいわゆる部門長会議で最重要議題になってしまった。新セクションを創設するために知恵を絞る多くの会議に熱心に参加してくれたキャサリン・グラハムでさえ、懸念を口にしていた。実のところ、彼女と私のただ一度の「喧嘩」は、その懸念から発展したものだ。お互いに声を荒げたのは、そのときだけだ。

その日、予期した以上にさらにもうひとこと懸念を聞かされたので、つい、怒鳴ってしまった。「いいかげんにしろ、キャサリン。首をつっこむのは、もうやめてくれ。どうにかするから、六週間、待ってくれ。それでも気に食わないなら、もう一度話そうじゃないか」。思った以上に強い口調になってしまったが、これが効いた。六週間の猶予をもらえたのだ。だが、与えられた実際の時間は二五年だった。編集者が社主《オーナー》とともに過ごしえる、最高の二五年間になった。

スタイルはワシントンで大ヒットとなり、似たような動きが新聞界に広がっていった。

一九六九年中、私の自由な時間のほとんどは、どこから見ても対照的なアート・バックウォルドとジョー・アルソップのいざこざに巻き込まれて費やされてしまった。

バックウォルドは、コラムを二時間ほどで書き上げてしまうのが常だった。通常、新聞の第一面を読み終える前にアイデアを思いつき、コラムを書き、午前一一時には昼食をともにする仲間を探しはじめるのだった。すでに多数の本を書き、書きつけた三×五インチ〔約七×一三センチ〕のカードで、いとも簡単に三時間もスピーチができた。演劇や劇作にも手を広げ、実にうまくやってのけた。『滑走路の羊』は、傲慢でエリート臭いワシントンのコラムニストに関する笑劇だ。アジアのある小国を訪れるが、一つしかない空港の一本しかない滑走路で羊が草を食んでいるせいで、大使館、大使、その国がまったく機能せず、小さな言い争いが大きな戦争に発展してしまう、という話だ。

この劇中で、傲慢でエリート臭いワシントンの特派員は、名をジョセフ・メイフラワーといい、ジョー・アルソップを意地悪に茶化したものだが、これでワシントンが二派に割れてしまった。私は二人を仲直りさせようとしたが、うまくいかなかった。ニューヨークで開かれる劇の初日に行くべからず。アルソップは友人たちにそう釘を刺したが、私はアート寄りで、すばらしい初日を鑑賞し、その後のサーディーズ〔ニューヨークの劇場地区にある有名なレストラン〕でのパーティーにも参加した。『滑走路の羊』はニューヨークで三ヵ月にわたり上演されたのち、ケント・ステート大学のキャンパスで四人〔ベトナム戦争中の一九七〇年三月にアメリカ軍が実施したカンボジア侵攻に抗議した学生〕が殺害された夜に、ワシントンでも開演された。もちろん、『ワシントン・ポスト』の劇評はひどいものだった。私の友人も皆、『ワシントン・ポスト』で酷評を受けた。そうなるのは目に見えていた。

ともかく、アルソップは二度とバックウォルドと口をきかなくなってしまった。もっとも、それ以前から、よく話をする仲でもなかった。

実のところ、アルソップは私に対しても距離をとりはじめていた。このころの彼は、ベトナムに関する自身の考え方だけを基準として、人々や出来事を評価するようになっていた。ウォード・ジャストをはじめ、『ワシントン・ポスト』の若い戦争特派員のベトナム報道は反戦的で、それはブラッドリーのせいだ、というわけだ。

この問題に限らず、助けを必要とした人生の多くの場面で、バックウォルドは私の側についてくれた。マサチューセッツ州ビヴァリー・ファームズで営まれた私の父の葬儀にも参列してくれた。ＷＡＳＰばかりのあの小さな集落でユダヤ人はかなり珍しかったが、その日は大歓迎を受けたものだ。

一九七〇年の春、父は何の前触れや騒動もなく、七七歳で亡くなった。いつもの週末の電話で、気分が優れないので、一日かそこらビヴァリー病院で診てもらおうと思う、と言っていた。体の不調など訴えたことのない父だったので、翌朝の最初の飛行機で帰ると伝えていた。なのに、再会する前に、就寝中に動脈瘤で亡くなってしまった。もう一度、あの大きな胸に頭をうずめ、さようならと言いたかった。決して華やかな人生ではなく、フットボールでの武勇伝以外、歴史家が評価するような成功を収めたわけでもない。しかし、常識とユーモアに満ちた、善良で、もの静かな男だった。

報道という仕事に値する新聞記者なら誰にとっても、一九六六年の『ニューヨーク・ヘラルド・トリビューン』の廃刊は悲しむべき出来事だった。働く場所がどこであれ、ジャーナリストにとって『ニューヨーク・ヘラルド・トリビューン』のスタイル、センス、デザイン、文章、団結力は垂涎の的だった。レッド・スミスに勝るスポーツライターはいなかったし、ウォルター・リップマン、アート・バックウォルド、ドロシー・トンプソン、ジミー・ブレスリン、ジョー・アルソップ、ジョン・クロスビーといったコラムニスト陣は活力があり、独創的で、超一流だった。社主のジョック・ホイットニーは紳士で、優雅で、資産家でもあり、新聞人を愛していた――新聞人が最も魅力的に思うタイプの他人、とりわけ社主の特徴を備えていた。

『ニューヨーク・ヘラルド・トリビューン』の廃刊後も、ジョックはパリ版だけは発行しつづけた。スタイリッシュで、少しだけエキセントリックで、個性的で人材も豊かなパリの『トリビューン』を愛していたからだ。儲かりはしなかったし、あえて儲けようともしなかったが、ジョック・ホイットニーが好み、また彼らしさを象徴するような名声をたたえていた。だが、一九六〇年に『ニューヨーク・タイムズ』が本格的な国際版を創刊した。『ニューヨーク・タイムズ』のヨーロッパ版は利益を生まなかったものの、ヨーロッパにおけるその強烈な存在感（と高い質）は『トリビューン』のパリ版を経営的に追いつめ、ホイットニー・コミュニケーションズ社は生き残り策を真剣に検討せざるをえなくなった。

解決策は次のようなものだった。パリ版『トリビューン』の四五％を――二〇〇万ドル以下で――『ワシントン・ポスト』に売却し、ロサンゼルス・タイムズ＝ワシントン・ポストのニュース・サービスを通じて『ワシントン・ポスト』の記事を掲載する。どの新聞社からも支援を得られていない『トリビューン』を、『ワシントン・ポスト』のインフラで背後から支える。この投資が投資として適切だったか、私にはまったくわからなかった（そして、気にもしなかった）が、『ニューヨーク・タイムズ』との一騎打ちに挑むことには喜びを感じた。ホイットニーは、『ロサンゼルス・タイムズ』でもなく、『ル・モンド』でもなく、『マンチェスター・ガーディアン』でもなく、われわれに助けを求めてきたのだから。

というわけで直接対決とあいなり、両紙ともに多額の金を失うことになった。『ニューヨーク・タイムズ』と競い合ってみたいという願望ゆえに、損失を食い止めるため協力しないかと当方から言い寄ることはできなかった。手打ちにするかどうかは、『ニューヨーク・タイムズ』国際版の発行人であるシドニー・グルソン次第だった。私はグルソンには好感を覚えていた。新聞人としての才覚があることが大きな理由で、兄によく似ていたからでもあるが、警戒してもいた。彼は『ニューヨーク・タイムズ』の傑出した海外特派員で、彼の当時の妻だったフローラ・ルイスも同じく優秀な海外特派員として主要な新聞・雑誌で活躍していた。夫妻でニューヨーク、ワシントン、ロンドン、パリの権力中枢を知り尽くしていた。私とは大違いだ。若きアーサー・サルツバーガー、通称パンチ、とは知った仲だった。彼は義理の兄であるオーヴィル・ドライフースが急死したため、『ニューヨーク・タイムズ』のトップに押し上げられていた。パンチと私は一九五〇年代にパリにいた頃の記者仲間で、友人だったが、あの巨人『ニューヨーク・タイムズ』が、対等な立場で『ワシントン・ポスト』と共同事業の手を組むとは考えられなかった。

もちろん、『ニューヨーク・タイムズ』、そしてグルソンについて、私は思い違いをしていたのだった。彼は楽しく、知的で、気どらず、偉ぶることもなく(この点にいつも感心させられた)、私の人生に一つの喜びをもたらしてくれた。シドニーは合同新聞の発行人になることを望んだが、『ワシントン・ポスト』が彼に飲み込まれることを危惧し、最終的に、彼と私が新聞の編集面を監督する取締役に就くことになった。* 新発行人は、元マッキンゼーのコンサルタントで『ニューヨーク・ヘラルド・トリビューン』の会長だったボブ・マクドナルドに決まった。

こうして創刊された『インターナショナル・ヘラルド・トリビューン』は、経営的にうまくいったどうかはともかく、ジャーナリズムとしては成功し、ほどなくしてアジア版の創設を検討することになった。われわれの誰もアジアではビジネスの経験がまったくなく、パートナーが必要だと考えた。だが、ここではじめて両紙の利益が衝突しかねない事態となった。理屈でいえば、パートナーになりえるのは、いずれも経営的に不調な英語版をかかえる日本の巨大紙、『朝日新聞』か『読売新聞』だった。『朝日新聞』は一九七一年の部数が少なくとも一〇〇一万部もあり、『ニューヨーク・タイムズ』のニュース・サービスの最大の顧客だった。『ニューヨーク・タイムズ』にとっては、まずは『朝日新聞』に共同事業を持ちかける必要があった。他方、九二〇万部の部数を有する『読売新聞』は、ロサンゼ

* われわれは、何度も『トリビューン』の取締役から外された。『ニューヨーク・タイムズ』、『ワシントン・ポスト』、ホイットニー・コミュニケーションズから送られてくる経理の奴らに席を譲るためだ。それでも、われわれはどうにか名誉取締役として居残り、ときに口うるさく物申した。

ルス・タイムズ＝ワシントン・ポストのニュース・サービスの最も大口の顧客だった。

『朝日新聞』が優先で、でなければこの話はなしだ、とグルソンは主張し、私としても、いさぎよく譲歩せざるをえなかった。

たとえ一〇〇〇年生きるとしても、四日間にわたる『朝日新聞』との「交渉」を忘れることは決してないだろう。ボブ・マクドナルド、シドニー・グルソン、『ニューヨーク・タイムズ』の東京支局長で通訳のタカシ・オカ〔岡孝〕が、ピカピカに磨かれた会議室の巨大なテーブルの一方に座り、その反対側には、見たこともないような嫌味な顔をした一五人の男性が腰かけていた（グルソンは私にこう耳打ちをした。「なんてことだ。こいつら全員、コレヒドール沖〔フィリピン、マニラ湾の入り口にある小島で、太平洋戦争初期の日米の激戦地〕の駆逐艦で君が救出した日本兵みたいだ」）。日本では儀式・典礼が尊ばれる。グルソンたちから繰り返し、そう聞かされていた。また、それこそが太平洋を渡ってきたわれわれの目的だったのだが、とくに『朝日新聞』がわれわれのパートナーになる件を話題にしてはいけない、とも注意されていた。実際に、最初の三日間、誰も、繰り返すが本当に誰も、その話題を口にすることはなかった。その代わり、日本の新聞界、ニューヨークの新聞界、ワシントンの新聞界について話をする間に、何度もお辞儀をした。

昼夜を分かたず、日本の新しい友人たちは、ゲイシャのいる料亭にわれわれを連れていってくれた。そのたびに場所は豪勢になった。何が起きるのかさっぱりわからなかったが、やっかいなセックスの問題にはならないことがわかり、ホッとした。ゲイシャ「ガールズ」は、実際にはそれなりの年齢で、われわれの盃を温かい日本酒で満たし、言葉で表現しえぬ料理を皿に盛るのが仕事だった。時折、ゲイシャたちは代わる代わる立ち上がり、座敷の奥にすすみ、余興を披露してくれた。見たこともない一弦の楽器を奏で、これまで聴いたどの歌にも似つかぬ歌を歌ってくれた。主催者は拍手喝采したが、そのとき私は、必死にグルソンに目を向けないようにしていた。ゲイシャを交えた料亭での夜宴中、ビジネスの話は一切なかった。

こんなことが続いたが、ある日の夜、グルソンと私で「浴場」〔銭湯のことか〕に行ったこともあった。職業として背中を流してくれる三助とマッサージ師がいて、入浴後、死ぬかと思うようなマッサージを受けた。こうして三日間が終わったが、われわれはいまだ、日本の友人たちに「アジア版」の話をしていなかった。私はその後に初のベトナム訪問を予定しており、その準備もできていたので、気はすすまないが、翌朝に腹案を打ち明けることにした。四日目になってすぐ、グルソンが話を切り出した。相手はもっともらしく驚き、しばしの休憩を求め、すぐ戻ってきて、そのような共同事業は難しかろうと思われます、と答えた。その日のうちに、私は『読売新聞』の担当者に会い、すぐさま（はるかに早く）本題の相談をしたが、返ってきたのは同じ答えだった。これで、「サヨナラ」となった。

日本での計画が失敗し、私はサイゴンに飛んだ。アメリカを痛めつけていた無茶なベトナムでの戦争を、はじめて自分の目で確かめるためだ。（一九五〇年代中頃、当時、フランスを苦しめていた第一次インドシナ戦争を『ニューズウィーク』のために取材する目的で、現地を訪れる寸前までいったことはあったが。）タン・ソン・ニャット空港に降り立ったのは一九七一年二月で、いつものように政治的な意図は持っていなかった。到着したのは予定日の前日だったが、この偶然がピーター・オスノスの命を救うことになった。ピーターは二人体制の『ワシントン・ポスト』のサイゴン支局員で、カンボジアとの国境を視察するために、『ニューズウィーク』の特派員であるフランソワ・サリーと一緒にヘリコプターに乗り込む予定だった。空港で私を出迎えるため、彼は急遽、その予定を変更していた。ところが、サリーの乗ったヘリコプターには爆弾が積まれており、地上から数メートル浮き上がったところで爆発し、全乗員が亡くなってしまったのだ。

直感と習慣から、戦争の善悪よりも、その何たるかに私は興味があった。北ベトナムのような権威主義的な国家が、平和な近隣国を壊滅させる。こうしたことを嫌悪はしたが、一方で、はるか遠くにある南ベトナムのような腐敗した国家を救うため、正式に宣戦布告しようともせず、アメリカ合衆国の何百万人もの市民が兵士として戦うことにもまた賛成できかねた。ベトナム戦争がアメリカに及ぼしている影響、つまり、国のエネルギーを浪費し、インフレで経済を悪化させ、若者と年配者、富める者と貧しい者、黒人と白人を分断し、あらゆる面で人民すべてを疎外していることに、嫌気がさしていた。それでも私は、圧制者に対抗し、弱者を助ける使命がアメリカにはある、という神話を信じ込んでしまっていた。第二次世界大戦時に見出した正義を、あまりに長い間、ベトナムに重ねてしまっていたわけだ。反対の立場に転じるには、なんとしても、自身の目で見ておく必要があった。

ガイド役は、オスノス、そして『ワシントン・ポスト』のもう一人のサイゴン特派員で、のちに『ボルチモア・サン』のコラムニストとなるピーター・ジェイが務めてくれた。サイゴンに一週間、メコンデルタに一週間滞在する予定だった。間もなく五十路に入りつつある私にとって、メコンデルタは決して安全な場所ではなかったが、南ベトナム軍の第一軍団の地獄のような戦闘地域よりはましだった。

その間、できるだけ多くの関係者に詰め込みで話を聞いた。たとえば、五〇万人以上の兵力を擁する南ベトナム軍事援助司令部を指揮するクレイトン・エイブラムス将軍、エルズワース・バンカー大使、何人かのベトナム側のリーダーたちだ。「五時の茶番」にも参加した。その日に知らせたい情報だけを、軍が特派員に口うつしのように与える記者会見だ。特派員たちもその内容に不満を表明していたが、見栄えがするだけで、実質的には無意味な儀式と化していた。特派員にもインタビューし、一緒に食事をし、酒も飲んだ。『ニューヨーク・タイムズ』の眉目秀麗なグロリア・エマーソン、『ニューズウィーク』のケヴィン・バックリーとメイナード・パーカー、『ウォール・ストリート・ジャーナル』のピーター・カンたちだ。街の雑踏を歩きもした。会って話をする人々の心情を推し量れないのは不本意だが、サイゴンはアルジェにいたときと同じくらい居心地が悪かった。

　南ベトナム軍の第三軍団の二日間にわたる取材では、ビル・コルビーが案内をしてくれた。のちにCIA長官となるが、当時はCORDS(民間作戦、および革命的《シヴィリアン・オペレーションズ・アンド・レヴォリューショナリー》——のちに「地域的《ルーラル》」に変更——発展援助計画《ディヴェロップメント・サポート》、というCIAの作戦)の部長だった。ベトナムの村に入り込み、村人たちに寝返るよう仕向け、そうしなければ殺害してしまうベトコンのスパイ。彼らを見つけだすのがCORDSの目的だった。コルビーについて印象的だったのは、血なまぐさい仕事をしながら、もの静かで、自信に満ち、しかし少しだけ学者然としていたことだ。第三軍団には、コルビーのヘリコプターに乗って訪問した。深い緑に覆われた地上は、一見平和だが、コルビーが教えてくれた彼のパイロットの話では、飛行中に二度、銃撃を受けていたという。これは、私には確かめようのないことだ。ある村の家屋の奥まった部屋で、現地のARVN（南ベトナム軍）司令官と豪華な食事をした。コルビーは、おそらく彼自身のために、また私の取材のために、現況について質問をしてくれた。ARVN司令官は、同じく私の取材、またコルビーのために、抑制しながらも熱意を込めて答えてくれた。このときの私は、もっぱら他者が吸い込ませようとする情報ばかりを吸い込むスポンジのようだったが、自分自身の印象から、いくつかのことに注目しつつあった。たとえば、ワシントンの政治から離れた戦場で、ジャーナリストと兵士がいかなる関係を築いているのか、といったことだ。茶番を演じる司令官たちではなく、現場の兵士たちという意味だが、軍に対する敬意をまったく抱かずにベトナムをあとにする記者は誰一人としていなかった。軍もかなりわれわれの尻拭いをしてくれていたからだ。

　翌日、ジョン・クッシュマン将軍が、普通の回転式耕耘機で使われる、どこにでもあるブリッグズ・アンド・ストラトン社製のエンジンで駆動するサンパン〔アジアで広く使われる小型の木造船〕のような小舟で、水路で区切られた水田を案内してくれた。しかし、何も起こらない。現地の人々にも動きがない。最終目的地は二人の若いアメリカ人の陸軍兵士が駐屯する砦で、そこで一夜を過ごしたが、その恐ろしさといったらなかった。二人は怖がるというよりも、張りつめていた。真っ暗な夜で、闇のなかで彼らは神経を研ぎ澄ませていた。ベトコンはこの砦にいる人数を正確に把握しており、誰かが発砲すれば、生きて逃れられる可能性はなかった。結局、誰も発砲しなかったが。

その翌日、タン・ソン・ニャット空港までヘリコプターで戻り、アフガニスタンに向かい西へ飛んだ。長男のベン、その妻のキャシーと数日を過ごすためだ。彼らは平和部隊〔ケネディ政権が始めた、アメリカ連邦政府が発展途上国に無償で人材を派遣する事業〕のボランティアで、カブールで英語を教えていた。(アフガンの生徒たちが三ヵ月にわたりストライキをした際には、ベンはボランティアで『カブール・タイムズ』の記者・編集者を務めた。)

彼らがうらやましかった。澄んだ青空、茶色の大地、山々を覆う(二月の)雪に彩られるこの見知らぬ土地で、一緒に人生をスタートさせるなんて。とくに平和部隊のような国による奉仕活動は、アメリカにとってすばらしいことだし、奉仕に携わる人々にとっては、さらにすばらしいことのように思えた。

帰国するまであと数週間の大半は、イスラエルで過ごした。ここではイスラエルの友人たちから、目の覚める洗礼を受けた。アメリカからやってきたジャーナリストに対し、彼らはいつも、自分たちが直面している不安定な情勢や確固とした独立の追求を思い知らせてくれる。朝の五時に起床して、ゴラン高原やレバノン国境のキブツ〔イスラエルの農村共同体〕を視察した。ヨルダン川西岸地区を巡る、標準的な一八時間のツアーにも参加した。実に雄弁だが、やや人を見下したところがあるイスラエル人の市民兵が、つねにガイドについていた。

ほぼ六週間の不在により、トニーと私の関係を害していたわだかまりが和らいでほしい、と期待していた。わが家の女性陣には、バンコクで手に入れた豪華な絹の反物を贈り、沈黙を埋めようと、さまざまな旅のみやげ話を披露した。しかし、この程度の贈り物で過去が清算できないことはすぐにわかった。その夜が明けぬうちに、帰ってきてほしくなかったとトニーから打ち明けられた。私はその告白に虚を突かれ、どうしていいかわからなかった。

またしても失敗し、苦しむことになるとは。この先が思いやられ、心が沈んだ。『ワシントン・ポスト』に復職後、私は仕事につきっきりになっていた。責任感を分かち、共通する目標に向かって刺激的で楽しい多くの時間を過ごした。だが、それと同じ態度で、男性として女性と向きあうべきだった。その過程で、お互いがお互いの存在理由でなくなったことを、徐々に、静かに、悟ったのだった。夫と妻として人生を送るなかで、ジャック・ケネディとメアリー・マイヤーを失い、ともに過ごしたときの思い出を奪われ、彼らの死に向きあうなかで、私たちは変わってしまっていたのだ。

トニーにとって『ワシントン・ポスト』は、必要なものを満たしてくれる存在ではなかった。ある一時期は充実し、刺激的な人生を約束すると思えたものが、いまや彼女にとっては、次々に現れてくる、そこそこには面白いけれどもばらばらで、意味のある哲学にはつながらないニュースに支配される人生に思えたのだった。彼女は、ジャーナリストや政治家よりも芸術家といるほうを好むようになり、コーコラン美術学校で彫刻を学び始めていた。さまざまな、見たことのない子宮のような空洞にセメントを流し込んで作る、先鋭的な作品の技術習得に没頭した。ジム・トゥルイットの妻アンと親交するなかで、「作業《ザ・ワーク》」と呼ばれるものに興味を引かれ、のめり込んでいった。

「作業《ザ・ワーク》」は、ロシア生まれの哲学者・指導者であるグルジエフと、彼の弟子であるウスペンスキーという同じくロシア出身の神秘主義者が始めた、自己開眼運動だった。

ワシントンのグループは、グルジエフの弟子で、世界銀行の事務局長だったイギリス人のヒュー・リップマンという人物が指導していた。リップマンによれば、人は夢遊病者のように人生を生きるという。「われわれは過去の囚われ人なのだ」。一九八〇年に死去する前の彼の言葉だ。さらにこうのべている。「有意識状態は、すなわち半催眠である。そのとき、意識は制御下にはない。自己に関するわれわれの認識は、つねにさまざまな物事のなかで見失われている。……自分自身のなかに、判断を下すのではなく、ただ意識するものとして、沈黙の証人を確立しなければならない。……われわれは異なる〈私〉を内に持っているのであり、それらは矛盾するのだ」。

『ワシントン・ポスト』とともにある私の人生にトニーが充実感をもてなかったように、私もまた、「作業《ザ・ワーク》」のなかに自分の居場所を見つけることができなかった。私たちに共通する場は子どもたちばかりの小さな空間で、それは各々が最も興味を持つ事柄の中間にあるにすぎなかった。

かけがえのなかったセックスも、何かの拍子に、あるいは偶然にするものになっていた。私の六週間の不在と絹の反物は、こうしたことを何一つ変えてはくれなかった。

この時点では、他の誰かと恋愛しようという気はおきなかった。しばらくして、私を笑わせ、私とのセックスさえ望む女性が現れたときも、その気持ちは変わらなかった。

その人との関係は、無目的ではあれ、楽しくはあったが、トニーと私が精神科医を受診しはじめた一九七三年の冬に終わってしまった。その精神科医はとんでもない奴だった。子どもの、あるいは子どもとの問題について相談したことのある小児精神科医だった。子どもたち、あるいは私たちに関して、たった一つのもっともな意見さえ、そいつから聞けた記憶がない。なぜ、私たちを包囲する暗闇から救い出してもらおうと頼ったのか、まったくわからない。そんなこと、奴にできるはずもないのに。

第13章 ペンタゴン文書

一九七一年の春先に、『ニューヨーク・タイムズ』がわれわれを圧倒するような「超特ダネ《ブロックバスター》」に取り組んでいるという噂を耳にしはじめた。このようなニュースを聞くと、編集者の心中は穏やかではなくなる。先にスクープを出されるのもよくないが、そのような記事が出るのを待っているのはもっと耐え難いものだ。

『ニューヨーク・タイムズ』には、この超特ダネに取り組む特別チームがあるそうだ。その特別チームは、『ニューヨーク・タイムズ』のある四三番街の社屋と離れた場所で作業に取り組んでいるらしい。しかし、誰が特別チームの一員なのか、ましてや、何に取り組んでいるかすら、わからなかった。

しかも、ワシントンには非常に多くのニュースがあふれていたので、そのすべてに通じておくだけでも一苦労だ。五月一日《メーデー》には、市内で実施されるベトナム反戦デモの数がさらに増えた。『ワシントン・ポスト』の記者は、西ポトマック公園での一日目をこう記した。すなわち、「……夜明けの光のなかで……約四万五〇〇〇人が踊っていて、頭を縦に振りながら音楽に乗って、愛を交わし、ワインを飲み、マリファナを吸っていた」。一万二〇〇〇人以上のデモ参加者が逮捕されたが、一日で七〇〇〇人の逮捕者という新記録が出た。ダウンタウンでは、催涙ガスのいやな臭いがした。昼夜を問わず、ヘリコプターが街路樹と同じ高さでパタパタと飛び回り、この首都の眺めに見慣れぬものを新たに加えていた。

六月の初め頃、トリシア・ニクソンとエドワード・コックスの結婚式に焦点をあてようと、数日間小休止を入れることにした。ニクソン家は『ワシントン・ポスト』の記者ジュディス・マーティンが、結婚式当日にホワイトハウスを取材することを認めなかった。ニクソン家はたいてい『ワシントン・ポスト』の記者が好きではなかったが、とくに、彼女が書いたニクソン家に関する記事が好きではなかった。他の記者はいいが、ジュディスは出入り禁止だと告げられた。われわれはホワイトハウス――ましてやニクソン政権――に誰が取材できて誰が取材できないかを指図させまいと、マーティンが担当者なのだと強く主張した。その結婚式についてはテレビの報道から記事にしたのだが――そんなささいなことはわれわれ以外、誰も気にしなかった。

一九七一年六月一三日日曜日、『ワシントン・ポスト』は一面の半分を、ホワイトハウスの結婚式にさいていた。だが、『ニューヨーク・タイムズ』では同じ一面の半分で、待望の超特ダネをついに明らかにした。特ダネとは「アメリカ合衆国のベトナム政策における意思決定の歴史一九四五―一九六七年」という、四七巻、実に七〇〇〇ページに及ぶ調査報告書に基づいた、全六ページもの記事との機密文書のことだった。『ニューヨーク・タイムズ』はこの機密文書の写しを入手すると、一流の記者と編集者十数名を担当に割り当て、三ヵ月間で同文書を精査させてから、数十本もの記事の執筆にあたらせたのだ。

『ワシントン・ポスト』は、機密文書の写しなどもっていなかった。そこで、ライバル紙の記事を書き直さなければならないという屈辱的な立場に立たされた。『ワシントン・ポスト』に掲載された記事のあらゆる段落に「『ニューヨーク・タイムズ』によると」という文言を何らかのかたちで入れなくてはならず、書かれた言葉のすべてには血がにじんでいた――われわれ『ワシントン・ポスト』の記者にしか見えないものであったが。

六月一四日月曜日、ペンタゴン文書に関する続編、「ベトナムに関する機密文書――爆撃計画は一九六四年大統領選前に合意、調査報告書で判明」という記事が『ニューヨーク・タイムズ』に掲載された。

ゴールドウォーター大統領候補は北ベトナムへの即時爆撃を主張していたが、同記事によればジョンソン政権は選挙の二ヵ月前から、すでに対抗馬の主張が正しいと秘密裏に結論づけていた。ローリング・サンダーとして知られている断続的な爆撃は、大統領選の三ヵ月後に始まった。

『ワシントン・ポスト』は総出で、ペンタゴン文書の写しやそれに代わりそうなものを必死に入手しようとした。その上で、『ニューヨーク・タイムズ』で月曜日に出た記事を火曜日の紙面用に書き直す作業にも取り組んでいた。月曜日に朝食をともにした友人のマーカス・ラスキンは、ケネディ政権の国家安全保障会議の元メンバーで、後に左派の政策研究所（ＩＰＳ）の一員となったが、ＩＰＳの研究者が執筆した本『米国政府《ワシントン》による攻撃的な戦争計画』の原稿を見せてくれた。どのような意味かはさておき、その原稿はペンタゴン文書を「閲覧」後、同文書に「基づき」執筆されたのだという。『ワシントン・ポスト』は『ニューヨーク・タイムズ』の後塵を拝していたので、原稿には興味を持った。だが、その内容は戦争に対する反論で、ペンタゴン文書からは自論の主張の助けとなる部分のみを引用し掲載していた。われわれは興味深くその原稿を読みはしたが、ペンタゴン文書そのものの代わりになるほどのものではないと感じた。

フィル・ゲイリンはボストンにいる友人から、ペンタゴン文書を抜粋し二〇〇ページにしたとされるものを提供された。それはまさに説明されたとおりのものらしいが、その背景がまったくわからなかった。そして、それを理解する前に、この抜粋二〇〇ページ分の内容そのものが『ニューヨーク・タイムズ』の連載第三回目として、六月一五日火曜日に掲載された。すなわち、「ベトナムに関する機密文書――調査報告書からジョンソン〔大統領〕が秘密裏に地上戦へ導いたことが判明」である。とくに、ジョン・ミッチェル司法長官が『ニューヨーク・タイムズ』に対し、ペンタゴン文書に基づいた記事の掲載を一切中止し、国防総省に全文書を返却するようにと電報を送ったという記事を読んだときには正気を失いそうになった。

同じくこの火曜日に司法省が裁判所へ訴え、『ニューヨーク・タイムズ』に対して、特定の記事を掲載することを事前に禁じる、差し止め命令が出された。これはこの国の歴史上、初めてのことだ。少なくとも経緯はともかくとして、『ニューヨーク・タイムズ』の報道が鎮静化した。

水曜日の晩、何者かから『ワシントン・ポスト』の国内ニュース担当の辛辣な編集局次長ベン・バグディキアンのところに連絡があり、ある電話番号を伝えられた。公衆電話からしかかけられない番号だったが、バグディキアンの友人ダニエル・エルズバーグと連絡できるようになったのである。

ダン・エルズバーグはハーバード大学出身の熱心な学識者であり、ランド研究所〔アメリカのシンクタンク〕で防衛研究専門家になる前に海兵隊員に志願し、二年間勤務した。ベトナムへの赴任を希望し、そこでエドワード・ランスデール将軍の「見習い」として奉仕した。一九六五年と六六年にメコン川のデルタ地帯で多くの作戦を目の当たりにし、同僚バグディキアンがいるランド研究所に六九年の初めに戻るまでは、米国が戦争へ加担することを積極的に支持していた。

エルズバーグは『ニューヨーク・タイムズ』に掲載された七〇〇〇ページに及ぶペンタゴン文書の写しの提供者《ソース》でもあった。それは、ベトナム戦争を報じた『ニューヨーク・タイムズ』の伝説的な記者ニール・シーハンに対する友情と敬意からとった行動だった。

六月一六日水曜日の午後遅くにバグディキアンはボストンへ飛ぶと、木曜日朝一番のファーストクラスで二座席を使い、一つには自分が座り、もう一つにはペンタゴン文書が入った大きなダンボール箱を乗せて戻ってきた。『ワシントン・ポスト』が入手したペンタゴン文書は、『ニューヨーク・タイムズ』が受け取った七〇〇〇ページに対し、四〇〇〇ページ超のものだった。一七日木曜日午前一〇時三〇分、ジョージタウンのわが家の外でレモネードを売っていた一〇歳のマリーナ・ブラッドリーの前を足早に通り過ぎてバグディキアンがわが家に到着してから、われわれは仕事に戻った。

そこから一二時間、N通りにあるブラッドリー家の書斎は遠隔《リモート》編集局として機能し、編集者と記者たちとで四四〇〇ページにわたるペンタゴン文書を分類し、注釈をつけながら読み始めた。ブラッドリー家の居間は、法律事務所の機能も果たすことになった。そこでは弁護士や社内の幹部らが、新聞社が新聞を発行する義務や権利と、政府が国家安全保障上、あるいは理由の如何を問わず発行を阻止する権利に関して、最も根本的な議論を始めた。私はこの間ずっと部屋を行き来し、書斎では記事に対する感触を、居間では弁護士らの雰囲気をつかもうとしていた。

ニューヨークの連邦裁判所によって『ニューヨーク・タイムズ』が沈黙を余儀なくされたため、われわれは翌朝一八日金曜日に記事を掲載することを、ほぼ即決した。それは、『ニューヨーク・タイムズ』が三ヵ月以上かけたものを一二時間で完了させることを意味していた。計画の遂行のためにはそう決定せざるをえなかった。というのも、それは予定外の四ページ分を追加すべく、輪転機を再調整するためだった……輪転機は、思いたったらすぐに印刷できるものではないのだ。午後四時、文書を読むのも議論をするのも中止にして編集会議を開き、手持ちの資料で朝刊第一版の入稿期限五時間内に書ける内容と、そのレイアウトについて話し合った。われわれが最初に選択したのは外交特派員のマレー・マーダーが書くことになる記事で、ジョンソン政権が米国の軍事目的を達成するためではなく米国の世論に影響を与えるために、北ベトナムへの爆撃を停止したり再開したりした経緯についてだった。ところが、マレーは世界中で最も完璧主義で筆が遅い記者の一人でもあった。万一に備えて、チャル・ロバーツがアイゼンハワー政権下のベトナムでの米国の外交戦略に関する記事に取り組み始めた。チャルは業界で最も速筆の記者だったので、彼ならやり遂げてくれるだろうと思っていた。ドン・オーバードーファーは、三日目の記事の概要を書いているところだった。

だが、居間のほうでは状況が少々厄介なことになりつつあった。

弁護士たちが記事を掲載することに強く反対していたし、少なくとも、『ニューヨーク・タイムズ』に対する差し止め命令が訴訟に発展するまで待つように、と促していた。この二人はロジャー・クラークとトニー・エッセイという若手弁護士で、ウィリアム・P・ロジャース法律事務所の者だった。このときロジャースはワシントン・ポスト社の顧問弁護士だったが、後にニクソン政権の国務長官になった。午後の中盤には、ワシントン・ポスト社のフリッツ・ビーブ現取締役会長も同席した。ビーブが、同社がいままさに三五〇〇万ドルの株式を「公開」しようとしているときだという事実はあるが、そのことがこの討議に影響を及ぼしてはならないと表明したとき、私は暗い気持ちになった。この株式公開の条件下では、何らかの惨事や大惨事が生じた場合、ワシントン・ポスト社が株の引受会社から相当額を請求される責任を負うことになっていた。差し止め命令やその後に可能性のある刑事訴追が大惨事に該当するかどうかなど、誰も口にしたくはなかった。重罪で有罪判決を受けた企業はテレビの放映権を所有できなくなり、さらに一億ドルが請求される事実にも、誰も触れたがらなかった。

弁護士たちは法的根拠を引き合いに出しながら、私、ハワード・サイモンズ、フィル・ゲイリン、ゲイリンの部下メグ・グリーンフィールド論説副委員長（ジーン・パターソン編集局長は一五番街の社内に残っていた）ら編集者連中に、多くの判例を次々と挙げてみせた。それはマリーナがレモネードを売り、トニーがサンドイッチを出し、電話が鳴りやむことがないこのジョージタウンの居間とは、おかしなほどそぐわない状況だった。もう、てんやわんやだった。

二〇年を経てからでは、ペンタゴン文書がなぜ政権にとってそれほどの開戦事由《カースス・ベッリ》になったのか、解き明かすことは難しい。私は『ワシントン・ポスト』を一流紙に引き上げる――一度きりの――チャンスがあるなら、記事を世に出すことが非常に重要だということを正確に理解していた。情報を入手しているのに公表しないというのは、溺れている人を助けないこと、あるいは真実を言わずにいることと同じようなものだ。戦わずに公表しなかったら、時の政権がいかなるものであろうと、『ワシントン・ポスト』は権力者の手先であるという烙印を永遠に押され続けるだろう。ついでに言うと、ブラッドリーの時代は軌道に乗せる前に終わりを告げるだろう。

だが、弁護士たちには勝てなかった。連邦判事は『ワシントン・ポスト』が報道しようとしているのと同じ文書の掲載を『ニューヨーク・タイムズ』に対して禁じている、と弁護士たちは主張した。つまり、われわれには「掲載が合衆国に損害を与えると信じるに足る理由」がある、というわけなのだ。記者なら「くだらない《ブルシット》」とでも言いそうだが、それはあまり建設的な発言ではない。

「『ワシントン・ポスト』はペンタゴン文書を所有しているので、日曜日にはそれを公表するつもりだと司法長官に伝えておいたほうがいいかもしれません」。弁護士がそう提案し、妥協案を探った。

「そいつは今まで聞いたなかで、一番くだらない考え《シッテスト》だ」。チャドン・オーバードーファーは建設的な意見を述べた。チャル・ロバーツは、そんなことをしたら『ワシントン・ポスト』を辞めて大騒ぎにしてやると言った。

私は窮地に追い込まれつつあった。弁護士たち、とくにビーブ会長を少なくとも中立の立場に持ち込まねばならなかった。その一方で、誰もが最終決着の場になるだろうと理解していたケイ・グラハムとの会合の際、記者たちがビーブに意向を変える余地を奪ってしまわないようにしなければならなかった。ケイは約一〇ブロック離れた自宅で、経験豊富なハリー・グラッドスタイン販売局長の送別パーティーを開く準備をしていた。

突然、自分のすべきことがわかった。私は居間からこっそり抜け出し、二階で『シカゴ・サン＝タイムズ』のジム・ホーグ編集局長に電話をかけ、シカゴの裁判所まですぐに使い走り《コピーボーイ》を送ってもらうように頼んだ。そこでマクドナルドの社長であるハリー・ソネボーンとジューン・ソネボーンの離婚訴訟で被告側の弁護士として辣腕をふるっているエドワード・ベネット・ウィリアムズに「至急、休廷を願い出てほしい。直ちに連絡をとる必要がある。緊急の要件だ。大至急」というメッセージを伝えてもらうためだ。

ウィリアムズとは二〇年以上の知り合いだが、私は誰よりも彼の判断力を信頼していた。彼は業界でも最高の弁護士だった。ウィリアムズは一五分後に電話をかけてくると、素っ気なく「どうした」といった。私は何の小細工もせず、洗いざらい話した。『ニューヨーク・タイムズ』が何を書き、『ワシントン・ポスト』が三日間どのように対応しようとしたか、ペンタゴン文書をついに入手した経緯や、今夜何をしようとしているか、弁護士たちがくれた助言、ビーブが陥っている非常に困難な立場、株式公開への問題やワシントン・ポスト社が所有する三つのテレビ局が直面している脅威、絶対に失敗できないケイとの電話に臨む方向性などについて話した。おそらく一〇分間は電話でまくしたて、それから口をつぐんだ。

ウィリアムズからは少なくとも一分間、何も応答がなかった。万事休すだと思った。そして、ようやく答えが返ってきた。「ベンジー、それでいくしかない。選択の余地はないね。それが、君のやるべきことだ」。私は遠くにいる彼を抱きしめる思いで、何気なく一階に降りると、法律論争の場に戻った。ウィリアムズの言葉を、タイミングを見計らって皆に伝えると、クラークとエッセイからは元気が失せ、ビーブの顔がほころぶのがみえた。それが、このウィリアムズの影響力だった。さらに一時間議論して行動を開始し、フリッツ、フィル、ハウィー、私で自宅にある四台の異なる電話機に向かい、ケイに電話をかけた。反対という答えが返ってきたらどうすべきか考えたくもなかった。

　フリッツが完全かつ公平にわれわれの姿勢について、おおまかに説明した。自分たちが記事を公表しなければならないと感じたこと、ウィリアムズが指摘した点、記事を出さなかったら社員たちが最悪の事態だと思うだろうことを、ケイに伝えた。ケイはビーブにアドバイスを求めた。ビーブは長いこと思案し――背後には音楽が流れていた――それから、「まあ、私ならおそらくやらないでしょうね」といった。ためらいがちな「まあ」や「おそらく」に感謝したい。今度はケイが考え込んだ。再び、音楽が流れ出した。それから、ケイが早い口調で言った。「いいでしょう、作業を進めて。記事を出しましょう」。

　私は受話器を即座に置き、大声で〔掲載が〕決まったことを伝えると、部屋には歓声が沸き起こった。

　その歓声は思わず出たものだった。その最初の瞬間に、キャサリンが合衆国憲法修正第一条に対する覚悟と深い責任を表明し、編集者たちを支持してくれたことは、われわれにとってだけでなく――端的に言って記事の公表に反対していた弁護士たちにとっても――十分なものだった。しかし、新生『ワシントン・ポスト』を創っていくなかで、ペンタゴン文書に関する記事を公表するというキャサリンの決断の重要性を誰も真には理解していなかったと思う。私も本当の意味では理解していなかった。記事を公表したかったのは、過去一〇年間最大の出来事を説明する重要な文書があったからだ。新聞の役割とは、得た情報を伝え、検証して記事にし、発表するということなのである。

「いいでしょう……作業を進めて。記事を出しましょう」というキャサリンの声が耳に響いたときに理解していなかったのは、この新聞の精神《エートス》がどれほど完全に変貌を遂げたのか、新しい『ワシントン・ポスト』が目標へ向けて、いかに独立し、決意し、自信をもったのか、すべての編集者や記者に結晶化して示したことだった。その後の数日間、この気持ちは強まってゆくばかりだった。反逆罪の告発に立ち向かう新聞。大統領、最高裁判所、司法長官、ましてや、司法次官補からの告発をものともせず、断固とした態度で臨む新聞。毅然とした態度を取り、原則に揺るがずに全力で参与する新聞。

　すぐにわかったのは、ペンタゴン文書の記事を世に出すまでにやるべき仕事がまだたくさんあるということだった。

実際、ビーブとエルズバーグについて――初めて――議論をしている間に、私たちは朝刊第一版〔の入稿期限〕を逃してしまった。ビーブはエルズバーグがベン・バグディキアンの情報源だとは気づいていなかったので、それを知ったときに、エルズバーグがじつのところ、あるいは法的にもペンタゴン文書を盗んだのではないかと疑い、ケイがくだした決定をいったん見直そうとしたのだ。だが、土壇場に生じたその動きに勢いがつくことはなく、ついに記事は公表された……ニクソン政権の反応と、AP通信により配信されたこの記事を『ニューヨーク・タイムズ』が一面でどう扱うのか、見守ることにした。

長く待つ必要はなかった。六月一八日金曜日の午後三時過ぎ、主幹室でケイや何人かの編集幹部らと過ごしていると、ウィリアム・H・レンキスト司法次官補から電話がかかってきた。未来の最高裁長官は「なぜ、私が電話をかけたのかおわかりだと思いますが」、「ええ、そのように思います」と必要最低限のやりとりで本題に入り、四日前『ニューヨーク・タイムズ』に伝えたものと同じ文言を読み上げ始めた。それは、このようなものだった。

一九七一年六月一八日付『ワシントン・ポスト』の「一九五四年　米国がベトナム統一選挙の延期へ向け尽力　文書で明らかに」という見出しがついた記事の資料は、わが国の国防に関する情報を含んでいるため最高機密に分類されると、国防長官から通知を受けた。したがって、本情報を公表することはスパイ活動法、すなわち、合衆国法典第一八編第七九三条の規定によって、直接的に禁じられている。なおかつ、このような性質の情報のさらなる公表は、わが国の防衛上の利益に取り返しがつかない損害を与えることになる。したがって、この種の情報をこれ以上公表しないこと、および、これらの文書を国防総省に返還する手配を行ったことを私に通知するよう、謹んで要請する。

私は手足が震えていた。スパイ容疑で告発されることは自分の描いていた構想には合致していなかったし、合衆国法典第一八編について理解していたことといえば、それが厄介な事態をもたらすものだということだった。それは刑法なのだ。しかし、努めて冷静に応じた。「ご理解いただけると思いますが、丁重にお断りせねばなりません」。向こうからも、そのような回答をいただくことになると思っていました、というようなニュアンスの返答があり、互いに電話を切った。

それからほどなくして、司法省からクラークとエッセイに連絡がいき、午後五時に連邦地方裁判所に出廷するよう命じられた。『ニューヨーク・タイムズ』の編集者や弁護士たちはさまざまな法廷に出廷し、判決を不服として上訴した。彼らは――あるいはわれわれも――裁判所の命令に違反し強行してまで、記事を公表し続けようと考えてはいなかった。

その後の八日間、六月二六日土曜日の午後一時過ぎに合衆国最高裁判所へ至るまでは、コロンビア特別区の連邦地方裁判所、連邦控訴裁判所、再び連邦地方裁判所や連邦控訴裁判所（今回は大法廷で開かれる）、もしくは、複数の法律事務所で、宣誓供述書や弁論趣意書の調査を行って実際に作成することにほぼかかりきりだった。

六月一八日午後六時、政府は連邦地方裁判所ゲルハルト・A・〝ゲイリー〟・ゲゼル判事に『ワシントン・ポスト』に対して、ペンタゴン文書を今後報道することを禁止する命令を出すよう求めた。二時間後、判事は『ワシントン・ポスト』を支持する裁定を下した。政府が連邦控訴裁判所の判事を三人招集してゲゼル判事の裁定を覆すよう求めるのには、二時間ほどしかかからなかった。それは、ちょうど午後一〇時直前のことで、マレー・マーダーが執筆した記事を必死に紙面に組んで印刷を始めようとしているところだった。輪転機は夜一〇時一五分に稼動する予定だったが、幸運なことにその夜は稼働時刻が遅れていた。ハーマン・コーエンは新聞販売業者で、主要ホテルのニュース・スタンドに刷り上がったばかりの第一版の新聞を持っていく仕事をしており、今か今かと首を長くして待っていた。ちょうどその頃、三人の判事の上訴委員会がゲゼルの裁定を覆すか否かを決定しているところだった。ニュース・スタンドで新聞一〇〇〇部を売り上げてしまえば、実際に新聞を発行したことになるので、差し止め命令が出されてもその日の連載記事には影響しないとわれわれは判断した。さらに、ロサンゼルス・タイムズ＝ワシントン・ポスト・ニュース・サービスで記事を配信し、編集者たちに向けて、このニュースを読んでいる瞬間にも連邦控訴裁判所は審議中であると特別な警告を出した。

最終的には一九日の午前一時過ぎに裁判所が差し止め命令を出したが、裁判所はロジャー・クラークとのあいだで、その日の新聞はすべて発行してもよいということで合意した。

次の日からしばらく続いた混乱の日々の光景は、ジャン・コクトーの映画のひとコマのように私の心に刻み込まれたままだ。例をあげるとしよう。

・われわれ被告人は、すでに記事に掲載済みの文書を公表した罪で裁判に出廷する前に、緊急の機密情報取り《セキュリティ・クリア》扱《ラン》い《ス》の確認を受ける必要があった。
・法廷の窓には特別に遮光布がかけられていたが、無許可の読唇術者（ソ連のスパイか？　それとも、ハノイの共産党シンパか？）が証言を見ることを防ぐためだったらしい。

・記者たちは国防総省の難解な機密資料を解読する必要などなかった弁護士たちに、ペンタゴン文書について何時間も説明しなければならなかった。それは弁護士たちが編集者や記者たちからどんな宣誓供述書を取り、何を質問するかを決定できるようにするためだった。

・ペンタゴン文書には『ニューヨーク・タイムズ』か『ワシントン・ポスト』にすでに掲載されていた記述《ストーリー》が多数含まれていたが、政府によると、それらはいまもなお最高機密扱いになるとのことだった。

・多くの場合、『ワシントン・ポスト』の記者たちのほうが政府側の検察官や証人よりも米国のベトナム戦争への関与を明らかによく知っていたので、そのことはほとんどこっちが恥ずかしくなるくらいだった……これがどんなに危機的状況であるかを思うならば。わが「お気に入り」の滑稽な瞬間は、ゲゼル判事が哀れなデニス・J・ドゥーリン国防副次官補に対し、『ワシントン・ポスト』がペンタゴン文書を公表するとして、米国の国益を最も損ねるものを一つ挙げるとしたらそれは何か、と尋ねたときにやってきた。かわいそうな男は青くなった。政府側の弁護士はこそこそ集まり、すぐに休廷を求めた。彼らが何を考え出すのかは心配だった。（われわれは間違いなく政府が読んだ分量以上のペンタゴン文書の大部分を共同で読んだが、誰一人としてすべてを読んではいなかったので。）ようやく裁判が再開され、先ほどの質問が再び読み上げられると（そこにいた人たちには、あたかもドラムロールの音が鳴り響くように感じられただろう）、証人は「マリーゴールド作戦」と答えた。

われわれのなかでもより慎重な被告――チャル・ロバーツ、マレー・マーダーと国防総省特派員のジョージ・ウィルソン――は、念のためにと一〇冊以上の参考図書を持参していた。驚いたことに、彼らはマリーゴールド作戦について詳述されていた箇所を三つすぐに見つけ出したのだ。それは、一九六六年六月にジョンソン大統領が、ポーランドとイタリアの代表者にホーチミンとの和平交渉が可能か探らせようとする試みのことだった。翌週号の『ライフ』――まだ刊行されてはいなかった――の目玉記事は、イギリスのハロルド・ウィルソン首相による署名記事だった。「マリーゴールド作戦」という見出しがついていた。

その後コロンビア特別区巡回区控訴裁判所での開催に先立って実施された非公開の会合――われわれ被告にすら非公開だった――で、政府は国家安全保障局長官ノエル・ゲイラー海軍中将の宣誓供述書を補足しようと試みた。ゲイラー中将はペンタゴン文書で報告された、一九六四年夏にトンキン湾で北ベトナム軍の哨戒艇が米国の駆逐艦に発砲したとされている特定の無線傍受が、米国の安全保障にとってとくに危険であると説明したがっていた。非常に優秀なジョージ・ウィルソンが、上院外交委員会の公聴会では非機密扱いの議事録に記載された無線傍受の記録を尻ポケットの中から取り出したので、みな非常に驚いた。

ペンタゴン文書がニューヨークとワシントンの裁判所を行ったり来たりしつつ最高裁判所に進む途中で、私は今思いかえすと赤面してしまうような決断を下した。

〔ウォーレン・バーガー最高裁判所長官と〕電話でうまく連絡が取れなかったため、不測の事態に備えて、記者二名をアーリントン近くにあるバーガー長官の家に向かわせていた。法廷で連邦控訴裁判所が『ワシントン・ポスト』を支持する判決を下した場合、政府は最高裁判所に上訴する一方で、記事発行を差し止めるべく、長官に即時停止の申請をするだろうということがわれわれにはわかっていた。われわれが気づかぬうちに、政府関係者がバーガー長官の家にこっそり訪問するようなことがあってほしくなかったので、記者たちを派遣したのだった。その記者とは、普段は上院を担当しているスペンサー・リッチと、元CIAで市報部記者として夜間に記事を書き直す仕事をしていたマーティン・ワイルの二人である。

二人は私道を一緒に上って最高裁長官の家に着くと、玄関でベルを鳴らした。真夜中になろうという時分だった。マーティン・ワイルのメモは、その後の数分間のことを私ができる以上に上手く描写している。

およそ一、二分後に、最高裁長官がドアを開けた。バスローブ姿で、銃を握っている。右手の銃は、銃口が下に向いていた。銃身は長く、鋼鉄製だ。最高裁長官は、われわれを歓迎しているようには見えなかった。スペンサーが来意を説明する。会話の大半はあさっての方向へ行ってしまう。スペンサーは身分証を掲示してそこにいる理由を説明したが、長官はここへ来るべきでなかったと言っているらしい。さらに少し話をして、ようやく互いに理解できたようだ。最高裁長官が司法省からの使いを待つのは問題ないと言ったため、通りで待つことができた。長官は二、三分ほどスペンサーと話している間、ずっと銃を持っていた。ドアの柱に隠れて見えないときもあった。決して、こちらには銃を向けなかった。長官はドアを閉めた。われわれは通りに出て三時間ほど待機し、帰宅した。

私が家にいたとき、デスクからこの短時間の接触について電話で報告があり、記事をどこに載せたらいいか相談された――一面にしますか。それとも、中面にしますかね？

「何の記事のことだ？」私はどなった。「『ワシントン・ポスト』がからんでいる重要な訴訟事件の真最中に、最高裁長官が真夜中自宅の玄関にパジャマ姿でやって来て、記者二人に銃を振り回したからといって、それが記事になるとでも思うのか？」

何年もの間、誰の目にもとまらずとも私の目にとまれば良いネタだとわかることを自慢に思ってきた。これこそが、私の一番得意なことだ。しかし、言うまでもなく、私は一時的に判断力を失っていた。バーガー最高裁長官がどれほど報道機関全般、とくに『ワシントン・ポスト』に嫌悪感を抱いているか、当のネタがどれほど長官を笑いものにしているか（ハーブロックが描く風刺漫画を鮮明に思い描けた）、そして、この裁判の運命がバーガー長官に握られていたため、裁判開始前の数日間はできるだけ長官の怒りを買わないようにしたいということにしか、考えがおよばなかった。

私の裁量で記事の掲載を見送った。そのため、最高裁判所がわれわれの運命を決定した後、ニック・フォン・ホフマンがコラムで触れるまで、バーガー長官に関する記事は一切公表されなかった。

記事を公表しなかったって？　そのことは、ここでお詫びするとしよう。

一九七一年六月二一日月曜日、ゲゼル判事は連邦控訴裁判所の判事三名からペンタゴン文書の公表が米国の国益に「非常に損害をもたらす」のか、もしくは、事前の差し止めが正当化されるほど「取り返しのつかないほどの害」を及ぼすものなのか証拠審理を行うよう求められた後、再び『ワシントン・ポスト』を支持する判決を下した。六月二四日木曜日、連邦控訴裁判所の九人の判事は七対二で『ワシントン・ポスト』を支持する判決を下した。六月二五日金曜日、最高裁判所は上告を認めて訴訟の審理に同意した。六月二六日土曜日には、最高裁判所で争われることになった。そして、一九七一年六月三〇日水曜日――それは『ニューヨーク・タイムズ』が記事を掲載して一七日後、『ワシントン・ポスト』が最初に公表して一〇日後のことだった――最高裁判所は六対三で、両紙を支持した。翌日から『ニューヨーク・タイムズ』、『ワシントン・ポスト』両紙はそれぞれ、ペンタゴン文書に関する記事の掲載を再開した。

米国史上初めて、新聞が政府から記事の公表を禁じられたことは、民主主義の歴史に汚点を残した。

われわれはなんとか、勝利を収めたようなものだった。

このようなことが起こるなど、いったい、この国で何が起きていたのだろうか。

この国の連邦控訴裁判所の判事であるマルコム・R・ウィルキーは、ケネコット・カッパー社の顧問弁護士を務めていたニクソンに判事を任命された。さらに、それ以前にはアイゼンハワー大統領に任命されて、米国司法省法律事務所の司法次官補、刑事局の司法次官補なども務めていた。ウィルキー判事はいったい何を根拠に、ペンタゴン文書が「兵士たちの死、同盟国関係の破たん、大幅に困難になった敵国との交渉、外交官らの交渉不能」をもたらし、「明らかに、米国が大きな損害をこうむるだろう」などと、真剣に主張できたのだろうか。

〔ニクソン〕大統領（三年後、不名誉な形で辞任した）、〔ミッチェル〕司法長官（三年後、刑務所送りとなった）や〔レンキスト〕司法次官補（一五年後、最高裁長官になった）はいったいどうして、この無謀な方向へ喜び勇んで突き進むことができたのだろうか。

ペンタゴン文書には、もっぱらアイゼンハワー、ケネディ、ジョンソン各大統領による決定事項のみが扱われ、ニクソン政権の発足数ヵ月前には完結していた。それなのに、なぜ、このような迫害や起訴が行われたのだろうか？

さらに、ハーバード大学ロースクールの著名な元学部長で、控訴裁判所と最高裁判所で政府側の主張を論じたアメリカ合衆国訟務長官アーウィン・N・グリズウォルドが、一八年後、新聞社に対する政府の訴訟は妄想だったと打ち明けたときに、なぜ、当事者たちは誰一人何も言わなかったのだろうか。グリズウォルドは「ペンタゴン文書を公表したことで、国家安全保障が脅かされたという形跡は認められなかった。それどころか、実際に脅威があったという示唆すら見出したことがなかった」と思い切って見解を正したが、それは、前代未聞と言ってもいいくらいだった。*

これらの疑問については、冷戦が自分たちの社会を支配しており、ニクソン＝アグニュー政権が強い態度で臨んでいたという以上の答えは見出せなかった。

われわれはペンタゴン文書事件を経験したことで、編集局とグラハム家との間に、ワシントン・ポスト社内でいつまでも続く信頼感、使命感、新しい目標やその目標を達成する方法について、共通の認識が生まれたことを知ったのだ。そして、それこそがペンタゴン文書を公表して得られた、最大の成果だったのかもしれない。

ペンタゴン文書の一件以降、われわれが力を合わせて乗り越えられないほど困難な決断といったものは、おそらくもう存在しないのだ。

＊　一九八九年二月一五日『ワシントン・ポスト』のオプ＝エド面に掲載された。

第14章 ウォーターゲート事件

人の目にはなかなかふれにくいネタがある。それはたいてい、手がかりが隠されているか、別の姿に変えられているからだ。偶然によるものもあれば、故意によるものもある。ときにはネタのほうからこちらに飛び込んで来ることもある。そう、たとえばウォーターゲート事件のように。

真夜中過ぎ、民主党全国委員会（DNC）本部にいるスーツ姿の五人の男たち。話しているのはもっぱらスペイン語だ。サングラスと手術用手袋を身につけ、ポケットには真新しい一〇〇ドル札が数枚入っている。さらに、催涙ガスが出る万年筆、懐中電灯、カメラやトランシーバーも持っている。

この場面こそが、不祥事を起こした大統領が辞任に追い込まれ、司法長官、大統領首席補佐官、ホワイトハウス顧問、大統領の内政担当補佐官らを含む四〇人以上もの人々が投獄される政治的メロドラマ——アメリカ史上前代未聞の事件《スキャンダル》——の幕開けになろうとは、世界中の最高のジャーナリストたちが気づかなかったとしても致し方ないだろう。

しかし、この件が新聞ネタではなかったと言い張れるのは、リチャード・ニクソン本人だけにちがいない。

一九七二年六月一七日の早朝に『ワシントン・ポスト』がこのネタに関して幸先のいいスタートを切れたのは、かつてジョンソン大統領の特別補佐官を務め、当時民主党と『ワシントン・ポスト』双方の顧問を務めていたジョー・カリファノのおかげだ。カリファノは、エドワード・ベネット・ウィリアムズの法律事務所のパートナー弁護士だった。

その朝カリファノが『ワシントン・ポスト』のハワー

ド・サイモンズ編集局長に電話で、数時間前に民主党全国委員会本部に五人の男が侵入したため、法廷で罪状認否を問われることになると知らせた。私はウェストヴァージニア州内の電話が通じないところで週末を過ごしていたため、サイモンズはまず、ハリー・ローゼンフェルド首都《メトロ》部長に電話をし、ローゼンフェルドはバリー・サスマン市報部長に電話をした。まだベッドの中にいたサスマンが記者二人に電話してようやく、いったい何があったかわかる者へとたどりついたのだ。(情報は、新聞社でも下っ端のほうに流れ着く。) ローゼンフェルドとサスマンが選んだ記者二名は地元担当の記者で、器物損害や不法侵入罪といった、もっともありふれた地域犯罪に携わっていた。

この記者たちとは、五〇年近く市民よりも警官のほうに愛着を抱いてきた典型的な警察担当記者のアル・ルイスと、元海軍中尉で新人記者の一人、ボブ・ウッドワードだった。ウッドワードはどこに取材に行かせてもネタを発掘してくる力があり、皆を感心させていた。

ルイスは警官に足止めされていた他の記者たちの間をすり抜け、警察署長代理に同行し、不法侵入が行われた現場に到着した。彼は一日中規制線の後ろにいて、人の動きをすべて定期的に、市報部デスクまで電話で知らせた。ウッドワードは、罪状認否が行われている法廷を取材した。最前列に座っていると(それ以外のどこに座るというのだろう)、ジェームズ・マッコード・ジュニア〔逮捕された五人の一人〕が、罪状認否を審理する判事から彼がどのような「退職した政府職員」なのかを問われたとき、「CIA」と小声で言うのを耳にした。

大当《ビンゴ》たり!

似たような状況下で口にされる、ある特定の順番で綴られた三文字のうちでC－I－Aほど、即座に優秀な記者の身が引き締まるものはなかった。

その日の終わりまでに、そして入稿最終期限の時刻が過ぎてからも、夜間警察本部では一〇人の記者がそのネタの異なる端緒《ピース》を追っていた。ジーン・バチンスキー夜間警察担当記者は、通常勤務中の午前三時過ぎに、逮捕された男たちのポケットから押収された品物を見ることがかなった。そこにはアドレス帳が含まれていて、そのうちの二冊には「W・H」や「W・ハウス」というメモとともに、ハワード・ハントなる名前が書かれていることを発見した。

大当《ビンゴ》たり!

二〇年以上経った今でも、その発見を思い出すだけで胸が高鳴ってくる。

長髪でギターを弾く首都《メトロ》部記者、〈ペックの悪がき〉〔アメリカの小説の登場人物〕ことカール・バーンスタインは、優秀な記者なら誰もがするように土曜日の大半をこのネタの周辺を嗅ぎまわることに費やし、ただちに「電話を使え《ワーク》」

と命じられた。われわれは被告たち全員の出身地であるマイアミでの手助けを必要としていたが、そこにはすでに特派員がいることがわかった。キー・ビスケーンでのニクソン番で、精力的なキャロル・キルパトリックというホワイトハウス特派員の代わりにそこにいた、カーク・シャーフエンバーグ首都部《メトロ》記者である。

翌朝、ウッドワードは謎に満ちたハワード・ハントを追うため、手始めに「W・ハウス《ホワイト》」に電話し、ハントにつないでもらうよう電話交換手に頼んだ。内線で何度も呼び出したが、応答はなかった。ホワイトハウスのすばらしい電話交換手は（ホワイトハウスの電話交換手は皆、当然すばらしい）、お待ちください、ハント氏はコルソン氏の職場にいるかもしれません、と言った。

大当たり《レンゴ》！

ニクソンの特別顧問と汚れ役を務め、人々の耳目を集めている「コルソン」という言葉に、前とは異なるアドレナリンがほとばしった。

ハントはコルソンのもとにはいなかったが、チャールズ・コルソンの秘書が、ロバート・R・マレン社というPR会社にハントがいるので電話なさったらいかがでしょうと言ったとき、ウッドワードとその他の誰もが、ハントがマレン社にいる理由をいぶかしく思った。はたして、ハントはマレン社にいた。ウッドワードは、民主党本部で逮捕された二人の侵入犯のアドレス帳にハント自身の名前がある理由を尋ねた。

長い、長い間があった。そして、「やれやれ」とだけ聞こえた。

大当たり《ビンゴ》！

キルパトリックは日曜日の新聞にマッコードの写真が掲載されていることに気づくと、すぐに彼が大統領再選委員会で活動している人物だということを思い出した。共和党では大統領再選委員会はCRPと呼ばれ、ワシントンではCREEP〔「気味の悪い奴ら」の意〕として知られるようになっていた。

大当たり《ビンゴ》！

われわれは四八時間も経たないうちに、共和党が「三流のこそ泥」と呼んだ者たちが、ホワイトハウスやリチャード・ニクソンの再選運動における勝利への努力の核心部に関与していることを突き止めたのだ。まだ知る由もなかったが、われわれ全員を有名にした一世一代の特ダネで先陣を切っており、誰にも先を越されていなかったのである。

事件から二〇年経った今では、当時このすばらしいネタを記事にしたときよりもずっとたやすく記事を再現できる……それは下記の通り、信じられないほど詳細な記録が、暗闇から徐々に姿をあらわしてきたからだ。

・ニクソン、ミッチェル、ホールドマン、アーリックマン、ディーン、コルソンなど、主要関係者全員による四〇〇〇時間以上の会話を録音したテープの筆記録《トランスクリプト》
・上院ウォーターゲート特別委員会、あるいはその委員長であった、多彩な顔を持つノースカロライナ州選出の民主党上院議員サム・アーヴィンの名をとってアーヴィン委員会として知られる、壮観なる上院大統領選挙運動特別委員会で行われた膨大な公聴会の記録。三三名の証人による、八三日に及ぶ宣誓証言（ほとんどがテレビで放映された）。
・大統領弾劾に関する下院司法委員会の公聴会の記録。
・四〇以上にのぼる、有罪答弁や有罪判決を導き出したすべての裁判記録。

ところが侵入事件が起きた後の六週間にわたって、われわれはホワイトハウスの画策する大規模な隠蔽工作に直面していることに気づかず、この事件を少しでも明らかにするようなカギとなる情報をあちこちと探し回っていた。われわれには特ダネがそこにあるとわかってはいたが、「それ」が何であるのかは説明できなかった。パズルのピースのように見えるものが見つかっても、そのピースはどこにはまるのか――あるいはそもそも――それがはまるものなのかもわからなかった。たとえば、侵入犯のフランク・スタージスには、フランク・フィオリーニという別名があることがすぐに判明した――私はこのフランク・フィオリーニと名乗る人物には、数ヵ月前に会っていた。そのときには、トニーのかなり年上で血がつながらない兄、ギフォード・ピンショーも一緒だった。

ギフはとにかく変わり者で、背が高く痩せこけ、ハンサムな六〇歳くらいの独り者だった。カストロ政権下のキューバを追われ、マイアミに住んでいた。ハバナでは、ラ・チーナとしか名の知れぬキューバ人女性と暮らしていた。ルンバの踊り方を教えつつ、キューバ人軽量級ボクサー数人ほどのマネージャーを務め、その傍ら副業として、エンジニアのような仕事もしていた。私がニューヨークにいた一九七一年のある日の午後、ギフがイースト・サイドのバーで友だちと一緒に飲もうと誘ってきた。私が興味を示すとでも思ったのだろう。フィオリーニは背が高く、筋肉質で、ウェーブのかかった黒髪に整髪料をつけており、大きくて肉厚な手をしていた。彼が私と「この場にいるピンショー」に、ディーゼル燃料一五〇〇ガロン用の代金を工面するよう説き伏せていたときの様子は、まるでチンピラのようだった。その金で彼はキューバまで船で行き、数日間もめ事を起こし、おさらばしようというわけだ。私はギフをあわれに思った。ギフがカストロへ憎しみを向けることで工面した代金は、明らかにフィオリーニの懐に入るにち

がいなかったからだ。

フィオリーニがスタージスだとわかったので、私はウォーターゲートへの侵入事件が起きてから何週間も彼と会おうと――弁護士や連邦保安官を通じて――試みたが、うまくはいかなかった。

バーンスタインは八月一日付の記事で、ウォーターゲート事件の犯人が逮捕されたときに見つかった金の出所について、ついに明らかにした。それは、非常に重要な情報の端緒《ピース》だった。「女を探せ《シェルシェ・ラ・ファム》」というのは、調査報道に携わる記者には良いアドバイスである。「金の流れを追え」は、さらに良いアドバイスだ。カールはそのことが本能的にわかったので、ウォーターゲート侵入事件の捜査を独自に始めていた検事と話すためにマイアミに行かせてほしいと、われわれを口説き落とした。カールはマイアミ・リパブリック・ナショナル銀行に送金された、新札一〇〇ドル紙幣のシリアル番号を追跡していた捜査官マーティン・ダーディスを探し出した。侵入犯のうちにその銀行口座を持っていた者がいたのだろうか？

侵入犯の一人バーナード・バーカーが銀行口座を二つも持っているはずはなかった。ダーディスはバーカーの電話記録と銀行口座の情報開示を請求し、一九七二年四月に五枚の小切手、合計一一万四〇〇〇ドルがある口座に入金されていたことを突き止めた。そのうち四枚の小切手は合計八万九〇〇〇ドルで、メキシコの銀行からメキシコ人弁護士に振り出されていた。五枚目の二万五〇〇〇ドルの小切手は、さらに興味深いものだった。ダーディスは、それがケネス・H・ダールバーグという男からのものだとバーンスタインに示した。ワシントンにいたウッドワードは、ケネス・H・ダールバーグという名の人物を二人発見した。一人はボカラトン、もう一人はミネアポリスにいる。さらに少し調べると、二人は同一人物であることが判明した。数分後、ウッドワードはミネアポリスにいたダールバーグに電話していた。ダールバーグは二万五〇〇〇ドル分の小切手については何も知らないが、ニクソンの資金調達担当者として集めた資金はすべて「再選委員会に」引き渡したと話すと、電話を切った。

また別の、大当たり《ビンゴ》！

アメリカ大統領の資金調達担当者だと？　いったいどうして侵入犯の銀行口座に入金したのだろうか？

数分後、ダールバーグはウッドワードが実際に『ワシントン・ポスト』の記者かどうかを確かめるために電話を折り返してくると、より詳細を語った。ダールバーグは資金調達担当者として多額の現金をプールしており、その現金をフロリダの銀行で小切手に換えていた。彼がウッドワードに言うには、その小切手はモーリス・スタンズ大統領再選委員会財務部長に渡したそうだ。そして、それらの小切手がどのようにしてバーカーの銀行口座に入金された現金に変わったのかは、わからないという。*

これで、侵入犯の金の出所が大統領再選委員会であることがわかったのだ。

それは「三流のこそ泥」による侵入事件から、三ヵ月後のことだった（大統領選まで六週間を切っていた）。共和党による否認や反撃の声は日増しに大きくなっていったが、われわれは彼らが嘘をついていることを知っていた。そう知っていたからこそ――疑うのでもなく、推測するのでもなく、事実として――このネタに専念できたのだ。

ウッドワードとバーンスタインは大統領再選委員会の電話帳と住所録を入手すると、職員一人一人に電話をかけ始めた――それはきまって職員が勤務を終えた後で、五回、六回に上ることも少なくなかった。

間もなく、少なくとも職員の何人かが怯えていることがわかった。なかには、大統領再選委員会側の弁護士が記録をとらないということを条件に、FBIから事情聴取してほしいと求める者もいた。二人が取材した大統領再選委員会の職員で事情を話してくれるようになった一人が、財務担当者のヒュー・スローンだった。バリー・サスマン市報部長は、スローンが九月になって突然「協力的になった」と記憶している。いまや、われわれはウォーターゲート事件の記事にとりつかれたようになっていた。他紙、とくに『ロサンゼルス・タイムズ』は時折、新境地を開拓していた。けれども、『ワシントン・ポスト』こそがネタを掌中におさめており、そのネタこそが街の人々の心をとらえていた。キャサリン・グラハムが一日に二、三度市報部に出入りしては、毎日の記事の「決定版」を求めた。ほぼ毎晩、第一版の最新情報が待ちきれない政府内外の友人がわれわれの多くに電話をかけてきた。

とくに優れた記事が掲載された朝、弁護士でワシントンにおける内部関係者の重鎮でもあり、当時、その権力と影響力が絶頂にあったクラーク・クリフォードが私に電話をかけてきた。普段の三倍も低い声を響かせ、ワシントンの声を代弁しようとしたのだ。「ブラッドリーさん、ちょいとお伝えしときますよ。けさ目が覚めて、バスローブを羽織ってからスリッパを履き、のろのろ一階に下りて、玄関のドアをそっと開けると、新聞が来てました。お日様がもう輝いていて、すばらしい一日になるはずだったんですがね。天を仰いで、言いましたぞ。『やれやれ、『ワシントン・ポスト』とは』。

当初の反撃として、ホワイトハウス側はウォーターゲート侵入事件が「三流のこそ泥」の仕業だと一笑に付し、新聞社がこの事件に寄せる関心を「単なる政治的策動」にすぎない、とした。共和党全国委員会の委員長で、カンザス州の上院議員ボブ・ドールは『ワシントン・ポスト』をニクソン大統領に挑戦する民主党のジョージ・マクガヴァン候補の代理人だと非難し、闘犬《ピット・ブル》の役割を買って出た。ホワイトハウス報道官ロン・ジーグラーは夕方の定例会見ですべてを否定し、『ワシントン・ポスト』が行っているのは「卑劣なジャーナリズム」だとして、「激しい不快感」を示した。（ミネソタ州元下院議員クラーク・マクレガーがほどなく、ミッチェルの後任として大統領再選委員会委員長の座を引き継ぎ、われわれへの非難を一層強めるようになった。トニーの連れ子の友人として、マクレガーの娘ローリーがわが家に泊まっていたときでさえもその姿勢は変わらなかった。）

ニクソン大統領再選委員会ジョン・ミッチェル委員長は、独特の下品で性差別的なやり方で、早い段階に非難してきた。九月二九日——夜一一時三〇分——に、バーンスタインがミッチェルに電話をかけ、司法長官時代の「秘密資金」管理についてコメントを得ようとした。電話越しに記事を読み上げ始めると、ミッチェルは激高した。

「新聞に書かれていることなんてみんなたわごとだ。全部、否定されているんだ。新聞になんて載ったりしたら、ケイティ・グラハムの胸をどでかい布絞りにかけてやるぞ〔布絞りは布を上下にあるローラーの間に挟んで手回しで水を絞る機器。ケイのことを誤ってケイティと言い放っている〕。なんてことだ！　これまで聞いてきたことのなかで最もうんざりする……まったく、とんでもない事態にしてくれたもんだ。お前たちがエド・ウィリアムズや他の連中に報酬を支払い終えたら、すぐにでも、お前たちみんなのことを記事にしてやるからな」**。

ニクソン政権の閣僚のなかで、われわれとも親しくしている数少ない友人の一人、ピート・ピーターソン商務長官は、「彼ら」がどれだけ不快感を示し、われわれを潰そうとしているかを過小評価しすぎだ、と警告し続けていた。政権側がどんな選択肢を想定しているのかは、まったくわからなかった。テレビ放送免許権の取り消しか？　国税庁

＊　実はこの二万五〇〇〇ドルの小切手は、ミネソタ州にある穀物会社の重役ドウェイン・アンドレアスからダールバーグが現金で受け取った献金だった。アンドレアスは共和党にも民主党にも多額の献金をすることで知られていた。

＊＊　数ヵ月後、この出来事に感じ入ったある歯科矯正医が、歯車、ローラー、小さな取っ手のついた、小型で複雑な仕組みをした手回し式の布絞り器の模型を作り、キャサリン・グラハムに贈った。キャサリンは数日間、その贈り物を鎖にとおして身につけていた。バックウォルドはそれを見て地元の宝石商を丸め込み、縮尺通りに純銀の小さな乳房をつくらせてケイにプレゼントした。タブロイド紙が彼女の新しいアクセサリーのことを取り上げないようしまっておくことを私たちが説得するまで、ケイは数日間、職場で両方とも首にかけていた。

による監査か？　それとも、盗聴だろうか？

前司法長官の「胸を布絞りにかけてやるぞ」という発言をワシントン中が知るところになった頃、われわれはすでにカリフォルニアの若き弁護士ドナルド・セグレッティに関する記事に取りかかっていた。このセグレッティは、ハワード・ハントが提出した電話記録をＦＢＩ調査官が調査して最初に発見された人物である。ウォーターゲート侵入事件の一週間後、ＦＢＩはハントとセグレッティとの間に何らかのやりとりがあったことに気づいていた。だが、セグレッティと侵入事件自体とを結びつけられなかったため、彼のことは後回しにしていた。ウッドワードとバーンスタインは違っていた。セグレッティのことを後回しにはしなかったのである。

ウッドワードは市報部では途方もない情報源だと思われている「友人」から、ドナルド・セグレッティの情報をさらに得た。この「友人」とは、間もなく伝説となる〈ディープ・スロート〉と呼ばれた男だった。ウッドワードの情報源である人物をそう名づけたのは、ハワード・サイモンズ編集局長だった。「ディープ」は、彼が情報源としてウッドワードに情報を提供する際に使った「深層背景説明《ディープ・バックグラウンド》」という言葉から来ていることは確かで、「ディープ・スロート」は、畏るべきソドミスト、リンダ・ラヴレースが主演し、その年最も成功したポルノ映画の題名からおそらくとったのだろう。

九月中旬、ウッドワードはＦＢＩ捜査官が「ニクソンの選挙運動に携わる職員から、大統領再選委員会（ＣＲＰ）の高官たちがウォーターゲート事件で資金提供に関わっていたという情報を得た」という記事の草稿をディープ・スロートに読み聞かせた。ディープ・スロートはウッドワードにそんな記事では「生ぬるい」と告げ、言葉を足した。「もっと鋭く切り込めるはずだ」。

翌日ディープ・スロートは、大統領再選委員会では選挙対策副委員長のジェブ・スチュワート・マグルーダーとスケジュール管理責任者のバート・ポーター（ハーバート・Ｌ）の「両者がウォーターゲート事件に深く関与している」という情報を提供してきた。さらにこの二人が、元商務長官で現在は大統領再選委員会の財務部長であるモーリス・スタンズの金庫から、少なくとも五万ドルの不正工作資金を受けとったことを確認したという。その資金が合法的な目的のためには使われていないと彼が確信していることを、ウッドワードは知った。これは単なる主張ではなく、事実なのだ、とディープ・スロートは語った。

九月下旬、バーンスタインは政府の弁護士としか名乗らぬ男性から電話を受けた。彼は民主党に対する政治的妨害工作やスパイ行為の組織的活動について話すと、詳細についてはテネシー州司法次官補アレックス・シプリーに電話をするよう、提案した。シプリーはセグレッティと陸軍で同僚だったが、除隊したときセグレッティから選挙の妨害工作に加わるよう誘われたと語った。ウッドワードとバーンスタインはセグレッティのクレジットカード利用履歴の写しを何とか入手すると、セグレッティが全国を回り、民主党の予備選が行われる各都市で一、二日ほど滞在していたことを突き止めた。

九月末、大統領再選委員会のクラーク・マクレガー選挙対策委員長が、キャサリンと私に面会を「要求する」ことで、軽い圧力をかけてきた。彼が大げさに強調して「きわめて重要な」話だとだけ言ってきたので、二九日の朝に会うことにした。私はその面会前日の午後に偶然マクレガーに出くわしたのだが、彼はウッドワードとバーンスタインが秘書に「迷惑行為《ハラスメント》をしている」とくどくど言いはじめた。

約束の面会の一時間前になって、マクレガーの秘書が、お目にかかれなくなりましたと電話をかけてきた。私の書きとった通話メモによると、マクレガーは私との会話で「実質的に目的を達成して用件は済んだ」と感じておられます、とのことだった。

秘書に、こちらの用件は済んでおりませんと彼に伝えるよう頼むと、マクレガー本人が電話口に出てきた。私はどの秘書が、誰に、何をされたといっているのかと尋ねた。（バーンスタインのみが、職務の要請を超えた迷惑行為《ハラスメント》で訴えられていたことが判明する。）マクレガーによると、大統領再選委員会秘書のサリー・ハーモニーはある日の午後、体調が悪くなり帰宅した。すると、それを聞きつけたバーンスタインが彼女のアパートを訪ねてきて、「何度も中に入ろうとした」というではないか。別の秘書も、バーンスタインが自分のアパートのドアの前でいつも待っているのを目撃した。さらに、別の秘書はバーンスタインから頻繁に電話がかかってくるため、実家に戻って生活することを余儀なくされたという。

これもマクレガーから知ったのだが、バーンスタインはレンキスト判事の秘書を「たびたび昼食やカクテルなどに誘った」のだという。

私は「彼ら二人のどちらかについてでも、そんなお褒めのことばをいただいたのは久しぶりです」と彼に告げてから、彼らの給料をあげてやらなくてはとつぶやき、電話を切った。

一〇月九日、ウッドワードとディープ・スロートの密談はそれまでで最長時間に及んだが、そのやりとりは最も実り多いものの一つになった。

「ウォーターゲート事件の結び目をときほぐす方法はあるのだ」。ディープ・スロートが口火を切った。「……すべては「攻撃的安全保障……」という方向を指している。覚えておいてほしい。君は「FBIとともに」一五〇〇人を取材しているわけではないし、たった一度の侵入事件しか手にしていない、ということだ」。

ウッドワードは「誰が関わっているんですか?」と尋ねた。

「大統領とミッチェルだけが知っている」という不吉な答えが返ってきたが、詳しい説明はなかった。

「あの男［ミッチェル司法長官］はウォーターゲート事件後の一〇日間で、間違いなく何かを摑んだ。彼はまさしく病気だったのだが、部下、とくに、マーディアン［大統領再選委員会政策部長］とラルー［大統領再選委員会副委員長］がしでかしたことや、ホワイトハウスで起きたことのせいで破滅する羽目になったのだと、誰もが語っていた」。

「そしてミッチェルは「この件がすべて明るみに出れば、政権は破滅するかもしれない。つまり、文字通り破滅するのだ」と言っていた」。

「かれらは、工作活動を行っていた……それもイリノイ州、ニューヨーク州、ニューハンプシャー州、マサチューセッツ州、カリフォルニア州、テキサス州、フロリダ州、コロンビア特別区など、至るところで」と、ディープ・スロートは続けた。

「ハワード・ハントや漏洩防止工作についてはどうなんでしょう?」ウッドワードが尋ねた。

「その工作は新聞社への漏洩《リーク》を確認するためだけではなく、往々にして報道機関向けに情報をでっちあげるためでもあった。活動を行っていたのはコルソンとハントだ。あらゆる報道機関や報道人に仕掛けられた——ジャック・アンダーソン、エヴァンスとノバク〔いずれもコラムニスト〕、『ワシントン・ポスト』、『ニューヨーク・タイムズ』、『シカゴ・トリビューン』。イーグルトンの飲酒運転歴や病歴の件には、何らかの形でホワイトハウスとハントが関与していると、私のほうでは承知している。（マクガヴァンは副大統領候補でミズーリ州の上院議員、トーマス・イーグルトンがうつ病の治療を受けていたことが報道で明るみになった後、彼をお払い箱にした。）

ウィリアム・ローブが発行する右派新聞『マンチェスター（ニューハンプシャー州）・ユニオン＝リーダー』に掲載された「編集者への手紙」〔読者からの投書〕は、大統領候補エド・マスキーが「カナック」という言葉を使うことで、フランス系カナダ人への民族的中傷を容認していると非難した。それは「カナック・レター」として知られるようになり、ディープ・スロートからはこう告げられた。「この件はホワイトハウスによる工作——つまり、ホワイトハウスと行政府ビルの内側で行われたものだ。これで、十分かな?」。

まだです。ウッドワードはさらに要求した。

「いいだろう。これは非常に深刻だ。ホワイトハウスと大統領再選委員会のために五〇名もの人間――いや、それ以上の人間が――策略やスパイ活動、妨害工作に携わっていたと言っても過言ではない」。

ウッドワードは「盗聴、尾行、報道機関に対する虚偽の漏洩、偽造文書、選挙集会中止の情報、選挙運動員の私生活に関する調査、潜入スパイ、文書の持ち出し、潜入工作員」などが記されたリストを手にして、その場を後にした。

多くの人たちは、当時も――そして何年もが経った今でさえ――『ワシントン・ポスト』がいったいどんなふうに、アメリカ大統領、司法長官やH・R・ホールドマン、ジョン・アーリックマン、チャールズ・コルソンなどといった最上位の大統領補佐官たちが一貫して否定したことを敢然と乗り越え、ウッドワードやバーンスタイン、それにディープ・スロートの「信念を貫く」ことができたのか疑問に思っていた。答えはそれほど複雑ではない。少しずつ、週を追うごとに、情報を耳にしていったんその裏を取り、また裏を取ってその情報が正しいことがわかってくる。裏を取り終わるやいなや、ホワイトハウスが出す情報が間違っていたことが徐々に実感されてくる。大統領や政権の大物たちは皆、嘘をついていたのである。

数時間後、ウッドワードは社内で自分のメモをまとめ直していた。われわれは三本の記事について、次のようにおおまかな計画を立てていた。

・ウッドスタイン〔ウッドワードとバーンスタインのこと〕による特集記事。ホワイトハウスと大統領再選委員会の五〇人の職員によるスパイ行為と妨害工作の組織的活動に関するもの。おそらく、翌日の一面トップを飾るだろう。
・バーンスタインによる補足記事。選ばれた「敵」に汚い手を使うよう雇われたカリフォルニアの弁護士ドナルド・セグレッティに関するもの。
・ウッドワードによる補足記事。

社内は普段と変わりなく、まだ午前一〇時にもなっていなかったが、これらすべてが変わろうとしているところだった。

マリリン・バーガーは『ワシントン・ポスト』で、外交問題を徹底的、かつ巧みに報じていた。マリリンは魅力的な独身女性で、優れたジャーナリストならすべてそうであるように、何であれ、その日の大きな記事に関わることを好んでいた。バーンスタインは机にある鉛筆をすべて削り、トイレも三度済ませてカナック・レターの記事を書く準備を整え、冷水器のところにいた。すると、マリリンが彼の側へやって来て、「バーンスタインとウッドワード」はカナック・レターについて知っているのか、さりげなく尋ねた。これは、気になる質問だった。なぜなら、ウッドワードは今朝六時にカナック・レターのことを知ったばかりで、午前九時になるまでバーンスタインにもそのことを話していなかったからだ。

バーンスタインは「それは、どういうことかな？」とぎこちないながらも、平静を装うようにして尋ねた。

「カナック・レターはね、ケン・クローソンが書いたんですって」と、バーガーが唐突にいった。それは数週間前のある晩、クローソンがマリリンのアパートで一杯やりながら語ったことだとわかった。これは大ニュースだった。まず、数時間前にディープ・スロートが話した爆弾発言の一部の裏がとれたからだ。次に、クローソンはニクソン政権のスタッフに加わる少し前まで『ワシントン・ポスト』で働いており、ミッチェル司法長官と司法省を担当していたからである。続く八時間、クローソンは自分が徐々に窮地に陥っていくことを知る。クローソン自らがニューハンプシャー州の新聞『マンチェスター・ユニオン＝リーダー』に偽の投書《レター》を書き、民主党の大統領候補エド・マスキーを選挙戦から蹴落としたことに一役買ったと『ワシントン・ポスト』の記者に話したことを、『ワシントン・ポスト』が書こうとしていると気づいたからだ。

クローソンは、否定してもその事実が『ワシントン・ポスト』に載るとわかっていたが、それよりも、偽の投書《レター》を書いたことを認めた場所が触れられることのほうを心配しているようだった〔クローソンには妻子がいたため、女性のアパートにいたことを伏せたかった〕。クローソンは午後の大半を電話に費やした――バーガー、ウッドワード、バーンスタイン、私への電話で。クローソンは私にはっきりと、自分がバーガーのアパートにいたとは書かないでほしい、と頼み込んできた。その記事にとって場所はまったく重要ではなかったものの、クローソンからすべて聞き出すまでは彼を逃すつもりはなかった。

その日の午後遅く（六時過ぎ）、われわれは三本の記事を、骨は折れるけれども大きな一本にしようと決断した。ウォーターゲート事件に関する重要な記事は、午後遅くにならないとまとまらないことが多々あった。私はハワード・サイモンズと互いに賭けをしていて、自宅へ帰る八時頃になるとウッドワードかバーンスタインがひょっこりやってきては、「かなり良さそうな記事を持ってきたんですが」などと言い出すのではないかと予想していたものだ。

一〇月に二人が持ってきた「かなり良い」記事のうちの最高作だった一つは、ウォーターゲート事件の陰謀の全容について初めて報じた概要で、違法行為のさまざまなやり方を明らかにしたものだった。それは一九七二年一〇月一〇日、『ワシントン・ポスト』に掲載された。

ウォーターゲート盗聴事件はニクソン大統領の再選を目的として、ホワイトハウスや大統領再選委員会高官の先導のもと、大規模な政治的スパイ行為と妨害工作の組織的運動に起因するものであると、ＦＢＩ捜査官が明らかにした。

　ＦＢＩと司法省の資料からの情報によれば、活動は主要な民主党の大統領全候補者を標的とし、一九七一年以来、再選運動での基本戦略とされてきた。

　ウォーターゲート事件の捜査中に、ニクソンの選挙献金から拠出された数十万ドルが大規模な秘密工作資金として確保されていたことも判明した。それらは、民主党大統領候補の評判を貶め、選挙運動を妨害するために使用されたのである。

　「諜報活動」は選挙中には一般的な手法で、両政党が行っているとされている。ところが、ＦＢＩ捜査官によると、ニクソン側の仕掛けた工作は、その範囲と度合いが前例のないものだという。


次の二段落には、その汚い手口が詳細にわたって描かれている。

> 民主党候補者の家族を尾行し、私生活に関する調査報告書を作成する。候補者名入りの便箋を用いて手紙を偽造し、配布する。虚偽および捏造した情報を報道機関へ流出《リーク》し、選挙日程を混乱に陥れる。選挙戦に関する機密書類を押収し、選挙運動員数十名の私生活に関する調査を実施する。
> 　さらに、これらの組織的運動には、共和党および民主党の党大会でデモを実施すると予想される団体内部に誘導工作員を潜入させることや、ニクソン陣営への献金を募る前に、寄付金が見込める人たちを調査することも含まれていたと、捜査官は語った。

記事には、その後一〇段落にわたって、カナック・レターのことが書かれている。ホワイトハウスのスタッフであるケン・クローソンは、大統領候補のエド・マスキーに政治的致命傷を負わせることになったカナック・レターを自分が書いたとマリリン・バーガーに話したが、現在はそれを否定している。ドナルド・セグレッティやその汚い手口について、ニクソン陣営側から少なくとも五〇人の秘密工作員が民主党の選挙戦を妨害し、スパイ行為をしようと国内中を飛び回って関与していた話が登場するのは、この記事が（六五段落中の）一九段落目で中面に移るところだった。

　ホワイトハウスはこの記事を「馬鹿げた話の寄せ集め」

だと言い放った。ところが、『ニューヨーク・タイムズ』は自社の一面に『ワシントン・ポスト』を主に引用した記事を掲載した。新聞の仕事には非常に多くのやりがいがあるが、その最たるものの一つは、競合紙の一面に自社記事が引用されているのを読むことである。

一〇月一五日、バーンスタインとウッドワード（われわれは署名欄の氏名の順序を入れ替えた）は、ニクソンの面会担当秘書官ドワイト・チェーピンとホワイトハウス元補佐官ドナルド・H・セグレッティが、ホワイトハウスのスパイ活動と妨害工作にとって不可欠な人物だったと明らかにした。

一〇月二四日、われわれのウォーターゲート報道体制《マシン》のヒューズが飛んだ。われわれは金の流れを追って、ホワイトハウスの奥深くまで、そして、その上層部にまで資金に関わりがあることを突き止めた。大統領の面会担当秘書官ドワイト・チェーピンのところまでは金の流れを追うことができていたが、ホールドマンやアーリックマン、あるいは大統領自身にまではまだたどりつけていなかった。大統領再選委員会財務担当者のヒュー・スローンは、ウッドワードとバーンスタインに、五人の男たちがホワイトハウスの秘密資金を管理し、すべての政治的妨害工作や賄賂に使用していたことを認めた。一〇月二三日、スローンに会った時点で、ウッドワードとバーンスタインはその五人の男のうち四人までは誰なのかを知っていた。すなわち、ジェブ・マグルーダー、モーリス・スタンズ、ジョン・ミッチェル、そして、ニクソン大統領の個人弁護士ハーバート・カームバックである。二人はボブ・ホールドマンが五人目だと疑っていたが、裏はとれていなかった。スローンは自ら進んで情報を提供しようとはしなかった。五人目はアーリックマンですか？　いや、違う。コルソンでしょうか？　違う。それでは、大統領ご自身でしょうか？　いや、そうではない。じゃあ、ホールドマンということになりますよね。質問はしたが、確認を求めることはしなかった。

後に、ウッドワードとバーンスタインは著書『大統領の陰謀』のなかでこのときのやりとりを振り返り、スローンが「では、このようにお答えしよう。そのような記事が書かれたとしても、私には問題ない」と言ったとしている。それは、正しいと認めるということでしょうか？　ウッドワードが尋ねた。スローンはついに、そうだと言った。

ウッドワードは、スローンの「そうだ」という返事には、彼がFBI捜査官や大陪審の証言で、秘密資金を管理していた五人の男のうちの一人に、ホールドマンの名前を挙げていた事実が言外に含まれている、と感じた。

これで、情報源が一つ確定した。ディープ・スロートも一つの情報源だが、その話を引用することはできないため、この重要な報道《ストーリー》については、少なくともあと一つ情報源が必要だった。そして、このことこそが、問題を引き起こしたところだった。バーンスタインは内線で通話を聞いているウッドワードとともに、あるFBI捜査官からFBIが「秘密資金の管理に関連してホールドマンの名前を聞き出した」ことと、「そのホールドマンの名前が大陪審の証言でも出てきた」ことを確認した。バーンスタインが、ホールドマンが秘密資金の管理をしていた五人目の男なのかと尋ねると、その捜査官は「ああ、ホールドマン、ジョン・ホールドマンだ」と答えた。

もちろん、それは「混同」しただけだった。ホールドマンは、ボブという名だ。ジョンという名ならアーリックマンだが、アーリックマンの名はすでに否定されていた。カールは捜査官に電話をかけ直したが、その捜査官は下の名前が思い出せないといった。くだんの男の氏名はボブ・ホールドマンだった。若い記者たちは、記事を書く準備万端だった。

ニクソン大統領にせまりゆくにつれ、私はますます用心深くなっていった。今回は、サイモンズ、サスマンやローゼンフェルドとともに検察官のごとく、ウッドワードとバーンスタインに対して各情報源にはどんな質問をして、どのような返答があったのか、一般的な意味ではなく正確な言葉で一言一句違わず伝えるよう求めた。それから、私はようやくこう言った。「これでいこう」。それは一九七二年一〇月二四日のことで、一〇月二五日に発行される記事に向けてのものだった。

一方、バーンスタインは植字室で記事が組まれている最中にも、四番目の情報源を追い求めて、ジャーナリズム史上新しい――そして思いもよらない――領域を切り開く仕掛けを思いついた。しかも、タイミングを間違えば、非常に面倒なことに巻き込まれるかもしれない代物だった。バーンスタインはもう一つの情報源として、司法省のある弁護士に電話で接触を試みた。その弁護士は、協力したいのはやまやまだが、それはできない相談だと言った。バーンスタインは当該の記事を読み上げてから、こう告げた。これから一〇まで数えます。記事に間違いがなければ、電話を切らないでください。記事が間違っていれば、一〇まで数え終える前に、電話を切るなりなんなりしてください。

バーンスタインが一〇まで数え終わってからも、弁護士は電話口にいた。〔この話をきいて〕頭に浮かんだのは、シャーロック・ホームズの吠えなかった犬に関する話〔コナン・ドイル『白銀号事件』に出てくる犬のこと〕だけだった。電話を切らなかった弁護士、というわけだ。

翌朝の「CBSモーニング・ニュース」で、とんでもない事態を目にした。特派員ダン・ショアがヒュー・スローンとその弁護士の前にマイクを突き出していた光景には、ずっと恐怖を感じていた。弁護士は次のように明確に否定した。「スローン氏は大陪審で、ホールドマンが秘密資金を管理していたとは証言しておりません」。

私がどのように感じたのかは、誰にも想像できないだろう。われわれは歴史的にも重大な政治的隠蔽工作に立ち向かい、五〇本以上の記事を書き上げた。だが、重大な間違いを犯したことはなかった。一度たりともだ。社主〔キャサリン・グラハム〕がどんな時にでもわれわれを支え、大きな圧力にも耐えて味方になってくれた。彼女の敵だけでなく、友人たちからの圧力に対しても。それがいまや、この事態である。

その日はずっと否定の声明が、大砲の砲弾が飛んでくるようにわれわれの周りで次々と炸裂した。スローンを皮切りに、ロン・ジーグラーやクラーク・マクレガー、気のいいボブ・ドールまでもが続々と否定した。このうちのいくつかは厳密な解釈に則ったもので、重箱の隅をつつくようなものに思えた。しかし、それが否定のように見え、否定のような気配がし、否定のように読まれたのなら、読者にとっては否定なのだ。『シカゴ・トリビューン』、『フィラデルフィア・インクワイアラー』、『デンバー・ポスト』、『ミネアポリス・トリビューン』などの主要紙はホールドマンの秘密資金管理について、ホワイトハウス側のさまざまな否定を大々的に報じた。

バーンスタインとウッドワードは私の繰り言にしっぽを巻くと、何が誤りだったのかを突き止める長い旅に出た。私は腹立たしかった……二人にも、自分に対しても。ばかげた案だったから、しっかり手綱をにぎっておくべきだったのだ。初めからずっと、勝利が何かもわからぬまま、「勝ちたい」と思ってきた。ただし、失敗が許されないことは最初からわかっていた。それなのに今、失敗を犯してしまったのだ。次にやるべきことは、どこで道を誤ったのかを解明した上で、元の道に戻る方法を見つけだすことだった。

投票日まで一ヵ月を切り、ニクソン政権下のホワイトハウスでは、最大級の防衛策を講じていた。われわれの「誤った記事」が一面に掲載される前夜、ボルチモアで共和党全国委員会ボブ・ドール委員長が演説した際、実に五七回も『ワシントン・ポスト』について批判的に言及した。

このたびの選挙戦における最大の政治的スキャンダルは、『ワシントン・ポスト』が身勝手な判断でマクガヴァン陣営と関係を持ったという恥知らずなやり口にあります。マクガヴァンは選挙戦で敗れようとする数週間前、アメリカ政治における、最も大規模なジャーナリズムの救援・救助活動で利益を受けた人物となったのです。

『ワシントン・ポスト』の客観性や信頼性に対する評価がすっかり下がったため、ニューヨーク証券取引所からその姿がほぼ消えようとしています。

マクガヴァン陣営と『ワシントン・ポスト』の役員や編集幹部との間には、文化的、社会的な類似点があります。彼らは同じエリート集団に属しています。ですから、同じ高級住宅街でくっつき合って生活し、ジョージタウンの同じパーティーで親しく付き合っているのを目にすることができるでしょう……

私が政界入りしたその日から、政治的に煽ってくる職業〔報道機関のことと思われる〕の常套手段であるいかさまと、ウォーターゲートで起きた侵入事件のように違法で非道徳的な出来事とを故意にないまぜにしているのは、『ワシントン・ポスト』だけであります。

さて、昔からケネディの太鼓持ちであるブラッドリー氏は、ご自分の見解をもつ権利があります。しかし、ブラッドリー氏が自身の新聞をマクガヴァン陣営の政治的な道具として用いることを容認し、取るに足りないマクガヴァンの代理人としてアメリカ中を巡るのであれば、彼と『ワシントン・ポスト』はそれ相応の処遇を必ず受けることを当然覚悟していなくてはなりません。

共和党はジョージ・マクガヴァンとその中傷仲間の『ワシントン・ポスト』による、事実無根で根も葉もない主張を数多く受けつづけてきた被害者だったのです。

ジーグラーは、『ワシントン・ポスト』の記事が「伝聞やほのめかし、根拠のない推論に基づいていました……ウォーターゲート事件が発覚して以来、世間の人々はホワイトハウスとこの事件を結びつけようとしてきましたが、それは証明されませんでした……なぜなら、関連性などそこには存在しないからです」と述べた。ミッチェルからニクソン再選委員会の委員長の座を引き継いだクラーク・マクレガーも記者会見で質疑応答には応じず、次のように述べた。「『ワシントン・ポスト』の信頼性は、今日、ジョージ・マクガヴァンのそれよりも一層地に落ちています。『ワシントン・ポスト』は、ほのめかし、第三者からの伝聞、根拠のない告発、匿名から得た情報や脅威を与えるような大見出しなどを用い、悪意をもって、ホワイトハウスとウォーターゲート事件の間には直接関係があるように見せかけようとしました——この容疑は幾度か実施された調査の結果、誤りであると判明し、そのことを『ワシントン・ポスト』も承知している。『ワシントン・ポスト』の連載の大きな特徴とは、偽善なのです」。

われわれには幸いなことに、一〇月二六日の午後に行われたホワイトハウスの記者会見で、ヘンリー・キッシンジャーが「ベトナムとの和平が訪れようとしている」と発表した。このおかげで報道機関とニクソン陣営がそちらに注力したため、われわれは一息いれることができた。そして、スローンの弁護士ジェームズ・ストーナーと長時間の打ち合わせをすませ、さらに数日間探りをいれてみたところ、（ウォルター・リップマンが随分前にそうなると予期していたように）真実が浮上してきた。つまり、弁を弄してすべて否定したにもかかわらず、ホールドマンが秘密資金を管理していたのだ。ところが、スローンは大陪審の前でそのことを証言していなかった。というのも、陪審員がホールドマンの資金管理について尋ねなかったので、彼が資金に関わったことに何も言及しなかったのである。

スローンは後に、「われわれの否定は、きわめて限定的だった」と語った。それなら、こちらにはどうすることもできない。だが、そのせいで、われわれはかつて感じたことのないような苦痛を覚えさせられたのだ。

すでに、セグレッティがニクソンの面会担当秘書官ドワイト・チェーピンやニクソンの個人弁護士ハーバート・カームバックらと結びつきがあることを知っていたため、彼らに圧力をかけ続けていた。しかし、われわれはますます、ドール、マクレガー、ジーグラーや報道機関などの標的にされ、世の中で孤立無援だった。数社を例外として（『タイム』、『ロサンゼルス・タイムズ』や『ニューヨーク・タイムズ』などだが、この時期にこの件を取り上げることはごく稀だった）、報道各社はニクソンとマクガヴァンの選挙戦を取材することに重点を置き、われわれを放っておくことにしたようだった。ある編集者など「君らが何を見つけ出せるか、見ものだな」と私に言った。これには、ひどく落胆した。

一〇月中旬のこと、ニューズウィーク時代からの旧友でCBSの副社長兼取締役ゴードン・マニングから、朗報の電話が届いた。

「ブラッドリー、君は私がいないと何もできなかったんだったよな」と、マニングが切り出した。「この件では、君を守ってやろう。私と〔ウォルター・〕クロンカイトが「イブニング・ニュース」で、ウォーターゲート事件に関する長編特集を二夜連続で放送する許可をCBSにもらったんだ。君を有名にしてやろう」。

それは、良い知らせだった。テレビでは概してウォーターゲート事件には対応できていなかったので、この件に対する全国的な認知度も低くて停滞していたからである。それは、おそらくダン・ラザー〔CBSニュースのホワイトハウス特派員〕とニクソンが記者会見の場で大声でやりあうところを除くと、五ヵ月後に開かれようという上院公聴会まで、ニュースで流せるような映像がなかったからだろう。

「一つだけ、頼みがあるんだ」と、マニングが続けた。「証拠文書を渡してほしい。こちらは何も持ってないからね」。

「ゴードン、文書なんてものはないんだよ」。私は言った。「まさかと思うかもしれない。もちろん、協力するつもりだし、情報もつかんでいる。だが、複写した写真や文書などは一切もっていないんだ」。

「冗談だろ、ベニー。こちらで君の名を上げてやるし、君たちにもこちらが必要だ。何しろ、君らは世間では孤立無援なんだぞ」。

それは私にも十分わかっていたが、マニングは信じようとしなかった。その代わりに、やり手のプロデューサーを送り込んできて、われわれの知っていることや疑わしく思っていることの大部分を聞き出させた。ともあれようやく、マニングはウォルター〔・クロンカイト〕が入手できる証拠文書は存在しないことに納得した。

ついにその特集が放送されると（一〇月二七日には一四分、翌日の晩には八分）、『ワシントン・ポスト』、政治家たち（有権者ではないにせよ）、ワシントン外の報道編集室など、あらゆるところに強い影響を及ぼした。アメリカ国民には最も信頼されているテレビ界の権威、ウォルター・クロンカイト〔「アメリカの良心」とも呼ばれたアンカーマン（ニュースキャスター）〕がどういうわけか、番組内で特集に多くの時間を割いて、ウォーターゲート事件の記事のことを賞賛してくれた。証拠文書がなかったため、「視覚的思考」の持ち主であるゴードン・マニングとCBSは『ワシントン・ポスト』のロゴマークや一面記事を大きく引き伸ばして、使わざるをえなかった。われわれは感激した。新境地が切り開かれたわけではなかったが、その特集でもって、『ワシントン・ポスト』の報じてきた記事の数々が正当なものだということが人々の心に印象づけられたのだ。この件で、われわれ全員の士気は大いに高まった。

一九七二年一一月七日、リチャード・ニクソンがアメリカ史上でも最大級の得票差をつけて再選された。ニクソンは投票総数の六〇パーセント以上を獲得し、マサチューセッツ州を除くすべての州で、歴史的圧勝を収めた。二期目の初仕事の一つが、『ワシントン・ポスト』への報復だった……そのほとんどは取るに足らないものだったが、どれもどことなく脅威に感じるものだった。

大統領選後、チャック・コルソンは——最終的に刑務所に入る原因となったあらゆる司法妨害を実施している最中だった——ニューイングランド地方〔アメリカ北東部の六州をさす〕の新聞各社の編集者を前に、内容そのものが虚偽と不正行為全般の記念碑となるような講演を行った。たとえば、

ベン・ブラッドリーはいまやご自身のことを、かつてボストンのテディ・ホワイトが描写した「アメリカのジャーナリズムの健全な主流派に、特異な世界観で

影響を与える尊大なエリートたちのごく小さな一派」のリーダーだと思っておられる。

　ブラッドリーが、ジョージタウンのさまざまなカクテルパーティーでお仲間とともに又聞きの情報や醜聞《ゴシップ》、噂話などを肴にすることから一度でも離れたなら、真のアメリカというものを発見なさるかもしれない。そして、あらゆる真実や知識、優れた見識というものはジョージタウンのほんのちっぽけな一派だけから発信されるのではないし、残りの国民も何を考えるべきか聞かされるのをただじっと待っているだけではないことを知るかもしれない……

　独自調査が政府内で実施されたが、内部にはいかなる形でもウォーターゲート事件に関与した者がいない、というFBIの調査結果を裏付けるものだった。

『ワシントン・スター＝ニューズ』の記者はチャック・コルソンから、政権が『ワシントン・ポスト』を葬り去るだろうという見通しを告げられていた。当時コルソンは、他の記者たちに「パンかごをもってきたら、一杯にしてやろう」と語ったという。ウォーターゲート事件の報道を日々担当していたバリー・サスマン市報部長がそう話していた。案の定、ニクソン二期目初の独占インタビューは『ワシントン・スター＝ニューズ』のガーネット・ホーナーが行うことになった。ニクソンはインタビューのなかで非難するような発言はしなかったが、見ていたわれわれには警告だとわかった。政府関係者のなかには、担当中の仕事の動きを『ワシントン・ポスト』の記者に知らせるのをやめた者もいた。『ワシントン・ポスト』で最も名高い――皆に愛されている――記者の一人、ドロシー・マッカードルは、『フィラデルフィア・インクワイアラー』でリンドバーグ誘拐事件を報じた、六八歳で孫もいる白髪の女性である。彼女はホワイトハウスのあらゆる社交行事すべての情報源である東棟《イースト・ウイング》を担当していたが、政府提供の資料を甘受するよりも直接取材する機会を得られるあらゆる代表取材《プール》から、組織的に締め出された。後に『ワシントン・スター＝ニューズ』が、マッカードルに対する報復の道具に使われるくらいなら、社交行事への参加をボイコットすると社説で述べると、彼女を締め出したことが実際の攻撃《ブーメラン》としてホワイトハウスに跳ね返ってきた。

　その裏では、とはいえ『ワシントン・ポスト』の関係者には数ヵ月後まで知る由もなかったのだが、ニクソン自身やホールドマンらは、『ワシントン・ポスト』に対して強硬な報復を企てていた。大統領選後の大統領と側近による会話記録によると、『ワシントン・ポスト』はテレビ局放映権の免許更新の際に「最悪な問題」を抱えることになる、というわけだ。

はたせるかな、そのようになった。当時連邦通信委員会（FCC）では、三年ごとにテレビ局放映権の認可を更新することを義務づけていた。一九七三年一月までにアメリカの全テレビ局のうちで棄却の答申を受けたのは四件だけだった。そのうち三件は、フロリダ州ジャクソンヴィルにワシントン・ポスト社が所有するWJXT〔アメリカの独立系テレビ局。一九五三年にワシントン・ポスト社に買収されるまでCBSの関連会社〕で、あとの一件は、マイアミにワシントン・ポスト社が所有するWPLG〔アメリカのテレビ局で、チャンネル10〕だった。少なくとも、この棄却の答申のうち二件には、ニクソンの再選運動へ積極的に関与した人々が関係していた。そして、大統領再選委員会の顧問弁護士J・グレン・セダムは実際にジャクソンヴィルへ行き、実業界の首脳陣と棄却の答申方法について話し合ったのだ。*

一〇月二五日の「失敗」直後、ウッドワード、バーンスタイン、そして残りの皆は話をしてくれる者も見つけられず、ネタの匂いをかぎつけることもできないブラックホールの中に吸い込まれてしまった。私はローゼンフェルドとサスマンに、ウッドワードとバーンスタインが何か思いつくまではおとなしくさせているように提案した。しかし、それは失敗に終わった。同じ頃、共和党や同業者のジャーナリストの何人かが皆にこう言っていたのだ。「おわかりでしょう？　選挙が終わったとたん、『ワシントン・ポスト』には新しいネタが何も載らなくなったではありませんか。すべてに政治的なものがからんでいるんです。言った通りでしょう」と。

一九七二年一一月末、ウッドワードとバーンスタインが私の知識や助けを借りて、ウォーターゲート事件へ召集された大陪審員に接触しようとした事件については、いろいろと取りざたされている。われわれが皆、ウォーターゲート事件の報道で新境地を切り開けなかったことに加えて、ニクソンが圧倒的な勝利で再選したことに影響を受けていたことは確かだ。

弁護士からは、大陪審員が記者に声をかけることはおそらく違法だが、その意味するところが何であるにせよ、記者が大陪審員に声をかけること「自体は」違法ではないといわれていた。そして、ニクソン政権下の司法省が大陪審には何らかの証拠を提示していない、ということは確認済みだった。ニクソン政権が隠蔽している範囲や、いかなる政権も真実を隠す手段を持っていることを考えると、われわれは同じ土俵には立っていないと感じていた。重要な証拠が大陪審に提出されていないのならば、そこにあるとわ

* ワシントン・ポスト社の弁護士は、各棄却の答申に対抗するには、裁判費用と視聴者調査で約一〇〇万ドルはかかると見積もった。

かっている真実に到達できる可能性はないと思った。

大陪審にまつわるエピソードは、『ワシントン・ポスト』の記者ベン・ケイソンがヴァージニア州北部の自宅でごみ箱を空にしていたときに、隣人もごみ箱をちょうど空にしていたことから始まった。隣人はケイソンに自分のおばが大陪審に参加しているが、ウォーターゲート事件のものだと思うと話した。こちらにとって好都合なことに――彼のおばは共和党員で、リチャード・ニクソンが嫌いだった。

われわれは弁護士と会議をした。エド・ウィリアムズはウッドワードとバーンスタインがその陪審員の女性と話すことは可能であると――気乗りしない様子で――同意した。だが、その女性が話をしたいかどうか、それとなく尋ねるだけにとどめるよう、細心の注意を促した。私は二人に自分たちが『ワシントン・ポスト』の記者だと身分を明かすようにと言い、バーンスタインには慎重になるよう促した。二人が女性を訪ねに行ってから、皆電話のところに釘付けになっていた……ところが、その女性は不在だった。翌朝、二人が玄関のベルを鳴らし、身分を名乗ると、中に招き入れられた。二人は大陪審については触れなかったが、さりげなくウォーターゲート事件について、いくつか質問した。ウッドワードは、返事がこのように返ってきたとしている。「なんだかゴタゴタしているけど、新聞で読んだ以外のことは知らないんですよ」。

確かにこの女性は大陪審員だったが、ウォーターゲート事件ではなく、別件を担当していたのだ。

翌朝、ウッドワードは連邦地方裁判所の職員を説得して、何も書き写さないと約束してから、公判陪審員と大陪審員のリストの原本を見せてもらった。ウッドワードは苦労しながらファイルの引き出しを漁り、その夏の初めに宣誓された二つの大陪審に携わっている陪審員のリストを見つけた。それから陪審員長が東欧系の名前だったことを思い出すと、ふさわしい大陪審のリストを選んだ。彼の目の前には小さなオレンジ色のカードが二三枚あり、そこにはウォーターゲート事件の大陪審員の氏名、年齢、職業、住所、電話番号などがそれぞれ記載されていた。一五フィート〔約四・五メートル〕ほど離れたところに座っている職員は、ウッドワードへ疑わしげな目をずっと向けたままだった。

ボブ・ウッドワードは、このリスト全体を丸暗記した。最初の約一〇分で四人分を覚えてから男子トイレに少し立ち寄り、ノートにその名を書き写した。次のときには五枚のカードを暗記して、職員に主席判事がいる部屋への行き方を尋ねた。先ほどとは別の男子トイレで、五人分の氏名、住所、年齢、電話番号などを書きとめた。三度目に戻り――一四人分の名前を暗記するためだったが、職員の疑念をかわすのが大分難しくなってきた――六人分のカードを記憶し、架空の昼休みの間に戻ってその内容を書き写し、残り八人分の情報を入手した……わずか四五分で。

相当苦労して手に入れた情報だったが、実を結ぶことはなかった。ウッドワードとバーンスタインは、大陪審員二三人のうち話をしてくれるかもしれない人を推測し、「五、六人ほど」に接触したという。そのうちの一人は、自分の人生ではかねてより秘密を守ると心に決めていることが二つあり、一つはエルク慈善保護会に関すること、もう一つは大陪審に関することで、どちらの禁も破るつもりはないとウッドワードとバーンスタインに語った。しかし、大陪審員数名が月曜日の早朝にジョン・J・シリカ判事へ『ワシントン・ポスト』から接触があったことを伝えたため、こちら側が窮地に陥った。厳しい判決で知られる〝最高刑《マキシマム》のジョン〟・シリカから「おたくの記者にはひどく腹を立てている」と連絡があったと、エド・ウィリアムズがわれわれに伝えた。しかし、大陪審員が記者たちには何一つ情報を漏らさなかったため、検察官がいかなる法的措置も取らぬよう勧告した後、シリカは判事席から厳しい説諭を与えることで事態を収めた。シリカはウッドワードとバーンスタインを法廷に呼んで最前列に座らせるべきだと主張したが、判事席から説諭したときには、二人に人定質問すらしなかった。

『大統領の陰謀』のなかで、ウッドワードとバーンスタインはこのエピソードを自分たちの人生で「違法行為めいた冒険」とか「下手な茶番劇」として、思い返している。この著書でウッドワード自身は「記者自身が正しく安全な側に立ちながら、誰かをそそのかして違法行為をさせることが正当化できるか」を疑問に思う、と述べていた。バーンスタインは「市民的不服従を選択することを漠然と支持する」人物であり、「抽象的な法律違反は気にかけなかった」と描写されていた。二人は「問題はどの法律かであり、大陪審の手続きは不可侵なものであるべきだと信じていた」と述べている。

私の見解はそうではない。それが違法ではないことを告げられたのち、一切嘘をつくことなく、自分たちの身元を明らかにすることを主張したあとでなら、試してみる価値があると思ったのを覚えている。同じ状況なら、再びやるだろう。非常に危険な賭けだった。

だが、年明けにウォーターゲート事件の五人の侵入犯に加え、ハントと、変わり者で狂信者のゴードン・リディに対する裁判が開始された。元FBI捜査官リディはジョン・アーリックマンのスタッフとして働いた経歴があり、政権の不正工作を非公式で、専門に行っていた。ハントとマイアミ出身の侵入犯四名は開廷する前に罪を認め、陪審はリディとマッコードを有罪とした。われわれは仕事に戻っていたが、裁判は全国ニュースになっていたので、『ワシントン・ポスト』は孤立していたわけではなかった。むしろ、裁判の閉廷前に、かつてソンミ村虐殺事件*をいち早く報じ、いまや『ニューヨーク・タイムズ』に勤務していたシーモア・ハーシュが、表向きはニクソン大統領再選のために集められた資金が被告人たちの口止め料として支払われたと詳細に説明した記事を、われわれや世間に華々しくもたらしてくれたのだった。

私はどのような記事でも誰かに先を越されるのは大嫌いだが、戦友ハーシュによるこの記事だけは別だった——再び、先を越されることがないのであれば。なぜなら、政権による司法妨害を主張するのは『ワシントン・ポスト』だけでないことを意味したからだ。

判決は三月下旬に予定されていた。ようやくその日が来たとき、ウォーターゲート事件が葬り去られることは決してないこと、リチャード・ニクソンが自らの関与ゆえに恐ろしい代償を払うはめになることを、二人の男が確固たるものにした。その男たちとは、ジョン・シリカ判事とジェームズ・W・マッコード・ジュニアである。一九七三年三月二三日、金曜日のことだった。法廷が混雑する中、シリカ判事がある記者に、君らにお楽しみ《サプライズ》を用意したよ、とささやいていた。シリカ判事には「元ボクサーの」という形容詞がいつもついて回った。六九歳で、小柄ながらも好戦的で、顔は知っているがどのような面立ちだったか思い出せないような顔立ちをしていた。連邦地裁の主席判事として、ウォーターゲート事件を自身で担当することにしたのは、他の判事と同じくらい、いや、ひょっとするとそれ以上に脚光を浴びるのが好きだったからだ。シリカ判事は厳格に公判を進めたが、被告人らが一斉に有罪を認めたことに苛立ちを覚えた。そして、判決が近づくにつれて、真実にはたどり着けていないことを悟った。

ところがそのとき、突然にチャンスが舞い込んできた。判事がささやいていた「お楽しみ《サプライズ》」とは、三日前に獄中のマッコードから受け取っていた親展のことだった。後に余計な勘繰りをうけることを恐れ、満員の法廷が静まりかえったとたん、シリカ判事は衝撃的な内容を公表した。

マッコードの手紙は「判事殿から保護観察官を通じていくつかの質問を頂戴いたしました」という出だしで始まる。

> 本件の詳細、動機、その意図や情状酌量に関するものです。これらの質問にお答えしようとすることは、私にはさまざまな法を二重に犯すことのように思われます……
>
> さらに、軽んじてはならない留意事項がございます。家族の中には、私が本件に関する事実を公に、あるいは、政府の代表者に向けて開示しますと、命の危険にさらされるのではないかと懸念する者もおります。私はそれほど深刻な懸念を抱いてはおりませんが、事実

を公にすれば、私自身や家族、友人らに報復措置がとられるのではと危惧しております。そのような報復が実施されれば、何の罪も犯していない人たちの経歴《キャリア》、収入、評判までもが損なわれることも考えられます。

けれども、シリカ判事殿の質問にお答えしなければ、とマッコードの手紙は続いた。

さらに厳しい判決が下るでしょう……正義のため、また、この事件で大きく損なわれた刑事司法制度への信頼を回復するため、本件で正義の鉄槌を下すためにお役に立つと思われることを、このたび、下記のとおりお伝えいたします。

1．被告には、罪を認めるも沈黙を守るよう、政治的な圧力がかけられておりました。

2．公判の最中、政府の主張の根幹、その方向性や影響力、そして被告人の動機と意図にまで及ぶ重要な事柄に、偽証が行われました。

3．ウォーターゲート作戦に関与した他の人物が、公判中に特定されることはありませんでした。証言する人々がいたら特定できたはずですが……

なお判決後、その場で裁判長殿と二人きりでお話しする機会をいただけましたら、幸いです。私はＦＢＩ捜査官と話したり、司法省の連邦検事がおられる大陪審で証言したり、他の政府代表者と話したりすることに自信が持てません。ですから、そのような場を設けていただけましたら、まことに助かります。

ウォーターゲートの砦《ダム》はまさに決壊しようとしていた。これは、侵入事件に関わった一人、それも、自分が所属する場ではそれなりの地位についている者が行った衝撃的な告発だった。マッコードはＣＩＡで技術者〔盗聴技術に長けていた〕の経歴をもち、ハントのように広範な不正工作の経験をもつスパイでもなく、リディのような変人でも、マイアミ出身の男たちのような政治狂でもなかった。そして、

＊　サイ〔シーモア〕・ハーシュは、ソンミ村で起きた虐殺の全容を明らかにしていた。それはウィリアム・カリー・ジュニア中尉や米軍がベトナムの小さな村で少なくとも一〇〇人、おそらく二〇〇人ほどの民間人を残忍なやり方で殺害したというものだった。ハーシュはフリーランスの記者として、あらゆる新聞社にこの記事を売り込みに回らねばならなかった。ハーシュとその代理人デイヴィッド・オブストが『ワシントン・ポスト』にやって来たとき、上層幹部や記者たちは記事に対して懐疑的だった。だが、私には正しいという気がした。われわれはその記事を『ワシントン・ポスト』の記者が書いた分析記事と対になる形で、一面に載せた。

彼が連邦判事の前で宣誓した上で、偽証のこと、口止め料のこと、大統領の側近と深く関わっている者たちが行った隠蔽について、証言したのだ。これは、動機が非難される可能性をはらむような、匿名の情報源を引用した、報道機関による想像の産物ではなかった。それは内部関係者の証言であり、誰もがそれをわかっていた。

シリカ判事はひどい腹痛のため、しばらく休廷しなければならなかった。しかし、気分がよくなってきたので、彼のいう「あさましく、卑劣で、完全に非難に値する」犯罪に関わった被告人たちへの判決を下す仕事に取りかかった。

まず、G・ゴードン・リディ。何も話さず――いつも涼しい顔をしていて、ニッコリ笑い、恐れ知らずで、刑務所で出会った犯罪者たちからは一目置かれていた。だが、検察官からは心底嫌われていた。リディは六件の不法侵入と盗聴で、最低六年八ヵ月、最高二〇年の収監と四万ドルの罰金を言い渡された。実際には、四年四ヵ月服役することになる。

次にハワード・ハント。ハントは感情をこめた声で、慈悲を請うた。「私は妻［一九七二年一二月八日の飛行機墜落事故で現金入りのバッグをもったまま亡くなっていた］、仕事、名声といった、人生で大切にしてきたすべてのものをほとんど失ってしまいました……かつての幸せな家族の形見である［四人の］子どもたちを除き……人が耐え、生きていくことができるとは思えない苦しみにさいなまれてきました。私の運命は……裁判長の手の中にあります」。シリカ判事の心は、動かせなかった。ハントには、三五年の収監と四万ドルの罰金を言い渡した。公には誰にも知られていなかったが、ハントは沈黙を守る代わりに、ホワイトハウスから口止め料を受け取っていた。最終的には二年七ヵ月半服役した。

マイアミ出身の男たちも同じく黙秘を続けていたが、四〇年の収監と五万ドルの罰金を言い渡された。ハントと侵入犯に対する判決はとくに重いものだったが、暫定的なものでもあった。シリカ判事は男たちに、黙秘をやめ知っていることを話せば、刑罰については再考しようといった。「私は本件で、いかなる約束も希望も与えない」としながらも、「しかし、正直に話すと決心すれば、各々の場合において最終的に科される処罰を評価する際、その要素を加味して考慮しなければならないだろう」と述べた。マイアミ出身の男たちで、一年二ヵ月以上服役した者は誰もいなかった。

実際のところ初めて、われわれが勝利しつつあるのを感じた。そして、勝利はすべての真実を意味することになるだろう。すべての点において。今後、ウォーターゲート事件の全貌がどう明らかになっていくのかは、まだまったくわからなかった。だが、引き分けに終わることはもはやないと確信していた。私が始終強く恐れていたのは、『ワシントン・ポスト』や他の善良な人々からしてみればひどい陰謀なのに、ホワイトハウスからすれば単なる報道機関と政治の問題だということになって、問題が徐々にうやむやになっていくことだった。いまとなって、勝者が出そうだということがわかった。そしてそれが、大統領でもホワイトハウスの一味でもないこともわかったのだ。

念のため、ウッドワードとバーンスタインに、マッコードが述べた偽証を行ったとされる人物は誰なのか、そして誰にどのような圧力をかけたのかを見つけ出してくるように伝えた。私は内心座ってはいられないほど、非常に興奮していた。シンガポールにいたケイ・グラハムに電話してこのニュースを伝えてから、バックウォルドやウィリアムズと一緒に昼食をとった。

彼らと食事をするのは、いつでも楽しいものだった。

ウィリアムズやバックウォルドとはもう長いこと頻繁に昼食をとっていたので、いつの間にか事実上のクラブと化していた。当初通ったサンスーシ・レストランで、バックウォルドはオーナーをうまくおだてて、バックウォルドの名前を入れた飾り板をお気に入りの長椅子の背の部分につけてもらっていた。後にはメゾン・ブランシュ、時にはデューク・ゼイバートでも食事をともにしていた。このクラブは極端に排他的で、性差別的だった。唯一の（暗黙の）規則は、この三人以外誰も入会不可ということだった。つまり、良き友人たち――ジャック・ヴァレンティ〔アメリカのリンドン・B・ジョンソン大統領の特別補佐官を務めた政治顧問〕、ジョージ・スティーヴンス〔アメリカの映画監督、脚本家〕、フィル・ゲイリンやジョー・カリファノと仲間たちをこのクラブから締め出すことだけを目的にしていた。入会を熱望する者はわれわれの昼食代を出すことで食事をともにすることはできたが、入会を認められることはなかった。

このクラブの存続期間で、唯一の例外はキャサリン・グラハムだった。かつてバックウォルドは彼女を昼食に招待した後、次のようなメモを送ったことがあった。

明日の昼食会への招待客名簿です。誰が参加し、何を話題にすればいいのか、ご参考あれ。

1．ベンジャミン・ブラッドリーは、アメリカの首都で非常に影響力ある新聞、『ワシントン・ポスト』の編集主幹。関心があるのはアメリカン・フットボールと女性―― 必ずしも、この順番である必要なし――お望みであれば、新聞業界を話題にすることも可能。

2．エドワード・ベネット・ウィリアムズは、ワシントンで一流の刑事弁護士。ミルウォーキー・フィル、アリゾナ・ピート、スリー・フィンガー・ジョージといった、多種多様な顧客の弁護を行う。敬虔なカトリック教徒なので、宗教、とくに避妊や神父の結婚の是非について、話題にするのがおすすめ。

3．アート・バックウォルドは、『ワシントン・ポスト』のコラムニスト。非常に魅力的で、どんな話題にも対応可能。三人のなかでは、一番話が面白いと思うはず。

まぁ、乾杯をするとしたら、アメリカ大統領に向けてのみ、というところでしょう。

ケイとは時折食事をともにしたが、ウィリアムズとバックウォルドは彼女に向かって、会員に推薦したんですが、ベンが拒否したんですよ、とつねに語ったものだ。とうとうケイの六五歳の誕生日に彼女を昼食に連れ出し、会員に選ばれたことを伝えて入会を祝し、シャンパンで乾杯した。ところが、食事の最後にウィリアムズが、彼の立派なお得意様で私の上司であるこのクラブの新たなメンバーに、こう打ち明けた。残念ですが、このクラブは定年制で、六五歳を迎えたら誰でも退会しなければならないんです、と。

普段、われわれは三人で一緒に食事をとり、二対一で話をすることが多かった。私とバックウォルドはエドのあまりよくない顧客たち、とくに一〇代の少女好みで知られるいかがわしいマイアミの実業家ヴィクター・ポズナーをよくこきおろしたものだ。私とエドはアート〔・バックウォルド〕にワシントンで実際に起きていることについて、意見を求めた。それから、バックウォルドとエドはここで話したことが新聞のどこかに載っていると不満をよくこぼしては、よってたかって私を非難した。とくに〔エド・〕ウィリアムズが言うことは事実だった。だが、エドは私が何で生計を立てているかを知っているのだから、知られたくないことは何も話さないだろうと思っていた。自分が担当する訴訟のことは一度たりとも話したことがなかったし、街で最も興味深い顧客たちを抱えていた。食事中――皆が解放された気分になったときには――視界に入った女性を素早く品定めしては、「あの娘《こ》が欲しいか」互いに尋ね合ったものだ。

男友達は私にとって大切なものだ。そして、大好きな男友達というのは、必要不可欠な存在である。私が大好きなこの二人の友人たちは、タイプがそれぞれ異なる。アート・バックウォルドとつきあうには、絶えず彼を気にかけてやる必要がある。もし、定期的にアートに電話をしなければ、ジョージタウン薬局のカウンター越しに皆の人生に口を出してくるハリー・ダリンスキーのような共通の友から、アートが傷ついていると聞くことになるだろう。アートは、素敵なアン・マクギャリーと結婚にこぎつけるまでの込み入った道程について語ってくれた。アートが比類なき存在になったのは、感受性と繊細さが合わさっているのに加えて、ひらめきとユーモアにもあふれているからだった。そして、実に魅力的だった。その当時も、今も。

ウィリアムズとのつきあいはというと、数週間ほどやりとりがなくても平気で、再び連絡をとると、すぐに元通り親密になるというものだった。裁判所近くの大衆食堂で初めて一緒に昼食をとった日から、彼については二つのことがすぐにわかった。たとえば、エドがどこにいようが、そこには面白い話があったし、何をしようが、楽しい時間を過ごしたことがみてとれた。賢く、タフで、面白く、思いやりがあって、仕事を非常に真面目に引き受ける一方で、あまり深刻に受け止めすぎることはなかった。何か困ったことが起きたら、エドにすぐそばにいてほしいと思っていた。四〇年近く後、エドが亡くなったときには寂しいと感じたし、それからというもの、毎日彼のことを思い、その温厚な性格、ユーモア、判断力をずっと恋しく思ってきた。

シリカ判事がウォーターゲート事件の侵入犯に判決を下した後、ワシントンの報道陣は、スチュワート・アルソップ［アメリカの新聞コラムニスト、政治アナリスト］の巧みな表現を借りれば、ビーグル犬の群れのように互いに躍起になり、ときには新しい手がかりの新鮮な匂いに向かって、だが、たいていは互いの匂いと姿に向かって騒がしく吠えたてながら、このネタを全力で追い始めた。

この事件は嘘で塗り固められていたが、率先して嘘をついていたのが大統領だった。一九七三年四月、ニクソンは「新たに詳細な調査を始めた」と発表した。それは、嘘だった。ニクソンは同じ声明のなかで、「誰が関与していようとも、この事件を隠蔽するあらゆる試み」を有罪宣告にすると述べた。これも、嘘だった。ニクソン自身こそが、ウォーターゲート事件の隠蔽工作を主導していたのである。ジーグラーはあまりにも頻繁に嘘をつき、嘘をついていたことを認める婉曲的な方法を見つける必要があるときには、「無効な発言」という表現を編み出さざるをえなかった。今日の声明は「有効な発言」とされる一方で、以前のものは「無効な発言」と片付けられた。ジョージ・オーウェルですら、『一九八四年』でそれをあえて試そうとはしなかっただろう。*

クラインディーンストは上院で答弁を求められた際に承認を得るにあたって、一九七二年の司法省による国際電話

＊　ジーグラーは後に、「故意に嘘をついたことは決してなかったが、過去をたどれば私が述べてきた多くのことが間違っていたと如実にわかる」と語った。

電信会社（ＩＴＴ）* の捜査で、ニクソン大統領は妨害など行っていないという嘘すらつかなければならなかった。

ヘンリー・キッシンジャーは、国が「非難合戦の応酬」に耐えられるか判定を下さなければならないと述べ、ウォーターゲート事件のことを忘却の彼方に追いやってしまったほうがこの国は良い状態になるとし、もっぱら事件のことを軽視させる取り組みに貢献した。現職の副大統領として、行政府ビルで賄賂を受け取っていたスピロ・アグニューには、もしウォーターゲート事件で「良心の呵責」に耐えられなかったとしたら、私は辞職する、と大勢の学生を前にして述べる厚かましさがあった。一九七二年七月三日、ＦＢＩ長官代理Ｌ・パトリック・グレイは、アーリックマンとディーンから渡されたウォーターゲート事件に関するフォルダ二冊を破棄していたが、九ヵ月後には自身が受けた指名の辞退を求められた。キッシンジャーが公表を望まない記事を書いた記者は、電話を盗聴された。一九七一年にダニエル・エルズバーグの精神科医からファイルを盗み取って、エルズバーグを中傷し、ペンタゴン文書を利用可能にされた仕返しのために情報を探していたのは、リディとハントだったことが判明した。そして、ついにクラインディーンストが辞職し、ボストン出身で清廉潔白なエリート、エリオット・リチャードソンが後任となった。

ウォーターゲート事件の焦点はシリカ判事の法廷や『ワシントン・ポスト』のウッドワードとバーンスタインの記事からアーヴィン上院議員の委員会に移り、サム・ダッシュ主席顧問指揮下の専門職員が調査を行った。単純にいきなり情報源が急増したため、記者たちはてんやわんやの大騒ぎだった。主犯格の者たちに対して、まずは委員会の調査員が聞き取り調査を、次に、委員会のメンバーが非公開で聞き取り調査を行った。そのため、上院議員や調査員の各々には重大な漏洩《リーク》を行う機会ができ、これに抗うことは難しかった。

上院議員たちは、アーヴィン委員会の内外で優位な立場を求めていた。スピロ・アグニューは、ウォーターゲート事件に「愕然とした」と表明した。新司法長官で、すぐに辞任に追い込まれることになったリチャード・クラインディーンストは、「Ｉ」で始まる恐怖の言葉（弾劾〔Impeachment〕）に初めて公に言及した。

ニクソンは何度も自身について弁明したので、頭がこんがらかってしまわないようにするのは一苦労だった。私が大好きな逃げ口上は、四月三〇日に大統領が現代のチェッカーズ・スピーチ〔ニクソンが不当に政治資金を得ているという批判に対し、一九五二年に行ったテレビ演説。ニクソン家の経済状況を公開して、世間の批判をかわすのに成功した〕として、アメリカ国民をもう一度だまそうとしたときに行ったものだ。「私にとって一番簡単なのは、選挙運動の責任を委ねた人々を責めることですが、それを行うのは卑劣なことです」。これが、一〇日前に刑事部門担当者の司法次官補に対して、「国家安全保障上の問題」である以上、エルズバーグの精神科医の診療所に不法侵入したことには「口出しをするな」と言った男から出た発言である。なるほど、見事な嘘だ。

記者たちは、ただ〔空の〕バケツを持って仕事に出れば、大した働きはせずとも最新の下世話な暴露話でいっぱいになるはず、と確信しているかのようだった。どの記者も、こんな光景を今まで見たことはなかった。

そして、何よりも注目に値するのは、誰にもまだ全体像がわかっていないことだった。自分たちの有罪を生々しく詳細に証明するものとなるホワイトハウスのテープの存在は、まだわれわれには――あるいは捜査官の誰にも――知られていなかった。『ワシントン・ポスト』には、他の誰よりも多くのことを知っていた記者たちや編集者たちがいて、新しい情報の断片を一つ一つパズルにはめこもうとしていた。これがこの時代で最大の政治的スキャンダルだという確信をますます深めていったが、まだその半分もわかっていなかったのだ。

このような折、旧友でフランスの週刊誌『レクスプレス』の創刊発行人だったジャン＝ジャック・セルヴァン・シュレベールから電話があり、途方もない申し出を受けた。自由で独立した報道機関が社会にとって重要であることの象徴として、私を『レクスプレス』の二〇周年記念号の表紙に載せたいというのである。彼らは何か急いでいるようだった。（一瞬、予定されていた表紙がちょうどご破算になってしまい、週刊誌側が非常に困っているのでは、といぶかしく感じた。）ＪＪ－ＳＳ〔シュレベール〕は私が引き受けると信じて疑わなかったので、表紙写真を撮るために、カメラマンを現地へ向かわせていた。二四時間後には雑誌の創刊を祝う大がかりな記念パーティーに出席できるよう、私はトニーと飛行機でパリに向けて飛び立つつもりだった。そこには「パリの名士」が集まることになっていた。フランス語で五分間だけスピーチをしなければならないだろう

＊　一九七二年にコラムニストのジャック・アンダーソンは、ＩＴＴのロビイストであるディタ・ビアードが書いたメモを公表した。そのメモには、ＩＴＴが自社に対する係争中の独占禁止法違反訴訟に有利に働くよう、共和党に数十万ドルを寄付してきたと記されていた。ビアードは後にそのメモの信憑性を否定した。それは、ハントがギョッとするようなかつらとサングラスを身につけてビアードの病室を訪れた後のことだった。その後にニクソンの録音テープを通じて、大統領がクラインディーンストにＩＴＴの捜査を緩めるよう命じ、大統領が彼から異議を唱えられたとき、大統領がこう言ったことが明らかにされた。「くそったれ。おまえは英語も話せないのか」。

が、それが終われば、四月のパリで週末を自由に楽しむことができるのだ。

私は躊躇せず、大喜びで受けようといった。そして、トニーに電話をし、急遽決まったパリ行きのために荷造りをするよう言った。だが、行くのはごめんです、という返事が返ってきた。またとない冒険をともにすることが、もはや〔彼女にとって〕魅力的ではないことに気がつき、衝撃を受けた。

とはいえ、どこかうれしく、うらめしく、うら悲しくも思えるような感情が入り混じりつつも、ともかく一人で現地へ向かった。

セルヴァン・シュレベールは一九七〇年代初めにはまだお高くとまってはおらず、面白い男だった。セルヴァン、そして彼と長年の友人かつ同僚で、ピエール・マンデス＝フランスの弟子でもある華やかなフランソワーズ・ジルーは、一九五三年に『レクスプレス』を創刊すると、瞬く間に知的で社会問題に直結した刺激的な週刊誌に仕立て上げた。

パリに到着した二時間後、ダウンタウンのホテル内にある鏡張りの大宴会場に入った。そこには『レクスプレス』の表紙を飾った、私の四×六フィート大〔約一・二×一・八メートル大〕のポスターが少なくとも五〇枚は貼られており、きらびやかな招待客を見つめていた。私は死ぬほど怯えていた——自分の写真がたくさんあることや、フランス語でスピーチをする予定に。ピエールの妻、ニコール・サリンジャーに、私の考えを適切なフランス語に翻訳する手助けをしてもらうよう、手はずを整えていたつもりだったが、彼女との連絡が上手くいかなかったので、自分で原稿を書かなければならなくなった。

その夜の残りは、霧のようにあたりをただようお世辞の中に消えていった。パーティーが終わる頃、私は魅力的な女性と二人きりなことに気づいた。この「勝利」の夜には一人きりで過ごしたくなかったので、一夜を共にしてくれるか、その女性に尋ねてみると、ええ、という返事とともに、行動に移してくれたのだ。翌日、飛行機でワシントンに戻ったが、思っていたほどには罪悪感を抱かなかった。

われわれ全員が名声へと至るはしごとまだ格闘していたし、たどりついたあかつきにはどんな生活が待っているのかを理解してはいなかった。はしごに足をかけていることはわかっていたが、これから何段登ろうとしているのかはその知る由もなかった。一面に署名記事が掲載されるのはその一歩だといえるが、その名声は自分の母親や数人の友人という、狭い範囲にとどまっている。私がアルジェリアの反政府勢力と接触をしたことでフランスから追放されたときのように、一面の記事になるのとは別の話だ。しかし、たった三日間世間の注目の的になったことに私は夢中になったが、その他では一部の人々の関心を引くものでしかなかった。それが今では、私がニュース雑誌の表紙を飾るようになっていた。紹介記事《プロフィール》が多少なりとも、比較的硬派な報道機関に取り上げられるようになった。コメントを求めて、記者たちが私に電話をかけてくるようにもなった。ジャーナリストは観衆の一員であり、舞台の上に立つ者ではないと、ラス・ウィギンズに口を酸っぱくして言われたことをあらためて思い出した。だが、私は明らかにその言葉に従ってはいなかった。それどころか、いらだちを覚えていた。われわれは皆、自分に実力があるということの裏付けになるものを求めている。それでいて、自分の実績が公になったとき、あまりいい気分ではないという体でふるまうのは難しい。

パリからワシントンに戻ると、ほんの数週間前までには信じられなかったようなトップ記事が次々と一面に掲載された。

一九七三年四月は、ニクソン政権にとって、おそらく史上最悪の月だった。ウォーターゲート事件とそれに付随する疑惑を調査するために、二月に設置されたアーヴィン委員会が本格的に始動した。テレビで放映される公聴会がまだひと月先であるにもかかわらず、委員たちは見出しを操作しようとして、報道機関へ情報をざるのように漏洩《リーク》していた。リディは大陪審での証言を拒否したため、法廷侮辱罪に問われた。『ウォール・ストリート・ジャーナル』の世論調査によると、アメリカ人の過半数は大統領が隠蔽工作を知っていた、と考えていることがわかった。四月一二日、『ワシントン・ポスト』はウォーターゲート事件をめぐる報道に対して、ピュリッツァー賞を受賞した。『ワシントン・ポスト』、『ニューヨーク・タイムズ』、『ロサンゼルス・タイムズ』各社によるこの月の新聞報道は次の通りだった。

・ミッチェル〔前司法長官〕の側近（フレデリック・C・ラルー）はウォーターゲート事件の共謀者に対する口止め料として、七万ドルを受け取っていた。
・ミッチェルにはウォーターゲートの盗聴記録がすでに開示されていた。
・マグルーダーは大陪審に対し、ディーンとミッチェルが、ウォーターゲートの盗聴計画を承認していたと証言した。
・FBI長官代理パトリック・グレイはウォーターゲート侵入事件直後、ホワイトハウス内のハワード・ハントの金庫から押収されたフォルダ二冊を破棄していたことが発覚したことにより、屈辱的な辞任に追い込まれた。
・エルズバーグ裁判は検察側が証拠を隠蔽していた、と判事より報告があり、審理無効で終了した。
・エルズバーグ担当の判事により、リディとハントが、ホワイトハウスの職務ではなく裏活動を行っていたさなかにエルズバーグの精神科医の診療所に不法侵入していたことが判明した。
・そしてこの月の最終日には山場を迎えた。アーリックマンとホールドマンが政権という名の船の外へ放り出されたものの、その船はなおも沈みつつあった。新司法長官クラインディーンストが「辞任」し、ジョン・ディーンは解任された。レナード・ガーメントは大統領上級顧問に指名され、エリオット・リチャードソンが司法長官に就任した。報道陣はこれらのニュースに追いつくのがやっとのことだったが、アーヴィン委員会の公聴会は始まってすらいなかったのである。

『コロンビア・ジャーナリズム・レビュー』一九七三年夏季号では、ナイト新聞グループの国内特派員ジェームズ・マッカートニーが四月末日について、次のように述べている。

四月三〇日午前一一時五五分、『ワシントン・ポスト』編集主幹ベンジャミン・クラウニンシールド・ブラッドリー（五一歳）は、机に足をのせ、来客と談笑しながら、一二フィート〔約三・六五メートル〕ほど離れた部屋の窓に取り付けられたゴールに向かって、戯れにプラスチック製のおもちゃのバスケットボールを投げ入れようとしていた。話題は、当然のことながら、ウォーターゲート事件だ。同紙ハワード・サイモンズ編集局長が主幹室にそっと入りこんできて話に割って入った。「ニクソンがアーリックマンとホールドマン、それにディーンの辞任を受理したぞ。クラインディーンストは辞職し、リチャードソンが新しい司法長官になった」。

ほんの一瞬、ベン・ブラッドリーは混じりけのない喜びの表情を浮かべ、口を大きく開けた。それから、片方の頬を机にのせて目を閉じ、にぎり拳で机を何度も叩くと、たちまち、元のブラッドリーに戻った。「してやったりだ！」と、満面の笑みを浮かべたサイモンズにいった。「悪くないスタートだな」。

ブラッドリーは自分を抑えきれなかった……二列先の席にいる……ウッドワードに叫んだ……「ボブ、悪くないぞ。まあまあだ！」

この辞任劇があった翌日、人生のなかで最も予想外だった通信社による記事のうちの一つが、使い走り《コピーボーイ》の少年によって机の上に置かれていた……以下は、UPI通信の記事

である。それによると、

ホワイトハウス報道官ロナルド・ジーグラーは、ウォーターゲート事件の調査報道を過去に非難した件について、『ワシントン・ポスト』と同紙の記者二名に対し、本日公式に謝罪した。

ホワイトハウスの記者会見《ブリーフィング》で、ある記者が『ワシントン・ポスト』に謝罪すべきではないかと尋ねた。「すべてを鑑み、現時点ではそのように思っております」。ジーグラーが回答した。「私は『ワシントン・ポスト』に対し、また、ウッドワード氏とバーンスタイン氏に対して陳謝いたします……私どもは本件で過ちを犯したと言わざるをえません。『ワシントン・ポスト』に対する発言には力が入りすぎておりました。とくに、これまでの状況から、そのように思います……、過ちを犯すときは過ちを犯すものですが、本件がその過ちだったということです」。

そう言い終えたとたん、「ですが……」と続けようとして、「もう撤回するなよ、ロン」という記者の声に遮られた。

ロン・ジーグラーは狭量な男で、この状況をさばききれなかったし、勝ち目はなかった。今では、当時よりもジーグラーを気の毒に思うようになったし、謝罪されたことを忘れることはないだろう。とはいえ、人は自身が英雄と仰ぐ者たちの質とか、自身が従うことにした指導者たちの質によって、公正に評価されるはずだ。

一九七三年五月一六日の夜二時過ぎに、バーンスタインから電話がかかってきた。近くの公衆電話からで、ウッドワードと二人でいるのだが、すぐさま私に会いたいといってきた。二人は、まさにル・カレのスパイ小説に登場する場面のように居間に無言で座ると、数時間前にディープ・スロートと劇的な遭遇を果たしてから、ウッドワードが書きとめたメモを手渡してきた。ディープ・スロートが「皆の命が危険にさらされている」と明言したというものだった。

そこで、真剣に集中してメモを読み始めた。そこにはこのように記されていた。

ウォーターゲート委員会結成後に、ディーンは上院議員［ハワード・］ベイカーと話したが、ベイカーは準備万端だとホワイトハウスに直接折り返して報告した……

大統領はディーンを個人的に脅して、告げた。もし、国家安全保障上の活動について暴露でもしようものなら、確実に刑務所送りにしてやる。

ミッチェルは当初より国内外でスパイ活動を開始し、大勢を巻き込んだ。そのリストは、誰にも想像ができないほど長い。

ジョン・J・コールフィールド［ニューヨーク市の警察官で、ホワイトハウスのために調査活動を秘密裏に行っていた］はマッコードに会い、二人が会っていることは大統領も了承しており、大統領が恩赦を与えるから、刑務所で一一ヵ月過ごすだけでいいと述べた。コールフィールドはマッコードを脅して、言った。「協力しないなら、この国での生活はお先真っ暗だぞ」。

この秘密活動には信じがたいほど、アメリカの諜報機関全体が関与している。ディープ・スロートは法律に反するからと、詳細を話すことは拒んだ。

隠蔽工作はウォーターゲート事件とはほぼ関係なかったが、主に秘密工作を守るために行われた。

大統領自身も恐喝されてきた。この件に関わるようになったハントは、共謀者も報酬を受けるべきだと考えた。そこで、最も卑劣な「ゆすり」を開始した。

隠蔽工作にかかった費用は、およそ一〇〇万ドルである。誰もが隠蔽工作にかかわっている――ホールドマンにアーリックマン、ニクソン大統領、ディーン、マーディアン、コールフィールド、ミッチェル。皆が資金調達の問題を抱えていて、誰のことも信用できなかった。そこで、外部で資金を工面し、自己資金を持ち寄り始めた。ミッチェルはノルマを達成できなかったため……切り捨てられた。

ＣＩＡの人間なら、大統領からウォーターゲート事件の隠蔽工作を実行するよう命じられた、とホールドマンとアーリックマンが言ったことを証言できる……ウォルターズやヘルムズ、それとおそらく別の誰かだ。

定かではないが、ホワイトハウスの男たちは金を儲けようと躍起になり、そのうちの何人かは暴走したらしい。

ディーンはホールドマンとアーリックマン、そして、ミッチェルとラルーの仲立ちを務めた。

ディーンが所持している文書は想像以上の数にのぼり、かなり詳細なものである。

リディは、ディーンにこう語った。かれら［ホワイトハウス］は自分を銃殺するか、銃で自殺したように見せかけることができるだろうね。だが、自分は決して口を割ることはせず、つねに良き軍人でいるつもりだ。

ハントはこの常軌を逸した事件の多くで鍵となる人物で、ウォーターゲート事件の逮捕を利用して金を得た……最初は一〇万ドル、さらに多くの金を求めるようになっていった……

ホワイトハウスの周囲では、破滅を自覚している一方、それを笑い飛ばして仕事を続けようという、非現実的な雰囲気が漂っている。大統領は「危険な」うつ病の発作を起こしたことがある。

われわれの命が危険にさらされているとディープ・スロートが感じていることについて詳しく聞こうとすると、ウッドワードとバーンスタインが外に出ようと言った。芝生で話しているうちに、恐怖がじわじわと全身に広がった。強硬手段のことはすべて知り尽くしているつもりだったが、殺し屋を相手にしていると感じたことはまだ一度もなかった。電話はおそらく盗聴され、納税についてもきわめて厳しく監査されているはずだと思っていたが、これまで身体的な脅威を感じたことはなかった。いまや二人は、われわれの命が実際に危険にさらされているというのだ。

私は当時も（今も）それを信じ難く思っていた。エド・ウィリアムズや『ワシントン・ポスト』の同僚たちと――普段通りに――話すこと以外に、次の手をどう打てばいいのか思いつかなかった。数時間後に同僚たちと会った――盗聴を避けるために、ワシントン・ポスト社の八階にあるケイ・グラハムの執務室の外にある中庭で。ディック・ハーウッド全国ニュース部長は、私が避難場所にいるときにはともにいてほしい男だ。だが、ハーウッドはわれわれが途方もないことを考えていると思っていた。ハワード・サイモンズは、われわれがはめられているのではないかと心配した。エド・ウィリアムズは何度か驚きの言葉を口にしたが、あまり具体的な助言はくれなかった。「後ろに気をつけろよ、ベンジー」――まるで、私がまだそちらを見ていなかったかのように。

ウッドワードとバーンスタインには、ウッドワードのメモから「記事にできそうな」――何か新聞に載せられるものが出てくるかもしれないので、さらに調査を行うよう告げた。徐々にではあるが、匿名で寄せられた情報のおかげで、ニクソン大統領自身が当初よりこの事件全体に関与していた、という結論に、検察とアーヴィン委員会が近づきつつあることが示されようとしていた。何百人の人に何千もの質問を――何度も重ねて――尋ねることに、どれほどエネルギーが必要か言い表すのは難しい。それはパズルにはまりそうな他の情報を明らかにしてくれるかもしれない、未知の情報の一片を探すためなのだが、どこにあるかはわからないのだ。

マッコードがシリカ判事に話がしたいと告げた一九七三年三月二三日から、大統領がウォーターゲート「事件《インシデント》」について知らなかったとする「最終的な」声明を出す五月二二日まで、二ヵ月足らずしか経っていなかった。ところがこの件を否定し、隠蔽し、言い逃れる者らの力が及ばぬところで、ウォーターゲートの記事が、ついに勢いよくあふれ出た。

ウォーターゲート事件に関するスキャンダルは尽きることがなかった。ワシントンで問題が起きた場合、経験豊富な者たちなら最悪の状態が判明するまで、つまり、悪いニュースが尽きるまでは回復できないということを知っている。しかし、ウォーターゲートのスキャンダルは底なしであって、ニクソン政権では誰にも情報が見つからないよう、仕事が終わってからも作業を行っていた。

実際、当然のことながら、翌月判明したとおり、ニュースが底をつくにはなおほど遠かった。アレクサンダー・ヘイグ将軍が臨時首席補佐官に任命されたその同じ日に、ジョン・ディーンが免職された際、ホワイトハウスから有罪を立証する文書を持ち出したことを明らかにした。ディーンはその文書を貸金庫に入れ、その鍵をシリカ判事に提出した。アーヴィン委員会は、五月一七日に公聴会を開いた。翌日、アーチボルド・コックスが特別検察官に任命された。続く二二日には、大統領が自分の関与に対する別の公式見解、四〇〇〇語の声明を発表した。そこには、嘘のほうが情報よりも多く含まれていた。

この頃までには、皆が疲労困憊していた。ウォーターゲート事件に関わること以外の時間はなかった。とくに、家族と過ごす時間などなかった。われわれは、つねにいちかばちかの激しい戦いをしているように感じていた。もし、負ければ、新聞社の名声にとって致命的な傷となり……全員が仕事を探す羽目になる。被害妄想《パラノイア》の兆候が表れだした。われわれは、職場の電話が盗聴されていないかどうか確認するのが賢明だ、と決定した。五〇〇〇ドル強を支払い、専門家に電話線を徹底的に調べてもらったが、盗聴の形跡はないと告げられただけだった。ところが、翌朝、私がウェスリー・ハイツにある自宅を出たところ、歩道の電柱の上に男がいたのだ。

「そこで何をしているんだい？」

「回線を確認しているだけですよ」

それで、誰が被害妄想《パラノイア》だって？

六月末の四日間、ジョン・ディーンがアーヴィン委員会で証言した。ニクソン政権が行ってきた盗聴と不法侵入、秘密資金の操作に資金洗浄《マネー・ロンダリング》、敵対者リストの使用、不正工作、そして、いわゆる〈鉛管工〉〔政府内から極秘情報の漏洩を防止するために特別に組織された秘密活動チーム〕を告発した。証言は劇的ではあったが、自身の記憶のみに基づくものだった。証拠書類は何も持っていなかった。

ウォーターゲート劇の裏側が続々と明らかになってゆくなか、一九七三年七月一三日にアレクサンダー・P・バターフィールドが行った証言ほど、ニクソン大統領に打撃を与えたものはなかった。

記者というものは何らかの事件を調査中であれば、調査対象となる手がかりや関係者をつねにリストにしているものだ。ウッドワードとバーンスタインもその例外ではなかった。二人は五月に、空軍将校の職歴があり、ホワイトハウスの内部関係者から「組織内安全保障担当者」だといわれていたニクソン大統領の側近バターフィールドの名が、調査リストにあることに気づいた。ウッドワードは一月のある夜にバターフィールドの家に立ち寄ったが、呼び鈴には誰も応答しなかった。五月にアーヴィン委員会の調査官にバターフィールドは尋問されたのかと尋ねると、「多忙すぎて、そこまで手が回っていないよ」と告げられた。数週間後、ウッドワードはアーヴィン委員会にバターフィールドがホワイトハウスの「組織内安全保障」を担当していたと指摘し、再び、職員をわずらわせた。その職員はアーヴィン委員会のサム〔サミュエル〕・ダッシュ主席顧問に、バターフィールドへの事情聴取を提案した。事情の聴取は七月一三日金曜日に行われることになった。

ダッシュが事情聴取を行った夜遅く、ウッドワードは委員会の調査官から電話を受け、オフレコで祝いの言葉をもらったことを覚えている。「バターフィールドの事情聴取が終わった」とその調査官は言った。「すべて話してくれた。ニクソン自身が盗聴を命じたのだ、とね」。

リチャード・ニクソンの終わりを告げる鐘が鳴っていた。大統領の発言や大統領と話した人物の会話をすべて記録していた精巧な音声起動式の録音装置の存在は、大統領、ホールドマン、バターフィールド、ローレンス・ヒグビー（ホールドマンの補佐で事務所長でもある）、ヘイグ将軍、そしてそれを維持していたシークレット・サービスの職員数名だけが知っていた。この録音装置は一九七一年の春に設置され、現在も稼働中だと、バターフィールドは非公開の委員会で述べた。

ウォーターゲート事件についてまだ答えが出ていないすべての疑問への答えがこれらのテープには隠されている、という見当をつけるのは難しくなかった……きわめて重要な疑問、すなわち、ニクソンは何を知り、いつそのことを知ったのか、などだ。

この証言が真実であれば、だが。

ボブ・ウッドワードがその晩遅くにこのニュースを電話で伝えてきたとき、私には信じられなかった。ニクソンはそもそも、なぜそのようなことができたのだろうか。自分がひどい苦境に陥ったと理解した時点で、なぜ録音テープを破棄しなかったのだろうか。われわれ――『ワシントン・ポスト』とアメリカ――はなぜ、こんなにも幸運なのだろうか。

ウッドワードが電話でしてきた「この記事をどう評価しますか」という質問は、二〇年経った今でも、未来の本や映画のために尋ねたもののように思える。とりあえず、B^+と評価したが、ウッドワードが私にそれを思い出させるのを好んだように、私のキャリアのなかでもはっきりしない評価のうちの一つだった。

その二日後、バターフィールドがアーヴィン委員会に「大統領の全執務室」に設置してある録音装置についてすべてを話したときには、あたかも全米中の人々がテレビを見ているかのようだった。

次にウッドワードに会ったとき、「よくやった。B^+より上だ」といった。まったく、そのとおりだった。

これこそが、終わりの始まりだった。ニクソンを追い詰めたのは、つねにリチャード・ニクソン自身であって、報道機関ではなかった。けれどもこの瞬間から、裁判所と議会は大統領に照準をあわせ、ニクソンは隠れることができなくなった。

ニクソン大統領が自分自身に盗聴機を仕掛けておらず、その最も私的な会話が記録されていなかったならば、辞任することは決してなかっただろう。私は、いまだに半分ほどそう思っている。「明白な証拠《スモーキング・ガン》」もなかっただろうし、弾劾するのに十分な票も集まらなかっただろう。見る影もないほどに深手を負ったとしても、ニクソンは大統領の座に居座り続けただろう。

友人のエド・ウィリアムズは、密かにニクソンを顧客に加えたがっていた。南側にある芝生の庭《サウス・ローン》ですべてのテープを山積みにして、火をつけてやるんだと冗談をいっていたものだ。その煙が空にまだ漂っている間に、報道陣の前で自分がひどい過ちを犯したとニクソン自身に告げさせようじゃないか、とエドは芝居がかった口調で言ったものだ。つまり、ニクソンは自分の政権の重要な歴史を保存するため、テープを欲していた。しかし、罪のない人たちが、自分たちの知らないうちに録音されていたために傷ついた可能性があることを、彼はようやく理解した。だから、テープを破壊したのだ。これは、エド・ウィリアムズによるウォルター・ミティ的な純然たる空想だが、考えれば考えるほど魅了される。

言うまでもなく、録音テープの存在は、ウォーターゲート事件の安全装置《フェイルセーフ》が露見したということだった。ひとたびそのテープの存在が知られたら、エディが空想に満ちた助言をしたところで、おそらく破棄できなくなるだろう。破壊すれば司法妨害となり、それ自体が弾劾されて当然の犯罪となるからだ。そして、政治家、報道機関、あるいは国民に、録音テープの存在が看過されるはずはなかった。

『ワシントン・ポスト』は当初の九ヵ月間にウォーターゲート事件を国民的な問題としてほぼ単独で取り上げ続け

るという、決定的な役割を果たしていた。一九七二年六月一七日の不法侵入から一九七三年三月二三日にシリカ判事が「お楽しみ《サプライズ》」（ホワイトハウスの関与をマッコードが暴露したこと）を明らかにするまで、『ワシントン・ポスト』がウォーターゲート事件の背後にある真実を探り出す取り組みの原動力になってきた。マッコードの手紙の存在が明らかになってからは、別の原動力も現れた――上院ウォーターゲート特別委員会とその公聴会、他の新聞社、とくに、『ニューヨーク・タイムズ』、『ロサンゼルス・タイムズ』、さらに、『タイム』、『ワシントン・スター＝ニューズ』、『ニューズウィーク』、そして、最後に下院司法委員会とその劇的な弾劾公聴会。

『ワシントン・ポスト』が果たした役割とは、いったい何だったのか。私は何時間も費やして、ウォーターゲート報道に携わった男女を称賛する、アメリカの強くて新しい衝動が生み出したすべての真実と神話を理解しようと、そしてその問いに対する答えを見つけ出そうとしていた。

まず、ウォーターゲート事件が起きた……『ワシントン・ポスト』は、そこにはいなかった。ゴム手袋をはめた男たちは数枚の百ドル札、高性能の電子盗聴器や携帯無線機を携え、民主党全国委員会事務所に侵入した。一方、『ワシントン・ポスト』はこの侵入事件とは何の関係もなかった。

次に、『ワシントン・ポスト』の熱意、とくにウッドワードやバーンスタインの手腕と粘り強さが、ウォーターゲート事件を歴史上不滅のものにした。われわれは一丸となり、この事件を全国ニュースの話題として取り上げ続けた。そして、そこではリチャード・ニクソンを取り巻く人間たちの傲慢さと非道徳的な行為が徐々に明らかになった――最初は『ワシントン・ポスト』によって、後にはその他多くの個人や組織によって。

しかし、ウッドワードとバーンスタインは、その報道《ストーリー》を劇的な結末へと導く困難な仕事をやりとげた――社主で発行人であるキャサリン・グラハムや四人の編集幹部、すなわち、ハワード・サイモンズ編集局長、ハリー・ローゼンフェルド首都《メトロ》部長、バリー・サスマン市報部長と私からの最大限の支援とともに。キャサリンからの支援は、ペンタゴン文書を報道する生みの苦しみのなかで生まれた。キャサリンはウォーターゲート事件が起こった当初、階下の市報部にやって来ては、自分たちがしていることをわかっているのか尋ねていた。あるときなど私に――冗談ではなく――「そんなに特ダネだというのなら、他社はどこにいるのかしら？」と聞いてきたこともあった。しかし間もなく、毎日たいていは一、二度以上、さらにはほぼ毎晩社を出る前に階下へやってきて、こう尋ねるのだった。「われわれ」にとって明日のネタは何なのか、「若い子たち」は明日や明後日何に取り組むのかと。

その若い子たちには、誰にも負けない強みがあった。それは見事なまでに熱心に働いたのだ。二人は何らかの情報が隠されていると信じるに足る根拠があれば、五〇人に同じ質問をしたり、一人に五〇回同じ質問をしたりするだろう。ホールドマンがホワイトハウスの秘密資金を管理していたかどうかに関してスローンの返答を誤って解釈したために、われわれが窮地に陥った後にはとくにそうだった。

そして、言うまでもなく、ウッドワードにはディープ・スロート〔という情報源〕がいた。その正体はワシントンのジャーナリズム史において、間違いなく最も守り抜かれてきた秘密だった。

長年、ワシントンで最も頭の切れるジャーナリストや政治家たちが、ディープ・スロートを特定しようと力を注いできたが、失敗に終わった。長いことアル・ヘイグ将軍がその候補とされていたが、とりわけ、一九八八年の大統領選に出馬しようとしたときに、自分はディープ・スロートではないと公言してほしい、と私に頼み込んできた。将軍やほかの誰に対してもそうすることは難しいと伝えたところ、ヘイグは湯気を立ててカンカンになったものだ。最終的にはウッドワードが、ヘイグはディープ・スロートではないと公言した。

彼（あるいは彼女）が実在するとしても、ディープ・スロートは作り上げられた人物だと考える、賢いゆえに疑い深い人たちもいた。『大統領の陰謀』に記されたディープ・スロートの情報をすべてコンピュータに入力後、可能なかぎりあらゆる疑わしい人物を入力するだけで誰だかは特定できるはずだ。私は常々、そう思っている。たとえば、ウッドワードがディープ・スロートに面会の合図を送るため、赤い旗を立てた植木鉢を窓敷居に置いたと述べた日に、ワシントンにいなかったのは誰だったろうか。

ディープ・スロートがもたらす情報の質は、彼のことはただもっぱらその仕事と経験、接触手段、専門知識でもって理解してほしいというウッドワードの願いを、私が受け入れるほどのものだった。今となっては、その危険な賭けには驚かされる。なぜ、それを良しとしたのかわからないし、現在なら承諾しないだろう。しかし、ディープ・スロートがウッドワードに与えた情報や助言は決して、間違いではなかった。一度たりともだ。ニクソンが辞任し、ウッドワードとバーンスタインが二冊目の著書、『最後の日々 *The Final Days*』〔『最後の日々』常盤新平訳、上下、文春文庫、一九八〇年。原書一九七六年〕を出した後に初めて、ディープ・スロートが誰なのかを知る必要があると感じた。ある春の日の昼休みに、マクファーソン広場《スクエア》のベンチで彼が誰なのかを知った。誰にもその名を告げたことはない。キャサリン・グラハムや一九七九年に母親から発行人を引き継いだドン・グラハムにすら漏らさなかった。二人とも私に尋ねたことはまったくないし、私もどのような名前を提示されようが、形式の如何を問わず、コメントしたことがない。彼の正体が長年秘密のままであるという事実は不可解であり、本当に驚くべきことである。一部の疑い深い人たちは、私が知っているのはウッドワードがディープ・スロートだと語った人物のことだけだと指摘する。確かに、そのとおりだ。だが、当時はそれで十分だった。そして今もだ〔二〇〇五年五月、ウォーターゲート事件当時にFBI副長官だったマーク・フェルトは、自分がディープ・スロートだと公表した〕。

私が天に召されたら、ブラッドリーが編集者だった頃、『ワシントン・ポスト』がピュリッツァー賞を一八回も「獲得した」というようなことが訃報記事に載るに違いない。言うまでもなく、あらゆる面で、たわごとだ。

まず、ピュリッツァー賞は優秀さの基準としては過大評価されており、疑わしい。一九六九年から一九八〇年までの一一年間、私はピュリッツァー賞の選考委員会で委員を務めていた。同委員会ではピュリッツァー選考委員が、決定した賞を承認したり却下したりする。私は選考委員会で初の黒人委員となる『ワシントン・ポスト』のウィリアム・ラズベリーに道を譲るため、委員二期目の六年間が満了する一年前に辞任した。有力者たちは黒人の委員を望んでいたため、ラズベリーの就任に同意していたが、一三人の委員に『ワシントン・ポスト』から二人も入れられないのは明らかだった。だから、私は委員会とかけあって、さらに一二年間、『ワシントン・ポスト』の人間が選考委員を務められるようにしたつもりだった。ところが、ビル〔ラズベリー〕は一九八六年に辞任した。つまり、六年後に残り三年の任期を辞退したのだ。賞の評判を落としているのは、政治的で体制主義的なこの委員会である。念のためにいうが、賞を獲らないよりは獲るほうがいい。だが、それは記者や発行人が賞というものを好むからにすぎない。私の経験上、最も優れた応募作品の半分以上は受賞しない。

次に、選考委員会の委員の多くは、受賞を競う新聞社の発行人や編集責任者か、そのような新聞社を買収しようと手ぐすねを引いて待っている者たちで、利益相反に深く関与している。公然とではないにせよ、選考委員の間では票数が巧妙に取引きされている。ロビー活動はよくない、ということになってはいる。だが、ロビー活動をしたのに賞を逃すのが御法度というだけである。

そして最終的に、新聞社自体がピュリッツァー賞を受賞するのは一年に一回、それも公益部門のみである。残りは皆、記者が受賞する。『ワシントン・ポスト』自体、私が在籍していた二七年間でピュリッツァー賞を受賞したのはたった一回、それも危うく逃すところだった。

ピュリッツァー賞の審査員は、春先にコロンビア大学ジャーナリズム大学院のピュリッツァー賞事務局に集合する。しばらく間を置いて、この一文に隠された利益相反についてよく考えてみてほしい。ピュリッツァー賞のピュリッツァーというのは、ジョセフ・ピュリッツァーのことで、私が在任していた当時の選考委員会で委員長をつとめたジョセフ・ピュリッツァー・ジュニアの祖父にあたる。ピュリッツァー・ジュニアは『セントルイス・ポスト＝ディスパッチ』の発行人で、ピュリッツァー賞の受賞を常々、熱望していた。コロンビア大学では、理事会にサルツバーガーを長らく擁していて、ジャーナリズム大学院はつねに、サルツバーガーからの多額の寄付金による恩恵を得ている。当然ながら、このサルツバーガー家はピュリッツァー賞を熱望し、受賞者でもある『ニューヨーク・タイムズ』で経営の主導権を握っている。私が選考委員として参加し、その日に決まる最後の部門で誰が受賞すべきか長い議論が交わされている最中に、わが「お気に入り」の瞬間が訪れた。選考委員の意向がある候補者に絞られたように思われたとき、リチャード・T・ベイカー事務局長がこう言って釘をさしたのだ。「そんなことをしたら、『ニューヨーク・タイムズ』は今年の受賞を逃がしてしまいますよ」。ああ、なんと罰当たりなことか。


一九七三年の春、ピュリッツァー賞の審査員たちがニューヨークに集まって投票を行い、『ワシントン・ポスト』の記者たちが三部門で票を獲得した。ほぼ前代未聞の快挙である。論説部門は、アメリカの政治情勢に関するコラムを書いたデイヴィッド・ブロダー。国際報道部門は、現『ワシントン・ポスト』編集局長で、この当時モスクワ特派員だったボブ・カイザー〔ロバート・G・カイザー〕と、当時ベオグラード特派員だったダン・モーガン。地域速報部門は、現『ワシントン・ポスト』全国ニュース部記者で、この当時刑務所で起きた暴動事件――締め切り時間内に書き上げて報じた――記事のビル・クレイボーン。囚人たちがビルに仲介役を依頼すると、彼は丸腰のまま事もなげに刑務所に入りこんでいった。

個人への賞にウッドワードやバーンスタインの名はなかったし、ピュリッツァー賞で最大の賞である公益部門で審査員が推薦する五紙には『ワシントン・ポスト』自体の名も、入っていなかった。言い換えると、公益部門の審査委員たちは、一九七二年には『ワシントン・ポスト』よりも少なくとも他の五紙のほうが、公益に関する、より重要な報道を世間に発表してきたと考えていたということだ。選考委員が審議したのは、マッコードがシリカ判事にすべてを打ち明け、ウォーターゲート事件の被告に判決が下された後の一九七三年の初頭だった。

私は本当に頭にきていた。アメリカ大統領とその側近による空前の嘘に対するその報道は、並外れたものだった。先は何も読めない状況だったが、上院の調査の端緒を開いた報道であり、仲間の審査員たちが〔公益部門賞授与に〕同意しないなどということは、信じられなかった。

だが、由緒ある大学の卒業生が好んで言うように、最悪な板挟み状態《シット・サンドイッチ》に、私も陥っていたのだ。これは『ワシントン・ポスト』が賞ビジネスから金輪際手を引くに値することだと、キャサリン・グラハムや同僚たちを説得する心づもりが私には十分にあった。しかし、同業者間で世界最高と目される賞を、ブロダー、カイザー、モーガン、クレイボーンらに諦めるよう頼むのは、良心に照らしてできないと感じた。同様の理由で、審査員の決定に対する自分の考えを告げて、選考委員仲間の気分を害する危険を冒すこともできなかった。

実際には、その必要はなかった。会議前にいつものようにコーヒーとデニッシュをとろうとジャーナリズム大学院図書室の神聖な広間に入ると、『ニューヨーク・タイムズ』のスコッティ・レストンと『ワシントン・スター』のニューボールド・ノイズが緊迫した様子でやってきた。二人はじっくりと考えた末、公益部門の審査員の決定を覆し、『ワシントン・ポスト』に公益部門の賞を授与すべきだ、という結論に至っていた。本来、地元の競合紙にとって、『ワシントン・ポスト』がこの種の栄誉を得るのを見るのは快くはないだろうに、「君たちが間違いなく受賞に値するよ」とノイズは潔く言った。

審査員たちが三つの賞を四人の受賞者に決定したことを目にし、私は感謝の言葉をつぶやくと口を閉じた。そして、会議が始まって最初の議題は、『ワシントン・ポスト』に公益部門賞を授与するかどうかの投票だった。選考委員のうち、受賞候補関係者は退席する必要がある。よって、私は部屋を退出しなければならなかった。

選考委員が論説部門、国際報道部門、地域速報部門の各賞の授与に関し審議する間、さらに三回退席しなければならなかった。

この三回のうち二回、奴らは審査員たちの決定を覆し、『ワシントン・ポスト』から賞を奪い去った。ブロダーには そのまま受賞が決まったが、ビル・クレイボーン、ボブ・カイザーとダン・モーガンらへの賞は、私が退席を強いられている間に無残にも取り消されてしまった。言っておくが、「奴ら」は皆友人であり、存命中なら今もなお友人だ。だがそこで、私はあのおなじみの板挟み状態に戻ってしまった。『ワシントン・ポスト』が受賞した二つの賞を失うのが怖くて、取り消された二つについて大声で不平を並べ立てる危険を冒すことはできなかったのだ。

いろいろと不平をこぼしてはいたものの、私の気分は高揚していた。『ワシントン・ポスト』で行おうとしてきたことが何であれ、それは非常にうまく機能していた。ブロダーやヘインズ・ジョンソンのような新人の仕事ぶりが、業界一であると証明されていた。勇敢な魂をもつキャサリン・グラハムは神の加護に恵まれ、彼女を見下していたすべての新聞社の発行人や社主のことを最後に嗤うようになった。ウォール街から大物政治家に転身した人々は、われわれがやりすぎだと毎日警告してキャサリンを利用するのではなく、敬意を抱くようになるだろう。フリッツ・ビーブは私に起きたすべてのことに手を尽くしてくれたが、一ヵ月後に癌のため早すぎる死を迎えた。だが、その前に一致協力して成し遂げたことを知ることとなった。

翌朝、私がウッドワードとバーンスタインに会ったとき、もちろん喜んではいたが、手放しで喜んでいるわけではなかった。二人は私と「話しあうために」こっそり部屋に入ってきた。互いに表面的な賛辞を交わそうという以上のものが念頭にあったのは、すぐにわかった。二人はすぐには本題に入らなかったが、ほどなくして、その胸の内を吐き出し始めた。どうして、ピュリッツァー賞は報道の大部分を担った僕らウッドワードとバーンスタインにではなく、新聞社に授与されたんでしょうか。

答えはいたって単純なものさ。というのも、公益部門に対するピュリッツァー賞は記者に与えられるものじゃなく、新聞社に授与されるものなんだ。君たちの名がこの記事とピュリッツァー賞とに、永遠についてまわるだろうよ。私はそう告げた。授賞発表時に配布された資料では、ピュリッツァー賞委員会が『ワシントン・ポスト』は当初から、ウォーターゲート事件を政治的な悪ふざけや単なる窃盗として片づけようとしなかったと述べていた。

その発表資料には、『ワシントン・ポスト』が「カール・バーンスタインとロバート・ウッドワードという一流の取材記者二名を筆頭に、本格的な調査報道のためにすべての人員を動員した」と書かれている。さらに、「二人が報道したことでウォーターゲート事件が全国規模の大きな政治スキャンダルに発展し、『ワシントン・ポスト』はロジャー・ウィルキンスが執筆した数多くの力強い社説と、ピュリッツァー賞を二度受賞したハーバート・L・ブロック（ハーブロック）が描いた時事漫画で二人を援護した」とある。

実際、多くのスタッフが非常に重要な役割を果たした。とくに、フィル・ゲイリン論説委員長とメグ・グリーンフィールド論説副委員長、すばらしい漫画家ハーブロックだ。編集幹部では、とくにサイモンズ、ローゼンフェルド、サスマン、そして、ローゼンフェルドの後に首都部長《メトロ》になり、二〇年後に私の後に編集主幹となる、レン・ダウニー。ラリー・マイヤーのような記者たち。われわれの誰も、少なくともウッドワードであれバーンスタインであれ、ウォーターゲート事件の報道がジャーナリズムに投げかける影について、いまだこれっぽちも理解してはいなかった。ウッドワードとバーンスタイン自身はジャーナリズムの歴史のなかでカリスマ的な英雄になりつつあったし、そのまま君臨し続けることになる。だから、二人が自らの貢献を最大化したいと強く願うのを大目に見るのは、簡単なことだった。しかし、すでにそれは最大値に達していたのである。

『ワシントン・ポスト』についていえば、内情に通じた人々や権力の座にある人々はもはや『ニューヨーク・タイムズ』のみを話題にすることなく、『ニューヨーク・タイムズ』と同時に『ワシントン・ポスト』の名も口にするようになっていた。ずっと秘密にしてきたが、それは私が新聞業界に舞い戻ってからのひそかな目標だったのだ。

ニクソンは最悪の失敗を認めることを拒み、政治闘争史で最長記録の一つとなる後方支援作戦にのぞんだ。ホワイトハウスの録音装置は一九七三年七月一八日に停止されたが、もう手遅れだった。

政府が録音テープを提出させようとし、ホワイトハウスがそれに抵抗しようとしていた二ヵ月後の一九七三年一〇月自体が、新聞業界の業績になるように思えた。たとえば、

・メリーランド州選出のスピロ・T・アグニュー副大統領は、脱税に関しては争わないという立場を表明した。その結果、収賄と汚職の罪での公判を免れたのち、不名誉なかたちで辞職した。

・ミシガン州選出のジェラルド・R・フォード下院少数党院内総務が、アグニューの後任に指名された。

・ニクソンはロバート・ボーク訟務長官を使って、特別検察官のアーチボルド・コックス——「あのくそったれハーバード大学教授」と呼んでいた——をついに解任させることに成功した。エリオット・リチャードソン司法長官がコックスの解任を拒んで抗議するために辞任し、次いで、ウィリアム・ラッケルズハウス司法長官代理も彼の解任を拒んで辞任した後のことだ。さらに、大統領はウォーターゲート特別検察官の職を、すべて廃止した。アル・ヘイグ将軍はそれを〈火災旋風〉と呼んだが、他の人々は〈土曜の夜の大虐殺〉と呼んだ。

・一〇月の最終週に、下院でウォーターゲート関連の議案が四四件提出されたが、そのうちの二二件は、とくに弾劾調査の開始を求めるものだった。私は『ワシントン・ポスト』の市報部から「弾劾《インピーチメント》」という言葉を追放しようとしたことがあった。『ワシントン・ポ

スト』では誰もが弾劾について話題にしているという記事を読むのは、印象が良くないと思ったからだ。今ではワシントンにいる誰もが、弾劾のことを話題にしていた。

八月以降の世間では、ボルチモアの共和党連邦検事がアメリカ人中産階級の代弁者、スピロ・T・アグニューを捜査中であると知られていた。現役の副大統領が正式に犯罪捜査の対象になったのは、米国史上初めてのことである。『ウォール・ストリート・ジャーナル』のジェリー・ランダウアーと『ワシントン・ポスト』のリチャード・コーエンが八月八日に明らかにしたところによれば、捜査の中心は昔ながらの政治腐敗の嫌疑――つまり陰謀、強要、収賄だった。司法妨害の罪に問われようとしていた大統領は、数ヵ月後にやってくる自身への捜査に対して弁護を支援してもらう必要があったので、党内右派を刺激せずにアグニューを辞任させたがっていた。

リチャードソン司法長官は証拠に関して説明を受けると、アグニューが辞任することを望んだ。つまり、メリーランド州のさまざまな請負業者や技術者らは副大統領が事務所に着任する前後に直接金を渡していたと、いつでも証言できる状態にあった。平たく言うと、アグニューは「否定的なことばかりピーチクパーチク言ってくる批判屋ども」と報道機関をこき下ろしていたときに、請負業者から緑色の札束を入れた茶色の紙袋を受け取っていたのである。

しかし、アグニューは弁護士を裁判所に送り込み、副大統領を辞めさせるために司法省が自分に不利な情報を流しているのだと主張した。アグニューは、『ワシントン・ポスト』のリチャード・コーエンを含め、自身の事件を取材する記者のメモを提出させるよう要求した。

われわれの弁護士であるエド・ウィリアムズとジョー・カリファノはこれらの要求を却下するよう申し立てるなか、(畏敬とまではいかなくとも、称賛と愛情をもって)「夫に先立たれた銀髪《グレイ・ヘア》の女性の防衛手段」として『ワシントン・ポスト』市報部内で知られているものを編み出した。つまり、記者たちには自身のメモの所有権がなく(ゆえに、要求に応じてメモを提出することはできない)、新聞社の社主が自社の他の財産と同じく、メモの所有権も持っているということだ。われわれの裁判でこの役割を買って出たのは、銀髪で夫に先立たれ、おまけに祖母であるキャサリン・グラハムだった。「裁判官はブラッドリーとコーエンをあっという間に刑務所に放り込んで、皆にショックを与えるだろう。裁判官がケイ・グラハムのこともぶちこむ度胸があるのか、お手並み拝見といこうじゃないか」。これは、カリファノの不朽の名言集からの引用である。

ところが残念なことに、この画期的な弁護は日の目を見なかった。アグニューは誰にも知られずに司法取引をしようとしており、政府側——リチャードソンと州検察官に代表される——にも取引をする心づもりがあった。アグニューには三年の保護観察処分、そして、罰金一万ドルが言い渡された。

たった数日でアグニューが過去の人と化したことは、ウォーターゲート事件に立ち込める闇の深さを示している。国民は新しい副大統領を歓迎し、自分たちの席に戻って最終章の幕があがるのを待ち構えていた。

ワシントンの報道陣の多くは、アーリントンのポトマック川の真向いにあるアーリントンYMCAのテニスコートで、〈土曜の夜の大虐殺〉の知らせを受けた。そこでは、アート・バックウォルドが毎年主催する、テニスの混合ダブルスの大会が開かれていた。招待客が一人、また一人と電話口に呼ばれては最新の情報を得て、戻ってきた。最終的には、試合を中止せざるをえなかった。というのも、あまりに多くの参加者が急いで社に戻ることになったからだ。

私は『ワシントン・ポスト』近くのお気に入りのレストラン、シェ・カミーユで夕食をとっていたが、四回も電話がかかってきたため、観念して社に戻った。

〈土曜の夜の大虐殺〉の根底には、ニクソンの録音テープを手に入れてやるというアーチ・コックスの決意と、手放すものかという大統領の決意があった。七月のアーヴィン上院委員会でアレクサンダー・バターフィールドの証言から録音テープの存在を知った二日後、コックスはホワイトハウスのウォーターゲート担当特別顧問J・フレッド・バズハートに、ニクソンとジョン・ディーン、ホールドマン、ミッチェル、アーリックマンらとの会話を収めた九本のテープを提出するよう要求した。テープをめぐる争いで、バズハートとともに大統領の特別顧問として務めているテキサス大学の法律学教授チャールズ・アラン・ライトからは、断固拒否するという返答があった。アーヴィン委員会にも同様の回答があった。

次に、コックスはニクソンの弁護士たちを召喚し、大統領の会話と会議が録音されている九本のテープを法廷に提出するよう求めた。大統領は要求に応じることを拒否した。八月二九日、シリカ判事は、テープはコックスに引き渡されるべきである、との判決を下した。ニクソンは控訴したが、控訴裁判所は一〇月一二日にシリカ判事を支持した。ニクソンは下された判決を最高裁に上告する代わりに、コックスを解任することに決めた。

その考えから生じる問題は、単純なものだった。つまり、特別検察官事務室設置を定めた法では、司法長官だけがコックスを解任できるとしており、リチャードソンは「尋常ではない不正行為」以外にはコックスを解任できないと言質を与えていたのだ。リチャードソンは、コックスを解任するくらいなら自分が辞職する、とホワイトハウスに伝えた。

ニクソンは、リチャードソンに言葉を翻すよう説得するか、彼を辞任させてコックスを解任する司法長官を見つけなければならなかった。まず、ニクソンは最後のあがきとなる妥協案、いわゆる、ステニス妥協案を試みた。政権が特定テープの「関連部分」を要約し、それをシリカ判事に提出するというものである。ミシシッピ州選出の保守系民主党員ジョン・ステニス上院議員がテープそのものを試聴し、シリカ判事にその要約が正当なものであることを証明してもらう。そして、コックスはこれ以上テープの提出を求めないことに同意する。これは「……特別検察官の独立性を侵さない」というニクソンの計略だったが、コックスもリチャードソンも、その妥協案には応じなかった。

〈土曜の夜の大虐殺〉の翌朝、コックスは情報を入手しようとするあらゆる努力をホワイトハウスがいかに妨害したかについて、記者会見で詳しく説明した。その直後、リチャードソンはコックスを解任するよう、ヘイグから命じられた。リチャードソンはその要求を拒否して辞任を申し出るために、大統領に面会の予約を取った。リチャードソンは即座にその機会を得て、辞任した。

ヘイグはそれからウィリアム・ラッケルズハウス司法次官を呼び出し「君の最高司令官の指示だ」と言って、コックスを解任するよう命じた。ラッケルズハウスも拒否し、辞任した。司法省三番目の指揮官はロバート・ボーク訟務長官だった。ボークはホワイトハウスがコックスを解任する者を最終的には見つけるだろうから、自分がその任にあたり、その上で自らも辞職するつもりだ、とリチャードソンやラッケルズハウスに語ったといわれている。リチャードソンは司法省を運営する者が必要なので、辞任しないようボークの説得にあたった。

だが、大統領は〈土曜の夜の大虐殺〉に対する反応を見誤った。特別検察官の職務を廃止することで、国民から抗議の嵐が巻き起こったのだ。そのため、ヘイグは新たな特別検察官を探さなければならず、ヒューストンの名高い弁護士レオン・ジャウォスキーを探し出してきた。弾劾の権威と目されるハーバード大学法学部のラウル・バーガー教授は、勇気を奮ってこう言った。「……ここ数日の出来事にかんがみれば、大統領は弾劾されなければならない」。そして教授は、大統領の「〔自ら法を逃れようとする〕試み……われわれは、それを許すことはできない。これは専制国家や独裁政治、ヒトラー主義に通ずる道だ。大統領が法を自分の手中に収めるのを許せば、民主主義は存続不可能だ」と続けたのだった。

中東和平への努力や、ソ連の脅威に同時進行で対応していたキッシンジャー国務長官は、記者会見で警告した。

「この社会で政権が何ヵ月も危機的状況に陥れば、そのうちどこかで代償を支払う羽目になるでしょう」。そして、懐疑に満ちた政治ではなく、信頼に満ちた政治を提唱した。報道機関は、政権がウォーターゲート事件から注意をそらすために、ソ連との緊張状態をでっち上げているのだ、と非難することで、対抗した。

記者たちは会見でニクソン大統領に対し、かつて、そしてその後のいかなる大統領も受けたことがないほど激しく質問を浴びせた。すると、とうとうニクソンが怒りを爆発させた。「私は二七年間公人として生きてきて、これほどまでに理不尽で、悪意に満ち、歪曲された報道を、目にしたことも耳にしたこともありません。私はどなたも責めないつもりです。ただ、もしかしたら、われわれの事件のせいで、あなたがた報道機関は一定の路線を取らざるをえないと判断されたのかもしれませんね。しかし、性急で感情に任せた報道を毎晩のように聞かされれば、当然、国民の信頼は揺らぐでしょうよ」。

大統領はこう、締めくくった。「あなたがたのせいで、私が怒ったと誤解なさらないでいただきたい。ご存じでしょうが、人は尊敬に値する人物にしか腹を立てないのですから」。

ついに、コックスの後任であるレオン・ジャウォスキーが、どうにかして会話テープを提出させようとした。そして、シリカ判事、控訴裁判所、さらに、最高裁判所の助けを借りて、ようやくそれが実現した。

一一月下旬、政権はニクソンとホールドマンの間で交わされた会話を録音したテープに、空白の一八分半があることを認めざるをえなかった……それはウォーターゲートの侵入事件から、わずか三日後にかわされた会話の部分である。裁判所とホワイトハウスに選出された専門家たちは、会話の一部が五回から九回も手動で消されたことで空白が生じたという結論にたどりついた。ニクソンの秘書ローズ・メアリー・ウッズが罪をかぶった。それでも、編集されたものであろうがなかろうが、警告を示す電子音が鳴ろうが鳴るまいが、テープが一本ずつ提出され、明白な証拠《スモーキング・ガン》――ニクソンとホールドマンの間でかわされた三つの会話記録――が数ヵ月後、表沙汰になったのだ。

公開されたテープは政府にとって都合よく編集され、省略された部分こそがきわめて重要だった。そのことは、最終的にすべてのテープが公になってから判明した。たとえば、削除された箇所の一つで、大統領は次のように話していた。「何が起きても構わない。すべてを阻止してくれ。連中には憲法修正第五条でも主張させておけ。隠蔽工作でも何でもいい。それで守れるなら――計画のすべてを守るんだ。それが肝心だ」。

一九七四年二月、下院は投票を実施し、四一〇対四で弾劾調査を決義した。三月一日、H・R・ホールドマン、ジョン・アーリックマン、チャールズ・コルソン、ジョン・ミッチェル、ホールドマンの補佐役ゴードン・ストローン、大統領再選委員会政策部長ロバート・マーディアン、大統領再選委員会顧問弁護士ケネス・パーキンソンに対して、ウォーターゲート事件の主要な起訴状が提出された。*大陪審は、ニクソンを未起訴の共謀者と称した（しかし、そのことは六月六日まで明らかにされなかった）。四月末の記者会見で、大統領はこれ見よがしに「記録」と称する一二〇〇ページの文書が入ったフォルダを取り出した。ところが、それは編集されたものであって真の記録ではなく——提出を要求された四二本のテープのうち一一本には、記録自体がまったくなかった。『ニューヨーク・タイムズ』と『ワシントン・ポスト』は急遽ペーパーバックを出版し、バリー・サスマンがその著書『大隠蔽 *Great Cover-up*』で言及したように、ウォーターゲート事件の用語に「卑語削除」、「限定的公開」、「最重要人物《ビッグ・エンチラーダ》」（アーリックマンがミッチェルを言い表したもの）を加えた。だが、それ以外に目新しい内容はあまりなかった。肝心な部分の大半、明白な証拠《スモーキング・ガン》のすべてが削除されていた。

一九七四年の春から初夏にかけて、ニクソン大統領とその弁護士ジェームズ・セント・クレアが、最初は四二本、最終的には六四本のテープの公開をめぐって、ウォーターゲート事件の特別検察官と下院司法委員会を相手どり争った。大統領は六月と七月に二回ワシントンを離れ、最初は中東、次はソ連へ首脳会談のために向かった。しかし、大統領が帰国したとたん、最高裁はこのテープ問題にけりをつけた。最高裁は八対〇（ニクソン政権の司法次官補で、レーガン政権では最高裁長官になるレンキストは棄権）で、大統領がテープを提出しなければならないとする判決を下した。

大統領にはもう選択肢がなかった。テープを提出せよ、という最高裁の命令に従わなければ、弾劾されることになるだろう。それは折り紙付きのことである。しかし、テープを提出した場合、大統領がウォーターゲート事件に深く持続的に関与していたと決定的に証明されてしまうことが問題だった。大半の分別がある者にとっては証拠は強固なものだと思えたが、筋金入りのニクソン支持者にはそうではなかった。支持者は大統領を見放す前に、「明白な証拠《スモーキング・ガン》」を欲しがった。

そして、彼らは確かに証拠を得た。一九七二年六月二三日の、ウォーターゲート侵入事件発生からわずか四八時間後にニクソン大統領と首席補佐官ホールドマンの間で交わされた、九五分の会話が録音されたテープである〔ここでのテープは六月二三日のもので、ウォーターゲート事件発生の六月一七日から四八時間後だと六月一九日を意味し、六月二三日と四八時間後が対応していない。三四三頁のテープ空白部分に関わるのは六月二〇日で、四八時間後とは三四六頁の「事件の二日目」のほうに関わることか」。

侵入事件に関する捜査について話すホールドマン「われわれは気がかりな点に戻っています。FBIは統制下になく、［パトリック・］グレイが完全にはFBIを掌握しきれていないということです……それに、FBIの捜査はわれわれが望まない方向へ進んでいます……ディーンは……これの唯一の解決方法である、ミッチェルの提案に同意しています……それは、［中将］ヴァーノン・ウォルターズ［CIA副長官］からパット・グレイに電話して、「この問題には立ち入らないことだ。それ以上深入りしてもらいたくない……」と言わせるだけです。するべきことは、FBIに捜査をやめさせることです」

ニクソン「それでいいだろう……どんなふうに、電話を入れるのかね？　つまり、君はただ……そう、われわれは非常に多くのことからヘルムズ［リチャード・ヘルムズCIA長官］を守ってやった……君が電話を入れるんだ」

ホールドマン「承知いたしました」

ニクソン「断固たる姿勢でのぞめ。それがかれらのやり方だし、われわれのやり方でもある」

ホールドマン「承知いたしました。実行に移します」

ニクソン「［ヘルムズとウォルターズに］言ってくれ。問題はピッグス湾事件［ケネディ政権が一九六一年、CIAに支援させた在米亡命キューバ人を使ってキューバへ侵攻し、カストロ政権を打倒しようとして失敗した事件］の全容が明らかにされることだ。大統領はただ、そう感じている――まあ詳細には触れないが。何も関与していない、と嘘をつくのではなく、「これは間違いの喜劇」［偶然によって誤解が繰り返されるシェイクスピアの喜劇の題名を念頭に置いたと思われる］で、「大統領は、ピッグス湾事件の全容が白日の下に再びさらされると信じている」と、その件に踏み込まずに言えばいい。「この人々は本気で取り組んでいるので」、二人がFBIに電話して、「これ以上、本件に立入るな。話は以上」、と、われわれが国のために望んでいると言うべきだ」

＊　最終的にパーキンソンは無罪となり、マーディアンに対する有罪判決は控訴審で覆されてストローンに対する告訴は取り下げられた。コルソンはエルズバーグの件では司法妨害の罪を認め、ウォーターゲート事件に関わった元同僚の捜査と裁判では政府に協力した。

・テープでは、九ヵ月後までウォーターゲート事件に部下が関与していたのを知らなかったというニクソンの主張が嘘であったと証明された。
・テープでは、ニクソンがこの会話には国家安全保障上の問題が含まれていると言ったのは、嘘であったことが証明された。
・テープでは、ニクソンがＦＢＩのウォーターゲート事件の捜査をやめさせるというＣＩＡの計画を承認しており、自身は承認しなかったと言ったのは嘘だったことが証明された。
・テープでは、少なくとも事件の二日目から、大統領が隠蔽工作の中心にいたことがわかった。

ウッドワードとバーンスタインの著書『最後の日々』によると、この命取りになるテープを聞いた後、バズハートはサンクレメンテにいるヘイグに電話し、「これで終わりだ……明白な証拠《スモーキング・ガン》を見つけたぞ」と言ったらしい。バズハートは――以前にも思ったが――大統領は辞任すべきだとヘイグに言った。しかし、大統領は弁護士の結論に反対し、テープを現時点で提出したほうがいいと助言していた特別顧問のセント・クレアにも抗った。

　下院司法委員会で弾劾条項への投票が始まったとき、最高裁の判決にも応じず、テープはいまだに一切提出されていなかった。ところが、明白な証拠《スモーキング・ガン》がなくとも、共和党員六名を含む司法委員二七名は七月二七日、ウォーターゲート事件を隠蔽しようとした司法妨害で大統領を告発し、弾劾訴追決議案第一条に賛成票を投じた。弾劾に反対したのは一一票で、すべて共和党員だった。七月二九日、弾劾訴追案第二条が可決され（大統領が権力を乱用してアメリカ国民の憲法上の権利を侵害したと非難するもの）、新たに共和党員一名が賛成側に加わった。そして七月三〇日、〔大統領が〕度重なる召喚状に応じないため、弾劾訴追決議案第三条が可決された。投票数は二一対一七で、そのうち民主党員二名が反対票、共和党員二名が賛成票を投じた。

　バリー・ゴールドウォーターは、個人的にはニクソンが好きではなかった。だが、ゴールドウォーター自身が本当に好きな人たちの大半はウォーターゲート事件になど目にもとめないだろうと、本能的に信じようとした。しかし、一九七四年七月までには、そう偽ることをやめた。ゴールドウォーターは同僚にニクソン大統領の時代は終わったと話した。彼は「専門家たち」に頼るかわりに――「明白な《スモーキング・》証拠《ガン》」のテープではなく――ようやく本物のテープ自体を書き起こした、本物の記録を読み終えた。

　共和党の上院議員のなかには、ゴールドウォーターや上院内総務ヒュー・スコットにホワイトハウスへ行って、ニクソンに辞任を促すよう迫る者もいた。ゴールドウォーターは気が進まなかった。だが、そうせねばならないことがわかっていた。一九七四年八月五日月曜日の午後、ニクソンの政治顧問ディーン・バーチがゴールドウォーターのもとに致命的な証拠テープの複製を持ってきた。〔ゴールドウォーター〕上院議員は怒りを爆発させ、長い間ニクソンを支持してきた自分に憤りを覚えた。

ジェームズ・キャノンは著書『タイム・アンド・チャンス *Time and Chance*』のなかに、ニクソンが自分の運命が決定したと悟った瞬間を氷漬けにしてとどめている。それは七月二三日、ニクソンがアラバマ州知事ジョージ・ウォレスに電話して、アラバマ州選出上院議員のウォルター・フラワーズを説得し、弾劾訴追案に反対票を投じさせるよう求めたときのことだ。ウォレスは、自分はもう大統領を支持できないので、そのような電話は不適切だと思うとニクソンに告げた。

キャノンによると、ニクソンはアル・ヘイグに告げたそうだ。「大統領の座はおしまいだ」。

しかし、われわれのような日々の歴史家には、これらの精緻な史実はまだ得られないものだった。われわれは独占的な関心をもって取り組んできた報道の大詰め《ストーリー》に失敗したくなかった。だが、半端な真実で誤解を招く可能性のある噂を報道して、台無しにしたくもなかった。そのため『ワシントン・ポスト』では、われわれの苛立ちがほぼ限界に達していた。

この頃、私は上院議員のゴールドウォーターをレッドスキンズ〔アメリカン・フットボールのチーム名〕の試合に招待した。すると、彼は三〇ページに及ぶ録音テープの「分析結果」を携えて現れ、「この街で最も賢い弁護士の一人」の手で書かれたものだと言った。

ゴールドウォーターとは、一九六三年の大統領選に立候補したときに初めて会って以来の付き合いだ――他の友人には奇妙な関係に映ったようだ。私はゴールドウォーターの意見のほとんどを気にかけなかったし、彼もまた私の意見を気にかけなかった。だが、彼の内には高く称賛に値する基本的な美徳――忠義、威厳、友情、忖度《そんたく》のなさ――があることには気づいていた。あるとき、ゴールドウォーターが〔カリフォルニア州〕オレンジ郡の保守層関係者との格式ばった懇親会で、自分と討論でもしないかと私を口説き落とした。ゴールドウォーターの忠実な支持者たちは〔私を串刺しにする〕イノシシ狩りが見物できると確信し、大挙して押し寄せた。ゴールディ〔ゴールドウォーター〕が私のことをひどく褒めちぎりはじめたので、彼の支持者たちは不満の声をもらし、イノシシ狩りはついぞ実現しなかったのだ。

試合終了後（レッドスキンズ33点対フォーティーナイナーズ9点）に、私は分析結果を読んだが、ニクソンを無罪だとする分析担当者の結論にそぐわないような会話はすべて実質的に省かれ、分析の助けとなる会話の一部も文脈から削除されていて、ひどく誠意を欠いたものだとわかった。次にゴールドウォーターに会った際に、あの分析結果を読んだかと尋ねると、彼はきまり悪そうに笑って、まだだと答えた。今ではわかっていることを、その当時の私は知らなかった。というのも、ゴールドウォーターの下で働いていたのは、連邦議会では概して最悪だとされる職員だったのだ。

いまやわれわれの多くが、ニクソンは辞任しなければ弾劾されるだろうと察していた。というわけで、彼は辞任するだろうという結論には至ったが、最後の一週間は事実をつかむのが難しかった。しかし、おそらく初めて、われわれはニュースがくるのを待つ余裕があると感じていた。もはや、ウォーターゲート事件が未解決のままで終わる心配はなかった。われわれの報道を証明するかたちで、ウォーターゲート事件は解決するだろう。ニクソンは、いずれにせよ政権の座を去っていくだろう。ゴールドウォーターも声を大にして、同じことを口にした。「ニクソンは辞任するつもりだ」。それからこう続けた。「いつ、どのようにするつもりなのかは、大統領自身にもおそらくわかっていない。ただ、大統領が辞任する決意を固めたという記事を出せば、彼が辞任しないと決意することは間違いない」。ゴールドウォーターはわれわれ（というより私）に、報じようと思った噂ならどのようなものでも報道してほしいと依頼してきたが——われわれも多くを報じた——大統領は決意をまだ固めていないということだけを述べるように伝えてきた。

私はまさに混乱していた。まず、ニクソンの次の一手は何なのか、それをどのように打とうとしているのかがわからなかった。なおかつ、われわれは皆長いことウォーターゲート事件と運命を共にしてきたので、私は自分たちの立場を危険にさらすようなことは絶対にしないつもりだった。

以下は、一九七四年八月六日火曜日から大統領の辞任までの『ワシントン・ポスト』一面トップの見出しである。八月六日「大統領データの秘匿を認める　テープが自身の隠蔽承認を示す」、八月七日「ニクソン　辞任しないと発言」、八月八日「ニクソン　辞任間近」、八月九日「ニクソン　辞任」。

ゴールドウォーターは「大統領が国のためになせる最善のことは、ホワイトハウスから去ることだ」と主張して、共和党の有力層にひそかに働きかけた。八月七日水曜日、ゴールドウォーター、スコット、下院院内総務ジョン・J・ローズが、午後五時に大統領の執務室に通された。ゴールドウォーターはその一団の代表者《スポークスマン》で、ヘイグからの助言とゴールドウォーター自身が私に助言したことに従った。つまり、冷静に振る舞い、最後通告も勧告もしなかったのだ。

　ゴールドウォーターは当初、上院でのニクソン勢力を一二から一五票と見積もっていた。そこで、彼はこの日の朝に票読みを実施したと大統領に告げ、圧力を強めることにした。「四票以上の手堅い票は認められませんでした。しかも、これらの票は南部出身の年配議員によるものです」と付け加えた。*

「状況がどうなってきているのか、非常に心配している者も、態度を決めかねている者もいます。私もその一人です」と、ゴールドウォーターは続けた。議員たちが四五分後に報道陣に接した際、ゴールドウォーターは嘘をついた。ニクソン陣営は票読みなど実施していないし、上院議員のほとんどは自身を含めて決心がついていない、と言ったのだ。

　そして、大統領もまた共和党の幹部たちに嘘をついていた。ニクソンは辞任する決意を固めた。それからその日の夜七時前に、悲しむ家族にその決意を知らせた。

　われわれはニクソンが翌日には辞任するつもりだろうと思っていたが、その晩は大統領の辞任が目前に迫っているとだけ書いて、出稿した。八日は一日中、朝九時三〇分からホワイトハウスがあらかじめ予約したテレビの放映時刻夜九時まで、大統領が辞任する兆《サイン》しが次から次へと出てきた。ニクソンと議会首脳陣との会談が、夕方早くに設定された。アレクサンドリアにあるフォード家の周りには、黄色い規制線が張り巡らされた。バーガー最高裁長官をヨーロッパから軍用機で帰国させたと聞いた者もいた——おそらく、新大統領に宣誓就任させるためだろう。私はその日の朝から追って通知があるまで、テレビカメラもカメラマンも、そして続く四八時間以内は『ワシントン・ポスト』以外の記者を市報部には入室させないと、決断した。プロ意識を示す以外の、得意げな調子や正当性の主張をほのめかす記事はいらなかった。『ワシントン・ポスト』の評判は、二年以上前から危険にさらされてきた。われわれは人生のなかで最も重要な政治報道《ストーリー》の渦中にいた。そして、皆疲弊しきっていた。私は最後の瞬間にその報道《ストーリー》に邪魔が入らないよう、確かなものにしておきたかったのだ。

　われわれはいざという時に備えて「ニクソン政権の日々」と印字された二四ページの付録版の活字を組み、一面に大きく「ニクソン　辞任」という見出しを八段にわたって割り付けた。適切な大きさの活字がなかったので、「ニクソ

＊　二人の著書『最後の日々』に記載されている、ウッドワードとバーンスタインが行ったインタビューからの引用。

ン　辞任」と最大の活字で組んで光沢紙にその二語を印刷し、それを写真に撮って拡大し、一九五三年三月五日に「スターリン　死去」と報じて以来初めて、一六八ポイントの活字を均等に配置し「ニクソン　辞任」と掲げた。

ついに、そのときが来た。大統領が「したがって、私は明日の正午に大統領を辞任します」と言ったとき、私は両手を膝の間で組み、額を机の上につけて、ごくひそかに「やったぞ」とつぶやいたのを覚えている。

夜九時の記者会見の成果を朝刊の第一版に掲載するのは、大きなプレッシャーの下ではなかなかできるものではない。記者は記事を書き始める必要がある場合、会見が終わるおよそ五分前までにテレビ画面を見てメモをとり、引用しなければならない。プロの記者は通常記者会見が終わってから数分以内に、第一版の記事を完成させる。そして、キャロル・キルパトリックは辣腕をふるい、その作業をやってのけた。

> リチャード・ミルハウス・ニクソンは昨夜、第三七代アメリカ大統領を本日の正午をもって辞任する、と発表した。
>
> ミシガン州出身のジェラルド・R・フォード副大統領が、正午に新大統領として宣誓を行い、残る二年の任期を全うする。
>
> ニクソン大統領は、二年に及ぶウォーターゲート事件をめぐる激しい国民的議論の後、国民と共和党指導者の圧力に屈し、アメリカ史上初めて辞任した大統領となった。

朝刊第一版には劇的な瞬間を象徴する写真がなかったが、その後の版にはホワイトハウスの担当カメラマンであるオリー・アトキンスが撮った、大統領が辞任前に娘のジュリー・アイゼンハワーをしっかり抱きしめるという、ひときわ目を引き、心を打つ――ページの四分の一を占めた――写真があった。

キルパトリックの前文《リード》の後に、ジュール・ウィットカヴァーが「フォードが本日大統領に就任」と題したコラムを書いた。ディック・ハーウッドとヘインズ・ジョンソンは「厳粛な変化」という記事を書いた。それは、そのすべての雰囲気と意味について、想像力がかきたてられるものだった。

> その日がついに訪れたとき、何週間もこの首都を覆っていた怒りと緊張や非難合戦は、その厳粛な変化のうちに治まっていった。落ち着きを取り戻し、和解の精神がおぼろげながら芽生えようとしている。

私は疲れた体にむちを打ち、一階下にある植字室へ降りていった。これまで関わってきたなかで、最も重要な新聞の第一版が出来上がるのを見逃したくなかったからだ。ジョージ・キッドウェルが一面を製版しているところだったが、私には逆さまの鉛活字を読む練習以外には何もさせてくれなかった。

　ウッドワードとバーンスタイン、そして、レン・ダウニー編集局次長率いる首都《メトロ》部の編集者たちはこの記事の日々の管理を引き受け、ここまでほぼ自力でやってきた。だが、三日前に明白な証拠《スモーキング・ガン》であるテープに関する記事を書いてからは、奇妙にも沈黙を保っていた。社内では全国ニュース部の部員の探査力と重要度が最も抜きん出ていたが、首都《メトロ》部の部員が画期的な報道を行い、全世界にそれを知らしめていた。

　一九七二年六月に侵入事件が起きた夜から一九七四年八月にニクソンが辞任するまで、ウォーターゲート事件と『ワシントン・ポスト』とは切っても切れない関係だった。ニクソンが――『ワシントン・ポスト』ではなく――ニクソン自身を「追いつめた」のだが、『ワシントン・ポスト』の記事が国家的な検討事項にまで到達するや、憲法がいかに深刻にむしばまれたのかを世間が理解するまで、報道し続けた。『ワシントン・ポスト』内では、ウッドワードとバーンスタインの報道が圧倒的に重要だった。この報道に関わった編集幹部――ブラッドリー、サイモンズ、サスマン、ダウニー、ローゼンフェルド――による配慮と決断は、記事をお蔵入りにしないという姿勢を選択した点でとくに重要だった。社主《オーナーズ》たちの支援は――とくに政権からの敵対的な脅威にさらされているなかでは――最高水準のものであり、私の知る限りジャーナリズムの世界において、他に匹敵するものはなかった。

　新聞業務とは、大きさがよくわからない果物から、日々少しずつかじりとったものを取り扱うようなものだ。その果実がリンゴだと確信するまでに、何度もかじることになるかもしれない。何度も何度もかじり続けて、ようやくその大きさが実際に把握できるようになる。ウォーターゲート事件こそが、そうだった。

　事件に関わった政治家たちは間もなく、ひどい代償を払うことになった。彼らが人生で成し遂げたことが何であれ、死亡記事の前文《リード》ではウォーターゲート事件における恥ずべき役割が強調された。そしてこれからも、それは変わることがないだろう。

　歴代のアメリカ大統領のうち、最も論争を引き起こし、矛盾に満ちていたリチャード・ミルハウス・ニクソンの死は、弾劾の脅威の下、辞任を余儀なくされた初の大統領となってから二〇年後に訪れた……

――『ワシントン・ポスト』一九九四年四月二三日

リチャード・M・ニクソンのホワイトハウス首席補佐官で、ニクソン大統領を辞任に追いやったウォーターゲート事件の中心人物であったH・R・〝ボブ〟・ホールドマンは、昨日、カリフォルニア州サンタバーバラの自宅で癌のため、六七歳で死去した。

――『ワシントン・ポスト』一九九三年一一月一三日

リチャード・ニクソンは失脚し、打ちのめされ、彼だけのために用意された地獄に落とされ、弾劾を避けるために大統領を辞任することになった。そして、それは彼以外の誰のせいでもなかった。ニクソンの熱烈な支持者たち――チャールズ・コルソン、ジョン・アーリックマン、H・R・ホールドマン、ハワード・ハント、ゴードン・リディら――は、自分たちが法よりも上の存在なのだという意識でいて、ニクソン同様に傲慢だったことから失脚し、投獄されたのだ。

ニクソンをそこまで熱心に支持していない者たち――ジョン・ミッチェル司法長官ならびにモーリス・スタンズ商務長官のような聖人ぶった古参者たち、ジョン・ディーン、エードワイト・チェーピン、ドナルド・セグレッティ、エージル・クローグ、ジェブ・マグルーダーのようなバラ色の頬をした新参者たち――は、自らの歯止めの利かぬ野望の犠牲者だった。

しかし、ウォーターゲート事件の後で波に乗ってワシントンに乗り込んできた政治家たちが学んだと思われる教訓をかいつまんで言うならば、こうだ。捕まるな。それなのに、政治家たちはその教訓のすべてを十分には学んでこなかった。（かつてニクソンは、友人で弁護士である政治専門家レン・ガーメントにこう言ったそうだ。「君は、政治の世界では成功しないだろう。嘘のつき方を知らないからな」。）ニクソン失脚直後の一〇年間で連邦法による犯罪で有罪判決を受けた連邦政府職員は、一九七五年の四三人から一九八四年の四二九人に増えた。それでいてその数には、イラン・コントラ事件と隠蔽工作に関わった人数が含まれてもいないのだ。

ウォーターゲート事件が遺したものから最も重大な影響を受けたのは、アメリカの若者と報道機関――とくに『ワシントン・ポスト』――だった。

ウォーターゲート事件はまず、報道機関を国民的評価に値する地位へと押し上げた。一流のジャーナリストたち、とくに、ワシントン特派員と海外特派員はかねてから尊敬されていた。しかし、ウォーターゲート事件によって、地元のジャーナリスト――とくに『ワシントン・ポスト』の

――がとりわけアメリカの若者にとって、英雄とも言えるような存在になった。進路の決定を恐れて後回しにしている高校生や大学生は、ジャーナリズムに魅了された。ジャーナリズム学部・大学院《スクール》の門を叩く者の数が急増した。有能で若く、不屈の精神を持った全世代の活動家をジャーナリズムの世界に引きこんだのが、他でもないリチャード・ニクソンその人であったのは、彼がその仕事を理解することも好きになることも決してなかったのだから、たまらなく皮肉なことのうちの一つである。そしてこの若者たちとともに現れたのが、一九七三年と七四年のニクソン政権の行きすぎた行為にひどくショックを受けた改革派の政治家たちだった。

好むと好まざるとにかかわらず、われわれは舞台の中心にいた。そして、清廉潔白でいつづけようと最初に努力はしたが、好意的に見ても考えが甘く、無駄だった。弾劾のことが徐々に明るみに出てくるまでの数ヵ月間、われわれは公の場でその件について論議することを一切禁止していた。私は全関係者に対し、ほくそ笑んでいるとか喜んでいるなどと解釈されるようなことはしないように、と懇願して回った。これが大変なことだった。

ニクソン辞任後、われわれはカメラマンや照明スタッフと（『ワシントン・ポスト』以外の）記者たちをすべて編集局から締め出し、それを徹底した。『ワシントン・ポスト』の記者や編集者をテレビカメラには近づけまいと努力したが、うまくいかなかった。ある記者が他社の記者との話を断ると、戦いの火蓋が切られ、平和が戻る前に誰もが別の誰かに話しかけるようになった。この騒動の下では、分別など失われてしまった。

新たな国民的英雄となったウッドワードとバーンスタインは、突如として売れっ子となった。次から次へと雑誌で紹介され、アメリカ中で講演を行い、著書の執筆活動に追われていた。カールとボブは、ウォーターゲート事件の報道に携わったわれわれ全員にインタビューを実施した。誰もが、ボブ・ドールとクラーク・マクレガーをわずらわせたのと同じ手法にさらされることになった。ウッドワードとバーンスタインの正面に座って初めて、本当にインタビューを受けたといえるのだ。アメリカ中西部の農業青少年クラブである4Hクラブを思わせる、真面目で親しみやすいボブの雰囲気に隠されているもの。それは、トレードマークである執拗なまでの意志の強さだ。ヒッピー風のいわくありげで、雑誌『ローリング・ストーン』にでもでてきそうなカールの風貌に隠されているもの。それは、独創的、かつ直感的な分析力なのだ。

第15章　ウォーターゲート事件後

ウォーターゲート事件の最中――その数ヵ月前だったか、あるいは後だったかもしれないが――私は紙切れに鉛筆で書かれた匿名の手紙を全部でおそらく五、六通ほど、受け取るようになっていた。筆跡はほとんど判読できなかったが、いくら別の解釈を試みても明らかに私の気を惹こうとするものだった。短く謎めいたメッセージは手に余るとまでは言わないが、対処することが次第に困難になっていった。どれも礼儀正しく控えめなものではあったが、とにかく、わずらわしかった。

異性に関する私の空想生活は、生き生きとして健全なものだったが、それが何か別のものに発展していくかもしれない、と認める心の準備はまだできていなかった。私はサーバーが書いた小説が出版されてから今日まで、主人公のウォルター・ミティと自分とを重ね合わせてきた。たとえば、いまだにセーヌ川にかかった橋を渡る際に下をのぞき込んで靴とジャケットをかなぐり捨てて飛び込み、苦難の乙女の命を救うことを少しの間であれ、空想せずにはいられないのだ。『ワシントン・ポスト』の記者は皆、歯に衣を着せず自由なものの見方をし、率直であるように訓練されているので、匿名のメモを心地よく感じていたようには思えない。いまだおしどり夫婦の片割れだと広く誤解されていた私が、誰かの恋愛対象になることなど、さらに考えにくいという感じがした。

『ワシントン・ポスト』ではその頃、私やキャサリン・グラハム、それに他の者たちに宛てた匿名の不愉快な手紙を何通か受けとるようになっていた。それは内部事情について尋ねるもので、意見の相違や疑惑の種をまく狙いがあった。われわれは首を切られた秘書の仕業だと思いながらも、これらの匿名の手紙をエド・ウィリアムズに渡していた。ウォーターゲート事件の間には軽い被害妄想症《パラノイア》に陥ったものだが、その経験からこれらの手紙は偽物にすぎないと考えるようになっていた。送り手は〈カナック・レター〉をよこした奴とか、白昼一六番街とK街の交わるところ〔つまり、ホワイトハウスの近く〕でバーンスタインに麻薬を売りつけようとした奴とか、汚い手口の腕を磨いた奴であって、憎むべき『ワシントン・ポスト』の編集主幹への投書を装って手紙を偽造することなどお手の物だろう。というわけで、手紙を受け取って数日後には、頭の中から大半を消し去っていた。

しかし、その少し前に私的な時間を多少使って従業員名簿をアルファベット順に目を通し、手紙をよこしそうな人物を探った。私より先にウォルター・ミティがしたように、折に触れて眺めては長々とああでもないこうでもないと思いを巡らせていた。名前などはもはや重要ではなかった。Qの欄までたどりついたとき、魅力的で才能に満ちたサリー・クインの名前が目に留まった。サリーはスタイル部《セクション》の新しい花形記者だ。このとき、自分がずっと彼女の気を惹こうとしてきたことに気がついた。ただ、サリーは若すぎた。それに最近の噂によると、「CBSモーニング・ニュース」初の女性キャスターになるために『ワシントン・ポスト』を辞めるとのことだった。CBSの社長ウィリアム・ペイリーは、朝のニュース番組に女性キャスターを起用するよう圧力を受けたため、私の旧友であるゴードン・マニングに適任者探しを任せていたのだった。

私はもうずっと前から、編集局を「うろつく《ハンギング・アウト》」技術を磨き上げていた――自分なりのやり方で、グループをあちこち移動しながら聞き耳を立て、噂話《ゴシップ》をし、励ましつつ、記者たちから彼らが書いている人々が本当はどんな人物なのかを聞き出していた。「うろつく」ことは一日のなかでも最大の楽しみだったが、さらには自分の仕事のなかでも、最高の部分だったのかもしれない。とくにスタイル部は、宝の山だった。この部署の記者たちは礼儀を知らず、あらゆる権威に対してさして敬意も払わず、新聞や自身らの持つ力に対しても、たいして気にとめていなかった。サリー・クインとフィル・ケイシーの机は隣同士で、とくに掘り出しものが多かった。サリーのほうが美人で、フィルのほうが愉快だった。二人ともつねに興味津々で話しかけてきてはくれたが、サリーは私を「ブラッドリーさん」と呼び、一九七三年六月に『ワシントン・ポスト』を辞めてCBSに移るまで、その呼び方をずっと改めようとはしなかった。

さて、サリーと初めて出会ったのは、論説委員長の秘書候補として面接を担当したフィル・ゲイリンが紹介してくれたときだった。フィルには、サリーは速記ができないからというだけでなく、そもそも採用するのをやめたほうがいいと忠告をした。自戒も込め、「あんなに魅力的な人だと、仕事がやりにくくなるのでは」とほのめかしもした。

だが、それから一ヵ月ほど経った頃、『ワシントン・ポスト』でワシントンの人間模様で主力となる人たちを担当する取材記者を必死に探していたとき、再びサリー・クインの名前が浮上してきたのだ。これはサリーにうってつけの仕事だったが、一つだけ小さな問題があった。これまで、仕事で文章を書いたことが一度もなかったのだ。サリーは軍人の娘で、アルジェリア大使シェリフ・ゲラルの私設秘書を務めたことがあった。一九六八年のボビー・ケネディの選挙キャンペーンにも参加していたため、町の住民を全員知っている。サリーがまったくの未経験者であることを報告した際、私は「まあ、完璧な人間はいないからね」と言ったらしい。いざ、フィル・ゲイリンに今回の仕事に彼女を雇うつもりだと言うと、そう指摘された。

とにかく、サリーは採用された。するとすぐに、生意気かつ不遜で洞察力に富んだ人物紹介記事《プロフィール》がサリーの十八番《おはこ》になった。それは取材を受ける側から提供された火種に、取材する側が火をつけるというものだった。スタイル部はトム・ケンドリック、その後にはシェルビー・コフィーのもと、若き「新しきジャーナリストたち」から個性的な面々をひとところに集めていた。幾人かの名前を挙げるなら、B・J・フィリップス、マイラ・マクファーソン、ニック・フォン・ホフマンなど、生き生きとした描写力にすぐれ、ユーモアに満ちた文章を書く者たちだ。この若手集団は題材を理解し、そのすばらしい才能で物事の本質を見抜き、共有した。

サリーは、つかの間の名声を享受している人々の印象的な紹介記事《プロフィール》や、ワシントンのあらゆる機関について、不遜で、洞察力や機知に富んだ署名記事を書いた。人々に自分自身のことを語らせることにかけて、サリーはすばらしい能力を持っていた。かつてヘンリー・キッシンジャーは、マキシン・チェシャーが自分のことを書いたら彼女を殺したくなったが、サリー・クインが自分のことを書いたら自分を殺したくなったと言ったものだ。

ここで、サリーが手がけた紹介記事《プロフィール》のなかから、最も印象深いものをいくつか紹介しよう。

> ストリッパー、サリー・ランドについて——たくましい姐御である。自身もまずは自分のことをそう表現するだろう。サリーは自らに健全な敬意を持ち、仕事に誇りを持っている。良いことも悪いこともよく理解して受け入れ、何事でも笑いにかえる力に長けており、世慣れた振る舞いとは相反する純真な一面を持っている。小柄な身体（サイズ7、子ども用S）で、自分が

着る服は自分で作ることが多い。ピンヒールのミュールをはき、マイクロミニスカートから見事な脚を見せびらかしている。化粧はかなり厚いが、広範囲に及ぶ美容整形の傷跡を隠しきれてはいない。虚栄心が強く、仕事をしていないときにはよく運動をしており、日光浴をするときにはいつも全裸である。「そうでもしないと、私のおっぱいがヘッドライトのように目立っちゃうのよ」。

ジョージ・ウォレスの義母フォルサム・エリス・オースティン、〝ビッグ・ルビー〟について——後に娘コーネリアからこう言われる。「モンゴメリーで唯一の独身男性をやーっと手に入れましたわぁ。ママがジョージを狙わないかぁ、もう、ひーやひやしてましたのよぉ」。

ビッグ・ルビーの返事——「オースティン博士が亡くなってから二年間、ずーっと次の夫を探していましたわぁ。でも、モンゴメリーでは、なかなかいい方が見つかりませんのぉ。ここにはなーんにもありませんものぉ。あらいやだわぁ、ハニー。「ジョージは」私にはお子さまですわよぉ」。

ワシントンの恋愛事情について——愛人には、権力を持つ男性を相手に権力を行使する喜びがある。妻には肩書き、社会的地位、そして、金がある。また、男には、二人の女性に自分の欲求を満たしてもらうという満足感がある。ワシントンの恋愛事情においては、誰しもに何らかの得があるのだ。

カーター大統領の友人で予算局長である、バート・ランスについて——バート・ランスには、以前にも会ったことがあるだろう。最初はそれがどこだったのか思い出せない。そして、思い当たるのだ。それは中東のどこかの市場であったと。彼はジェラバとターバンを身にまとい、露店の後ろに立っている。あなたにラクダを売ろうとする。安い。交渉を進めていくうちに、実はラクダなどまったく必要がないことに気づく。そこで、代わりに絨毯を買うことにする。とても安い。損が続けば、彼は救貧院に行くことになるだろう。こんなに安くしてもらっては、彼の家族は飢えてしまうのではないだろうか。絶望するふりで揉み手する最中にも、その目には光が宿っている。あなたはつい、その絨毯の値打ちよりもかなり高めの代金を彼に支払ってしまう。店を立ち去るとき、彼は輝いた顔であなたを祝福してくれる。不思議なことに、騙されたとわかっていても、あなたは良い気分だ。

バレエ界のスター、ルドルフ・ヌレエフについて――［彼の］持つタタール人特有の高い頬骨、少しつり上がった目、古い傷跡が残る残忍な口元、張り詰めた筋肉質な体、力強くも優しい手、くしゃくしゃの茶色い髪、そして、茶目っ気を見せつつも悲しげで挑発的な眼差し。もちろん、彼の尻も。非常に見事なのだ。

サリーが記事を執筆するごとに腕を上げ、新聞界で最も輝く新星の一人になっていくのを私はずっと見守っていた。サリーは、CBSに移るために一九七三年六月二三日までに『ワシントン・ポスト』を退社すると公表した。すばらしいヒューズ・ラッドとともに、［NBCの］バーバラ・ウォルターズと「ザ・トゥデイ・ショー」に対する、CBSの打開策になるのである。私は才能ある人たちに『ワシントン・ポスト』で働いてもらおうと懸命に取り組んできたので、そのうちの一人でも会社から去っていくのを見るのが嫌だった。そこで、なんとか説得できないか試みようと、サリーを昼食に誘った。いまだに私を「ブラッドリーさん」と呼んでいたけれども、承諾してくれた。

互いにとって、昼食の時間はつらいものとなった。私が話を切り出す前に、辞める理由をご存じですか……とサリーが尋ねてきた。なんと、あの匿名の手紙を書いたのはサリーで、私に恋心を抱いているというのだ。非常に驚いたが、とてもうれしかった。と同時に、弱気にもなった。トニーは、ジャーナリズムの多くは内容が薄く、突発的で劇的な事柄ばかりを取り上げていて、それらが意義のあるものや良質なものよりも優先されていると感じるようになっていた。トニーはますます〈作業《ワーク》〉にのめり込んでいった。私はトニーと二人で分かち合った喜びを再び取り戻せるという希望をほとんど失っていた。それなのに、サリーとの仲を深める機会も摑めないままだった。

サリーを説得しようと頑張ったが、うまくはいかなかった。翌日、ニューヨークへと旅立って行った。

しかし、ラッドとともに「CBSモーニング・ニュース」の共同キャスターを務めることになったサリーには経験が足りておらず、CBSが研修もせずにこの注目のポストに放りこむと決断したことと相まって、そのキャリアが失敗に終わることは最初からわかっていた。私が受け取ったメッセージとは、このような単純なものだ。世の女性たち《シスターズ》は、女性キャスターを必要としているのか？　よし、ここに一人いるからどんなふうにこなすか、お手並み拝見といこう、というわけだ。ヒューズ・ラッドの進行は不愛想だが、面白く、独創的で最高だったたし、二人は相性がいいと思った。サリーは初日の朝に四〇度の熱を出すなど少し苦しんだようだが、日に日に落ち着きを取り戻していったように感じられた。数ヵ月後に放送が中止されたときには、番組の視聴率は一・六％、シェアは一四％だった。二〇年以上たった今でも、「ＣＢＳモーニング・ニュース」、現在の「ＣＢＳディス・モーニング」は、全テレビ局の朝のニュース番組のなかで、最低の視聴率を更新しつづけている。

だが、私はまたしても重要な岐路に立っていた。まず一方はかつて愛した女性であり、わが二人の子どもの母親であるトニーと一緒にいて、もう一度、幸せを取り戻そうとする道。もう一方は恋に落ちたことを認識し、サリーとともに別の——刺激的で、互いに求めあい、目標を分かち合い、すべてが報われることが約束された人生を歩む、という道だ。この分岐点が一九年前にフランスで直面したものとさほど変わらないことがわかっていても、あまり役には立たなかった。再び悲しみに暮れてしまうこともわかっていたのだ。トニーは私がベトナムと日本から予定より二年も早く戻ることにならなければよかったと言っていたが、だからといって、今すぐここから出て行ってほしいというわけでもなかった。

結局、解決方法といえば、一ヵ月間ホテルに滞在し、その後、ウォーターゲートビル内にあるアパートの一室に移るということだった。一九七三年一〇月にＣＢＳの仕事が打ち切りになると、サリーがそこに一緒に住み始めた。サリーはニュース・キャスターとしての不運な体験を『スターにしてあげよう *We're Going to Make You a Star*』というユーモアに満ちた本に昇華することを決意し、また別の仕事を見つけてもいた——『ニューヨーク・タイムズ』ワシントン支局である。ひどい考えだと私は思った。というのも、『ニューヨーク・タイムズ』は堅苦しくてサリーの能力を生かすことができないと思ったからだ。ライバル紙、とくにそのライバル紙にサリーが執筆した社会に対する辛辣な論評や紹介記事《プロフィール》が載っているのを読むのは、非常に不安だった。とはいえ、恋人を雇うということは、たとえ再雇用であっても軽々しくできるものではなかった。

そして、『ニューヨーク・タイムズ』に対し懸念していたことは正しかった。採用の際、サリーはクリフトン・ダニエル編集局長に、『ワシントン・ポスト』とかわしたフリーランス契約最後の仕事として、ワシントンの超有名な大女優アリス・ローズヴェルト・ロングワースの紹介記事《プロフィール》を執筆することがすでに決まっていると告げた。ダニエルはそれを承諾したくせに、その記事が掲載された直後に電話をかけてきて、サリーが『ワシントン・ポスト』の仕事を引き受けた配慮のなさに「会社の皆がショックを受けています」と言った。双方の関係は二度と良好なものにはならなかった。その記事は火曜日に掲載されたが、『ニューヨーク・タイムズ』には冗長で際どすぎるということで、皆の意見が一致した——Ｌ夫人はレズビアニズムと「親愛なる老人のもの」、つまり、男性器についてかなり話していたのだった――街では何日もこの話題で持ち切りだった。

かくして、恋人の〔就職〕問題が残った。私はハワード・サイモンズに、自分はこの件に関与しないようにしなければならないが、君とスタイル部の部長シェルビー・コフィーがサリーを採用したいのならご自由に、と言った。火曜日の午後、サイモンズはサリーを呼び寄せ、『ニューヨーク・タイムズ』で働くのは馬鹿げている、元の仕事に戻ってこないか、と提案した。彼女はその誘いに乗った。これで、恋人の仕事の問題は解決した。だが、ワシントンの新聞各紙、とくに、『ワシントン・スター』のゴシップ欄「小耳に」では、サリーはつねに「ブラッドリーと同棲中の恋人」と書かれていた。

それは一九七三年の秋、この時代で最も重要な新聞報道、ウォーターゲート事件のまさに真只中のことだった。私は五二歳で、二五歳のベン・ジュニア、一五歳のディノ、一三歳のマリーナの三人の父親だった。サリーは私より二〇歳も年下で、結婚したことはまだなかった。だが、ニューヨークの新聞記者との長すぎた春に、ちょうど終止符を打とうとするところだった。またもや、子どもたちに自分の新しい状況を説明するのは、筆舌に尽くしがたい苦痛だった。このような状況で子どもの怒りに対処する最善の方法は、その怒りを妨げることなく、自分自身をさらけ出すことだと、どこかで読んだことを思い出した。そこで、その方法に倣うことにした。ディノの怒りが一番大きかった。少なくとも怒りを一番あらわにしたのは、ある晩、子どもたちの様子を見に行ったときのことだった。ディノは地下室の作業場で、上質な革の小銭入れ、ブリーフケース、財布を作っていた。私は幸せがどんなにすばらしく楽しいものか、それがなくてはどんなに悲しくて生きられないかということを説明しようとした。だが、ディノはほぼ無言で、ハンマーで革をたたき、切り、なめらかに整え、油を塗っていた。

ディノとの問題は、数ヵ月で解決した。とても悲しんではいたけれど、理解してくれたのだと思う。マリーナは、最初から理解しているふりをしていた。サリーとの友情は――後にではあったが、真の友情が結ばれた。トニーと私が再び友人に戻るのには、五年かかった。ある日、突然トニーから電話がかかってきて、二人の間に起こったことは何であれ、自分にも悪いところがあったと言ってくれたのだ。

だがその前に、私はサリーと刺激に満ちた新生活を開始していた。ウォーターゲート事件は解決した。ニクソンは去ったが、私の内なる一部には将来に対して不安もいくらかあった。

サリー・クインが「ブラッドリーさん」と私を呼ばなくなったとたん、私生活に電撃的な変化が起きた。彼女には何事も楽しむ感覚やユーモアのセンスがあり、さらに人生はともに競争し、楽しみ、分かち合うものだという目新しくも気概あふれる信念を私にもたらしてくれた。人生の情熱をすべて『ワシントン・ポスト』へ注ぎ込む私の性分を当然だと思っていて、活力の源になるとすら思っていた。サリーは『ワシントン・ポスト』に戻った際、スタイル部で優れた才能を発揮し、自分のやり方に自信をもって未知の領域に踏み込んでいった。

さて、私たちはポトマック川が見渡せるウォーターゲートビルの一四階で、一年間生活をともにした。この場所が何かふさわしいところのように思えたのだ。それから、サリーは関係が崩れた場合に備え、私の家に通うよりも私がサリーの家に通うほうがいいと考えた。それは関係を危うくするものではなく、実に適切であるように思えた。女性《フェ》らしさ《ミニン》とフェミニストらしさが同時に感じられ、好ましかった。サリーは自分の本で得たお金で、デュポン・サークルから離れた二一番街に立派な家を買った。そこはわれわれの友人であり、同僚でもあるラリー・スターンが非公式で地域のまとめ役のようなものをしていた中心地の近くだった。

私はサリーと、発見と刺激に満ちた新生活を送り、互いの仕事へ関わりつつ、関係を静かに深めていった。当初は結婚の話も出なかったため、離婚を急ぐこともなかった。サリーには、人間関係は紙切れ一枚に左右されるものではない、というフェミニストの巧言《レトリック》に賛同するところが一部分あったのだ。だが、結局、最初は慎重に、やがて頻繁に結婚話が出るようになった。かつて愛した二人の女性に贈ったものを愛している人に贈らないというのは、ますます難しくなってきたことに気づいた。そして、サリー・クインとともに過ごす人生に心の奥では夢中になっていた。

私が徐々に有名になっていくと、ゴシップ誌がわれわれの関係に過剰な関心を寄せるようになった。あるとき、何度もしつこくやってくる記者たちの取材に対して、ポーランド人がローマ法王に選ばれでもしたら、サリーと結婚しますよと言った。だが、もちろん、そんなことはあり得ないだろうと思っていた。それから五年経った一九七八年一〇月一六日、四五六年ぶりに、ポーランド人のカロル・ヴォイティラ枢機卿が初めて、イタリア人以外のローマ法王に選出された。（そして宣言どおり、その四日後に私はサリーと結婚した。）

私はサリーと二人の将来が刺激に満ちたものになるかもしれないと実感するようになった。そして、この職業が将来、ウォーターゲート事件と同じくらい刺激的なものになることはおそらくもうないだろう、とも思うようになった。このような特ダネは、キャリアを積むうちに一度は出てくるものだろう。しかし、新聞が読者に伝えなければならない定番の記事に、どうやってわれらがみな意欲などかきたてられようか。花の都パリを訪れた記者や編集者たちを、どうやって農場に留めておけようか。ウッドワード、バーンスタイン、ブラッドリー、サイモンズだけでなく、社員全員が『ワシントン・ポスト』の業績と新しい名声を身にまとっていたのだ。それが今では、郡議会や教育委員会会議、ありふれた犯罪やそれに伴う法的措置を伝える仕事のみに戻ったかのようだった。

私には今までとはまったく違うことに挑戦する新しいプロジェクトが必要だと感じた。そして、ジョン・ケネディがいたらどれだけウォーターゲート事件を楽しんでいたか、私がどれだけ深くこの事件に関わっていたかを幾度も思い返すうちに、彼について書くことが何かまったく違う挑戦になるかもしれないと思った。ケネディの大統領時代について、私には学問的な記述をするための手段も意思もなかった。ソレンセンとシュレジンジャーが決定版となる伝記を書き上げたが、私には、大統領との会話を〈意識の流れ〉〔二〇世紀初頭の作家たちが用いた、登場人物の内面を直接的に表現する文学上の技法〕形式で書きとめたノートがあった。五年以上にわたる、だが、より詳細に言えばケネディ大統領在任中の一〇〇〇日間、会話にして一二五回以上話したことを書き留めておいたのだ。一、二分程度の電話でのものもあれば、ホワイトハウスにてトニーやジャッキーらと二、三時間夕食を共にしたときのものもあった。また、ニューポートやパーム・ビーチ、キャンプ・デイヴィッドで週末を過ごしたときのものもあった。私はこれらのメモをできるだけ早く、たいてい翌日の朝に口述筆記し、会話を再現していた。そして、その総語数は約三万五〇〇〇語にも及ぶものだった。会話のほとんどは『ニューズウィーク』に毎週掲載する週報に使用した。暗殺事件以降、書き留めたものに目を向けたことはなかった。この時点で読み返してみて、これを本にできるのではと思いはじめた。

ヘインズ・ジョンソンはそのノートを読んで、激励してくれた。また、懇意の出版社であるW・W・ノートン社のエリック・スウェンソンに連絡を取り、紹介してくれた。ほどなくして、『ケネディとの対話』に一〇万ドルの契約が成立した。（この本を『ケネディ伝記作家のためのノート』と名付けていればよかったとときどき思うことがある。確かに、後にそうなったのだから。）

ウォーターゲート事件後にキャサリン・グラハムが、私とハワード・サイモンズに三ヵ月間の有給休暇をくれた。そこで、ニクソンが辞任した二日後、ウェストヴァージニアの丘陵地帯からセルダム・シーンへと旅立った。そこには一九六六年に購入したログハウスがあり、ワシントンから西に一〇〇マイル〔約一六〇キロ〕離れたカカポン川を眺められる。「セルダム・シーン」と呼ばれているのは、つまり、そこが州道から二マイル〔約一・六キロ〕も離れた砂利道で、時には水面下に沈むこともあり、滅多《セルダム》にその眺め《シーン》も見られることがないからだ。私はそこで一人、また、しだいにまだ若いディノと一緒に、森の中で働くことの楽しさを再び見出した。森の中を散策し、草を刈り、擦り傷を負い、チェーンソーを使うことで心を空にした。ただ、心を鎮めたのではない。無心になり、平和を見出したのだ。

　いまや、一人きりで――電話すら通じなかった――あらためて、ノートを読み返した。ケネディの死から一一年経った一九七四年一一月、『ケネディとの対話』の「はじめに」の最終段落でケネディに対する私見をこう述べた。

　短かったケネディ政権は、実績よりも希望と誓いに満ちていたように、今の私には思われる。だが、ケネディがアメリカに対して抱いていたその希望と誓いは本物でありながら、彼の死後取り組まれることがなかった。

　私は今でもそう思っている。だが、彼の死から三〇年が経ち、多数の新たな事実、評価、見解などを経て、新たな資料によって確信したのが下記の項目だ。

・浮気をしていたこと。それも、たくさんの浮気だ。ケネディの存命中にこの浮気癖に気づいていなかったわれわれや、浮気について何か知っている人々にとっては興味深いことだが、大統領の資質失格とまでは言い切れない。
・想像以上に胃や腰にさまざまな不調を抱えていたこと。
・思っていたよりもわずかな信念しかなかったこと。リチャード・リーヴスが言うように、「〔ケネディには〕信条がほとんどなく……感情も乏しかった。彼が持っていた信念とは……とくに、対立を避けるためなら、あるいは、軟弱者と呼ばれる危険を避けるためなら……よく保留にしていた」。
・私が知りえた以上に、さまざまな顔を隠し持っていたこと。友人たちや伝記作家のなかに彼のすべてを知っていた者は誰もいなかった。
・ケネディに関する真実は他の真実と同じく徐々に明らかになり、前の世代よりも次の世代に、最初の研究者よりも最新の研究者によって、一層明らかにされていく。それは今後も続くことだろう。これまでもそうだったように。

私は森の中で一人、単純な日課をこなしていた。朝六時に起床してベーコンエッグの朝食をとり、七時半には玄関先のベランダでタイプライターに向かう。午後一時まで可能な限り高速で懸命にタイプし続け、指が痛くなるまで休みをとらずに仕事を続ける。サンドイッチを食べ終えたら、斧とチェーンソーを持って森へ向かい、その日の仕事を片付ける。ここは昔ながらの田舎の山小屋で、伐採する仕事は尽きない。クタクタになるまで、森で働く。それからシャワーを浴び、六時頃に夕食をとる。たいてい、コンビーフハッシュの缶詰とコップ一杯の牛乳、それに、新鮮なトマトだった。真っ昼間にベッドに横たわって、オリオールズ野球のアナウンサー、チャック・トンプソンの実況中継を、少なくとも、表裏数回分は聴いていた。

そこには二三日間滞在したが、それは一人きりで過ごした最長期間だった。すべてが静まり返った中にいて気が少しおかしくなりそうになり、余分の食料など買う必要もないのに、一〇マイル〔約一六キロ〕ほど先にあるメルヴィン・マクドナルドの食料雑貨店に行かなくてはと思うほどだった。しかし、書き溜めたメモから四〇〇〇語か五〇〇〇語ほどの文章をまとめてから、多くの土地をならしていた。

ある晴れた朝に仕事をしている途中、私は文字どおり、人生最大の恐怖を味わった。タイプライターで書き物をしていると、突然五〇ヤードほど〔約四五メートル〕左先の森の中で、何かが動くのが見えた。最初は鹿だと思った。しかし、ふと気づくと、その〝鹿〟は黒いアーミッシュ風の帽子をかぶっていて、ゆっくりと坂を上り、左の前腕に折れたライフル銃を持って、私のほうへと近づいてくるではないか。自分が把握している生き物の狩猟シーズンはまだだし、ここら辺に来るハンターの奴らは狩猟シーズンのことをすごく気にかけているはず、とやや不安に思ったことを覚えている。

男が何も言わずにどんどん近づいてきたので、とうとう沈黙を破り、非常にくだけた感じで「やあ」と声をかけた。その男が低いうなり声をあげただけだったので、何を探しているのか尋ねた。

「リスだよ」と、男が言った。私は「ここ一、二年はあまり見かけてないね」と返し、銃に目を向けた。すると、男はこう尋ねたのだ。

「あんた、ベン・ブラッドリーか？」

私の土地に勝手に入ってきて、こいつは一体全体何をしているんだ？　まったく知らない奴が、私の名前を知っている。ここから約二マイル〔約三・二キロ〕以内に住んでいる者は誰もいない。心臓が早鐘を打ち始めた。「そうだ」。

私は答えた。「本を書いている。この辺りはとても静かで快適だから、仕事がとてもはかどるんだ」。

「ウォーターゲート事件の本か?」 このときには、男は一ヤード〔約九一・四センチ〕ほど離れて、ただ突っ立っていた。

「いや、違う。ケネディ大統領のだ」と言ったが、あまり気分は良くなかった。もし、この男がニクソン大統領に起こったことが気にくわないなら、おそらくケネディ大統領のことにはあまり関心がないだろう。

沈黙がしばらく続いた。

「さてと」男は続けた。「言ってやるとしよう。あんたがニクソンにしでかしたこと全部に、とってもムカついてるとね」。まさにその瞬間、その場で眉間を撃ち抜かれそうに感じた。私の死体は何週間も見つからず、その間にアライグマかクマに、何もかもきれいさっぱり食いつくされてしまっているだろう。(つい最近も熊が目撃されなかっただろうか。) 私は銃を持っていないし、持っていたこともない。ポーチには冷たいコーヒーが半分ほどしか入っていないカップ以外、身を守るために使えるものは何もなかった。できることといえば、会話を続けることだけだった。

その男の仕事は何だったのか? ヘイガーズタウンにあるマック・トラック組み立て工場から解雇されたばかりだとのことだった。私の友人(セルダム・シーンの隣人)、ボブ・ハーデンを知っているかな? その工場の夜間監督補佐官なのだが。いや、知らねえな。ここら辺りに、知り合いは? 川向こうに小屋を持ってる郵便配達人なら、知ってるが。

男は、自分と職場の友人らはクー・クラックス・クラン〔アメリカの白人至上主義に基づく秘密結社〕に非常によく似たようなものの一員だと語った。私は安心できないぞと思いつつも、多くの陪審員が不正を発見したことを話し始めた。『ワシントン・ポスト』だけじゃない。共和党も民主党も誰もが、委員会で大統領弾劾に賛成票を投じたんだ」。男は、そこにただ突っ立っていた。身じろぎ一つせずに。それから、小屋の後ろから森の中へとゆっくりと歩き出し、二度と姿を現すことはなかった。

一〇日後、私は荷物をまとめてワシントンに戻り、床屋に寄って三週間分のヒゲを剃ってもらった。本はほぼ完成した。私はサリーと世界中でもウォーターゲート事件のことが誰にもまったく知られていないと思われる場所……ブラジルのジャングルへ行くことを心待ちにしていた。

『ブラジリア・ジョルナル』という、サバンナに囲まれて何もないところから切り出された、驚くべき新都市のリベラルな日刊紙の編集責任者が、二月に連続講演を開いてほしいと依頼してきた。ウォーターゲート事件の編集責任者に、報道の自由に深く関わったことがない聴衆の前で、その自由について語ってほしいというのである。謝礼金はバリグ航空ファーストクラスの往復航空券二枚で、私とサリーは頭がブラジルのことでいっぱいになった。それに、ブラジルはカーニバルの時期でもあるだろうということにも。友人の駐米ウルグアイ大使ヘクトル・ルイジが、バイーア州にいる優れた文化人類学の教授に連絡を取ってくれた。そして私たちは、見知らぬ人から知己になった友人たちとともに、何日も何日も街で踊り明かした。これまで訪ねたなかで、バイーア州は唯一、黒人と白人が楽しく調和して生活しているように見える場所だと思う。(バイーアには肌の黒さの度合いを表す言葉が、七〇以上もあるのだ。)ブラジリアに行くにはリオへ行かなければならなかった。だから、リオでも一晩、路上で踊ったのだが、押し潰されてもう少しで死にそうになるくらいだった。

ブラジリアで飛行機から降り立ったとき、明らかに記者だと思われる二人の男が出迎えてくれた。実は、彼らは東ドイツから移民としてやって来た、新しいブラジル人だった。男たちの最初の質問は、ホールドマンとアーリックマンがドイツ系であることが、ウォーターゲート事件では重要な役割を果たしたのか、私の考えを探ろうとするものだった。その質問と、ウォーターゲート事件をめぐる彼らの馬鹿げた解釈に啞然とした。今まで同様、どうやら逃げ場などなさそうだ。

講演会の聴衆は男性のみで、その大半が政治家だった。彼らは、この不毛の街の夜には何もすることがないのでやってきたのだ。男たちは大統領を失脚させるやもしれぬ自由を熱く訴える私よりも、不本意ながらも質問に回答したサリー(唯一の女性ゲストだった)のほうに関心があるようだった。ジョゼ・サルネイ上院議員は、ゲストのうちの一人だった。一四年後、ブラジルの熱帯雨林への旅で次に会ったときには、彼はブラジルの大統領になっていた。

われわれは、ブラジリアからマナウスへと飛んだ。これは大西洋岸のリオからアマゾン川をさかのぼること三〇〇〇マイル〔約四八二八キロ〕、ワシントンからロサンゼルスほどの距離でありながら、この巨大な国の半分ほどにしかすぎない。マナウスは第二次世界大戦の初期にグッドイヤー社が合成ゴムを発明するまで、世界のゴムの中心地だった。今ではすっかりゴースト・タウンと化しており、スウェーデンの歌姫ジェニー・リンドが、オーストラリアから歌を披露するためにアマゾン川を船でやって来たという、かの美しいオペラハウスもほとんど人が入ることもなく、今では太陽にさらされている。マナウスは清流が流れるネグロ川と濁流が流れるアマゾン川が合流する地点にある。私たちはアフリカン・クイーン型の不定期貨物船に乗ってアマゾンを遡りつつ、ペルー国境のイキトスまで途中のジャングルの村々に立ち寄りながら、探検していくことを望んでいた。ところが、そのアフリカン・クイーン号は予約した日から乗船予定日までの間に沈没し、跡形もなく消えてしまった。

その代わりに一五フィート〔約四・五メートル〕ほどのモーターボートに乗り込み、ほぼ沈みかけたチーク材の巨大な丸太やヒヤシンスが群生する巨大な浮島をよけながら、三時間かけて上流へ向かった。サリーとの関係はまだ始まったばかりで、私はこの関係についての重要な真実をまだ学んでいる最中だった。すべてを考慮に入れた上で、ミズ・クインはパイロットやエンジンをたくさん搭載した自家用飛行機で旅行するほうが好きだった。リッツホテルから計り知れないほど遠く離れ、（ピラニアなどの）目に見えない危険に満ちた、勢いよく流れる濁った泥水の川で船べりがわずか数センチのところに浮かんでいる一五フィートのモーターボートなど、ミズ・クインが好む交通手段のリストのほぼ最下位のものだ。

さらに、事態は悪化した。「ホテル」に着くと、そこは茅葺き屋根の小屋が集まったところで、髪をオレンジ色に染め、草のスカートを履いた背の低い茶色の人々が大勢いるようなところだった。「部屋」だという小屋の中はベッドが別々で、蚊帳のような不気味なものがかかっている。トイレは部屋の外にあり、昼間はかろうじて見えるが、夜間にはまったく見通しがきかない小道の先にあった。あまりのお粗末さに、サリーは笑い出しそうだった。だが、それほどでもない。日がもう暮れ出していた。数キロ以内には他の「ホテル」はない。われわれはもうお手上げ状態だった。この場でできる最上のこと、つまり、酔っぱらうことしかない。だが、バーもないので、酒もない。それなのに、十数人がテーブルを囲んで笑っているではないか。よく見ると彼らは日本人の旅行者で、サントリーのスコッチ・ウイスキーを飲んでいた。

「私たちにも少しもらえないか、聞いてみてよ」と、サリーがせがんだ。「あの人たちに英語が話せるとは思わないし、僕も日本語は話せない」と答えたが、実際には知らない人に何かを頼むのが好きではなかっただけだ。

「それじゃあ、私が頼んでくる」と言って、サリーがその日本人旅行者の一団のところへ歩いて行くのを、感服して見ていた。すぐに日本人は皆、サリーと一緒になって笑った。それからすぐ、ともに歌いはじめたのだが、何やらわらべ歌のような調べだった。実は、私の妻は日本語が少し話せるのだ。サリーの父、バッファロー・ビル大佐が韓国で戦っていたとき、残されたクイン家一同は東京に住んでいた。周りにいたのは日本人の使用人たちばかりで、下働きの少年たちが子どもたちに簡単な日本語を教えてくれた。サリーの日本語はサントリーの瓶を携えて戻ってくるのには十分で、私たちはまずは酒を口にしてから、体の表面に塗るのに使った。愛知九九式艦上爆撃機のように大きなジャングルサイズの蚊を寄せ付けないためだ。彼らは私が第二次世界大戦後に初めて敵意を覚えなかった日本人だった。それが事実なのだ。

しかし、サントリーがあろうとなかろうと、私たちはすぐにそこを出てマナウスに戻り、ペルーのリマとマチュピチュに行き、その後、ユカタンとカンクンで一週間過ごしてから、ワシントンに戻った。私は二週間も休暇を取ると、不安になる。

南米から帰国して間もなくの一九七五年、母が民間の老人ホームで亡くなった。当時は「動脈硬化」と呼んでいた。今でいうアルツハイマー病だ。最後に会ったとき、と言っても亡くなるずいぶん前のことだったが、ドイツ語で大層ひどく罵られた。その前に会ったときには、ベンだの、ベニーだの、ベンジャミンなどという名前の息子なんかいないと言われた。あれほど美しく教養があり輝いていた女性が抜け殻になった姿は、私には受けとめきれなかった。兄フレディは二〇年代や三〇年代の曲が入っているレコードを母にかけてやった。そのおかげで、私や妹がとうに触れられなくなった母の心にも到達できたのである。

『ケネディとの対話』が編集の最終段階に来たとき、ジャッキーから電話があった。ジャッキーと話すのは、ボビー〔ロバート〕・ケネディの遺体を乗せた葬儀列車がアーリントン墓地に戻る途中以来のことだった。ジョー・クラフトや他の人たちに本を見せたと聞いたけど、私にはいつ読ませてくれるのか知りたいの、と言ってきた。私は、彼女に本が形になったら送りましょうと言い、はたして、一週間後に送った。ジャッキーがその本を気に入らなかったのは、本を送った一週間後に電話をかけてきたときに明らかだった。「大統領よりあなたについて書かれている部分のほうが多いじゃないの」。ジャッキーは言った。それに、本の下品な言葉遣いが気に入らなかった。子どもたちが気分を害するだろうと思ったそうだ。ジャッキーが気に入らない理由をはっきりと話してくれているのかどうか、私には今一つ定かではなかった。

ジャッキーに批判されたことで、傷ついて当惑した。批評家にしてみれば、この本は面白いけれどもケネディを賞賛しすぎていて、批判的なところが足りないと思うだろう。私には批評的な伝記を書くつもりはなかった。ただ、大統領とその妻がリラックスして友人たちと過ごしていたときの様子を伝えたかっただけなのだ。あるとき私の尊敬する人が、リンカーンの友人が似たような本を出してくれていたらよかったのに、と言っていた。

その会話の後、ジャッキーには二度ほど会った。一度目は一九七六年、ニューヨークで行われた民主党大会の際、アーサー・シュレジンジャーが主催したパーティーにサリーと到着したときのことだ。彼女はちょうど会場を出ようとするところだった。私はサリーに「ジャッキーが通りを歩いてくる」とささやき、手を差し出して「やあ、ジャッキー」と言った。彼女は無言でわれわれのそばを通り過ぎた。それからしばらくたった頃、シント・マールテン島のラ・サマンナで、ジャッキーと二人の子どもたちが私たちの隣の部屋《カバナ》に滞在したことがあった。一週間ほど浜辺でお互いに見かけることはあっても、ある晩私たちがレストランへ夕食を取りに部屋を出たときまでは、ぶつかりそうなくらい近くで遭遇したことはなかった。一二インチ〔約三〇・五センチ〕ほど離れたところで、ジャッキーはまっすぐ前を向いて一言も発さぬままだった。それきり、彼女に会うことは二度となかった。

ニクソン大統領が辞任して間もないある日、ウッドワードが私のオフィスにひそかにやってきて、「ボブ・レッドフォードが街にいるんです。会いたいですか」と言った。私は会ってみたいと思った。それが、『大統領の陰謀』を映画化する話に「ゴー・サイン」が出たことを知ったきっかけだった。レッドフォードは、魅力的でこの道のプロだった。最初の話し合いで、レッドフォードは私よりも非常に優位な立場にいた。彼は自分が映画を作るということを理解していたが、私はそうではなかった。まず、レッドフォードは〔映画に登場する〕新聞社を『ワシントン・ポスト』と呼びたがった。レッドフォードの方針も、映画の方向性もまったく見えなかった（脚本も監督も配役も未定だった）ため、われわれは言った。「駄目です」。次に、われわれの名前をすべてそのまま使用したいと言ってきた。先と同じ理由、さらに、われわれのプライバシーはこの世に存在しないのだという感覚にとらわれ、こう告げた。「無理です」。そして最後に、彼は編集局での撮影を希望し、日刊紙の準備に支障がない（午前四時から午前九時までの）五時間のみ撮影することを誓いましょう、と言ってきた。われわれはこう返した。「論外です」。

編集局は入室禁止にできたが、他の二つではこちらの意向が通らなかった。われわれはジョー・カリファノに、レッドフォードが合法的に『ワシントン・ポスト』を使えるのかどうか、ついでに、われわれの考えどおり自分たちの名前が自身だけのものかどうかを確認するよう依頼した。われわれはカリファノがひそかに映画へのゲスト出演を望んでいると非難していたが、彼によれば、レッドフォードは好きな名前を合法的に使用できる、というので驚いた。レッドフォードにそのことを伝えると、彼は自分の弁護士もカリファノと同意見だとだけ語った。

こうして、実在の人物を演じる俳優が実在の歴史のフィクションを演じる、という虚構の世界へ奇妙な冒険の旅に出たのであった。私が受けた教育は、このような葛藤に対処する心構えを何も教えてくれてはいなかった。われわれは誰も、有名になった場での危険に備えておくことはできなかった。

レッドフォードが『コールガール』の監督で『アラバマ物語』のプロデューサー、アラン・J・パクラをこの映画の監督に選んだとウッドワードから聞いたときに、われわれは言った。「すごいじゃないか。でも、それが『ディック・ニクソンと若手記者たち』の映画監督をするのに、どう役に立つんだい?」

われわれは間違っていた。

アラン・パクラは、監督という仮面をかぶっているだけだ。本当は、彼は現代のフロイトなのだ。この赤ひげの人物が活動するときには、フロイトのようにそっと耳を傾け、過ぎ行く光景を分析し、目を輝かせて、唇にいぶかしげな笑みを浮かべながら、周囲の情報や印象をひそかに吸収しているようにすら見える。われわれの協力があろうがなかろうが映画は制作されるのだから、翌日の新聞に差しさわりのない範囲で協力するのが賢いやり方だと思った。レッドフォードはパクラに「しばらくの間」ワシントン・ポスト社に滞在し、業界を理解するよう望んだ。「しばらく」というのは一ヵ月ほどになったが、やがて、彼はその存在を周囲に溶け込ませていった。パクラは三日間私のそばにいて、電話での応対、記者会見、記者や編集者たちとの話の場に立ち合いたいと言った。彼はソファーに座って目立たないようにしていたが、〔診察用の〕椅子《カウチ》に座っていたのは私のほうだった。パクラは私がこれまで相談したどの精神科医(五人だったかと思う)よりも、私、私の父母、兄、妹、希望、不安について、詳しく知った。そして、ウォーターゲート事件に関わった他の『ワシントン・ポスト』の者たちすべてと似たような時間を過ごした。ウォーターゲート事件とは直接関わりのない社員は、複雑な思いで撮影を見守った。一流の俳優を見る興奮を共有しながらも、外からのぞき見されることは愉快ではなかったのだ。

レッドフォードはワシントンに出入りしていた。ところが、ワシントン・ポスト社を訪れるときに熱心なファンがあまりにも邪魔になることがわかってからというもの、ウッドワードがレッドフォードに対して、多少なりとも個人的に責任を持つことになった。ダスティン・ホフマンは、二、三週間ほど市報部に現れ、まず記者がどう振舞うべきか、次にバーンスタインはどう振る舞ったのかを学んだ。ホフマンには、すでにバーンスタインがどんな人物かわかっていた。ウッドワードですら欺けるほど、その声音を真似てバーンスタインになりきることができた。

あるとき、皆で昼食に出かけようとしたところに、ワシントン・ポスト社から歩いてすぐのビル五階の窓の外で「男が飛び降り自殺を図ろうとしている」という警察無線が入った。私はホフマンを連れて行き、このタブロイド紙特有の展開を見せてやった。（男が辺りを見渡す。群衆が集まってくる。群衆が「飛べ」と叫ぶ。男は飛び降りる、あるいは、飛び降りない。）このシナリオは、群衆がホフマンを見つけるまで、脚本通りに展開した。ところが、群衆がホフマンを見つけると、すべての視線は哀れな男から颯爽とした若い俳優に移った。〔飛び降り自殺を図ろうとした〕そいつは、すっかり忘れ去られてしまった。（今回は飛び降りなかったのだ。）

これは、あるドイツ人物理学者の名を冠した〈ハイゼンベルクの不確定性原理〉――彼は亜原子粒子を測定し観察する行為さえもが、実際に亜原子粒子の組成を変化させることを発見した――を新聞にあてはめるには、恰好の例である。ダスティン・ホフマンはイベントを大がかりなスペクタクルに変えた。新聞の読者――そしてとくにテレビの視聴者――は、ニュースを理解する前に〈ハイゼンベルクの不確定性原理〉を理解していなければならない。メディアによる報道で、実際には何が起こっているのか。夜明け前の暗闇のなかで、ソマリアは米軍の精鋭部隊から襲撃を受けているのか？　それとも混乱した米軍兵士たちこそが、何時間も待ち構えていたフリーランスのカメラマンたちから撮影されているのか？　その違いは往々にして決定的なものだ。

しかし、ブラッドリー役を誰が演じるかという議論が始まるまでは、私はこの映画の制作に関して、真に何かを感じていたわけではなかった。リチャード・ウィドマークと交渉しているという話もあったが、『死の接吻』で車椅子に乗った女性を階段から突き落とした精神異常者役というイメージしかなかった。ロバート・ミッチャムも配役候補に上った。かなり画面映りが良く、とてもがっしりしていた。それから、ジェイソン・ロバーズにもその話がいった。誰もが名優として知っているが、アルコールとの戦いのせいで、配役はどことなく疑問視されていた。ロバーズは体を峡谷の壁面にひどく打ち付けてしまうという、ひどい自動車事故に遭ったばかりだった。

仕事（報酬五万ドル）が決まったとき、ロバーズは一日だけだが、ワシントンへやってきた。マディソンホテルのコーヒーショップで、ビール一杯すら飲まずに昼食を四五分でとり、『ワシントン・ポスト』の市報部を一時間で見て回ると、デュポン・サークルにあるわが家の台所で、私やサリーとともに早めの軽い夕食をとった。先ほどと同様、酒も飲まずに軽い世間話を少しした。われわれはほぼ同年代で、海軍に属して太平洋戦争を戦った経験があり、同じようにガラガラ声をしていることに気づいた。私とロバーズが友人になったのはずっと後になってからだったが、その最初の出会いは短くも心地よいものだった。

われわれはキャサリンを誰が演じるかで、本人をからかって楽しんでいた。彼女の機嫌をとろうと、キャサリン・ヘプバーン、ローレン・バコール、パトリシア・ニールという名前を挙げてやった。からかい気分のときには、エドナ・マイ・オリヴァーやマリー・ドレスラーの名前なども挙げてみた。だが、その後確定版の脚本からキャサリン役は外され、彼女としては多少ほっとした面もあった。

ハリー・ローゼンフェルド首都《メトロ》部長はジャック・ウォーデン、ハワード・サイモンズ編集局長はマーティー・バルサムが演じた。ハワードは、脚本のなかでウォーターゲート事件での自分の役割が、決定的に過小評価されている（そして、私と私自身の役割が過大評価されている）とくに感じており、その恨みを本当に乗り越えることはできなかった。われわれの関係はそれまで非常に楽しいもので、以心伝心というほど馬が合うものだった。だが、この映画の撮影後には今までとは決して同じ関係ではいられなくなった。ハワードは映画のなかで見た事実の描き方に憤った。『ワシントン・ポスト』を辞職し、ハーバード大学ニーマン・フェローシップ・プログラムの長《キュレーター》になり自信を回復したことで、ようやくわれわれの友情を取り戻せたのである。*

レッドフォードはカリフォルニア州バーバンクで、『ワシントン・ポスト』の編集局を驚くほど詳細に再現してみせた。私は一四歳のマリーナが学校で普通ならとれないような高得点を奇跡的にとれたなら、レッドフォードとロマンチックな夕食をとれるようにしてやろうと約束していた（どうやったら実現できるかなんて、何のアイデアも持っていなかった）。ある朝、われわれは一緒に撮影現場に入って、唖然とした。そこには『ワシントン・ポスト』で使っていたのとまったく同じ机がすべてまったく同じ色で、しかも、まったく同じ配置で置かれていたのだ。それらの机は、ワシントン・ポスト社の机の上から一切合切かき集められ、カリフォルニアまで運ばれてきたまったく同じ「小道具《ドレッシング》」――つまり、資料やらなんやかや――で覆われていた。美しいハンナ・パクラがレッドフォードにアランやハンナ、そして、マリーナと私にも一緒に食事をとるように誘ってくれたおかげで、私は窮地を救われた。

映画が完成したとき、レッドフォードはキャサリン、ウッドワード、バーンスタイン、私、サイモンズ、ローゼンフェルドら全部で一〇名ほどのグループで特別試写会に招待してくれた。われわれはどのように反応したりされたりするかを恐れ、ばらばらに座っていた。上映後には誰も口を開かなかった。ついに、レッドフォードが「お願いですから、どなたか一言お願いしますよ」と訴え、ほとんどの者が概ね好意的な感想を小声でつぶやいたのだった。

ともかく、私はこの映画をきわめて優れたものだと思った。俳優陣がすばらしかったし、監督もすばらしかった。そして、当時その映画が及ぼす影響をまったく予想できなかったことに驚いている。たとえば、後世の人たちがウォーターゲート事件に関して知りうることすべてが、あの一四七分の映画のなかに含まれているとは思いもよらなかったのだ。

われわれにはまだ、ワシントンのケネディ・センターでの正式なお披露目という試練が待ち受けていた。「試練」だというのは、忌々しいレポーターやテレビ局の連中が俳優たちにまとわりついて、彼らが演じた人物について興味を持ち、われわれにくだらないが避けて通れない質問をしてくるからだ。「レッドフォード（ホフマン）（ロバーズ）は、あなたを正確に描写していたと思いますか？　本当にそうだったのでしょうか？」　私はさまざまな答えをいくつも考えては、どれが一番上手くいくのかを確かめるためにすべてを試し磨きをかけたが、自分が間抜けのように感じた。

真面目な回答「二年二ヵ月分を二時間に凝縮することはかなり難しかったでしょうが、非常に面白かったです」。

不真面目な回答「かなり良かったと思います。いつも誰かしらが電話に出ていたことを除けばですが」。

自虐的な回答「集中するのが大変でした。また見たいのですが、映画館を出たところを見つかると、皆さんには何度も何度も見に行ったと伝わってしまうでしょうね」。

表舞台へは出ないというウィギンズのルールは、もはや意味をなしていなかった。われわれがいたのは客席だったというのに、実際にいたのは舞台の上だったのだ。

ウッドワードとバーンスタインは『大統領の陰謀』で、スターとしての地位を確立した。彼らはピュリッツァー賞、著書、映画化への余韻に浸る間などほぼなく、第二作目の『最後の日々』に取りかかった。カールは生まれて初めてポケットが金で膨らんだ。だが、大金を手にしたとたん、すぐに散財し名声のすべてをおおいに享受した。ボブは家を購入し、余った金はすべて投資につぎ込んだ。カールは深夜にきらびやかな街にいるのを好み、ボブは深夜まで仕事に励むのを好んだ。

ウッドワードとバーンスタインはいまだに功績を立てている最中だった。だが、すでに新しい記者たちが続々と登場し、映画で見たのと同じような大胆な執念で、ウッドワードたちのようにスターの座を手に入れようとしていた。

＊　ハワード・サイモンズは、すい臓癌による長い闘病生活の末、一九八九年六月一三日ハーバードにて、六〇歳で亡くなった。

プリンス・ジョージズ郡の火事を取材して帰ってきた、目を輝かせて意欲に満ちた若きウッドスタインたちが、消防署長が反ユダヤ主義者でホースにはガソリンが入っていたことや、ハワード・ハントらしき男が森の中に逃げ込んだのが目撃されたことを報じているのに対し、われわれは冗談を飛ばしたものだ。同僚のなかには、このせっかちな若い記者たちが新聞社にトラブルを引き起こす前に止める必要があると一席ぶち始めた者もいた。しかし、今にして思えば、われわれはトラブルについて心配しすぎたために、新聞製作については十分に考えていなかったのだと思う。結局、優秀な編集者や整理部編集者がいれば、勢い余った表現を防ぐことはできる。たとえば、次のような前文《リード》を脇へ押しやるのは難しくはない。

「おびただしい数の証拠があがっていたものの、市長は本日、市に新しい医療計画を売り込もうとしていたある職員の妻から性的な接待を受けていたことを認めようとしなかった」。

だが、ウォーターゲート報道の功績が、他の職業に流出していたかもしれなかった優秀で若い、意欲的で才能に溢れた男女を大量に〔報道業界へ〕投入したことにあるのは間違いない。そのような折にワシントンのジャーナリストの代表格である〔ジェームズ・〕スコッティ・レストンは講演を行い、調査という圧力を緩めないよう、報道機関に強く呼びかけた。というのもまさに、「世間はとくに理由もなく、ウォーターゲート事件の二の舞になるのが怖いと思っており、編集者の一部は報道陣が力を持ちすぎたという漠とした不満に耳を傾けつつある」からだ。レストンは続けた。「実際にすべきなのはその逆です。今こそ、調査に力を注ぎ、声を大にして報道すべきです。政府の行動のすべてを見ればわかります。ウォーターゲート事件が証明したではありませんか。彼らがルールに従って行動していないと」。レストンは正しかった。だが、聴衆はその言葉には従わなかった。

とはいえ、ウォーターゲート事件後、ジャーナリズムが大きく変わってしまったのは、名声に飢えた若いジャーナリストが現れたためでも名声そのもののためでもない。そうではなく、ウォーターゲート事件以降、政府高官は困った出来事に直面するとたいていの場合、本能的に嘘をつくものだと、ほとんどの新聞記者が決めてかかるようになってしまったからだ。その決めつけのせいで、ジャーナリズムがすっかり変わってしまったのである。「ウソを探せ」が「女を探せ」や「金の流れを追え」に代わり、ジャーナリズムの新しきスローガンとなった。

小さな新聞社の新米記者から徐々に出世していった新聞記者の多くはすぐに、追い詰められると嘘をつく公務員がそれなりにいることを学んだ。記憶をたどると、ニューハンプシャー州マンチェスターの警察署長だったジミー・オニール（後の在郷軍人会の全国司令官）は、強姦犯に仕掛けた罠が失敗し、また別の強姦事件を引き起こしてしまったことを認めるどころか、私に嘘をついた。しかし、その影響が及んだのは小さな町の警察署長と、当然ながら被害者のみだった。

今思うと、ジョー・マッカーシー上院議員の嘘も躁状態に陥った精神によるものだった。

私はアイゼンハワー大統領が一九六〇年のU‐2撃墜事件、つまり、ロシア人がフランシス・ゲイリー・パワーズの操縦する超秘密偵察機U‐2を撃墜した事件に関し虚偽の声明を出すことを許可したことを覚えている。私はそんな偽装工作が必要のない世界を願っていたけれども、その嘘を正当化することはまったく問題だとは思わなかった。

また、一九六二年一〇月ケネディが「酷い風邪」のため突然ワシントンに戻ったのは、実はキューバ危機に対応するためだったことも、同種の出来事として記憶している。二週間後に事実を知ったときには、九割方は大目に見られると思えた。

ところがウォーターゲート事件では、リチャード・ミルハウス・ニクソン大統領が国民を欺くために幾重にも嘘を重ねて、自分の罪がもたらしたひどい結果から免れようとした。

また、合衆国の法執行機関の最高責任者であるジョン・ミッチェル司法長官は自らが告発された裁判を妨害しようとして、堂々と嘘をついた。ミッチェル長官もまた、犯した罪の結果から自分の身を守るために嘘をつき、刑務所へ行くことになった。アメリカ史上、投獄された唯一の司法長官である。これらの嘘はすべて、記録されることを前提としたものだった——テレビカメラ、報道記者、電話、大勢の聴衆、大陪審、そして、互いの前で。これらの嘘が、ワシントンの一世代の報道記者たちを際立たせることになった。どの編集者の世代も、この国で最も優れた報道記者たちだと広く認めるような記者たちをだ。

嘘をついた者たちは刑務所に入り、汚名をすすぐことに残りの人生を費やした。しかし、報道記者たちはつねにゆがんだ目でその後のニュースを報道し続けることになった。

ウォーターゲート事件から二〇年後、私は二〇世紀基金のジャーナリズムに関する会議で、アイオワ州共和党下院議員で常識と思いやりに満ちた男ジム・リーチに、ワシントンでは完全なる真実を語る者など誰もいないと想定したほうが対処しやすかった、と話したのを覚えている。少なくとも、最初のうちは。私はベトナムの件〔ペンタゴン文書〕に続き、ウォーターゲート事件が起こったことでルールがすっかり変わってしまったと言った。報道記者の新しい懐疑主義について自分の意見を主張する際に、私は話を誇張していたのだ。リーチは、ひどくショックを受けた様子だった。

ウォーターゲート事件以降は、どれだけ多くの主張についてさまざまな立場から数々の報道向け広報専門家《スピン・ドクター》が提供されようと、公式見解を聞いてから真実を求めるようになった。よって、クラレンス・トーマスは最高裁判所の判事候補として最高の資質を備えているがゆえに、肌の色とは関係なく任命したのだとジョージ・ブッシュが世界に向けて語ったこと。あるいは、ロナルド・レーガンがイラン・コントラ事件について何も知らなかったと言ったこと。もしくは、政府内の嘘から範囲を広げ、ナンシー・ケリガンが膝を殴打された件〔リレハンメル五輪代表選考会直前に起きたフィギュアスケート選手襲撃事件〕について、トーニャ・ハーディングが何も知らなかったと言ったこと……それらに大きな差はなかったのだ。

ウォーターゲート事件後のジャーナリズムはそれまでとは異なる重要なやり方へと変化し、一層捉えがたく、定義しがたくなった。そして、私は気づいた。自分の同僚たちにもあてはまることだと思っていたが、これは私自身のことなのかもしれないと。新聞社の上層部の聖地《ヴァルハラ》「グリディロン・クラブ」〔大手報道機関記者の親睦会〕への加入の誘いを受けてはいたが、辞退していた。新聞人は、世間に報道されるような人々とは互いに一定の距離を保つべきだと思ったからだ。

ウォーターゲート事件は、ジャーナリストたちが体制《エスタブリッシュメント》側の最良の席を得るにいたる最終通過点となった。この旅路はかなり前、一九二〇年代にヘクトやマッカーサーの『フロントページ』で有名になったウォルター・リップマンやアーサー・クロックが、無鉄砲で大酒のみというジャーナリスト像を自ら切り崩し、知的で教養があり、非常に身なりが良く、そのほとんどが男性で構成されている新聞人という新しい種族のリーダーとして登場した一九三〇年代に端を発していた。その後、スコッティ・レストン、アルソップ兄弟、マーキス・チャイルズ、エド・レイヒー、ロスコー・ドラモンド、そして最終的には、マロー、ハントレー、ブリンクリー、クロンカイトといったテレビ界での〔ジャーナリズムの〕先駆者《パイオニア》たちが現れ、政府や企業のリーダーたちと気安く交際するようになったのである。彼らのすべてがまだウォール街で利益を生み出していなかったとしても、高い社会的地位へ向かって着々と歩みを進めていた。ウォーターゲート事件は体制主義《エスタブリッシュメンタリアニズム》、あるいは、体制主義風の最終的な栄誉を日刊新聞社に授けた、この旅路の最終区間だった。

体制側のメンバーだという証を得たことで、使命感は強くなった。少なくとも、世間の人々が民主主義の根幹を再び揺るがすような新たな調査を即座には必要としていない、ということを私は無意識に感じ始めていた。新聞社が即座には必要としていないのは、他の大統領——とくに共和党の大統領と真っ向勝負し、その勝負に勝つことだ。正式な決定は知らされずとも、調査への熱意を保ち続けることは黙認されていたのだと思う。フォード政権では、調査すべきことも調査する時間もそれほど多くはなかった。(『ワシントン・ポスト』報道フロアの編集会議室には、額装された笑顔のフォード大統領の大きなカラー写真が、短い説明文とともに飾られている。「私は『ワシントン・ポスト』のおかげでこの役に就けた」。写真はもともと、『サタデー・ナイト・ライブ』のコントに登場したもので、上機嫌なサインが入っている。「ベン・ブラッドリーと『ワシントン・ポスト』の友人すべてへ……ジェリー・フォード」。私には他の大統領で同じようなことをした人が思い浮かべられない。)

カーター政権は、彼の田舎出身の素朴さと宗教に対する敬虔さでワシントンの報道陣を魅了した。しかし、一九七七年九月、財務関係のもつれによる論争で予算局長を辞任した、ジョージア州の小さな町の銀行家であり、カーターの友人でもあった大男の(ババのような)バート・ランスが時折起こした不祥事以外、報道記者たちの火種となりそうなネタはなおきわめて少なかった。

レーガンとブッシュが登場するまで、ウォーターゲート事件以降の編集者たちの警戒心が再びあらわになることはなかった。ようやく、数多くの調査が行われた。それは公営住宅問題や貯蓄・貸付業界の崩壊、そして、イラン・コントラ事件など、調査すべき問題が数多く存在していたからだ。オリー・ノース中佐の異常なまでの熱意は、ホワイトハウスをウォーターゲート事件以上に民主主義を脅かす憲法違反の危険な道へと導いていった。

報道機関は不名誉なことに、住宅問題もしくは貯蓄・貸付問題にまつわるネタには気づかなかったため、記者たちが責任を問われた。報道機関はイラン・コントラ事件について完璧に調査した。だが、それでも、国民の関心や道義心を引きつけることはできなかった。ウォーターゲート事件のように、イラン・コントラ事件が世間の人々の話題を独占することはなかった。ロナルド・レーガンは人気者だったので、議会でも彼を弾劾する者はいなかったし、任期も終わりに近づいていた。

ニクソンは共和党員だが、報道機関はリベラルな民主党員集団だからニクソンを追及したのだ、という何も知らない人たちからの非難ほど、ウォーターゲート事件の最中や直後に私を悩ませたものはなかった。「ケネディがウォーターゲート事件に関与していたら、決して彼を追及しなかっただろう」と、うんざりするような非難を浴びた。実際のところ、『ワシントン・ポスト』ではとにかく、民主党の格好のスキャンダルをいつも祈っていた……そして、自分たちで見つけるべき以上の疑惑を発見したのだ。だが、そのような批判や偏見を受けて、年々神経がすり減っていった。民主党の歴代大統領の右腕から受けた説明にわれわれが納得したかには疑問の余地があるものの、ホワイトハウスからの公式見解を受け入れるために努力していた――今ではそう思い、そう理解もしている。それでいて、世間の人々は〔発表された公式見解に〕喜んで賛同したのだ。

第16章　一九七五～八〇年の『ワシントン・ポスト』

ウォーターゲート事件後の休暇から戻ると、いくつかの人事問題に向き合った。あまりにも劇的な結末をともなう、あまりにも劇的な報道に忙殺されている最中には、とても取り組めない難しい案件だった。その一つはスポーツ面に関するもので、私はある変更を余儀なくされたのだが、それが大失敗してしまった。別の変更を加えてみたが、それもまったく機能しなかった。私の人を見る目に疑問符がつきかけたそのとき、ある妙案を思いついた。給料をもらうには、一日にたった一つの良いアイデアを考えつけばよい。そう人は言うが、実のところ、それほど多くは必要ない。本当にすばらしいアイデアを二、三も思いつけば、一生涯、働きつづけることができる。

そのすばらしいアイデアとは、ドン・グラハムをスポーツ部長に起用することだった。ウォーターゲート事件後、ドンは『ニューズウィーク』での仕事を終え、ワシントンに戻っており、出世の階段を上るために新たな挑戦をする段階にあった。彼には『ワシントン・ポスト』の経営陣と働こうという意欲はなく、他方、キャサリンは経営陣に引き入れるつもりで、ドンが希望する役職を私が彼に与えることを良しとしなかった。だが、彼はスポーツがただ単に好きなだけではなく、実に豊富な知識があった。皆が好感を覚え、尊敬していたし、私も勝手ながら、ドンがスポーツ部長になれば編集局と一体感を持てるだろうし、それが社全体、また彼にとっても長く恩恵をもたらす、と考えたのだ。

はじめてドン・グラハムに会ったのは、彼が一〇代の頃で、私は『ニューズウィーク』のワシントン支局にいた。プロ野球の開幕日には、グリフィス・スタジアムに向かう前に、偉大なるスポーツ・コラムニストであるシャーリー・ポヴィッチをはじめとする『ワシントン・ポスト』の面々、『ニューズウィーク』からは私、そして学校からの帰りにドンが『ワシントン・ポスト』に集まり、昼食をとったものだ。次に彼に会ったのはハーバードで、素敵な恋人のメアリー・ウィスラーも一緒だった。ハーバードの大学新聞『クリムゾン』で代表をしていたドンは、そのとき何かの祝賀会を準備中だった。私はビル・モイヤーズの代役として夕食会の基調講演者になるよう、急遽、頼まれていた。とてもうまくいった、とはいえないだろう。いや、むしろ目もあてられなかった。ハーバードの連中は三日間もお祝い続きで、ほとんどは酔っ払って、心ここにあらずだった。どんな話題なら彼らを満足させられたか、いまでもわからないが、ボーイスカウトでするようなチームワークと献身に関するスピーチをしたところ、それが終わらぬうちに、ダイニングルームでは最前列のテーブルに向かってロールパンが飛び交うありさまだった。

どのような仕事に対してもそうだったが、ドンはスポーツ部長として、またたく間に頭角をあらわした。わずか数ヵ月で皆を落ち着かせ、一致団結させ、見事なスポーツ面を作れるよう、彼らを自由にやらせた。しかもその上、適切な時期に後継者に推薦するつもりで、『ワシントン・デイリー・ニューズ』からジョージ・ソロモンを引き抜いて補佐役に抜擢した。新しい役職や自由裁量を与えられたことから、ソロモンはグラハムと特別な関係にあると周囲の多くは考えた。しかし、当時もいまも、ソロモンは適任だったと皆が認めている。

労働運動に関しては、それに加わることも、それ自体についても、愉快な思いをしたことがない。一九四七年、一〇%を保有する株主として渋々メンバーとなり、それからアメリカ新聞記者組合の歴史上、最も小さいニュー・ハンプシャー州マンチェスター支部で書記となったが、組合に参加することに大きな利点があるとは思えなかった。金になる仕事ではまったくなく、われわれのほとんどは給料の半分を復員兵援護法から得ていたが、新聞社も金欠で、初日から給料の残る半分を何とかかき集めなければならないほどだった。

最初に『ワシントン・ポスト』に勤めたときも、とくに何も考えずに、無抵抗で組合《ギルド》に加わった。確かに、二年半の間に私が得た二度の少額の昇給は、組合のおかげだっただろう。少額とは文字どおりそうで、週に三ドルか五ドルといった程度だ。『ニューズウィーク』では実質的に組合はなかったが、ワシントン支局には小さな支部《ユニット》があった。当時、われわれがそう呼んでいた「支部」の存在自体、テレタイプ交換（ＴＷＸ）のオペレーターを常習的な飲酒を理由に私が解雇した際に、はじめて彼女が支部長であったと知ったのだった。

幹部として『ワシントン・ポスト』に復帰した際も、組合や他の労働組織に対する私の態度は、渋々と敵対的との中間といったところだった。

一九七四年の春、ウォーターゲート事件の最大の山場、『ワシントン・ポスト』とホワイトハウスが生き残りをかけて対決していた最中、組合をめぐって人生で最大の痛恨事が起きた。契約期限が切れ、その日の午後四時までに契約が結ばれない場合、すべての組合員は編集局から立ち退いてストライキに突入する。そう組合執行部が宣言したのだ。「われらの卓越した労働者を引き上げる」という、いやに大げさな言いようだった。いまだ契約は成立せず、四時まであと数分というとき、組合の支部長が四本（四時という意味だ）指を立てて編集局を歩き回り、皆もおとなしい子羊のように出ていってしまった。ああ、わが友よ！ 飲み明かした仲間よ。バド・ノジター、マレー・マーダー、ダン・モーガン、ボブ・ウッドワード、カール・バーンスタイン、ラリー・スターン、ドン・オーバードーファーなど、新生『ワシントン・ポスト』の原動力となったみんな。相手が合衆国大統領、FBI長官、国務長官、首相なら、たとえ自分の母親に「ハロー」と言え、という説得にさえ応じない面々。なのに、四本指だけで、黙って立ち去ってしまうとは。決まりが悪くて沈黙しているのだ。最初にそう思った。いや、そう思いたかったが、現実のものとは感じられなかった。

サリーもストライキに応じた一人だったが、もちろん、ジレンマで身動きがとれなくなっていた。ピケット・ライン〔ストライキなどの際に、他の従業員を職場に行かせないよう横に組む隊列〕を越え、「編集主幹のガールフレンド」呼ばわりされるか、同僚とともに行動し、独立した個人でありつづけるかという葛藤だ。

友人同士なのに、休戦するためにはまず対決するふりをしなければならないこと、その間に仕事ができなくなってしまうことに、私はどうにもやりきれない気持ちだった。当時、サリーと私はほとんど毎晩、スターンと一杯やるようになっていたが、最初に話題にしたのがストライキだった。新聞の最高経営責任者であるジョン・プレスコットの許しを得て、かといって経営陣に対して何ら約束はせず、きわめてあけすけに、われわれはこの愚かな行為をどうすれば止めることができるか、歴史的な岐路に立つわれわれの本来の仕事にどうしたら取り組むことができるかについて話し合っていた。

スターンは、バーンスタイン、マーダー、そして『ワシントン・ポスト』の経済担当特派員であるバーナード・ノジターと自宅で会談する段取りをつけ、事前に計画していたとおり、私も数時間後に彼らに加わった。その後、彼らは解決策となりえる提案を組合に持ちかけたが、大反発を受け、まったく聞き入れられなかった。一九七五年のストライキが収まってからしばらくして、彼ら四人は組合からスト破りとして批判され、経営陣に通じたとして罰金を科されてしまった。ただし、スト派の花、ミス・クインが経営側〔ブラッドリーのこと〕と寝たことを咎められることはなかった。

しかし、新聞記者組合が、紙面の質を大きく飛躍させようとするわれわれ経営陣をひどい目にあわせたとしても、決定的な打撃を与えたのは、（特異な例外を除いて）職業別組合《クラフト・ユニオン》、とくに印刷工、プレス工、郵送員たちだった。製作部門全般にわたるさまざまな怠業《スローダウン》で、印刷に遅れが生じた。印刷における怠業は、休み時間も遅らせる。印刷開始時刻と休み時間の遅延は、新聞の配達を混乱させる。活版が「紛失」し、紙面製作により時間がかかる。植字はお笑い種の出来で、恥ずかしいほどだった。三行広告のところどころに、ひどい罵倒語が出現するありさまだった。

一九六〇～七〇年代は、新聞製作部門を統括する力は、経営側ではなく職業別組合《クラフト・ユニオン》の手にあった。販売部数・広告収入で『ワシントン・ポスト』が『ワシントン・スター』との差を広げているときで、経営側は何としてもストライキを回避しようとしていた。だが、そこに問題があった。組合が新聞社を機能停止させることができ、組合なしに印刷することができない限り、結局、新聞社に勝ち目はないのだ。

販売部数・広告収入で『ワシントン・スター』に大きく先行するようになった一九七五年初頭、新聞社側が実権の奪還に舵を切った。第一歩として、ポール・イグナティウスを引き継ぎ、ワシントン・ポスト社の新社長となったジョン・プレスコットは、組合員の労働力がなくとも新聞の印刷ができる態勢を整えようとした。そのためにまず、ニュース部門の幹部をオクラホマ州（新聞経営者らが「スト破り養成学校」を開設していた）に送り、巨大な輪転機を操作する方法を学ばせ、次に、コールド・タイプ方式〔溶かした鉛を使うホット・タイプに対し、写真植字機やコンピュータで製版する方法〕の製作技能を非組合員の労働者に教える自前の研修施設をヴァージニア州に作った。一九七五年秋には、『ワシントン・ポスト』の準備は整っていた。若き新鋭の副会長、ドン・グラハムによる連日の指揮の下、組合の力添え抜きで新聞を製作することができるようになったのである。

決戦のときは、一〇月一日の早朝に到来した。以下はその経緯で、ボブ・カイザーによる優れた振り返り記事、「ワシントン・ポスト社でのストライキ」による。記事はその五ヵ月後、一九七六年二月二九日付のアウトルック面にまる六ページにわたって掲載された。

一〇月一日の朝四時すぎ、プレス工の小さなグループが印刷室を破壊しはじめた。目撃者によれば、名簿を手にした数名が、他の者に指示をしながら歩き回っていたという。

『ワシントン・ポスト』によれば、彼らが与えた損害は、改修費として総額二七万ドルに及んだ。プレス・シリンダーの緩衝部を切り、電気回線を引き抜き、ほとんどの輪転機のフォルダー部分から主要な部品を取り外し、シリンダーを詰まらせ、エアホースを切断し、その他の部分も破壊した。

最も深刻な被害をもたらしたのは火災で、新しい輪転機の一つのユニットのガソリンから引火した。何者かがつけた火は、その輪転機と隣の輪転機の自動消火装置の一部を機能不全にした。火はシリンダーに残っていた鉛製プレートを溶かし、下層のリール室のロール紙まで広がった……。

損害は全面的だった。『ワシントン・ポスト』は九台の輪転機を保有し、それぞれには八つのユニットがある。七二のユニットすべてが、一五～二〇分の間に損傷を受けた。

この破壊的な暴挙の数分前、印刷室の夜間監督者であるジェームズ・ホヴァーは、輪転機のオペレーター数名に襲われ、喉にスクリュー・ドライバーをつきつけられたまま、一五分にわたり床に押しつけられたすえ、激しく殴られた。目のすぐ上の、骨にまで達する傷をふさぐのに、一二針も縫った。

キャサリン・グラハムはこう述懐している。「一五番通りまで来ると、赤いライトを点滅させた消防車、パトカーが見えました。駐車場に入れれば、車を壊されてしまうだろう。そう考えて、どうすればいいか警官に尋ねました。ここに停めてください。自分が見張っていますから。彼はそう答えました」。

その光景と騒音は、恐るべきものだった。憤慨したプレス工たちがピケット・ラインを張り、怒号と罵声を浴びせていた。被害を調べ、次にどうすべきかを考えるため、急遽、われわれは全員、職場に呼び戻された。私が最初にしたのは、印刷室を見て回り、破壊の状況のすべてをカメラマンに撮影させることだった。それはまるで、焼け落ちた廃船の機関室のようだった。

それからの五ヵ月間は、われわれにとって、人生で最も長い五ヵ月間だった。経営の上層部にいる全員が、本来の業務とストライキをしている従業員の代役という、二足の草鞋を履くことになったからだ。すべての職業別組合《クラフト・ユニオン》は、プレス工たちのピケット・ラインを尊重し、仕事に来なくなった。仲間たちが張っているピケットを踏み越えるのは至難の技だ。他方、ピケット・ラインを越えるのは痛快だった。このときまでには私の側についていたサリーは、一緒に出社する際、とくに下品で大きな罵声を浴びた。私は、ズボンのポケットに右手を突っ込んで、なんとか耐えていた。まっすぐに中指を突き立てることまでは我慢できなかったが。

新聞記者組合の指導部は、ピケット・ラインを守るよう組合員たちを説得しつづけたが、編集局員たちは圧倒的多数の投票で職場に復帰することを決め、大半の記者・編集者はその期間中に出社してきた。私はすぐに日常業務に落ち着くことができ、午前中はケイ・グラハムや他の編集者と一緒に三行広告を担当した。日中は編集者か記者（ときに編集者と記者の両方）の仕事をし、夜は週に二日、発送室で働いた。

新聞を印刷できるようになるまでには、膨大な技術的困難を乗り越えなければならなかった。輪転機を操作できる広告のセールスマンや重役はいたが、損傷の激しい輪転機を動かせるほどではなかった。現実味のあるゴールとして「勝利」できるのか、そもそも「勝利」とはどのようなものなのか、われわれの誰も理解できていなかった。タフで有能な、友人でもある製作部長のジム・クーパーは、ケイが組合に「屈する」ほうに賭ける、ともちかけてきた。危機に直面したとき、『ワシントン・ポスト』はいつもそうしてきたからだという。どうなることか、私には見当もつかなかったが、その賭けには乗った。私自身の士気を高めるためだった。

しかし、このストライキをめぐっては、われわれに有利な点も多いことが、徐々にではあるがわかってきた。

根っからの労働運動家は別として、記者・編集者たちはプレス工の暴挙に困惑し、仕事をしたがっていた。そして、新聞を発行するのならば、それは単なるストライキ中の新聞ではなく、本当の新聞でなければならないのだった。

ワシントンは、ボストンやニューヨークやシカゴのような労働者の街ではないし、そうであったこともない。市民、とくに経営者たちは、『ワシントン・ポスト』を支持してくれた。ストライキ中のプレス工たちが、デパートで衣類の山に機械油をぶちまけた際には、広告を出して『ワシントン・ポスト』を助けようというビジネス界の人々の決意を倍にしただけだった。

警察官たちでさえ、『ワシントン・ポスト』を支持してくれた。一〇〇歳まで生きたとしても、警察署長のモーリス・〝カリー〟・カリナンのことは決して忘れないだろう。スポーツ・ジャケットにグレーのフランネルのスラックスという出で立ちで、『ワシントン・ポスト』の社屋の外で激化するデモに食ってかかっていったのだ。ストライキ中のある鉛版工は、「フィルは間違ったグラハムを撃った」〔自殺したフィル・グラハムは、自分ではなくキャサリンを撃つべきだった、という意〕という、下品ななぐり書きのサインを掲げていた。カリーが別のスト参加者に何気なく歩み寄り、左肘でその男の腹を打ち、そして右の拳を相手の左手の掌に叩き込むのを、私は窓から見ていた。ピケットを組んでいたその男は歩道に倒れて苦悶し、われわれは皆で喝采したものだ。

他の新聞社の社主《オーナー》たちも、中大西洋部の各州をはじめいたるところで、キャサリン・グラハムを熱烈に支持した。彼らの多くは、リベラルな同業者〔『ワシントン・ポスト』やその幹部のこと〕に対し、それ見たことかと言わんばかりだったが、われわれが望む支援はしてくれた。四八時間のうちに、ペンシルヴァニア州チェンバーズバーグからヴァージニア州シャーロッツヴィルまで、六つの新聞社が『ワシントン・ポスト』の印刷を申し出てくれた。われわれはヘリコプターを借りて新聞の各ページの写真を、そして最後には、鉛プレートそれ自体を六紙の印刷工場に空輸した。一五番通りの社屋の屋上はベトナムの野戦病院（MASH）部隊のようになり、ヘリコプターが昼夜兼行で行き来していた。下の歩道では、怒ったピケット隊が虚空に拳をふり上げ、叫んでいた。

そしてついに（現在でもそうだが）、従業員ではなく、独立した請負業者が『ワシントン・ポスト』の配達をすることになり、彼ら請負業者が組合と関わることもなかった。印刷室から新聞を外にもち出せれば、どこへでも配達できるようになったわけだ。

こうして、まる一日の空白はあったものの、その翌日には広告なしの二四ページ建ての新聞を印刷することができた。社内で技能が向上すると、紙面は徐々に増えていった。自信が芽生え、セクションを増やし、外部の印刷工場も加わり勢いがつくと、さらにワクワクしてくるのだった。

一〇月七日には、非組合員の機械工の力を借りて輪転機一台を稼働させ、二つのセクションをあわせて四〇ページ建てで、一〇万部を印刷できた。社内の結束は最高潮だった。広告部の男女が動かす輪転機には、こんなサインが掲げられていた。「J号機。皆の心に刻む」。夜勤の者たちには食事が手配され、タキシード姿のウェイターが給仕した。皆が疲れ果てていたが、同時に活気に満ちてもいた。ある晩には、最終版の印刷後に音楽が流され、広告部のルー・リンバーが花を口にくわえ、大得意のギリシャ舞踏を踊ってくれた。

従業員の多くは、社内のあちこちにあるオフィス内の簡易ベッドで眠った。結婚話も浮上し、少なくとも二組の新婚が誕生した。

一九七六年一月、アメリカ労働総同盟・産業別組合会議（AFL‐CIO）〔アメリカ最大の労働組合の連合組織〕の尊敬を集めるトップであるジョージ・ミーニーが、キャサリン・グラハムに会談を申し入れてきた。二人は旧知の間柄で、労働問題の専門家によれば、ミーニーはプレス工の組合をあまり高くは評価していなかった。しかし、連日のストライキで態度を硬化させていたこの女性発行人は、ミーニーからすると取りつく島もなかった。もし、プレス工たちが無条件で仕事に復帰したいと申し入れてきたら、どうするか。ミーニーがそうキャサリンに尋ねると、ボブ・カイザーによれば、彼女はこう答えたという。「お断り」。

一時期は、『マイアミ・ヘラルド』が日曜版のいくつかのセクションを印刷し、遠隔の発送室を設置して何百マイルもトラックで運んでくれていた。一二月初旬、『ワシントン・ポスト』はストライキ中のプレス工の補充員を募集した。数百名が応募してきた。応募者の列はピケット・ラインを越え、ブロックをほぼ一周するほどだった。

一二月下旬になると、新聞用紙の担当者たちが『ワシントン・ポスト』と和解すると発表した。彼らは、輪転機に巨大なロール紙を設置し、印刷室のメンテナンスをする、大半が黒人の組合だった。白人ばかりのプレス工の組合は、彼らに何の便宜も図っていなかった。

そして、一九七六年二月一五日、郵送員の組合が『ワシントン・ポスト』との和解を決議し、ストライキは実質上、終焉した。二月一八日は従来のホット・タイプ方式で印刷され、疲労困憊させる一三九日間を経て、ストライキは正式に終了した。最終的に、十数名のプレス工が暴行の罪で有罪となるか、罪を認めることになった。

ストライキが『ワシントン・ポスト』に与えた影響は、とにかく甚大だった。これによって基盤が整い、高い製作能力が達成可能な目標となり、実際に達成されることになった。経営陣の「勝利」で、ワシントン・ポスト社はウォール街で一目置かれるようにもなった。このことは、長い年月を経てみるとそう結論せざるをえないのだが、株主と同様に、ニュース編集部門にとっても有益だった。

ウォール街で一目置かれるということは、ビジネスとして新聞経営に携わる詐欺師ども、たとえば白己顕示欲の強いガネット社のアル・ニューハースのような人々の評価を不相応に高めてしまうかもしれない。しかし、そのおかげで、ワシントンのグラハム家、ニューヨークのサルツバーガー家、ボストンのテイラー家、ロサンゼルスのチャンドラー家などこの業界で最高峰の人々は、十分な利益をあげつつ良質な新聞を作れるようになったのだ。

一九七八年一〇月二〇日、サリーと私は、コロンビア特別区連邦控訴裁判所の主任裁判官で、旧友でもあるデイヴィッド・バゼロンの執務室において、私の三人の子どもと兄の前で結婚式をした。キャサリン・グラハム、エド・ウィリアムズ、アート・バックウォルドが証人になってくれた。カクテル・パーティーに五〇〜六〇名を招待しておいて、到着すると結婚披露宴のゲストだったことがわかる、という仕掛けをした。クイン将軍は、ジャーナリストが婿になるのは論外で、共和党員か陸軍将校を切望していたが、運の悪さに観念してくれていた。ベッテ・クインは、彼女が義理の母になることを私がうれしく思うのと同じように、私が義理の息子になることを喜んでくれたようだった。

私たちの歳が二〇も離れていることは、どういうわけか、まったく問題にならなかった。むしろ、自分よりも若い新しい友人が多くできたし、数ヵ月間はギクシャクしたものの、古くからの友達を失うこともなかった。バックウォルドは、一九七四年に毎年恒例としているイースターのエッグハント〔キリスト教の復活祭、イースターで定番の、装飾した卵や卵形の菓子を探す余興〕にトニーとサリーを誘ってくれた際に、こう言ったものだ。「君は気にしすぎだ」。

サリーのおかげで、新しい友人、新しい経験、新しい場所と、さまざまな変化が起こった。『ワシントン・ポスト』という枠の外にも人生があることを彼女に教えてもらい、私は変わっていった。聡明で気さくな人々が集まる場所というものがあるのだ。彼らは自分たちの仕事に誇りをもちながらも、自尊心が強いわけではなく、一派と呼べなくもないが、それでは正確に表現したとはいえないような人々だ。ウィリー・ショークロスをはじめとする、若いイギリス人たちもそうだった。彼らはラリー・スターンとつるんで、『ワシントン・ポスト』内部で過密なくらいの政治問題の議論を大小にわたって醸成していた。われわれは皆、気持ちの上では漠然と反体制的だったが、新聞が成功することで、体制派に取り込まれそうな動きもあるのだった。

サリーを通じてすぐに親しくなった一人にノーマン・リアがいる。サリーがノーマンと出会ったのは、CBSに関する彼女の著書『スターにしてあげよう』の販促ツアー中、ロサンゼルスでのパーティーだった。その夜遅く、「ねえちょっと、あなたが大好きになりそうな人に出会っちゃった」と彼女が電話をかけてきた。ちょっと、どころか、まさにその通りだった。これほど早く、会うなり意気投合した人を私は知らない。彼は温かみがあり、賢く、愉快で、心が広く、義理堅く、親切でもある。会って話せば話すほど、もっと会って話をして、ハグしたくなる。わが友、ノーマンは稀代の人たらしなのだ。ノーマン・リアとの電話でのおしゃべりは、いつでも楽しめるように、瓶につめて販売すべきだろう。そうすれば、世界中の精神科医が廃業するにちがいない。

ディック・コーエンとウォルター・ピンカスとは、数年来の知り合いであり、また尊敬していたが、彼らと親友になれたのもサリーのおかげだ。ビル・サファイアは別として、ディック・コーエンが書くコラムは国内随一だと思う。最高に思慮深く、面白く、大胆で、かつ愉快だ。ウォルターの調査報道記者としての分析力は、編集者の垂涎の的だ。ピンカスほど、その気になると手に負えなくなる記者を他に知らない。

ラリー・スターンは、サリーと私の最初の共通の友人で、私たちの人生で大きな役割を果たした。私たちは毎日、車で彼を仕事に送り迎えし、ほとんど毎晩、酒を酌み交わした。ノーラ・プイヨンと彼女の友人であるダマト兄弟が、新しいレストランの壁を仕上げる石膏代として、いくばくかのお金を必要としていたことがある。ラリーに勧められて、ノーラのレストランに五千ドルを出資することにしたのだが、以来、そこで頻繁に食事をするようになった。朝の八時三〇分から夜の八時三〇分まで働く日々では、とても自炊しようという気にはならない。

ノーラのレストランで食事をしない日は、デュポン・サークルに近いわが家のダイニング・キッチンで、実にささやかな楽しみに興じたりもした。ある晩、わが家でロブスターを食べようということになり、ノーラ・エフロン、カール・バーンスタインとキッチン・テーブルに座っていたときのこと。二人が結婚したのは、ウォーターゲート事件でカールが「舞台」に躍り出た直後だった。私はその晩、とくにおかしなことがあるとは思わなかった。ところが、二人目を妊娠したばかりのノーラが、やや不穏な調子で、赤ワインはあるか、と聞いてきた。そこまでは、ロブスターにあわせて白ワインを飲んでいた。私は危険を察知できず、新しい赤ワインのボトルを空けた。ノーラはしばし、それを見つめ、立ち上がり、カールの椅子の背後に立ち、なんたることか、彼の頭から顔からシャツからつま先まで、ゆっくりとゴボゴボとワインを注ぎはじめたのだった。

「誰でも皆、大変なことはあるさ」。私は意味もなくそうつぶやくことしかできず、食事はお開きになった。二〇分後、電話が鳴った。ノーラからだった。あれはいったい何なのか知りたいか、とサリーにかけてきたのだ。もちろん、話を聞くことになった。ノーラによれば、カールがイギリス大使夫人のマーガレット・ジェイと不倫関係にあるというのだ。周囲の誰も気づかず、ノーラもごく最近になって知ったのだという。

ノーラはこの一件を、頭からぶちまけたワインの部分を顔に投げつけたパイに置き換えて、カールとの結婚生活を題材にしたベストセラーの著書（映画化もされた）『ハートバーン *Heartburn*』〔邦訳『ハートバーン』松岡和子訳、河出書房新社、一九八六年〕に記している。

ストライキとそれによる混乱がなければ、私は実際、まったく新しい人生を歩んでいたことだろう。ケネディの大統領就任、ペンタゴン文書、ウォーターゲートに匹敵するような歴史的な重大事とはまず関わりのない人生。そうした出来事のなかで、私が重要な、あるいは公的な役割を果たすことはもう二度とないのだ。ストライキが解決すると、そうした新しい人生が始まった。結末のわからぬ、長いドラマの新しい幕が開けたのだ。しかし、ジャーナリストとは、未来がどうなるかわからぬなかでもうまくやれるものだ。それがやりがいでもある。すっぱいリンゴを神様がお作りになったように、面白い何か、重要な何かが、必ずどこかで発生する。そして、良質で勇猛果敢な新聞がそうした出来事の一部をなす。「三流のこそ泥」の再来ではないかもしれないが、私が持つありったけのエネルギーと知恵を要するような何かが。

それはたとえば、一九七六年九月、シカゴからニューヨークに向かう飛行機をクロアチア人の集団がハイジャックし、私を含む主要五紙の編集責任者に対し、数千語ものプロパガンダを第一面に掲載しなければすべての乗客を殺害する、と脅迫してきたときのようなことだ。

合衆国大統領であれ、FBI長官であれ、どこかの店主であれ、妻であれ、怒った読者であれ、誰かが私に、掲載したくないものを掲載せよと言ってくる、しかも、第一面に掲載せよと言ってくるなどということは、まったくもって考えもつかないことだった。

はたして、私は子羊のように、おとなしく彼らの指示に従うことになった。この一度きりだ。再びできるかどうかは、わからない。

TWA727便はクロアチア人のナショナリストたちにハイジャックされ、モントリオール、ニューファンドランド、アイスランドを経て、その間に当初の人質九四名のうち約三〇名を解放し、残りの約六〇名とともに、最終的にパリに着陸した。要求とすべての指示は、グランド・セントラル駅に隠してある。ハイジャック犯は警察にそう無線で伝えたが、警察がその場所を発見すると、そこには爆弾が隠されており、爆発で警官一人が死亡した。

指示は具体的で、かつ前例のないものだった。五つの新聞（『ワシントン・ポスト』、『ニューヨーク・タイムズ』、『ロサンゼルス・タイムズ』、『シカゴ・トリビューン』、パリの『インターナショナル・ヘラルド・トリビューン』）に対し、ユーゴスラビアからのクロアチアの独立を求める二つの冗長な声明を掲載せよ、さもないと……というわけだ！ さもないと、どこかで別の爆弾が破裂するのか、あるいは、残る人質が殺害されるのか？ われわれは途方にくれた。

ハイジャックが起きたのは金曜日の朝で、最初の爆弾が爆発したのはその日の午後、要求の概要が市報部に届いたのは第一版の締め切り時刻だった。まずは、二つの決断を容易に下すことができた。定刻どおりに第一版の印刷を開始し、キャサリン・グラハムと当時副社長兼会長だったドン・グラハムを呼び出した。二人は、もし飛行機が本当に緊急着陸する可能性があるなら、記事を掲載するまで見届けなければならないと強く感じていた。どれほどタフであるべきか、あるいはタフでありたいのか、私自身、わかってはいなかったが、緊急着陸は現実に起こる可能性があるように思えた。

夜一〇時すぎ、AP通信の記事が要求を報じた。伝えられたのは、二つの声明の文面に加え、各声明の少なくとも三分の一を第一面に掲載し、「ジャンプ」〔記事のつづきを他のページに掲載すること〕も最初のセクション内に収めよ、という要求だった。最初の要求に応じれば、第一面の三分の二をクロアチア人たちの声明に与えてしまうことになり、これは受け入れがたいと思われた。

ニューヨークとロサンゼルスで私と同じ立場にあるエイブ・ローゼンタールとビル・トーマスに確認したところ、二人とも、つくづく無念だが、渋々声明を掲載する予定だという。とどのつまり、われわれの誰も、翌朝の新聞で「米紙編集責任者は声明掲載を拒否、ハイジャック犯、六二名の米国人を殺害」といった見出しを読むことに、とても耐えられなかったわけだ。非現実的だったかもしれないが、よりましな決定をするために、私は三つのアイデアを思いついた。

第一は、ハイジャック犯の要求に応じることは公益にかなう、というお墨つきを、権威筋、われわれが普段は無視してはばからない政府の上層部からもらう、というものだ。FBIは喜んで協力してくれた。

第二は、声明を掲載する『ワシントン・ポスト』の部数については何ら要求されていないのだから、最終版の最後の最後まで掲載しない、というものだ。

そして第三は、文字の大きさについても何ら要求されていないのだから、野球の成績表や案内広告などに使われるアゲート〔約五・五ポイントの小さな活字〕で印刷する、というものだ。これなら、記事のインパクトとわれわれの無念を、ともに最小化できると考えたのだ。

このようなライオンのように勇ましい理屈をこねながら、われわれは記事を印刷し、そそくさと帰途についたのだった。

人質はパリで解放された。危機はあっという間に始まり、そして終わった。もう誰も、冗長な声明を載せなければ人を殺すぞ、と脅してくることもなかった。

ハイジャック犯たちが飛行機からぞろぞろ出てきた直後、はじめて転職の誘いを受けた。

これがよくあることなのかは知らないが、二七年間で一瞬たりとも、『ワシントン・ポスト』を離れようと思ったことはなかったと断言できる。そうする機会が多くあったわけでもない。ハワード・K・スミスに代わるCBSの支局長として、ブレア・クラークが私を撮影テスト《スクリーン》したことはあったが、代役さがしはそれだけで、転職の誘いが来ることはなかった。結果、私はそのまま『ニューズウィーク』に収まったのだった。

まず最初に、シカゴのヘッドハンターから電話があり、依頼主はフォーチュン500の情報関連企業で、社のポートフォリオを充実させ、イメージを改善する目的がある、とだけ告げられた。こうした言葉にただ恐ろしさを感じ、いまの仕事は天職だと思っており、離れるつもりはない、と伝えた。その男はあきらめず、私も引き下がらず、ついに私は興味本位で、自分には転職する気がゼロだということを承知の上で、それでも直接会って話をしたいというのであれば、昼食をご馳走になってやってもいい、と言ってみた。

昼食の段となり、男は一〇分にわたり話をはぐらかしたのち、依頼人は『プレイボーイ』で、編集責任者ではなく社長CEOとして迎える旨を打ち明けられた。思わず笑ってしまった。折り込み式見開きページで、私とヘフ〔『プレイボーイ』を創刊したヒュー・ヘフナー〕が『プレイボーイ』流の洞穴〔ヘフナーの豪邸には人口の洞穴などがあり、そこで有名人を集めたパーティーやヌード写真の撮影などが行われた〕で泳ぐ姿をとっさに空想したからかもしれない。こうして昼食は終わった。

どういうわけか、ルーン・アーレッジは、私が「逃してはならぬ」テレビ向きの人材であると考えていたようだ。かなり昔になるが、デイヴィッド・ブリンクリーの番組「ディス・ウィーク」に出演したことがあった。しかし、私に期待されていたのはジョージ・ウィルと好対照をなすリベラル派の役割で、そんなことに関心はなかったし、その才能もなかった。CBS以外のテレビ局の幹部と同じように、ルーンは伝説的な成功を収めていた「60ミニッツ」に対抗する週刊ニュース雑誌的な番組を作ろうとしていた。彼は「20／20」〔ABCの報道番組〕がそれになりえると考え、『エスクワイア』の元編集者であるハロルド・ヘイズを介して、私にホスト役を打診してきたのだ。ヒュー・ダウンズはもちろん、バーバラ・ウォルターズの名前も一切出なかった。サリーの失敗以来、テレビに魅力を感じたことはなかった。

今回の誘いでは六桁の額の給料を提示され、仕事が休みの日に出演すればいい、という彼らの話もなるほどと、少しだけ頭をよぎった。『ワシントン・ポスト』で五日間働き、急いでニューヨークに行って一日だけ原稿を書き、翌日に出演する。その夜のうちに、本業に戻る。だが、このときは空想どころではなく、ノイローゼになる姿を思い浮かべた。

編集者は取捨選択する。

それが彼らの仕事だ。まず人を、次に題材を、そして言葉を選ぶ。何かを掲載するときは、しばしば、これらすべてについて難しい決断を下すことになる。

国家安全保障に関しては、とどのつまり、問題はこうなる。政府の誰かがそう主張するからといって、本当に国の安全が危ぶまれるのか？　ペンタゴン文書が一例だが、大変な目に遭いながら得た答えはこうだ。まずありえない。

プライバシーに関しては、問題はこうだ。人々の神聖なる知る権利は、プライバシーを守るという同じく神聖な権利を上回るのか否か？　この答えは簡単には出せない。

まず、国家安全保障について考えると、国家の安全が危ういと主張された事例が二つある。一つは、ジミー・カーター大統領その人によるもので、われわれは記事を掲載した。もう一つは、われわれ自身、『ワシントン・ポスト』の記者・編集者が主張したもので、記事は掲載しなかった。

一九七六年一一月のある朝、ボブ・ウッドワードがこう言ってきた。情報源はたった一人だが、ある中東の国家元首にCIAが金を渡しているらしい。私の考えでは、これは一日のスタートとしてほとんど完璧だ。重大で、独占的で、必要不可欠なネタ《ストーリー》であることは間違いなく、掲載する、あるいはしないことを決めるまでに、困難な仕事が待ち受けている。その時点では、CIAからどの国家元首にいくら渡っているのか、ウッドワードはまだ知らなかったが、それらしい人物はいくらでもいた。私は総力取材を彼に指示し、二週間かけて名前を突きとめた。ヨルダンのフセイン国王だ。金額は二〇年にわたり年間一〇〇万ドル。さらに細かな事実も判明した。その金は「交際」費で、ヨルダンが定期的に受けている経済的・軍事的な支援とはつながりがなかった。CIA内では「NO/BEEF」作戦と呼ばれていた。金の使途はさまざまだった。フセインがまだ一〇代だった頃には女性の世話、彼の子どもが合衆国の全寮制の学校に通うようになると、彼らのボディガード代に使われた。

次に必要なのは、二人目の情報源だった。ウッドワードはカーターの報道官、ジョディ・パウエルに電話し、取材したことのすべてを伝え、ホワイトハウスのコメントを求めた。合衆国大統領のスポークスマンに就任して一ヵ月もたっていないパウエルの返答はこうだった。「クソ、なんてこった」。翌日、ホワイトハウスの誰か（ウッドワードの記憶では国家安全保障会議議長のズビグネフ・ブレジンスキー、私の記憶ではジョディ・パウエル）が電話をかけてきて、私にこう言った。「大統領と話をすれば、［記事を掲載するかしないかの」決断の助けになるんじゃないか？」

翌朝、決して忘れることのないインタビューに臨むことになった。ホワイトハウスのオーヴァル・オフィスで合衆国大統領とともにいることには、いつもながら心を揺さぶられる。カーターは大統領になってまだ一ヵ月も経っていなかったが、完全にくつろいでいるようで、落ち着き、友好的で、親切だった。ピンストライプのグレーのスーツに身を包み、笑みを浮かべていた。大統領は最初に、記事は本当だと言った。（二人目の情報源になったわけだ。）第二に、退任予定の国務長官（ヘンリー・キッシンジャー）とCIA長官（ジョージ・ブッシュ）から何回か背景説明《ブリーフィング》を受けていたが、いずれも国王に金を支払っていることには触れていなかったと明かした。第三に、支払いを停止するよう命じ、第四に、本件は、彼のスタッフの一部が主張するような、国家の安全に関わる問題ではない、とのべた。

こうして、特ダネ《ストーリー》をものにしたのだった。

ただし、大統領は静かに、彼が重視している中東和平にとってヨルダンは要所だとつけ加えた。実際、国務長官のサイルス・R・ヴァンスは中東に滞在中で、四八時間以内にフセインに会う予定だった。記事は掲載してほしくないと大統領は言ったが、こうもつけ加えた。「君たちの仕事に口を挟むことはできない」。もし掲載するのなら、二四時間前に知らせてほしいという。その場で私は、今晩は掲載しないこと、掲載すると決めても、少なくとも一日前には通告をすることを約束した。大統領は信頼の重要性について語り、ウッドワードと私に、自分を信じてほしい、「どんなこと」でも相談に来てほしいとのべた。そして、このような言葉でインタビューを終えた。「この国は君の、そして私の国だ」。

社に戻って、われわれは苦悶した。大統領はあまりに率直で、真っ当で、彼が望まぬ報道をするなど無礼だと思えるほどだった。しかし、礼儀正しくふるまったり、感謝したりすることと新聞は別だ。新聞は公共の利益とは何かを判断する仕事だ。この件で言えば、中東和平において鍵となる当事者を「握っている」ということを、公衆はもとより、合衆国の交渉相手たちに知られることなく、われわれ自身が和平問題に実効的に関与できるかどうか、が問題なのだった。

国家安全保障に関わる意思決定ができるように、『ワシントン・ポスト』としての方針はすでに固めていた。任にあたる政府高官が国家の安全を主張した場合、まずは自動的に二四時間、報道を見合わせる。同時に、一時的に掲載する決定を下しておき（通常、大きな記事に必要なスペースを確保するため）、その分野を専門とする記者グループを集め、記事を掲載しない方向で議論させるのだ。

最終的に、われわれは掲載することを決めた。まず、記事内容が事実だったことが理由だ。国王は実際に政府から金を支払われ、そのことは公表されず、ごく最近まで、大統領や国務長官さえ知らされていなかった。また、何時間も背景説明《ブリーフィング》をしておきながら、前CIA長官と前国務長官が次期大統領にその事実を伝えていなかったこと、現職の大統領が国家の安全に関係するとは言わなかったこと、そして、CIAに対する実質的な監督が無意味になっていたか、まったく存在しなかったことも、その理由だ。スパイたちが何をしようとしているのか、誰も本当のところを知らなかったわけだ。

　掲載翌日、カーター大統領から、浮き彫りを施されたホワイトハウス用の便箋に手書きの、次のようなメッセージを受け取った。

ベン・ブラッドリー殿

　中東で任務中の国務長官がヨルダンに到着する直前に、貴公がCIAに関する記事を掲載したことは、無責任だと考える。

　編集部に対するコメントとして、これを伝える。

ジミー

　大統領が憤るのは理解できた。だが、憤っていたのは私も同じだ。われわれは、最後まで責任ある対応をしたつもりだ。

　私がこの手紙に憤慨したことをパウエルがカーターに伝えたところ、大統領は「ふん、あのバカが」と答えたという。

　その気持ちも理解できた。

　外交面でも、ジャーナリズム界でも、この報道に対する反響はなかった。そうしたことをヴァンスから聞かされたことは一度もない。カーター大統領も、それに触れることは二度となかった。

　新聞人は、あまりにも多くの時間を、ある種の保身の態度で過ごす。そのように指摘され、処置を受けないかぎり、その姿勢は最終的にいびつなものになってしまう。

　『ニューヨーク・タイムズ』が第一面で大々的に特ダネを報じれば、もとより優秀な『ワシントン・ポスト』の記者とて、思わず身を守る態勢を取ろうとするものだ。すかさず、「自分たちだって、そのネタはつかんでいた」と本能的に応じるだろう。反論されれば、一、二時間ほど図書館にこもり、まるで勝ち誇ったように記事の切り抜きを振りかざしながら戻ってくるだろう。運が良ければ、ときには、記事の三〇番目の段落あたりに、特ダネのほんの一端の痕跡がわずかに記されているかもしれない。

　あるとき、「自分たちだってそのネタはつかんでいた」

を何度も聞かされて、うんざりしてこう言ったことがある。自分たちが特ダネと同じ記事をすでに報道していたと記者仲間の陪審団が認めてくれたら、その証拠の記事の切り抜きを食べてやる、と。実際にそうさせられたことは一度もないが、それでもその言い訳は全国の編集部にはびこっている。

そこで、『ワシントン・ポスト』の若い風刺漫画家、スティーヴ・メンデルソンに、身を守ろうとしゃがみこむジャーナリストの傑作な絵を描いてもらった。哀れにも、あの言い逃れを口にしてしまった記者に贈呈するためだ。

かつては、報道機関に対する批判はかなり内輪のものだった。第二次大戦中、『ニューヨーク・デイリー・ニューズ』のコラムニストであるジョン・オドネルに、ローズヴェルト大統領がナチの偽メダルを贈ったことがある。FDR〔ローズヴェルト〕の戦争準備政策に関するオドネルの記事に反論する意味が込められていた。五〇年前には、『ニューヨーカー』の偉大な批評家、A・J・リーブリングが「プレス年報」という有名なコラムで定期的に報道機関を酷評していた。通常、彼が問題にしたのは、偏向よりは誇張のほうだった。一九六四年には、サンフランシスコのカウ・パレスでの党大会で、アイク〔アイゼンハワー大統領〕が「扇動好きのコラムニストども」を強く非難している。腹を立てたジャック・ケネディは、ホワイトハウスが二四部購読していた『ニューヨーク・ヘラルド・トリビューン』を解約してしまった。アグニューの報道機関嫌いは有名だ。しかし、現在は誰もが報道の批評家だ。政治家は全員、有名人もほぼ全員、財界の指導者たちは大半、そして、読者もほとんどがそうだ。

批評家のスタッフを自前で抱える新聞さえある。『ワシントン・ポスト』もそうで、一九六九年からオンブズマンを置いている。彼らは独立した立場で、報道の公正さ、正確性、妥当性に目を配っている。また、ジャーナリズムの批評誌がいくつもあり、テレビを含む報道機関に偏りはないか、見落としはないか、という問題を専門的に追及している。

さらには、イデオロギー的な批評家も登場している。新聞の報道の仕方、それればかりか、そもそも新聞が何かを報道すること自体に異議をとなえる人々だ。その代表格がAIM（Accuracy in Media、「メディアの正確性」）という団体だ。『ワシントン・ポスト』、『ニューヨーク・タイムズ』、テレビ・ネットワークなど、一般的にアメリカのジャーナリズム界で最高峰とされるメディアにとっては、とくに厄介な存在だ。AIMをはじめたのは、リード・アーヴィンという連邦準備制度理事会のエコノミストだ。本人いわく、暇つぶしでやっていたが、その自作の報道批評が、ピッツバーグ出身のリチャード・メロン・スケイフなど、大金持ちの右派イデオローグたちの目にとまったのである。
金を得た勢いで、アーヴィンは自分の手下の一人に意味のよく分からない記者会見を開かせ、それを報じない記者、編集者、メディアの社主をネチネチと攻撃しはじめた。たとえば、ある恐ろしい出来事について、なぜ「虐殺」ではなく「処刑」という言葉を使ったのか、なぜ記事を第一面ではなくA8面〔第一面を含むメイン・セクションの8ページ目〕に載せたのか、なぜ編集者に送りつけた数百通もの手紙を掲載しなかったのか、といったことを批判するのだ。彼とその仲間たちは株主総会にも押しかけ、そのひねくれたパフォーマンスを報じないことに抗議したりもした。自分のニューズレターに載せた手紙を『ワシントン・ポスト』へ送るよう、読者に呼びかけることもよくあった。
そしてついに、一九七八年の春、我慢しきれなくなった私は、一生後悔することになるのだが、アーヴィンの名を永遠に知らしめる過ちを犯してしまった。書くべきでない手紙を彼に送り、それがなければ絶対に集められないはずの、数十万ドルもの資金を稼がせてしまったのだ。きわめて許しがたく、偏向した『ワシントン・ポスト』批判をアーヴィンから受け、私は短い手紙を書いたのだが、そこに次の一文があった。

惨めで、あら探しばかりする、ちびり屋の自警団員だと馬脚をあらわしたな。おまえなどにつきあっている暇はない。

「ちびり屋」（"retromingent"）という言葉をどうして思いついたのか、神のみぞ知るだが、この場合はぴったりの表現だった。後方に小便を放つ蟻の一種（あるいは動物）という意味だ。
これに、彼の支持者たち、サンタバーバラの歯科医、退役した軍人、〔アリゾナ州〕フェニックスで日光浴してくつろいでいる中小企業家といった連中が激怒した。他方、アーヴィンはこの手紙を大いに気に入り、信奉者たちから資金を募るための道具として、何年にもわたって利用した。私を非難する数百通ものハガキをAIMの支持者から受け取ったが、一番の傑作はメリーランド州ワイ在住のラリー・レイスタールからの手紙だ。カニとビールで食事をしていた際、テーブルクロスとして使っていた『ワシントン・スター』で、ウィリアム・バックリーが「ちびり屋」について書いたコラムをたまたま読んだという。食事の「同席者の一人は「ビッグ・ハンス」という男だそうで、手紙にはこうあった。

ビールをピッチャーで何杯か飲んでから、皆で駐車場に向かい、「ビッグ・ハンス」が後ろに小便できるか、確かめてみようということになった。……ハンスは大金を賭け、ウェイトレスに鏡を借りて、へんてこな体勢で、後ろに小便をした。

ともかく、われわれの考えでは、大仰な表現はアーヴィン氏にはあてはまらない。貴殿がどう呼ぼうが、彼が小便でブーツを溢れさせるようなことはないからだ。

意味不明な報道批評家たちは、自身の偏見こそを露見させている。たとえば、「おまえらアカ野郎どもは、なぜわが国の機密を漏らしてばかりいるのか?」こうした類は無視してかまわない。反論すべき、許しがたい場合もときどきはあるが。

これは、一九八五年にキャサリン・グラハムに送られてきた、イリノイ州ディケーター、ウェストウッド通り、四四四番地のT・J・マローンからの愉快な手紙だ。「おい、キャス、聞いたぞ。最近、あんたとベン・Bが、派手なコカイン・パーティーにしけ込んだってな。おまえらが、鎚と鎌〔旧ソ連の国旗の図柄〕の刺青をケツに入れているのを見た奴もいる」。

この御仁には、こう答えてやった。「わが尻にはシューッと威嚇するヘビを彫っております。* グラハム氏があそこにどのような刺青をされているかは、わかりかねます」。大学時代のフラタニティー〔男子学生の社交クラブ〕の同級生、ビル・バーンズがディケーターで出世していたので、こうつけ加えておいた。「ディケーターの銀行の社長は、同級生で友人です。あなたの担保を差し押さえてもらうつもりです」。

確かに、子どもじみてはいる。しかし、世論調査は軒並み報道機関に対する信頼度の低下を示しており、そこにはT・J・マローンのような考え方や、似たような多数の変人たちが含まれているのだ。

真剣な報道批評が求められている。考え抜かれ、節度のあるものならば、社会にとって、とくに報道機関とその受け手にとって、きわめて有用だ。ロナルド・レーガン大統領は記者会見で、あの洗練された笑みを浮かべながら「君たちは何もわかっていない」と記者たちに言いながら答えはじめたものだが、それだけでは彼にとって十分ではないのだ。弁護士や立候補者もそうだ――その多くは報道機関を利用し、同時に罵る能力に長けている。少なくとも私は、彼らがするような大げさな批評を真に受けることはできない。

報道機関について、批判すべきことは多い。しかし、その前に理解しておくべき確固たる真実がある。それは、ア

---

*左上腕には鶏だ。

メリカで最良の報道機関は、人々に知らしめ、楽しませるために、日々、勤勉さ、誠実さ、良心、勇気を顕著に発揮している、ということだ。

われわれジャーナリストは、あまりに頻繁に批判を受けるため、怒りっぽくなっている。とはいえ、間違いもするので、自業自得の場合も多い。そうした批判、またわれわれがしでかした間違いの多くは、少なくとも二四時間、ときにそれ以上、世界にさらされつづける。ここで言っているのは、名前や住所や日付や時間の誤記といった、ささいで目障りな間違いではない。それらはできるだけ少なくすることができるし、訂正することもできる（優れた新聞は日常的に訂正をしている）。

現在、最良の新聞はすすんで間違いを認め、その日の訂正記事を第一面か第三面に掲載するようになっている。第一面に載せなければならないほど重大なミスの場合は、「訂正」とは呼ばず、あるいは責任を示唆するだけの婉曲的な言葉は使わずに、そのまま記事として報じる。きまり悪くも事実が正されたということを、賢明な読者は知ることになる。

訂正は、するよりも読むほうが楽しい。自分のコンピュータの前の壁には、編集者の悪夢の一例として、一九八六年七月一三日付、ロンドンの『サンデー・タイムズ』の第一面の「記事」をテープで貼ってある。

〔コントロール・リスクス（ＣＲ）という会社に関する〕本日のマガジン〔日曜版の別刷り雑誌〕の記事には……正確でない記述があります。これまでＣＲ社は、そこで報じられているようにＩＲＡに二〇〇万ポンドを支払ったことはなく、あるいは支払いの仲介をしたこともなく、またいかなるテロ組織にも金銭を支払ったことはなく、さらに、アイルランドに三〇万ポンドを密輸しようとしていたとされる件についても、ＣＲ社は関与していないし、認識もしていませんでした。

ＣＲ社は、内務省と警察から「目をつけられて」はいません。ＣＲ社の活動が、しばしば地元警察を直接的に阻害している、という記述も正しくありません。本紙は、ＣＲ社がつねに警察と協力し、世界中で信頼されていることを認めます。

本紙はまた、内務大臣が検討している誘拐・身代金保険に関する措置がＣＲ社の活動とは無関係であることも、明確にしておきます。……

上記の間違いについて、本紙は全面的にＣＲ社に謝罪し、相当額の損害賠償金をＣＲ社が選定する慈善団体に支払うことに同意します。

これは、前方三回転半ひねり級の屈服だ。……職の安泰を望む編集者なら、何としても避けたい事態だ。

注意深い読者なら、非常にまれな訂正の訂正、を目にすることもあるだろう。そして、一生に一度は、訂正の訂正の訂正という、さらなる珍事に出くわすことがある。……一九九四年四月の『ニューヨーク・タイムズ』からだ。


アメリカン・クラフト・ミュージアムの開館に関する先週日曜日の午後の余暇面《イブニング・アワーズ》のキャプションは、製作過程で写真を差し替えたために、何人かの身元を混同してしまいました。

写真に写っているのは左から、シモダ、デュバカ・リー、館長のジャネット・カードンです。（ケイト・カーメルとマーセラ・ウェルチは写っていません。）

先週日曜日のメイン・セクションでの訂正と火曜日の再訂正では、カードン氏とカーメル氏を混同したままでした。さらに、先週日曜日の訂正では、デュバカ・リー氏について不正確な記述がありました。氏は男性です。


最も深刻な誤報は、大統領、広報専門家《スピン・ドクター》、無知な愚か者といった、他者からもたらされた誤情報をそのまま伝えてしまうときに発生する。そしてここに、われわれの本質的なジレンマが横たわっている。フィル・グラハムの鋭い言葉を借りれば、われわれは歴史の大まかな下書きを綴っているにすぎない。なのに、われわれは、真実を報道していると主張し、読者にもそう期待させている。アルベール・カミュの卓見、「真実など存在しない。あるのは複数の真実だ」を受け入れることができない。われわれはしばしば、真実を取り逃がしてしまう。この現実に向き合うことができないのだ。

というのも、情報源が嘘をつくことがあるからだ。情報源自身が、誤解を招くような、誤った、あるいは不完全な情報を伝えられていたりすることもある。矛盾する目撃者証言、対立する広報専門家、党派政治の憎悪の渦から真実が浮き上がってくる前に、締め切りに迫られ、取材を中断し、記事を書き始めなければならない場合だってある。

なのに、われわれは、こうした事情を公に認めることができない。かつて私自身が体験したように、いつも真実を報道しているわけではないと認めてしまえば、即座に誰かが「やっぱりな。だから言ったろ。報道機関は嘘つきだと。ベン・ブラッドリーだって、新聞は真実を報道しない、と言ってるんだから」と言いがかりをつけてくるからだ。これは、ニクソン元大統領が自叙伝『ニクソン回顧録 *RN: The Memoirs of Richard Nixon*』〔邦訳『ニクソン回顧録』松尾文夫・斎田一路訳、全三巻、小学館、一九七八〜七九年〕のなかでしていることだ。ウォーターゲート事件の報道がいよいよ大詰めを迎えようとしているとき、ニクソンは「あるものは本当だが、あるものは間違いで、真実とフィクションが混合していることもあり、すべては偏見に満ちている、そんな噂《ルーマー》ジャーナリズム」について書き、こう続けている。

「それが危険なジャーナリズムであることを、『ワシントン・ポスト』は理解すべきだ。なんとなれば、編集主幹のベン・ブラッドリーはこう言っているのだから。〈われわれは真実を報じるわけではない。われわれが伝えるのは、われわれが知りえたこと、人々がわれわれに語ったことだ。だから、嘘を印刷することもある〉」。

だが、事実として、真実は浮上してくるものなのだ。そして、それは民主主義にとって当然で、不可欠なプロセスだ。もし、真実が浮上するのを読者諸氏が辛抱強く待てないのなら、それこそ問題だ。報道機関であるわれわれにとっても問題だ。読者からすれば、自分たちの特定の偏向に合致する事実をなんでも真実として受け入れ、合致しない事実を退けたほうが、はるかに簡単で心地いいだろう。報道批評を真剣に検討する上で、読者の偏向の重要性を過小評価することはできない。

トンキン湾事件の真相はどのようなものだったか？　その日、一九六四年八月四日、ジョンソン政権が語った真相は、北ベトナム軍のPTボート〔魚雷を搭載したボート〕がアメリカ軍の駆逐艦二隻を攻撃した、というもので、ジョンソン大統領はこの攻撃を理由にトンキン湾決議を成立させた。決議案は下院を反対なし、上院をわずか二名の反対で通過し、かくしてアメリカがベトナム戦争に突き進むことが正当化されたのである。事件と決議については多くが書かれているが、これが真相だっただろうか？

それから二〇年後——そう、ようやく二〇年後になってから！——ジム・ストックデール中将が著書『愛と戦争のなかで *In Love and War*』において、彼が知りうる限り、トンキン湾事件など実際には起きていなかったと言明している。彼によれば、真相は、北ベトナム軍のPTボートは存在せず、したがって戦闘もなかった、という。彼はそれを知ることのできる立場にあった。問題のその夜、「戦闘」があったとされる時間、彼はセイバージェット戦闘機に乗り、アメリカ軍の駆逐艦二隻を援護していた。二時間以上にわたり海上を捜索した結果、駆逐艦は敵のPTボートではなく、幻のレーダー反応に対して発砲した、そう確信したと彼は書いている。（ストックデールはこの出来事の直後に撃ち落とされ、七年以上にわたり捕虜となった。一九九二年にロス・ペローが大統領選に立候補した際には副大統領候補者となり、一時的にふたたび脚光を浴びた。）

合衆国の歴史上、はじめて政府が新聞の記事掲載を禁止しようとしたペンタゴン文書の真相とはどのようなものだったか？　一九七一年六月、連邦最高裁判所において合衆国訴訟局長のアーウィン・N・グリズウォルドは、ペンタゴン文書の掲載は国家の安全を深刻に脅かすだろうと主張した。約二〇年後、グリズウォルドは『ニューヨーク・タイムズ』と『ワシントン・ポスト』に対する政府の訴えは「妄想」だったとのべている。

もちろん、報道機関は他にも間違いを犯すが、もっと簡単に正せるものばかりだ。

・われわれの情報源の示し方には問題が多いので、情報源を重視する賢明な読者にとっては、ほとんど間違いも同然になってしまうときがある。「情報源によれば」〔"According to sources"〕――この三語だけでは、とても十分ではない。禁じられるべき書き方だ。新聞はクリーンでないと読者は考えるだろうし、その考えは間違っているときよりも、正しいことのほうが多い。

・ほんのわずかな努力で、情報源の示し方は一〇〇％改善できる。どのような種類の情報源なのか？　味方か敵か？　男性か女性か？　陸軍か海軍か？　共和党員か民主党員か？　若いか年配か？　弁護士か依頼人か？　ゲイかストレートか？　医者か患者か？　政府の内か外か？　現職か新顔か？

だが、残念ながら、でたらめな報道もある。そうした間違いは、記事それ自体よりも記憶に長く残ってしまう。新聞人としての私の人生で最も暗い出来事となる、そんなでたらめな記事があった。判断ミスゆえに、その記事を書いた記者の名は、恐るべき特別枠に収まることになったのである。

第17章 ジャネット・クック

ジャネット・クックは、ドラマチックな感性と活力、目を見張る文才を備えた、美しい黒人女性だ。しかしまた、彼女はジャーナリズム、とくに『ワシントン・ポスト』とベンジャミン・C・ブラッドリーが永遠に背負うべき十字架でもある。彼女は弱冠二六歳で、同居する母親の愛人に日常的に注射を打たれる八歳のヘロイン中毒者に関する、生々しく、強烈な記事をものにした。日曜日、一九八〇年九月二八日の第一面を飾ったこの記事は、数週間にわたりワシントンで話題をさらった。一九八一年四月一三日、これによりクックは特集記事部門でピュリッツァー賞を受賞した。

一九八一年四月一五日の早朝、ジャネット・クックはすべてが作り話であったと白状した。ジミー少年も、同居する愛人も存在しなかった。この瞬間、「ウォーターゲート」がアメリカの最良のジャーナリズムを象徴する言葉となったように、「ジャネット・クック」はアメリカの最悪のジャーナリズムを象徴する言葉となった。*

私は、この記事が書かれ、編集されていく過程を見届けていた。第一面に載る一週間前に記事全体を読み、釘づけになっていた。「ジミーの世界」という見出しがつけられ、このような書き出しだった。

ジミーは八歳、三世代にわたるヘロイン中毒者だ。黄土色の髪、ビロードのような茶色の目をした早熟な少年だが、赤ちゃんのような滑らかな肌の、細い茶色の両腕には、そばかすのような注射跡がある。

ワシントンの南東部にある、便利な家具つきの自宅の居間、ベージュの大きなリクライニング・チェアが彼のお気に入りの場所だ。洋服、お小遣い、ボルチモア・オリオールズ、そしてヘロイン。そうした人生について語るとき、彼の小さな丸顔には無邪気な表情が浮かぶ。中毒になったのは五歳のときだ。

頭の後ろで両手を組み、流行のランニングシューズを履き、細身の体にはストライプのアイゾッド〔Izod、カジュアルな服のブランド〕のTシャツが引っかかっている。自慢げに言う。「ヤバイでしょ、これ。六枚も持ってるんだよ」。

記事はこう終わっていた。

［ロンが］ジミーの左腕の肘のちょうど上をつかむ。大きな手で子どもの細い腕を強く縛る。焼きたてのケーキの真ん中に突き立てられるストローのように、注射針が少年の柔らかな皮膚に滑り込む。注射器から液体が流れ出し、鮮血と入れ替わる。その血液はふたたび注入される。

その間、ジミーはずっと目を閉じたままだが、終わると目を開き、すばやく部屋を見渡す。ロッキングチェアーに座り、頭を小刻みに上下させる。中毒者はこれを「うなずき《ザ・ノッド》」と呼んでいる。

記事の他の部分は、読者に向かって手を伸ばすかのような、ジミー少年のハッとさせるイラストの周りに印刷され、ジャネット・クックはそこで、以下のような詳細を加えることで、内容の信憑性を印象づけていた。

・**ジミーの母親について**　父親を知らないアンドレアは、息子と同じく、幼少期を母親と、その母親と一五年間同棲した男性とともに過ごした。母親の同棲相手は、日常的に彼女と妹にセックスを強要し、強姦の結果生まれたのがジミーだという。彼を出産後、落ち込み、希望を失っていた（「名前さえ、つけてあげられなかった。妹がジミーという名前が好きで、私はこう答えた。〈OK、じゃあ、そう呼べば。……どうでもいいわ。何かの名前で呼ばなくちゃいけないんだし〉」）。そして、母親に注射をしていた女性から渡されたヘロインに飛びついた。

・**ジミーの家について**　ジミーが住んでいた家では、ま

＊　『ワシントン・ポスト』を去ってから、クックはワシントンで販売店員として働いた。自身の体験について映画の脚本を書く考えもあった。ワシントンの弁護士と結婚し、一時期、夫とパリで暮らしたが、結婚はうまくいかなかった。本書執筆にあたり面談を申し入れたが、受けてはもらえなかった。

だ誰も亡くなってはいない。キッチンと上階の寝室は、まるで人間の寄せ集め《コラージュ》のようだ。あらゆるタイプの人がやってくる。イライラした人、硬直した人、薬に飢えた人、ようやく「ありついて《ゲット・オフ》」おとなしくなった人が、家のあちこちの部屋にいる。

白人の記者、まして白人の編集責任者は、ジミーが住むような世界に出入りすることがない。私も、一九六〇〜七〇年代に大麻を吸ったことは幾度もあるが、コカインやヘロインに手をつけたことは一度もなかった。私にとってこの記事は、編集者なら何としても読者に届けたいと思うような、現場の光景や喧騒や悪臭を活写するものだった。まさか記事が本当でないとは、思いもよらなかった。

掲載後、幾人かの記者、とくに土地勘に優れた黒人記者であるコートランド・ミロイが、記事には疑問点があると私に伝えてきた。ジミーの自宅を確かめようと、ミロイは自分の車にクックを乗せて走ってみた。ところが、クックは家を見つけることができなかった。そこで彼は、疑問をミルトン・コールマンにぶつけてみたという。コールマンは敏腕の市報部編集者で、その後、全国ニュース部の記者、そして首都部《メトロ》次長になる。ミロイは嫉妬しているのだろう。コールマンはそう周囲に話しつつ、ミロイの意見をハワード・サイモンズに伝えておいた。この記事がどうなるか、先はまだ長い。ハワードは思いを胸にしまっておくことにした。

一九八一年四月一三日、クックがピュリッツァー賞を受賞した日、彼女の記事、そしてそれに関わる私の世界も、崩壊しはじめた。クックがかつて働いていた『トレド・ブレード』とAP通信が、クックの経歴を紹介する記事を準備しはじめたところ、それぞれの内容が致命的なほどに食い違っていたのである。APの記事はピュリッツァー賞選考委員会の発表にもとづいており、それは数ヵ月前にクック自身が提出した履歴をもとにしていた。『トレド・ブレード』のそれは自社の人事部の記録にもとづいており、記録はその数年前にクックが働きはじめたときから始まっていた。

浮かびあがってきた矛盾はひどいものだった。一方では、ヴァッサー・カレッジ〔アメリカの名門私立女子大学、一九六九年から共学〕を首席に次ぐ成績で卒業したことになっていたが、他方では、ヴァッサーには一年間しか通っていないことになっていた。一方では、トレド大学で修士号を取得、他方では、学部しか出ていない。一方では、パリのソルボンヌ大学で学び、他方では、ソルボンヌに触れてもいない。ピュリッツァー賞用の経歴では、ジャネット・クックはフランス語、スペイン語、ポルトガル語、イタリア語が話せるが、古い『トレド・ブレード』のほうでは、フランス語とイタリア語だけだった。

腹に一撃を受けたような感覚に私が陥ったのは、午後早く、ヴァッサー・カレッジ入学課のディクシー・シェリダンから電話があり、「ちょっとした問題があります」と言われたときだ。ちょうどそのとき、サイモンズはAPの副社長兼編集主幹であるルー・ボッカルディと電話中で、「ちょっとした問題」について、詳しい説明を受けていた。

それまでの人生で私は、罪を自白するということについて、深く知ることはなかった。間違いを白状したことがない、という意味ではない。デスクター小学校で五年生のとき、担任のミス・ビーンから悪い成績表を渡され、父のサインを偽造したときから、その経験はある。とはいえ、他人の告白に立ち会い、高みの見物をすることのほうが多かった。ウォーターゲート事件のおかげで私が学んだ、きわめて重要な教訓はこうだ。真実こそ最大の防御であり、完全なる真実は完璧な防御になる。

捏造が判明したとき、われわれは次のような簡潔な目標を掲げた。ジャネット・クックの件については、誰一人として、『ワシントン・ポスト』自体が明らかにした以上のことを知りえないようにする。唯一の問題は、いかにしてこれを達成するかだった。一部始終を調査するチームに『ワシントン・ポスト』の二〇名の記者が名乗りをあげてきたが、この申し出は即座に断った。それでは受刑者が刑務所を乗っ取るようなものだ。調査は絶対的に独立したオンブズマンが独自に行うべきだと判断した。*

契約では、オンブズマンはいかなるテーマについても書けることになっている。編集も、取材命令も、解雇もされない。「ジミーの世界」がカミカゼの爆弾のようにわれわれを襲ったとき、オンブズマンはウィリアム・グリーンだった。ビルはジャーナリスト一本でキャリアを歩んできたわけではなかった。数年間、南部の小さな新聞で働いたことがあるだけだ。その後、インドで合衆国文化交流局の広報官となり、ノースカロライナ州の元知事、テリー・スタフォードがデューク大学の学長だったときに特別補佐を務めた。デューク大学では高度なジャーナリズム・コースを教えていた。現地の人々が言うところの、「賢明でフェアな奴」で、常識をわきまえ、個人を尊重する姿勢でスタッフから尊敬されていた。

ほとんど休みなく四日間かけ、ビル・グリーンは実に困難な仕事をなし遂げた。どうして間違いが起こったのか、全面的で詳細な報告をまとめたのだ。それは一万八〇〇〇

* 『ワシントン・ポスト』がオンブズマンを設置したのは一九六九年で、公正さ、正確性、妥当性に目を配り、ときに新聞と読者との間に摩擦が生じた際には、公衆を代表してもらうためだった。

語におよび、第一面と中面のまる四ページにわたって掲載された。

　私に言わせれば一〇〇万人に一人の嘘つきではあるが、何よりも真実を伝えることを重視する新聞の編集作業の壁を、いかにして一人の記者が突破できたのか？

　グリーンの結論では、「ジミーの世界」を掲載してしまったのは、他の業界では「品質管理」、新聞界では「編集」と呼ばれる仕組みが機能していなかったからだ。四月一九日、日曜日の第一面、グリーンは冒頭でこう書いている。『ワシントン・ポスト』が「ジミーの世界」を載せ、「恥辱を受けた」のは、編集者たちが彼らの持ち前である職業的懐疑心を手放してしまったからである。

　クックがはじめて私の目にとまったのは、『トレド・ブレード』での二年を超える経験をふまえ、自分は最高水準の仕事ができる自信がある、という手紙を受け取ったときだった。編集責任者には毎月、こうした手紙が何十通も届く。彼女が目立ったのは、彼女の記事が、夢のように書ける才能を示していたからだ。また、大学ではトップクラスの成績を修め、黒人でもあった。当時の編集者にとっては、垂涎の的だ。そこで、彼女の履歴書を、関心を持っているという意見とともに、当時首都部《メトロ》次長だったウッドワードに回した。独自の文体で正統派の英語《キングズ・イングリッシュ》を書ける、名門女子大学《セブン・シスターズ・カレッジ》を優秀な成績で卒業した女性など、白人であろうと黒人であろうと、そうそういるものではない。実力あるマイノリティや女性スタッフを増やそうと一〇年来、努力していた事情もある。半年後、『ワシントン・ポスト』はクックを採用した。彼女は、私を含め面接したすべての編集者に好印象を与えた。例外は黒人の市報部編集者、ハーブ・デントンで、あまりにもヴァッサー臭い、というのだった。

　彼女のヴァッサーでの成績が確認されることはなかった。これが間違いの第一歩で、致命的だった。もし、ヴァッサーから優等学位を得ているというのが嘘だとわかっていれば、当然、そこで終わりだったろう。それ以上の間違いを犯す機会すらなかったはずだ。

　なぜ確認しなかったのか？　簡単にいえば、ジャネット・クックがあまりにも優秀だったから、そして、われわれがあまりにも彼女を欲しがってしまったからだ。

　新聞業界にはこんなジョークがある。記者はごくまれに、あまりにもよく出来ていて、本当か確認することすら恥ずかしいと思えるようなネタ《ストーリー》、というよりも噂に近いものに出くわすことがある。そうした噂を調べてみれば、往々にして、まったくのでまかせだという確かな証拠がすぐに見つかるものだ。われわれ記者は、このようにネタ《ストーリー》に対しては衝動を抑えるものだが、ことクック採用の件では同じ衝動を抑えることができなかった。当時『ワシントン・

ポスト』では、マイノリティで女性のジャーナリストを質量ともに増やそうと苦心しており、ジャネット・クックはまさに「逃せない」人材だった。何をグズグズしている？『ニューヨーク・タイムズ』、『ニューズウィーク』、あるいはテレビより先に捕まえろ、というわけだ。

こうして彼女は採用された。

ジャネット・クックは、『ワシントン・ポスト』で勢いよく滑り出した。入社して最初の八ヵ月で五二本の署名記事をものにした。のちにビル・グリーンはこう書いている。「彼女はスタッフのなかでも目立つ存在だった。歩くときは誇らしげ、笑顔はまばゆかった。装いはいつも新しく、完璧で、糸目をつけなかった」。

彼女の直属の編集者であるヴィヴィアン・アプリン＝ブラウンリーは、クックは「盲目的で露骨な成功欲に支配されていたが、才能はあった」とグリーンに語り、さらにこんな話を紹介している。「彼女は、グッチやカルダンやイヴ・サンローランで着飾っていました。［黒人居住区での取材に］デザイナー・ジーンズで出かけた際には、帰ってきて私に、〈あんた、それでも黒人《ニガー》か？〉と聞かれたと言っていました。それが愉快だったようです」。

クックは黒人男性のスタッフからは不評だった。多くがデートに誘ったものの、すべて断わられていたからかもしれない。幾人かの白人記者とはデートをしたが、関心は社交よりも仕事にあった。彼女はある友人に、三年以内にピュリッツァー賞を獲り、三〜五年以内に全国ニュース部のスタッフに加わりたいと語っていた。その直後、街で出回っているという、皮膚を潰瘍化させるほど強力な新種のヘロインに関する取材で、自分を見失うことになる。

この取材で、彼女は一四五ページもの手書きの取材ノートを残している。アプリン＝ブラウンリーはこれを評価し、ミルトン・コールマンに見せ、コールマンも気に入って、ノートをいかにして「モノにするか」——つまり記事にするかをクックと話し合った。彼女が八歳の中毒者に触れたのは、このときの会話が初めてだった。コールマンは即座に遮って、こう短く言った。「それがネタ《ストーリー》だ。それを追え。第一面の記事になるぞ」。

三週間後、八歳の中毒者を発見し、その母親とも話すことができた、とクックがコールマンに報告してきた。コールマンはクックに、その少年の母親の身元を秘密にし、また匿名にする約束をしても構わない、と指示した。つまり、少なくともこのときは、母親の名前を知る必要はない、とコールマンは判断したのだった。

ビル・グリーンの名文句を引用すると、ここで「ジャーナリズムの最大の弱点が露呈した」。それは、「編集者が記者に置くべき信頼」だ。

コールマンは「中毒者」とその母親の名前を知っておく

べきだったか？　そうだろう。そのときでなくても、できるだけ早くに。住所を確認しておくべきだったか？　冷静に考え直してみれば、そうだ。住所は、誰もがいつでも裏づけをとることができる、動かぬ情報だ。無名の人々の名前は短時間で消え去ってしまう。しかし、われわれ全員が目にしているが、クックが当初に取っていたメモには、実に説得力のある具体的な事実が豊富に盛り込まれていた。八フィート〔約二・五メートル〕のビニール製のソファ、青と緑のアイゾッドのTシャツ、パナソニックのステレオ、竹を模したブラインド、ゴムの木、ふさふさした茶色の毛の絨毯、などだ。それゆえに、疑念は形になる前に消失してしまった。そしてここではじめて、「中毒者」にはタイロンという名前があること、また、ずる休みしていないときに通っている小学校を知らされた。こうして、ゆっくりと、しかし必然的に、記事掲載に向けて動きはじめたのだった。

ジミーが住む世界について、私は無知だった。ジミーの母親や同居するボーイフレンドのロンのような人と接点を持つような場面はほぼなく、ましてや、じっくり話をする機会などなかった。ハワード・サイモンズも同じだった。記事掲載の準備が整う頃には、関係する皆が危険な橋を渡ろうとしていたわけだ。

一九八〇年九月二八日、日曜日の早朝、九〇万部近い『ワシントン・ポスト』が輪転機で印刷された。ロサンゼルス・タイムズ＝ワシントン・ポスト・ニュース・サービスは合衆国内と世界の三〇〇を超える新聞に「ジミーの世界」を配信した。一夜にして、ジミーはセンセーションを巻き起こした。『ワシントン・ポスト』では、電話がひっきりなしに鳴り響いた。警察署長は少年と母親を見つけ出すべく、大がかりな捜索をした。警察はクックと彼女の取材ノートを召喚すると脅してきたが、『ワシントン・ポスト』は抵抗し、召喚はあきらめた。すぐさま、ワシントンのマリオン・バリー市長が、市はジミーの身元を把握していると発表した。また、ハワード大学薬物乱用研究所長のアリス・グラッティ博士がジミーとその家族を知っている、という情報もあった。

「ジミーの世界」は疑わしい。そう主張してきた人たちがいるが、バリー市長とグラッティ博士が明らかにクックの記事を裏づけているのに、その疑いを彼らがいかにして正当化できるのか、私には理解しがたかった。アプリン＝ブラウンリーは早くから懐疑的で、ずっと疑念をもちつづけていた。コートランド・ミロイも、ジミーのアパートを探しにクックと出かけたが、彼女が見つけられなかったことで、疑いを持ってはいた。しかし、彼らの疑いは、記事内容よりもクックに向けられていた。クックが記事のすべてを捏造しているなどとは、誰も考えなかった。さらに悪いことに、われわれ編集者の誰も、その子どもの生命と安全について考えようとはしなかった。もしわれわれが、『ワシントン・ポスト』の医師にジミーを診察させるよう主張していれば、大惨事は回避できていたはずだ。クックはその直後、一四歳の売春婦と彼女を斡旋する二〇歳のポン引きに関する別の特ダネに取り組みはじめており、ここでは、上司としてクックの取材を統括するウッドワードとコールマンが売春婦に実際に面会することを求めていた。面会の約束はキャンセルされつづけたが、われわれは売春婦とポン引きが怖気づいたのだと判断してしまった。まさか、これも彼女のでっち上げだとは思いもよらなかったのだ。

各新聞社がピュリッツァー賞の候補作を決める一二月になると、「ジミーの世界」は地域ニュース部門への『ワシントン・ポスト』の唯一の応募作となった。

そして一九八一年四月一三日、最悪の事態が起こった。「ジミーの世界」がピュリッツァー賞を受賞してしまったのだ。

戦闘中の駆逐艦において、最も重要な仕事の一つはダメージをコントロールすることだ。つまり、船体中央に命中した魚雷、カミカゼの自爆攻撃、ボイラーの爆発といった損害をいかに抑えつつ、いつの日かまた戦えるよう港に帰還するか、ということだ。戦艦フィリップ号（DD498）のダメージ・コントロール補佐官として、私は海軍の船における最も重要な仕事の一つはダメージ・コントロールであることを学んだ。『ワシントン・ポスト』のダメージ・コントロール担当将校、言い換えれば編集主幹として、新聞社においてもそれが最も重要な仕事の一つだと学んでいた。

そこでの最初の課題は、被害をできるだけ早く、正確に把握することだ。編集局で「ジミーの世界」の問題が起きてから、『ワシントン・ポスト』では、ダメージ・コントロールの実践にあたり、まずジャネット・クックのヴァッサーでの学業成績を調べることからはじめた。彼女がそこで嘘をついていたとすれば、他にも嘘をついている可能性が高い、と考えたからだ。私はミルトン・コールマンに命じ、クックを「薪小屋」に連れていかせた。これは、フランクリン・D・ローズヴェルトの私的顧問団《キッチン・キャビネット》の一員で、長年ワシントンで陰の実力者だったジム・ローウェから教えてもらった、政界での古くからのやり方だ。リンドン・B・ジョンソン大統領の要請を受けたジム・ローウェは、ヒューバート・ハンフリーを副大統領候補者として選ぶ前に薪小屋に連れていった。ローウェが言うには、誰かを薪小屋に連れていくということは、部屋に閉じ込め、納税、健康問題、愛人、政治資金、戦時中の従軍記録、借金、依存体質、心の奥底にしまっている秘密、などについて洗いざらい吐かせる、ということだ。薪小屋におけるこのやりとりは、お互いのために必要なことなのだ。

　コールマンがクックを連れていった薪小屋は、L通りを渡ったところにある、キャピタル・ヒルトン・ホテルのバーだった。最初、クックは口を割ろうとしなかったが、コールマンがその場でヴァッサーに電話をかけると、引き下がりはじめた。ヴァッサーでは精神的な問題を抱え、一年間しか在学できなかったという。外国語についてコールマンが尋ねると、四ヵ国語を話せるし、ソルボンヌ大学にも通っていた、と言い張った。

「では、ジミーの記事は?」とコールマンが尋ねた。

「本当です」と嘘をついた。

　ここでコールマンが電話をかけてきたので、われわれはクックを『ワシントン・ポスト』の通用口から八階の役員室に連れてくるよう命じた。ウッドワードと私が到着すると、ジャネット・クックはソファに座って泣いていた。そして「どうにもバカなことで世話をかけてしまって」と彼女が言ったのをビル・グリーンは記憶している。

　だが、ジャネット・クックも彼女なりのダメージ・コントロールを講じていて、認めたのはあくまでヴァッサーの学歴詐称だけだった。私は、これまでのやり方があまりに手ぬるかった(女性で黒人だからか?)と感じ、以後は不愉快な会話が続くことになった。

　まず、何でもいいから、ポルトガル語で二つの言葉を言ってみろ、と命じた。(私自身はポルトガル語で知っている言葉は二つ、チョークを意味する"O gis"〔正しくは"O giz"〕だけだった。)彼女は答えることができなかった。イタリア語で知っている言葉を尋ねても、答えられない。私は六歳のときからフランス語を話していたので、フランス語で質問をした。彼女の返事は、とてもフランス語を話す能力を示すものではなかった。君は嘘をついている。真実を隠そうとしている。まるで、リチャード・ニクソンのように。私がこう告げると、彼女は怒り出した。私が彼女の答えを気に入らなかったように、彼女も私の尋問に気分を害していた。私は最終的に、二四時間やるから、ジミーの記事が本当だと証明してみろ、と告げ、部屋を出た。

　ウッドワードも、ジミーの記事を信じてはいないし、どうしてもやらねばならぬとなれば、嘘をついていることを証明してみせる、と彼女に告げ、部屋を出た。

　次に、われわれは、コールマンにジミーの家をクックと一緒に探させた。三〇分後、見つけることができなかった、とコールマンが電話をかけてきた。彼はいまや、クックがすべてをでっち上げたのだと確信していた。残るはクック本人だけだった。ウッドワード、編集局次長のトム・ウィルキンソン、コールマン、メリーランド州担当編集者のデイヴィッド・マラニスから厳しく質問攻めされるクックを残し、サイモンズと私は自宅に戻った。クックは尋問が

「厳しすぎる」と抗議した。

そして、「記事が、私が知っていることのすべてです」とつけ加えた。

最後に、彼女はマラニスと二人きりになったが、そのときの会話をビル・グリーンの報告は次のように記している。


クック（泣きながら）「あなたとは、二人きりになりたくなかった。今日、あなたを見たとき、「ああ、この人にはわかっている。この人には打ち明けなければならないだろう」と思ったの。あなたに嘘はつけない。でも、あの人たちには言えなかった。ウッドワードには絶対に言えない。彼がガミガミ言えば言うほど、意固地になってしまって。ウィルキンソンは会社の代表で、ミルトン［・コールマン］にとってはそのことがよほど重要なんでしょう。みんな、優秀。ウッドワードは頭が、あなたは心が……。どうして、微笑んでいるの？」

マラニス「なぜって、理不尽な状況で会社への服従を拒む君に、たまらなく共感するから。君には、屈しない強さがあった。会社は生き残るだろうさ」

マラニスとクックは、子ども時代のことや記事がピュリッツァー賞の候補になってからのことなど、一時間以上にわたって話をした。

「君は他の人たちに何も言わなくてもいい。私がそうしてあげるから。彼らにどう言えばいい？」とマラニスは彼女に尋ねた。

こうして、苦行は突然に終わりを告げた。

「ジミーはいない。その家族も」とクックは打ち明けた。言い逃れられる、と思っていたという。そして、存在しないのだから、ジミーが見つかることもないとわかっていた。ジャーナリズムの歴史上、初めてに違いないが、ピュリッツァー賞を受賞しないよう、念じていたともいう。

とっくにわかっていた知らせを電話で伝えられたのは、午前二時過ぎだった。彼女の退職願を受け取ると——いまとなっては、最悪の過ちに対し、なぜ私がその場で彼女を解雇せずに辞職させたのか、説明できないのだが——セントルイスにいるジョー・ピュリッツァーに賞を返上することを、謝罪とともに伝えた。午前七時、この壊滅的な知らせをドン・グラハムに電話で伝え、もし私の辞職を望むなら、直ちにそうすると申し出た。

時に、発行人は気の毒だと思うことがある。最良の発行人は、つまり成人後の人生で私が仕えた二名の発行人は、編集者にただ一つのことしか望まなかった。それは、自分と一緒に着陸したいなら、離陸から仲間に加えてくれ、ということだ。ドンとケイは、成功をうらやむ同業者、そして当然のごとく私の辞任を求め騒ぎ立てる右派の天敵から激しい批判を受けながらも、この一件の後始末に全面的につきあってくれた。

私がキャリアのなかで最大のピンチだったこのとき、ドン・グラハムは全力で支えてくれた。しかも、公然と支えてくれた。私の辞職を求めなかったばかりか、この苦境を乗り越え、できる限りの教訓を学び、仕事を続けることをわれわれに望んだのだった。

とてつもない難題に直面したときはいつも、私は普段以上に能力を発揮し、創造的に働くことすらできた。道の真ん中に山があるとすれば、私は使えるシャベルであり、また有能なシャベル使いに囲まれてもいたわけだ。

ちょうど同じとき、道の真ん中の山はまだ小さいとばかりに、約一〇〇〇人規模のアメリカニュース編集者協会（ASNE）の猛者たちが、ワシントンで大会を開いていた。私が彼ら好みの編集者でないように、私にとっても好きなタイプの面々ではない。ASNEはもっぱら、小規模、そして多くは南部の新聞の社主《オーナー》・編集者により構成されており、地域の柱である彼らの問題関心や優先課題は私のそれとは一致しないのだった。彼らは一般的に、同じ仲間について書くことを好まぬ、誇り高い支配者層だった。ともあれ、ASNEの会長は当時『ボストン・グローブ』の編集責任者で旧友でもあるトム・ウィンシップで、どうやら誰かの入れ知恵で、私を企画委員長にすれば面白いことになる、と考えた。四日間の大会中のスピーカーやワークショップを組み立てる役だ。世界中で、私を企画委員長にしようと考える人間など他にいないだろう。その彼でさえ、依頼文の冒頭で「この役を君に頼むなんてクレージーだ、皆がそう言っているよ」と書いていたほどだ。私が手配した企画は悪くない、むしろよくできたものだったが、オープニング・レセプションでトムが近寄ってきて、ジャネット・クックの一件について公開討論会を開いてはどうかと提案してきた。まるで私が知らないかのように、彼はこう言った。「非常に関心が高いものでね」。

伝統的に、企画委員長はその日の大会を始めるにあたり、朝の八時に一つか二つのワークショップを設ける。通常は、ごく数名の編集者しか関心をもたぬような、内輪の話題を扱う。たとえば、「意識調査……どれだけ使えるのか?」という、ご立派な性質のものだ。こうしたワークショップに一五名の編集者を集めることができれば、ASNEの新記録になるだろう。

私が朝の八時に設定した会のテーマはオンブズマンで、自分は興味を持っていたが、他の編集者はほとんど関心を示していなかった。公開討論会の司会者はチャーリー・シーブで、彼は元『ワシントン・ポスト』のオンブズマンであり、『ワシントン・スター』の廃刊時の賢く有能な編集局長だった。そこで、トップの話題はジャネット・クックで、企画委員長本人も参加するという情報を流してみた。

すると、私が吊し上げられるのを見物しようと、朝の七時に七五〇名以上の編集者と彼らのゲスト、加えて五台のテレビカメラがやってきた。だが、ドン・グラハムが私の側に座ってくれたおかげで、苦行を何とか乗り切ることができた。その日、カメラマンたちは私の写真を数百枚も撮ったに違いないが、そのほとんどが私の肩に回しているドン・グラハムの腕も一緒に写していた。このことは、決して忘れないだろう。彼がそこにいてくれたこと、自信満々でいてくれたことには、何年経っても、首筋に温かみを感じるほどだ。また、グラハムの隣には、ほとんどの間、私の前任の『ワシントン・ポスト』の編集責任者で、ASNEの元会長でもあるラス・ウィギンズがいてくれた。賞を受けたこともあるメイン州エルズワースの週刊紙の編集をしていた（現在もしている）が、わざわざかけつけてくれたのだ。自分の新聞でジャネット・クックのような事件など起きるわけがない。あまりに多くの編集者がそう発言するのを聞いたラスは、皆に聞こえる声で、アメリカのジャーナリズムがそこまで立派になったとは喜ばしい限りだ、と皮肉をのべた。私は、その日に、そして他の多くの日々に、彼が見せてくれたやさしさを決して忘れないだろう。

被った屈辱から教訓を学ぶことは容易だが、「ジミーの世界」に行き着くまでわれわれが犯した多くの間違いもまた、簡単にしでかすことができる。

第一に、編集者の信頼を勝ち得てしまった巧妙な嘘つきに対して、実のところ防御策はない。これは、ビジネス、法律、医療など、あらゆる職域に共通する。不幸なことに、ごく稀ではあっても、それは最も優秀な人々のなかで起きる。ジャネット・クックはほぼ二年間、『ワシントン・ポスト』に勤めたが、「ジミー」騒動後に彼女が書いたすべての記事を慎重に調査してみても、他に問題となる事実は発見されなかった。

・一九八一年五月、『ニューヨーク・デイリー・ニュース』のコラムニスト、マイケル・デイリーが辞職。アイルランドの反乱軍に対するイギリス軍による虐待に関する記事で、捏造した部分があった。

・WABC－TVが視聴者からの手紙を捏造し、エグゼクティブ・プロデューサー、番組ディレクター、記者、さらにもう二名のスタッフが辞職。

・クックがピュリッツァー賞を受賞してから一年も経っていない一九八一年一二月、『ニューヨーク・タイムズ・マガジン』が「クメール・ルージュの地で」という特集記事を掲載。退却した独裁者ポル・ポトの影響下にある反乱軍が支配するカンボジア奥地を潜入取材し、戦闘を生々しく伝えた。記事は、離れた丘の斜面に立つポル・ポト本人を、筆者が双眼鏡で目撃したことを強く示唆していた。二ヵ月後、筆者であるクリストファー・ジョーンズがずっとスペインの自宅におり、記事のすべてを自身が以前に『タイム』に書いた記事とカンボジアを舞台としたアンドレ・マルローの小説『王道 *The Royal Way*』〔邦訳『王道』渡辺淳訳、講談社学術文庫、二〇〇〇年など〕から流用していたことを、他の報道機関（『ワシントン・ポスト』と『ニューヨーク・タイムズ』も含む）が明らかにした。

他にもまだある。

第二に、記者職への応募書類と推薦状を慎重に精査することだ。採用段階で嘘つきを発見することができれば、想像を超えるような災難から身を守ることができる。

第三に、いかなる理由があろうと、真実であってほしいと思う記事には注意することだ。また、身元不明の情報源をあまりに容易に受け入れてしまう文化にも気をつける必要がある。悪徳政治家、放火魔の消防署長、女たらしの宗教指導者、社交界にデビューしたてのマダム、といった記事はダブル・チェックし、さらにチェックすることだ。

本当に大きな特ダネでは、少なくとも一人は否定的な人物を探し、意見を聞くべきだ。そうした人物が見つからない場合は、記事掲載に反対する意見をするよう、誰かに命じる。国家の安全にかかわる記事について、われわれが常々していることだ。

また、本当に大きな特ダネには、慎重な態度の記者・編集者をあてるべきだ。他の人の記事に対しては疑念を表明し、また自分の記事に対しては他の人が示す疑念に耳を傾けるよう、皆を促すべきなのだ。

そして最後に、間違いがあまりに簡単に起きてしまうこと、真実を突き止めることがあまりに難しいということに、断じてめげてはならない。もしできるなら、他にも何かやるべきことがないかどうか、自問自答してみてほしい。

＊＊＊

ジャネット・クックをめぐる危機が一段落つくと、私は次のような覚え書きをドン・グラハムにしたためた。

サイモンズ、ハーウッド、編集局次長たち、首都部、全国ニュース部、スポーツ部、スタイル部の各スタッフたちと会議を重ね、自分の考えを彼らに伝えると同時に、意見を求めました。先週、ワシントンであったASNE大会中には、多くの同業者たちと意見を交わす「恩恵」を受けることもできました。

また、その多くは下劣で、憎しみに満ち、復讐に燃えたものではありますが、一〇〇通を超す手紙にも目を通しました。

そして、答えを求め、独りでウェスト・ヴァージニアの森を散策してもみました。

われわれのやり方の欠点は、単純なものばかりです。

・ジャネット・クックの経験値、また情報の正確性を明らかに欠いていたことにかんがみれば、彼女を信用しすぎていました。これに関しては、性別、人種、またはその他のあらゆる面で、いかなる他意もありません。ここでの責任の所在は明快で、コールマン、ウッドワード、サイモンズ、ブラッドリーまでつながっています。

・彼女の履歴書の学歴部分について、ザッとでも確認しようとしませんでした。そうした確認をしている新聞社（あるいは法律事務所）はありませんが、それは気休めにはなりません。

・信頼とは、編集者から記者へ、そして記者から編集者へ、という双方向的なものだという信念を貫けませんでした。

・おそらくジミーの記事のなりゆきにとらわれすぎていたために、犯罪〔少年が母親の愛人からヘロインを注射されること〕を目のあたりにするという一筋縄ではいかぬ問題について、黙過の判断をしてしまいました。

・全般的に、情報源について慎重さを欠いていました。情報源の身元を最大限正確に把握すべし、妥協するのはやむをえぬ場合のみ、という記者ハンドブックの戒めを見失っていました。

・コミュニケーションに問題、しかも奇妙な問題がありました。われわれの情報共有は下意上達ではなく、上意下達でした。私が悔やんでいるのは、何よりもこの問題です。というのも、私はスタッフたちと上手く「つきあって」おり、ジミーに関する疑念のように、広がっていることが明白な問題を見逃すはずはない、そう思い込んでいたからです。

同じように、是正すべき点も単純です。

・つねに履歴書のすべての情報、とくに学歴を確認する。

・記者はいかなる情報源の身元も編集者と共有すべきこと。例外は唯一、編集主幹が許可した場合のみとし、他は認めない。

・情報源に対する本紙の方針を、いま一度、記者・編集者に知らしめること。以下のような内容をスタイル・ブックに加筆すべきでしょう。

「いかなる記事でも、情報源はきわめて重要な要素である。それによって読者は、その人物がどのような動機で情報を公にしているのかについて、自分自身で判断する機会を持てる。したがって、情報源の具体的な身元を記録しておくよう、つねに努めなければならない」。

「ただし、合理的な理由で、情報源の身元が具体性を欠くこともありえる。そうした場合でも、情報源の身元をできる限り正確に記すよう、あらゆる努力をしなければならない。いわゆる「場所による属性」——国務省、国防総省《ペンタゴン》、連邦議会、ホワイトハウス、証券取引委員会（SEC）など——は、許される最低限のものだ。そうした所属先を示す場合でも、たとえば、下院、上院、スタッフ、軍部、民間、老若、男女、上層部、中位層など、限定情報を複数示すことは、ほぼいかなるときも可能である」。

「それでもなお重要なのは、具体的な身元の明示における妥協は、やむをえず、仕方なくするもので、かつ厳密でなければならない、ということだ」。

・同僚、また上司とも、恐れと疑念を確実に皆が共有できる方法を見つけ出さなければなりません。

・犯罪的行為を目の前で許してしまったという、この問題の全体に取り組まねばなりません。石碑に教訓を刻んでおくだけでは足りないと思いますが、その場しのぎの決定を下してしまう前に、まずわれわれ自身が納得する必要があります。

最後に、われわれは新聞社としての矜持を失ってはなりません。無難な事なかれ主義に閉じこもり、コミュニティに影響を与えるという新聞の役割を放棄してはならないのです。

人を解雇するのが、私はどうも苦手だった。それが経営者の能力として不可欠であることを理解できるようになってからも、そうだった。いつか、解雇についてボブ・マクナマラに助言を求めたことがある——フォード社と国防総省を率い、私が知る誰よりもトップとしてのマネジメント能力を有していたからだ。私が追い出したかったのは八二歳の市報部次長で、もしクビにされたら、カルヴァート・ストリート橋から飛び降りる、と言っていた。

マクナマラによれば、フォード社で「十数名」のトップ・マネージャーを解雇したところ、もしそうなれば自死すると全員が脅してきたが、実際に行動を起こしたのはたった一人で、それも未遂に終わった、という。

解雇する役を誰かに代わってもらおうとしたこともあるが、これも、うまくいかなかった。あるとき、スポーツ・コラムニストのシャーリー・ポヴィッチの机の引き出しの中に、使い走り《コピーボーイ》が小用をしたことがあった。クビにするよう、組織運営担当の編集局次長、ロバート・E・リー・ベイカーに命じた。ところが、ベイカーは慈悲の心、つまり、人々があなたの過ちを許すように、あなたも人々の過ちを許さなければならない、と長々と講釈しはじめた。かくして彼は解雇を免れた……はずだったが、その命拾いも、数ヵ月しかもたなかった。またしても酔っ払い、女性用トイレのソファで卒倒したのだった。

歴史的建築物であるジョージタウン・ハウスに関する特集記事をめぐる剽窃で、一人の記者を解雇したことがある。ある日、私が住むジョージタウンの隣人に道で呼びとめられ、「まさか、『ワシントン・ポスト』が剽窃を許容しているとはね」と言われたのだ。ハウスに関する文章を地元の歴史協会に寄稿したことのある人だった。

クビにしたのは、ハーバード大学できわめて優秀な成績を収めたスタイル部の若い記者だったが、ワシントン郊外の新しい独身者向けコミュニティに関する特集記事で、出典を示さずにJ・D・サリンジャーの文章をそのまま盗用していた。彼女はデトロイトの新聞に職を得たが、『ワシントン・ポスト』を去ってから一八ヵ月後、自ら命を絶ってしまった。彼女のことは、いまでも脳裏に焼きついている。

また、ロバート・ケネディの発言をでっち上げた政治記者を解雇したこともある。発言は実に無害なもので、ケネディが言いそうなことだった。ところが、第一版と第二版の間に彼が電話をかけてきて、そんな発言はしていないし、その記者と話したことすらない、と言ってきたのだった。

ジャネット・クックの一件を忘れたことは決してないが、世の中は動きつづける。たとえば、クックの大失態から三ヵ月後、『ワシントン・スター』が廃刊した。まずい経営の犠牲となり、一二九年の歴史を誇りながら、姿を消すことになった。カウフマン家とノイズ家の後継者たちは、彼らの先祖が一八五二年に創刊したこの偉大なる新聞をテキサス州の実業家、ジョー・L・オルブリットンに売却したが、あまりに遅すぎた。なぜ遅すぎたのか。それは、すでにフィル・グラハムが『ワシントン・タイムズ＝ヘラルド』を買収して朝刊市場を独占し、さらに、人々の閲読習慣が朝型に移ったことで、その独占状態が続いていたからだ。

オルブリットンが『ワシントン・スター』をタイム社に売却したことで、いま一度、延命の機会がもたらされたが、国内で最も力のある出版社をもってしても救うことはできなかった。タイム社はわずか一年間に八五〇〇万ドルを

『ワシントン・スター』につぎ込み、『ワシントン・ポスト』傘下の連載漫画をいくつか奪い取り、「小耳に《ジ・イアー》」という不粋なゴシップ・コラム（私もネタにされた）で『ワシントン・ポスト』の邪魔をしようとしたが、最後には、そそくさと街を去ることになった。

良識と高潔さ、という遺産を『ワシントン・スター』は残した。これを編集者として守り抜いたのが、ニューボールド・ノイズだった。私に関する好意的な紹介記事を読んだある人物、ノイズとも私とも友人であったその人物から、こう尋ねられたことがある。「『ワシントン・ポスト』でできたような仕事を、『ワシントン・スター』でもできると思うかい？」

答えは、否定的だ。

しかし、私はアメリカで最良の新聞人の幾人かの恩恵を受けることができた。とくに、すばらしきメアリー・マグローリーだ。社主も、編集者も、ただの友人も、『ワシントン・ポスト』の誰もが、メアリーを『ワシントン・スター』から引き抜こうと何年も試みてきた。だが、あまりに忠義に厚い彼女は、耳を貸そうとすらしなかった。何年ものあいだ、私は彼女を知り、尊敬し、愛していた。一九六〇年代の大統領選キャンペーン中には、彼女のカバンとタイプライターを運ぶ役を仰せつかったこともある。（われわれはマグローリーの「運び屋」と呼ばれていた。）彼女はワシントンで誰よりも優れた眼力を持っていた。私がいつも思い出すのは、ある尊大なプレッピー〔金持ち風の人物〕に対する上院の公聴会について彼女が書いたコラムだ。その人物を尊大とは書かずに、けばけばしいアーガイル柄のソックスに焦点をあてることで、意味するところを存分に伝えていた。

私たちは昼食をともにした。「もうそろそろ？」と私、「そうですね」と彼女。「いかほどでしょう」と私が尋ね、彼女が金額を告げる。そして、握手、とあいなった。ジャネット・クックの大騒ぎが静まり始めていた。

25
メグ・グリーンフィールド――『ニューズウィーク』のコラム用写真に示された頭脳明晰なイメージよりも、温厚な性格とユーモアのほうが圧倒的に勝るときがあった。

26
ハワード・サイモンズ――編集局のすばらしき折衷的存在。「スメルシュ」(SMERSH)なる言葉(科学 Science、医療 Medicine、教育 Education、宗教 Religion、その他、何でもあり all that SHit)を新たにつくりだした。

27
1974年から1975年にかけて5ヵ月間に及んだプレス工のストライキで、労働組合が消滅した。『ワシントン・ポスト』は是が非にでも欲しかった新聞製作の権限を手にした。とくに悪質なプラカードを掲げているのは、チャーリー・デイヴィス労働組合委員長。後に、バーテンダーに転職した。

28
1979年、ドン・グラハムが発行人になり、三代目へ引き継がれた頃。キャサリンは1963年8月に夫の後を継ぎ、新しい『ワシントン・ポスト』を世に送り出した。

29
1980 年代の私。この頃、ノミ屋や宝石泥棒といった自分のイメージから離れようと、写真を撮られるときには物思いにふけるようになった。

30
キャサリン・グラハムの入会を却下した直後、われらがクラブの会合にて。エドワード・ベネット・ウィリアムズに肩を抱かれた私とアート・バックウォルド。

31
アートと、とある政治集会にて。友人である写真家ダイアナ・ウォーカーにちょっかいをかけているところ。

32
サリー・クインのおどけ顔、スタイル部の記者としてかけだしの頃。私の目にはまだ、高嶺の花と映った。

33
風刺画家のスティーブ・メンデルソンに、このイラストを描いてもらった――ネタ、あるいはその一部ですら、時には逃すこともあることを冷静に認めることができない記者たちに贈るために。
〔イラスト内の台座には「守りの姿勢」とある〕

34
ウォード・ジャストは、新しいタイプの記者だった。頭が切れ、貪欲で、羽が生えたように軽々と記事が書けた。ジャストが従軍中に尻に榴散弾をたくさん受けた話を漫画にして、「ここにはベトナム兵《チャーリー・コン》しかいない」という見出しで、発行人欄の上に掲載した。

35
ポーランド人のローマ法王が誕生した4日後の1978年10月20日、サリーと私は結婚した。

36
1984年10月27日、ヴァージニア州リーズバーグにて。マリーナの結婚式で、妹のコニー、兄のフレディと。

37
元継子という言葉はないが、マリーナの結婚式にて、ディノとベン・ブラッドリー・ジュニアに挟まれて、ロザモンド・ケイシーとアンディ、タミー、ナンシー・ピットマン。

38
クインと。これ以上の存在はない。

39
1990年11月17日、ケンブリッジでのベン〔・ブラッドリー・ジュニア〕の結婚式にて。ベン、ベン・ジュニア、ディノ、クインがおおげさにおどけた様子。

40
ハリー・ダリンスキー「先生」と、ジョージタウンにある薬局の外で。「先生」は40年近くその薬局で、友人たちへ薬として知恵や愛、ベーグルを処方してくれた。

41
1975年、セントラル・パークにて。

42
1995年、ジョージタウンで子育て中に。10代になったばかりのクイン・ブラッドリー。

43
1990年にサリーと見つけた、メリーランド州南部セントメアリーズ川沿いにあるレンガ造りのポルト・ベッロ。

『アーキテクチュラル・ダイジェスト』1995年6月号に掲載されたポルト・ベッロ。『ワシントン・ポスト』の株のおかげで得たもの。サリー・クインの趣味を見事に反映している。

44
退任する者、就任する者……新たな編集主幹レン・ダウニーに抱擁され、皆からすばらしい送別を受けるなかで。

45
発行人であるグラハム家の人たちと。私自身、グラハム家から最大の恩恵を受けた一人である。

第18章 国家安全保障——公と私の対立

中央情報局（CIA）と関わるのは、国内であれ国外であれ、つねに危険を伴っていた。たいてい、スパイどもは政策目標を推進するために報道機関を利用しようとするからだ。しかし、それらの目標は報道機関に知らされることはないし、偽装されることもある。

CIAによる報道機関の利用、あるいは悪用のうち私の知る最もひどい実例は、一九五〇年代後半にアーネスト・K・リンドレー時代の『ニューズウィーク』のワシントン支局で頻繁に起きていたものだった。『ニューズウィーク』はかつて、「ペリスコープ」——毎週号の巻頭に掲載される水晶玉占いでなされたような予測をまとめたコーナー——の記事に対し、情報提供者に追加で五ドルの報酬を支払っていた。それぞれの記事は、せいぜい憶測に基づく内容で、想像力に欠け、「記事にする」には十分とは言えないものだった。時折、CIAの報道担当者だったスタンレー・グローガン大佐が、リンドレー宛にCIAが実際に書いたペリスコープ用の記事の入った封筒を持って、支局に現れたものだった。私がパリから支局に着任する頃には、リンドレーは封さえ開けずに、それをテレタイプライター交換手のガイ・ボセルに渡して、ニューヨークへ送るように指示していた。

信じられないかもしれないが、リンドレーはその五ドルを横領していた。まさかと思うかもしれないが。

CIAの海外拠点の責任者たち——とくにベトナムや中東の——との話し合いは、双方がお互いの組織に対する忠誠心について現実主義的である場合には、非常に有益なものになりえた。全員が真実を求めようとする限り、すべては順調だった。ただ、スパイたちが何か事を起こそうとしたり、外国の記事をでっちあげようとしたりすると、すぐに事態は混沌となった。優秀なジャーナリストは、操られているかどうか、またどのように操られているかを自分で判断しなければならなかった。

記者の評判は、CIAと親しすぎるとか、CIAに操られやすいといった非難で傷つけられることがある。確かに『ニューヨーク・ヘラルド・トリビューン』や『コリアーズ』で働いていた私の古い友人であるサイ・フライディンは、ジャーナリストとして働いていたときにCIAから実際に給与を受けとっていたことが明らかになり、その名声のほとんどを失ってしまった。彼は素敵な男で、旅の仲間でもあったのに、残念なことだ。ベオグラードで行われた激辛唐辛子選手権に参加し、スリヴォヴィッツ〔蒸留酒の一種〕で唐辛子を飲み込むサイを見たことがある。涙が出るほど辛いトウガラシをかじりながら、一言も発しないサイの姿に感激したのをいつまでも覚えている。

一九八一年に『ワシントン・ポスト』とCIAは、ジョン・ル・カレの本や映画に出てきそうな冒険《アドヴェンチャー》に巻き込まれた。事実、そのことは本や映画に取り上げられた。

ある日、ハワード・サイモンズと私が、複雑な数学の計算結果と図表で埋め尽くされた、小さくて字のぎっしり詰まったロシア語の手書き原稿を「手にするいきさつとあいなった*」ことがすべての始まりだった。二人ともロシア語は話せなかったが、その必要はなかった。その内容は明らかに、われわれや『ワシントン・ポスト』の平均的な読者には理解できないものだった。われわれはともに陰謀について思いを巡らせるのが好きだったし、いまだ冷戦のさなかだったから、すぐにこの資料がアメリカの情報機関にとって大きな価値があるのではないかと考えた。

ハワードは、CIAの副長官であるボビー・レイ・インマン大将に電話をして、すぐに面会の約束を取り付けた。(CIA長官のケイシーは不在だった。)われわれは、自分たちが知っていること、手にしたと思われるもの、そしてそれをどうするかということをインマンに伝えた。それはつまり、すぐにでも彼にその原稿を渡すということだった。それに加えて、その見返りとして二つのことをインマンに要求したが、いずれか一つでも叶えられるとはあまり期待していなかった。

第一に、どんな話《ストーリー》に展開しようとも、われわれが第一報を伝えたい、というものだ。例えば、もしもその原稿が冷戦を終結させることになるなら。(ウォルター・ミティは生きている！) あるいは、その原稿が偽物だと証明された場合であってもそうだ。これまでの経験から、こうした取引がうまくいくことはほとんどないとわかっていたが、試す価値はあると思った。第二に、もしもこの件でいくらかの信用ポイント《ブラウニー》〔米国のガールスカウトの幼年団員へ適用される評価ポイントから転じて、正しい行いをすることで獲得する評価点のこと」を獲得できる余地があれば、たいへんありがたかった。報道機関全般――とくに『ワシントン・ポスト』――がスクープのために国益をしょっちゅう無視している、という愚か者たちからの絶え間ない非難を防ぐためだ。ケイシーCIA長官と話した後でさえ、まだ期待はさほど高くなかった。しかし、後継の二人のCIA長官が別々の機会に『ワシントン・ポスト』の協力を認識している、と自ら申し出てきた。その認識と、そのような象徴的《トー》な行為《クン》を合わせれば、まさしく、地下鉄一回分の乗車の価値はあるというものだ。

インマンは「(原稿を)システムに組み込んだ」と一三年後に私に語ってくれた。実際、この原稿にはある新型のソビエト中距離弾道ミサイル(IRBM)の設計や機能に関する具体的な情報が記載されていたのだ。たとえば、ソビエトの中距離弾道ミサイルの試験発射を監視する衛星情報と組み合わせた場合、その原稿の詳細な情報は非常に価値のあるものだとわかった。

一九九四年九月、CIAのあるソビエト兵器専門家はこの文書について「ソビエト戦略部隊の海上発射弾道ミサイルや大陸間弾道ミサイル(ICBM)、その技術力および発射火薬の能力について、われわれに最良の見識をもたらした」と公式に発表した。併せてインマンは、この文書をわが国にとって「有益だと判断される……類例のない資料」と述べたのだった。

ジョサイア・クイン・クラウニンシールド・ブラッドリーが一九八二年四月に生まれるずっと前に、サリーと私は、最初は控えめに、次第に大胆に、不動産業界に足を踏み入れるようになった。まずは、ウェストヴァージニア州のカポン川を見下ろす高い場所に新しい小屋を建てた。そこは、もともとあった丸太小屋から約一・六キロのところだった。ディノとサリーはすぐに親友となったが、サリーはある日「いつもガソリンのにおいのする二〇歳の男子と小屋で一緒に過ごすことはできない」と言い出した――少なくとも、その青年とその質素な小屋では無理だったのだ。そうして新しい小屋についての話し合いが始まり、一九七九年末には新しい小屋そのものになったのである。

その夏の早い時期に、私たちはバーバラ・ハワーのもとを訪れた。彼女はローリー出身の活発な女性で、私生活の都合でやめるまでは、ジョンソン大統領一家の娘たちのリンダ・バードとルーシー・ベインズの友人かつ付添人だっ

＊われわれが入手するにあたって貢献してくれた人物からの依頼により、この婉曲表現を使用している。その人物は、賢明と思われる理由から身元を明かされることを望んでいない。

た。バーバラはロング・アイランドのブリッジ・ハンプトンに住んでいた。私たちはそこをおいとまする前に、アマガンセットに小さな家を購入した（七万五〇〇〇ドルだった）。それは、内装業者が少し前に完全に改装していたものので、私たちが入居可能な状態の家を購入したのはこのときが最初で最後だった。そして、これがいわくつきの不動産投資の最初のものだった。私たちは一緒にいる限り、いくつかの不動産投資を進めてきたし、それらすべてにおいて信じられないほど幸運だった。ここでもサリーが原動力だった。私たちはしばらくの間、アマガンセットの家で夏を過ごし、休暇でないときは、それを賃貸することで購入資金を賄った。私はロングアイランドが好きだった。とくにそのビーチは世界で最もすばらしいもので、しばしば昔のパリ時代の仲間たち、ピーター・マシーセン、ピーターとメアリー・ストーン、ジョージ・プリンプトンといったパリの旧友たちとのテニスを大いに楽しめた。また、スマートで面白く、優秀ですばらしい仲間であるニューヨークの古くからの友人や新しくできた友人たちとも交流した。CBSのトップになりつつあったハワード・ストリンガーとその妻で医師のジェニファー・パターソンや、物書きで政治とメディアのコラムニストでもあるケン・オーレッタとその妻で著作権エージェントのビンキー・アーバン、ギャングの世界的専門家であり、ノーラ・エフロンが夫とすることに成功したニック・ピレッジのような友人たちだ。

ある雨の午後、サリーは不動産業者の友人と家を探しに行き、ジャッキー・ケネディのいとこであるビール家が所有する、信じられないほど荒廃した美しい世紀末の家、グレイ・ガーデンズを買う気まんまんになって帰ってきた。この家は何年にもわたって、夫を亡くした妻の「ビッグ・イーディ」ビールと彼女の娘「リトル・イーディ」、そして五〇匹ほどの猫たちによって――寛容に表現したとしても――常軌を逸する仕方で所有されていた。

これまでの人生で、ワシントンからカサブランカのスラム街を取材してきた年月を含めて、これほどひどい状態の家は見たことがなかった。屋根裏はアライグマとその糞でいっぱい、トイレは詰まっていて、地下室に落ちたコンロ、文字通り床が半分しかない居間、タラノキやその他の棘で覆われた敷地は立ち入ることができず、大きな壁に囲まれた庭はあまりにも荒れ放題で見ることさえできない状態だった。猫やその糞尿の臭いが充満していて膝ががくがくするほどだった。部屋がゴミでいっぱいになると、ビール家では隣の部屋に移動したため、やがてすべての部屋が放棄された。この家はイースト・ハンプトン村によって数回、人が住むには不適格であるとして咎められていたが、友人や親戚（ジャッキー・ケネディも一度）によって救われていた。彼らは当局が定めた新しい暖炉やトイレを提供したのである。メイズルズ兄弟（アルバートとデイヴィッド）が制作したカルト的なドキュメンタリーの傑作『グレイ・ガーデンズ』では、そのすべてがフィルムに収められていた。カメラマンは、撮影時に足首にノミ取り襟を着用しなければならなかった。「ビッグ・イーディ」は亡くなり、「リトル・イーディ」はその家を売ることを余儀なくされたが、その目障りな家を壊すつもりのない誰かに売りたいと考えていた。

この豚小屋のような家に私的な視察のために入った自分自身を信じられず、よろめきながら外に出た後はサリーのことが信じられなかった。私は「気でも狂ったか」とかなんとかつぶやいたそうだ。しかし、もちろん、彼女は狂っていなかった。修復されて、造園が施された後、グレイ・ガーデンズは、長年にわたってすばらしい夏の別荘となり、『ハウス・アンド・ガーデン』や『アーキテクチュラル・ダイジェスト』に掲載された。ただ、ピーター・ストーンだけは、二日続いた大雨の後でさえ、わずかに猫の臭いを感じ取ることができた。家は完全に内部を取り壊す必要があり――実際に一方の側面は強風で揺れていた――そして、二エーカー〔約八〇九〇平方メートル〕の敷地はブルドーザーで一新された。

翌夏までには、前庭に闘犬用の犬を鎖でつないだヒッピーの大工たちが寝室の一つと浴室を修理して塗装したもの、それ以外は何もしなかった。毎朝六時三〇分になると、「サアッリー！　ベェンー！」と警告の叫び声を上げながら、金づちやのこぎりで作業を始めていたが、私たちは自分たちの世界でくつろいでいた。サリーはクインを妊娠したばかりだった。

数ヵ月後、まだウォーターゲート事件から逃れられるのか、そもそも本当にウォーターゲート事件から逃れたいのかとあれこれ考えつつも、私たちはカリブ海にあるセント・マーチン島の特別な海辺のリゾート、ラ・サマンナを訪れた。そこにはリチャード・ニクソンとパット・ニクソン、そして彼の友人であるベベ・レボゾもいた。（そして元大統領の護衛のシークレットサービスも二〇～三〇人ほど来た。）

経営陣からは、同じ時期にニクソンが滞在しているから、お行儀よく振る舞うよう約束してくれと言われた。問題ない。ただ、念のためにテープレコーダーを持参した。ニクソンにばったり会って、懺悔したいような気分でいるところの彼を捕まえて、ウォーターゲート事件への関与と国家への謝罪について、ついに言質を取ることができるかもしれないというウォルター・ミティ的な妄想を掻き立てられたのである。頭脳明晰で活動的な『ローリング・ストーン』の創刊者ジャン・ウェナーも夫人と一緒にホテルに宿泊しており、彼は私の妄想に大いに乗ってくれた。

まもなく私たちはある計画を立てた。ニクソンとレボゾは、膝までの紺色の水着で、毎日午後四時に一緒に泳いだ後に浜辺を散歩し、私たちの簡易更衣所の真正面を通り過ぎていた。ウェナーはニクソンとレボゾを見張ることになった（彼はそれを「トリック・ウォッチ」と呼んでいた）。二人が浜辺を歩き始めるとすぐに、彼は私に電話をかけ、私とサリーは水辺に急いで出て行き、まっすぐ前だけを見て、ニクソンとレボゾの前方五〇ヤード〔約四五メートル〕ほどを歩き始めるのだ。計画としては（テープレコーダーをうまく隠して）何食わぬ顔で歩き、そして突然、踵を返して彼ら二人に向かって歩き始めるというものだった。彼らは決まりが悪すぎて逃げることもできまい。私たちは会って挨拶を交わし、その場で座って、歴史的なインタビューが実現するはずだった。私たちがどれほど何食わぬ顔で散歩をしたか、またどれほど突然振り返ったか、信じられないだろう……すると、彼らはそのまま消えてしまったのだ。ウェナーによると、ニクソンはすぐに私たちを見つけて、自分の簡易更衣所に姿を消したということだ。

インタビューは実現しなかったものの、すばらしい休暇だった。

サリーと私は、まもなくワシントンに新しい家が必要になることがわかっていた。新しい赤ちゃんと赤ちゃん看護師《ベビーナース》のせいで、サリーの家には書斎も客間もなくなってしまう。当時の私には、新しい家がどんなものか想像もつかなかった……それは実際のところワシントンで最も大きな家の一つだった。私の兄はそれを見て「なんてこった。チャッツワース〔一六世紀に建てられた英国のカントリーハウス〕みたいだ！」と言った。チャッツワースではなかった。トッド・リンカーン邸である。ジョージタウンの中心部のN通りにあり、ポトマック川に向かって広がる野原を見下ろすように一七九九年に建築されたものだった。エイブラハム・リンカーンの息子であるロバート・トッド・リンカーンが一九二〇年代にそこに住んでおり、トッド・リンカーンの妻は一九三五年にそこで亡くなった。その家は実は二軒あったのだ！　リンカーン夫人は、彼女の娘の一人のために五つの寝室を持つ別館を建てていたのである。それは、少々ぼかして言えば、私たちには少し必要以上だったものの、私が今まで見たなかで最も美しい家だった。残念なことに、それは私が今まで耳にしたなかで最も値段の張る家でもあった。二五〇万ドルもしたのである（日々過去最高値を更新しているように見えた『ワシントン・ポスト』の株価があってこそ手に入れることができた）。『ワシントン・ポスト』が私たちの購入に関する記事を掲載したとき、私は死んだも同然だった。それは、ワシントン史上最も高額な住宅不動産購入として報じられ、四〇室あると誤って伝えられたからだ。新居には私たち一人一人の書斎、五つの寝室、リビングルーム、図書室、ダイニングルームがあり、キッチンの上に家政婦の部屋がある。サリーのおかげで家はとても温かく快適だ。

私には自分の再婚の可能性について疑問を投げかけるポーランド人法王をネタにした冗談があっても、もう一人子どもを授かる事態に備える冗談は思い浮かばなかった。親としてのお互いの合意によって、それは可能性として考えられていなかった。それが突然、話し合うことが可能になり、その後は望ましいと思うようになり、やがては現実となった。ラマーズ法教室〔出産時の痛みを和らげる呼吸法を学ぶ教室〕に参加する自分をほとんど信じられなかったが(六〇歳で「ヒッヒッフー」)、取るに足らないことではあるが、たとえ祖父だと思われたとしても、私は出産に立ち会うつもりだった。そして、実際にそうした。それは人生で最も劇的で魔法のような瞬間の一つになった。

ジョサイア・クイン・クラウニンシールド・ブラッドリー――名前が多すぎるかもしれないが、単にクイン・ブラッドリーとして知られている人物――は、難産を経て一九八二年四月二九日に誕生した。新生児病棟で二四時間、彼は目を大きく開けて横たわり、決して声をあげて泣くことはなかった。翌日、アグネス・シュヴァイツァー医師に聴診器で心雑音を確認したと告げられたとき、多くの赤ちゃんの持つ心雑音は消えるというその説明を私たちは信じた。

しかし、クインの心雑音は消えず、数週間後には、その音が心臓の室の一つにできた小さな穴だということがわかった。血液は心臓を通り、この穴を通って、クインの小さな体の他の部分には届かずに流れていたのだ。クインはなんとかして体重を増やしたものの、四・五キログラムにわずかに届く前に体重を減らし始めた。心臓の手術が必要になる可能性があると思っていたら、いつの間にかそれがほぼ確実になり、さらには急を要する事態へと変わった。

小さな穴はVSD、すなわち心室中隔欠損症と診断され、心臓の手術を回避できる望みはどんどん少なくなっていた。七月初旬にクインは心不全に陥った。小児病院の優秀なフランク・ミッジリー医師は、手術のみがクインの命を救う唯一の方法だと私たちに告げた。そして、クインが生まれてから九二日後の一九八二年七月三〇日の明け方、ミッジリーによって手術が行われた。手術は五時間半かかった。エド・ウィリアムズも加わって、私たちはひたすら待ち続けた。ついにフランク・ミッジリーがすべてが順調だと私たちに伝え、私たちもクインは大丈夫だとほぼ確信しかけた。二時間後、私たちはこの三・六キログラムの乳児の両側にいた。彼は意識を失い、プラスチック製の酸素テントの中にいた。クインはテントの中で横たわり、片手はサリーの指を、もう一方の手は私の指を握っていた。体は切開され、八〇針以上の縫合で閉じられ、数えきれないほどのチューブやワイヤーで貫かれていた。クインは固く目を閉じて、一息ごとに命をかけて戦っていた。

息子が戦い抜くことができたのは、おびえながらも腹を括った両親からの慰めの言葉のおかげではなかった。それは一三年後の今でも、つまりクインが最後に心臓専門医を訪れてから七年が経過した今でも、私を圧倒するほどのすばらしい本能だった。酸素ボンベを使わなくなって、集中治療室から転室し、ついには退院にまでこぎつけた息子の戦う勇姿は、今でも私を感動させるほどだ。乳児がどのようにそこまではげしく戦うことを学ぶのだろう？　理解を超えるほどの試練——発作性疾患、言語障害、学習障害——を通じて、勇敢な若者が生まれた。クインは明るく、面白く、運動能力が高く、エネルギッシュで、賢い。


ジャーナリズムにとっての名誉毀損とは医療における医療事故と同じで、専門家が市民を不当に扱う行為を表す。名誉毀損や医療事故への訴訟は、一般市民がこれらに対して反撃する正当な手段となる。

医療事故については専門ではないが、名誉毀損訴訟の脅威、とりわけ名誉毀損訴訟が起こされるのは胃に悪い。他の条件が同じなら、名誉毀損で訴えられて負けるよりも、公衆の面前で鞭打たれたほうがましだ。

一九七九年一一月、『ワシントン・ポスト』は一面記事で、モービル石油の社長が息子を船舶管理会社の共同経営者に就かせて、その後、入札なしの独占契約の下で、モービル所有の船舶を運航して数百万ドルの商取引を行ったと報じた。モービルの社長は、粗野で無愛想なウィリアム・P・タヴォウラリスだった。世界第二位の石油会社のトップである。アトラス海運の創業時にはまだ二四歳だった息子のピーターは、一九七四年当時には積荷事務員として年間二万ドルも稼いでいなかった。それから五年後、私たちがこの記事を掲載したとき、ピーターはアトラスの株の四五％を取得しており、世界中で一七隻の船を運用していた。

その記事はおそらくこれまで書かれたなかで最も衝撃的な記事というわけではなかったものの、大手石油会社の内部事情が実によくわかるものだった。

当時首都部次長だったボブ・ウッドワードと記者のパトリック・タイラーから初めてこの話を聞いたとき、彼らにゴーサインを出すのは簡単なことだった。

もし私がこの八四インチ大〔米国の新聞では段の横幅と一インチの高さをかけた面積を示すコラムインチという印刷面の計測単位がある〕の記事を掲載したがために、『ワシントン・ポスト』が一五〇万ドル以上の損失を被り、さらには地方裁判所で被告として不愉快な三〇日を過ごし、控訴訴訟で七年半を必要とすることを知っていたら、彼ら二人に出ていけと言い放っただろう。

タヴォウラリス――あるいは〝タヴ〟――は愛嬌のない暴君のような父親として知られていた。彼はこの記事に激怒した。まず、ウォール街の弁護士を連れて私のもとにやってきて、記事の撤回を求め、タイラーが引用したある文書の情報源を知らせるよう要求した。私はこの上ないくらい丁重に、撤回すべき必要性をなんら感じない、われわれは情報源に自信を持っている、そしてジャーナリストが情報源を明かすことはありえないと述べた。タヴォウラリスは同程度の記事スペースの要求へと話を進めた。私は彼が書いたものであれば喜んでなんでも検討すると答えた。これらはすべて、訴訟前の慣例的な、少し脅迫めいたやりとり《ダンス》の一部だった。

次にタヴォウラリスは自身の主張を訴えるためにエド・ウィリアムズを訪ねた。ウィリアムズは、とりわけ誰か有名な大物との問題を抱えて私が困っているのを見るのをとても好んでいた。彼はタヴォウラリスに私とリングに上がって一二オンスのグローブで白黒をつけるよう説得した、と語った。私の中のウォルター・ミティは興味をそそられたものの、ボクシングのレッスン中に幼なじみに鼻を殴られ泣かされて以来、ボクシングは大嫌いなのだ。

いずれにしても、タヴォウラリスは最終的に告訴した。一九八二年七月初旬、記事が掲載されてから二年九ヵ月後、クインの心臓手術のほんの三週間前に、われわれは裁判に臨んだ。ウィリアムズは長年苦しめられてきた癌の再発で倒れたため、『ワシントン・ポスト』の弁護は彼の事務所の新しいパートナーで、陪審員戦略に関する伝説的な講師であり、最近学界から事務所に加わったばかりのアーヴィング・ヤンガー（コーネル大学のサミュエル・S・レイボウィッツ法廷技術教授だった）が担当した。

われわれは勝つと「確信」していた。事実を手にしていた。一流の弁護士もいたし、陪審員もいた。ワシントンの陪審員が、地元の新聞よりもニューヨークの巨大な石油会社を好むとは思えなかった。われわれに立ちはだかる相手は、ゴリラのようなボディガードを持つ大物、ウォール街の弁護士、そして甘やかされた息子だった。

裁判は七月いっぱい続いたが、ついに陪審員が評決に達したとの知らせが入り、私はクインの病床から急いで法廷に駆けつけた。

ブラッドリーとウッドワード。無罪。

しかし『ワシントン・ポスト』と記者のパトリック・タイラーには有罪の評決が下された。ウィリアム・タヴォウラリスに対して二五万ドルの損害賠償と一八〇万ドルの懲罰的損害賠償が命じられた。そんな名目に値するものなど何もない。

私は、これまでにも、それ以降にも経験したことのないような衝撃を受けた。そのときも信じられなかったし、今こうして書いていてもやはり信じられない。

私にとってそれは初めてぶつかったどん底であり、それまで機会と幸運に恵まれていた人間にとって新たな境地だった。集中治療室で数時間過ごした後、医師は私たちを家に帰らせた。サリーと私はその夜、弁護団とその妻たちに感謝と慰労を込めて宴を開き、数時間眠った後、翌朝早くに病院を訪れ、長い時間を要する平穏と喜びへの道のりを登り始めた。

それから九ヵ月後、裁判官のオリバー・ガッシュは、異例の決定で陪審員の評決を自ら覆した。ガッシュ判事は、この記事を「公正で偏りのない調査報道の模範にはほど遠い」としながらも「記録上……故意の嘘や、真実を著しく無視した主張が含まれていると示す証拠は存在しない」と述べた。私はガッシュ判事の批判にはまったく賛同しなかった。この記事を良いジャーナリズムの模範だと思ったからである。しかし、彼の判決は法律上の見識としては優れていると感じた。タヴォウラリスは控訴した。

さらに一年一ヵ月後の一九八五年四月九日に、米国控訴裁判所の三名合議法廷は二対一の投票でガッシュ判事の判決を覆した。ジョージ・マッキノン判事は偏屈な上級判事だったが、彼は『ワシントン・ポスト』の記事が「虚偽性をまったく考慮せずに掲載された」と述べ、陪審の証拠を裏付ける「明白で説得力のある証拠」が存在すると指摘した。異議を唱える意見書で、スケリー・ライト判事はこう書いている。

これはきわめて重大な修正第一条に関する訴訟である。このような取るに足らない脆弱な事実に基づき、過剰な陪審評決が認められれば、表現の自由に与える影響は計り知れない。メディアへの警告ははっきりしている。モービルのような企業に関する厄介なニュースやコメントを避けようとすれば、その代償を支払うことになる。われわれは批判の対象にしてはいけない人々という階級を作り出し、「公共の問題に関する議論は抑制を受けることなく、活発で、広範囲にわたるべきだという国民全体の重大な責務」を捨て去ることになるだろう。

『ワシントン・ポスト』はマッキノン判事の決定に対して控訴裁判所の大法廷に控訴し、エド・ウィリアムズは少し前に受けたばかりの癌手術の縫合部から出血しながらも、人であふれた法廷で見事な弁論を展開した。

そしてついに、この記事が書かれてから約七年半後の一九八七年三月一三日、ようやく正気《サニティー》が戻った。大法廷が、全員で審理した結果、マッキノン判事の決定を七対一の投票で覆したのである。（控訴裁判官としてマッキノンの側に立って『ワシントン・ポスト』に反対票を投じたアントニン・スカリア判事は、現在最高裁の判事だ。）多数派の意見として、ケネス・スター判事は次のように述べている。

　裁判で争われなかった証拠——〔タヴォウラリス〕自身の証言を含む——でもって、問題となっている記事の主な主張——タヴォウラリスがピーターをアトラス海運に「就かせた」ということ——が偽りだと合理的に推論することは不可能である。……

　記録では、ピーターにとって有利となる縁故採用を否定できない証拠が数多く存在する。……

　スター判事は「被告側の『ワシントン・ポスト』が誠意をもって記事を掲載したことを示す歴然たる証拠」という言葉を使い、「タヴォウラリスがアトラス海運の設立と運営に個人的に関与し、そのことがピーターの明白な利益となったという議論の余地のない多数の証拠がある……」『ワシントン・ポスト』が実際に悪意あることをほのめかす「偏向報道」を繰り返し行っていたという主張にはまったく根拠《メリット》がない……」とも言及している。

　そして最後に、「われわれは任務を終えてみて、有能で卓越した裁判長〔ガッシュ〕の判断が正しかったと固く確信している。この有罪判決〔三名合議法廷の評決〕が維持されることは不可能だ」と記した。

　もう一つ、越えなければならない川があった。タヴォウラリスは、控訴裁判所大法廷の評決を最高裁判所に上訴したのである。（あまり希望はなくともわれわれだって同じことをしただろう。）一九八七年六月一一日、最高裁はこの上訴を棄却し、試練は終わった。

　プライバシーに関わる記事を紙面に掲載するかどうかの決定は、国家安全保障に関わるものほど重大ではないにせよ、それでも決定に至るまでが複雑である。『ワシントン・ポスト』では、プライバシー問題に関するルールを設けた。それは、公人の私生活は——彼らの私的行為が公務の遂行に支障をきたさない限りにおいて——彼ら自身のものだということだ。このポリシーには短縮版がたくさんあった。私のお気に入りは「家で酔っ払っているのはあなたの問題《ビジネス》、米国上院の床で酔っ払っているのはわれわれの問題《ビジネス》」だった。

　しかし、プライバシーに関するすべての問題がそのルールにうまく収まるわけではない。とりわけ、プライバシーとセックスが衝突するような場合である。また、そうした衝突はワシントンで多く発生している。これはとくに一九六〇年代にカウンターカルチャーが米国の性的慣習に大きな変化をもたらして以来のことだ。

私のお気に入りの（そしてあらゆる点で腹立たしい）プライバシーに関する難題の一つは、一九八三年の秋に、編集局での単なる雑談から始まった。私たちは座って、夏休みに過ごしたさまざまな場所で何が主要な話題となっていたかについて話し合っていた。当時、私たちの調査部隊（通称・特別狙撃隊チーム）ではウッドワードの補佐であり、後には『マンハッタン・インク』さらには『ニューヨーク・ポスト』の編集責任者となったジェーン・アムステルダムが、友人から聞いたカントリー・クラブのスキャンダルについて話した。中西部のどこかで開催されたゴルフクラブ大会でその地域の大物の一人が順調に勝ち進んでいたところ、いわゆる「ライを改善する〔ゴルフボールのある場所のデコボコをなおす〕」行為を目撃されたらしい。実際には、規則委員会の委員長は彼がボールをラフからフェアウェイに足で蹴り出すのを目にしていたのだ。子どもの頃から憧れていたタイトルを獲得するどころか、彼は二年間の出場停止処分を受け、不正行為をした理由を明らかにするために精神科医に行くことが再入会資格の検討条件とされた。

面白いけれど、今のところは記事にならない、そうだろう？　無名の人がワシントンから一千マイル〔約一六一〇キロ〕も離れた場所で不正行為をして捕まり、その代償を払った、というのなら。

しかし、タマネギの皮を何層か剝がしていくと、この人物がまったくの無名ではないことがわかった。実際、彼は大統領（レーガン大統領）から任命された有力者で、ワシントンに数多くある独立機関の一つを統括していた。真に傑出しているというほどではないが、彼の機関は一二五人の従業員を抱え、米国のビジネスマンを支援し、米国政府のために毎年資金を稼いでいた。少なくとも、特別狙撃隊チームで働く、掃除機のような吸引力を持った調査報道記者の一人ベン・ワイザーから詳しく調べられるに値するだけの有力者だった。

ワイザーは、規則委員会の責任者、精神科医、そして不正を行った本人など、関係者全員に話を聞いた。ワイザーが調査を終える頃には、その事件と犯人について知らないことは文字通り何もなかった。何もだ。

ワイザーが調査を進めている間、サリーと私はある夜、副大統領の自宅を訪問することになった。そこでは、ジョージとバーバラ・ブッシュが定期的に開くカクテル・パーティーが開催されており、招待された多くの報道関係者やレーガン政権の関係者、そして素性の知れぬ人々がいた。受付でブッシュ夫妻といかにも優雅に笑い話をした後、私が飲み物を取りにバーへ向かっていたところ、見た目の良い男が私に颯爽と近づいてきた。名前すら聞き取れないほど早口で自己紹介をして、私と『ワシントン・ポスト』に対する怒りの言葉をぶつけ始めた。

あんたがブラッドリーか、と彼は口火を切った。あんたに会いたかった、ずっとずっと前から。ただあんたに伝えるためだ。どれほどあんたの新聞が腐っていると思っているのか、どれほど偏向しているのか、などなど。彼は五分間、酔ってもいないのにまくしたてた。私は彼の名前さえ知らなかった。彼は自分とドン・オーバードーファー――『ワシントン・ポスト』の一流の外交政策担当記者――がプリンストン大学で同級生だったと話したが、それが私にわかったすべてだった。私の間近に迫るこの男を眺めている副大統領が見えていたので、副大統領に「このご友人はどなたですか?」と聞いた。ブッシュは人生でその男には会ったことがないと言った。

翌朝、オーバードーファーが彼の名前を言い当てた。そう、お察しの通り、それはわれわれが知る人物であり、ゴルフで不正をしたイカサマ師だった。

これで、いまやわれわれの知るこの男はただのちょっとした有力者であるだけでなく、報道に対して無知蒙昧な批判をする人物の一人になってしまった。この男は一度この経験から教訓を得るべきかもしれない。この状況で、記事にするかどうかの判断は突然複雑になった。記事の価値はどうであれ、私はすでにその男が品位もなく、魅力に欠ける厄介者だと知ってしまっていた。

われわれはこれらの難しい決断においてお決まりの手続きに従った。その記事を掲載することを決めたうえで、自分たちに掲載をやめるよう説得するグループをつくった。国家安全保障に関わる問題はなかった。正確性に関わる問題もなかった。ワイザーはこの男を完全に捕らえていた。唯一の問題はプライバシーだった。この男はそこまで重要な人物なのか、彼の仕事はそこまで重要なのか、彼の「犯罪」は記事で公にするほど意義のあることなのか、その後に確実に続くであろう恥辱と嘲笑に彼をさらすほどまで重要なのか?

私の答えは「ノー」だった。そして、私が一歩引いたとか、弱腰になったとか、そうした不平を耳にしたにもかかわらず、この記事を掲載することはなかった。私のギリシャ語の教師がよく言っていたように、冷静に考えてみれば不平を言っていた人たちは正しかったと今では思っている。公職者によるいかなる不正行為も摘発されるべきだ。公職者が不正行為をしたことを知ることが、彼がしなかったと仮定するよりも、市民にとってより良いことだ。当時の私の理由づけには、この男が公人として実質的に重要でなかったこと、彼が受けた「罰」、そして彼の感傷的な悔恨の念が含まれていた。「魔がさしたとしかいいようがないのですが、ゴルフトーナメントで勝てれば、あの町の仲間たちの間で一目置かれる存在になれると思っていたのです」と彼はワイザーに語っていた。「私は賞を受け取るときの心のうちを思い浮かべていたのですが、観衆の中には私の妻や娘、義父がいました……そのみじめさや恥ずかしさを想像できますか？　私は打ちのめされました。認められようと努力してきたのに、自分が生涯をかけて築いてきたすべてを自らの手で壊してしまったのですから」と延々と続けた。

すぐにはわからなかったが、私は自分が報復をしていると見なされることも気にしていたと思う。もし彼が副大統領や数人の来賓の前で私に新たな一撃を加えるつもりなら、私は何百万人もの前で彼に新たな一撃を加えるつもりだった。

だから、この記事を不掲載にしたという決定についても完全にお上品だとは言えないところがあった。この事件の主人公に手紙を書き、ワイザーが書いた原稿のコピーを同封して、彼が政治の表舞台を目指すようなことになれば、この原稿を記事にするかもしれないと伝えてあげたのだ。

編集者は重要な機密情報を公開するという理由で、つねに批判の的となってきた。その多くは、自分の利益を追求する利己的な人々からのものだが、本来なら分別があるはずの人々からもしばしば非難を受けてきた。たとえば、キャスパー・ワインバーガー国防長官だ。一九八四年一二月、空軍事用貨物を搭載したスペースシャトル飛行に対し、空軍とNASAが厳重なセキュリティ措置を講じたときのことである。報道陣には打ち上げと着陸の時刻のみが通知される。ただそれだけだ。任務の目的について単に推測することですら、国防総省による調査を招く可能性があると、空軍の広報部長であるリチャード・F・アベル准将は脅しに近い警告を発していた。

一九八五年一月には、これらの軍事搭載物の新世代の最初のものが打ち上げられる予定だった。ある日、われわれの国家安全保障の専門家であるウォルター・ピンカスに、私は「いったい、何を積んでいるんだ？　どうしてそんなに神経質になっているんだ」と直接問いかけた。ピンカスは今も昔も、調査を愛する国宝級のジャーナリストである。とりわけ、誰も時間をかけて読まないような公文書の細かい文字で隠されているようなものを調査することに情熱を傾けていた。私の質問に答えるために、ピンカスはきっかり四回の電話をかけた。うち三回は国防総省に、そしてもう一回は三〇年以上前に退任したアイゼンハワー大統領を悩ませた悪名高い軍産複合体に勤務している元国防総省関係者にだった。ピンカスは職場を一度も離れることはなかった。

翌朝の一面には「次のスペースシャトルは……新しい軍事偵察衛星を搭載し、電子信号を収集して、米国の受信局に再送信する予定」と記されていた。それは地球の自転速度と同じ速度で、ソビエト連邦西部の二万二五〇〇マイル〔約三万六二一〇キロ〕上空の静止軌道に置かれることになり、その位置に留まることになる。「その費用は三億ドルと報告され、重さは一五トン以上で、七五フット〔約二三メートル〕幅の二つの受信・送信用反射鏡を搭載する」とされていた。

それがすべてだった。

その翌朝、早い時間のテレビ番組で、国防総省の予算案を売り込む最中に、ワインバーガーはCBSに対し、『ワシントン・ポスト』の記事は「ジャーナリズムの無責任の極み」であり、「敵に援助および便宜を供与した」という余計な一言を付け加えた。編集者、記者、そしてとりわけ社主は、たとえそれが真実でないとわかっていても、敵に援助と便宜を供与したと非難されるのを嫌がるものだ。そうした非難は、この世にいる変人や田舎者どもを怒らせ、不必要で不愉快な文書のやりとりをたくさん引き起こすのだ。たとえば、ミネソタ州セントポールの郵便局私書箱一九七一のJ・C・ターナクリフによる手書きのメモのように。

私が汝をどのように見ているか？　数えてみよう。⑴愚か者。⑵うぬぼれ屋。⑶無責任。⑷非国民。⑸実にお粗末な新聞記者。第二次世界大戦中、あなたは何をしていたんだ？

私は彼に返事を書いた。

親愛なる愚か者《アスホール》へ

私は、戦争中にあなた以上に国のために尽くしたと思います。私は太平洋の駆逐艦で四年間を過ごしました。戦地で授与された勲章には一〇個の従軍星章が含まれています。

ふたを開けてみれば、私は間違っていた。

「モン・シェール・コン〔愛情表現を示すフランスの特殊な用語〕」と彼は返信してきた。「ちょっと前にあなたからいただいた手紙の挨拶は典型的なブラッドリー語で、私の回顧録のためにそれを手にすることができて何よりです。お互い様ですね」と書かれていた。彼はさらに、自分が海兵隊の少佐であり、ガダルカナル、ブーゲンビル、硫黄島での上陸に参加した退役軍人であり、英雄として表彰されたことを明かした。私は彼に返事を認《したた》め（「親愛なる友《パル》へ」と書いた）、私が彼をブーゲンビルに連れて行ったことを伝えた。ワインバーガー大尉が、彼の塹壕にも私の駆逐艦にもいなかったことを嬉しく思う気持ちを彼と分かち合った。というのも、そこでは敵を知ることこそが重要だったからだ。

もしアベル将軍が一九八五年一月一一日、ピンカスの記事が掲載されてから三週間後にジャーナリズムの授業で話をしなければ、また、二〇歳のジャーナリズム専攻のマシュー・J・ケンプナーが一月一一日の夜に『ワシントン・ポスト』に電話をかけ、アベル将軍が聴衆に対し、同紙の記事にあるすべてが「すでに公開され、一般にも入手可能な情報だ」と述べたのを報告してくれなければ、機密情報収集用のスペースシャトルの話はまさしくそこで無惨で、不満の残る終わりを迎えていただろう。市民は国防長官と『ワシントン・ポスト』の編集主幹のどちらを信じるべきかを選ぶしかなかっただろう。

では、アベルの発言の書き起こしはあったのか？ あったのだ。そして、私たちがアベル将軍に引用語句を確認するために電話をしたとき、彼は最初に「なんてことだ、クソ」と『ワシントン・ポスト』の記者に言い放ち、その後、学術的な交流の場での発言を報道するのは不適切だと思うと述べた。

信じられないかもしれないが、ジャーナリストは時として、とくに国家安全保障に関する情報で、自分には入手する権利がないと思っていた情報を手にすることがある。誰かからそれが国益を損なうと言われる前に、あるいは誰かから刑務所に入れてやるぞと脅される前に、ジャーナリスト自身がこれは国益に反するかもしれないと感じる情報を手にするのである。

国家安全保障に関わる話題が編集者にとって最も難しい問題であるとすれば、ペルトン事件は政府と『ワシントン・ポスト』との間の国家安全保障をめぐる戦いにおける典型的な闘争であり、まさにその最たる例だった。結局、一九八六年五月二九日に記事を掲載したので、勝利したと言えると思うが、われわれの「勝利」は高くついた。NBCに出し抜かれたのである。ただ、NBCは詳細まで把握してはいなかった。われわれはその記事を紙面に掲載するために懸命に戦ったのだ。レーガン大統領、CIA長官ビル・ケイシー、国家安全保障局長官ウィリアム・オドム、国家安全保障会議の議長ジョン・ポインデクスターとの長期にわたる交渉に、私は編集者というよりも弁護士のように没頭した。

ペルトンとは、ロナルド・W・ペルトンのことである。彼は国家安全保障局（NSA）の下っ端従業員（時給一二ドル以下）で、一九八〇年に国の機密情報をロシア人に漏洩していた。彼が売国奴として特定される五年前のことだ。

実のところ、われわれはボブ・ウッドワードのおかげでペルトン事件に「後ろから入った」のだ。「後ろから入った」というのは、ウッドワードがソビエト軍の信号を傍受する米国の情報収集能力について知っていたからである。その後、われわれはその能力が弱められたこと、また誰によって弱められたかを知ったのだった。ある日、ウッドワードは、ソビエト最高司令部とその潜水艦をつなぐケーブル通信を傍受する能力を米国が開発したことを教えてくれた。この能力は「アイビー・ベルズ」という暗号名で呼ばれ、海底でソビエトのケーブルの上に設置したベル状の装置がもたらすものだった。そのケーブル内に侵入することなく、ケーブルを介して送信されたメッセージはベル型の装置の内部で記録された。米軍の潜水艦は定期的にソビエトのメッセージを録音したテープを回収し、新しいテープを設置した。録音済のテープは、ワシントン郊外のメリーランド州フォートミードにあるNSA本部に転送された。われわれがその詳細を知るようになるにつれアイビー・ベルズ作戦は最高機密であると、何度も何度も言い聞かされることになった。

ウッドワードの話を聞いて私は驚愕した。第一に、われわれの国の新しい情報収集能力に関するニュースを公にすることに何の社会的利益も見出せなかったからである。それは明らかに国にとって非常に大きな価値があり、戦争を回避するために、あるいは最悪の事態に陥った場合には戦うえでも重要だった。そして第二に、いったい誰がそのような情報をウッドワードに渡していたのか、そしてその理由は何かということだ。どれほど優秀な調査報道記者であったとしても、ボブ・ウッドワードがこの最高機密である米国の能力について知っているのであれば、ソビエトがいつの日かそれについて知る可能性があると考えるのが合理的ではないだろうか？　もしそうであるなら、われわれには政府の指導者たちにその機密が漏れていることを知らせる責任があるのではないだろうか？

当時『ワシントン・ポスト』の発行人だったドン・グラハムと話した後、私はNSA長官のウィリアム・オドム中将との面会を求め、受け入れられた。われわれが持っていたもの——暫定的であったとしても——を彼に伝え、その時点で公表するつもりはないと告げたうえで、いったい何が起こっているのかを尋ねた。その過程で、われわれは何らかの信用ポイントを獲得したのか、それとも、われわれの電話がこれから盗聴されることになるだけなのか、と考えていたのを覚えている。

その時点でわれわれが知りえていなかったのは、ソビエトがアイビー・ベルズについてすべてを把握していて、米国の盗聴器を自国の海底ケーブルからすでに取り外していたという事実だった。米国はやがて、ソビエトから亡命した後に数ヵ月でソ連に再亡命したKGBの高官ヴィタリー・ユルチェンコから、一九八五年にアイビー・ベルズが漏洩したことを知らされた。ユルチェンコはペルトンがアイビー・ベルズをソビエトに渡したと米国に告げた。海軍によって装置の紛失が確認され、ペルトンは逮捕された。

しかし、ウッドワードはすぐにそのことをすべて突き止めたので、記事を掲載するか否かという問題が再び焦点となった。

ソビエトがアイビー・ベルズについてすべて知っているのであれば、なぜ米国の人々がそれについて知るべきではないといえるのか？　その答えを得るまでに、私は情報機関の大物たちと二〇回ほど話をし、キャサリン・グラハムはレーガン大統領と一回話した。（ケイはシャワー中にレーガン大統領から呼び出されたのだが、これは私のお気に入りのエピソードの一つだ。キャサリンは、ペルトン事件についてまだ何も知らされていなかったが、それでもレーガン大統領との通話内容を濡れたメモに何ページも書き留めている。一方、レーガン大統領も、電話をかけるまではペルトン事件についてほぼ何も知らなかったのは確実だが。）

ウッドワードは、モービル石油の記事を担当した同僚で、一流の調査記者となっていたパット・タイラーとこのネタで手を組んだ。記事を掲載せよとの二人からの圧力はとどまることがなかった。（彼らはサイ・ハーシュの書いた『ニューヨーク・タイムズ』の記事内の一文を含め、アイビー・ベルズに関して曖昧ながらも間違いなくそれに触れている三つの記述をすでに見つけていた。私がハーシュの記事をすぐにオドムに知らせると、彼は「見つけないでほしかった」と言うだけで、取るに足らない問題のように語った。）ウッドワードとタイラーは、情報機関からの新たな反論にひとつひとつ対応するために、記事を十数回も書き直したはずだ。われわれは二名の元CIA長官、ディック・ヘルムズとビル・コルビーに相談した。彼らのうち一人は、ソビエトの指導者が知っていることよりも、ソビエト内の他の機関が米国の情報収集戦略を知ったときに何が起こるかのほうが重大だとわれわれに伝えた。

われわれは異例の行動に出て、政府高官たちに異なる版の記事を見せることにしたのだが、それが思わぬブーメランとなって跳ね返ってきた。われわれは依然として、記事が重要で真実だと確信していた（彼らは以前からそれを否定することを諦めていた）。作戦そのものは情報活動の勝利であって、ペルトンの背信行為は情報活動における致命的な失敗だと詳述していた。あるとき、ジョージ・シュルツ国務長官、ワインバーガー国防長官、ドン・リーガン・ホワイトハウス首席補佐官、そしてポインデクスターがエアフォース・ワンの機内で、この記事を見せられた。彼らは、記事は受け入れられないという意見で一致し、明らかに得意げな様子で、われわれを追いつめたと結論づけた。

このすべての最中に、ＣＩＡのケイシー長官とＦＢＩのウィリアム・ウェブスター長官が、今すぐ私に会いたいと面会を求めてきた。二人同時にだ。話題については何も言われなかった。エレベーターから私の主幹室まで警備員に囲まれながら歩いてくる二人の大物を見た編集局の面々の反応は見ものだったろう。彼らが何について話したいのかよく分からなかったのだが（アイビー・ベルズについてだとは推測していた）、面会を私一人で始めることにし、理解できなくなったらすぐに専門家を呼び入れる準備をした。このことは同僚の何人か、とくにウッドワードを激怒させた。彼は床から天井まであるガラス張りの主幹室を五回も通り過ぎ、中を覗き込まないふりをしていた。

しかし、彼らが話し合いたかったのはニカラグアの件だった。ホワイトハウスの担当記者ルー・キャノンが、FBIがニカラグアの情報源から手に入れたサンディニスタ〔ニカラグアの左翼政治運動〕関連の文書を手にしていた。ケイシーは、サンディニスタのロビー活動計画に関するその文書が、議会でコントラ〔ニカラグアの親米反政府民兵〕向けの一億ドルの資金を確保しようとする自身の取り組みに影響を与えないかどうか懸念していた。一方、ウェブスターは、その文書やケイシーの行動が、CIAではなくFBIに協力している情報提供者を危険に晒さないことを確認しようとしていた。最終的に、文書が情報源に危害を加えることはなかったが、記事が掲載されたことでケイシーはかなり苛ついていた。

翌週もケイシーはアイビー・ベルズに関してまたしつこく文句を言ってきた。今回は、公表した場合には訴追すると脅してきた。これは一九五〇年の法律に基づくもので、その法律では通信情報に関するあらゆる機密情報を「公表」した者を刑事罰の対象としている。五月になると、ケイシーはまた私に話をしたいと言い出し、ユニバーシティ・クラブで飲もうと誘ってきた。今回は編集局長のレン・ダウニーを連れて行った。彼がすべての作戦に関わっていたからだが、私はケイシーがわれわれに大きな圧力をかけるつもりだという気がしていた。そして実際にそうだった。ウッドワードとタイラーが書いた記事の最新版を読んだ後、彼はスコッチと水割りを口にしながら、いままさに司法省から来たばかりだと私たちに伝えて、ゆっくりとこう言ったのだ。「その記事を掲載することは国家の安全を危険にさらすことになります。脅しているわけではないが、これを掲載した場合、訴追されますよ。わかりましたね？」。

脅迫は私にはまったくの逆効果だ。さらに数日おいて、われわれは訴追されると脅しを受けた記事を掲載した。ケイシーは、私たちの会話は私的なものだと思っていた（！）と言って、反論の電話をかけてきた。その翌日、ケイシーの入れ知恵で、レーガン大統領がシャワーの最中のケイに電話をかけてきた。

五月一九日、ペルトン事件の陪審員選出が始まったとき、

NBCのジェームズ・ポークが「米国の潜水艦によるソビエト港内での極秘の水中盗聴作戦とされるアイビー・ベルズ作戦」という見出しを掲げた番組を放送した。

五月二一日、われわれの記事がついに掲載された。見出しはこうだ。「盗聴システムの漏洩――ペルトンが漏らしたハイテク装置、ソビエトに奪われる」。

五月二二日、ペルトンの裁判がアナポリスで始まった。

五月二六日、ケイシーとオドムは共同声明を発表し、「裁判で実際に公開された情報を超えた憶測や詳細な報道」に対する警告を行った。

五月二九日、ケイシーから電話があり「くだらない争いはしたくない」と言われた。

六月五日、ペルトンは有罪となり、終身刑三つに加えて禁錮一〇年を言い渡された。

ペルトン事件から私が得た教訓は何か？

第一に、国家安全保障に損害を与えたのはペルトンであり、『ワシントン・ポスト』や報道機関全体ではない。

第二に、国家の恥をさらすまいと政府は公表を阻止しようと試みたが、ロシア人がアイビー・ベルズについてすべてを知っていたのが確かなら、国家安全保障に関する問題などは存在しなかった。

第三に、公表が国家安全保障を脅かすという主張は陰険なものである。市民には、大統領、CIA長官、あるいは四つ星記章の大将が、かつて中尉だった編集者〔ブラッドリーのこと〕よりも国家安全保障について詳しいと信じるのは当然だと思う感覚がある。愛国心とはもっぱら政府職員だけのものではないことを人々に納得させるのは大変な仕事だ。実際のところ、役人たちは――私の経験ではしばしば、というか多くの場合――自らの恥を隠すために国家安全保障の主張を煙幕として使用するものだ、ということを人々に納得させるのは大変な仕事なのだ。リチャード・ニクソンが、国家安全保障に関わるがゆえにウォーターゲート事件については説明できないと主張したのを知っているわれわれにとって、国家安全保障なる主張をそのまま受け入れることは絶対にない。ペンタゴン文書を公表して国家安全保障法に違反したとして最高裁まで争ったわれわれは、その経験から無罪判決以上のものを得たのだ。一八年後、米国の司法長官が、ペンタゴン文書の公表によって国家安全保障が脅かされたことはまったくなかったと書いたのを忘れることはない。

ただ、編集主幹だった時代には、政府からの圧力がなくても、国家安全保障がその公表によって損なわれると私が感じたときには、多くの記事を不掲載にする選択をした。

記事を掲載するかどうかに関する決定のすべてが、大地を揺るがすほど重要というわけではない。とりわけ、掲載されれば誰かに恥ずかしい思いをさせるかもしれないが、実害を及ぼさないような話題についてはそうだ。

そんな話題が、一九八六年秋に起きた政治家W・アヴェレル・ハリマンの埋葬偽装事件である。

一九八六年七月、マンハッタンの聖トーマス教会で行われた九四歳のハリマンの葬儀には、全米の主要な政治家、外交官、そして有力な友人たち七五〇人以上が参列した。キャサリン・グラハムを含む六〇人以上が、市の北にあるニューヨーク州アーデンのハリマン邸まで一時間の車列に加わった。そこで、ニューヨークの監督教会派の司教である（私の幼なじみでもある）ポール・ムーア・ジュニアが簡単な礼拝を行い、棺に土を撒いた後、棺はハリマンの二番目の妻マリーの墓の隣に埋葬された。

その二ヵ月後、私は申し分のないある情報源から、ハリマンがその日やその場所に実際には埋葬されなかったと聞いた。それどころか彼の遺体はフランク・E・キャンベル葬儀場の保管用遺体安置所に置かれ、彼の三番目の妻、パメラ・ディグビー・チャーチル・ヘイワード・ハリマンと最終的に一緒になる新しい湖畔の敷地に再埋葬される予定だとのことだった。

この話には、たいしたニュースがない日のためのすべてがあった。強い立場の人による、何も知らない人々への欺き、隠蔽工作、嘘をほのめかす内容まで。埋葬偽装を伴う葬儀に出席した親しい友人たちは、ハリマンの孫のデイヴィッド・モーティマー、オーケストラ指揮者のピーター・デューチン――彼はアヴェレル・ハリマンとメアリー・ハリマンに育てられた――、そしてケイ・グラハムを含め、驚愕していた。ケイにこれから出る記事について電話で伝えるのはいつも張り合いがある。彼女はつねに興味津々で、興奮してくれるのだ。

このとき、まず私は彼女を苦しめた。

ブラッドリー「アヴェレルの葬儀には行ったのかい？」
グラハム「ええ、行きました。大混乱だったわ」
ブラッドリー「アーデンまでの車列の中にいた？」
グラハム「あの車たち。果てしなかった」
ブラッドリー「実際の墓地まで行ったの？」
グラハム「もちろん」
ブラッドリー「アヴェレルが地中へと埋葬されるのを確認した？」
グラハム「ええ、見ました」
ブラッドリー「うーん」

スタイル部記者のメアリー・バティアタが記事を書いたが、掲載前にわれわれはポール・ムーアに電話をかけた。彼は私がいつも問題を起こしてばかりだとぶつぶつ言い、埋葬は「礼拝上は妥当だ」と述べた。

ハリマン夫人は最初は私に、それからキャサリンに苦言を呈した。これは私的な事柄であって、記事にすべきではないというのだ。この記事が掲載される予定の前日（スタイル面の一面）、彼女はわれわれの良き友人であるディック・ホルブルック――彼はかつて国務次官補であり、その後にも同職を務めた――を送り込み、土壇場で記事を潰そうと試みた。しかし、うまくいかなかった。われわれは皆、フィリピンのコラソン・アキノ大統領を称える夕食会のためにケイ・グラハムの家に向かっていたところだったからだ。パメラ・ハリマンも出席する予定だったが、直前になって参加を取りやめた。

時が経ってもこの記事に対する私の情熱は少しも薄れていない。読者だけに限らず、広く人々を欺くような行為を行ったのだから、その穏当な結果として、少しは白日のもとに晒されるのを免れるべきではないのだ。


FBI長官やCIA長官からの電話はつねにいわゆる総員配置の合図だった。それは、誰かのレーダースクリーンに輝点が現れたことを意味し、それが特定されるまで、何が起こるかは神のみぞ知る状態なのだ。

一九八六年秋のある午後遅く、私はFBI長官のウィリアム・ウェブスターからそのような電話を受けた。不吉なタイミングで、締め切りまであと数時間しかなかった。メッセージはさらに不吉だった。ウェブスターは話があると言った。すぐにとのこと。一五番街の『ワシントン・ポスト』に寄って、車で私を拾ってよいか？　私は――いつもそうだけれども――できるだけ楽観的であろうとしたが、これはよからぬことになりそうだと感じた。ウェブスターは私をどこかに連れて行くつもりなのだろうか？　いったいどこへ？

ウェブスターは午後六時ちょっと前に建物の外に到着し、退勤者の交通を処理するためにすでに一方通行になっていた通りを北に向かって進んだ。彼はすでにタキシードを着ており、私が後部座席につくと、運転手にN通りで早めに左折して車を駐車させ、呼び出されるまで外で待つように命じた。何が起こるにせよ、それは悪いことのように思われた。そして、その通りだった。

『ワシントン・ポスト』の記者がモスクワのKGB職員から現金一〇〇〇ドルを受け取ったという情報を、FBIがとある信頼できる筋から得たということを、ウェブスターは気まずそうと言ってもよい様子で話しはじめたのだ。

私の心臓は止まりかけた。これ以上の痛手は考えられない。私の人生そのものである新聞と、それに勇気と献身を注ぎ込んだグラハム家にとって、これ以上に有害なことはないだろう。文字通り長い一分間が過ぎ、私はこの話が真実であるはずがないと思い、ウェブスターにそれが誰なのか、どうして彼がその情報筋を信頼できると言えるのかを尋ねた。

ウェブスターは、その記者が類なき記者ドゥスコ・ドーダーだと明らかにした。ドーダーは過去一二年間にわたって、われわれにとって葉巻をくわえたソビエト事情の専門家であり、生粋のユーゴスラビア人で、数年前にベオグラードで支局員として入社していた。並外れた情報通であり、しばしば大使館やCIAに先んじて、何本も特ダネをとっていた。彼はソビエトの独裁者ユーリ・アンドロポフの死を世界に先駆けて報道し、CIAを困惑させていた。それは真実であるはずがないと私はウェブスターに言った。FBIの情報筋は誰で、どうしてその者が信頼できるとみなされたのか？

ウェブスターはその情報筋がヴィタリー・ユルチェンコ大佐であると述べた。ユルチェンコ自身も元KGB職員であり、一九八五年八月にローマのアメリカ大使館に亡命していた（その三ヵ月後にモスクワに再亡命した）とのことだ。ユルチェンコは、国家安全保障局の職員ロバート・ペルトンがいかに祖国を裏切り、貴重なアイビー・ベルズの機密をロシア人に渡したかをFBIに証言した。そして、彼は正しかった。彼は元平和部隊のボランティア、エドワード・リー・ハワードについてもFBIに話した。ハワードは監視および対監視に関する広範囲なCIAの訓練を受けてからソビエトに亡命したのだった。

FBIはユルチェンコの伝聞に基づく告発が、ソビエト連邦についての報道で大使館やCIAよりもはるかに優れていたドーダーをただ貶めるためのものではないと確信しているのか、と私は尋ねた。ドーダーの記事にソビエトのプロパガンダの臭いがするものが何か含まれていないか確認するため、誰かが彼の記事を手間をかけて調べたのだろうか。次々と疑問が湧き出てきた。

ウェブスターは、彼の永遠の手柄とでもいうように、自分が専門家らにドーダーの報道を一つ一つ検証させ、はっきりとした事実を見つけたと述べた。それは、ドーダーが良い人脈《コンタクト》を持っていたということだ。ウェブスターはまた、ユルチェンコがドーダーへの支払いについて直接知っているとは主張しておらず、支払いの証拠を見たわけでもないと明かした。ユルチェンコは単に、そのような支払いの噂を耳にしただけだった。

ウェブスターは、ドーダーが長年の海外勤務から戻り、情報機関を取材する任務を受けたのをFBIが知ったので、この話を私に持ちかけることにしたと語った。情報機関は一般的に取材を嫌がるし、ましてやユルチェンコの噂話を含む軍歴ファイルを持った人物による取材などなおさらだ。ウェブスターは、その担当にドーダーを割り当てることになった決定の状況について私に尋ねた。その担当をドーダーが自ら望んだのか、それとも偶然割り当てられたのか。すぐには答えられなかったものの、ドーダーはその任務を避けようとしていたと思ったし、事実そうだった。私はFBI長官に、ドン・グラハムやエド・ウィリアムズとすぐに話をする以外に、何をすべきかはまだ分からない、と伝えた。

私がウェブスターに、これまでKGBの諜報員であり、これからもそうである人物の伝聞証言をもとにドーダーを情報機関の担当から外すことはできないと伝えた後、会話は終了した。ウェブスターはそのことを理解したと言ったうえで、情報機関が少なくとも当面の間は誰もドーダーと話してはならないと決定したことを理解してほしいと私に伝えた。

エド・ウィリアムズはわれわれの要請に応じてドーダーを厳しく尋問し、ほぼ二時間にわたって彼を問い詰めた後、私に報告した。「くそったれ……彼は凄い奴だ……告発はでたらめだよ」。ウィリアムズはそれからウェブスター判事に会いに行って、「われわれは実際のところ、彼が潔白だと思わずにいられませんね」と報告した。結果、ドーダーは起訴されなかったものの、疑惑の目で見られたままになった。ウィリアムズは、ドーダーが自ら選んだ任務を続けられるよう、ケイシーとウェブスターに話を持ちかけ、「名誉回復」を図りたがっていた。CIAとFBIはどちらもドーダーに嘘発見器のテストを受けてもらいたいと望んでいた。ドーダーはそれに応じる準備ができていたが、ウィリアムズは信念から嘘発見器に激しく反対していた。

そして、この問題は三、四ヵ月間放置されたが、ドゥスコ・ドーダーは、彼の愛する女性（後に結婚した）が特派員として中国に行くことになったので、彼を中国に配属してくれる『USニューズ&ワールド・レポート』に入社すべく退職した。

それから六年後の一九九二年一二月、私には今でも理解できない理由で、『タイム』が「とある冷戦時代の物語」と題してドーダー事件を「［ユルチェンコが］知っていた一〇もしくは一二の最重要事件」の一つと呼び、誰ともわからない「元CIA職員」の言葉を引用して、ドーダーへの一〇〇〇ドルの「支払い」の出所は明らかだと書いた。「もちろん、彼はそれがKGBからのものだと知っていた。これはソビエト連邦のことだ。その他に彼が何を考えるというのか？」と『タイム』はその職員の言葉を引用し、私が記憶しているなかでも最も卑劣な誹謗中傷を行った。『タイム』は「責任をもって内部情報を活用することと、その情報筋の見解を無批判に反映させることとの間にはどう線引きできるのか？」と無邪気かつ尊大に問いかけた。「その線引きは時には曖昧である――しかし、クレムリンだろうが、ホワイトハウスだろうが、あるいは市庁舎だろうが、それは守らなければならない区別だ」。*

どのような情報筋から得た情報も、責任をもって活用されるべきだ。情報筋の見解を無批判にそのまま反映することがあってはならない。つまり、責任ある情報の活用と情報筋の見解を鵜呑みにしないこととの間には、曖昧だろうが明確だろうが、線引きなどないのだ。ドーダーがＣＩＡを動揺させる何かを書き、ＣＩＡは仕返しのチャンスとばかりに、その機会を利用したのである。ＣＩＡがそうした行為をする現場を捉えることはめったにないけれども。

公的か私的かという議論がやむことのないなかで、一九八八年の大統領選挙におけるゲイリー・ハートの情事ほど私を悩ませた話はない。

ハートは、ジョージ・マクガヴァンの選挙運動本部長として、さらには理想主義的で反体制的な知識人の新たな化身として、その一六年前に全米の注目を浴びるようになった。報道陣はマクガヴァンよりもハートのほうが興味深くて愉快な人物だと思っていた。マクガヴァンの敗北後、ハートは頭角を表し、記者たちから一人の友人として、また注目すべき人物として受け入れられた。記者のポール・テイラーの記憶に残る言葉を借りれば、コロラド州選出の上院議員として、ハートはそのアイデアによってより高く評価されたのであって、それを実行に移す能力によってではなかった。

ウォルター・モンデールは一九八四年の大統領予備選でハートに圧勝したが、一九八七年の夏にはハートが最有力候補だった。唯一の脅威は、彼の私生活に関する不安だった。ハートがハートペンスから本名を変えていたこと、自分の年齢についても嘘をついていたことが明らかになった……これらは食い違いが発覚する前に説明があれば、大した問題ではなかったろう。さらに、ハートは記者たちに広く、遊び人として知られていた。

ほぼ二〇〇年にわたり、政治家――とりわけ大統領や大統領候補――の性生活は、歴史家に委ねられてきた。しかし、古いルールは変わり、新しいルールでは、私的な性的冒険が明るみに出れば、報道機関による厳しい監視が避けられなくなった。一九八七年には、報道機関はほとんど全員の私生活に踏み込むようになり、その人が著名で脇が甘い場合はとくにそうだった。ゲイリー・ハートはその両方だった。

最初は、全国の多くの記者たちが仲間内でハートの私生

---

* この記事の件で、ドーダーはロンドンで『タイム』に対して名誉毀損で訴訟を起こしており、この執筆時点ではまだ審理は行われていない。

活を話題にし、最新のネタを交換し、たまにそれについていつか記事を書くべきかどうか考える程度だった。この点で、『ワシントン・ポスト』も他の新聞社となんら変わりはなかった。これらの古い噂が問題となる可能性はハートの一九八四年の選挙運動が終わったときには消えたものの、いまやそれは再び浮上し、振り返ってみれば、それらの噂の一つがいつか他社の一面に真実として出てくるのは、ただの時間の問題のように思えた。

一九八七年五月三日、『マイアミ・ヘラルド』がこの不安に終止符を打った。「マイアミの女性、ハートと関係」という比較的あたりさわりのない見出しの下で、ドナ・ライス氏がハートの恋人としてつかの間の名声を得ることになった。最初はハートのキャピトル・ヒルの家に一泊したというニュース、後にはハートと一緒に「モンキー・ビジネス」〔「不真面目な行為」という意味がある〕という気のきいた名前のクルーザーでビミニに二日間旅行したという報道を通してである。大統領になるかもしれない人物が肌もあらわなライス氏を膝の上に乗っけているスナップ写真が、ハートの命運を決定づけた。ハートはメディアの詮索に強く反発し、その対空砲火の一部はかなり的を射ていた。けれども結局のところ、報道陣はどの一泊旅行にも参加していなかったし、ビミニへも招待されていなかったし、その上院議員の膝の上に座っていたのも報道陣ではなかったのである。

その一ヵ月前、私はハートの噂について何をすべきか話し合うために、ブロダー、ダン・バルツ、トム・エドサルら社内専門家による特別会議を招集していた。一方では、われわれがそれについて何かを書いた場合、論争にさらなる混乱をもたらすだけだ。また、取材もせずに噂を掲載すれば、われわれの原則を放棄することになる。しかし他方で、この噂――とくに民主党員についての噂――を無視した場合、われわれは偏向しているとの告発を受けることになるのではないか？　そこで、当時テキサス支局長だった敏感で才能豊かなデイヴィッド・マラニスに、ハートの詳細なプロフィールを作成させることに決めた。しかし、マラニスがテキサスでの任務から解放されるのは五月四日で、それは『マイアミ・ヘラルド』が記事を掲載した翌日のことだった。

五月三日、トム・エドサル――現在最も優秀な政治記者のうちの一人――は、魅力的な女性（未婚）の家を出るゲイリー・ハートの写真を入手した。長い間、彼女の名前は彼と結びつけられてきた。二人は一緒にいた。彼女は自宅の玄関で写っており、ハートが出ていくところだった。この写真は一九八六年一二月に、妻とハートが不倫していると疑っていた元上院議員が雇った私立探偵によって撮影されたものだ。その写真はハートが誰かの家を出るところを示していたが、その上院議員の家でも、彼自身の家でもなかった。

その人物とはワシントンでそれなりに名の知れた女性で、元連邦議会のスタッフからロビイストに転じた人だった。私は彼女をたまたま知っていたので、彼女とハートの噂のロマンスが事実であったのか、そしてそれがその時点で事実であるかどうかを突き止めよう、と買って出た。その日の午後、私はその答えを見出した。答えはイエスだった。そのロマンスはあったし、まだ存在していた。実のところ、その女性は友人たちに、ハートが妻と離婚して自分と結婚することを期待していると語っていた。

少なくとも彼女がいうにはそうだった。

ドナ・ライスの騒動ですでに苦境に陥っている大統領候補は、何と言うべきだったのか？

その問いに答えるべく、私たちはニューハンプシャーでハートを取材していたポール・テイラーに連絡を取った。テイラー自身、記者会見でハートに単刀直入に「あなたは不倫をしたことがありますか？」と質問してちょうどニュースで話題になっていたところだった。ハートはテイラーにお前にはまったく関係ないと言う代わりに、不倫は道徳に反すると思うと答えた。

私たちはテイラーに、可能であればその夜にハートと連絡を取り、その写真と、当の女性との関係をめぐる報道への彼の反応を得るよう頼んだ。テイラーは自分が回答を得られるとは思っていなかったし、ハートと何ごとかを交渉することをわれわれが依頼しているわけではないことを確認したがっていた。ハートがあれこれ行動を起こせば、われわれもあれこれ対応するといった条件は、誰も求めていなかった。

なぜ、この話がそれほど重要だったのか。

大統領に立候補している民主党の有力候補者が、自分と妻が固い絆で結ばれていると米国の市民に繰り返し告げていたのに、そうではないという証拠がどんどんと蓄積されていたからだ。ハートはわずか数日前に『ワシントン・ポスト』に対して、自分たち夫婦には「忠誠、忠実、および忠義への理解がある」と語っていた。ハートは報道機関に彼の周りを追跡するよう挑発すらしたが、『マイアミ・ヘラルド』がその挑発に乗った。『ニューヨーク・タイムズ・マガジン』の記事で、ハートはE・J・ディオンヌに「私は真剣だ」と語っていた。「誰かが尾行をつけたいのなら、どうぞやってみてくれ。とても退屈するだろう」。そして『マイアミ・ヘラルド』が彼の申し出に応じた結果は、とても退屈なものとは言い難かったのだ。

われわれの報道とその写真、『マイアミ・ヘラルド』の報道を合わせると、ゲイリー・ハートは自身の私生活について嘘をついていると思われた。ルールの変更はいまや、人々に知る権利を与え、さらには選挙日前に知る必要性をも与えていた。真実は不可欠なもので、嘘は許されないという何らかの線引きがなければならない。そして、その線引きは今まさになされたのだった。

テイラーはハートの報道担当ケビン《プレス・セクレタリー》・スウィーニーに、例の写真と私立探偵の調査報告書、そして私が得た交際関係に関する証言について伝えた。スウィーニーは青ざめ、時間を求めた。そのときハートは、妻のリーと数人とともに、ニューハンプシャー州リトルトンから二〇マイル〔約三二キロ〕離れたバーモント州のホテルにいた。テイラーが彼の回答を得たのは翌朝早くのことだった。テイラーは駐車場でハートの陣営の副政治局長であるジョー・トリッピとばったり出くわしたのである。トリッピはため息まじりに「あんたはここで候補者としての終わりを見ることになるね」と述べた。「ハートは今夜か明日には選挙戦から撤退するよ」。

どうやら、スウィーニーがたまりかねてハートを起こして伝えたようだ。ハートは「記事になるのか?」と尋ねた。「はい、記事になります」とスウィーニーは答えた。そして、ハートは最後にこう締めくくった。「それじゃあ収拾はつかないね。もう引っ込むとしよう」*。

ハート撤退の記事は当然のことながら何日にもわたって一面に掲載されたが、われわれはそれが撤退を直接引き起こしたにもかかわらず、私立探偵の報告についての記事は掲載しなかったし、また、その女性が誰であるかも明らかにしなかった。理由は単純で、ハートはもはや大統領候補ではないので、彼の私生活は再び彼自身のものだからだった。さらに、その女性は公職についていないので、彼女の私生活は彼女自身のものだった。

ハートは報道機関全般、とりわけ『ワシントン・ポスト』に対して激怒していた。彼はまさしく理解できていなかったのだ。(ハートは自身の悩みの原因を他人のせいにするために、まだ彼と結婚したがっていた女友達に、私と不倫しているかどうかを尋ねさえした。その女友達は私と当時不倫などしていなかったし、かつてそうしたこともなかったし、そんなことはなかった。)われわれは、彼の私生活が正当な公共の利益に関わると判断したうえで、責任ある行動を取ったと自負していた。私たちの立場は、かつてリンドン・ジョンソン大統領の報道官を務め、その後ジャーナリズムの教授となったジョージ・リーディがうまく表現している。リーディはテイラーにこう語った。「大統領候補にとって重要なのは、彼の人格であって、女性関係ほど人格を示すものはない。ここに、あなたの銀行口座、あなたの子どもたち、あなたの人生、そしてあなたの国を四年間にわたって信頼して任せるようあなたに求めてくる男がいる。彼自身の妻が彼を信用できないとしたら、それは何を意味するだろうか？　報道機関は候補者のちょっとした過ちをでっち上げているわけではない」。もし報道機関がLBJに不倫について尋ねていたら、リーディが同じように感じたかどうかは疑ってかかったほうがフェアだけれども。

リーディに同意しない人々を代表して、ウィリアムズ・カレッジの教授であり、FDRの伝記作家であるジェームズ・マクレガー・バーンズは雄弁に語っている。彼はテイラーに「これは悲劇だ」と述べた。「本当の意味ですばらしい人物《インプレッシブ》がこのように失脚してしまったことは、私たち全員にとって真の損失だ。候補者や大統領の性格はきわめて重要だ。しかし、メディアには人の真の全体像を十分に捉えることはできない。メディアの見解は旧態依然とした道徳的に厳しすぎる根拠に基づいている」。

ハートは扇情的な報道機関の犠牲者だったのか、それとも自身の行きすぎた行為の犠牲者だったのか。ルールが変わっていたのか、そしてもしそうであれば、誰がそれを変えたのか？　どうしてハートがそのような報道機関の監視の対象になったのに、LBJやとくにジャック・ケネディはその監視を免れたのか？

そうなのだ。報道機関内で公式な合意もなく、候補者への公式な通告もないまま、ルールは変更されていたのである。確かに、一九六〇年代初頭に始まったセックス革命は、一九八〇年代までに米国社会を永続的に変えてしまっていた。自分自身の性的嗜好、とくに急成長する有名人の世界における性的嗜好に関心を持つことがますます当たり前になっていた。スーパーマーケットで売られているタブロイド紙は、真実かどうかにかかわらず、扇情的なものに対して貪欲だったが、それに加わったのがそれに匹敵するほど貪欲なタブロイドテレビだった。報道機関はケネディの浮気を隠蔽していたと非難されてきたが、彼の死後には、彼の浮気がますます詳しく報道されるようになった。報道機関は公にすることは一切ないまま、誰であろうと今後の候補者の浮気を隠蔽したと非難されることのないよう決意していたのだ。ハートが何かの犠牲者であるとしたら、こうした新しいルールの犠牲者だった。

私はケネディがこうしたルールを生き延びることができたかどうかについて多くのことを考えてきたが、世間の注目という圧力には耐えることはできなかったと思う。もし、米国の大統領がアメリカのギャングのトップと聖書的な意味で恋人を共有し、神のみぞ知る他の誰かとも共有していたことを米国の人々が知った場合――人々がそれをどのよ

＊　ポール・テイラー『彼らはこうして逃げていく *See How They Run*』（ニューヨーク：アルフレッド・A・クノップ社、一九九〇年）からの引用。

うに知ったとしても――私は彼が弾劾されただろうと確信している。それはまったく許しがたいほど無謀な行動としか思えない。

アーノルド・シェーファーというのは、彼の本名ではない。一九八八年、彼は海軍情報部の下級分析官として働いており、年収は二万ドル程度だったが、ちょうどイスラエルのためにスパイ行為をしたとして有罪判決を受けたジョナサン・ジェイ・ポラードが空けた職に応募していた。応募書類で、シェーファーは電子情報に関する現在の仕事内容を記載したことで、機密保護規定に違反したことがわかった。その仕事は機密性の高いものであり、したがって洩らすべきではなかったのだ。シェーファーは真実を話したことで苦境に陥り、腹を立てていた。

国家安全保障に関わる不満を持つ多くの政府職員がそうしたように、シェーファーもボブ・ウッドワードに連絡を取った。彼は自分の話をコラムニストのジャック・アンダーソンに話すつもりだったとのことだが、まずはウッドワードに話を聞いてもらいたいと思ったのだった。ウッドワードは、またもや信じがたい話、つまり国の重要な秘密《クラウン・ジュエル》を明かそうとする人物の話を私に持ちかけてきた。シェーファーは、三つの異なる作戦のコード名と詳しい内容を入手しており、そのそれぞれはソビエトが核戦力のいくつかの部隊を制御するシステムに関わるもので、米国がソビエトのシステムにリアルタイムで侵入できた方法を説明するものだった。

私はここでいつも以上に慎重になった。なぜなら、私の見立てでは、それらの秘密《ジュエル》は今でも国家にとって非常に価値のあるものであり、当時も現在も、私がそれを明かす筋合いなどないからだ。その時点で明らかだったのは、それがペルトン事件の再来であり、それ以上のものだったということだ。そのうえウッドワードは、この新しい情報筋には東ドイツ人の恋人がいると報告した。

シェーファーが提供してきた情報は、明らかにこの国の安全を脅かすものだった。私は祖国を売り渡す覚悟のある男がどんな見た目をしているのか見たいと思った。三月のある朝、朝食時にワシントン・ポスト社の向かいにあるマディソン・ホテルでシェーファーに会ったとき、彼は何の変哲もない、陽気で、薄茶色の髪をした、少し太り気味のニコニコした三〇歳前後の男性のように見えた。およそ大工か請負業者といったところだった。われわれはシェーファーが誇らしげに、米国がこれらの重要で画期的なことをどう実現したのかを説明するのを聞いた。

「では、何が不満なのですか?」と私はシェーファーに尋ねた。「われわれにはすべてを報道することができます。それこそが仕事なのですから」。

「そうですね」と彼は答えた。「でも、私はひどい目に遭わされてきたんですよ」。

何年にもわたって行ってきたように、エド・ウィリアムズとドン・グラハムに電話をかけ、われわれが直面しているる新たな難問《ホット・ポテト》について伝えた。私は連邦政府からの尋問や脅しを避けるために、弁護士と依頼人の秘密保護の傘の下に入ることを望んだ。これは道を外した公務員リストに加わったこの人物の情報をどう扱うか決めるまでのことだった。この仕事は、エドがわれわれのために果たす最後の仕事になった。六ヵ月後、彼は八年間闘ってきた癌で亡くなったのだ。

われわれはすぐに、その話を公開しても何の社会的意義もないということで合意し、起こりうる大惨事について政府に警告する責任があることを確認した。ウィリアムズは、私がCIAの手の届かないところにいられるように、私ではなく彼自身が、元FBI長官で現在はCIA長官であるウィリアム・ウェブスターにこの問題を知らせることにしようと提案してくれた。私が最後に巻き込まれたとき（ペルトン事件で）、ケイシーは私を数ヵ月間縛りつけていたからだ。

エドはCIA本部に出向き、ウェブスターに作戦のコード名やら詳細やらすべてを打ち明けたが、ウィリアムズによると、ウェブスターはそれらがすべて真実かどうかは確信を持てないと言った。しかしその夜遅く、ウェブスターはウィリアムズに電話をかけてきて、すべてが真実だと伝えた。

次にわれわれが知ったのは、二人のFBI捜査官がわが職場にやってきて、シェーファーに対してわれわれが証言をしたいかどうか、尋ねてきたということだった。もちろん、そんなことは望んでいなかった。シェーファーの話を記事にできないと決めた以上、彼には他人との接触を絶たせて、危険な場所から遠ざけたいと思っていた。そしてウェブスターはそれに応じた。シェーファーは再雇用された――おそらく彼はずっと盗聴され、尾行されていただろう。彼の自尊心は回復し、事件は解決した。ウッドワードは最近、シェーファーから――そしてその東ドイツ人の妻から――絵葉書を受け取った。

第19章 引退、そして新たな始まり

長年にわたって批判を受けてきたことで、報道機関の仕事と、そのなかで『ワシントン・ポスト』が果たした成果について、繰り返し考えさせられてきた。ベトナム戦争やカウンターカルチャーの台頭、そしてウォーターゲート事件そのものによって、報道機関の自己評価は劇的に変わった。最良の新聞はなお良心に従って真実を追求していたが、また新たに、その過程においても面白く、有益で、楽しいものであろうとした。しかし、樽の底では、テレビの助けを借りたタブロイド紙の染み汚れが「扇情的《ケロシン》ジャーナリズム」とでも呼べるものへと広がっていた。この種のジャーナリズムでは、記者たちは、何が煙っているのか、それがなぜ煙っているのかを突き止める前に、煙を見つけたら灯《ケロ》油《シン》を注ぐのだ。その結果として生じる炎は、本来のジャーナリズムではなく、そうした扇情《アーソン》行為から生じているのである。

私はいつも、かつて通っていたデクスター小学校のフィスク先生のモットー「今日は最高の日、明日はもっと良い日に」よりもはるかに洗練されたジャーナリズム論を発展させようと苦労を重ねてきた。今日可能な限り最高で、かつ最も誠実な新聞を発行し、次の日にはもっと良いものを出すこと。あるいは、かつて通っていた高校のモットー“Age quod agis”――なすべきことをなせ――よりもさらに生産的なものとしては、次のようなものがあるだろう。なすべきことを正しくしなさい。そうでなければ、決してなしてはならない。

ただ、ジャーナリズム論とは、ジャーナリズムそのものの二番煎じである。記事は記者や編集者のためのものであり、理論は批評家や教師のためのものだ。ただ時折、私はジャーナリズムの実践よりも、ジャーナリズムの原則や過程を論じることに多くの時間を費やしていることに気づいていた。そして、そのことに疲弊してもいた。

五〇代を過ごしている間は、引退についてあまり考えてこなかった。どうして私がジャーナリズムの最高の職を辞めないといけないのか？　しかし、クインが生まれた直後、とりわけ彼の心臓手術の後には、私が関わることになる最高の記事はすでに手にしていたこと、どれほどすばらしい他の記事をものにする機会があっても、ウォーターゲート事件を超えることはないだろうと気づき始めていた。一九八四年初頭のあるとき、状況次第ではまもなく自分が社会保障の対象となるという通知を受け取った。「なんてこった」と何度か口にして、サリーとドン・グラハムに相談した。

幸いなことに、二人とも——とりわけサリーは——私の引退には興味を示さなかった。しかし、ドンと私は、しかるべき時が来るまでそれについて時折話し合うことに合意した。レン・ダウニーがハワード・サイモンズの後任として編集局長に選ばれたとき、新聞社はついに私の後任となる適齢の人物を得た。さらには、彼が申し分のない技能を持っていることもますます明らかになった。その才能のおかげで、ダウニーは誰の記憶にも残る最初の卓越した管理者としての編集局長になったのだ。

私はとてもよい気分だった。サイ・ハーシュやコーディ・シェアラーとの週末のテニスの試合はまだ楽しんでいたし、とくにワシントン・ポスト社の弁護士でありすばらしい選手であるボー・ジョーンズ——現在は社長兼ゼネラルマネージャー——のような友人たちを説得して相手になってもらうことができたときには充足感があった。または、『カンザスシティ・スター』の副社長兼編集者であるアート・ブリスベンも。あるいは、現在『ワシントン・ポスト』のビジネスおよび金融担当編集者であるデイヴィッド・イグナチウスもだ。サリーとの生活は刺激的で驚きに満ちていた。父親になることで、夜になって帰宅することは、出社するのと同じくらい充実していた。

六七歳のある日、定期的に火曜日に集まっていた朝食の席で、ドンが「七〇歳まで働いてみないか」と尋ねてきた。彼には密約があった。ダウニーがこの密約の強い支えとなってくれたおかげなのだろう、私は交代を楽しみにするようになった。ダウニーが私の後継者というのは、まだ完全に決まったわけではなかったが、私が職を続ければ、彼はその職を得られなくなる。そして彼は私の職を易々と勝ち取った。一九九一年六月二〇日、九月一日付での私の退任が発表された。

一九九一年七月三一日、『ワシントン・ポスト』の編集局で二九年近く過ごした後、ついにその日がやってきた。最初の一万日ほどが一様にすばらしいものだったとすれば、最後の日はとんでもない《ファンタスティック》ものだった。その日は、いわゆる名誉副社長〔特定の任務のない副社長〕と呼ばれる役職であり続けることによって引き伸ばすことになった忘れることのできない数々の別れの、最初の日となった。別れの期間が長引いたので、「まだいるのに忘れられている」〔故人を偲ぶときの“Forgotten, but not gone”（＝去ってしまったけれど忘れられてはいない）という表現を自虐的にもじったもの〕という表現がもはや面白くなくなるほどだったけれども。

　編集会議までのことはあまり覚えていないが、全員が、当時私の好んでいた白い襟のついたターンブル・アンド・アッサーのシャツを着て現れた。シャツ一枚につき一〇〇ドル近くもするため、本物を着ている者は少なかったが、アート部が安物の白襟の代用品を提供していた。八月一日の一面に掲載を検討している実際の記事を報告する代わりに、編集者たちがかわるがわる、私が口にしてきたらしいある種の偏見をからかうような記事を報告した。全国ニュース部編集者のフレッド・バーバシュからは、私がしばしば懐疑的だった地球の起源に関するビッグバン理論とオゾン層とを組み合わせた記事の提案があった。メアリー・ハダーは、スタイル面による好色芸術《エロティカ》へのますますの執着に対する私の懸念を踏まえ、これから開催されるナショナル・ギャラリーでの「フェニキアの陰茎」展覧会について語った。ビジネス部編集者のデイヴィッド・イグナティウスは、ターンブル・アンド・アッサーがワシントンのマットレス・ディスカウンターズに買収されたという「悲しいニュース」を報告した。そして話は続いた。

　少ししてから、かなりの人々がニュースデスクの周りに集まり、「プログラム」が行われたが、それはリズ・キャスターの生まれたばかりの息子がスピーチの間に言葉を話せるようになるくらい成長したとドン・グラハムが冗談を言うほど長く続いた。その講演録《プロシーディングス》を三年後に読んでも、信じられないほど褒め称えられていることがわかる。

　レン・ダウニーは過去三〇年間に直面したあらゆる状況に自然体で立ち向かってきた人物だ。ダウニーはこう切り出した。「ベンがわれわれの今働いている新聞を作り上げた……彼にはジャーナリズムと人生に取り組む方法があり、それはこの部屋で働いている限り、われわれ全員の中に残り続けるだろう。今日が過ぎても、ベン、ここはまだ君の編集局だ」。

　ウォルター・ピンカスは、夕食後のスピーチが回りくどいという悪評で知られ、じつにその通りの人物だが、彼が続けて「好きだと思うことを、一緒にやりたい誰かのためにするのが、われわれ全員にとってどれほど楽しいことだったか」という回りくどくも温かく感動的な言葉を述べた。

まさにピンカスらしい文だった。

メグ・グリーンフィールドは、三三年前に『ザ・レポーター』で編集者兼執筆者として働いていたときに、私がそのユーモアと知恵に惚れ込んだ人物だ。「主はベン・ブラッドリーをただ一人しか創らなかったが、われわれ論説委員が言うように、すべてを考慮すればそれは英断だった。なぜなら……もうひとりのベン・ブラッドリーには何が残されるというのか？」と彼女は述べた。心の底からうれしかったのは、彼女が「ベンが成し遂げたことで最もすばらしいと思うのは……『ワシントン・ポスト』を政府関係者にとって危険な存在にしたことだ」と語ってくれたことだ。

ディック・ハーウッドは、集まった仲間たちに向けて、ホワイトハウス特派員の夕食会の前に開かれた『ニューズウィーク』のカクテルパーティーで私に初めて会ったとき、一緒に仕事をしようと決めたと話してくれた。彼は「ベンはわけなく部屋の真ん中にいた。私は思った……この男は成功するだろう」と述べ、最後に「すばらしい編集者であり、すばらしい仲間だ」と締めくくった。

トム・リップマンは、カイロからチェビー・チェイス〔ニューヨーク出身のコメディアン〕まで、どのような分野でも活躍する優れた万能記者であり、文法と用法においてわれわれ専属の専門家だった。彼は、当時私の秘書だったすばらしきデビー・リーガンが、いくつかの口述書き取りをした後、非常に気まずそうに彼のところにやって来たある日のことを話した。「彼女はちょっと言葉を濁した」とトムは述べた、「あの、ちょっと聞きたいことがあるのですが、バカやろう《ディックヘッド》〔男性器の意〕は一語、それとも二語に数えるべきでしょうか？」

当時、編集局の採用担当だったトム・ウィルキンソンは、見込みのある候補者を面接のために私のところに送ったときのことを忘れていなかった。「その男性は別の編集局での面接でもうまくいってたし、しっかりとした記事も書いていました。ただ、彼はためらいがちで、控えめで、無口なタイプでした」とウィルキンソンは振り返った。「面接が終わったら、私は男性の記事のニュアンスとか、彼の長所と短所とかについて話し合うことになると期待して入室したんです。でも、私がベンから言われたのは「うーん、ピンとこないなあ」でした。話はおしまい、です」。

サリー・クインというのは、意表を突いてくる女性だ。私は驚かされたし、少なくとも息を止めさせられるような存在だ。彼女が立ち上がり、一八年前にスタイル部で行われた送別会のことをみんなに思い出させたときもそうだった（「当時、私はブラッドリーさんと呼んでいたのです」とほんの少し得意げに明かした）。そのとき、私は彼女に「まだいるのに忘れられているね」と乾杯した。彼女はそれに応え、さらに少し得意げにお世辞を返してきたのだった。

ボブ・ウッドワードとリチャード・コーエンもそれぞれ自らの賛辞を加えたあと、メアリー・ハダーが立ち上がり、私のお気に入りのスタイル面の見出し(「ピクルス作り、あなたも挑戦」)、私のお気に入りのスタイル面の記事――スペリングコンテストの記事で、私たちは勝者の名前を間違って綴った(その翌年のスペリングコンテストの記事では、勝敗を決めた単語を間違って綴ってしまったものを一覧にしたのだが)――、私のお気に入りのホワイトハウス・パーティーの招待客名簿(「招待客」のうち二人は亡くなっていた)のそれぞれの一覧表を読み上げた。秘密を守れない人という私の評判を払拭するために、彼女は「何年も前に」私が三重バイパス手術を受けたことを「暴露」した。そんな事実はない!

デイヴィッド・ブロダーとヘインズ・ジョンソン――二人が私たちに加わる決断をしてくれたことは『ワシントン・ポスト』にとって非常に重要な意味を持つ出来事だった――の話が終わる頃には、ドン・グラハムが首都版の締め切りに間に合わないことを心配しているのが明らかだった。彼は立ち上がってこう切り出した。「二七回まである試合のなかで、二二回表から呼ばれた男の興奮を味わっているような気分だよ」。そしてこう続けた。「神に感謝します。これまで二六年間にわたって決断を下してきた人が、大きな話題にも小さな話題にも熱意と勇気と情熱をもってそれに取り組む方法を私たちに示してくれたことに。そして、彼がここにやってきた日からの一番の願い、全米で最高の記者と編集者と写真家のスタッフを集めて、ともにすばらしい新聞を作り出してくれたことに。これこそブラッドリーの新聞だ。誰もが今日そう言うだろうし、願わくば、ベンジー、これから先もずっとそう言われ続けるだろう」。私が『ワシントン・ポスト』を所有していたら、自分の新聞を誰かの新聞だなんて口が裂けても言えないだろうと思う。でも、ありがたい言葉だった。

マイク・ゲトラーが式全体《プロシーディングス》を締めくくり、ベイルートの戦火の中で取材をする私たちの偉大で勇敢な特派員ノーラ・ブスタニーからの電報を読み上げ、私は思わず涙を流した。


ベイルートの街を一人で歩いているときはいつも、私は砲撃や銃を持った人々、見通しの悪い角をただ避けながら、ジャーナリズムにおける真の勇気の意味を心から理解し評価してくれる卓越した存在がどこかで見守っていると自分に言い聞かせていました。私はいつも無事に目的地にたどり着き、記事を書くことができました。そして今、再びベイルートにいます。街は少し落ち着きを取り戻していますが、私にとってあなたはいつまでも私を見守り、もう少し頑張りたいと思わせてくれるニュースの偉大な勇者です。特別な信念を私たち全員に与えてくれてありがとう。（いつまでもあなたのファン↑この部分は読み上げなくてもけっこうです）　ノーラ

サリーと私は八月をイーストハンプトンで過ごし、帰宅後に予定されていた公式の退任式の準備をした。私たちの不在中に、洗練されていて思慮深い――そして詩人のような――ニューヨーク州選出の上院議員ダニエル・パトリック・モイニハンが、一九九一年八月二日の『本会議議事録』に次の発言を挿入した。

> **モイニハン議員**：大統領閣下、先週の木曜日がベン・ブラッドリーが『ワシントン・ポスト』の編集主幹を務める最後の日だったようです。彼のような人物はもう現れないかもしれません。しかし、彼が打ち立てた基準と成し遂げた業績は、これから先も長く、歌や物語のなかで語り継がれるでしょう。
>
> ああ、稀有なるベン・ブラッドリーよ。
> 彼の時代は終わりを告げた。
> しかし、彼の国は健在だ。
> その強さはより力を増している。
>
> 私はベン・ブラッドリーを称えて連邦議会議事堂に旗を掲げるよう命じ、それが彼に贈呈されることに対する全会一致の同意を求めます。

当時も、そして今でも、この意思表示《ジェスチャー》をどれほど愛していたかを言葉にするのは少し気恥ずかしい。

読者の皆さんはこんな話ばかりにうんざりしているかもしれないし、そうであれば読み飛ばしてもらっても構わない。ただ、それから六週間後、みんなが休暇から戻ってきてから、『ワシントン・ポスト』の全従業員を対象としたもう一つ別の送別会があった。気の毒なグラハム、ダウニー、ウッドワードは、再び立ち上がって送別の辞《パフォーマンス》を繰り返さなければならなかった。ドンはその夏を、『戦争と平和』と「ブラッドリーのすべての退任インタビュー」を読むことに費やしたと語った。

レンは最初の送別会の結びをこう描写している。「数時間に及んだ騒々しくも涙なしではいられない別れの後、ベンはオフィスからエレベーターへと静かに歩こうとした。計画も仕掛けもなかったのに、最初は数人が、そして多くの記者と編集者が次々と立ち上がり、拍手を送った。最終

的には全員が立ち上がって喝采に加わった……私たちはこの男に、どんな丘を越えても、どんな戦いであっても、先に何があろうともついていくのだろう」。

　ウッドワードは、バーンスタインからの手紙を読み上げた（「卓越性、楽しさ、慎ましさ、強さ、そして共感を示していた」）。そして、「カールはいつもそれをよりうまく言い表すことができた」と優雅に述べた。

　そして、バックウォルドは全員を我に返らせた。まず「ベン・ブラッドリーの一七五六回目の送別会」にようこそと挨拶し、アメリカン航空がブラッドリーの送別会の参加者全員にマイレージマイルを提供すると発表した。バックウォルドはブラッドリーを称賛することもできるが、その称賛は全米キリスト教徒・ユダヤ教徒協議会、バーニングツリー名誉毀損防止同盟、エストニア系米国人編集者協会などが主催する今後の式典で行われることになるだろう。

　私の長年のヒーロー（で前任者）であるラス・ウィギンズは、次のように述べて私をノックアウトした。「世論は、人々が帽子掛けに帽子を掛けるように、公人のイメージをしっかり捉えるものです。世間はしばしば公人の特異な性格にこだわるが、ベンにもいくつかありますよね――かなり奇妙なものも。時に、それらは彼が実際に持つ卓越した能力、すなわちプロの新聞人としての資質を見えなくしてしまうこともあります。私は長ったらしい賛辞を付け加えるつもりはありませんが、これだけ言います。「ベンは偉大な新聞編集者です」」。

　そこまできたときには、もう立ち去りたいと思ったくらいだった。しかし、編集局での盛大な送別会を逃した気の毒なキャサリン・グラハムが、立ち上がって数に入れられなければならなかった。彼女は「果てしない楽観主義」、「最高の倫理基準への不屈の決意」、「独立性、率直さ、ユーモア……そして何よりも勇気」をめぐる素敵な語り口で話に加わった。

　締めでは「ベンを愛していたなんて言われるのはとんでもない」と強調した。「私が本当に愛した編集者は、ラス・ウィギンズだけよ」。

　こうした温かい言葉から受けた隠しきれない喜びといったら！　人は自分の能力を証明するものを求めずにはいられないものだ。その能力の尺度には、肩書きや給料や賞などがあるにせよ、仲間からの評価に勝るものはない。

　これらすべてがまだ耳に響き渡るなかで、私は「退任」を「退去《ムーヴィング・アウト》」と、そして「退去《ムーヴィング・アウト》」を「前進《ムーヴィング・オン》」と結びつけて考え始めていた。このことはただ私がいつもポリアンナ〔米国の小説家エレナ・ポーターの小説に出てくる楽天的な少女の名前〕とともに抱いていた過度な楽観主義の一形態にすぎないのかもしれない。より可能性が高いのは、これがグラント研究の心理学者らが特定していた、普通の人々が大いに利用する強みの一つである対処メカニズムの昇華の一形態であったということだ。

グラント研究の研究部長で心理学者のジョージ・ヴァイラントは、その著書『人生への適応』で、フレデリック・ライオンという名前の人物について描写しているが、その人物は偽装《カムフラージュ》された私だと聞かされている。彼はライオンを「威厳と傲慢さを持ちながらも、人々を惹きつける温かさを兼ね備えた人物」と表現している。さらには、ライオンは個人的に受け入れがたい事柄（引退？）を建設的かつ受け入れられやすい方法で表現する昇華という技術を学んだとしている。

いずれにせよ、「前進《ムーヴィング・オン》」に落ち着いたとたん、私は自分には解決する能力がほとんどないような問題にどれだけの時間を費やしてきたかを考え始めた。たとえば、環境問題だ。一九八九年一月にスミソニアン協会のトム・ラブジョイ博士とティム・ワース率いる議会代表団とともにブラジルの熱帯雨林への途方もない旅をするまで、私は環境に対する脅威を真には理解していなかった。それによって意識するようにはなったものの、環境にはあまり役立たなかった。ベトナムのような他の大きな問題も意識するようにはなった。人口過剰とそれに付随する問題、中絶、産児制限、共産主義、人権、信じられないほどの人権侵害。それに加え、私たちの社会に存在するあらゆる不正に深く根ざす永久に解決されそうにない人種の問題。私自身は啓発を受けたけれども、これらの問題は解決されていない。

さらに私は、ワシントンでの典型的な一年における重要《マイル》な出来事《ストーン》が、なぜ記憶のなかでぼやけ始め、布に染みる水彩画のように混じり合ってしまうのかを考え始めた。決定的な世界史が書かれるとき、一般教書演説と議会への経済報告との間にどんな違いがあるというのか？　まだ政治家の性格の違いは多少識別できるが、政治家の発言内容の違いはだんだんと見分けがつかなくなってきていた。

また、実を言えば、真実そのものを見つけることがますます難しくなっていた。ベトナム戦争とウォーターゲート事件は、真実が都合悪ければいつでも嘘をつくことを許容する風潮を生み出した。そして誰一人としてその影響を受けない人はいなかった。善良な人々や道徳的な人々でさえ、かなりの権力を行使していながら、その責任を果たさずに腐敗していった。報道対象になる人々《ニュース・メーカーズ》のなかで真実を探し求めれば求めるほど、ごまかしを見つけることが多くなり、それに比例して疑念も膨らんでいった。

こうしたあらゆる理由から、私は規模の小さなことを考えるようになり、自分でなんとかできる問題に興味を持ち、自ら概念化して、評価し、完了させることができる事業に魅力を感じるようになった。この結論に至るまでに、ポルト・ベッロ〔イタリア語で「美しい港」〕ほど役に立ったものはない。ポルト・ベッロとは、ワシントンから南に七〇マイル〔約一一二キロ〕、セント・メアリーズ・シティの対岸にあるセント・メアリーズ川の突端だ。セント・メアリーズ・シティはメリーランド州の最初の州都であり、英国人によって新世界に設立された最初のカトリック共同体（一六三四年）であり、ジェームズタウン、マサチューセッツ湾植民地、プリマスに次いで最も古い。

一九九〇年、サリーがある夕食でポルト・ベッロについて耳にしたとき、それは一八世紀の邸宅の廃墟で、二方面が風雨にさらされていた。彼女はテッド・コッペルの隣に座っており、彼が妻のグレース・アンと二人で修復した一八世紀初期の家から見えるセント・メアリーズ川の向かい側にある、廃墟となった大邸宅について話しているのを聞いたのだ。私には知らされていなかったが、サリーと彼女の母親は翌朝、南メリーランドへ車を飛ばし、ポルト・ベッロを見つけ出し、さらにはその所有者の両親も見つけた。その夜、何もなかったかのように、彼女はこの興味深い家を見てきたと言い、私にもそれを見てほしいと言った。圧力も脅しもなしに。イースト・ハンプトンのグレイ・ガーデンズと、遠く離れたウェスト・ヴァージニアの山小屋を持っていることを考えれば、私たちにはもう一つの家は必要ないと感じていた。頭の中に穴が必要ないのと同じくらいに。しかし、ポルト・ベッロを見に行ってみると、私はすっかり魅了されてしまった。

私の心はまさにそれに奪われた。この見事な廃墟はセント・メアリーズ川を見下ろし、ポトマック川を越えてヴァージニア州へと続き、三方を水に囲まれていた。それから五年後の今では、この大邸宅には小さな翼《よく》が二つ付き、片側にはサンルーム、もう片側にはキッチンがある。二つの荒れ果てた建物がゲストコテージと私用の書斎に改造された。桟橋《ドック》は再建された。崩れかけていた二棟の納屋はアーミッシュの職人の手によって見事に新しい命を吹き込まれ、鶏小屋とトウモロコシ貯蔵庫は管理人の家に生まれ変わった。

サリーが家のデザインに創造的な技能を集中させている間、私のより開拓者的な能力は土地に注がれ、文字通り種をまき、荒地を整えることに費やされた。私のおもちゃ——トラクター、ブッシュホッグ〔草木を除去する器具〕、チェーンソー、斧、根株抜き鉤《グラブフック》など——を持って、そこにいる日の朝は毎日、その日の現場に向かう。生垣を切り開き、高い木に絡みつくツルを引き抜き、ハナミズキやユリノキ、ヒイラギ、ペカン、クルミ、ヒマラヤスギ、ハリエンジュ、ブナ、オークなどを枯らすキイチゴを根こそぎ除去するのである。風と天気の良いときはいつでも、大量の枝を燃やす。二〇年間耕されていない古い畑の境界線で、雑木林の奥に（ちょくちょくチェーンソーで）有刺鉄線の囲いの残骸を見つける。ほぼ毎週末、海岸線の半マイル沿いをくまなく調べ、潮の満ち引きで残された良いものやそうでないものを探す。ちょうど、植えるものやそれを植えるための道具をカタログでくまなく調べるのと同じように。秋や冬に必要な巨大な木鋤を借りられるだけの余裕があるときはいつも、移植用木を探している。頭を空っぽにするのだ。何かに集中するためではなく、ただ頭を空っぽにして、一週間の間に生じた心配事から解放されるためだ。私が六〇年以上前にビヴァリーの森で父の隣で過ごしたように、今では若いクインが隣で働いている。私たちはモノを集める――ほとんどは古い農機具からの廃棄物で、たとえば鋤先や馬具、ときには矢じりや手製の農具などだ。納屋の壁際にはこれらのモノの博物館がある。

ある朝、市報部を出た直後に、無骨な話し方で知られるメリーランド州知事のウィリアム・ドナルド・シェーファーから電話を受けた。彼とはほとんど面識がなかった。

「ブラッドリー」と彼は唸った。「君に仕事がある」と言われたが、それが何かは教えてくれなかった。彼は翌朝朝食をともにするためにアナポリスに来るようにと私に言った。彼の仕事の依頼は、私が「セント・メアリーズ・シティ歴史委員会」と呼ばれるものの委員長になることだった。この委員会はメリーランド州の最初の首都としての栄光を広め、発展させる役割を担うものだった。セント・メアリーズ・シティは、最初のカトリックの入植地であり、この国の宗教的寛容の最初の実験の場でもあった。かつての地味な「セント・メアリーズ・シティ委員会」は、消滅の一途を辿っていた。議会はその委員会を廃止して、意味のある変化を示すために「ヒストリック（歴史）」という言葉を付け加え、知事が一三人の委員を任命することになったのだ。私はシェーファーに、政治的に借りのある多くの人々を委員会に詰め込むつもりかと尋ねた。

「やれやれ」と彼は言った。「私はあんたに借りなど何一つなかったろうに」。そして、私は署名した。これは、ある日にアイデアを浮かべ、その翌日にはそれを新聞で見るのに慣れている人間にとっては厳しい仕事だった。州の官僚制は、気弱な人が動かそうとするとその前で挫折してしまうくらい堅固で、動かすのが困難な物体に近い。いつものように、私の解決策は困難な作業をするのにまさに最適な人物を見つけることだった。そうして私たちはジェームズタウン・セトルメントを運営していたサラ・パットンを見つけた。彼女こそが困難な作業に取り組む人だった。私たちは、八三〇エーカー〔約三・三六平方キロ〕の広さの考古学的遺跡の中央にある既存の基礎の上に、米国で最初のカトリック教会を再建することを決めた。二度の離婚を経験したＷＡＳＰにとっては興味深い挑戦だ。

セント・メアリーズ・シティ歴史委員会の委員長は、職権上セント・メアリーズ大学の理事でもあり、それが私にとっての刺激的な特典となった。セント・メアリーズは、州からの支援を受けてはいるが独立しており、自身の理事会を持つ小規模なリベラルアーツ系の優等課程のある大学《オナーズ・カレッジ》で、理事会にはジョンズ・ホプキンス大学の元学長スティーブン・ミュラーを理事長として、海軍の元長官でレーガン大統領の特別顧問を務めたポール・ニッツェ、そしてNATOの元連合軍最高司令官で米国欧州軍最高司令官を退役したアンドリュー・グッドパスター大将が名を連ねている。ハーバード大学がさらに何十億ドルもの資金を調達しようとしているようなときに、私はセント・メアリーズ大学のファンになった。そして、小規模であまり知られていない機関にとって、一万ドルがどれほど重要かを考えるのである。

　編集局から離れた《ムーヴィング・アウト》ことで、編集者が公益《プロボノ》〔職業上のスキルや経験を活かした社会貢献・ボランティア活動のこと〕の大義に積極的な役割を果たすことを妨げる制約から解放された。通常、編集者や記者が自分たちについて報道しなければならない場合、公平でいることは不可能だ。たとえば、あなたが理事を務める学校の財務担当者が資金を持ち逃げし、上級生のクラス委員長と駆け落ちしたりする場合である。私にとって、離職にともなってできるようになった社会貢献活動とは何よりもまず、小児病院に恩返しをする機会を意味した。五年間で四〇〇〇万ドルの資金を調達する運動を主導することを依頼され、すぐに引き受けた——この金額はワシントンで民間慈善団体に対してこれまでに集められたなかでも最も多い額だった。それは本当に困難な仕事だが、サリーを副会長として、私たちは最初の三年間で二八五〇万ドルの寄付の約束を取り付けた。私は寄付を考えている人たちを病院内に案内するのだが、いつも集中治療室に引き寄せられ、そしていつもクインが使用していたベッドの前に立ち寄る。そのベッドでは、体重八ポンド〔約三・六キロ〕のクインの体に五本か六本のチューブが刺さっていた。そして私はいつも涙を流していた。

　私の慈善事業への寄付は、生涯にわたって変化してきた。当初、私がジャーナリストだった頃は、寄付はすべて匿名にしていた。ハーバード大学のケネディ・スクールに匿名で寄付講座を提供したこともあった。資金の出所であるワシントン・ポスト社への恩返しと、報道機関と公共政策の関わりに対する私の関心に深い理解を示してくれたケネディへの感謝を表すためだったが、今となってはそのやり方は未熟だったと思う。この寄付が完了してから五年以上経ったが、ハーバードはこの講座にふさわしい教授を見つけ出すことができなかった。同様の資金が、少なくとも同等のニーズを持ったより小規模の機関に与えられれば、はるかに大きな影響を与えただろう。

さらに加えて、この本を書くことが私の予定表《ダンスカード》をほぼ埋め尽くしたとき、カリスマ的な存在であるアンソニー・ジョン・フランシス・オライリー博士から、断ることのできない申し出を受けた。一方では、トニー・オライリーは、数十億ドル規模のＨ・Ｊ・ハインツ社の会長兼ＣＥＯである。私は彼を、彼のアイルランドのＣＥＯ仲間たち――ジョンソン・エンド・ジョンソンのジム・バークやコカ・コーラ社のドン・キョウ――とともにワシントン・ポスト社の取締役会で知っていた。もう一方では、オライリーはメディア企業を運営していた。そして、私もその〔インディペンデント・ニュース・アンド・メディア社の〕相談役の一人に就任したのである。この企業は、アイルランドと南アフリカの主要な新聞社、ロンドンの『インディペンデント』のほぼ半分、オーストラリアの新聞社とラジオ局、屋外広告を所有し、ニュージーランド最大手新聞社の株式も少ない割合だが持っている。

これらのことはいずれも、ペンタゴン文書やウォーターゲート事件、あるいは国家安全保障とはあまり関係がないが、見せ場は見せ場にすぎず、それらは私にとっては過去のものだ。見せ場は人生そのものではない。ニクソンの辞任のような重大な出来事や、ロリーナ・ボビットが夫の陰茎を切断したようなただただ異常な出来事に、読者が他の話題に触れることもないほど完全にのめり込んでいた時代が懐かしい。しかし、運営会議――予算、雑多なこと、組織の再編成――に思いを募らせたりはしない。大統領の発言、上院の議決、裁判所の判決、国防総省の発表など一連の経過記事も愛おしいとは思わない。

私はたまに会社に顔を出すが、名誉副社長としての役割の一部だからそれほど愛おしさを感じることはない。ただ、鼓動を速めるような記事がもたらす興奮は忘れられない。そのようなときこそ、新聞記者となるべく生まれてきた者が本来なすべき仕事に没頭できるのだ。高揚した気分を味わえる機会に恵まれた幸運な人は、われわれの中にもそう多くはない。われわれは一度ならずそうした機会を手にしてきたのだ。幾度となく、何度も。

あとがき

サリー・クイン

　ベンが七〇歳で退任すると決めたとき、私は心配だった。その年代にしてはとても若く、生命力にあふれていて、元気いっぱいだったのだ。ベンはいったいどうするつもり？　私には彼が毎日ゴルフやテニスをする姿が思い描けなかった。あるいは、次から次へと船旅に出る姿も。私たちは自らに刃を向けるか互いに刺し違えるかという状況に陥るかもしれない。私はベンより二〇歳も年下だった。私たちの九歳の息子、クインは医療上の問題や学習障害を抱え、頻繁に入院し、特別支援学校に通う必要があった。私は『ワシントン・ポスト』の記者としても働いていたが、クインが生まれてからフルタイムでは働いていなかった。皆でどこかへ出かけることなどなかった。

　また、ベンがあれほど要求が多く、責任の重い仕事を辞めて……無に至ることで、精神的に参るときがまったくやって来ないとは信じがたかった。実際、ベンには計画などなかったのだから。

　その一方、いつものように無頓着で、人を惹きつけると同時に、私の頭を悩ませる存在だった。私たちが住むこの過酷なワシントンという場で、世界の頂点になってからほんの一瞬で〝無名の〟人になるということが、自分の人生にどんなに劇的な変化をもたらすのか、ベンは気づかなかったのだろうか？

　私は『ワシントン・ポスト』でのキャリアの大半を、権力を追い求めては手中に収め、利用しては乱用し、最後にそれを失った人たちを追い続けて記録する――そんなことをしながら過ごしてきた。それはときに、見るも無残なものだった。ベンにはそんなことが起きてほしくなかった。

　心配する必要などなかった。

　ベンは何をするにも、完全に没頭しなければ気がすまないたちだった。だが、ウォーターゲート事件後の数年間は、仕事に対する情熱を以前と同じように保つことがまったくできなかった。ギャリー・トゥルードーが有名な漫画を描いた。そこには市報部を歩きまわっては部下たちを鼓舞しようとして、「さあ、景気の冷え込みの厳しさがわかるネタ取りに行こうじゃないか！」と言い、編集主幹室の外からガラス越しに見える、机の上に足を乗せてくつろぎ、しょっちゅうクロスワードパズルをしているベンの姿が描かれていた。

　とうとう編集主幹の座から退く決意を私に告げたとき、ベンはこう言った。「私は最高のまま、トップの座をおりようと思う」。

　そして、退任した。

　退職祝いパーティーの最初の波が収まってからほどなく、私はベンと八月を過ごすために東ハンプトンへ向かった。私たちは、後の映画監督シドニー・ルメットとともに夕食の席についた。シドニーは私のほうに身を乗り出して、こうきいてきた。「いったいどうして、ベンを引退させたんだ？　ワシントン中の人々が、小さな黒い手帳にのっている君たちの名前をバツ印で消そうとすることに気づかないのか？」

　私は少し考えて、返事をした。「シドニー。小さな黒い手帳から私たちの名前を消すような誰かさんなんて、そもそも私の手帳にはのっていないんだけど」。

　それは本当だった。たった一人、ただ一人だけが、私たちに二度と電話もよこさなければ会おうともしなかった。その人の名は、私の次の回想録で明かすことにしましょう！

　蓋を開けてみれば、ベンは「名誉副社長」という新たな肩書を満喫した。それは彼と発行人ドン・グラハムが、職務のないベン用に吟味してつけた新しい役職名だった。ベンは自分を〝最高《C》モチベーション《M》・アップ《O》責任者〟〔最高マーケティング責任者Chief Marketing Officerをもじったもの〕だとして、自分がいわば「社内の観光地」化したことを苦笑まじりに認めた。

　ドンとともに過ごすため、ベンは七階へ執務室を移した。そこにはベンの助言や知見、ユーモアを求めて、人々が絶えず出入りしていた。自分で誓った通り、会社を去ってから六ヵ月間、愛してやまなかった編集局に入ることは決してなく、冷やかし、刺激、ネタ話、本日の噂話《ゴシップ》が大好きな記者たちに囲まれて、たいていカフェテリアで昼食をとっていた。

　夜帰宅すると、ベンはいつも上機嫌だった。けれども、ベンが編集者を務めた三〇年近くの間、とくに私たちが一緒に過ごしたウォーターゲート事件の頃どれほどストレスを抱え続けていたかに思い至ったのは、彼が編集主幹を退いた後だった。退任後、私はベンが新聞を読み終えたとたんに「こうしちゃいられんぞ！」と言って朝食の席を立ちたくなる姿をずっと待ち望んでいた。一度だけ、朝食の席を立つような事件が起きた。職場を去ってから二年もたたないうちに、ロレーナ・ボビットが夫ジョンの局部を切り落としたのだ。ベンは熱狂した。突然、編集局へ嵐のように入っていき、職場を去ってしまったことなんてなかったかのように次々と大声で指図し、周りは面白がったらしい。「よし、ネタ取りだ」「どんなナイフを使ったのか、突き止めてくるんだ！」「切り口の角度は？」「完全に眠り込んでいたのか？」「イチモツをみつけてこい！」（妻は車の窓から男性器を投げ捨てたのだった。）編集局全体が活気づいた。ベンが帰ってきたぞ！

ベンが締め切り騒ぎ《フィーバー》に乱入したのは、それが最初で最後だった。

私はベンがそんなにも楽しそうなところを見たことがなかった。ベンは編集主幹の座を辞してから、ワシントン・ポスト社で二年間役員を務め、その職を愛した。アイルランドにある新聞社の相談役の一人として、ベンと私とクインはすばらしいがとくに必要性のない仕事で、世界中を次から次へとまわった。私たちは夏に二ヵ月間、休暇をとることができた。毎年新しい国で一ヵ月間は別荘《ヴィラ》を借り、いつもたくさんの友人や大量の酒とともに過ごしたものだ。二ヵ月目には、ベンが贅沢な暮らしと評した、東ハンプトンのグレイ・ガーデンズにある海辺の別荘で過ごした。毎年バレンタインがある週には、新婚旅行を過ごしたカリブ海にあるセント・マーティン島へ向かった。クインもいつも一緒だった。西ヴァージニアにある小屋を売却し、メリーランド州の南に位置するセント・メアリー川にある、ポルト・ベッロという名の豪華な廃墟を購入して修復した。ポルト・ベッロではベンとクインが午前中に斧とチェーンソーを携えて森の中に消え、すすにまみれて満面の笑みを浮かべながら午後の半ば過ぎに戻って来た。ベンはビールを取り出した。そして、暖炉の前で二人は午後遅くのアメリカン・フットボールをのんびり観戦したものだった。ベンはそれを「無心になる」と表現したが、私は森の中で作業して過ごすのは、ペンタゴン文書やウォーターゲート事件、また、クインの病気をやり過ごすある種の瞑想法だったと信じている。ベンは、合衆国のなかでも最も古い入植地の一つ、セント・メアリーズ・シティの新しい委員も務めた。これは、ベンが普段どおり、生き生きとして取り組んだ仕事だった。ベンたちは、アメリカで一番古いカトリック教会の廃墟の下に埋葬されたカルヴァート家の鉄製の棺を発見した。後にベンはその棺を一族の元へ送ってやった。ある晩の夕食の席で、私はベンがコリン・パウエル大将を脇に引っ張り出し、二人で話し込んでいるのを見た。何も知らなかったら、二人がイラクでの部隊撤退について話しているのだと思っただろう。後でわかったのは、ベンが棺の周りでの発掘作業用に、余った軍用テントがないかどうか大将に尋ねていたということだった。

私たちの結婚生活で、このときが一番幸せだった。私たちは互いにかつてないほど自由で、夫婦の間で本当の姿をさらけだすことができた。ベンはフルタイムで働いていたときよりもずっと多く、クインと一緒の時間を過ごせた。息子に愛情を注いで、必要な自信を与えた。自分の問題に対し、勇気や決意をもって楽観的に取り組むことを学ぶ手助けをした。そして、クインをほめ、尊重する姿勢を見せることを決して怠ることがなかった。

家族とより多くの時間を過ごすために仕事を辞める、という月並みな決まり文句があるが、ベンの場合は真実であり、彼の人生のなかで最も喜びに満ちた時間となっていった。その思いは家族にも通じるところがあり、クインは後に自分の父親について、こう書き記している。

「父さんが逝く前にかけてくれた最期の言葉だ。「君なら大丈夫だ、クイン。愛してる」」。ぼくは、息子が最愛の父親を失う際に聞く言葉として、これよりも完璧な別れの言葉は思い浮かばない。父さんは、教えてくれた。人生では、すべてのものが何らかのかたちでつながっているものだ。ご先祖さまのおかげで、ぼくらが皆、今ここにこうしていられるのだから、母なる自然を最大限に尊重しなさい。また、こうも言っていた。何か悪いことが起きたら、そこから学びなさい。それから、次に進んでゆきなさい。今までに出会った人のうちで、父さんは一番謙虚な人だ。あるとき、こうも言った。「上流階級の人たちとは親しくなりすぎないように」。父さんは嘘つきが大嫌いだったし、人生では真実を話すことが最も大切なのだ——つねに真実を話す者には隠すものなどない、ということを学んだ。だが、父さんが教えてくれたことでたぶん一番大事なことは、ぼくらは皆平等なのだから、何はさておき、すべての人を尊重して接する、ということだろう。最近、父さんの著書『すばらしき人生《ア・グッド・ライフ》』を開いてみた。初版が出たとき、ぼくにくれたものだ。父さんが書いてくれた献辞を読み、思わず笑みを浮かべずにはいられなかった。「君といて幸せだ。そして、誇りに思う。愛をこめて、父より。一九九五年、九月」。仕事を引退した後、ベンにインスピレーションを与え続けたもののうちの一つが、この本を書くことだった。ベンはひどく内省的（「一人の世界に入る」と呼んでいた）になることは決してなく、いまだ、ものすごく熱中して、調査と書き物に真に没頭していた。私はベンの「気持ち」を書かせようと苦心したが、失敗に終わった。反骨精神に溢れていたものの、ベンの心根はまだ昔のボストン・エリートのままだったのだ。ひと夏かけて、東ハンプトンにあるこぢんまりとした藁ぶき屋根の別荘の裏庭で旧式のタイプライターを使って、この本を書いた。完全に没頭していた。

キャサリン・グラハムも同時期に、自身の回想録を書いていた。『すばらしき人生《ア・グッド・ライフ》』出版後のある日、キャサリンは自分の本につける題名を披露した――『よりすばらしき《ア・ベター・》人生《ライフ》』と〔実際の書名は *Personal history* となる。邦訳『キャサリン・グラハム　わが人生』小野善邦訳、TBSブリタニカ、一九九七年〕。

本が出版されたとたん、ベンには講演、公開討論会、さまざまなイベントへの名誉出演、各賞の授与などの申し出が殺到した。だが、ベンは大半を断っていた。「だけど、すべては本あっての栄誉だから……」と言い、冗談の種によくしていた。個人的な表彰など、気にとめる様子は微塵もなかった。数々の申し出に、ベンは困惑していた。

それでも、ベンを感激させた栄誉の印が二つあった。一つ目はレジオン・ドヌール勲章で、パリのサルム館〔館内のレジオン・ドヌール勲章博物館に同勲章の勲位局がある〕にて、元フランス大使ジャン＝ダヴィッド・レヴィット氏より授与された。私たちは三日間の祝賀会のために、仲間をパリへ連れていった。ベンは本領を発揮し、流暢なフランス語を話した。

二つ目は大統領自由勲章で、ベンが亡くなる前年の一一月、オバマ大統領より授与された。ベンが今までそんなに興奮したところを見たことがなかった。私はそのことに驚いた。だが、第二次世界大戦における任務、あるいはジャーナリストとしての業績だけではなく、この国の価値観を守りきったことに対しても高く評価されているということに、ベンはそれとなく気づきはじめたようだった。

ベンは亡くなる八年前に、認知症だという診断を受けた。そのことをベンが話題にしたことはなかった。二人で話し合ったこともなかった。それは単にベンに配られたカードにすぎず、自身で選んだこの本の題名にも明らかなように、ベンは自分のところにかなりすばらしいカードが配られたと考えたのだ。

私はベンと一緒のときに、彼が落ち込んだ姿を一度も見たことがない。車のキーを取り上げねばならなくなったとき、ベンにはそれが気にくわなかった。私に頼らねばならないことが多くなってきたときにも、それを嫌がった。だが、しまいには、ベンも私も、ともに過ごす時間を大切にした。そして、病気によって、私たちの絆は今までよりも一層深まった。

ベンは幸せな男として生涯を過ごした。幸せな男として生涯を終えた。こんなにもすばらしい男性と四三年間一緒に過ごせたことに、私は感謝している。

二〇一六年の〔アメリカ大統領〕選挙以降、私にこう尋ねてくる人たちは絶えない。ベンはどう思ったでしょうか？

ベンは何をしたでしょうか？　私は、その人たちにまったく同じ答えを返す。ベンなら葛藤しつづけたでしょう。その一方で、この選挙は非常に良い記事になると考えたでしょう。彼ならかつての『ワシントン・ポスト』が上手くやり遂げたように、「最初にネタをあげるが、正しくとってくる」ために選り抜きの記者たちを雇い、昼夜問わず働いたでしょう、と。何よりも、ベンは嘘をつくのが嫌いだった。『ワシントン・ポスト』の新社屋の上階にあり、編集会議が毎日開かれるガラス張りのベン・ブラッドリー会議室の外にはベンの言葉が掲げられ、こう書かれている。「どんなにひどい真実であろうと、長い目で見れば嘘ほど危険ではないのだ」。

私は、ベンが今日わが国で起きていることについて、懸念を抱いていただろうと思う。また、一部の人たちの間では真実が完全に無視され、より深く知るべき人たちがそれを容認していることに衝撃を受けていただろう。彼は実に見事な愛国者であり、国に対する愛は何よりも真っ先に来るものだった。

ベン、あなたが恋しい。皆、かつてないほどにあなたを恋しく思っているのだと思う。

——二〇一七年八月

訳者あとがき

本書はBen Bradlee, *A Good Life: Newspapering and Other Adventures* (Simon & Schuster, 1995/2017) の全訳である。企画者の筆者にとって『ベン・ブラッドリー自伝』の翻訳につながる最初のきっかけは映画『大統領の陰謀』だった。ジャーナリズム研究者の荒瀬豊さんから『大統領の陰謀』は見ておいたほうがいいとすすめられ、恥ずかしながら博士号を取得した翌年の二〇一一年に初めて『大統領の陰謀』を鑑賞した。映画を見終り、翌日も最初から見直すという経験を初めてした。人名が多く複雑だったこともあるが、とにかく面白かったからだ。

そこでしびれたのは、二人の若手記者以上に、編集主幹のベン・ブラッドリーだった。それから時間が経過し、戦後日本のジャーナリズム史を研究するようになって、日本のジャーナリズムの歴史的な問題の一つに、言論圧力に対する編集幹部の抵抗の弱さがあるという認識を深めるようになった。それに伴い、若手記者を支え、編集幹部として簡単には動じなかったベン・ブラッドリーの重要性を一層認識するようになった。

二〇一五年、ワシントンDCの古本屋でベン・ブラッドリーとキャサリン・グラハムの自伝を買ったことが翻訳に向かう次なる契機となる。日本現代史のなかでジャーナリズム史を専門とし、アメリカのジャーナリズム史を専門とするわけでもなかったが、『ベン・ブラッドリー自伝』を翻訳したいと思うようになった。最初、翻訳について相談に応じていただいた國方栄二さんにも感謝を申し上げたい。そして、ワシントンDCでお会いしたことがある繁沢敦子さんと、大学院生時代からの友人である阿部康人さんに西宮北口の喫茶店で相談して、翻訳の際に協力してもらうことを快諾してもらったのが、二〇一七年一二月二九日の年末のことである。その後、二〇一九年度、カナダのバンクーバーで一年間学外研究をする機会を得て、翻訳に着手するようになった。しかし、ボリュームのあるこの自伝を一人だけで訳していくには限界があると実感し、新たに水野剛也先生と、筆者の姉である石田さやかさんにもお願いしてメンバーに加わってもらった。そこで仕切り直して、繁沢さんと阿部さんを含めて、五人で翻訳することになった。総計二〇回のオンライン会議で、それぞれの専門分野をお互い補うように毎回、各章の下訳を全員で検討した。これしかないというメンバーに恵まれ、分厚い本書を共訳することができた。

各自の分担は次の通りである。まえがき（阿部）、はじめに・1〜2章（石田・根津）、3〜8章（繁沢）、9〜12章（水野）、13〜14章（根津・石田）、15章（石田）、16〜17章（水野）、18〜19章（阿部）、あとがき・ブラッドリー家系図（石田）、人物相関図（石田・根津）。なお、時代の流れというべきか、DeepLなどの機械翻訳も下訳の準備の際に参照した。ただし、最終的な訳文の責任は各章の翻訳者にあることはいうまでもない。

本書を通読してもらえば、ベン・ブラッドリーと、彼が関わってきたアメリカの現代史とジャーナリズム史が見えてくる。ベン・ブラッドリーの功績は、『ワシントン・ポスト』でペンタゴン文書やウォーターゲート事件の報道を指揮するなかで、一地方紙たる同紙を、『ニューヨーク・タイムズ』と並ぶようなアメリカを代表する新聞に飛躍させていく中心的役割を担ったことである。ここから先は、本書の内容に大分踏み込むことになる。以下、ブラッドリーの大まかな生涯と彼の特徴、本書の重要な部分などを、述べていきたい。

ベン・ブラッドリー小史

ブラッドリーは一九二一年八月二六日に誕生する。代々ハーバード大学に進学するのが当然であるかのような恵まれたボストンのエリート家庭で生を受けた。ただ、世界大恐慌で父親が失職してからは、家族一同、苦労を味わっている。一九三六年、ブラッドリーが一四歳のときにポリオにかかるも、運良く克服する。一九三七年、父が見つけてくれた『ビヴァリー・イブニング・タイムズ』の使い走り《コピーボーイ》の仕事が新聞社との出会いになる。同年八月、一六歳になる直前、同紙に人生で初の署名記事を書いた。一九三九年にハーバード大学に入学するも、ドイツのポーランド侵攻は始まっており、戦争への関わりは現実味を帯びていく。その頃に接した映画『海外特派員』（アルフレッド・ヒッチコック監督、一九四〇年）に憧れ、同作品を四回も鑑賞したという。大学の成績は良くなかったものの、一九四二年八月八日何とか大学を卒業した。同日、海軍予備役少尉の任命辞令を受け、その日にジーン・ソルトンストールと結婚式を挙げる（一九四八年に息子のベン・ブラッドリー・ジュニアが誕生）。以降、アジア太平洋戦争に出撃し（後に中尉となる）、日本軍と対峙し、本書で明かされるように、海軍での戦場生活はブラッドリーに数多くのことを教え、彼の人生観を形作っていく。

戦後、一九四六年に『ニューハンプシャー・サンデー・ニュース』で記者生活を始める。上司にも恵まれ、順調な記者修業の時期を過ごしたことが、ジャーナリスト人生を決定づけたといえる。そこからキャリアアップするため、列車で目的地のボルチモアに近づいた矢先、激しい雨に見舞われたので下車せず、そのまま乗車して『ワシントン・ポスト』の面接に切り替えた。その偶然が、彼の人生を変えていく。一九四八年の年末から『ワシントン・ポスト』で働き始め、ワシントンで、生涯の友人かつ良き相談相手となる弁護士のエドワーズ・ウィリアムズにも出会っている。ブラッドリーは、友人たちが出世するさまに焦り出し、『ワシントン・ポスト』を辞め、一九五一年、パリのアメリカ大使館の報道官となり、フランスでの新しい生活を始める。小さい頃からフランス語を学習したブラッドリーが、この時期、フランス語能力に磨きをかけたことは想像に難くない。

一九五三年、『ニューズウィーク』のヨーロッパ特派員になり、ジャーナリズムの世界に復帰する。若かりし頃に憧れた映画『海外特派員』さながら、自らも海外特派員の道を実現したのは興味深い（余談だが、一九四九年にホテルから若い兵士が飛び降りようとした際に、すぐブラッドリーが現場に行き、ホテルの窓外に躊躇なく飛び出たのは、映画『海外特派員』のシーンを身体化したのではないのかと思えるような身振りである）。一九五四年、フランスで、二番目の妻になるアントワネット（トニー）・ピンショー・ピットマンに会い、恋に落ちる。その後、ブラッドリーはジーンと離婚し、一九五六年にトニーと再婚する（一九五八年に息子のドミニク（ディノ）・ブラッドリー、一九六〇年に娘のマリーナ・ブラッドリーが誕生）。

ワシントンを生活の拠点としていたトニーとの結婚がターニングポイントとなり、一九五七年、『ニューズウィーク』のワシントン支局に異動する。ジョージタウンに自宅を購入した数ヵ月後、以前から軽い面識はあったようだが、近隣に上院議員のジョン・F・ケネディも家を購入して、付き合いが深くなる（9章一七九〜一八〇頁）。共和党を支持してきたブラッドリーの両親は、ケネディの登場で、一九六〇年に一度だけ民主党に投票している。一九六一年、ブラッドリーはフィル・グラハムに『ニューズウィーク』買収をすすめ、『ニューズウィーク』はワシントン・ポスト社の所有になる。ワシントン・ポスト社の社主であるフィル・グラハムは躁鬱病に悩まされ、一九六三年に自殺した結果、妻のキャサリン・グラハムが経営を引き継ぐことになる。同じく一九六三年、ケネディ大統領が暗殺され、ブラッドリーとトニーは、家族ぐるみでつきあってきたジャクリーン・ケネディとも疎遠になってしまう。さらに一九六四年にはトニーの姉であるメアリー・ピンショー・マイヤー（ケネディと不倫関係にもあった）が殺害されるという悲劇が続いた。

ここでブラッドリーの人生を変えたのが、キャサリン・グラハムである。一九六四年一二月と思われるが、キャサリン・グラハムがブラッドリーをランチに誘い、『ワシントン・ポスト』に戻る気はないかと問い、一九六五年八月、一四年ぶりに『ワシントン・ポスト』に復帰した。それはブラッドリーと、キャサリン・グラハムとの並走が始まったことを意味する。ブラッドリーは最初、『ワシントン・ポスト』の編集局長代理として着任し、一九六五年内に編集局長に就任した。一九六八年には編集主幹に就任する。一九六九年にリチャード・ニクソンが大統領となる。一九七一年にはブラッドリーは商談のため、日本で朝日新聞社と読売新聞社を訪れてもいる。交渉が不首尾に終わった後、ベトナム戦争の現場を初めて見るため、サイゴンやメコンデルタに立ち寄っている。その頃、仕事に没頭するブラッドリーと妻のトニーとの関係はすでにすれ違っていた。同年、ペンタゴン文書の報道に取り組み、一九七二年からのウォーターゲート事件の報道を指揮することで、『ワシントン・ポスト』が『ニューヨーク・タイムズ』と並ぶ存在になっていくのは前記した通りである。ウォーターゲート事件報道の渦中、一九七四年にはボブ・ウッドワードとカール・バーンスタインが *All the President's Men*（『大統領の陰謀』）を刊行。同年、ニクソンは大統領を辞任した。

ウォーターゲート事件後、一九七五年にブラッドリーは、大統領時代のケネディとの思い出を綴った *Conversations with Kennedy*（『ケネディとの対話』）を出版した。この時期、ワシントン・ポスト社は労働組合のストライキにも苦しむことになる。一九七六年には映画の *All the President's Men*（『大統領の陰謀』）が上映され、一層、多くの若者が『ワシントン・ポスト』に憧れを抱くようになる。同じく一九七六年、ウッドワードとバーンスタインの続編 *The Final Days*（『最後の日々』）が出版された後、ブラッドリーは必要を感じ、ウォーターゲート事件の情報源であったディープ・スロートが誰なのかを把握したが、キャサリン・グラハムをはじめ誰にもその名前を洩らさなかったという。

ブラッドリーは、『ワシントン・ポスト』で働いていたサリー・クインと一九七八年に、三度目の結婚をする。一九八〇年、ジャネット・クックが『ワシントン・ポスト』で「ジミーの世界」を記事にし、一九八一年に同作がピュリッツアー賞を受賞した。しかし同作は実在しない虚構の記事であることが判明し、ワシントン・ポスト社は同賞を返上する。ブラッドリーのキャリアにとっても最大の危機であった。一九八二年に息子のクイン・ブラッドリーが誕生してからは、ウォーターゲート事件を上回る報道にはもう出会わないだろうと感じ始める（その兆候は『ケネディとの対話』執筆の頃にも見出される）。一九九一年、一九六八年から長らく務めた『ワシントン・ポスト』編集主幹を退いた。その後、ワシントン・ポスト社の名誉副社長となった。一九九五年に本書 *A Good Life: Newspapering and Other Adventures* を出版。一九九七年にはキャサリン・グラハムが *Personal History*（『キャサリン・グラハム　わが人生』）を刊行。二〇〇一年、キャサリン・グラハムは八四歳で生涯を閉じた。二〇〇五年、ディープ・スロートは当時FBI副長官のマーク・フェルトであったことが本人の告白により公表された。二〇一三年、『ワシントン・ポスト』はアマゾン創業者のジェフ・ベゾスによって買収される。同じく二〇一三年、ブラッドリーはバラク・オバマ大統領から大統領自由勲章を授与された。二〇一四年一〇月二一日、ベン・ブラッドリーは九三歳という長寿で永眠した。

ブラッドリーの特徴とキャサリン・グラハムの存在

ブラッドリーの特徴をとらえる際に本書で注目されるのは、若かりし頃から、後の『ワシントン・ポスト』の編集主幹に通じる資質が見出されることだ。一九四二年から従軍した駆逐艦フィリップ号で過ごした期間は人生にとって最も重要な二年間だったとブラッドリー自身が述べている（3章五〇頁）。海軍の戦艦で最重要な仕事の一つであるダメージ・コントロールから学んだ教訓も大きいが（17章四〇九頁）、ブラッドリーは海軍士官として戦闘情報センターの任務を通じて、決断を下すこと、人を見定めて適材適所に人材を配置すること、責任感をともなう仕事で周囲に頼られその期待に応えることが好きであると自覚しているからである（3章六一、六二頁）。もちろん、これは自伝というあとづけの要素があるにせよ、あながち誇張ともいえないのは、駆逐艦の上司である艦長の評価報告書である。そこではブラッドリーの編集主幹に通じるパーソナリティが活写されており（3章七四〜七五頁）、ハーバード大学のグラント研究でも「人の扱い方を心得た自信に満ちた態度」であったことが記録されている（1章五頁）。

ブラッドリー自身、基本、人の心を開くことが得意であり（7章一三四頁）、あらゆる人々と打ち解けられると自負していたが、リチャード・ニクソンは例外であったとしている（9章一八六頁）。ブラッドリーは楽観的であり（18章四四〇頁、19章四五六〜四五七頁）、内省するような哲学的なタイプではなかった。ブラッドリーは政治に強い関心を抱くタイプではなく、関心は常に事実や人々をめぐるニュースの追求であった（12章二五八頁、4章七九頁）。ここで興味深いのは、一九七七年に立花隆がブラッドリーにインタビューした内容である。当時、ブラッドリーは『ワシントン・ポスト』で一二年ほど、編集局長・編集主幹を務めており、その間、「論説委員たちの会合に出たことは一度もないんです」といい、立花から「今度はエディトーリアル・ページで論陣をはってみたい」と思うかと問われて、次のように応答している。

> ぜんぜんありません。私は生来、意見よりファクトのほうに興味があるたちでしてね、ニュースを追うのが生きがいです。「どうあるべきか」を語るより、「どうあるか」「どうなるか」を伝えるほうが面白い。
>
> （立花隆『アメリカジャーナリズム報告』文春文庫、一九八四年、一八九〜一九〇頁）

ブラッドリーの編集主幹の前任者はラス・ウィギンズである。ラス・ウィギンズは主筆といえるような編集主幹と論説委員長の両方を兼ね備えた『ワシントン・ポスト』の編集最高責任者であった。実際、ブラッドリーは論説面の責任を引受けておらず、編集主幹を継承し、論説委員長の役目はフィル・ゲイリンが担うことになった（12章二五八頁）。ブラッドリーは、新聞業務とは大きさがよくわからない果物から日々少しずつかじりとったものを取り扱うようなものだと述べている（14章三五一頁）。そこからファクトの全体像を浮かび上がらせることに傾注したのである。

ただし政治やオピニオンに強い関心を払わなかったからといって、権力の圧力に屈するような性格でないことはペンタゴン文書やウォーターゲート事件に臨んだ姿勢から明らかである。国家安全保障をめぐる報道に関して、政府が国家安全保障を盾に主張しても本当に国の安全が危ぶまれるかというと、ペンタゴン文書の一例のようにまずありえない、と述べていることからも（16章三九二頁）、ブラッドリーの考え方が窺える。同じくペンタゴン文書の報道の際、「私は『ワシントン・ポスト』を一流紙に引き上げる――一度きりの――チャンスがあるなら、記事を世に出すことが非常に重要だということを正確に理解していた」という回想は、編集主幹としてのブラッドリーの決断力と判断力に関わるものである（13章二八四、二九一頁）。

その上で、ブラッドリーが自由奔放かのようにヤンチャすることができ、コンプレックスも少なく、権力層の人々と渡り合ってきたのは、裕福で恵まれた家庭で育ってきたこと、パワーエリートになる友人たちとの付き合いが豊富にあったことからの精神的な余裕があったことと無縁ではあるまい。無論、ブラッドリーのような恵まれた出自でなければ優れた編集幹部が務まらないとしたら、われわれには参考にならないので、そこは検討すべき論点になる。とはいえ、編集幹部に求められる資質としてはなお重要な基準を示しているといえる。

しかし、そのようなブラッドリーでもウォーターゲート事件の報道に携わっていた一九七三年の夏には、キャサリン・グラハムが証言するように、神経的な病状を抱えていたようだ。

一九七三年の夏の間、ベン・ブラッドレー《ママ》に課せられた重荷、つまり彼の部下への責任、判断の妥当性と正確性についての責任がいよいよ大きくなったことで、彼のまぶたは垂れ下がりはじめた。医者は、脳腫瘍か動脈瘤の可能性のある危険な症状かもしれない、と注意した。診断の結果を待つ一〇日間は責め苦にも似ていたが、それは一種の神経的な病状であることが分かった。人間は極限の圧迫の中で冷静に見えたり、冷静に行動すればするほど、肉体的には高い代償を払うことになるようだ。

（キャサリン・グラハム『キャサリン・グラハム　わが人生』小野善郎訳、TBSブリタニカ、一九九七年、五五五〜五五六頁）

ウォーターゲート事件の報道を後から論じるのは簡単だが、その前に少なくともこうしたリアルタイムの極度のプレッシャーを内在的に理解する必要があるのだ。本書のあとがきでサリー・クインも、ウォーターゲート事件の頃、ブラッドリーがストレス過多であったことに触れている。

それからウォーターゲート事件をめぐるブラッドリーについて指摘しておかなければならないのは、映画『大統領の陰謀』が実際以上にブラッドリーの果たした役割を強調することで、ブラッドリーの偶像化と、同僚間の亀裂が避けられなくなったことである。それまでブラッドリーと息の合っていたハワード・サイモンズとの間に亀裂が走り、映画はバリー・サスマン（ウォーターゲート事件の際は、市報部長の職務から解放され、ウォーターゲート事件の専従デスク）やキャサリン・グラハムらの役割も捨象するものになった。グラハムは、自身とブラッドリーとの絆はウォーターゲート事件で一層強まったとし、映画がブラッドリーを最優遇したことについて下記のように記している。

> それはもちろんベン・ブラッドレー《ママ》の責任ではない。ハワード・サイモンズは実に苦々しい思いをさせられた。サイモンズの映画の中での扱いはお粗末だった。映画を明瞭、平易にするためには、そうせざるを得なかったのだろう。ウォーターゲート事件を通してサイモンズが実際に行ったことは、映画の中ではベン・ブラッドレーとハリー・ローゼンフェルドに奪われた形になった。バリー・サスマンは完全に蚊帳の外に置かれた。私も外されて気分を害したが、サスマンは私以上に傷ついたに違いない。監督のアラン・パクラは後に、私の場合は本の中でも脇役として扱われていた、と弁解した。
> （『キャサリン・グラハム　わが人生』五五二頁）

ブラッドリーも、映画に絡めてハワード・サイモンズに触れているが（15章三七二頁）、本書では映画に関するバリー・サスマンの言及は認められない。

またブラッドリーで着目されるべきは、編集幹部として自らの力量が優れていただけでなく、積極的に優秀な記者をスカウトしたことである。ここはアメリカの人材の流動性にも規定されているにせよ、日本の編集幹部と異なる点だ。ただしブラッドリーは、三回結婚し、そのつどパートナーと子どもたちに苦悩をもたらし、婚外交渉もあり、聖人君子ではありえない。そしてブラッドリー自身、控えめにいっても人種差別にも性差別にも敏感ではなく、

『ワシントン・ポスト』の編集局自体が人種差別的であったと振り返っている（12章二五一頁）。性差別に関しては、実際、一九七〇年に『ニューズウィーク』で働く四六人の女性が社内の性差別を主張して訴状を提出し、一九七二年に『ワシントン・ポスト』の五九人の女性社員たちが、経営側の責任を問い、裁判に訴えることになった（『キャサリン・グラハム　わが人生』四六三〜四六四頁）。

ともあれ、こうしたブラッドリーを抜擢し、良き理解者となるのが、夫の自死で突如ワシントン・ポスト社の舵取りを任されることになったキャサリン・グラハムである。彼女はブラッドリーをはじめとする編集現場を信頼し、それを庇護する姿勢を維持していた。キャサリン・グラハムの自伝では「私の主な役目は、信頼している編集者や記者たちの後ろ盾になってやることだった」と書いている（『キャサリン・グラハム　わが人生』五五四頁）。他の個所でも、海外の独裁者とのトラブルにおいて「常に重要なことは、組織とその幹部たちが記者の後ろ盾になっていることを政治指導者に認識させることである」とし、「私は編集者や記者を擁護し、彼らを、特に政府筋からのいわれのない攻撃から守り、同時に会社自体を不当な圧力から守ることにも力を注いできた」と述べている（同書三七六、四六九頁）。自伝の回想にしても、記者に対する社外からの圧力をトップが守る、と平然と明記できることは、当たり前のようで当たり前ではない（後で挙げる一九七三年の大森実『ウォーターゲート事件』三八頁でも大森のインタビューにグラハムは同様の応答をしている）。キャサリン・グラハムの存在こそ、ブラッドリーが編集主幹として『ワシントン・ポスト』で力を発揮できた背景であったことを押さえておきたい。

編集幹部のありようについては、筆者が「編集現場の上司論という視点」の問題提起をしたことがあるので、興味がある読者はそちらも参照してほしい（根津朝彦『戦後日本ジャーナリズムの思想』東京大学出版会、二〇一九年、二三六〜二四七頁）。活躍する記者の裏には、それを支える優れた上司がいるものだ。『大統領の陰謀』を書いたウッドワードやバーンスタインのように、活躍する記者のほうが後世に受け継がれる作品を発表する機会が多く、それをバックアップした上司は注目されにくい。そこにもっと光を当てるべきであるというのは、ベン・ブラッドリーの存在を考えても了解されるところであろう。ベン・ブラッドリーの生涯を踏まえて、いつか『ワシントン・ポスト』ないしアメリカのジャーナリズム史研究を塗り替えんとする人が出てくれば、企画者として本望である。

参考になる文献

それからすべてを網羅できないが、読者がさらに知りたいと思った際に、手に取りやすい日本語の書籍を中心にして、参考になる作品を紹介しておきたい。

まずボブ・ウッドワードとカール・バーンスタイン『大統領の陰謀』(常盤新平訳、文春文庫、二〇〇五年、初出一九七四年、原書初出一九七四年、ハヤカワ文庫二〇一八年)と、前述のキャサリン・グラハム『キャサリン・グラハム　わが人生』(小野善邦訳、TBSブリタニカ、一九九七年、原書一九九七年)が双璧である。本書との全体的な関連度でいえば、上述のごとく『キャサリン・グラハム　わが人生』が最も重要といえ、併読されてしかるべきものだ。『キャサリン・グラハム　わが人生』には彼女を経営面から支えた投資家のウォーレン・バフェットとの関係も記されている。『大統領の陰謀』の訳者あとがきでは翻訳に際して参照した文献が挙げられていて参考になる。

次いで、ボブ・ウッドワード『ディープ・スロート——大統領を葬った男』(伏見威蕃訳、文藝春秋、二〇〇五年、原書二〇〇五年)が挙げられる。同書八九～九一頁によると、ホワイトハウスは『ワシントン・ポスト』の情報源の一つがマーク・フェルトだと把握していた。そしてワシントン・ポスト社の「法律関係者」もホワイトハウス側に情報を漏らしていたようだが、ウッドワードはその人物を特定できなかったという。『大統領の陰謀』の続編にはボブ・ウッドワードとカール・バーンスタイン『最後の日々　続・大統領の陰謀』上下(常盤新平訳、文春文庫、一九八〇年、初版一九七七～七八年、原書一九七六年)がある。こちらもすでに触れたが、立花隆『アメリカジャーナリズム報告』(文春文庫、一九八四年、初版一九七八年)には、ベン・ブラッドリーにインタビューした内容が収められており貴重であるし(同書一九六頁で一九三七年と翌年の夏にした新聞社のアルバイトが新聞に「非常な魅力を感じるようになった」理由と述べている)、ボブ・ウッドワード、デイヴィッド・ハルバースタム、『ワシントン・ポスト』のオンブズマンを務めるチャールズ・シーブのインタビューも収録されている。ベン・ブラッドリー自身の著書『ケネディとの対話——その信念と栄光の軌跡』(大前正臣訳、徳間書店、一九七五年、原書一九七五年)も日本語で読むことができる(同書の著者名はベンジャミン・C・ブラドリーと表記されている)。

英語の文献では、ベン・ブラッドリーの評伝である Jeff Himmelman の *Yours in Truth: A Personal Portrait of Ben Bradlee, Legendary Editor of The Washington Post* (Random House, 2012) がある。先に、キャサリン・グラ

ハムとベン・ブラッドリーの運命的なランチは一九六四年一二月と記したが、これはヒンメルマンも指摘するように『キャサリン・グラハム　わが人生』四〇七頁の記述に基づくものである（ブラッドリーは12章二四五頁で一九六五年三月としている）。ベン・ブラッドリーには、息子クイン・ブラッドリーとの共著 *A Life's Work: Fathers and Sons* (Simon & Schuster, 2010) もある。

『ワシントン・ポスト』に関しては、ロバート・A・ウェブ編『ワシントン・ポスト記者ハンドブック』（村田聖明訳、ジャパンタイムズ、一九八七年、原書一九七八年）があり、ベン・ブラッドリーは同ハンドブックの冒頭で「基準と倫理」を記している。他にも、石川幸憲『ワシントン・ポストはなぜ危機を乗り越えたのか――バフェット流経営術の真髄』（毎日新聞社、二〇一一年）があり、ワシントン・ポスト社の社史 Chalmers M. Roberts（本書でも出てくるチャルマーズ・ロバーツ）の *The Washington Post: The First 100 Years* (Houghton Mifflin Company, 1977) が存在する。

デイヴィッド・ハルバースタム『メディアの権力』全四巻（筑紫哲也・東郷茂彦・斎田一路訳、朝日文庫、一九九九年、初版一九八三年、原書一九七九年）には、ブラッドリーを含めたジャーナリストたちのギラギラした人間味・野心や感情の起伏、アメリカのジャーナリズムをめぐる人間ドラマが紹介されている。キャサリン・グラハムとベン・ブラッドリーの相性が合う部分もあったろうが、ブラッドリー自身が上手にグラハムに向き合っていたことも描写している。あわせてアメリカのジャーナリズム史をつかむためにマイケル・エメリー、エドウィン・エメリー、ナンシー・L・ロバーツ『アメリカ報道史――ジャーナリストの視点から観た米国史』（大井眞二・武市英雄・長谷川倫子・別府三奈子・水野剛也訳、松柏社、二〇一六年、原書二〇〇〇年）も欠かせない。その他にも、田中豊『政府対新聞――国防総省秘密文書事件』（中公新書、一九七四年）、藤田博司『アメリカのジャーナリズム』（岩波新書、一九九一年）、下山進『アメリカ・ジャーナリズム』（丸善ライブラリー、一九九五年）が挙げられる。またカール・バーンスタイン『マッカーシー時代を生きた人たち――忠誠審査・父と母・ユダヤ人』（奥平康弘訳、日本評論社、一九九二年、原書一九八九年）という彼の両親に関する評伝の著作がある。

ウォーターゲート事件に関しては、リチャード・ニクソンの回顧録やニクソン陣営関係者の回想（ハリー・ホールドマン、ジョン・アーリックマン、ジョン・ディーン、チャールズ・コルソン、ハワード・ハントなど）を含めて膨大にあるため、上述したもの以外はほぼ割愛するが、大統領執務室の録音装置についてはリチャード・ニクソン『ニクソン回顧録　第一部　栄光の日々』（松尾文夫・斎田一路訳、小学館、一九七八年、原書一九七八年）二五一～二五三頁やH・R・ハルデマン、ジョセフ・ディモーナ『権力の終焉』（大江舜訳、サンリオ、一九七八年、原書一九七八年）二七七～二九九頁を参照のこと。ハルデマン（ホールドマン）の『権力の終焉』二七八～二八三頁によると、録音装置を設置したのはヘンリー・キッシンジャーなど訪問者の言質を取るためという要因もあったようだ。

さらに朝日新聞外報部『ウォーターゲート――スパイと大統領の物語』（朝日新聞社、一九七三年）、同『ニクソンの犯罪――テープと大統領の物語』（朝日新聞社、一九七四年）、ワシントン・ポスト編『ウォーターゲートの遺産』（斎田一路訳、みすず書房、一九七五年、原書一九七四年）、伊藤高史「ウォーターゲート事件――ジャーナリズムの神話」（同『ジャーナリズムの政治社会学』世界思想社、二〇一〇年）、坂出健「アメリカ大統領と権力犯罪――ウォーターゲート事件を中心に」（『経済論叢』196巻2号、二〇二二年）、佐藤信吾「ジャーナリズム実践の集合的記憶」（津田正太郎・烏谷昌幸・山口仁・山腰修三編著『ソーシャルメディア時代の「大衆社会」論』ミネルヴァ書房、二〇二四年）も導きになるだろう。ウォーターゲート事件に絡めるなら、いずれもワシントン特派員を経験した大森実『ウォーターゲート事件』（潮出版社、一九七三年）、渡邉恒雄『ウォーターゲート事件の背景　新版　ホワイトハウスの内幕』（読売新聞社、一九七三年）、筑紫哲也『放逐　ウォーターゲート事件』（朝日文庫、一九八八年、初版一九七九年）といった著作があり、ワシントン特派員の同時代史も魅力的なテーマになる（共同通信社のワシントン特派員等を務め、後に同社の社長になる斎田一路もここで紹介したように関連本の翻訳を手がけている）。特に大森実は一九二二年一月生まれなので、一九二一年八月生まれのベン・ブラッドリーとほぼ同世代のジャーナリストなのである。

訳語について

ここで挙げた『大統領の陰謀』や『キャサリン・グラハム　わが人生』など、本書でも訳語を含めて参考にさせてもらった。『ワシントン・ポスト』の編集局で本書に主に登場する報道部門の名称は、全国ニュース部、首都部、地域報道に主軸を置く都市報道部である。その際、『大統領の陰謀』で用いられた市報部という訳語を尊重したが、市報部だけではわかりづらいので、初出のみ都市報道部として、以降は略して市報部と表記した。日米の新聞社事情が異なるため、editorを含めて最適訳が見出しにくいこともあるが、『大統領の陰謀』では全国ニュース部を（政治部を含んだ）内報部としている。外報部に対応して内報部としたのだろうが、わかりづらいため、（ローカルニュースではない）主要な全国ニュースを扱う全国ニュース部とした。全国ニュース部は全国報道部としてもいいのだが、都市報道部（市報部）と見分けがつきやすいように、全国ニュース部とした。『大統領の陰謀』の訳者あとがきなどにもあるように、『ワシントン・ポスト』の記者の多くは、花形である影響力の強い全国ニュース部を目指すことになる（たとえば5章一一〇頁、17章四〇七頁）。ウォーターゲート事件当時、市報部で記者生活をスタートしたのがボブ・ウッドワードである（ブラッドリーも初めて『ワシントン・ポスト』で働き始めたときは市報部からスタートした）。ウッドワードの相棒になるカール・バーンスタインは首都部にいた。『ワシントン・ポスト』を中心にブラッドリーは、newsroom と city room を区別して記載しているため、原則、前者は編集局、後者は市報部と訳している。なお原文にある『ポスト』など新聞名の略称も基本、訳出の際は『ワシントン・ポスト』のようにフルネームの新聞名の表記に統一したことを断っておく。

関連する映画

映画についても本書で展開される世界に関心を誘う上で良き入門になるだろう。筆者が大学で担当するゼミでは、記者・報道職志望者が多くいるが、毎年GWには一泊二日の映画合宿と称して、六本の映画を見てもらう。そのなかで不動の二本が『大統領の陰謀』（一九七六年）と『ペンタゴン・ペーパーズ　最高機密文書』（二〇一七年）である。ディープ・スロートであった、当時FBI副長官のマーク・フェルトを主役とする『ザ・シークレットマン』（二〇一七年）もおすすめであり、これらの映画はウォーターゲート事件に結びつく三部作といえる。映画とジャーナリズムについては別府三奈子・飯田裕美子・水野剛也編著『映画で学ぶジャーナリズム——社会を支える報道のしくみ』（勁草書房、二〇二三年）という良きガイドブックも出版されている。

ベン・ブラッドリーに関するドキュメンタリー映画には、*The Newspaperman: The Life and Times of Ben Bradlee*（二〇一七年）がある。『スポットライト　世紀のスクープ』（二〇一五年）にはブラッドリーの息子のベン・ブラッドリー・ジュニア役が『ボストン・グローブ』の一員として登場する。本書18章で言及される大統領選に立候補したゲイリー・ハートをめぐる『フロントランナー』(二〇一八年)にもベン・ブラッドリー役が少し出てくる。テレビ司会者デビッド・フロストによるリチャード・ニクソンへの単独インタビューという一九七七年に放送されたテレビ番組を映画化した『フロスト×ニクソン』(二〇〇八年)もある。

『大統領の陰謀』は書籍であれ、映画であれ、日本でも記者への憧れを高め、記者志望者を増したことであろう。たとえば『朝日新聞』の編集局長を務めた外岡秀俊(一九五三〜二〇二一年)も「記者志望の原点はウォーターゲート事件を描いた米映画「大統領の陰謀」だった」ようで(『朝日新聞』二〇二二年七月二日付夕刊)、そういう世代への影響力を研究するのも興味深いテーマだ。いずれにせよ、『大統領の陰謀』や『キャサリン・グラハム　わが人生』だけではわからなかったベン・ブラッドリーについて、多くを明らかにしてくれるのが本書なのである。先ほどの映画のごとく、『大統領の陰謀』、『キャサリン・グラハム　わが人生』、『ベン・ブラッドリー自伝』は相互に関連性の深い三部作といってもいい。

最後に謝辞を書かせてもらうが、バンクーバーではブリティッシュ・コロンビア大学アジア研究学科に客員准教授として受け入れてもらった際、クリスティーナ・イ先生には大変お世話になった。クリスティーナ先生を紹介してくれた阿部康人さんとともにお礼を申し上げたい。また共訳をお願いする前に知ったことだが、水野剛也先生は筆者と同じ高校出身の先輩ということもあり、個人的に一層親しみを覚え、アメリカのジャーナリズム史を専門とされていることを含めて心強く感じた。繁沢敦子さんと石田さやかさんは、数多いオンライン会議で終始、積極的にリードしてくれた。繁沢さんの的確な解釈と、労作たる家系図や人物相関図をはじめとする石田さんの丹念な準備にも助けられた。そして何といっても、この本の完成は、編集者の郷間雅俊さんなくしてありえないものである。私の恩師である田中優子先生に本書の企画をご相談した際に、郷間さんを紹介してもらった。郷間さんと二〇一七年一二月中旬にメールでやりとりし、出版企画にすぐ色よいお返事をくださり、二〇一八年一月に企画を通していただいた。その後、敗戦の日だったのでよく覚えているが、二〇一八年八月一五日に初めて直接お目にかかり、話していくと、郷間さんが人一倍、ジャーナリズムに関心をおもちであることがわかり、うれしかったことを昨日のように思い出せる。刊行までに時間がかかり、長らくご迷惑をおかけしました。編集部長という多忙な役職にもかかわらず、下訳のオンライン会議のときから毎回参加し続けてくださり、充実した索引作成とともに細やかなサポートのもと並走いただきましたこと、ありがとうございました。膨大な本書の共訳が実現したのも、長きにわたり多くの時間を注力くださった阿部さん、石田さん、繁沢さん、水野先生、郷間さんのおかげである。優れた共訳者の方々と一緒に仕事に取り組めたことを誇りに思う。心より深謝を申し上げます。

第二次世界大戦を太平洋上で過ごしたブラッドリーは戦中派であったが、本書を偶然にも戦後八〇年に刊行できることをうれしく思う。いつの時代も、権力を監視し、自由と人権を守り、多様性ある社会を創造するジャーナリズムの役割は欠かせない。ウォーターゲート事件から五〇年以上が経ち、去年ちょうどベン・ブラッドリーの没後一〇年を迎えたばかりである（二〇二七年には『ワシントン・ポスト』は創刊一五〇周年となる）。戦後八〇年というタイミングで、ベン・ブラッドリーの多彩な生涯（冒険）と、『ワシントン・ポスト』で展開されたジャーナリズムの軌跡から、読者のみなさんが新しい思考材料とジャーナリズムに関するヒントを得てもらえれば、訳者一同、望外の喜びである。

二〇二五年一月一六日

訳者を代表して

根津 朝彦

ベン・ブラッドリー自伝
『ワシントン・ポスト』を率いた編集主幹

2025年2月20日　初版第1刷発行

著　者　ベン・ブラッドリー
訳　者　根津朝彦・阿部康人・石田さやか・
　　　　繁沢敦子・水野剛也
発行所　一般財団法人　法政大学出版局
〒102-0071 東京都千代田区富士見2-17-1
電話 03(5214)5540　振替 00160-6-95814
組版：HUP　印刷：平文社　製本：積信堂

Printed in Japan

ISBN978-4-588-61601-3

◉ 著者

ベン・ブラッドリー（Ben Bradlee; Benjamin Crowninshield Bradlee）

1921年8月26日生まれ。ハーバード大学卒業後、第二次世界大戦では海軍少尉（後に中尉）として参戦。戦後は『ニューハンプシャー・サンデー・ニュース』、『ワシントン・ポスト』、パリのアメリカ大使館報道官、『ニューズウィーク』のヨーロッパ特派員・ワシントン支局長を経て、1965年に『ワシントン・ポスト』に編集局長代理として復帰。同年に編集局長、1968年から1991年まで編集主幹を務め、1971年のペンタゴン文書、1972年からのウォーターゲート事件の報道を指揮する。自宅の近隣に住んでいたジョン・F. ケネディとは家族ぐるみで親しく、ケネディ大統領との思い出を1975年『ケネディとの対話』にまとめた。編集主幹を退任後、ワシントン・ポスト社の名誉副社長となり、1995年に本書（原題『すばらしき人生 *A Good Life*』）を出版。2014年10月21日没。

◉ 訳者

根津朝彦（ねづ ともひこ）

立命館大学産業社会学部メディア社会専攻教授。戦後日本ジャーナリズム史。著書：『戦後『中央公論』と「風流夢譚」事件――「論壇」・編集者の思想史』（日本経済評論社）、『戦後日本ジャーナリズムの思想』（東京大学出版会）ほか。

阿部康人（あべ やすひと）

同志社大学社会学部メディア学科准教授。メディア・コミュニケーション、市民科学、ポピュラー・カルチャー研究。南カリフォルニア大学コミュニケーション学研究科博士課程修了。共訳書：ジェンキンズ『コンヴァージェンス・カルチャー』（晶文社）ほか。

石田さやか（いしだ さやか）

国際基督教大学教養学部卒業。ドイツ文学専修。

繁沢敦子（しげさわ あつこ）

神戸市外国語大学外国語学部英米学科教授。米現代史・ジャーナリズム史。広島で原爆報道に携わった経験を原点に、主に核をめぐる言説形成を研究。著書：『原爆と検閲』（中公新書）、共訳書：ロッター『原爆の世界史』（ミネルヴァ書房）ほか。

水野剛也（みずの たけや）

明治大学政治経済学部教授。日系人史、米ジャーナリズム史。ミズーリ州立大学スクール・オブ・ジャーナリズム博士課程修了。著書：『「敵国語」ジャーナリズム』（春風社）、『有刺鉄線内の市民的自由』（法政大学出版局）ほか。

ブラッドリー 家系図

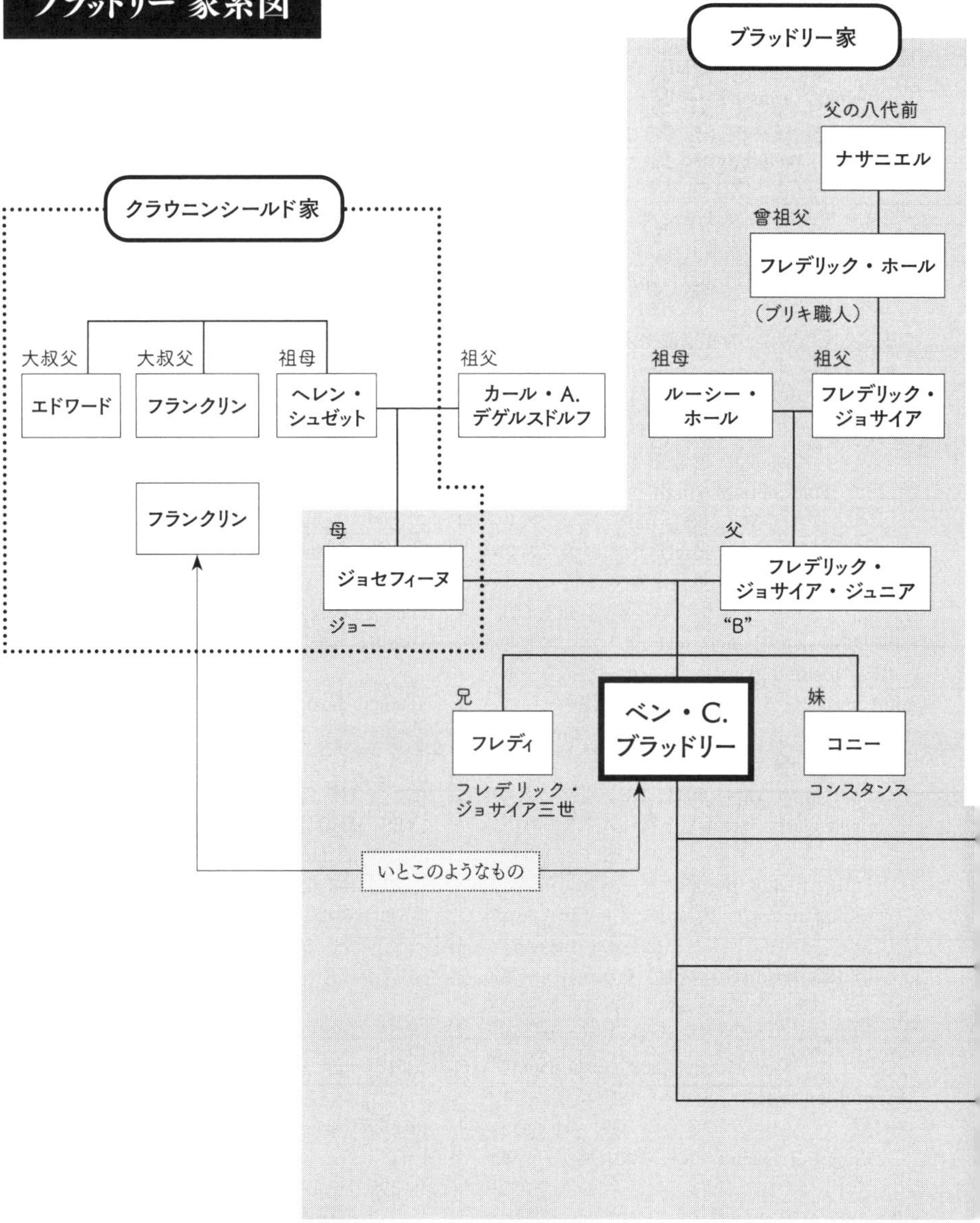

＊原文で本名が出ていない人物に関しては、本文中の名称あるいは続柄のみを記載。
＊兄弟姉妹の区分については原文の人物から見た関係とし、下記インターネット上の家系図を参考にした。
https://www.geni.com/people/Ben-Bradlee/6000000014814855082

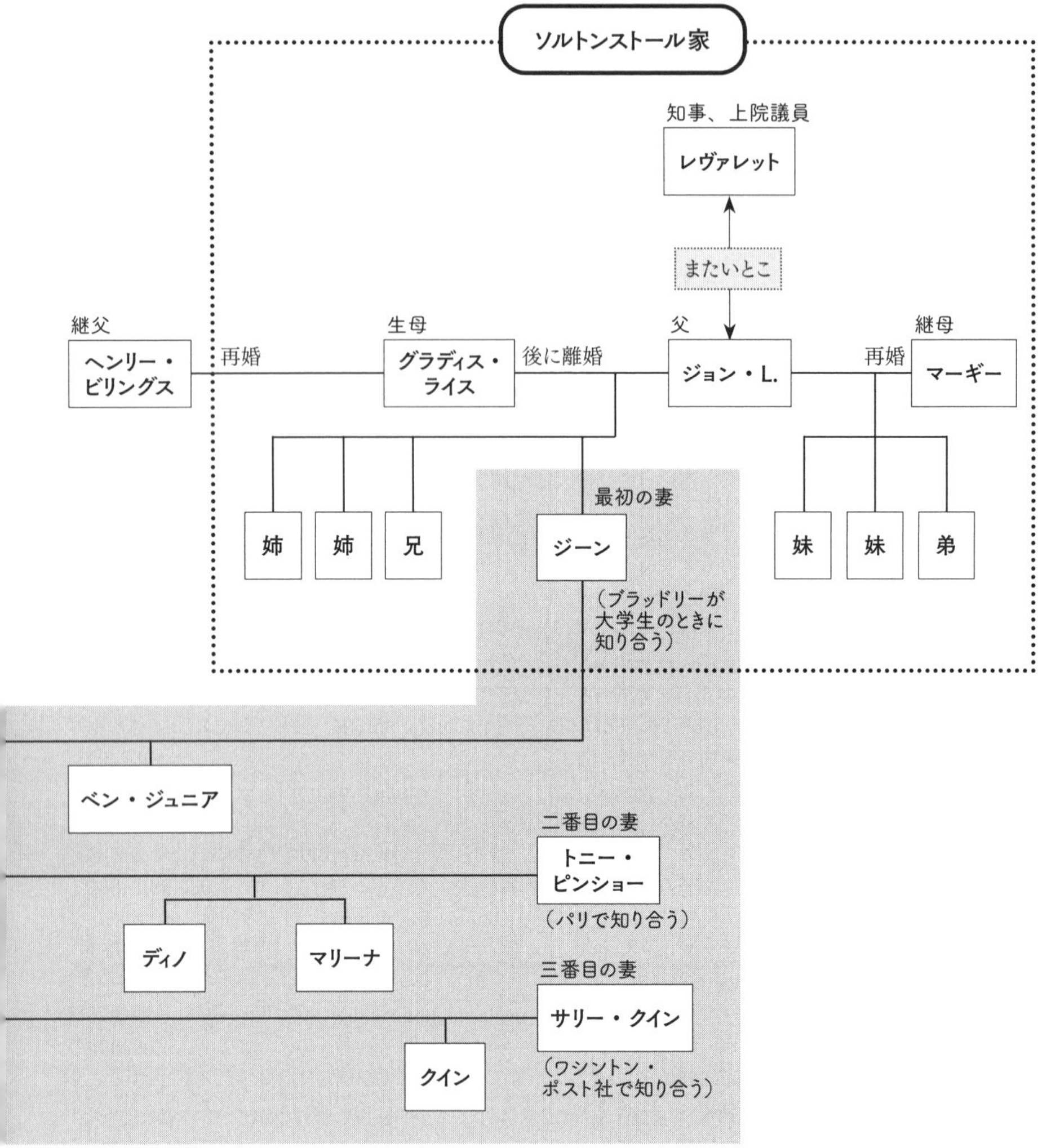
ソルトンストール家
知事、上院議員
レヴァレット
またいとこ
継父
ヘンリー・ビリングス
再婚
生母
グラディス・ライス
後に離婚
父
ジョン・L.
再婚
継母
マーギー
姉
姉
兄
最初の妻
ジーン
（ブラッドリーが大学生のときに知り合う）
妹
妹
弟
ベン・ジュニア
二番目の妻
トニー・ピンショー
（パリで知り合う）
ディノ
マリーナ
三番目の妻
サリー・クイン
（ワシントン・ポスト社で知り合う）
クイン

人物相関図

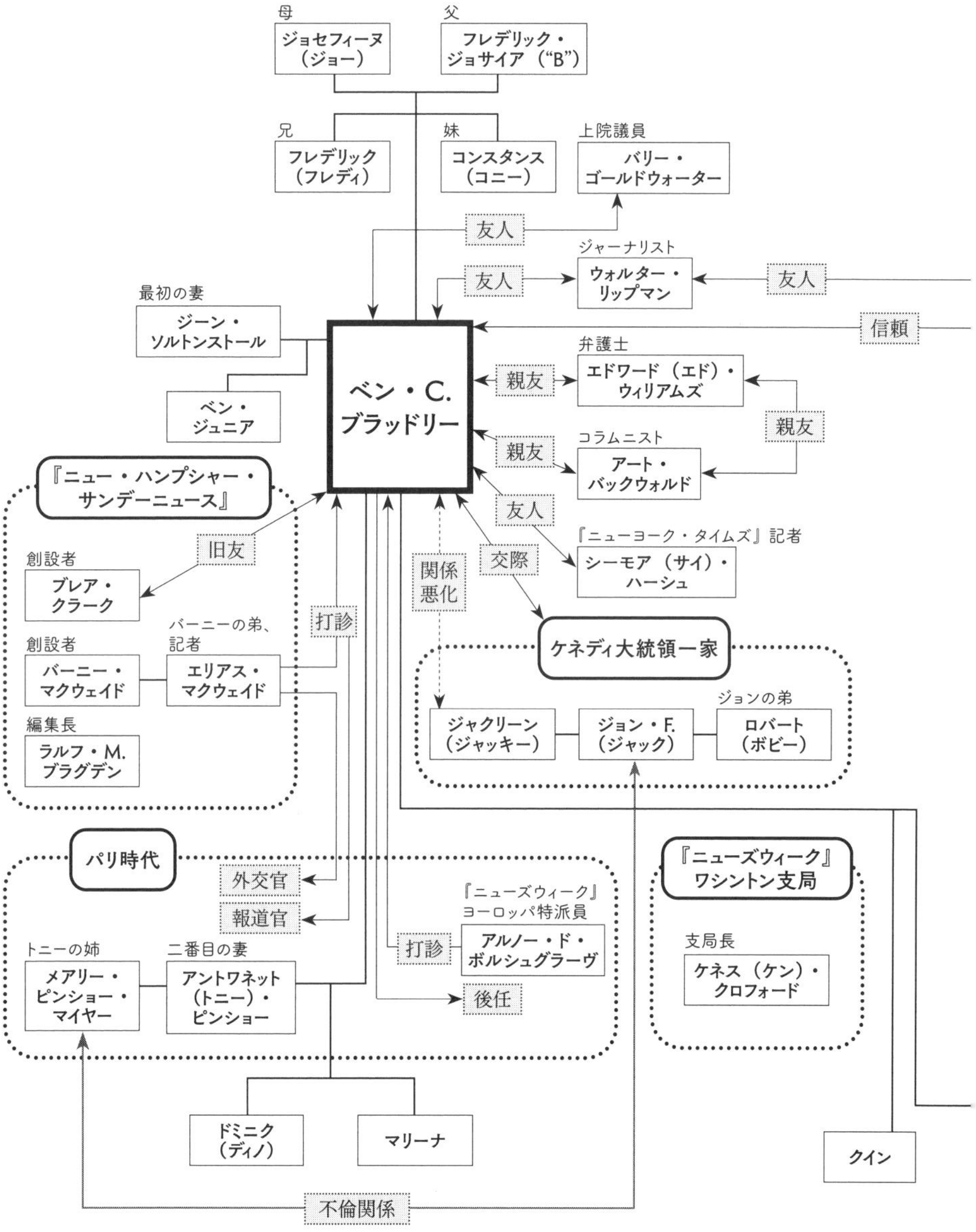

母
ジョセフィーヌ（ジョー）
父
フレデリック・ジョサイア（“B”）
兄
フレデリック（フレディ）
妹
コンスタンス（コニー）
上院議員
バリー・ゴールドウォーター
友人
ジャーナリスト
ウォルター・リップマン
友人
友人
最初の妻
ジーン・ソルトンストール
ベン・ジュニア
信頼
ベン・C. ブラッドリー
弁護士
エドワード（エド）・ウィリアムズ
親友
親友
コラムニスト
アート・バックウォルド
親友
友人
『ニューヨーク・タイムズ』記者
シーモア（サイ）・ハーシュ
『ニュー・ハンプシャー・サンデーニュース』
旧友
創設者
ブレア・クラーク
創設者
バーニー・マクウェイド
バーニーの弟、記者
エリアス・マクウェイド
編集長
ラルフ・M. ブラグデン
打診
関係悪化
交際
ケネディ大統領一家
ジャクリーン（ジャッキー）
ジョン・F.（ジャック）
ジョンの弟
ロバート（ボビー）
パリ時代
外交官
報道官
『ニューズウィーク』ヨーロッパ特派員
アルノー・ド・ボルシュグラーヴ
打診
後任
トニーの姉
メアリー・ピンショー・マイヤー
二番目の妻
アントワネット（トニー）・ピンショー
ドミニク（ディノ）
マリーナ
不倫関係
『ニューズウィーク』ワシントン支局
支局長
ケネス（ケン）・クロフォード
クイン

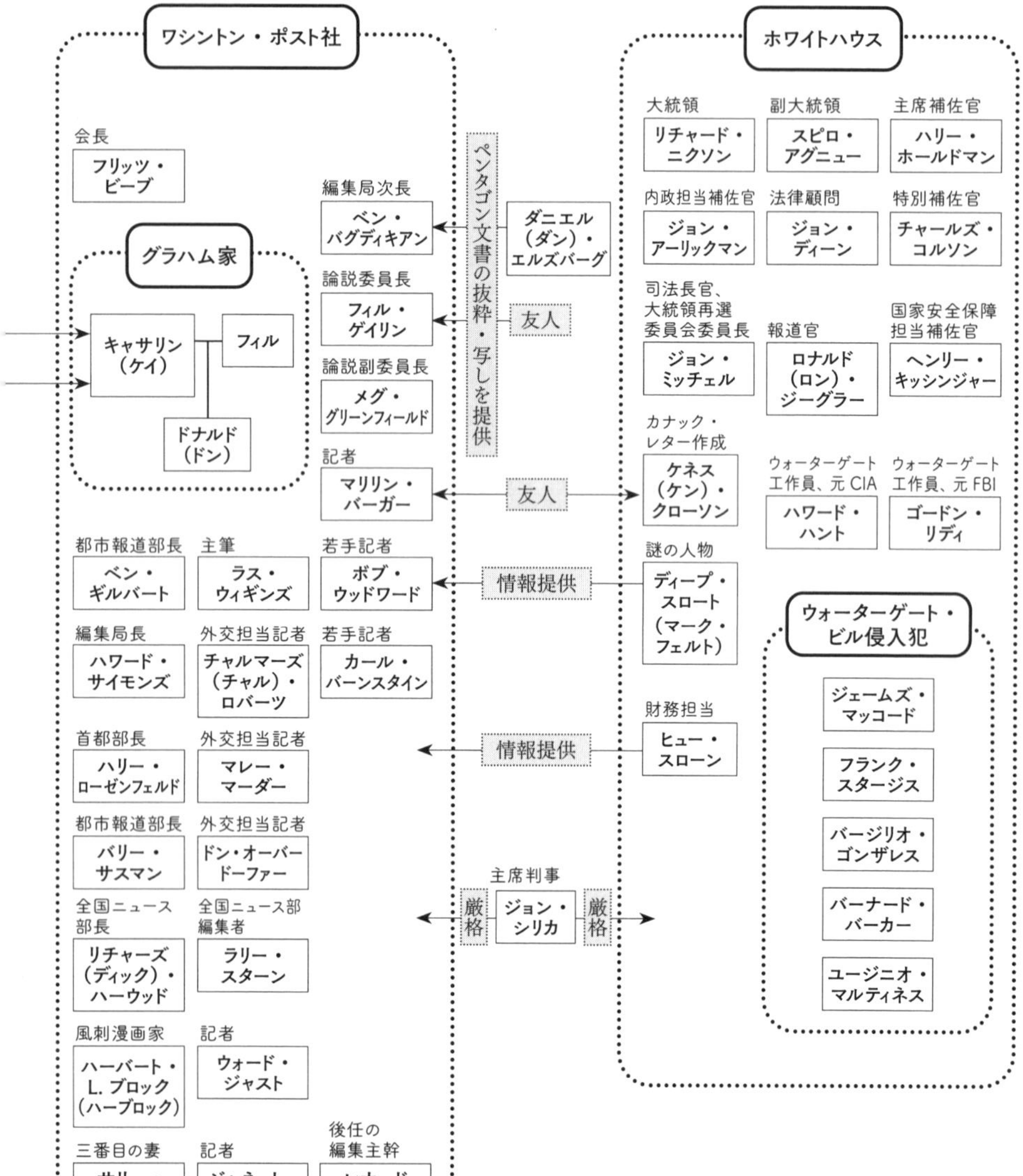

＊報道関係者の役職は初出または頻出時のものを記した。
＊人名表記は、正式名よりも本書での主な呼び方に即した場合がある。たとえば、ベンジャミン・ブラッドリーはベン・ブラッドリー、ロバート・ウッドワードはボブ・ウッドワード、フィリップ・グラハムはフィル・グラハムとしている。

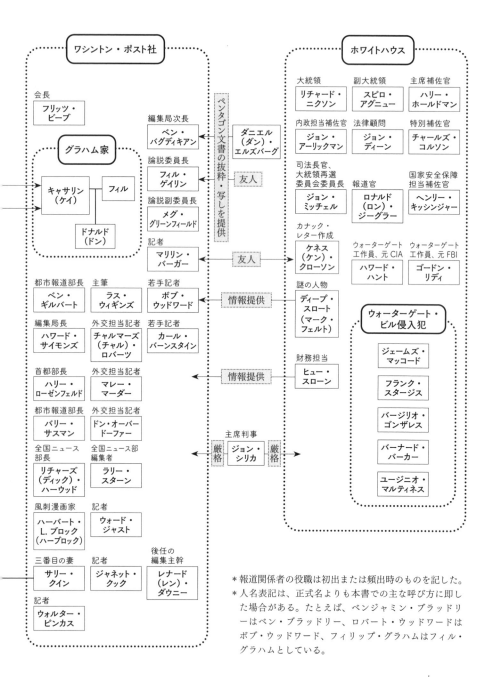

索　引

ア 行

アーヴィン、サム　Ervin, Sam　296, 322
アーヴィン、リード　Irvine, Reed　395–97
アーヴィン委員会　Ervin Committee　296, 322, 325–26, 329–32, 341
アーネット、ピーター　Arnett, Peter　257
アーバン、ビンキー　Urban, Binky　422
アーリックマン、ジョン　Ehrlichman, John　296, 303, 306–07, 315, 322, 326, 328, 341, 344, 352, 366
アーレッジ、ルーン　Arledge, Roone　391
アイゼンハワー、ドワイト・D.　Eisenhower, Dwight D.　86, 94, 115, 118, 121–22, 155, 164, 172–73, 175, 180, 190, 192, 199, 207, 219, 235, 292, 375, 395, 432
アイゼンハワー、マミー　Eisenhower, Mamie　194
アイゼンハワー政権　122, 180, 186–87, 210, 283
アイビー、ベルズ　Ivy Bells　435–38, 441
アヴニ＝セグレ、ダン・ヴィットリオ　Avni-Segre, Dan Vittorio　154–55
アカロッティ、ティル　Acalotti, Till　101–02
アグニュー、スピロ・T.　Agnew, Spiro T.　292, 322, 339–41, 395
アスター、ブルック　Astor, Brooke　129, 200–01
アスター財団　Astor Foundation　197, 200–01
アスター大尉、ヴィンセント　Astor, Capt. Vincefant　129, 197, 200
アダムス、シャーマン　Adams, Sherman　94, 173–76
アチソン、ディーン　Acheson, Dean　218
アトウッド、ビル　Attwood, Bill　124, 185
アトラス海運株式会社　Atlas Maritime Company　426, 429
『あの特別な気品』（ブラッドリー著）　*That Special Grace* (Bradlee)　231, 244
アフガニスタン　152, 277
アプリン＝ブラウンリー、ヴィヴィアン　Aplin-Brownlee, Vivian　407–08
アベル、ルドルフ　Abel, Rudolph　203–04
アベル准将、リチャード・F.　Abel, Gen. Richard F.　432–34
アムステルダム、ジェーン　Amsterdam, Jane　430
アメリカニュース編集者協会　American Society of Newspaper Editors (ASNE)　247, 412
アメリカ海軍　Navy, U.S.　49–76
　——における駆逐艦　5–6, 48–52, 54, 56, 59–60, 64–65, 68–69, 71, 73–76, 78, 86, 131, 409, 433
　——における吊り下げブイ　51, 69
　——における対諜報部隊　63, 70, 72–76
　——におけるブラッドリーの行動　50–53, 57–68, 71–73
　——へのブラッドリーの任命　46–48
　休暇と娯楽　55–59, 62, 66–68
　予備役将校訓練課程（ROTC）　31–32, 37, 44–46, 72
　　→「第二次世界大戦」
アメリカ自由人権協会　American Civil Liberties Union　40, 78
アメリカ退役軍人委員会　American Veterans Committee (AVC)　88–89
アリンスキー、ソール　Alinsky, Saul　259, 269
アルヴァド、インガ・マリー　Arvad, Inga Marie　188
アルジェリア　141–43, 145–46, 148, 151, 153, 156, 168, 324
アルソップ、ジョー　Alsop, Joe　147, 172, 186, 190, 192, 258, 270–72, 376
アルソップ、スチュワート　Alsop, Stewart　172, 321, 376
アングルトン、ジェームズ・ジーザス

Angleton, James Jesus 238, 240–42
アングルトン、シシリー Angleton, Cicely 238, 242
アンダーソン、ジャック Anderson, Jack 302, 323, 448
アンダーソン、ロバート・B Anderson, Robert B. 210
アンドロポフ、ユーリ Andropov, Yuri 441
イーグルトン、トーマス Eagleton, Thomas 302
イグナティウス、デイヴィッド Ignatius, David xii, 452
イスラエル 154–59, 166, 186, 254, 277, 448
イセリン、ジェイ Iselin, Jay 242
『偉大なるキャサリン』(デイヴィス著) *Katharine the Great* (Davis) 119
『インターナショナル・ヘラルド・トリビューン』 *International Herald Tribune* 120, 273, 389
インドシナ 39, 115–16, 133, 141, 192
インマン大将、ボビー・レイ Inman, Adm. Bobby Ray 420–21
ヴァイラント、ジョージ Vaillant, George 457
ヴァレリー、バーナード Valery, Bernard 125, 152–53
ヴァレンティ、ジャック Valenti, Jack 235, 319
ヴァンス、サイルス・R. Vance, Cyrus R. 393–94
ヴァンダービルト、ハロルド・K. Vanderbilt, Harold K. 16, 208
ウィークス、エドワード Weeks, Edward 77, 94–95
ウィークス、シンクレア Weeks, Sinclair 177
ウィギンズ、ラス Wiggins, Russ xiv, 201, 325, 373, 413, 456
『ワシントン・ポスト』の編集者として 86, 96–98, 101–03, 106, 247–48, 252, 254–58
ウィズナー、フランク Wisner, Frank 222
ヴィダル、ゴア Vidal, Gore 205
ウィッカー、トム Wicker, Tom 212
ウィットカヴァー、ジュールズ Witcover, Jules 350
ウィリアムズ、エドワード・ベネット Williams, Edward Bennett 99, 176, 178, 226, 319–21, 387, 425
——とウォーターゲート事件 293, 299, 314–15, 329, 332, 340, 355
——とゴールドファイン 176–77
——と「シェーファー」 449
——と召喚状 346
——とドーダー 442
——とタヴォウラリウスの事件 427–28
——とペンタゴン文書 285–86
——とホワイトハウスの録音テープ 332
——の死 449
ウィルキー、マルコム・R. Wilkey, Malcolm R. 292
ウィルキンス、ロジャー Wilkins, Roger 260, 338
ウィルキンソン、トム Wilkinson, Tom xiii, 410–11, 453
ウィルソン、ジョージ Wilson, George 250, 289–90
ウィルソン、ディック Wilson, Dick 209
ウィルソン、ハロルド Wilson, Harold 289
ウィンシップ、トム Winship, Tom 99–100, 177, 412
ウィンシップ、ラリー Winship, Larry 177
ウェッブ、ロビン Webb, Robin 222–23
ウェナー、ジャン Wenner, Jann 423–24
ウェブスター、ウィリアム Webster, William 436–37, 440–42, 449
ウェルシュ、メアリー Welsh, Mary 173
ウェルチ、ジョージ Welch, George 89–90
ウェルド、フィリップ・ソルトンストール Weld, Philip Saltonstall 80
ウェント、ビル(牧師) Wendt, Father Bill 253
ヴォイティラ、カロル(枢機卿) Wojtyla, Cardinal Karol 361
ウォーターゲート事件 Watergate 293–353
——と FBI 298, 300–01, 305–07, 312, 315, 317, 322, 325, 335, 345–46
——とカナック・レター 302–05, 355
——と脅迫 312–13, 327–30, 351
——と CREEP(大統領再選委員会) 295, 297–303, 305–06, 313, 344
——と CIA 294, 345–46
——と CBS ニュース 307, 310–11
——とジャーナリズム 299, 307–08, 311, 326, 334, 336–37, 339, 351, 353, 358, 374–76
——とステニス妥協案 342

オドム中将、ウィリアム　Odom, Gen. William　434–36, 438
オニール、ジェームズ・F.　O'Neil, James F.　89, 375
オニール、トーマス・P. Jr.　O'Neill, Thomas P. Jr.（"Tip"）　177
オブライエン、ラリー　O'Brien, Larry　181, 184
オボラー、ノーマ　Oboler, Norma　83
オライリー、アンソニー　O'Reilly, Anthony　461
オリー、アトキンス　Atkins, Ollie　350
オリオール、ヴァンサン　Auriol, Vincent　118
オルブリットン、ジョー・L.　Albritton, Joe L.　417
オンブズマン　Ombudsman　262, 395, 405, 412

カ 行

ガーガン、アン　Gargan, Ann　217–18
カークパトリック、ヘレン　Kirkpatrick, Helen　173
カーター、ジェリー・W.　Carter, Jerry W.　171
カーター、ジミー　Carter, Jimmy　357, 377, 392–94
カーター、フィリップ　Carter, Philip　236
カーター、ホディング　Carter, Hodding　236
カーナン、マイク　Kernan, Mike　269
カーパー、エルシー　Carper, Elsie　269
カームバック、ハーバート　Kalmbach, Herbert　306, 310
ガーメント、レン　Garment, Len　326, 352
カーリー、ジェームズ、マイケル　Curley, James Michael　14, 33, 214
カーン、ハリー　Kern, Harry　129, 134, 164, 200
カイザー、ボブ　Kaiser, Bob　xii, 336–37, 382, 386
ガイヤール、フェリックス　Gaillard, Félix　116
下院司法委員会　House Judiciary Committee　296, 333, 344, 346
ガガーリン、ユーリ　Gagarin, Yuri　192
カストロ、フィデル　Castro, Fidel　192, 194, 296
ガッシュ、オリバー　Gasch, Oliver　428–29
カナック・レター　Canuck letter　302–05, 355
『カブール・タイムズ』　*Kabul Times*　152, 277
カフリン神父　Coughlin, Father　78–79
カリー中尉、ウィリアム、Jr.　Calley, Lt. William, Jr.　317
カリナン、モーリス・"カリー"　Cullinane, Maurice "Cully"　384
カリファノ、ジョー　Califano, Joe　293, 319, 340, 369
カルノー、スタンリー　Karnow, Stanley　250
カン、ピーター　Kann, Peter　276
キーフォーヴァー、エステス　Kefauver, Estes　180
北アフリカとフランス　141–48
キッシンジャー、ヘンリー　Kissinger, Henry　309, 322, 342, 356, 393
キッドウェル、ジョージ　Kidwell, George　351
キャノン、ジェームズ　Cannon, James　212, 347
キャノン、ルー　Cannon, Lou　259, 437
ギャラガー、ジェイ　Gallagher, Jay　83, 90
キャンプ・デイヴィッド　Camp David　195, 207, 362
キューバ　193–94, 216, 296, 375
共和党全国大会　Republican National Convention　33–34
ギリアム、ドロシー　Gilliam, Dorothy　251
ギルバート、ベン　Gilbert, Ben　95–97, 102, 106–07, 247–48, 252, 255, 263
キルパトリック、キャロル　Kilpatrick, Carroll　256, 295, 350
キング、マーティン・ルーサー、Jr.　King, Martin Luther, Jr.　108, 243, 260
ギンズバーグ、トム　Guinzburg, Tom　150
クイン、"バッファロー・ビル"　Quinn, "Buffalo Bill"　367
クイン、サリー　Quinn, Sally　xii, 355–56, 359, 361, 365–67, 369, 371, 391, 428, 430, 453, 455, 460, 463
　――とスタイル面　355–58, 360
　――とストライキ　381–82, 384
　――との生活　360–61, 387–88, 451
　――と不動産　421–26, 458–59
　――の結婚　361, 386–88
クイン、ベッテ　Quinn, Bette　387
クーパー、ジム　Cooper, Jim　384
クーリッジ、T. ジェファーソン　Coolidge, T. Jefferson　10

クック、ジャネット　Cooke, Janet　402–18
クッシュマン中将、ジョン　Cushman, Gen. John　276
グッドパスター大将、アンドリュー　Goodpaster, Gen. Andrew　460
グッドマン、S. オリヴァー　Goodman, S. Oliver　249
グッドマン、ウィリアム　Goodman, William　247
クネーベル、フレッチャー　Knebel, Fletcher　210
グビチェフ、ヴァレンテイン　Gubitchev, Valentin　101
クラーガティ、ピーター（“革の肺《レザー・ラングズ》”）　Clougherty, Peter（“Leather Lungs”）　214
クラーク、ブレア　Clark, Blair　22, 35, 80–81, 84, 86, 91–92, 118, 145, 173, 183, 391
クラーク、ホリー　Clark, Holly　84
クラーク、ロジャー　Clark, Roger　284, 286–88
クライン、ハーブ　Klein, Herb　186
クラインディーンスト、リチャード　Kleindienst, Richard　235, 321–23, 326
クラウニンシールド一家　Crowninshield family　14, 16, 25, 81
グラッティ、アリス　Gullattee, Alice　408
グラッドスタイン、ハリー　Gladstein, Harry　98, 253, 285
グラハム、キャサリン　Graham, Katharine　ix, xii, xiv, 117, 119, 201, 203, 222, 354, 362, 372, 379, 387, 390, 397, 467
　——とウォーターゲート事件　298–99, 301, 308, 333–34, 340
　——とスタイル面　270
　——とストライキ　383, 385–86
　——と昼食会　319
　——とハリマン　439–40
　——とピュリッツァー賞　337–38
　——とブラッドリーのキャリア　224–26, 234, 245–46, 249, 254–55, 265, 286
　——とブラッドリーの退職　456
　——とペルトンの話　436
　——とペンタゴン文書　285–87, 292, 333
　『ニューズウィーク』の売却　197
グラハム、ドン　Graham, Don　xiv, 107, 382, 390, 442, 449, 464
　——とクック　411–14
　——とブラッドリーの退職　451–52, 454–55
　スポーツ部長として　379–80
　『ワシントン・ポスト』の発行人として　335, 435
グラハム、フィル　Graham, Phil　xii, 96–97, 99, 197, 221–25, 245–46, 248, 385, 399, 417
　——とニュースの話　101, 107–09, 204, 222
　——による『ニューズウィーク』の買収　198–202
　——による『ニューズウィーク』の変革　221
　その死　224
クラフト、ジョー　Kraft, Joe　226, 258, 368
クラフト、ポーリー　Kraft, Polly　226
グリーン、ウィリアム　Green, William　405–07, 410–11
グリーン、セオドア　Green, Theodore　171
グリーンフィールド、メグ　Greenfield, Meg　xii, 259, 284, 338, 453
グリズウォルド、アーウィン・N.　Griswold, Erwin N.　292, 401
クリフォード、クラーク　Clifford, Clark　107, 298
クリュッグ、ジュリアス（“キャップ”）Krug, Julius（“Cap”）　107–08
グルソン、シドニー　Gruson, Sydney　273–74
グレイ・ガーデンズ　Grey Gardens　422–23, 458, 465
グレイ、L. パトリック　Gray, L. Patrick　322, 325, 345
グレイダー、ビル　Greider, Bill　vii, 259
クレイボーン、ビル　Claiborne, Bill　259
グローバーマン、ワイルド・ビル　Groverman, Wild Bill　61, 64, 73
クロアチアハイジャック事件の犯行グループ　389–90
グローガン大佐、スタンレー　Grogan, Col. Stanley　419
クローソン、ケン　Clawson, Ken　184, 304–05,
クローナン、レオ　Cronan, Leo　20
クロスビー、ジョン　Crosby, John　272
クロック、アーサー　Krock, Arthur　209, 376
クロフォード、ケネス・ゲイル　Crawford, Kenneth Gale　86, 135, 166–67, 169, 185, 199–201, 221
クロンカイト、ウォルター　Cronkite, Walter　310–11, 376

ケイシー、ウィリアム　Casey, William　420–21, 434, 436–38, 442, 449
ケイシー、フィル　Casey, Phil　269, 355
ケイソン、ベン　Cason, Ben　269, 314
ゲイツキル、ヒュー　Gaitskell, Hugh　190
ケイトリー卿、中将、チャールズ　Keightley, Gen. Charles　161
ゲイラー中将、ノエル　Gayler, Vice Adm. Noel 289–90
ゲイリン、フィル　Geyelin, Phil　xii, 88, 100, 258, 260, 282, 284, 319, 338, 355–56
ゲゼル、ゲルハルト・A.（“ゲイリー”）　Gesell, Gerhard A.（“Gary”）　288–89, 291
ゲトラー、マイク　Getler, Mike　vii, 259, 454
ケネディ、エド　Kennedy, Ed　94
ケネディ、エドワード・M.（“テディ”）　Kennedy, Edward M.（“Teddy”）　213–15, 217–18
ケネディ、キャロライン　Kennedy, Caroline 179, 189, 207, 218, 227
ケネディ、サージェント　Kennedy, Sargent　42
ケネディ、シャーロット　Kennedy, Charlotte 170
ケネディ、ジャクリーン・ブーヴィエ　Kennedy, Jacqueline Bouvier　180, 186–87, 189, 191, 211, 265, 362, 422
——とケネディ家　217–18
——とジョン・F. ケネディの暗殺　230–34
——との会話　368–69
——との友情　189, 194–96, 203, 232–33
——と友人たち対記者たち　203, 227–29
——のライフスタイル　203, 205–09, 239
ケネディ、ジョセフ・P.　Kennedy, Joseph P. 181–82, 196, 211, 217
ケネディ、ジョン・F. Jr.　Kennedy, John F., Jr.　187, 207, 218
ケネディ、ジョン・F.　Kennedy, John F.　xii, 41, 179–96, 197–225, 226–28, 232, 237, 240–41, 244, 260, 265–66, 278, 292, 309, 362, 365, 375, 389
——と家族　182–83, 209, 212–18
——と女性たち　190–91, 211, 238–42, 363, 447
——と外政　191–94
——との友情　189–90, 193–96, 203
——と報道機関との関係　183–84, 208–11, 395, 447
——と友人たち対記者たち　180–81, 183–86, 188–89, 198, 203–04, 209–12, 220
——についてのブラッドリーの文書　187, 362–63, 368
——による旅　180, 219–20, 227
——の暗殺　229–35, 278
——の選挙運動　180–87
——のライフスタイル　202–03, 205–09, 239
ケネディ、ロバート・F.　Kennedy, Robert F. 205, 215–17, 231–32, 356, 417
——とジョン・F. ケネディの政治生活　182, 188, 264–66
——とジョンソン　265–66
——の暗殺　264–66, 368
司法長官として　188, 211, 213, 216
『ケネディとの対話』（ブラッドリー著）　*Conversations with Kennedy*（Bradlee）　187, 362–63, 368
ケリー、グレース　Kelly, Grace　148–49
ケンドリック、アレックス　Kendrick, Alex 137, 154
ケンドリック、トム　Kendrick, Tom　356
ケンプナー、マシュー・J.　Kempner, Matthew J. 434
言論の自由（米憲法修正第一条）　First Amendment　ix, 286, 291, 428
コーエン、ハーマン　Cohen, Herman　288
コーエン、リチャード　Cohen, Richard　xii, 340, 387–88, 454
ゴールド、ビル　Gold, Bill　256
ゴールドウォーター、バリー　Goldwater, Barry 220, 235–36, 281, 346–49
ゴールドファイン、バーナード　Goldfine, Bernard　174–77
コールバーグ、アルフレッド　Kohlberg, Alfred 247–48
コールフィールド、ジョン　Caulfield, John J. 328
コールマン、ミルトン　Coleman, Milton　404, 407, 409–11, 415
コーン、ロイ　Cohn, Roy　119–22
コクシネル　Coccinelle　164–65
国家安全保障　national security　9, 170, 193, 323, 327, 346, 419, 429, 431–32, 461
——と「シェーファー」事件　448–49

——とソビエトのミサイル　421
——とドーダー事件　441–43
——とフセイン一世　392–93
——とペルトン事件　434–38
——とペンタゴン文書　281, 283, 285, 289, 292
重要機密事項　432–38
国家安全保障局（NSA）　National Security Agency (NSA)　434, 441
コックス、アーチボルド　Cox, Archibald　330, 339, 341–43
コックス、トリシア・ニクソンとエドワード　Cox, Tricia Nixon and Edward　280
コナリー、ジョン　Connally, John　227
コフィー、シェルビー　Coffey, Shelby　xii, 356, 360
コラーゾ、オスカー　Collazo, Oscar　109
コリー、エド　Korry, Ed　115–16, 154
コリンズ、ラリー　Collins, Larry　224
コルソン、チャールズ（"チャック"）　Colson, Charles ("Chuck")　295–96, 302–03, 306, 311–12, 344–45, 352
コルビー、ビル　Colby, Bill　276, 436
コンシダイン、ボブ　Considine, Bob　134

サ 行

『ザ・ニューヨーカー』　*The New Yorker*　74, 127, 139, 173, 395
サーハン、サーハン　Sirhan, Sirhan　264
サーモンド、J. ストロム　Thurmond, J. Strom　171
『最後の日々』(ウッドワードとバーンスタイン著)　*The Final Days* (Woodward and Bernstein)　334, 346, 349, 373
サイディ、ヒュー　Sidey, Hugh　183, 211, 244
サイミントン、スチュワート　Symington, Stuart　178, 210
サイモン、ノートン　Simon, Norton　197, 200
サイモンズ、ハワード　Simons, Howard　xiii, 241, 249, 256, 263, 284, 360, 362, 372–73, 420, 451
——とウォーターゲート事件　294, 300, 304, 307, 326, 329, 333, 338, 351
——とクック　404–05, 408, 410, 414–15
サスマン、バリー　Sussman, Barry　xii, 294, 298, 307, 312–13, 333, 338, 344, 351
サファイア、ウィリアム　Safire, William　176, 388
サリー、フランソワ　Sully, François　275
サリンジャー、J. D.　Salinger, J. D.　417
サリンジャー、ピエール　Salinger, Pierre　204, 211, 237, 324
サルツバーガー、アーサー（"パンチ"）　Sulzberger, Arthur ("Punch")　136, 273
サルツバーガー、バーバラ　Sulzberger, Barbara　136
サルツバーガー、サイ　Sulzberger, Cy　154
サルツバーガー家　Sulzberger family　336, 386
サルネイ、ジョゼ　Sarney, José　366
『サンデー・タイムズ』（ロンドン）　*Sunday Times* (London)　398
サンフランシスコ、ヘイト＝アシュベリー地区　San Francisco, Haight-Ashbury District in　269
シアーズ、サム　Sears, Sam　176–77
ジーグラー、ロン　Ziegler, Ron　299, 308–10, 321, 327
シーゲル、モリス　Siegel, Morris　97
シーハン、ニール　Sheehan, Neil　257, 283
シーブ、チャーリー　Seib, Charlie　412
シーブルック、ウィリー　Seabrook, Willie　41
シーモア、デイヴィッド（"シム"）　Seymour, David ("Schim")　159
シェイファー、サム　Shaffer, Sam　167, 169, 178
「シェーファー、アーノルド」　"Schaeffer, Arnold"　448–49
ジェイ、ピーター　Jay, Peter　275
シェーファー、ウィリアム・ドナルド　Schaeffer, William Donald　459
シェーンブラン、デイヴィッド　Schoenbrun, David　115, 118, 137–38, 166
シェリダン、ディクシー　Sheridan, Dixie　405
『シカゴ・トリビューン』　*Chicago Tribune*　102, 302, 308, 389
シプリー、アレックス　Shipley, Alex　300–01
「ジミーの世界」（クック著）"Jimmy's World" (Cooke)　402, 405–06, 408–09, 413
ジャーナリズム　journalism　vii, ix–xi, xiii, 77, 84, 87, 95, 99, 108–09, 115, 119, 124, 150, 195, 199, 246, 273, 394–95, 400, 402, 405, 407, 411, 413, 433–34, 446, 450–52, 454

——とダメージ・コントロール　409–10, 413–16
——とブラッドリーの就職活動　76–80, 90–92, 93–96
——における訂正　398–99
——におけるブラッドリーの初仕事　23–25
——による人種差別の報道範囲　106–08
——の制作　254–55, 258–59, 380–82
——の批評　395–99
——の役割　264–65, 286
→「ジャーナリズム」、特に「新聞」
スウィーターマン、ジョン　Sweeterman, John 201, 248, 255
スウィーニー、ケヴィン　Sweeney, Kevin　446
スウェンソン、エリック　Swenson, Eric　362
枢軸サリー　Axis Sally　101
スエズ運河　155, 158, 160
スコット、ヒュー　Scott, Hugh　347–48
スター、ケネス　Starr, Kenneth　429
スタージス、フランク（フィオリーニ）　Sturgis, Frank (Fiorini)　296–97
『スターにしてあげよう』（クイン著）　*We're Going to Make You a Star* (Quinn)　359, 387
スターン、ラリー　Stern, Larry　xii, 249, 256, 264–65, 269, 361, 381, 387–88
スタッセン、ハロルド　Stassen, Harold　88, 181
スタンズ、モーリス　Stans, Maurice　297, 300, 306, 352
スティーヴンソン、アドレー　Stevenson, Adlai 172, 180, 185, 216, 227
スティーヴンス、ジョージ　Stevens, George 319
ステニス、ジョン　Stennis, John　342
ステニス妥協案　Stennis Plan　342
ステブラー、ニール　Staebler, Neil　189
ストウトン隊長、セシル　Stoughton, Capt. Cecil 227
ストーナー、ジェームズ　Stoner, James　310
ストーン、ピーターとメアリー　Stone, Peter and Mary　422
ストーンマン、ビル　Stoneman, Bill　135, 145, 154
ストックウェル卿、中将、ヒュー・チャールズ　Stockwell, Lt. Gen. Sir Hugh Charles　161
ストックデール中将、ジム　Stockdale, Adm. Jim 400
ストリンガー、ハワード　Stringer, Howard　422
ストローン、ゴードン　Strachan, Gordon　344
スプルーアンス大将、レイモンド　Spruance, Adm. Raymond　52, 65
スペンサー、テッド　Spencer, Ted　33, 42
スマザーズ、ジョージ　Smathers, George　206
スミス、"ジーク"　Smith, "Zeke,"　82
スミス、ジョセフ・キングスベリー　Smith, Joseph Kingsbury　115, 134
スミス、レッド　Smith, Red　272
スミス牧師、ジェラルド・L. K.　Smith, Rev. Gerald L. K.　78
スローン、ヒュー　Sloan, Hugh　298, 306–08, 310, 334
スロボドキン、ラルフ　Slobodkin, Ralph 176–77
成人の発達に関するグラント研究　Grant Study of Adult Development　3–6, 19, 26, 456
セイヤー、ロバート　Thayer, Robert　117–18
世界大恐慌　Great Depression　xi, 3, 7–8, 11, 13–14, 21, 27
セグレッティ、ドナルド・H.　Segretti, Donald H.　300–01, 303, 305–06, 310, 352
セダム、J. グレン　Sedam, J. Glenn　313
セルヴァン＝シュレベール、ジャン＝ジャック　Servan-Schreiber, Jean-Jacques　323–24
戦艦フィリップ号　Philip　6, 48, 50–51, 54–57, 59–60, 62, 64–66, 68–70, 73, 103, 409　→「アメリカ海軍」
セント・クレア、ジェームズ　St. Clair, James 344, 346
セント・メアリーズ・シティ歴史委員会　Historic St. Mary's City Commission　458–59, 465
セント・メアリーズ大学　St. Mary's College 460
戦闘情報センター　Combat Information Centers (CICs)　52, 60, 63, 69, 72, 74, 76
全米新聞労働組合　American Newspaper Guild 380–89
ソーンバーグ、ディック　Thornburg, Dick　254
ソルトンストール、グラディス・ライス　Saltonstall, Gladys Rice　39–41, 47
ソルトンストール、ジーン　→「ブラッドリー, ジーン・ソルトンストール」
ソルトンストール、ジョン・L.　Saltonstall, John

L.　38–39, 45–47
ソルトンストール、レヴァレット　Saltonstall, Leverett　27, 38, 178
ソレンセン、テッド　Sorensen, Ted　181, 232, 362
ソロモン、ジョージ　Solomon, George　xii, 380

タ 行

ダーディス、マーティン　Dardis, Martin　297
ダールバーグ、ケネス・H.　Dahlberg, Kenneth H.　297, 299
『大隠蔽』（サスマン著）　*Great Coverup* （Sussman）　344
『大統領の陰謀』（ウッドワードとバーンスタイン著）　*All the President's Men* （Woodward and Bernstein）　viii, 306, 315, 334, 373
『大統領の陰謀』（映画）　*All the President's Men* （film）　369–73
第二次世界大戦　World War II　vii, 15, 28, 57, 80, 99–100, 113, 156, 160, 173, 181, 251, 275, 366, 368, 433, 467
　――からの帰還　66–67, 76
　――とハーバード　31–32, 43–44
　――における「スロット」　51–53, 59–60, 67–68
　――におけるブラッドリー　→「アメリカ海軍」
　――の終戦　73–76
　コレヒドール島　70–71, 274
　マリアナ諸島への従軍　62–63, 66, 68
『タイム』　*Time*　23, 74, 90–92, 108, 115, 129, 172, 183–84, 197, 213, 221, 244, 310, 333, 414, 442–43
タイラー、パトリック　Tyler, Patrick　426–27, 436–37
タイラー、ビル　Tyler, Bill　117
タヴォウラリス、ウィリアム・P.（"タヴ"）　Tavoulareas, William P. （"Tav"）　426–29
タヴォウラリス、ピーター　Tavoulareas, Peter　426, 429
ダウニー、レン　Downie, Len　xii, xiv, 256, 338, 351, 437, 451–52, 455
タウンゼント大佐、ピーター　Townsend, Capt. Peter　151
ダクス、ジャン　Dax, Jean　114, 136, 140–41, 151–52
ダッシュ、サム　Dash, Sam　322, 331
ダニエル、クリフトン　Daniel, Clifton　359
ダマト兄弟　Damato brothers　388
タマラ、ソニア　Tamara, Sonia　173
ダリンスキー、ハリー・"ドク"　Dalinsky, Harry （"Doc"）　237, 320
ダレス、アレン　Dulles, Allen　188, 221
ダレス、ジョン・フォスター　Dulles, John Foster　115, 118, 133–34, 186
ダン、ジェームズ・クレメント　Dunn, James Clement　115–16, 119
チェーピン、ドワイト　Chapin, Dwight　306, 310, 352
チェシャー、マキシン（"ブルー・マックス"）　Cheshire, Maxine （"The Blue Max"）　267, 356
チェンバレン、アン　Chamberlin, Anne　4
チトー、ヨシップ・ブロズ　Tito, Josip Broz　154
チャーチル、ウィンストン　Churchill, Winston　4, 217
チャイナ・ロビー　247
チャップマン、オスカー　Chapman, Oscar　107
チャンネル5（ボストン）TV Channel 5 （Boston）　177
チュニジア　141–42, 171
チョート、ロバート（"ビーニー"）　Choate, Robert （"Beanie"）　78, 85, 177
「ディープ・スロート」"Deep Throat"　viii, 300–04, 306, 327–29, 334–35
ディーン、ジョン　Dean, John　296, 322, 325–28, 330, 341, 345, 352
デイヴィス、チェット　Davis, Chet　83, 91
デイヴィス、ディック　Davis, Dick　170
デイヴィス、デボラ　Davis, Deborah　117
ディオンヌ、E. J.　Dionne, E. J.　445
ディッキンソン、アンジー　Dickinson, Angie　190
ディタ、ビアード　Beard, Dita　323
テイラー、ジョン・I.　Taylor, John I.　177
テイラー、デイヴィス　Taylor, Davis　177
テイラー、ポール　Taylor, Paul　443, 445–47
デイリー、マイケル　Daly, Michael　413
デイリー、リチャード　Daley, Richard　187
ディルワース、リチャードソン　K. Dilworth, Richardson K.　208
ティレ、モーリス　Tillet, Maurice　39

ディロン、ダグラス　Dillon, Douglas　122–23, 146–47, 178, 180, 215
デゲルスドルフ、カール・オーガスト　deGersdorff, Carl August　10, 14–15, 199
デゲルスドルフ、ヘレン・クラウニンシールド　deGersdorff, Helen Crowninshield　10, 16
デトレダノ、ラルフ　deToledano, Ralph　170, 229
デューイ、トーマス・E.　Dewey, Thomas E.　181, 183
デューチン、ピーター　Duchin, Peter　439
テュパン、ルネ　Tupin, René　141
デュラン、リオネル　Durand, Lionel　152–53, 253
テリー、ウォレス　Terry, Wallace　251
テレビ業界　168, 174, 263, 311–13
——のための認可　284–85, 313
デローチ、カーサ・J.（“ディーク”）　DeLoach, Cartha J. (“Deke”)　242–43
デンソン、ジョン　Denson, John　147, 164–65, 175
デントン、ハーブ　Denton, Herb　406
ド・ゴール、シャルル　de Gaulle, Charles　148, 233
ド・ボルシュグラーヴ、アルノー　deBorchgrave, Arnaud　115, 128–29, 143, 166
ドゥーリン、デニス・J.　Doolin, Dennis J.　289
ドゥケムラリア、クロード（“ケムー”）　deKemoularia, Claude (“Kemou”)　125, 164
トゥルイット、アン　Truitt, Anne　238, 240–42, 278
トゥルイット、ジム　Truitt, Jim　241, 268, 278
ドゥロルム、フランソワ　Delorme, François　143–44, 146
ドーダー、ドゥスコ　Doder, Dusko　441–43
ドーファー、ジョン・C.　Doerfer, John C.　174
トーマス、エヴァン　Thomas, Evan　176
トーマス、ビル　Thomas, Bill　390
ドール、ロバート・J.　Dole, Robert J.　298, 308, 310, 353
ドッド、トム　Dodd, Tom　236
トッド＝リンカーン邸　Todd-Lincoln House　424
ドノヴァン、ボブ　Donovan, Bob　211
土曜の夜の大虐殺　Saturday Night Massacre　339, 341–42
トラヴェル、ジャネット　Travell, Janet　207
ドラモンド、ロスコー　Drummond, Roscoe　186, 209, 258, 376
トリッピ、ジョー　Trippi, Joe　446
トルーマン、ハリー・S.　Truman, Harry S.　103–04, 107, 109–10
トルーマン、ベス　Truman, Bess　195
トレソラ、グリセリオ　Torresola, Griselio　109
『トレド・ブレード』　*Toledo Blade*　404, 406
トンキン湾決議　Tonkin Gulf Resolution　400
トンプソン、エド　Thompson, Ed　96
トンプソン、ドロシー　Thompson, Dorothy　272

ナ 行

ナイト、ジャック　Knight, Jack　223
ナセル、ガマール・アブドゥル　Nasser, Gamal Abdel　155, 158
ニーヴン、デヴィッドとヒョードル　Niven, David and Hjordis　206–08
ニカラグア　437
ニクソン、リチャード・M.　Nixon, Richard M.　viii–ix, xiii, 155, 170, 173, 176, 184–87, 194, 209, 280–81, 461
——とウォーターゲート事件　292–93, 295–300, 305–07, 309–14, 316, 321–23, 326, 328–29, 331–34, 339, 341–53, 360, 362, 365, 369–70, 375, 377, 399–400, 410, 423–24, 438
——と弾劾　296, 322, 332–33, 339–40, 342, 344, 346–48, 351–52
——とホワイトハウスの録音テープ　331–32, 339, 341–45, 346–48, 351
——の辞任　332, 334, 346–53
——の選挙運動　184–87, 305, 313
ニクソン政権　Nixon administration　186–87, 299, 304, 308, 313, 325, 330, 344, 349, 353
——とウォーターゲート事件　292, 299, 304, 308, 313, 325, 330, 344, 349, 353
——とペンタゴン文書　281, 284, 287, 292
——とホワイトハウスの録音テープ　323, 331, 339, 343
ニコロリック、スーとニック　Nikoloric, Sue and Nick　99–100
ニッツェ、ポール　Nitze, Paul　460
『ニューズウィーク』　*Newsweek*　129–30, 333
——とアルジェリアの話　141–46

——とジョン・F. ケネディ　231, 233
——の売却　197–202
——の報道部門　172
——のワシントン支局　221–22, 244–47, 250–51
非常勤の地方記者としてのブラッドリー　90
ヨーロッパ特派員としてのブラッドリー　131–65
ワシントン特派員としてのブラッドリー　166–78
『ニューハンプシャー・サンデー・ニュース』 *New Hampshire Sunday News*　81–92, 96
『ニューヨーク・タイムズ』 *New York Times,* The　78, 85, 115, 134, 136, 154, 166, 172, 176, 185, 188, 204, 209, 212, 249–50, 255, 257, 259, 272–74, 276, 389, 399, 407, 414, 436
——とウォーターゲート事件　306, 310, 316, 325, 333, 339, 344
——とピュリッツァー賞　336–37
——とペンタゴン文書　280–89, 291, 302, 401
——における『ワシントン・ポスト』との競争　280–81, 287, 306, 316, 339, 359–60, 394–95
『ニューヨーク・デイリー・ニュース』 *New York Daily News*　125, 413
『ニューヨーク・ヘラルド・トリビューン』 *New York Herald Tribune*　78, 166, 172, 209–11, 272–73, 395, 420
ヌレエフ、ルドルフ　Nureyev, Rudolph　358
ノイズ、クロスビー　Noyes, Crosby　135, 148, 150, 154, 272
ノイズ、ニューボールド　Noyes, Newbold　261, 337, 418
ノートン、クレム　Norton, Clem　206, 208
ノーマン、ロイド　Norman, Lloyd　170
ノーラのレストラン　Nora's Restaurant　388
ノサヴァン中将、フォーミ　Nosavan, Gen. Phoumi　192
ノジター、バーナード（“バド”）　Nossiter, Bernard (“Bud”)　381
ノックス、アニー・ライド　Knox, Annie Reid　80, 82, 85

ハ 行

ハーウッド、ディック　Harwood, Dick　xii, 249, 259–60, 264–65, 329, 350, 414, 453
バーガー、ウォーレン　Burger, Warren　290–91, 349
バーカー、ベルナルド　Barker, Bernard　297–98
バーガー、マリリン　Berger, Marilyn　303–05
パーカー、メイナード　Parker, Maynard　276
バーガー、ラウル　Berger, Raoul　342
パーキンソン、ケネス　Parkinson, Kenneth　344
ハーシュ、サイ（シーモア）　Hersh, Sy　316–17, 436, 451
ハースト、ウィリアム・ランドルフ、Jr. Hearst, William Randolph, Jr.　134
ハーター、クリスチャン・A.　Herter, Christian A.　95, 186
バーチ、ディーン　Burch, Dean　347
ハート、ゲイリー　Hart, Gary　184, 443–47
バートレット、チャーリー　Bartlett, Charlie　196, 206, 212
バートレット、マーサ　Bartlett, Martha　196, 206, 231
バーナビー、ジャック　Barnaby, Jack　34
ハーバード大学　Harvard College　7, 15, 18, 34, 61, 100, 167, 198, 282, 292, 339, 342, 372, 417, 460
——における ROTC（予備役将校訓練課程） 31–32, 37, 44–46
——と聖書－シェイクスピア－ギリシャ古典の試験　42–43, 66
——と戦争　31–32, 43–44
——におけるグラント研究　3–6, 19, 26, 456
——におけるブラッドリーの仮及第期間　35, 37, 43, 45
バーバシュ、フレッド　Barbash, Fred　452
ハーブロック（ブロック，ハーブ）　Herblock (Block, Herb)　95, 256, 291, 338
ハーモニー、サリー　Harmony, Sally　301
バーンズ、ジェームズ・マクレガー　Burns, James MacGregor　447
バーンズ、トレーシー　Barnes, Tracy　222
バーンスタイン、カール　Bernstein, Carl　vii, xii, 355, 362, 370, 372–73, 381, 388, 456
——とウォーターゲート事件　267, 294, 297–301, 303–04, 306–08, 313–15, 319, 322, 327, 329, 331, 333–34, 336, 338–39, 346, 349, 351, 353
——と『最後の日々』　334, 346, 349, 373

——と『大統領の陰謀』（映画） 369–70, 372–73
——と『大統領の陰謀』（本） viii, 306, 315, 334
——とピュリッツァー賞 336, 338
——とホワイトハウスの録音テープ 351
ハイゼンベルクの不確定原理 Heisenberg principle 371
ハイレ・セラシエ皇帝 Haile Selassie, Emperor 233
パウエル、ジョディ Powell, Jody 392, 394
ハウサーマン、ビル Haussermann, Bill 152
バグディキアン、ベン Bagdikian, Ben 282–83, 287
パクラ、アラン・J. Pakula, Alan J. 370, 372
パクラ、ハンナ Pakula, Hannah 372
ハスケル、ビル Haskell, Bill 36
バズハート、J. フレッド Buzhardt, J. Fred 341, 346
パスマン、オットー Passman, Otto 171
バゼロン、デイヴィッド Bazelon, David 387
ハダー、メアリー Hadar, Mary xii, 452, 454
パターソン、ジーン Patterson, Gene xii, 270, 284
パターソン、ジェニファー Patterson, Jennifer 422
バターフィールド、アレクサンダー・P. Butterfield, Alexander P. 330–32, 341
バチンスキー、ジーン Bachinski, Gene 294
バックウォルド、アート Buchwald, Art 148–50, 226, 270–72, 299, 319–20, 341
——とブラッドリーの結婚式 152–53, 387
——とブラッドリーの退職 456
作家として 133
パリにて 114, 120–21, 132
モンテカルロにて 149–50
バックウォルド、アン Buchwald, Ann 114, 152, 226
バックリー、ウィリアム・F. Buckley, William F. 220, 396
バックリー、ケヴィン Buckley, Kevin 276
パッテン、スーザン・メアリー Patten, Susan Mary 147
パットナム、ジョージ・エンディコット Putnam, George Endicott 42–43
パットン、サラ Patton, Sara 459
パットン、ジム Patton, Jim 213
バティアタ、メアリー Battiata, Mary 439
バブソン、ロジャー Babson, Roger 90–91
ハベル、フレッド Hubbell, Fred 18
パラダイス、チャーリー Paradise, Charley 199
バラット、ロバート Barrat, Robert 145
パリ
——と『インターナショナル・ヘラルド・トリビューン』 273 →「フランス」
——における生活 123, 127–29, 135–41, 147–48, 152, 163
——における大使館報道官としてのブラッドリー 113–30
——における『ニューズウィーク』でのブラッドリー 131–65
『レクスプレス』記念号 323–24
バリー、マリオン Barry, Marion 408
ハリス、エド Harris, Ed 247
ハリス、オーレン Harris, Oren 174
ハリマン、W. アヴェレル Harriman, W. Averell 122, 439
ハリマン、パメラ Harriman, Pamela 439–40
バルーク、バーナード Baruch, Bernard 218
ハルジー中尉、ウィリアム・F. Jr. Halsey, Adm. William F. Jr. 52
バルサム、マーティン Balsam, Martin 372
バルツ、ダン Balz, Dan 444
ハルバースタム、デイヴィッド Halberstam, David xii, 257
バレット、ロバート Barrett, Robert 101
バロー、マリー＝テレーズ Barreau, Marie-Thérèse 115, 120
ハワー、バーバラ Howar, Barbara 421
パワーズ、デイヴ Powers, Dave 233
パワーズ、フランシス・ゲイリー Powers, Francis Gary 203, 205, 375
ハワード、エドワード・リー Howard, Edward Lee 441
バンカー、エルズワース Bunker, Ellsworth 276
バンディ、マクジョージ Bundy, McGeorge 9, 193, 234
ハント、ハワード Hunt, Howard 294–95, 300, 302, 315, 317–18, 322–23, 325–26, 328, 352, 374

ハンドルマン、ハワード（“ハンドルバーズ”） Handleman, Howard (“Handlebars”) 159
ハントレー、チェット Huntley, Chet 376
ハンフリー、ジョージ・M. Humphrey, George M. 210
ハンフリー、ヒューバート・H. Humphrey, Hubert H. 178, 182, 236, 409
ビアッジ大佐、ジャン＝バティスト Biaggi, Col. Jean-Baptiste 142, 148
ピーターソン、ピーター・G. Peterson, Peter G. 299
ビーブ、フリッツ Beebe, Fritz 199–02, 221–22, 224, 226, 284–87, 338
ピーボディ、エンディコット（“チャブ”） Peabody, Endicott (“Chub”) 214
ヒーリー、ボブ Healy, Bob 177
ビール家 Beale family 422
『ビヴァリー・イブニング・タイムズ』 *Beverly Evening Times* 23, 77–78
ビガート、ホーマー Bigart, Homer 172–73
ヒギンズ、マルグリート Higgins, Marguerite 172
ヒグビー、ローレンス Higby, Lawrence 331
ピットマン、アンディ Pittman, Andy 138, 189, 226
ピットマン、アントワネット・ピンショー（“トニー”） Pittman, Antoinette Pinchot (“Tony”) →「ブラッドリー、アントワネット・ピンショー」
ピットマン、スチュワート Pittman, Steuart 99, 136
ピットマン、タミー Pittman, Tammy 138, 226
ピットマン、ナンシー Pittman, Nancy 138, 188, 196, 226
ピットマン、ロザモンド Pittman, Rosamond 138, 226
ピネー、アントワーヌ Pinay, Antoine 115
誹謗中傷とジャーナリズム libel, and journalism 426–29
ヒューウィット、ドン Hewitt, Don 185
ピュリッツァー、ジョセフ Pulitzer, Joseph 336
ピュリッツァー、ジョセフ、Jr. Pulitzer, Joseph, Jr. 198, 336, 411
ピュリッツァー賞 Pulitzer Prizes 22, 103, 134, 172, 209, 247, 251, 254, 259, 325, 335–36, 338, 373, 402, 404, 407, 409, 411, 413
ビリングス、レモイン Billings, Lemoyne 188, 295
ヒル、ハーブ Hill, Herb 93
ピレッジ、ニック Pileggi, Nick 422
ピンカス、ウォルター Pincus, Walter xii, 387–88, 432, 434, 452–53
ピンショー、ギフォード Pinchot, Gifford 219
ピンショー、ギフォード、Jr. Pinchot, Gifford, Jr. 219, 296
ピンショー、エイモス Pinchot, Amos 219
ピンショー、ルース Pinchot, Ruth 138, 219–20, 237
ファインダー、レナード Finder, Leonard 86
ファレル、ジェームズ Farrell, James T. 79
フィールド、マーシャル Field, Marshall 198
フィオリーニ、フランク →「スタージス、フランク」
フィッシャー、デヴィー Fisher, DeVee 101–02
フィッツジェラルド、デズモンド FitzGerald, Desmond 221–22
プイヨン、ノーラ Pouillon, Nora 388
フィリップス、B. J. Phillips, B. J. 269, 356
フィリップ王配 Philip, Prince 233
フィンチ、ボブ Finch, Bob 186
フィンリー、ジョン Finley, John 33, 42
フーヴァー、J. エドガー Hoover, J. Edgar 101, 188, 242–43
ブーゲンビル海溝 Bougainville, Strait of 51, 53, 59, 433
ブース、クレア Boothe, Clare 17
フォード、ジェラルド・R. Ford, Gerald R. 339, 350, 377
フォリアード、エディ Folliard, Eddie 103
フォン・ホフマン、ニック von Hoffman, Nick xii, 259, 269, 291, 356
ブスタニー、ノーラ Boustany, Nora 454
フセイン一世、ヨルダン国王 Hussein, king of Jordan 392–93
ブッカー、シメオン Booker, Simeon 250–51
フッカー、ロバートとドーリー Hooker, Robert and Dolly 154
ブッシュ、ジョージ Bush, George 376–77, 393, 430–31
フライディン、サイ Freidin, Sy 120, 154, 420

ブラウン、ウィンスロップ　Brown, Winthrop　192
ブラウン、エドモンド（“パット”）Brown, Edmund（“Pat”）　185
ブラウン、クレム　Brown, Clem　121
ブラグデン、ラルフ・M.　Blagden, Ralph M.　81–84, 86–88, 94, 96, 167
『ブラジリア・ジョルナル』　*Jornal de Brasilia*　365
ブラジルへの旅行　Brazil, trip to　365–68, 457
ブラッドリー、アントワネット・ピンショー（“トニー”）Bradlee, Antoinette Pinchot（“Tony”）　99, 136–41, 147, 164, 166, 169–70, 179, 198, 222–24, 226, 230, 237–42, 244, 253, 257, 265, 284, 296, 299, 359–60, 362, 387, 461
　――とケネディ家　180–81, 184, 186–92, 195–96, 204–05, 208, 212, 216–20, 222, 233–34
　――と「グレイ・タワーズ」　219–20
　――とブラッドリーのキャリア　248, 252, 277–79, 323–24, 358
　――とメアリーの死　237–42
　ブラッドリーとの結婚　141, 151–52, 277–79, 358
ブラッドリー、キャシー　Bradlee, Cathie　277
ブラッドリー、ケイレブ　Bradlee, Caleb　30
ブラッドリー、コンスタンス（“コニー”）Bradlee, Constance（“Connie”）　11–12, 17, 25, 28, 34, 46
ブラッドリー、ジーン・ソルトンストール　Bradlee, Jean Saltonstall　40, 45, 50, 67–68, 77–78, 80, 84–85, 91, 93, 99, 109, 111–13, 123, 139, 146, 152
　――家　38–39
　ブラッドリーとの結婚　6, 46–48, 110, 124–25, 128, 135–37, 151
ブラッドリー、ジョサイア　Bradlee, Josiah　7
ブラッドリー、ジョサイア・クイン・クラウニンシールド（“クイン”）Bradlee, Josiah Quinn Crowninshield（“Quinn”）　421, 423, 425–27, 451, 459–60, 463, 465–66
ブラッドリー、ジョセフィーヌ・デゲルスドルフ（“ジョー”）（母）Bradlee, Josephine deGersdorff（“Jo”）（mother）　4, 9–12, 18, 20, 26–28, 31, 37, 47, 67, 81, 129, 368
ブラッドリー、ドミニク（“ディノ”）Bradlee, Dominic（“Dino”）　179, 189–91, 223, 226, 360, 363, 421
ブラッドリー、トム　Bradlee, Tom　8
ブラッドリー、ナサニエル　Bradley, Nathaniel　7
ブラッドリー、フレデリック・ホール　Bradlee, Frederick Hall　7
ブラッドリー、フレデリック・ジョサイア三世（“フレディ”）　Bradlee, Frederick Josiah, III（“Freddy”）　11–12, 14, 22, 30–31, 46–47, 62, 368
ブラッドリー、フレデリック・ジョサイア、Jr.（父）　Bradlee, Frederick Josiah, Jr.（“B”）（father）　4, 7–15, 18–20, 23–24, 27–28, 30–34, 36, 42, 44, 46–47, 66–68, 77, 170, 193–94, 218, 239, 255, 271, 405, 459
ブラッドリー、フレデリック・ジョサイア、Sr.　Bradlee, Frederick Josiah, Sr.　7
ブラッドリー、ベンジャミン・クラウニンシールド、Jr.　Bradlee, Benjamin Crowninshield, Jr.　91–92, 96, 113–14, 123–24, 128, 137, 139, 151–52, 277, 360
ブラッドリー、ベンジャミン・クラウニンシールド　Bradlee, Benjamin Crowninshield
　――とポリオ　vii, xii, 3, 5, 17–20, 23, 26, 28
　――における放送　90, 137–38
　――による飲酒　6, 14, 27, 32
　――による社員の解雇　416–17
　――の学校での日々　22–23, 25–26
　――の子ども時代　8–15, 28–29
　――の最初の結婚　→「ブラッドリー、ジーン・ソルトンストール」
　――の三番目の結婚　→「クイン、サリー」
　――の新聞社での初仕事　23–24
　――の就職活動　76–80, 90–92, 93–96
　――の退職　451–61
　――のタトゥー　4, 40
　――の二番目の結婚　→「ブラッドリー、アントワネット・ピンショー」
　――の初の署名記事　96–97
　――への求人　110–12, 129–30, 246–47, 391
　海軍時代　→「アメリカ海軍」
　仕事漬けの日々　110, 130, 248
　大学にて　→「ハーバード大学」
　『ニューズウィーク』と――　→「『ニューズウィーク』」

パリ時代　→パリ
フリーランスとして　137–38
『ワシントン・ポスト』と――　450–51　→「『ワシントン・ポスト』」
ブラッドリー、ポリー　Bradlee, Polly　8, 46
ブラッドリー、マリーナ　Bradlee, Marina　187, 189, 226, 240, 283–84, 360, 372
ブラッドリー家　Bradlee family　7, 13, 30, 38, 45, 62, 90, 283
フラナー、ジャネット（ジュネ）(Flanner, Janet (Genêt)　139, 173
フランクリン、バーニス　Franklin, Bernice　101–02
フランス　28–29, 125–26
――とインドシナ　115–16, 133, 141
――と北アフリカ　141–48　→「パリ」も参照
フリーソン、ドリス　Fleeson, Doris　172–73
「ブリーフィング・セッション」 "Briefing Session"　168
フリーマン、オーヴィル　Freeman, Orville　220
フリゲンティ、フランク　Frigenti, Frank　132–33
ブリスベン、アート　Brisbane, Art　451
ブリッジス、スタイルス　Bridges, Styles　247
フリン、エリザベス・ガーリー　Flynn, Elizabeth Gurley　78
ブリンクリー、デイヴィッド　Brinkley, David　226, 376, 391
プリンプトン、ジョージ　Plimpton, George　126, 422
ブルガーニン、ニコライ　Bulganin, Nikolai　153
ブルギバ、ハビーブ、Jr.（"ビビ"）　Bourguiba, Habib, Jr. ("Bibi")　142
フルシチョフ、ニキータ　Khrushchev, Nikita　153, 216
プレスコット、ジョン　Prescott, John　381–82
ブレスリン、ジミー　Breslin, Jimmy　272
フレデリキ、ギリシャ王妃　Frederika, queen of Greece　233
フレミング、アーサー・S.　Fleming, Arthur S.　210
フレミング、カール　Fleming, Karl　236
フレンドリー、アル　Friendly, Al　234, 237, 246–49, 252, 254
ブローダー、デイヴィッド　Broder, David　xii, 249–50, 260, 263
ブロック、ハーブ　→「ハーブロック」
プロックスマイア、ビル　Proxmire, Bill　254
ブロムベルジェ、セルジュ　Bromberger, Serge　142
『フロントページ』（ヘクトとマッカッサー著）*Front Page* (Hecht and MacArthur)　376
ベイカー、ハワード　Baker, Howard　327
ベイカー、ボビー　Baker, Bobby　228–30
ベイカー、リチャード・T.　Baker, Richard T.　336
ベイカー、ロバート・E. リー　Baker, Robert E. Lee　417
ヘイグ大将、アレクサンダー　Haig, Gen. Alexander　330–31, 334, 339, 342, 346–47, 349
ヘイマー、ファニー・ルー　Hamer, Fannie Lou　235–36
ペイリー、ウィリアム　Paley, William　355
ペース、フランク　Pace, Frank　110
ヘクト、ベン　Hecht, Ben　376
ヘゲン、トム（トーマス）　Heggen, Tom　55, 169
ベッツ、アラン　Betts, Allan　201
ベトナム　256–58, 266, 271, 274–76, 282–83, 309, 375, 385, 400
――とジョン・F・ケネディ　192–94
――と反戦運動　258, 280
――とペンタゴン文書　281–82, 290
――へのブラッドリーの旅　275–77
ペルトン、ロナルド・W.　Pelton, Ronald W.　434–36, 438, 441, 448
ヘルムズ、ジェシー　Helms, Jesse　328, 345
ヘルムズ、ディック　Helms, Dick　436
ペンタゴン文書　Pentagon Papers　280–92
――と言論の自由（米憲法修正第１条）　ix, 286, 291, 428
――と国家安全保障　281, 283, 285, 289, 292
――と『ニューヨーク・タイムズ』　280–89, 291, 302, 401
――とベトナム　281–82, 290
――とマリーゴールド作戦　289
――における司法の決定　282–84, 288, 291
公表する決断　283–86, 288, 333
ホイットニー、ジョン・ヘイ（"ジョック"）　Whitney, John Hay ("Jock")　210, 272

ポインデクスター、ジョン　Poindexter, John 434, 436
ホヴァー、ジェームズ　Hover, James　383
ポヴィッチ、シャーリー　Povich, Shirley　95, 256, 380, 417
報道機関　→「ジャーナリズム」,「新聞」
報道記者　→「ジャーナリズム」
ボウルズ、チェスター　Bowles, Chester　216
ポーク、ジェームズ　Polk, James　437
ホーグ、ジム　Hoge, Jim　285
ボーク、ロバート　Bork, Robert　339, 342
ホーグランド、ジム　Hoagland, Jim　259
ポーター、ハーバート・L.（"バート"）　Porter, Herbert L. ("Bart")　300
ホーチミン　Ho Chi Minh　289
ホートン、パーシー　Haughton, Percy　9
ホーナー、ガーネット　Horner, Garnett　312
ボールドウィン、ロジャー　Baldwin, Roger 39–40, 78–79
ホールドマン、H. R.（"ボブ"）　Haldeman, H. R. ("Bob")
　——とウォーターゲート事件　296, 303, 306–08, 310, 312, 326, 328, 331, 334, 341, 343–45, 352, 366
　——とホワイトハウスの録音テープ　296, 331, 341, 343
ボーレン、チャールズ（"チップ"）　Bohlen, Charles ("Chip")　118, 122, 134, 167, 221
『ボストン・グローブ』　*Boston Globe*　9, 152, 177, 412
ホスニー、エレズデイン　Hossny, Elezdeine 162
ボッカルディ、ルー　Boccardi, Lou　405
ポッター、ボブ　Potter, Bob　20–21, 36, 44
ホッパー、エドナ・ウォレス　Hopper, Edna Wallace　16
ホッファ、ジミー　Hoffa, Jimmy　216
ホフマン、ダスティン　Hoffman, Dustin 370–71, 373
ポラード、ジョナサン・ジェイ　Pollard, Jonathan Jay　448
ボルシャコフ、ゲオルギ・N.　Bolshakov, Georgi N.　217
ボルテ、チャック　Bolte, Chuck　88
ポルト・ベッロ　Porto Bello　458, 465
ホルブルック、ディック　Holbrooke, Dick　440
ホワイト、F. クリフトン　White, F. Clifton　235
ホワイト、サム　White, Sam　125
ホワイト、セオドア（テディ）　White, Theodore 116, 119, 122, 166, 237, 311
ホワイト、ナンシー　White, Nancy　114
ホワイト、フランク　White, Frank　115, 132, 159
ホワイトサイド、サーマン・A.　Whiteside, Thurman A.　174
ホワイトハウスの録音テープ　White House tapes　296, 323, 331–32, 339, 341–48, 351
『本会議議事録』　*Congressional Record*　455

マ 行

マーガレット王女　Margaret, Princess　151
マーキス、チャイルズ　Childs, Marquis　185, 376
マーシャル、ジョージ　Marshall, George　178
マーダー、マレー　Marder, Murrey　xii, 256, 283, 288–89, 381
マーディアン、ロバート　Mardian, Robert　302, 328, 344–45
マーティン、グラハム　Martin, Graham　112, 119
マーティン、ジュディス　Martin, Judith　281
マーティン、ドワイト　Martin, Dwight　242
『マイアミ・ヘラルド』　*Miami Herald*　269, 386, 444–45
マイヤー、コード　Meyer, Cord　88, 136, 152, 237
マイヤー、メアリー・ピンショー　Meyer, Mary Pinchot　136, 191, 205–06, 219, 233, 237–42, 278
マイヤー、ラリー　Meyer, Larry　338
マクウェイド、エリアス　McQuaid, Elias　82, 87, 90–91, 111–12, 114–15, 123, 126
マクウェイド、バーニー　McQuaid, Bernie 80–81, 91–92, 111
マクガヴァン、ジョージ　McGovern, George 299, 302, 308–10, 443
マクギャリー、アン　McGarry, Ann　321
マクダフ一等兵、ポール・J.　McDuff, PFC Paul J.　104–05
マクドナルド、トービー　MacDonald, Torby 228–29

マクドナルド、ボブ　MacDonald, Bob　273
マクドノー、パトリック・J.　McDonough, Patrick J. (“Sonny”)　214
マクナマラ、ロバート・S.　McNamara, Robert S.　189, 193, 231, 416
マクヒュー、ゴドフリー　McHugh, Godfrey 205
マクファーソン、マイラ　McPherson, Myra xii, 356
マクマホン、テルマ　MacMahon, Thelma　170
マクラウド、マーゴット　McCloud, Margot 120
マクラリー、テックス　McCrary, Tex　176
マグルーダー、ジェブ・スチュワート Magruder, Jeb Stuart　300, 306, 325, 352
マクレガー、クラーク　MacGregor, Clark　viii, 299, 301, 308–10, 353
マクロイ、ジョン・J.　McCloy, John J.　15
マグローリー、メアリー　McGrory, Mary　xii, 418
マコーマック将軍、エドワード・J.　McCormack, Gen. Edward J.　214
マコーミック大佐、ロバート　McCormick, Col. Robert　102, 200
マコノーヒー、ジョージ　McConnaughey, George　177
マシーセン、ピーター　Matthiessen, Peter 126–27, 422
マスキー、エド　Muskie, Ed　302–03, 305
マッカーサー、チャールズ　MacArthur, Charles 376
マッカーサー将軍、ダグラス　MacArthur, Gen. Douglas　75, 111
マッカーシー、ジョセフ・R.　McCarthy, Joseph R.　100, 109, 111, 118–21, 124, 181, 215–17, 256, 375
マッカーシー、ユージン　McCarthy, Eugene 236, 264
マッカートニー、ジェームズ　McCartney, James 326
マッカードル、カール（“ブツブツ屋”）McArdle, Carl (“Mumbles”)　134
マッカードル、ドロシー　McCardle, Dorothy 312
マッキノン、ジョージ　MacKinnon, George 428
マック、リチャード　Mack, Richard　174
マッケイブ、ギブ　McCabe, Gib　199
マッコード、ジェームズ・W. Jr.　McCord, James W. Jr.　294–95, 315–17, 319, 328–29, 333, 336
マッフル、ジョン　Maffre, John　257
マディガン、ジョン　Madigan, John　169
マニング、ゴードン　Manning, Gordon　165, 310–11, 355
マラニス、デイヴィッド　Maraniss, David 410–11, 444
マリーゴールド作戦　Operation Marigold　289
マルロー、アンドレ　Malraux, André　414
マロー、エドワード・R.　Murrow, Edward R. 137, 376
マンロー、ヘンリー　Munroe, Henry　23
ミーニー、ジョージ　Meany, George　386
ミッジリー、フランク　Midgely, Frank　425
ミッチェル、ジョン　Mitchell, John　282
——とウォーターゲート事件　292, 296, 299, 302, 304, 306, 309, 325, 328, 341, 344–45, 352, 375
ミッテラン、フランソワ　Mitterrand, François 145–46
ミドルトン、ドリュー　Middleton, Drew　172
ミューア、フランシー　Muir, Francie　138, 163–64
ミューア、マルコム、Jr.　Muir, Malcolm, Jr. 202, 221, 250
ミューア、マルコム・Sr.　Muir, Malcolm, Sr. 129, 138, 163–64, 183, 197, 202, 221
ミュラー、スティーブン　Muller, Steven　460
ミラー、ヒューイ　Miller, Hughie　105
ミリウス、ピーター　Milius, Peter　259
ミリガン、ノーマ　Milligan, Norma　170
ミロイ、コートランド　Milloy, Courtland　404, 408
民主党全国委員会（DNC）　Democratic National Committee　293–94, 333
民主党全国大会　Democratic National Conventions　180, 184, 214, 235, 368
ムーア、ポール、Jr.　Moore, Paul, Jr.　253, 439
ムーディ、ヘレン・ウィルス　Moody, Helen Wills　16
メイズルズ、アルバートとデイヴィッド Maysles, Albert and David　423

メイナード、ロバート　Maynard, Robert　261–63
メンデルソン、スティーヴ　Mendelson, Steve　395
モイニハン、ダニエル・パトリック　Moynihan, Daniel Patrick　455
モイヤーズ、ビル　Moyers, Bill　235, 243, 380
モーガン、ダン　Morgan, Dan　336–37
モーガン、ラルフ　Morgan, Ralph　64
モース、ラルフ（“ディーク”）　Morse, Ralph（“Deak”）　82
モービル石油　Mobil Oil Corporation　426, 428, 436
モリス、ディック　Morris, Dick　101–02
モリソン小将、サミュエル・エリオット　Morison, Adm. Samuel Eliot　67–68
モリッシー、フランシス・ゼイヴィア　Morrissey, Francis Xavier　211
モルダー、モーガン　Moulder, Morgan　174
モロッコ　141–42, 167
モンデール、ウォルター　Mondale, Walter　443
モンテカルロ、ロイヤル・ウェディング　Monte Carlo, royal wedding　149–50

ヤ 行

ヤンガー、アーヴィング　Younger, Irving　427
ユーダル、スチュワート　Udall, Stewart　220
ユルチェンコ、ヴィタリー　Yurchenko, Vitaly　435, 441–42
ヨルダン　392–94

ラ 行

ライス、ダウニー　Rice, Downey　101
ライス、ドナ　Rice, Donna　444
ライズリング、ジョン　Riseling, John　97, 107
ライト、チャールズ・アラン　Wright, Charles Alan　341
『ライフ』　*Life*　22, 90–91, 96, 100, 289
ラヴィーン、ハル　Lavine, Hal　183
ラヴェントール、デイヴィッド　Laventhol, David　xii, 268
ラオス　171
ラガン、トミー　Ragan, Tommy　50, 53–54
ラザー、ダン　Rather, Dan　310
ラスキン、マーカス　Raskin, Marcus　281
ラズベリー、ウィリアム　Raspberry, William　251, 335
ラター、ジミー　Rutter, Jimmy　56, 62, 65
ラッケルズハウス、ウィリアム　Ruckelshaus, William　339, 342
ラッド、ヒューズ　Rudd, Hughes　358
ラティモア、オーウェン　Lattimore, Owen　100
ラニン、レスター　Lanin, Lester　204
ラブジョイ、トム　Lovejoy, Tom　457
ラルー、フレデリック・C.　LaRue, Frederick C.　302, 325, 328
ランス、バート　Lance, Bert　357, 377
ランスデール・レポート　Lansdale Report　191–92
ランスデール、エドワード　Lansdale, Edward　282
ランダウアー、ジェリー　Landauer, Jerry　340
ランダル、ジョナサン　Randal, Jonathan　259
ランド、サリー　Rand, Sally　356
リア、ノーマン　Lear, Norman　387
リー、ロバート・E.（“ボブ将軍”）　Lee, Robert E.（“Bob”; “General”）　58, 60, 63, 66, 77, 80, 100
リーヴス、リチャード　Reeves, Richard　193, 363
リーガン、デビー　Regan, Debbie　453
リーガン、ドナルド　Regan, Donald　436
リーチ、ジム　Leach, Jim　375–76
リーディ、ジョージ　Reedy, George　446
リーブリング、A.J.　Liebling, A. J.　395
リヴィングストン、J.A.　Livingston, J. A.　258
リチャードソン、エリオット　Richardson, Elliot　322, 326, 339–41
リッチ、スペンサー　Rich, Spencer　290
リップマン、ウォルター　Lippmann, Walter　14–15, 97, 99–100, 109, 193, 246, 258, 272, 310, 376
リップマン、トム　Lipman, Tom　453
リップマン、ヒュー　Ripman, Hugh　278
リディ、G. ゴードン　Liddy, G. Gordon　315, 317–18, 322, 325–26, 328, 352
リビコフ、アブラハム　Ribicoff, Abraham　182–83
リンカーン、エヴリン　Lincoln, Evelyn　196

リンカーン、ロバート・トッド　Lincoln, Robert Todd　424
リンドリー、アーネスト・K.　Lindley, Ernest K.　168–70, 221
リンバー、ルー　Limber, Lou　385
ルイジ、ヘクトル　Luisi, Hector　366
ルイス、アル　Lewis, Al　294
ルイス、ジェシー　Lewis, Jesse　251
ルイス、フローラ　Lewis, Flora　273
ルスール、ラリー　LeSueur, Larry　190
レイスタール、ラリー　Laystall, Larry　396
レイヒー、エド　Lahey, Ed　376
レヴェンス、ルーベン　Revens, Reuben　109
レーガン、ロナルド　Reagan, Ronald　4, 259, 344, 376–77, 397, 430, 434, 436–37, 460
レーニエ三世、モナコ公　Rainier III, prince of Monaco　148–50
『レクスプレス』　*L'Express*　323–24
レストン、ジェームズ（"スコッティ"）　Reston, James（"Scotty"）　134, 185, 337, 374, 376
レッドフォード、ロバート　Redford, Robert　369–70, 372–73
レドモンド、トーマス（"レッド・バード"）　Redmond, Thomas（"Red Bird"）　37, 44
レノー、ポール　Reynaud, Paul　125, 164
レノックス、アンソニー／ベン（ペンネーム）　Lenox, Anthony/Ben (pseud.)　138
レボゾ、ベベ　Rebozo, Bebe　423–24
レムニッツァー大将、ライマン・L.　Lemnitzer, Gen. Lyman L.　193
レンキスト、ウィリアム・H.　Rehnquist, William H.　287, 292, 301, 344
労働組合
　――とボーガス・タイプ　252–53
　――によるストライキ　381–86
ローウェ、ジム　Rowe, Jim　409
ローウェン、バート　Rowen, Bart　xii, 167, 169, 249
ローズ、ジョン・J.　Rhodes, John J.　348
ローズヴェルト、エレノア　Roosevelt, Eleanor　185
ローズヴェルト、フランクリン・D.　Roosevelt, Franklin D.　4, 14–15, 41, 75, 79, 103, 194, 200, 219–20, 395, 409, 447
ローゼンタール、エイブ　Rosenthal, Abe　390
ローゼンバーグ、ジュリアスとエセル　Rosenberg, Julius and Ethel　116–18
ローゼンフェルド、ハリー　Rosenfeld, Harry　xii, 294, 307, 313, 333, 338, 351, 372
ローブ、ウィリアム　Loeb, William　85, 91–92, 111, 302
ローレンス、デイヴィッド・Jr.　Lawrence, David, Jr.　268
ローレンス、ビル　Lawrence, Bill　188, 204
『ロサンゼルス・タイムズ』　*Los Angeles Times*　268, 272, 288, 298, 310, 325, 333, 389, 408
ロサンゼルス、ワッツ暴動　Los Angeles, Watts riots in　143, 251
ロジャース、ウィリアム・P.　Rogers, William P.　187, 284
ロス、トム　Ross, Tom　204, 212
ロックフェラー、ネルソン　Rockefeller, Nelson　210, 235
ロバーズ、ジェイソン　Robards, Jason　371–73
ロバーツ、チャールズ・ウェスリー（"チャック"）　Roberts, Charles Wesley（"Chuck"）　169, 230
ロバーツ、チャルマーズ　Roberts, Chalmers　xii, 251, 256, 283, 285, 289
ロバーツ、バーバラ　Roberts, Barbara　87
ロワ、ジャン　Roy, Jean　159–60
ロンカリオ、テノ　Roncalio, Teno　185
ロングワース、アリス・ローズヴェルト　Longworth, Alice Roosevelt　359
ロンドン、ジャック　London, Jack　105–07

ワ 行

ワース、ティム　Wirth, Tim　457
ワイザー、ベン　Weiser, Ben　430–32
ワイデン、ピーター　Wyden, Peter　169
ワイナー、ミッキー　Weiner, Mickey　228–29
ワイベル、ビル（"チューブス"）Weibel, Bill（"Tubes"）　54
ワイル、マーティン　Weil, Martin　290
ワインタール、テディ　Weintal, Teddy　134, 167, 169, 178, 190
ワインバーガー、キャスパー　Weinberger, Caspar　432–33, 436
『ワシントン・スター』　*Washington Star*　135, 138, 148, 221, 258, 261, 312, 333, 337, 360, 382, 396, 412, 417–18
『ワシントン・ポスト』　*The Washington Post*

アルファベット